Depuis Quand ?

Pierre Germa

Depuis Quand ?

ÉDITIONS FRANCE LOISIRS

Direction éditoriale :
Jean-Jacques Brisebarre

Conception graphique :
Thomas Brisebarre

Mise en pages :
Florence Guex, François Leclerc

Édition :
Juliette Neveux

Recherches iconographiques :
Céline Quétier

Coordination éditoriale Larousse :
Christine Dauphant

Fabrication Larousse :
Annie Botrel

Service lecture-correction Larousse

Éditions du Club France Loisirs, Paris
Avec l'autorisation de Larousse / VUEF, Paris

Éditions France Loisirs,
123, boulevard de Grenelle, Paris
www.franceloisirs.com

ISBN : 2-7441-6289-2
Dépôt légal : août 2003

N° éditeur : 39055

Préface

On frémit quand on songe à ce qu'il faut de recherche pour arriver à la vérité sur le détail le plus futile.

STENDHAL

Mon grand-père, un vigneron qui ne manquait pas d'humour même pendant la période harassante des vendanges, disait souvent en montant se coucher : « Si je connaissais l'inventeur du lit, je le ferais décorer. » Prenant ses paroles pour argent comptant, je consultais sans trêve le *Petit Larousse* avec l'espoir d'y repérer le discret personnage à qui mon grand-père voulait rendre justice. Si mes recherches n'aboutirent pas, du moins m'ont-elles permis d'acquérir le savoir en zigzag que dispense la lecture des ouvrages alphabétiques.

Combien d'objets aussi banaux que le lit ont-ils des origines mal connues ? La plupart. Je devais le constater plus tard. Sur ce plan, notre vie de chaque jour est peuplée d'obscurités, d'équivoques, d'énigmes, en ce qui concerne non seulement les objets fabriqués par l'homme, mais aussi la majorité des minéraux, des plantes cultivées, des animaux domestiques. D'où l'idée de ce livre – alphabétique, comme il se doit – qui essaie de préciser depuis quand existe tel ou tel élément de notre milieu familier.

Dater les découvertes d'un métal usuel, l'utilisation d'une espèce végétale, la création d'un outil, l'application d'un procédé technique est rarement aisé. Bon nombre de grandes innovations, qui font la trame de notre existence quotidienne, remontent à la préhistoire ou à l'Antiquité. La roue, pour ne citer qu'elle. À ce propos, il est bon de se rappeler comme une leçon de modestie que quatre autres remarquables inventions, dont les applications ont largement contribué à donner à l'Occident sa physionomie d'aujourd'hui, sont apparues d'abord en Chine : papier, imprimerie, boussole, poudre à canon. Si dater une découverte est mal aisé, connaître son promoteur l'est parfois tout autant. Il est rare de pouvoir être aussi précis que pour le pneumatique, apparu dans des circonstances que l'ont peut résumer ainsi : « Le soir du 28 février 1888, alors que se produisait une éclipse de lune dans le ciel de Belfast, le vétérinaire britannique J.B. Dunlop faisait essayer pour la première fois à son jeune fils le tricycle doté de pneus, fabriqués à partir d'un tube de caoutchouc enveloppé d'un cylindre de toile, qu'il avait mis au point pour ne plus entendre sa progéniture se plaindre des vibrations et des secousses.»

On a ici les cinq réponses aux cinq « W » des Anglo-saxons : *who, what, where, when, why* – qui, quoi, où, quand, comment. Pourtant, même ce meilleur des cas n'est pas tout à fait satisfaisant, puisqu'une quarantaine d'années auparavant, un autre britannique avait eu l'idée du pneumatique et déposé le brevet. Dunlop n'est donc pas l'inventeur mais le premier réalisateur.

Il y a aussi des surprises qu'apportent, de temps à autre, les trouvailles archéologiques. Ainsi les Chinois ont certainement inventé la boussole au début de notre ère, mais on vient de mettre en évidence, au Guatemala, que certaines statues pré-olmèques en basalte, sculptées il y a 4000 ans, ont une des deux tempes ou le nombril dotés d'un magnétisme naturel. Quant à Ramsès II, dans les viscères duquel on a retrouvé des traces de tabac, il a apporté la preuve que l'Ancien Monde connaissait cette plante 2500 ans avant Christophe Colomb.

« Il n'y a de nouveau que ce qui est oublié », aimait à répéter Mademoiselle Bertin, « marchande de mode » de Marie-Antoinette, sans probablement savoir qu'elle paraphrasait Chaucer : « Il n'y a de nouveau que ce qui a vieilli ». La chose n'est plus vraie aujourd'hui, où notre univers quotidien se peuple d'objets et de notions véritablement sans précédent : avec le stylo à bille, la propulsion à réaction et la vidéo-cassette, voici la gamme infinie des fibres artificielles, des matières plastiques, des produits nés de l'informatique. L'ennui est qu'il est de plus en plus difficile de dater les découvertes et de nommer les découvreurs : il n'y a plus d'invention proprement dite, mais des séries de progression nées de travaux d'équipe. La belle époque des inventeurs artisans, qui connut ses plus fastueux moments au XIXe siècle, est désormais close.

Le moment était donc venu de publier cet ouvrage. Quant à son titre, je l'ignore encore en ce moment même. J'en ai proposé quelques-uns à mon éditeur. Aucun ne lui a paru satisfaisant. C'est donc à lui de trouver le titre qui convienne, et je lui fais confiance. Les auteurs doivent toujours faire confiance à leur éditeur. Certes, tous n'ont pas la chance, comme Baudelaire, d'en avoir un qui s'appelle Poulet-Malassis, ce qui permettait au poète certains jeux de mots puérils. Mais les éditeurs sont le sel de la terre, vivant comme ils le font cinq jours sur sept dans le commerce du génie.

Cela dit, mon sujet étant si riche et ses limites si floues, j'eusse sûrement continué ce travail, triplé, quadruplé son volume, et, sans doute, ne lui aurais-je jamais trouvé de terme si mon éditeur ne m'avait prié d'y mettre un point final. Ainsi, grâce à lui, j'ai pu vérifier l'assertion d'Antoine de Lassalle, philosophe et inventeur, signataire d'un passionnant ouvrage publié en 1788, *La Balance naturelle*, que personne n'a jamais eu l'idée de réimprimer– Antoine de Lassalle qui écrivait : « Celui qui commence un livre est l'élève de celui qui le termine. »

PIERRE GERMA

Depuis Quand ? A comme…

Abeille

L'abeille est la plus vieille amie de l'homme. Apparue sur la Terre il y a quarante-cinq millions d'années, c'est-à-dire bien avant celui-ci, l'ancêtre sauvage de toutes les espèces d'abeilles est probablement originaire de l'Inde, encore que l'espèce égyptienne, déjà visible sur les monuments pharaoniques, soit propre à l'Afrique. L'homme, comme le renard et l'ours, a commencé par déguster le miel d'abeilles sauvages. Le miel domestique semble connu dès le IIIe millénaire en Mésopotamie. Un fait est sûr : l'apiculture est une technique que les habitants de la Cappadoce ont maîtrisée dès le milieu du IIe millénaire : le *Code des Hittites* condamne l'appropriation d'essaims si les abeilles appartiennent à des particuliers. En tout cas, le miel fut la première source de sucre* pour l'homme, la seule jusqu'à la Renaissance, et la cire la première matière* plastique.

En Occident, les débuts de l'apiculture moderne, avec exploitation intensive du miel, datent de la seconde moitié du XIXe siècle : dès 1789, le naturaliste suisse François Huber avait mis au point une première ruche à cadres mobiles. Sur ce principe, le R.P. américain Langstroth crée en 1851 le type de ruches à hausses, qui permet une facile extraction du miel par centrifugeuse : c'est la ruche Langstroth, toujours en usage, concurremment avec la ruche Dadant — du nom du Français qui a inventé peu après un modèle différent, mais aussi pratique. En Amérique du Sud, les abeilles sans aiguillon (ou mélipones), au nombre de plusieurs dizaines d'espèces, ont été utilisées par les peuples précolombiens et le restent par certaines ethnies qui en descendent. L'élevage porte au moins sur deux espèces. Il existe même une « civilisation du miel », celle des Indiens Guayakis du Paraguay oriental, chez qui ce dernier représente l'aliment principal et où la cire tient lieu d'argile : c'est une des formes les plus rudimentaires de la vie forestière (v. *betterave*, *canne à sucre*).

Un apiculteur au IIe siècle avant J.-C., gravure extraite d'une édition des *Géorgiques* de Virgile du XVIe siècle. Le miel domestique est connu des Mésopotamiens depuis plus de 100 000 ans.

Abricotier

On a cru longtemps qu'il était originaire de Chine, où sa culture remonte à plus de quatre millénaires. En réalité, il est natif des montagnes de l'Iran oriental, du Turkestan et du nord-ouest de l'Inde, où il se trouve encore à l'état sauvage. Encore aujourd'hui, il est le seul arbre fruitier cultivé par les Hounza, ces montagnards qui, depuis des temps sans mémoire, occupent quelques très hautes vallées du Karakoroum, aux confins de l'Inde et du Pakistan. Connus pour leur bonne santé en dépit d'un rude climat, et pour leurs centenaires extraordinairement nombreux, les Hounza expliquent leur longévité par une grande consommation d'abricots tant frais que séchés, tout au long de l'année.

C'est seulement au début de notre ère que l'abricotier a abordé les rivages de la Méditerranée. Les croisés l'ont trouvé en Palestine.

Acacia (faux)

Dit encore « acacia blanc » à cause de ses fleurs, le faux acacia fut importé d'Amérique du Nord en France par le botaniste Robin, directeur du Jardin des Plantes de Louis XIII, et nommé robinier par Linné. Jean Robin avait planté quelques graines de faux acacia, en 1601, dans

Labyrinthe ou belvédère du Jardin des Plantes de Nicolas Chapuy (1790-1858) où l'on y voit le faux acacia planté par le botaniste Jean Robin au XVIIe siècle (musée Carnavalet).

son jardin de la place Dauphine. Son premier sujet, qui avait grandi, fut transplanté par son fils, en 1636, au Jardin du Roy – c'est-à-dire au Jardin des Plantes –, où l'on peut encore l'admirer aujourd'hui.

Académie française

Le philosophe napolitain Giambattista Vico a résumé l'histoire de l'humanité en une phrase que cite Claude Lévi-Strauss : « Il y eut d'abord les forêts, puis les huttes, ensuite les villages ; après, les villes ; enfin, les académies. »
L'Académie française, la plus ancienne de nos sociétés savantes, a tenu sa première réunion le 13 mars 1634, avant même l'enregistrement de ses lettres patentes au Parlement, qui eut lieu le 10 juillet 1637.
À l'origine de l'Académie, on trouve un bourgeois protestant de Paris, Valentin Conrart, qui, en 1627, achète la belle et coûteuse charge de « conseiller secrétaire du roi et de ses finances, maison et couronne de France ». Selon le goût de l'époque, il ouvre un salon littéraire, c'est-à-dire qu'il prend l'habitude de réunir chez lui, une fois par semaine, quelques amis épris de beau langage. Son salon connaît une réussite exceptionnelle, et sa maison, qui fait l'angle de la rue Saint-Martin et de la rue des Vieilles-Étuves, devient le point de ralliement des beaux esprits dont, en particulier, l'abbé de Boisrobert. Celui-ci en parle au cardinal de Richelieu, lequel, avec l'acquiescement des participants, décide d'ériger leur assemblée en « un corps qui s'assemblera régulièrement, sous une autorité publique ». Les lettres patentes seront rédigées par Conrart et signées par le roi le 2 janvier 1635. Le Parlement, jaloux de voir certaines de ses prérogatives en matière de publication lui être ainsi enlevées, met deux ans et demi à les enregistrer.
En 1634, année de la fondation effective, ne furent créés que trente-six fauteuils. Après les lettres patentes de 1635, on en ajouta quatre autres, dont celui du chancelier Séguier, qui devint le premier fauteuil en raison des très hautes fonctions de son titulaire. Et c'est ainsi que Conrart, qui avait eu jusque alors la prééminence, occupa celui que l'on considère traditionnellement comme le deuxième. Depuis sa création, l'élaboration d'un dictionnaire* est la tâche principale de l'Académie : le bon usage de la langue a été placé sous sa sauvegarde.
La première édition du dictionnaire, commandée dès 1638 sur l'initiative de Richelieu, ne fut publiée qu'en 1694. Les mots n'y étaient pas classés dans l'ordre alphabétique, mais par familles (exemple : triste, attrister). L'ordre alphabétique ne sera adopté qu'à partir de la deuxième édition, parue en 1718. La huitième et dernière (jusqu'ici) date de 1932.
L'actuel habit vert, ainsi nommé à cause des broderies qui le décorent et dont la création remonte à l'ordonnance du 13 mai 1801, a été dessiné par Gros. Ainsi vêtu, l'académicien a le droit de porter l'épée*, sauf s'il est ecclésiastique et donc habillé du costume de son sacerdoce.
Ne porta ni l'habit vert ni l'épée la première femme académicienne, Marguerite Yourcenar, élue le 6 mars 1980 et reçue le 22 janvier 1981. C'était la 622e immortelle. En élisant une solitaire de 76 ans, habitant une île de la côte atlantique des États-Unis, située à 5 000 km de Paris, l'Académie voulut-elle soutenir sa réputation de misogynie ? Sans doute pas, puisque l'année même où disparaissait Marguerite Yourcenar, elle élisait l'helléniste Jacqueline de Romilly au fauteuil d'André Roussin.
Le 29 mars 1984, le Sénégalais Léopold Sédar

Senghor y était reçu et s'asseyait dans le fauteuil laissé vacant par le duc de Lévis-Mirepoix.

L'Académicien dans son costume vert traditionnel, tel qu'il fut adopté en 1801. Lithographie en couleurs de Draner, extraite du *Charivari*.

Acajou

Importé d'Amérique centrale, notamment du Honduras, en Angleterre dans les premières années du XVIIe siècle, puis en France, il est cité pour la première fois dans l'ébénisterie française en 1724, sous son nom indigène de mahogani.

Acanthe

Arbuste nommé branc ursine, aux larges feuilles nervées et découpées avec une certaine symétrie dont l'architecture grecque a stylisé la forme pour en faire l'ornement caractéristique du chapiteau corinthien. Vitruve, architecte romain du Ier siècle avant notre ère, en attribue l'invention à l'orfèvre et sculpteur Kallimakos, qui vivait à Corinthe au ve siècle avant J.-C. et fut inspiré par la vue d'une acanthe enroulée autour d'une corbeille, sur la tombe d'une jeune Athénienne.

Acanthe (*Acanthe mollis*), gravure du xve siècle, extraite du *Jardin d'Eischtätt*, de Basilus Besler.

Accents

Accent aigu. Robert Estienne, érudit et imprimeur-libraire, utilise le premier en 1530 l'accent aigu pour marquer le timbre fermé de l'*e* final (comme dans probité).
Accent grave. En 1533, Montfleury crée l'accent grave sur à préposition, afin de distinguer celle-ci de la troisième personne du verbe avoir au présent. Bien plus tard, Corneille prendra l'initiative de porter cet accent sur l'*e* ouvert (après, décès, etc.).
Accent circonflexe. En 1532, un certain docteur Jacobus Sylvius (alias Jacques Dubois) aurait introduit cet accent grec pour noter les diphtongues. Ce qui est plus sûr, c'est qu'Étienne Dolet, imprimeur et ami de Rabelais, lui attribua la mission de remplacer l'*s* (comme dans teste – tête) ou pour noter une voyelle longue (1540). À l'imprimeur tourangeau Plantin revient le mérite de systématiser cet emploi à partir de 1560 (v. *alphabet*, *cédille*, *écriture*, *ponctuation*).

Accordéon

Le « piano du pauvre », dit aussi « piano à bretelles », modeste instrument au service du lyrisme populaire, comme disent les musicologues, a eu l'honneur d'entrer dans la littérature française dès 1833, grâce au vicomte François-René de Chateaubriand qui, s'il faut l'en croire, avait appris à en jouer (« Toute la nuit, je fis jouer le soufflet dont le son emportait pour moi le souvenir du monde » – *Mémoires d'outre-tombe*).
C'est une dizaine d'années plus tôt qu'à Berlin Buschmann avait construit le premier accordéon. Mais c'est à l'Autrichien Demian, qui avait mis au point un appareil du même type en 1829, que revient l'idée de le baptiser Akkordion.

Accouchement sans douleur

Tout de suite après la Seconde Guerre mondiale sont imaginées et mises au point, parallèlement, deux méthodes qui vont diminuer et même supprimer les douleurs de l'accouchement : ce sont celle de l'accoucheur britannique Grantly Dick-Read et celle du psychiatre soviétique Velvosky, qui, l'une et l'autre, préparent la future mère sur le plan physique et sur le plan psychique (v. *anesthésie* et aussi... *laitue*).
Les premières tentatives du docteur Read remontaient aux années 1910. C'est en 1952 qu'a eu lieu en France, dans une clinique parisienne de la rue des Bleuets, un premier accouchement sans douleur sous le contrôle du docteur Fernand Lamaze qui était allé à Moscou étudier la méthode du docteur Velvosky.

Accumulateur

L'invention de l'accumulateur, qui n'est autre qu'une pile* réversible, est issue des expériences d'électrolyse et de galvanoplastie qui passionnèrent le XIXe siècle : on avait remarqué que, dans certains cas, l'appareil à électrolyse restituait une partie du courant qui lui avait été fourni. Le Français Gautherot observa le phénomène dès 1801, avec des fils de platine trempant dans l'eau salée. C'est Gaston Planté qui inventa, en 1859, un accumulateur au plomb : il eut l'idée de rendre des lames de plomb poreuses, ce qui donnait à l'appareil une grande capacité. Les perfectionnements postérieurs n'ont consisté qu'à améliorer les qualités, difficilement compatibles, de porosité et de cohésion des plaques. En 1880, en particulier, Camille Faure donna aux plaques leur apparence quadrillée d'alvéoles bourrés d'une pâte d'oxyde de plomb. D'autres accumulateurs ont été inventés suivant des principes différents : fer-nickel en 1901 (perfectionné par Edison) et argent-zinc en 1941 (par l'ingénieur français H. André), sans compter les formules qui n'ont pas eu de succès (plomb-zinc, iode-zinc, étain-plomb, zinc-cuivre).

Acétylène

Gaz découvert par l'Anglais Edward Davy en 1836 et étudié par le Français Marcellin Berthelot de 1859 à 1862. Ce chimiste en réalisa la synthèse en faisant éclater l'arc électrique entre deux pointes de charbon dans une atmosphère d'hydrogène.

Acides aminés

La molécule d'ammoniac diminuée d'un atome d'hydrogène constitue un groupe aminé. Si, à la place laissée vacante par l'hydrogène, se loge un groupe contenant du carbone, le composé qui en résulte est une amine.
Les amines ont été découvertes en 1849 par le Français Charles Wurtz et étudiées l'année suivante par l'Allemand August von Hofmann, qui en a donné le mode de préparation générale.
Les protéines – découvertes en 1827 par l'Anglais William Prout et ainsi appelées pour la première fois par le Hollandais Geradus Mulder – sont constituées de longues chaînes de composés relativement simples, où l'on trouve à la fois des groupements aminés et des groupements acides. On se souvient peut-être que le sel ammoniaque est ainsi nommé en l'honneur d'Amon, dieu de l'ancienne Égypte (v. *ammoniac*). Ainsi donc, dans les substances les plus importantes de notre corps, nous portons une référence à l'une des plus vieilles mythologies (v. aussi *ADN*, *chromosomes et gènes*, *hérédité*).

Acier : v. *fer*.

Actions (société par) et obligations

Au début du IIe siècle avant J.-C. apparaissent à Rome les premières sociétés par actions. Les publicains, qui assuraient l'administration et la gestion des grandes affaires et entreprises de

Marcellin Berthelot dans son laboratoire au Collège de France : il étudia l'acétylène, découvert par Edward Davy en 1836, et en réalisa la synthèse.

l'État, eurent l'idée de se grouper en sociétés dont le capital était divisé en *partes*, actions cessibles entre particuliers et transmissibles par héritage, qui donnaient droit à un intérêt annuel, dont le montant était fonction des bénéfices réalisés par l'affaire. En cas d'appel de fonds pour soutenir ou étoffer l'effort de la société, les souscripteurs recevaient des *particulae* à revenu fixe, c'est-à-dire des obligations. Quant aux premières sociétés par actions de type moderne, elles ont vu le jour en Hollande, tout de suite après la création de la Banque d'Amsterdam, en 1609, qui avait fait de cette ville le premier marché monétaire et financier d'Europe (v. *tulipe*).

Acupuncture

En Chine : à ses débuts, l'acupuncture procédait par pressions et piqûres sur certaines parties du corps humain au moyen d'une pierre taillée en pointe, appelée pien. Puis on remplaça ce matériel de pierre par des aiguilles d'os ou de bambou et, par la suite, de cuivre, de fer ou (déjà cent ans avant J.-C.) d'or. De nos jours, ce sont – toujours en Chine – de fines aiguilles d'acier inoxydable.
Les commencements de l'acupuncture remontent à plus de deux millénaires. Le *Nei Jing* (*Le Livre de la médecine interne*), qui est le plus ancien ouvrage classique de la médecine en Chine parvenu jusqu'à nous, dresse le bilan de tous les travaux médicaux antérieurs aux dynasties Ts'in et Han (206 avant J.-C. à 220 après J.-C.). Le plus ancien ouvrage

traitant exclusivement de l'acupuncture est contemporain de la dynastie des Ts'in (265-420) : c'est le *Tchen Kieou Kia Yi King* (*Introduction à l'acupuncture et aux moxas*). Pour la première fois sont répertoriés les «points» d'acupuncture, au nombre de six cent quarante-neuf, et fixés les noms de trois cent quarante-neuf d'entre eux. Les deux plus anciennes statuettes sur lesquelles sont indiqués les points d'acupuncture ont été moulées dans le bronze en 1027 de notre ère, sous la dynastie des Song (960-1279). Après son interdiction par la dynastie des Tsang (1644-1911), en 1822, l'acupuncture le fut à nouveau par le Kuomintang en 1922. Mais, depuis 1958, la médecine de la Chine populaire a repris l'exploration de ce domaine traditionnel à la demande du président Mao. En particulier, au cours de la révolution culturelle, s'est répandu l'emploi de l'anesthésie* par acupuncture, en commençant par l'apaisement des douleurs postopératoires, les opérations dentaires, l'ablation des amygdales, etc. Consécration de cette technique, le 12 avril 1972, l'hôpital populaire n° 3, annexe de l'École de médecine n° 2 de Shanghai, a utilisé pour la première fois dans une opération «à cœur ouvert» l'anesthésie par acupuncture, qui laisse au patient toute sa lucidité.
Dans le monde : introduite au Japon en 443 après J.-C., l'acupuncture a connu en Europe des fortunes diverses, après qu'il en fut question, en «avant-première», dans les célèbres *Pérégrinations* du voyageur portugais F. Mendes Pinto, publiées en 1614 ; importée une première fois en 1679 par le Hollandais Ten-Rhyne, médecin de la Compagnie des Indes, elle fut, semble-t-il, assez vite oubliée. Puis, en 1810, le docteur français Berlioz la remet en pratique, et elle connaît une certaine vogue à Paris de 1820 à 1840. Après quoi, Dabry de Thiersant, ancien consul de France en Extrême-Orient, le premier, en expose clairement les données dans la *Médecine chez les Chinois* (1863), mais son excellent ouvrage n'éveille guère la curiosité du monde médical. Enfin, en 1927, le sinologue Soulié de Morant, grâce à la traduction d'ouvrages très anciens dont certains remontent au XIIIe siècle avant J.-C., permet de la rendre compréhensible à la médecine occidentale. Depuis 1930, elle est pratiquée en France et en Allemagne de façon régulière et suivie. Les pays anglo-saxons paraissent y adhérer avec quelque réticence (v. *anesthésie*, *médecine*).

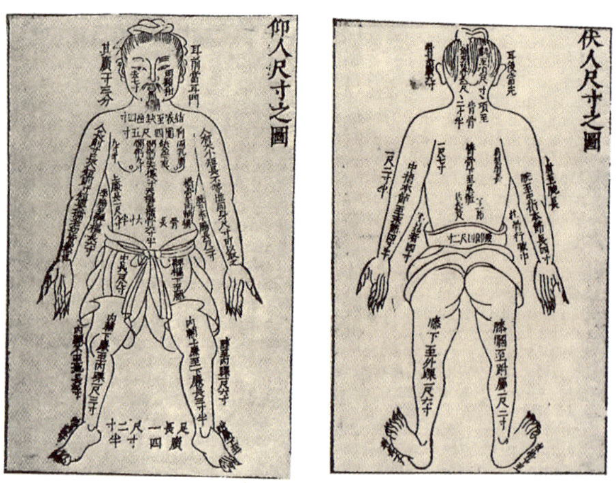

Les points d'acupuncture, planche extraite d'un ancien manuscrit chinois : cette thérapeutique consiste à introduire de fines aiguilles en 300 points du corps situés sur 14 méridiens, afin de rétablir la circulation du *chi*, ou *ki*, l'énergie vitale.

ADN

À la fin des années 1930, les gènes (v. *chromosomes*) avaient livré bon nombre de leurs secrets, mais leur chimie restait indéchiffrable. On allait y voir plus clair quand fut établi que, dans tous les chromosomes de toutes les cellules de tous les êtres vivants, se retrouve le support chimique dont sont faits les gènes – support qui est cette extraordinaire molécule grâce à laquelle l'homme est homme, et souris la souris. On l'appelle ADN, abréviation d'acide désoxyribonucléique.
À Cambridge, en 1958, l'Anglais Francis Crick, biologiste moléculaire, et son assistant américain James B. Watson, travaillant au laboratoire Cavendish, révélèrent la structure hélicoïdale de l'ADN, qui rend celui-ci capable d'autoduplication par fabrication d'acides* aminés, conformément à un code inconnu.
En 1961, l'Américain Marshall Nirenberg parvenait à déchiffrer ce code pour un premier acide aminé, puis pour dix-huit autres.
Le vingtième acide fut découvert par Severo Ochoa, de l'université de New York.
En 1962, le docteur Fritz Lipmann, de l'Institut Rockefeller, démontrait par une série d'expériences que non seulement les trames de la vie avaient pour matériel de base les mêmes unités d'ADN, mais que tous les canevas procédaient de la même technique, dérivaient du

Charles Darwin fut le premier à supposer l'existence d'un matériel génétique attestant de l'unité de la vie.

même code. L'universalité de l'ADN, matériel génétique capable d'autoduplication, attestait de l'unité de la vie et de son évolution – comme Charles Darwin l'avait supposé (v. aussi *hérédité*).

Aéroglisseur

Ce véhicule amphibie suspendu sur coussin d'air (et souvent désigné par son nom anglais : *hovercraft*) a été inventé vers 1955 par l'ingénieur anglais Christopher S. Cockerell. Le 11 juin 1959, cinquante ans après le vol de Blériot, il traversa la Manche.

L'aéroglisseur, inventé en 1955 par un ingénieur anglais, est fréquemment utilisé pour transporter de nombreux passagers et leurs véhicules entre la France et l'Angleterre.

S'inspirant du même principe, mais astreignant le véhicule à glisser sur une piste en béton, l'ingénieur français Jean Bertin a construit en 1966 le premier prototype de l'aérotrain (v. *roue*).

Aéroport

Le premier aéroport international fut Le Bourget, ouvert à l'aviation commerciale au tout début de 1919, et inauguré par un premier vol Paris-Londres le 8 février. Lucien Bossoutrot était aux commandes de son bimoteur Goliath F 60, un ex-bombardier. Il emportait onze passagers. La ligne devint régulière en avril de la même année, et reliait les deux capitales en deux heures et demie. Deux jours plus tard, le 10 février 1919, le même Bossoutrot récidivait avec le même Goliath pour relier Paris à Bruxelles avec treize passagers. Le premier aéroport international britannique fut, dans une banlieue de Londres, celui de

Une affiche de la compagnie Air Union, l'une des premières à offrir des vols commerciaux entre Paris et Londres (J.-C. Bellaigue, 1928).

Croydon, ouvert le 1er avril 1920. Il était équipé d'un phare rotatif visible des avions en vol à quelques dizaines de kilomètres (porté à 120 km en 1928), d'une station de radio et d'un embryon de contrôle, puisqu'un homme, agitant un drapeau rouge, donnait l'autorisation de décoller !

Tempelhof, l'aéroport de Berlin, fut ouvert en juillet 1920 aux liaisons régulières internationales. C'est de là que les Allemands, devançant leurs vainqueurs, avaient ouvert discrètement le 5 février 1919 leur première ligne intérieure Berlin-Leipzig-Weimar...

Newark, premier aéroport international de New York, ne fut ouvert que le 1er octobre 1928. Il était le premier à être équipé d'une piste en ciment (v. *avion*).

Aérosol

En 1927, le Norvégien Erik Rotheim fabriqua le premier aérosol : c'était encore un cylindre assez encombrant (34 cm de haut !), mais le principe était bien là : Rotheim avait découvert qu'un gaz sous pression permettait de pulvériser très finement le contenu d'une bouteille équipée d'une valve, soit sous forme de gouttelettes, soit de mousse, soit de poussière.

En 1941, le savant américain Loyle D. Goodhue perfectionna le système et miniaturisa l'appareil. L'aérosol allait dès lors connaître un succès toujours grandissant, à partir de 1950, dans le monde entier et pour cause : tout est bon pour l'aérosol, insecticides, déodorants, parfums, détachants, peintures, produits de rasage, produits d'entretien et, pour finir, produits alimentaires – à commencer par la crème Chantilly (1981) !

Aérostat

L'envoi en l'air de petits ballons de papier gonflés d'air chaud semble un divertissement aussi ancien que le papier lui-même, si l'on s'en réfère au fait qu'il était déjà pratiqué par les Chinois à une époque reculée.

Les frères Montgolfier, inspirés, selon les légendes, par les nuages, le feu dans la cheminée, ou l'envol d'une jupe, firent à partir de la fin de 1782 des expériences progressives avec des ballons de toile recouverte de papier, maintenus gonflés par un feu de paille et de laine entretenu sous l'orifice. Ils envoient des animaux dans les airs, puis, le 15 octobre 1783, François Pilâtre de Rozier s'élève à 84 m à bord d'une montgolfière captive, mais Louis XVI ne veut rien savoir d'une ascension libre, à moins que l'aéronaute ne soit un... condamné à mort. Le marquis François-Laurent d'Arlandes se fait alors fort de faire revenir le roi sur sa décision, à condition, toutefois, que Pilâtre de Rozier accepte de le prendre, lui d'Arlandes, à bord de la montgolfière. Le marché étant accepté et l'interdit levé, le 21 novembre les deux hommes partent des jardins de la Muette, à Paris, traversent la Seine à Passy et vont atterrir moins de dix minutes après à la Butte-aux-Cailles (près de l'actuelle place d'Italie),

La Montgolfière, gravure représentant la première ascension en ballon, le 21 novembre 1783, par François Pilâtre de Rozier et le marquis d'Arlandes, à bord d'un aérostat plus léger que l'air, conçu par les frères Montgolfier.

après avoir atteint un millier de mètres d'altitude. Avec son aide Romain, Pilâtre de Rozier devait trouver la mort dans une tentative de traversée de la Manche*. Son ballon déchiré s'écrasa près de Boulogne le 15 février 1785 : c'était le premier accident aérien.
Les possibilités de l'hydrogène pour le gonflage des ballons avaient été révélées dès 1767 par l'Écossais Black. En 1783, faute d'être informé des procédés des Montgolfier, le physicien Charles adopta l'hydrogène pour le premier essai fait à Paris. Après les premières démonstrations de Pilâtre de Rozier, il entreprit à son tour, le 1er décembre 1783, de s'élever dans les airs à partir du jardin des Tuileries, avec l'un des frères Robert, les constructeurs de ces engins. Il inventa des équipements de ballons : vernis caoutchoutés pour l'étoffe, soupape, lest, nacelle d'osier, filet de soutien, altimètre barométrique. En 1784, Guyton de Morveau essaya de naviguer avec rames et gouvernail. La Manche* fut traversée par Blanchard et Jeffries, premiers aéronautes au long cours, le 7 janvier 1785. Exploit renouvelé avec un ballon fonctionnant à l'énergie solaire, près de deux cents ans plus tard, le 22 avril 1981. Traversée réussie à son second essai par le Britannique Julien Nott qui, parti de Barham, se posa près de Calais, après une heure quinze de vol, à l'altitude de 600 m. Son «ballon solaire» était fait de deux enveloppes, l'une de 4 000 m cubes, transparente, et l'autre de 3 000 m^3. C'était l'échange thermique entre la première et la seconde qui produisait l'énergie nécessaire.
En 1794, la Convention mit sur pied une compagnie d'aérostiers militaires, et le premier ballon captif d'observation apparut à la bataille de Fleurus, le 26 juin 1794. Les ascensions à but scientifique amenèrent des records d'altitude : le Français E. Robert, dit Robertson, monta à 7 200 m dès 1803. En 1852, H. Giffard rendit le ballon effectivement dirigeable en le munissant d'une machine à vapeur et d'une hélice. Quant à la forme allongée qu'il lui donna, elle n'était pas nouvelle : on s'y était intéressé dès la fin du XVIIe siècle. Une petite voile jouait le rôle de gouvernail. En 1882, on construisit un dirigeable à moteur électrique. En 1887 fut embarqué le premier moteur à explosion, et inventé le dirigeable à carcasse rigide. En 1910, les Allemands inaugurèrent les liaisons commerciales régulières avec les États-Unis, puis avec l'Amérique du Sud, qui cessèrent définitivement le 20 août 1939, deux après la catastrophe du LZ 129 Hindenburg : celui-ci – le plus long des engins volants construits par l'homme, 245 m – avait pris feu à son arrivée à Lakehurst (6 mai 1937).
Cinquante et un ans après Lindbergh, après dix-sept tentatives infructueuses et sept disparus, la traversée de l'Atlantique Nord était enfin réussie, par trois Américains d'Albuquerque (Nouveau-Mexique) : Maxie Anderson (qui devait trouver la mort au cours de la coupe Gordon Bennett 83), Ben Abbruzzo (qui allait se tuer dans un accident d'avion en 1985) et Larry Newman, sur Double Eagle II (5 000 m^3 d'hélium ; 4,8 tonnes dont 2 de lest). Partis des rivages du Maine le 11 août 1978, ils atterrirent le 17 près d'Évreux, après cent trente-sept heures et six minutes de vol sur quelque 5 000 km, soit une moyenne d'environ 36,5 km/h.
Record de distance largement battu par les deux mêmes hommes, auxquels s'étaient joints le Japonais Rocki Aoki et un troisième Américain, Ron Clarke, lors d'une grande première : la traversée du Pacifique. Partis de Nagashima, au Japon, le 9 novembre 1981 sur Double Eagle V, ils réussissaient à survoler l'océan Pacifique sur plus de 8 000 km. En fait, ils comptaient traverser aussi le continent américain et l'Atlantique pour atterrir finalement en Europe centrale, mais une série de tempêtes et une fuite d'hélium les obligèrent à toucher le sol «en catastrophe», dès le 12 novembre, alors qu'ils tentaient de franchir une crête montagneuse à 250 km au nord de San Francisco.
Exploit plus modeste : la première traversée de la Méditerranée en montgolfière. Partis d'Alès à bord du ballon le plus volumineux du monde (15 000 m^2, 100 m de diamètre), le 2 mars 1983, les aérostiers français Michel Arnould et Hélène Dorigny ont volé pendant vingt-trois heures avant d'atterrir non loin de Tozeur (Tunisie), après avoir parcouru 1 450 km.
Un document retrouvé à l'université de Coimbra, Portugal, révèle qu'en 1709, un missionnaire jésuite né au Brésil, Bartholomeu de Gusmão, alla à la Cour de Lisbonne et

montra (soixante-quatorze ans avant les frères Montgolfier et leur ballon, à Paris) un modèle de ballons dont on pense qu'ils furent utilisés par les Indiens sud-américains Nazca. Remplie de fumée et soulevée par l'air chaud dégagé par des charbons ardents contenus dans un pot d'argile, la réplique s'éleva des mains de Gusmão et monta jusqu'au plafond du palais. En tout cas, les travaux de membres de l'International Explorers Society (IES) ont abouti à la conclusion suivante : les Nazca du Pérou n'ont pu dessiner au sol leurs célèbres figures géométriques géantes qu'à partir d'indications données par des observateurs suspendus juste au-dessus, dans des ballons chauffés à l'air chaud. Sans leurs directives, il eût été impossible de dessiner ces figures.

Aérotrain : v. *aéroglisseur*.

Affiche

On connaît des affiches, entièrement manuscrites, qui sont antérieures à l'invention de l'imprimerie – affiches dites de « piété », comme celle qui, en 1454, autorisait la quête aux portes des églises du diocèse par les choristes de Notre-Dame de Saint-Flour.
Avec l'imprimerie apparaissent les premières affiches véritables : on connaît celle du « Grand Pardon de Notre-Dame de Reims » (1482) pour la France, celle de William Caxton (1477) qui annonce les cures thermales de Salisbury pour la Grande-Bretagne.
Mais la véritable affiche « moderne » est apparue avec le XIXe siècle. Elle prolifère tant et si bien que, dès 1839, elle est interdite en Angleterre sur les murs des propriétés privées. La même défense intervient en France : en contrepartie, le préfet Rambuteau, à Paris, fait édifier des colonnes réservées à l'affichage à partir de 1842.
La première affiche illustrée a pour sujet le « Pardon de Notre-Dame de Paris » ; elle a été imprimée en 1849 par Jean Dupré. Au XVIIIe siècle étaient apparues en Espagne les grandes affiches de corridas (Corrida de toros, Séville, 1761).
La première affiche de cinéma, titrée « Cinématographie Lumière », date du 28 décembre 1893, jour même de la naissance du cinéma* (v. *publicité*).

La première affiche de cinéma, datant du jour même de sa naissance, le 28 décembre 1893.
Cinématographe Lumière d'Henri Brispot, 1893.

Agave

Les agaves, que l'on confond souvent avec les aloès*, sont originaires de l'Amérique centrale. Les premières espèces d'agaves n'ont été acclimatées dans les jardins européens qu'à partir du XVIe siècle.

Agence de voyages

Thomas Cook avait plus de 30 ans le 5 juillet 1841 – quand, pour la première fois, il monta dans un train. Mais dès lors, il allait se rattraper : le reste de ses jours fut consacré aux voyages de groupe qu'il organisait et conduisait lui-même très souvent.
Modeste menuisier d'un village du comté de

Derby, Thomas Cook parcourait à pied les campagnes de la région pour distribuer des brochures décrivant les ravages de l'alcoolisme. C'est ainsi que, le 5 juillet 1841, il emmène avec lui cinq cents personnes d'une association de tempérance dans un train spécial allant de Leicester à Longhborough, à l'occasion d'un grand meeting antialcoolique, grâce à l'accord qu'il a passé avec la compagnie des Midland Counties Railways. C'est le premier voyage touristique de groupe. En 1844, il passe un contrat permanent avec ladite compagnie pour des « trains de plaisir » : week-ends au bord de la mer, puis voyages de Leicester à Calais à l'occasion de l'exposition internationale de Paris en 1855, puis voyages circulaires en Europe dès 1856. En 1866, son fils John conduit les quarante touristes anglais du premier voyage organisé aux États-Unis et au Canada. En 1871, Thomas Cook lui-même conduira le premier voyage autour du monde. Nationalisée depuis 1945, « Thomas Cook and Sons », l'agence de voyages la plus ancienne du monde, a été mise en adjudication par le gouvernement de Sa Gracieuse Majesté en décembre 1971. Un pilier de l'ex-Empire britannique est vendu à l'encan.
Mais en 1891, un an avant sa mort, Thomas Cook avait pu fêter le cinquantenaire de son agence, dirigée alors par son fils Thomas. Sur sa maison natale, à Melbourne, on peut lire sur une plaque commémorative cette formule lapidaire : *He made world travel easier* – « Grâce à lui, voyager de par le monde est devenu chose plus facile » (v. *tour du monde*).

Agents de change : v. *change.*

Agrafe

Sous des variantes diverses, l'agrafe date de l'Antiquité. Elle servait alors uniquement à attacher ensemble les tissus et était souvent ornée. L'agrafe a fait un progrès radical en 1855, quand est apparue une machine qui débitait et pliait le fil métallique en forme d'agrafe, automatiquement et en une seule passe. L'agrafeuse mécanique moderne, qui sert à fixer les agrafes d'emballage, a été inventée au début du siècle et dérive du principe de l'appareil industriel à clouer (v. *épingle*).

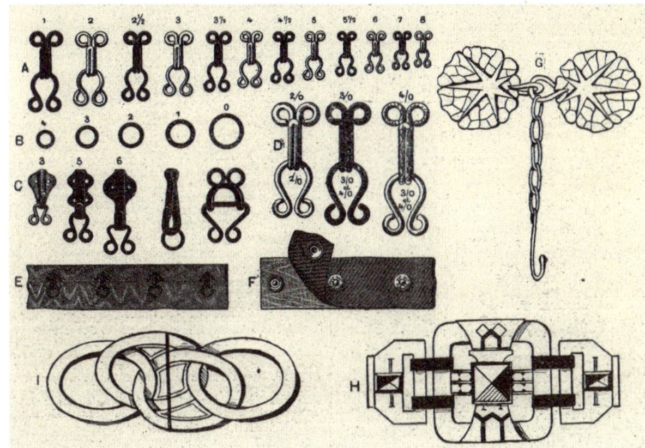

Connues depuis l'Antiquité comme attaches à vêtements, les agrafes se sont surtout répandues au XIXe siècle grâce aux machines permettant de plier le métal.

Agriculture

Durant le paléolithique, l'homme est un prédateur pur et simple : pour vivre, il pratique chasse, pêche, cueillette ; durant le mésolithique, il amorce ce qui deviendra la « révolution néolithique » : l'homme crée l'agriculture – ensemencement de graines sélectionnées, sarclage soigneux de petits lopins de terre, avec l'intention d'utiliser comme nourriture le produit de la récolte. Ainsi l'homme se sédentarise et se met à domestiquer un certain nombre d'espèces animales (v. *domestication*). Sur les pentes du mont Carmel, le peuple natoufien fut l'un des premiers à réaliser cette transformation : il chassait encore avec des outils de type mésolithique, mais employait aussi comme faucilles des silex fixés dans des os de mâchoires. Le peuple de Sialk Ier, en Iran, se servait de faucilles de ce type, et, en Égypte, le peuple du Fayoum faisait de même. Les plantes cultivées variaient selon la nature du terrain et l'hygrométrie, les plus importantes étant le blé* et l'orge*, dont allaient dépendre les civilisations du Croissant fertile.
Le premier outil agricole employé pour bêcher fut une sorte de houe qui remplaça le bâton à fouir – jusqu'à l'invention de la charrue*. À noter que les techniques de sarclage intensif et de culture en ligne, qui nous paraissent aujourd'hui évidentes et nécessaires, n'ont été adoptées en Europe qu'à partir du XVIIIe siècle. Les Chinois, eux, connaissaient ces techniques depuis le VIe siècle avant J.-C., époque où ils disposaient

déjà de houes grâce à leur avance en métallurgie, et donc ont commencé à les pratiquer quelque 2200 ans avant l'Occident (v. *avoine, moissonneuse*).

Agrumes

Oranger, citronnier, cédratier croissent à l'état naturel sur les pentes méridionales de l'Himalaya. Le pamplemoussier est originaire de la péninsule indochinoise. Le mandarinier provient du Sud-Est asiatique : Indochine, Malaisie, Philippines. La culture des agrumes a commencé en Inde, il y a deux ou trois millénaires.
Grecs et Romains ne connaissaient que le cédrat, qu'ils appelaient « pomme de Médie ». Par l'intermédiaire des Arabes, l'oranger amer (ou bigaradier) a été introduit en Occident au xe siècle, le citronnier au xiie, l'oranger doux au xive. Nous devons à l'Italie les *mandarini* de Palerme, si rares sous Louis XIV et dont le prix effrayait tant Harpagon (v. *clémentinier, grape-fruit, oranger*).

Aiguille

C'est à la civilisation solutréenne (environ 18000 à 16000 avant J.-C.) que l'on doit l'une des premières grandes inventions humaines, qui a permis de coudre les vêtements, et donc de mieux se protéger du froid : l'aiguille, simple arête de poisson, ou en os, et déjà percée d'un chas ; celui-ci pouvait être à mi-longueur et non à l'extrémité. On la trouve dans les couches les plus anciennes de la ville de Troie : cependant, la Grèce homérique a connu aussi l'aiguille d'ivoire. L'aiguille de cuivre ou de bronze fut en usage dans l'ancienne Égypte dès l'époque la plus reculée. Du temps des Romains, on cousait avec des aiguilles de fer très semblables aux nôtres, mais les archéologues se sont surtout attachés à retrouver les épingles* à tête ornées et les fibules. Si le Moyen Âge a connu des aiguilles de fer rustiques comme des clous, la ville de Nuremberg se livrait déjà en 1370 à la fabrication d'aiguilles d'acier poli, dont l'invention était attribuée aux musulmans. Ce type ne s'est vraiment vulgarisé que très tard : au milieu du xvie siècle en France, en Angleterre (Birmingham) au xviiie siècle. En 1765, on entreprit d'imiter à L'Aigle (Orne) ces « aiguilles anglaises » faites par des moyens mécaniques relativement évolués (v. *fil*).

Au centre : mandarinier (*Citrus deliciosa*), gravure du début du xxe siècle.

Ail

Originaire de l'Asie centrale (nord de l'Inde et Chine occidentale), l'ail est depuis longtemps connu et cultivé au Proche-Orient et sur les bords de la Méditerranée : selon Hérodote, on en fournissait abondamment aux ouvriers qui construisaient, deux mille cinq cents ans avant J.-C., les grandes pyramides de Gizeh, et ce, à titre de fortifiant. Et de même, la Bible nous dit que Booz en distribuait à ses moissonneurs fatigués. Les Grecs l'appelaient « la rose puante », mais lui reconnaissaient des vertus thérapeutiques ; pour la même raison, les médecins de la Renaissance, tel Ambroise Paré, feront son éloge.

Aimant

Le plus vieil aimant est évidemment l'aimant naturel, ou magnétique, lourde pierre noire faite d'un oxyde de fer. Comme plus tard les aimants artificiels, elle fut l'élément essentiel des anciennes boussoles*. On fit les premiers aimants en frottant un métal ferreux sur la pierre. Aristote signale déjà cette possibilité : les anciens Grecs connaissaient le magnétisme, dont le nom vient de la ville de Magnésie, en Asie Mineure. L'aimant ne se répandit qu'au Moyen Âge. L'Anglais William Gilbert balaya

toutes les explications extravagantes sur la vitalité qu'on attribuait à ces objets et fit en partie la lumière sur les phénomènes magnétiques, découvrant ainsi que la chaleur suspendait ces phénomènes. Au XVIIIe siècle, C. de Coulomb inventa la démagnétisation. Le Danois Hans Christian Œrsted découvrit en 1820 les rapports entre magnétisme et électricité. Dès lors, on sut fabriquer des aimants permanents et des électro-aimants par l'action directe d'un courant parcourant un bobinage.
Outre qu'on trouve sans cesse des alliages aux performances magnétiques supérieures (nickel, cobalt), les métaux sont en partie détrônés, aujourd'hui, par les ferrites, oxydes complexes frittés qui se prêtent à la transformation des courants de haute fréquence (v. *dynamo*, *électricité*).

Airbus

Avion franco-germano-hispano-britannique, Airbus est le premier « jumbo jet » moyen-courrier et le plus gros jamais construit en Europe.
Les essais du premier type, le A-300, ont débuté le 28 octobre 1972, à Toulouse-Blagnac.
Sa carrière commerciale a commencé avec Air France le 23 mai 1974, par un vol Paris-Londres (v. *Boeing*, *Caravelle*, *Concorde*).

Alambic

Cet appareil n'est qu'une cornue perfectionnée qui fut mise au point par les Arabes au Moyen Âge. Plus généralement, nous considérons sous ce vocable tout dispositif servant à distiller. Le type le plus ancien qui nous soit parvenu date de 3500 avant notre ère et provient du site mésopotamien de Tépé-Gawra (nord de l'Irak). Il s'agit d'un vase en céramique, dont le rebord est creusé en forme d'une gouttière pourvue de petits trous, qui la font communiquer avec l'intérieur du récipient. Lorsqu'on chauffait la substance à distiller, la vapeur se condensait sur le couvercle et glissait jusqu'à la gouttière.

Depuis la naissance du premier Airbus A-300 en 1972, utilisé par Air France, toute une série d'avions a été déclinée. Ici un A-340 de 1993.

Un alchimiste du Moyen Âge et son alambic, instrument spécifique des opérations de distillation qui fut mis au point par les Arabes. Gravure sur bois du XVIe siècle.

De là, le distillat coulait dans le récipient, dont le contenu devenait peu à peu plus pur (v. *armagnac*, *bourbon*, *cognac*, *eau-de-vie*, *whisky*).

Alcootest

Le premier de ces petits appareils servant à mesurer l'imprégnation éthylique d'un sujet porte en fait le nom d'une marque déposée par Draëgerwerk, firme commerciale allemande de Lübeck (brevet du 1er mai 1961), qui s'applique à un certain nombre d'instruments fabriqués par la société en question : tubes réactifs, appareils de mesure et de contrôle, etc.

Alexandrin

L'alexandrin, vers de douze syllabes, possède l'ampleur et les résonances qui en font le porteur de la poésie épique et de la tragédie par excellence. C'est Ronsard qui, le premier, l'a mis à l'honneur en le préférant parfois au décasyllabe, jusque-là forme rythmique incontestable de ces deux genres.
Cependant, l'alexandrin était utilisé dès le XIIIe siècle dans les chansons de geste. Il doit son nom à Alexandre le Grand pour son emploi dans *Le Roman d'Alexandre* (fin XIIe-début XIIIe siècle), premier poème où il est employé avec des rimes dites plates — les alexandrins rimant alors deux à deux, l'un à la suite de l'autre.

Algèbre

Vers 2500 à 3000 avant J.-C., les Babyloniens savaient résoudre des problèmes comportant des équations du premier degré à une ou deux inconnues. Moins avancés, les Égyptiens étaient capables de trouver la solution d'équations simples du premier et du second degré. Les Grecs, qui ont tant fait pour l'avancement des autres sciences, n'auraient apporté à l'algèbre aucune contribution si, à la fin de l'époque classique, le mathématicien Diophante n'avait donné une nouvelle impulsion à l'algèbre en adoptant des signes conventionnels pour représenter les inconnues, leur puissance, etc.
Le Moyen Âge européen oublie l'algèbre, mais les mathématiques continuent de progresser à partir du VIe siècle, en Inde d'une part et à Bagdad de l'autre.
Le plus grand mathématicien musulman fut le Persan Muhammad ibn Müsä al-Khärezmi, dont les travaux sont publiés en 825. Le titre de son ouvrage, en arabe, commence par *Al-jabr*..., d'où dérive le nom d'algèbre.
L'Europe reprendra le flambeau avec Léonard Fibonacci et son *Liber abaci* (1202), qui réunit toutes les connaissances apprises des Arabes au cours de ses voyages en Orient. Au XVIe siècle sont jetées les bases de ce qui sera l'algèbre moderne. Les Italiens tiennent pour fondateur de celle-ci Raffaele Bombelli, avec son traité d'algèbre de 1572, les Français honorent au même titre François Viète, avec son *Isagoge in artem analyticum* (1591), qui introduit l'usage des lettres pour indiquer les valeurs numériques, les voyelles pour les inconnues et les consonnes pour les données (v. *arithmétique*, *géométrie*).

Équation du second degré, page extraite du manuscrit du mathématicien Muhammad ibn Mûsâ al-Khârezmi, dont le premier mot, *Al-jabr*, a donné le terme algèbre.

Aliments pour animaux familiers

Les premiers biscuits pour chiens sont apparus en Grande-Bretagne dès 1885. La France ne suivra son exemple qu'en 1921. On y commercialisera les premières boîtes pour chats en 1959, alors que les minets anglais s'en régalaient dès 1934.

Allumettes

Dès l'Antiquité, on vendait des allumettes, faites de bois blanc et soufrées aux deux bouts. Les camelots les proposaient au chaland, par petites bottes, dans les rues bruyantes de Rome. Leurs appels stridents étaient au nombre de ceux qui obligeaient le poète Martial à se boucher les oreilles et à se réfugier dans sa retraite campagnarde.
Les marchands d'allumettes romains ne vendaient pas leur production ; ils l'échangeaient — exemple typique de troc — contre des morceaux de verre pilé qu'ils cédaient ensuite à des verriers, trafic plus profitable que le premier probablement.
Au Moyen Âge, les allumettes les plus recherchées étaient faites de roseau et fortement soufrées. « Allumettes sèches ! », précisait le vendeur dans le Paris du XVIe siècle, et son cri était l'un des cent sept différents qu'on pouvait y entendre.
En 1680, le chimiste Robert Boyle fabrique avec des fleurs de soufre et du phosphore un composé prenant feu au moindre frottement. Mais l'allumette chimique, sur ce principe, ne sera mise au point que de 1805 à 1831, en particulier grâce aux recherches de l'apothicaire français Chancel et à celles de son confrère et concitoyen Desrone.
La boîte d'allumettes avec frottoir naît aussitôt. La plus ancienne, inventée et commercialisée par

le pharmacien anglais Walker, date de 1830. Le Français Charles Sauria, cependant, perfectionne l'invention tant et si bien qu'on peut en définitive le considérer comme l'inventeur des allumettes à friction vraiment utilisables. Le Suédois J.E. Lündstrom, lui, avec ses « allumettes de sûreté », arrivera très largement battu, en 1846, car dès 1832 on vend à Paris des allumettes « pyrogènes », dont une boîte spécimen, conservée à la Bibliothèque nationale et très joliment ornée, semble bien être la plus ancienne boîte française connue (v. *briquet*, *feu*).

Aloès

Il existe quelque deux cents espèces d'aloès, pour la plupart originaires de l'Afrique australe. La légende veut qu'Alexandre le Grand l'ait rencontré en Inde. Un aloès figure aussi dans le premier herbier chinois, rassemblé à la fin du xe siècle. Mais les médecins assyro-chaldéens et pharaoniques l'utilisaient déjà comme purgatif.

Aloès (*Aloe vera*), gravure du xve siècle, extraite du *Jardin d'Eischtätt*, de Basilus Besler.

Alphabet

Les Phéniciens passent pour avoir inventé l'alphabet, mille cinq cents ans avant notre ère : un alphabet de vingt-deux lettres, avec l'écriture phonétique qui supplante désormais l'écriture idéographique des Égyptiens, des Crétois, des Hittites, etc.

Les Grecs apporteront une amélioration au système phénicien avec l'introduction des voyelles, puis les Romains adapteront l'alphabet grec à leur langue : c'est ainsi qu'un siècle avant notre ère sera formé l'alphabet de vingt-trois lettres qui deviendra le nôtre.

Mille trois cents ans après, au xiie siècle, une vingt-quatrième lettre viendra le compléter : le *w** germanique, qui apparaît dans notre littérature avec *La Chanson de Roland* (v. *aveugles*, *accents*, *cédille*, *écriture*, *ponctuation*).

Alphabet Braille : v. *aveugles*.

Alpinisme

Pierre III d'Aragon atteint le sommet du Canigou en 1280, Pétrarque celui du mont Ventoux en 1336, et Antoine de Ville escalade le 26 juin 1492 le mont Aiguille (alors dénommé mont Inaccessible), sur l'ordre de Charles VII, dont il était chambellan et qui passait dans le Trièves, en route pour l'Italie. Mais ce n'était là que préliminaires. Le véritable alpinisme sportif et la conquête méthodique des cimes commencent à l'instigation du botaniste, physicien, géologue et mathématicien genevois Horace Bénédict de Saussure, avec la première ascension du mont Blanc, en 1786, par Paccard, médecin à « Chamouni », et Jacques Balmat, cristallier et chasseur, qui atteignent le sommet le 8 août à 18 h 23. L'année suivante, de Saussure lui-même, en tricorne et culotte courte, vainc à son tour le plus haut sommet des Alpes — qu'on appelait alors « la Montagne maudite ». Il est accompagné de son valet Têtu et de dix-huit guides, dont le nombre est justifié par le matériel choisi pour cette aventure : matelas, draps, redingotes de rechange, etc., jusqu'à une table de logarithmes et les œuvres d'Horace en version originale ! La première femme à le gravir jusqu'au sommet sera une servante d'auberge, Marie Paradis, le 13 juillet 1808. La seconde, trente ans plus tard – le 5 septembre 1838 –, sera Henriette d'Angeville, « la fiancée du mont Blanc » ; la seconde certes,

Horace Bénédict de Saussure – qui a donné naissance à l'alpinisme – descendant le mont Blanc en août 1785 (Royal Geographical Society, Londres). L'année suivante, il parvient à en atteindre pour la première fois le sommet.

dont l'exploit aura été salué à coup de mortier, mais aussi la première cliente payante de la Compagnie des Guides de Chamonix, créée en 1823.
Comme pour les Alpes, la découverte des Pyrénées s'ordonna autour d'une forte personnalité, le baron Ramond. Bel esprit strasbourgeois, il explora la majeure partie de la chaîne pyrénéenne durant vingt années, en géologue et en géographe. Il gravit le pic du Midi de Bigorre trente-cinq fois, de 1787 à 1810. En 1802, sa conquête du mont Perdu achevait la période héroïque du « pyrénéisme ».
En 1754, à Zurich, était paru *De Alpibus commentarius*, premier ouvrage scientifique complet sur les montagnes, par Josios Simler : s'il n'avait gravi que des sommets secondaires, celui-ci exposait les meilleures techniques sur l'escalade : équipement, compagnons, recours aux montagnards locaux comme guides, itinéraires, utilisation des verres fumés contre l'ophtalmie des neiges, etc.
Grandes premières : mont Hæmus (Balkans) : Philippe Ier de Macédoine, 181 avant J.-C. ; Etna (Sicile) : Hadrien, vers 130 avant J.-C. ; Popocatepetl (Mexique) : Diego de Ordaz, 1520 (afin de prélever dans le cratère de ce volcan du soufre nécessaire aux artilleurs de Hernàn Cortés) ; Jungfrau (Suisse) : J.-R. et H. Meyer, 1811 ; Matterhorn ou Cervin (Suisse) : E. Whymper, 1886 ; Kilimandjaro (Tanzanie) : Hans Meyer, 1887 ; Aconcagua (Chili-Argentine) : M. Zurbriggen, 1897 ; Ararat (URSS) : Parrot, 1929 ; Annapurna (Inde) : Maurice Herzog, 1950 ; Everest (Inde) : E.P. Hillary, 29 mai 1953 ; première femme sur l'Everest : une Japonaise de 36 ans, en 1975. L'Everest (8 848 m), mais en moins de vingt-quatre heures à partir d'un camp situé à 3 500 m, et sans masque à oxygène : Marc Batard, guide à Megève, 26 septembre 1988. La même année, première descente en parapente de l'Éverest, par Jean-Marc Boivin.

Aluminium

Obtenu à l'état de poudre, en 1825, par le physicien et chimiste danois Hans Christian Œrsted, puis sous la forme de lingot, en 1827, par le chimiste allemand Friedrich Wöhler, l'aluminium restera une curiosité pendant un quart de siècle. En 1854, à Salindres (Gard), Henri Sainte-Claire Deville trouvera une méthode pratique pour l'obtenir plus aisément. Avec le premier métal ainsi produit, on fit une... ménagère pour Napoléon III, ce qui témoigne du caractère de métal précieux attribué à l'aluminium, jusqu'au jour où on sut l'extraire massivement de la bauxite – que le minéralogiste français Pierre Berthier avait découverte au pied du village des Baux (Bouches-du-Rhône), dès 1821, d'où son nom.

Alunissage

Première descente sur la Lune par un engin spatial habité : le module lunaire américain d'Apollo XI, le 21 juillet 1969, à 3 h 56 mn 20 s (heure française). Premier homme à faire un premier pas sur la Lune : Neil Armstrong ; deuxième homme : Eldwin Aldrin ; le troisième homme, Michael Collins, resté dans la cabine d'Apollo XI, se contentera de tourner en orbite en attendant leur retour (v. *astronef*).

Grâce à la mission Apollo XI a lieu le premier alunissage, le 20 juillet 1969 : Edward Aldrin installe un sismographe sur le sol lunaire, filmé par Neil Armstrong.

Originaire de Perse, l'amandier fut introduit en France au XVIe siècle. Miniature extraite d'une ancienne édition du *Tacuinum sanitatis* (Bibliothèque nationale de Vienne).

Amandier

L'amandier paraît être originaire de l'Hyrcanie, cette province de l'ancienne Perse qui bordait la Caspienne, du Turkestan et de l'Afghanistan. Les Phéniciens le répandirent dans tout le bassin de la Méditerranée orientale. Déjà, au IIIe siècle avant J.-C., les Romains le cultivaient à leur tour. Il a été introduit en France en 1548.

Ambre

Les plus anciens itinéraires commerciaux sont les routes du sel*, de la soie*, de l'étain*. Il y eut aussi celle de l'ambre jaune, à ne pas confondre avec l'ambre gris, produit par les concrétions intestinales de quelques cétacés, le cachalot en particulier.

L'ambre jaune, objet du commerce antique, commencé il y a neuf à dix mille ans, est constitué par la résine fossilisée d'une espèce de conifère aujourd'hui disparue, qui poussait sur les bords de la Baltique. Les populations méditerranéennes le sculptaient comme l'ivoire pour la fabrication de bijoux, de bibelots, de coupes, de manches de couteaux. Partie de la Baltique, une branche occidentale de la route de l'ambre conduisait jusqu'au port grec de Massilia (Marseille) ; une autre se terminait sur les rivages

de la mer Noire; une troisième, la plus importante, enjambait le Danube au niveau de l'actuelle Vienne et atteignait l'Adriatique.
L'ambre fut particulièrement recherché à l'époque de l'Empire romain. Puis l'Occident l'oublia. Mais la fabrication des rosaires, au Moyen Âge, lui rendit son prix. À partir du XVIe siècle, il fut à nouveau hautement apprécié et, combiné à d'autres matières précieuses pour la production d'œuvres d'art, il connut son apogée aux XVIIe et XVIIIe siècles.
En Grèce, l'ambre s'appelait *êlektron*. Et parce que l'ambre frotté acquiert la propriété d'attirer les corps légers, cela donna l'idée à William Gilbert, physicien et médecin d'Élisabeth Ire d'Angleterre, de donner à cette force d'attraction le nom d'électricité*.

Ambulance

L'origine des ambulances est militaire et remonte aux premiers « hôpitaux ambulants » créés sous Henri II dans la seconde moitié du XVIe siècle, et qui suivaient les armées en campagne. Un « hôpital » du même type fut créé par Sully en 1597 au siège d'Amiens. L'institution devint régulière et s'organisa sous Louis XIV, à l'instigation de Michel Le Tellier, ancien intendant à l'armée du Piémont en 1640 – et, père de Louvois.
Avec le baron Larrey, chirurgien militaire, surnommé « la providence du soldat » (et qui fit toutes les campagnes de la Révolution et de l'Empire, de l'Égypte à Waterloo), naissent les « ambulances volantes », unités plus petites et donc plus mobiles.
Avec la première Société de secours aux blessés, fondée en 1870 à l'occasion de la guerre franco-allemande, se développe une organisation sanitaire dotée d'un parc de voitures hippomobiles légères, du type qu'adopteront toutes les nations belligérantes de la Première Guerre mondiale, mais équipée, cette fois, de véhicules motorisés. Ces authentiques autos-ambulances voient leur utilisation s'étendre, dès 1920, au secteur hospitalier civil.

Ammoniac

Ce gaz à odeur très piquante doit son nom – qui l'eût cru – à un temple élevé sur un site très ancien du désert de Libye pour l'adoration du dieu égyptien Amon.
C'est en effet là que furent obtenus les premiers sels ammoniacaux par sublimation de la suie provenant de la combustion des excréments de chameaux. Quant aux artisans grecs, ils utilisaient des substances ammoniacales pour le blanchissage du linge, mais sans le savoir — un peu comme M. Jourdain faisait de la prose. Ingénieusement, ils plaçaient des jarres à l'entrée de leur boutique, à l'intention des clients ou des passants, afin de se procurer les urines fermentées dont ils se servaient, précisément, pour blanchir.
L'ammoniaque, ou solution aqueuse de l'ammoniac, est connue au XVe siècle. Le gaz, lui, est isolé en 1774 pour la première fois par le chimiste anglais Joseph Priestley, sa formule exacte est déterminée dix ans plus tard par Claude-Louis Berthollet. Celui-ci tentera d'en obtenir la synthèse, mais sans succès. Fritz Haber, chimiste allemand, y parviendra le premier en 1910. Autre chimiste allemand et autre prix Nobel, Carl Bosch a perfectionné le procédé Haber et obtenu la réalisation industrielle de cette synthèse en 1913.

Ampère

Unité d'intensité du courant électrique, l'une des sept unités de base du système international (SI). L'acception fut créée par le Congrès des électriciens, qui se tint à Paris en 1881, et ce pour honorer la mémoire d'André-Marie Ampère, mathématicien et physicien français autodidacte, fondateur de l'électrodynamique, et célèbre pour ses abstractions dans divers champs de la science comme pour ses distractions de savant « Cosinus » dans la vie quotidienne.

Ampoule électrique

La lampe électrique à arc fut la première à être utilisée en pratique. Découvert dès 1811, le système qui consiste à échauffer un filament conducteur au point de le rendre lumineux était connu, mais il s'agissait de faire durer ce filament : dans l'air, il s'oxydait et se coupait. L'Anglais de Moleyns imagina en 1841 de le protéger par une ampoule de verre privée d'air. Les difficultés n'étaient pas résolues.
Il fallut encore l'acharnement et l'esprit méthodique de Thomas Edison pour sélectionner le filament en fibre de bambou carbonisée.
Il faut dire aussi qu'Edison, avec ses mille quatre-

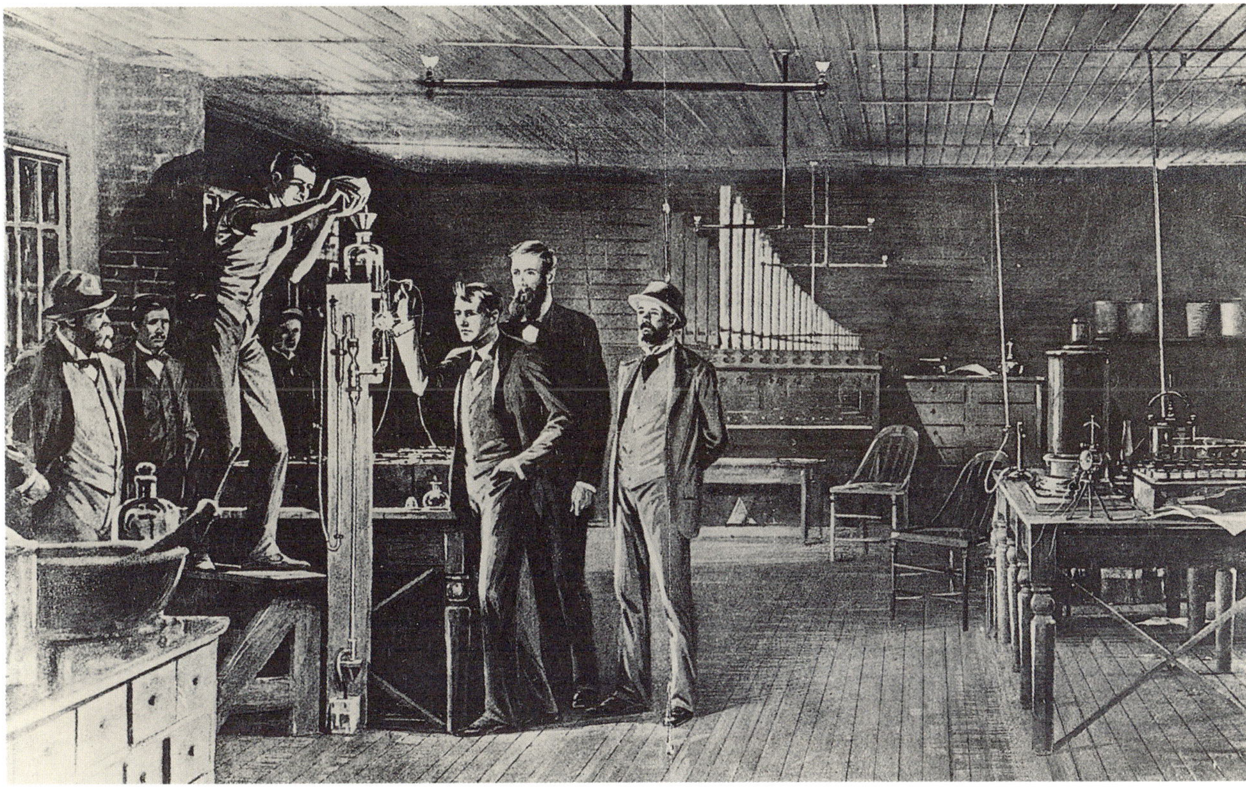

Thomas Edison (1847-1931), ingénieur américain, montre à des scientifiques l'avancée de ses travaux sur l'élaboration de l'ampoule électrique, à laquelle il aboutit en 1879.

vingt-treize brevets déposés qui en font l'inventeur le plus fécond de tous les temps, ne s'est pas contenté de mettre au point la première ampoule pratique – laquelle fonctionna pour la première fois le 21 octobre 1879. Avec les nombreux collaborateurs de son laboratoire, remarquablement équipé et organisé, il mit au point dynamos, régulateurs, interrupteurs, fusibles, lignes souterraines, etc. Si bien qu'à partir du 4 septembre 1882, il put alimenter en courant et en lumière électrique une partie du downtown Manhattan. Il faut dire aussi qu'Edison avait su profiter des travaux d'un précurseur méconnu, le Français de Changy (1858), et des essais de l'Anglais Joseph Swann, qui avait tenté de mettre au point une lampe avec filament de carbone. On s'orienta ensuite vers les métaux réfractaires. Le Russe W. von Bolton réalisa en 1902 un filament de tantale qui eut un certain succès. Seul le tungstène devait se révéler pleinement efficace. Toute la difficulté fut alors d'ordre métallurgique : faire un fil fin avec un métal pratiquement infusible. Ensuite, la présence d'argon, gaz rare, dans l'ampoule, contribua aussi à sa longévité (Irving Langmuir, 1909). À la même date, Georges Claude inventait le tube luminescent au néon*, la plus connue des lampes à décharge électrique dans un gaz (v. *lampe*).

Amputation chirurgicale

La plus ancienne que l'on connaisse est celle du bras droit, faite sur un homme de Néanderthal, dont le squelette a été exhumé dans les monts Zagros, en Iran, et qui vivait il y a quarante-cinq mille ans. De Celse, au Ier siècle avant J.-C., le premier à décrire une amputation dans le *De re medica*, à Galien, deux siècles après J.-C., d'Ambroise Paré au XVIe siècle à Dupuytren au début du XIXe siècle, après l'éclipse qui avait précédé la Renaissance, les techniques opératoires se perfectionnent et des amputations de plus en plus délicates sont réussies. Mais ce n'est que dans la seconde moitié du XIXe siècle, avec la découverte de l'anesthésie* et surtout de l'antisepsie*, que la chirurgie* a pris son visage actuel (v. *bistouri*, *chirurgie*, *lancette*, *scalpel*).

Ananas

Parmi les cinq espèces d'ananas (*Ananas sativus*) qui poussent aujourd'hui du Paraguay au Mexique, une seule produit les fruits savoureux que nous appelons de ce nom. Leurs petits fruits pleins de graines étaient appréciés des Amérindiens bien avant l'arrivée de Christophe Colomb. Lorsque celui-ci les découvrit, en 1493, dans l'île de la Guadeloupe, leur renommée avait depuis longtemps franchi les frontières de leur Brésil et de leur Paraguay natals. C'est au Brésil que Jean de Léry rencontre l'ananas en 1555 et chante son parfum et sa saveur. Mais ce premier texte en langue française est postérieur à un document espagnol de 1535. En tout cas, dès le XVIe siècle, l'ananas est entré dans la littérature.
À la fin du même siècle, l'Europe se met à le cultiver en serre. Mais, en France, sa mode ne sera lancée vraiment qu'à partir de 1733, après que Louis XV l'aura goûté, apprécié et fait savoir.
De leur côté, colons portugais et espagnols l'acclimatent dans leurs établissements de l'Afrique occidentale. Puis, dès le milieu du XVIIe siècle, l'ananas s'installe en Inde et en Indonésie.
Cependant, c'est dans les serres anglaises, où on le cultivait pour pallier une importation insuffisante, que de nouvelles variétés sans grains et à gros fruits verront le jour. Ces variétés améliorées seront réintroduites en Amérique, aux Açores, en Afrique, en Inde, en Malaisie et en Australie. Celles qui permirent le départ de l'industrie hawaiienne sont venues de Grande-Bretagne via l'Australie, si bien que ce fruit du soleil est le fils de la brumeuse Albion.

Anatomie

La science de la forme et de la disposition des organes est aussi vieille que la médecine*, encore que, jusqu'au XVIe siècle, nos connaissances n'aient guère évolué.
Alcméon de Crotone, qui vivait au VIe siècle avant J.-C., aurait, le premier, dit-on, disséqué des animaux. Ce n'était pas suffisant pour faire progresser l'anatomie. C'est au IVe siècle avant notre ère que Proxagoras de Cos et ses élèves Hiérophile et Érasistrate, de l'école d'Alexandrie, disséquèrent les premiers des cadavres humains. Galien, au IIe siècle, se contente de disséquer pourceaux et singes, puis douze siècles vont suivre, durant lesquels les préjugés et les croyances religieuses feront complètement négliger l'anatomie.

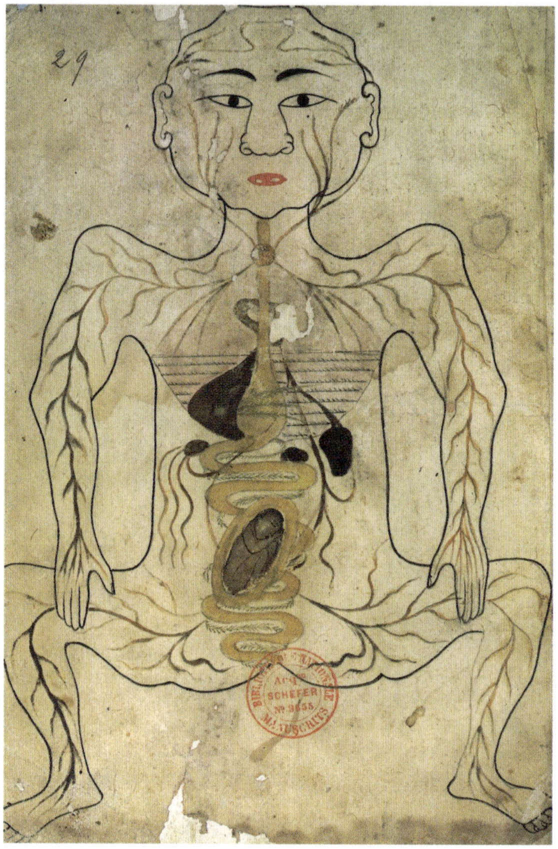

Extrait du *Traité d'anatomie humaine* de Mansour Ibn Ahmed montrant le système circulatoire tel qu'il était représenté avant les découvertes sur la circulation pulmonaire de Ibn En Nafis en 1288.

En 1300, le pape Boniface VII autorise la dissection. C'est un nouveau départ pour l'anatomie, qui s'épanouit au XVIe siècle, avec les écoles de médecine, italiennes surtout, dont celle de Padoue où s'illustre alors le plus grand des anatomistes du temps, le Flamand André Vésale. Son *De Corporis humani fabrica* (1543), traité révolutionnaire, attaque et rejette maintes idées exposées par Hippocrate et Galien, ce qui ne plaît pas à tout le monde. Ainsi, Vésale, devenu médecin de Charles Quint, a droit aux foudres de l'Inquisition en 1561.
À partir du XVIIIe siècle, l'étude de l'anatomie en Occident est devenue l'une des matières fondamentales de l'enseignement médical. D'importants développements survenus à la fin du XVIIIe et au début du XIXe siècle ont conduit à la création de l'histologie ou science des tissus,

avec Bichat et son *Anatomie générale*, premier ouvrage consacré à cette discipline (1801). De son côté, Cuvier publiait de 1800 à 1805 sa monumentale *Anatomie comparée*, autre grande « première ».

Ancre

L'ancre a été d'abord constituée par une pierre encordée, larguée du bateau, et agissant par son poids comme les anciens Égyptiens en faisaient déjà usage. On employa aussi les paniers chargés de pierres, et Phéniciens et anciens Grecs utilisèrent des bûches évidées et remplies de plomb. L'ancre digne de ce nom fut réellement créée avec l'emploi du fer. Dans le monde grec, ou peut-être chez les Phrygiens, ou les Étrusques, on imagina de la façonner en forme de crochet, puis de crochet double qui lui donnait déjà sa silhouette moderne. Le jas fut aussi une invention grecque. Les Romains adoptèrent les becs en forme de pointes de flèches. Une ancre à tête mobile fut découverte dans les restes de bateaux datant du règne de Caligula retrouvés dans le fond du lac de Nemi, en Italie. Jusqu'au XIXe siècle, où l'ancre devint une mécanique plus complexe grâce aux progrès de la métallurgie, on se contenta de ce type d'engin antique.

Âne

L'âne domestique est au moins aussi vieux que l'Égypte pharaonique, laquelle le tenait, semble-t-il, des Nubiens. Adopté par les Hébreux, il ne serait passé que tardivement en Europe. La Grèce, l'Italie et l'Espagne l'ont adopté à leur tour au cours du IXe siècle avant notre ère. Grecs et Romains ont pratiqué le croisement avec d'autres équidés et élevé mulets et bardots.

À l'origine, les Romains se contentaient pour amarrer leurs bateaux d'une pierre encordée. Plus tard, ils mirent au point un système de crochet. En fait, ce type d'ancre, qui s'améliora au fil des siècles, persista jusqu'à la Révolution industrielle où elle devint plus complexe. Gravure du XVIIIe siècle extraite de l'*Encyclopédie*.

Les animaux de la ferme, affiche pédagogique du début du XXe siècle.

Anémone

Celle qui deviendra « l'anémone des fleuristes » a pour patrie les rivages méditerranéens, où elle était cultivée depuis l'Antiquité. C'est vers 1525 qu'elle a été introduite dans les jardins de l'Europe tempérée, où l'art des floriculteurs a su rehausser ses qualités de fleur ornementale.

Anesthésie

L'anesthésie a une longue histoire, dont on peut prétendre qu'elle remonte à la Création : Dieu n'a-t-il pas endormi profondément Adam avant de lui ôter la côte dont Ève a été faite, accomplissant ainsi la première opération sous anesthésie ?
Après lui, la Mésopotamie se met à cultiver le pavot pour ses propriétés somnifères ; Égypte, Grèce, Rome utilisent l'opium, et Galien écrit même, au IIe siècle, un *Éloge de l'opium* dans lequel il exalte les vertus médicamenteuses de celui-ci.
Le Moyen Âge, contrairement à ce que l'on croyait, s'est très vite intéressé à l'anesthésie. On trouve dans la *Rogerine* la recette d'une « éponge somnifère » imbibée de suc de jusquiame, d'opium et de chanvre indien. À noter que la *Rogerine* est le plus ancien traité de chirurgie* occidentale, dû au maître salernien Roger de Parme (vers 1180).
De son côté, Paracelse déclare que l'éther est d'un « emploi recommandé pour le traitement des maladies douloureuses », après avoir constaté dans quel sommeil profond étaient tombés les poulets

Justus von Liebig, le chimiste allemand qui a découvert le chloroforme, travaillant dans son laboratoire en 1840. En 1852, le docteur John Snow, à la demande de la reine Victoria sur le point d'accoucher, utilise pour la première fois le gaz découvert par l'Allemand comme anesthésiant pour soulager les souffrances de sa patiente.

qui avaient bu ce corps chimique qu'il appelle « l'eau blanche ». Mais il ne va pas plus loin.
Il faut attendre la fin du XVIIIe siècle et le début du suivant pour que les expérimentateurs poursuivent ces recherches. Un jeune apprenti pharmacien anglais, Humphrey Dovy, découvre, sur lui-même, les propriétés hilarantes et apaisantes du protoxyde d'azote ; pourtant, comme Paracelse, il se garde de sauter le pas. Au contraire, son compatriote, Henry Hickman, modeste médecin des pauvres, se livre à de nombreuses expériences sur des animaux à partir de 1820. Mais ses exposés, devant ses pairs, à Londres et à Paris, n'éveillent aucun intérêt.
Le dentiste américain Horace Wells connaît le même insuccès, bien qu'il ait réussi à s'arracher une dent sans la moindre douleur le 11 décembre 1844.
Après trois siècles, les propriétés narcotiques de l'eau blanche de Paracelse, alias vitriol doux de Raymond Lulle, que le pharmacien allemand Frobenius a baptisé éther en 1729, recommencent à intriguer les pionniers des sciences biologiques, et cela par une singulière entremise : aux États-Unis, dans le courant des années 1830, la jeunesse se réunit en des ether-parties qui dispensent une douce ivresse. Dans la petite ville de Jefferson, ces séances euphoriques ont lieu chez un jeune médecin, le docteur Crawford Long. Ayant constaté le pouvoir anesthésique de l'éther, il enlève deux petites tumeurs de la nuque d'un ami, le 30 mars 1842, après l'avoir endormi. Puis il ampute de deux doigts un jeune Noir, avec le même succès. Mais la petite ville s'émeut, critique, calomnie ; et le docteur Long préfère en rester là. Personne, en dehors de Jefferson, ne saura rien de sa double réussite avant longtemps.
Plus tenace, un collègue d'Horace Wells, le chirurgien-dentiste William Morton, passant du simple mouchoir imbibé d'éther au premier masque anesthésique, mis au point par lui, convainquit un grand chirurgien du Massachusetts, le docteur John Warren Jackson, d'adopter sa méthode. Et celui-ci opéra,

le 16 octobre 1846, d'une tumeur au cou, un jeune homme de 20 ans, puis, le 7 novembre de la même année, amputa d'une jambe une jeune femme. Succès et gloire immédiats en Europe aussi : à Londres, première amputation sous narcose le 21 décembre, à Paris, le 22, et en Allemagne, à Erlanger, le 24 janvier 1847. La fin de Wells, Morton et Jackson fut dramatique. Chacun s'attribuait le mérite de la première découverte. Morton y perdit sa fortune et mourut misérable, Jackson devint fou et Wells se suicida... au chloroforme.
Wells avait en effet étudié les propriétés de ce narcotique découvert en 1831, presque au même moment, par le chirurgien militaire américain Samuel Guthrie, par l'Allemand Justus Liebig et par le Français François Soubeiran. Mais ce devait être un gynécologue écossais, James Simpson, qui allait pratiquer le premier accouchement* sans douleur, au chloroforme, en novembre 1847, tandis qu'un peu après lui, le même mois, un chirurgien anglais se livrait à la résection d'un radius.
La punition d'Ève était levée ; elle pourrait ne plus enfanter dans la douleur. La réprobation fut grande... jusqu'en avril 1852, époque où la reine Victoria, chef de l'Église anglicane, demanda elle-même au docteur John Snow le bénéfice du chloroforme pour accoucher et s'en trouva satisfaite – d'où la dénomination d'« accouchement à la reine » pour signifier cette première forme d'accouchement sans douleur.
L'anesthésie locale est le fait de Sigmund Freud, qui, étudiant la cocaïne, qu'on venait d'isoler des feuilles de coca, constata l'action paralysante de cet alcaloïde sur sa propre personne. Mais il laissa à son ami l'ophtalmologiste Koller le soin d'exposer les mérites de cette technique inédite à un congrès médical, en 1884 (v. *acupuncture*, *coca*, *morphine*).

Aniline

En 1826, le chimiste allemand Otto Unverborden parvient, en chauffant de l'indigo* à très haute température, à rompre sa molécule en fragments, dont l'un était un liquide organique inconnu contenant de l'azote*.
Pour ce nouveau composé, on proposa en 1840 le nom d'aniline, dérivé d'anil, nom portugais de l'indigo. L'Aniline qui, comme on le constata à l'époque, pouvait être également tirée du coaltar ou goudron de charbon.
En 1856, un jeune étudiant en chimie de 18 ans, l'Anglais William Perkin, qui tentait de fabriquer de la quinine dans la cabane-laboratoire aménagée au fond de son jardin, crut remarquer – mais à tort – que la structure de la molécule de quinine était proche de celle de l'aniline. Et il crut l'obtenir par oxydation du coaltar. Le résultat de ses expérimentations : un horrible magma à reflets violacés qui fit réfléchir notre chimiste en herbe. De ce magma, il réussit à extraire une teinture. Celle-ci, après essais, convint à la plus célèbre firme de teinturiers britanniques, Pullar, de la ville de Perth. Aidé financièrement par son père, Perkin monta une usine de fabrication du bleu aniline, comme on appela alors cette teinture. Mais les teinturiers français qui l'adoptèrent la dénommèrent mauvéine, parce que sa couleur se rapprochait de la fleur du même nom (*Malvus sylvestris*).
La mauvéine a été la première de plusieurs centaines de teintures synthétiques produites par l'industrie chimique, les teintures dites « d'aniline ou de coaltar ». Leur apparition a sonné le glas de toutes les teintures naturelles, y compris de l'indigo.

Anis

Nom attribué à diverses plantes, il désigne le plus souvent (même si l'on ne précise pas qu'il s'agit de l'anis vert) *Pimpinella anisum*, originaire de Levant et dont la culture fut introduite en Europe au XVIe siècle. Mais Égyptiens et Grecs appréciaient ses vertus gustatives et thérapeutiques, et Pline l'Ancien lui accordait le pouvoir de faire dormir et de garder la jeunesse du visage.
Ne pas confondre l'anis vert avec la badiane ou anis étoilé, fruit du badianier (*Illicum verum*), qui ne se plaît que sur une aire très limitée du Nord-Vietnam. Au XIIIe siècle déjà, Marco Polo le cite comme épice très convoitée. Nos pharmaciens utilisent son fruit comme stimulant et stomachique, nos liquoristes, pour sa saveur aromatique dans la préparation de liqueurs : anis, anisette, etc.

Annuaire

L'origine des annuaires est moins ancienne que celle des almanachs, dont la vogue remonte à

l'essor de l'imprimerie en Occident, et qui disparurent au cours du XIXe siècle : un des derniers, l'*Almanach des Dames*, prospère sous l'empire, disparut en 1845.
L'almanach était une sorte de fourre-tout des connaissances, tandis que l'annuaire essaie de classer et de sélectionner celles-ci. Mais les deux termes, dans les esprits, furent longtemps synonymes ou du moins sujets à confusion.
Le mot « annuaire » n'apparaît en titre d'ouvrage qu'avec l'*Annuaire du Républicain*, dû à la plume de l'archéologue Louis Millin (les noms des saints y étaient remplacés par des noms de légumes !), publication qui fut suivie par l'*Annuaire du Bureau des longitudes* (1796).
Il existe aujourd'hui en France une multitude d'annuaires dont le plus consulté est celui du téléphone, paru pour la première fois en 1891. À la différence d'almanach, le mot bottin est un parfait synonyme d'annuaire. Or, le véritable Bottin (marque déposée) groupe les abonnés par catégories professionnelles, classés dans un ordre géographique. C'est par extension qu'on appelle aussi bottin des annuaires très spécialisés : bottin mondain, bottin de l'automobile, etc.
Ce fut d'abord le patronyme de celui qui, le premier en France, eut l'idée de dresser des répertoires professionnels : Sébastien Bottin, prêtre, puis secrétaire général de préfectures, puis de 1819 à 1853, année de sa mort, responsable de l'*Almanach du commerce de Paris*.

Antenne

C'est Popov (Alexandre Stepanovitch), ingénieur russe, qui a inventé l'antenne radio, en prolongeant le fil adapté aux appareils à ondes hertziennes de Hertz et de Branly.
Il utilisa d'abord son invention pour capter et étudier l'électricité de l'air par temps d'orage. Les premières antennes de radio rappelaient de loin l'apparence des dispositifs de même nom que la marine utilisait pour les voiles latines. Depuis, les antennes se sont miniaturisées, diversifiées et spécialisées : antennes d'avion en forme d'assiette, de sabre ou d'anneau, de télévision en forme de râteau, de radar à réflecteur parabolique. Les antennes tournantes d'émission dirigée ou de localisation ont été conçues par André Blondel (1901) et Guglielmo Marconi (1903) [v. *radio-électricité*].

Antibiotique : v. *pénicilline, streptomycine, sulfamides.*

Antisepsie

Éclairé par les travaux de Pasteur sur le rôle des bactéries de l'air dans les phénomènes de la putréfaction, le chirurgien anglais Joseph Lister étudia à partir de 1864 les diverses substances chimiques capables de détruire les bactéries au niveau des plaies. Grâce à ses travaux, la chirurgie* allait connaître un essor et une réussite extraordinaires, la mortalité après amputation* tombant de 60 à 10 %.
Dans son *Mémoire sur le principe de l'antisepsie*, Lister rend hommage à Pasteur : « Quand les recherches de Pasteur eurent montré que

Louis Pasteur, grâce à ses travaux en bactériologie dans les phénomènes de la putréfaction, ouvrit la voie à la découverte des traitements antiseptiques mis au point par Lister en 1864.

l'atmosphère était septique, non à cause de l'oxygène ou autres facteurs gazeux, mais du fait d'organismes minuscules qui s'y trouvent en suspension, j'eus l'idée qu'on pouvait éviter la décomposition de régions blessées sans supprimer l'air, en leur appliquant comme pansement une substance capable de détruire la vie des particules flottantes. »

Apéritif

Les Assyriens prenaient l'apéritif au vin de palme ; les Romains disposaient de nombreux vins cuits pour la même occasion ; au XIIe siècle, les Allemands aimaient goûter, avant le repas, un vin mélangé d'absinthe qu'ils appelaient *wermut*, d'où vient « vermouth » – trois exemples en faveur de la thèse selon laquelle l'usage de l'apéritif est aussi vieux chez l'homme que le plaisir de boire.

Apostrophe : v. *cédille*.

Appendicite

Le mot appendicite est d'invention récente. Autrefois, on parlait de typhlite, inflammation du cæcum avec laquelle on la confondait. On prétendait d'ailleurs la guérir sans intervention chirurgicale. La typhlite a perdu petit à petit de son importance, en même temps que l'appendicite en gagnait, et se faisait attribuer à son tour toutes les douleurs de la fosse iliaque droite. Alors que l'on préconisait les laxatifs pour la typhlite, on conclut ensuite, après des discussions passionnées, qu'il n'y avait d'autre traitement que l'ablation de l'appendice. Le chirurgien américain Charles Mac Burney, à la fin du XIXe siècle, a fait franchir une étape décisive dans la technique opératoire. Le fait que l'appendicectomie ne guérissait pas tous les cas a fait réinventer la typhlite.

Aquarelle

Certains attribuent la découverte de l'aquarelle, à la fin du XIVe siècle, à Albert Dürer, mais celui-ci n'a fait qu'utiliser les procédés des enlumineurs du Moyen Âge à d'autres fins que l'illustration d'incunables pieux.
En réalité, la technique de cette peinture à la détrempe, dont les couleurs solubles dans l'eau additionnée de gomme arabique (ou d'une autre substance chimique en tenant lieu), sont appliquées sur un support léger comme le papier ou le carton ; cette technique-là était connue dès le IIe siècle avant J.-C. en Égypte. Au XVIe siècle, la peinture* à l'huile s'épanouit sur des surfaces de plus en plus grandes, tandis que l'aquarelle reste dépendante de ses supports. Et donc la seconde ne pourra que régresser au profit de la première, son rôle se réduisant à celui d'une technique d'étude au même titre que le dessin. Sa longue éclipse en tant que genre majeur durera jusqu'à la réhabilitation de la peinture à l'eau au XVIIIe siècle. Son siècle d'or sera le XIXe, grâce à la création, en Grande-Bretagne, d'une Water-Colour Society (1804), qui lui donnera un nouvel élan, même si Constable et Turner, les deux plus grands aquarellistes britanniques, n'en firent pas partie.

On attribue souvent l'origine de la technique de l'aquarelle à Dürer. En réalité, cette technique de peinture à la détrempe était déjà pratiquée en Égypte dès le IIe siècle avant J.-C., puis par les Romains. Ci-dessus, un morceau de la paroi d'une tombe étrusque peinte à l'aquarelle.

Aquarium

Mettons à part les petits aquariums des demeures privées, purement décoratifs, et que connaissait déjà l'Antiquité classique. Dès lors, le premier aquarium, véritable zoo pour faune aquatique, destiné à satisfaire à la fois la recherche scientifique et la curiosité du public, est celui qui fut construit à Berlin en 1869. Quatre ans plus tard, le grand aquarium de Naples ouvrait ses portes. En 1910, c'était le tour de celui de Monaco.

Aquatinte

Utilisée le plus souvent en complément de l'eau-forte*, l'aquatinte permet de donner à la gravure* les nuances subtiles d'un lavis. Le peintre français Jean-Baptiste Leprince a présenté vers 1770, à Paris, les premières épreuves de gravure à la résine, c'est-à-dire selon la technique de l'aquatinte. C'est en 1778 que Goya utilisa pour la première fois l'aquatinte, dont il passa, en son temps, pour être l'inventeur. Il s'agit de quatre-vingts gravures, mises en vente par souscription le 19 février 1799 – édition retirée deux jours après par l'auteur lui-même qui craignait les réactions de la Sainte Inquisition.

Aqueduc

L'aqueduc peut être un canal au niveau du sol, un conduit souterrain, ou une structure sur levée — mur plein ou percé d'arcades.
En Chine, en Assyrie, en Égypte, on a retrouvé les vestiges d'aqueducs à ciel ouvert, destinés à l'irrigation. La Grèce antique a préféré les aqueducs souterrains. Rome a multiplié les aqueducs à arcades. Cependant, le premier aqueduc romain, l'*Aqua Appia*, construit en 312 avant J.-C. sur l'ordre du censeur Appius Claudius pour alimenter la capitale, était souterrain. Il transportait l'eau d'une source captée à plus de 16 km. Dès 372 avant J.-C., il fallut le doubler par un second aqueduc avec 300 m d'arcades, qui déroutait l'eau de l'Anio, affluent du Tibre.
Le premier aqueduc « moderne » est celui de Gênes ; il date du XIIe siècle.

Arachide

L'arachide était déjà cultivée en Amérique du Sud à l'arrivée des conquistadores. Il en est fait état, pour la première fois, dans une chronique espagnole de 1569, à propos du Pérou où, par la suite, on a trouvé en grand nombre des gousses et des graines d'arachide dans des tombes précolombiennes (v. *navet*).

Arbre

Le plus vieil arbre du monde historiquement connu aurait plus de 2 200 ans : il se trouve au cœur d'Anuradhapura, ancienne capitale et ville sacrée de Ceylan. C'est un figuier des pagodes (*Ficus religiosa*), branche et rejeton de l'Arbre Bo

L'arachide a gagné l'Europe au XVIe siècle, rapportée du Pérou par les conquistadores espagnols. Ci-dessus, une planche botanique de l'arrachide datant du XIXe siècle.

sous lequel Bouddha, qui vécut au Ve siècle avant notre ère, avait reçu l'illumination, à Buddha Gaya, dans le nord de l'Inde.
Cette branche fut apportée à Ceylan par la princesse Sanghamitta, sœur du prince Mahinda, prosélyte du bouddhisme, au IIIe siècle avant J.-C. Depuis, il a été surveillé et soigné par les titulaires d'une charge spéciale aussi longtemps qu'à duré la royauté cinghalaise, c'est-à-dire jusqu'à l'arrivée des Portugais, au début du XVIe siècle (v. *ginkgo*).
Quant aux plus vieux arbres encore vivants scientifiquement catalogués, on les trouve en Californie, à plus de 3 000 m d'altitude dans les White Mountains. Tous sont des pins qui appartiennent à l'espèce *Pinus longa eva*. En comptant les cernes qui se forment d'année en année du fait de leur croissance, on a pu calculer qu'un de ces pins était âgé d'environ 4 900 ans. C'est Léonard de Vinci qui, à la fin du XVe siècle, a découvert le principe de la croissance

C'est grâce à l'initiative de Marie de Médicis au XVIIe siècle que les rues de Paris sont peuplées d'arbres. Vue d'optique de Paris au XVIIIe siècle représentant la rue du Calvaire.

saisonnière des arbres. Au XXe siècle, la dendrochronologie est devenue une science qui supplée aux défaillances de la datation par le carbone 14 pour les périodes antérieures au Ier millénaire avant notre ère.

Arbres des rues de Paris

Le premier, Henri II réclama des alignements d'arbres pour les rues de Paris, en 1552. Mais il fallut Marie de Médicis, fille de Toscane, pour que cette idée reçoive un début d'exécution en 1612. Aujourd'hui, il y en a près de quatre cent mille, dont quelque 40 % de platanes.

Arc

L'arc figure dans l'armement de chasse des rois assyriens : un bas-relief de Ninive, au British Museum, en fait foi. La célèbre frise des Archers, du palais de Persépolis, montre que son usage était très courant à l'époque. L'architecture dénomme arc, par allusion à l'arme, toute construction dessinant une portion de cercle.

L'arc est une des armes les plus anciennes et les plus répandues dans le monde. On le trouve dans presque toutes les civilisations, et notamment en Chine dès le IIe siècle avant J.-C.

L'invention en paraît due à Rome. Les temples et les palais de l'Orient antique, plafonnés, ne comportaient pas d'arcs. Mais sans doute les constructeurs romains ont-ils hérité de la voûte des Étrusques, laquelle remonterait alors au XVe siècle J.-C..
En Chine, sous la dynastie des Han (206 avant J.-C. -220 après J.-C.), contemporaine de l'Empire romain, on maîtrisait aussi les techniques de l'arc. Xu Shen écrit dans son *Dictionnaire étymologique des caractères* que « le pont, c'est la poutre haute et courbe sur l'eau ».

Argent : v. *monnaie métallique, orfèvrerie.*

Archives

C'est en basse Mésopotamie, à Ourouk – aujourd'hui Ouarka –, près de l'ancien estuaire de l'Euphrate, que l'on a retrouvé les plus anciens documents écrits connus, et qui datent de 3 000 à 2 800 avant J.-C.
Il s'agit de livres de comptes et d'inventaires, rédigés en écriture cunéiforme akkadienne sur des tablettes d'argile déposées dans le temple d'Éanna.
Ces documents constituent les premières archives, lesquelles avaient un intérêt surtout économique (v. *banque*).

Argot

On sait qu'existait déjà au XIIIe siècle un jargon des truands. Le tout premier texte connu traite de l'argot des Coquillards, soldats perdus devenus pillards, dont le procès se tint à Dijon en 1455.

Arithmétique

L'homme commença à compter avec ses doigts, puis avec des cailloux, avant d'inventer le boulier. Si des tablettes babyloniennes de l'an 2000 avant J.-C. constituent le premier exemple connu de numération écrite, c'est en Grèce (Pythagore et ses disciples, VIe siècle avant J.-C.) que naquit l'arithmétique théorique (*arîthmêtikê*, sciences des nombres).
Stifels (*Arithmetica integra*, Nuremberg, 1554) semble s'être servi le premier des signes + et –, presque en même temps que Robert Ricord inventait le signe =. Mais, dès le XIIIe siècle, on trouvait la virgule séparative des nombres (v. *chiffres arabes, zéro*).

Armagnac

Sa préparation remonte à la seconde moitié du XVe siècle, vraisemblablement. Une chose est sûre : le premier texte qui fait mention de la fabrication en Gascogne de cette « eau ardente », qu'on tiendra longtemps pour un remède d'apothicaire, date de 1461. En tout cas, l'Histoire se souvient de ce que, à la naissance du futur Henri IV, son père a frotté ses lèvres avec une gousse d'ail et quelques gouttes d'armagnac.
Le commerce de cet alcool noble en direction des autres provinces françaises et de l'étranger prendra son véritable essor vers 1650 (v. *alambic, eau-de-vie*).

Armée pontificale

Créée en 1480 par le pape Sixte IV, la plus vieille armée toujours en exercice, si l'on peut dire, est celle du Vatican. Ses effectifs sont restés stables tout au long du XXe siècle : une centaine d'hommes, dont cinquante hallebardiers, recrutés, depuis 1506, exclusivement dans les cantons de la Suisse alémanique. Ils ne possèdent pas d'armement moderne. Le port de la barbe et les cheveux longs leur sont interdits.
Les troupes pontificales ne sont plus montées au feu des combats depuis leur défaite par les troupes italiennes, survenue en 1870.

Armée du Salut

Fondée à Londres en 1865 pour propager la foi et soutenir les pauvres, par William Booth, la « Mission chrétienne » ne prit le nom d'Armée du Salut qu'en 1878. Après des débuts assez difficiles et une période d'expansion modérée, l'Armée du Salut a connu un essor remarquable, de 1934 à 1939, avec la « générale » Évangéline Booth, fille du précédent, qui avait « évangélisé » au Canada, aux États-Unis et à Terre-Neuve.

Armoire

Le Livre des Rois, du XIIe siècle, fait d'elle un meuble d'église. En effet, le plus ancien meuble français connu, qui date précisément du XIIIe siècle, est une armoire de sacristie, conservée à Aubazines, en Corrèze.

L'une des plus anciennes armoires d'ameublement civil que l'on connaisse est le chef-d'œuvre d'Hugues Sambin, exécuté dans l'atelier du maître à la fin du XVIe siècle (v. *commode*).

Armoiries : v. *croisades, héraldique.*

Arobase

Le signe @ figurant dans les adresses de courrier électronique est très ancien. Il a d'abord servi aux copistes médiévaux pour représenter la préposition latine *ad* qui signifie à ou vers. Puis dans le latin de chancellerie, cette préposition, toujours écrite @, a servi dès le XVIIe siècle, peut-être même avant, à indiquer le destinataire d'un document officiel. Son usage est tombé en désuétude au XIXe siècle.
Mais nous le retrouvons sur les machines à écrire des pays anglo-saxons, d'abord en Grande-Bretagne à partir de 1885, puis aux États-Unis où il va servir à indiquer le prix unitaire sur les factures. En 1972, l'américain Ray Tomlison, l'inventeur du logiciel de messagerie électronique qui cherche à créer pour son réseau Arpanet – précurseur d'Internet* – un système d'adressage, le choisit pour le placer entre le nom du destinataire et celui de la boîte aux lettres*, lui redonnant ainsi son sens de « vers » avec sa dénomination anglaise *at*.
Les informaticiens français l'on enregistré sous une autre dénomination dont l'orthographe n'est pas encore fixée : *ar(r)obase*, *arobas*, *ar(r)obace*. Pour certains le mot proviendrait du vocabulaire des typographes et serait la contraction de *a de ronde de bas de casse*, abrégé en *a-rond bas*, puis *arobase*. Pour d'autres, le mot serait emprunté à l'espagnol *arroba*, une unité de mesure longtemps utilisée en Espagne et en Amérique du Sud (v. aussi *web*).

Artichaut

L'artichaut sauvage existe dans la plus grande partie du bassin méditerranéen. Mais certains estiment qu'il dériverait du cardon, fort apprécié par la Grèce et Rome.
Les formes cultivées semblent bien avoir commencé leur carrière en Italie méridionale avant d'arriver en France, probablement au XIe ou au XIIe siècle, peut-être à la faveur des croisades. Quoi qu'il en soit, au XVe siècle, c'est encore un légume rare et cher, qui fut le favori de Catherine de Médicis : pour en avoir abusé lors du mariage de Mlle d'Artigues, en 1575, elle-même précise qu'elle « cuida crever », si l'on en croit le chroniqueur Pierre Taisan de l'Estoile.

Artifice (feu d')

Les Chinois inventèrent les feux d'artifice en même temps que la fusée*, ou presque. Ils les utilisaient, ainsi que d'autres peuples d'Asie, dès les premiers siècles de l'ère chrétienne. Les Romains les employaient peut-être au Ier siècle, sûrement au IIIe. Ils connaissaient les éventails et les soleils tournants. Après une longue éclipse, les feux réapparurent à la fin du Moyen Âge, à l'occasion de la Saint-Jean, et au théâtre pour figurer les feux de l'enfer. La Renaissance vit s'épanouir cet art, qui progressa grâce à la technique des armes à feu, et trouva sa place dans les entrées et triomphes de

Cette armoire de l'église d'Aubazine, en Corrèze, datant du XIIIe siècle, en chêne massif et ornée de ferrures, est l'une des plus anciennes que l'on connaisse.

Un feu d'artifice, érigé et tiré sur l'eau en face de l'Hôtel de Ville de Paris, au XIXe siècle. C'est à cette époque que l'on commença à intégrer la couleur dans les flammes.

souverains. Le XIXe siècle a varié la couleur des flammes grâce à l'emploi de sels métalliques divers : si les spectacles de l'Ancien Régime étaient somptueux, les couleurs allaient seulement du blanc jaunâtre à l'orangé. La famille Ruggieri, cinq frères originaires de Bologne venus à Paris en 1730, et leurs descendants ont joué un grand rôle dans les progrès cette technique. Les recettes des pyrotechniciens restèrent confidentielles jusqu'au milieu du XIXe siècle.

Ascenseur

La paresse étant le propre de l'homme, la montée verticale sans effort a été, on peut le supposer, l'un de ses premiers soucis. Les Romains, puis le Moyen Âge, mettent au point des systèmes de poulies manœuvrées par la force animale pour satisfaire ce désir millénaire ; le XVIe siècle construit, sur le même principe, des « machines volantes » qui ne sont que des machines élévatrices. Enfin, en 1852, l'Américain Elisha G. Otis construit le premier monte-charge à treuil actionné par la vapeur. Et c'est le même Otis qui, en 1856, installe à New York le premier elevator destiné spécialement à des humains, et non plus à des charges et à des marchandises.

Inventé par l'ingénieur français Édoux en 1867, le premier ascenseur hydraulique est installé, en 1878, au palais du Trocadéro flambant neuf. Puis, à l'exposition de Mannheim, en 1880, Werner von Siemens présente, pour la première fois, un ascenseur électrique.

En France, le premier ascenseur de ce type est l'œuvre de l'ingénieur Chrétien (1889).

Asperge

L'asperge est avant tout européenne et pousse à l'état sauvage dans les terrains sablonneux, de la France au Caucase. Mais on en trouve déjà des représentations sur les bas-reliefs pharaoniques 3000 ans avant J.-C.. En Grèce, l'asperge sauvage était une plante sacrée vouée à Aphrodite. À Rome, on pratiquait déjà sa culture en fosse.

La mise au point des grosses variétés ne remonte qu'au début du XVIIIe siècle, bien que la culture de cette liliacée ait connu une grande expansion dès le XVIe. Depuis 1805, elle a fait la réputation d'Argenteuil... où il n'en existe plus. À Vaison-la-Romaine prospère un marché hebdomadaire de l'asperge, créé en 1483, et dont on a fêté le cinquième centenaire en novembre 1983.

Aspirateur

Le nom d'aspirateur a été donné à toute une série d'appareils industriels du XIXe siècle extrayant l'air ou les gaz, le plus souvent au moyen d'une trompe. L'application d'un dispositif destiné à la captation des poussières est une idée typiquement américaine (brevets Ives G. McGaffey, 1869 ; H. C. Booth, 1901). Le premier aspirateur électrique est également américain (James M. Splangler, 1907). En 1906, Robert Bimm créa, sous la marque Birum, le premier aspirateur français mécanique. Aujourd'hui, l'aspirateur ne cesse d'évoluer. On commence à l'utiliser, à une échelle limitée, pour le ramassage des feuilles mortes. Dans le domaine du nettoyage industriel, les balayeuses l'emportent sur les aspirateurs.

Aspirine

Trois mille ans avant notre ère, les Mésopotamiens, déjà, dépouillaient le saule pleureur de son écorce pour soulager leurs migraines. Chez les Grecs, à l'époque d'Hippocrate, on connaissait les vertus du même saule, et aussi de la reine-des-prés, dite aussi « spirée » – à partir desquels on extraira au XIXe siècle les premiers sels de l'acide salicylique. C'est en effet en 1829, que le pharmacien français Pierre-Joseph Leroux réussit à isoler son principe actif : la salicyline. Neuf ans plus tard c'est un chimiste italien qui sépare l'acide salicylique lui-même de la salicyline, mais l'acide salicylique provoque de sérieuses crampes d'estomac. Dix-huis ans plus tard, en 1853, le chimiste français Charles Gerhard met en évidence un acide acetylsalicylique, qui sera baptisé aspirine en 1893 quand son action médicamenteuse commencera d'être étudié par la firme allemande du chimiste Adolf von Bayer. Grâce aux travaux de ses chercheurs Herman Dresser, Heichengrün et Félix Hoffman, l'aspirine fait son entrée dans la pharmacopée en 1899.
Cette même année 1899, Bayer dépose la marque à la fois en Allemagne, en France et en Suisse. Mais le nouveau médicament se trouve presque aussitôt copié par les grands laboratoires. En France, l'un d'eux ajoute un e, et le voilà libre de commercialiser un produit à peine différent. Aspirin avait été formé à partir du préfixe grec a, d'un radical latin *spiraea* (*ulmaria*), nom savant de la spirée, et du suffixe allemand in, littéralement ce qui se fait sans *spiraea*.
La guerre commerciale de l'aspirin(e) s'achèvera en 1919 avec le traité de Versailles, dans lequel les Alliés firent inscrire une clause spécifiant que tous les droits de l'Allemagne sur cette molécule tombaient au titre des dommages de guerre.

Assiette

Le repas au cours duquel chaque convive se sert directement dans un plat ou un chaudron commun remonte à l'Antiquité. Au Moyen Âge apparaissent l'écuelle et le tranchoir, la première pour les soupes et les mets plus ou moins liquides, le second pour couper la viande.
En ce temps-là, l'écuelle sert en général à deux personnes à la fois ; tout le doigté de l'hôte consiste à apparier les couples et à veiller que chacun de ses invités ait « dame ou pucelle à son écuelle ».
Les premières écuelles de céramique apparaissent à la fin du XVe siècle. L'emploi de l'assiette, lui, ne devient courant que tout à la fin du XVIIIe siècle, éliminant en même temps écuelle et tranchoir qui s'étaient maintenus jusque-là dans les classes pauvres de la société (v. *couteau*, *cuiller*, *fourchette*, *louche*, *serviette*).

Assiette en faïence de la fin du XVIIIe siècle : c'est à cette époque que son utilisation devient courante, détrônant ainsi l'écuelle.

Assurances

L'essor des assurances est étroitement lié à celui du capitalisme moderne, c'est une création de l'Occident. L'assurance maritime apparaît la première, en Italie au XIVe siècle, puis en Espagne et au Portugal, ensuite en France et dans l'Europe hanséatique. Le plus ancien contrat français d'assurance maritime connu est daté de l'année 1584.
Vient ensuite l'assurance contre l'incendie, qui se développe d'abord en Grande-Bretagne, à la suite du Grand Incendie de Londres (1666), au cours duquel treize mille maisons sont détruites. L'Allemagne du Nord suit aussitôt. En France, le « Bureau des Incendies », organisme municipal parisien, se constitue en 1717. Vers 1770, une société parisienne, qui proposait, moyennant « une modique somme qu'on paierait tous les ans [...] d'indemniser les propriétaires des dommages qu'ils auraient soufferts pour les incendies arrivés à leurs maisons », dut liquider faute de clients. Et ce sera Étienne Delessert – père de Benjamin, premier extracteur du sucre* de betterave en France et créateur des caisses* d'épargne – qui fondera la première compagnie d'assurances française en 1782.
Aux États-Unis, la première société se constitue en 1794, à Harford (Connecticut).
L'assurance sur la vie, d'abord occasionnelle, connue en Grande-Bretagne dès 1583, à Anvers à la fin du XVIe siècle également, et même sous la forme mutualiste dès la Rome antique, prend son véritable essor dans l'Angleterre de la seconde moitié du XVIIIe siècle. En France, la « Compagnie d'assurance contre les Incendies » du sieur Labarthe, fondée en 1786, est habilitée à pratiquer l'assurance-vie dès l'année suivante.
L'assurance contre les accidents naît à la fin du XIXe siècle avec les accidents du travail (1898) et donc avec les assurances sociales*. Celles-ci, cependant, ont un ancêtre prestigieux : la Caisse des Invalides de la Marine, créée par Colbert en 1681. Depuis le rattachement des accidents du travail à la Sécurité sociale, l'assurance-accident concerne surtout l'assurance automobile, rendue obligatoire en France par la loi du 27 février 1958 (v. *aussi incendie* [*lutte contre l'*]).

Assurance sociale

Le plus ancien exemple d'assurance sociale que nous connaissions remonte à 470 avant J.-C. Il s'agit, gravé sur une tablette de bronze aujourd'hui à la Bibliothèque nationale, d'un contrat passé entre la cité d'Idalion et le roi Stasikypros, d'une part, et, d'autre part, le médecin Onasikypros et ses frères, concernant les soins à prodiguer aux personnes blessées durant le siège de ladite ville par les Perses cette année-là. Aux termes de ce contrat, les patients n'auraient à payer aucun honoraire mais, en revanche, la ville s'engageait à régler le docteur et ses frères en espèces sonnantes ou en terres cultivables.
Le premier système moderne d'assurances sociales a été créé de 1883 à 1889, en Allemagne, pays où des organismes d'assurance-maladie fonctionnaient déjà au XVIIe siècle au sein des corporations. L'Allemagne a très vite été imitée par l'Autriche (1888), la Grande-Bretagne (1908), la France (1910).
En France, les trois législations principales de sécurité sociale ont fait l'objet d'une importante réforme tendant à les unifier, au cours des années 1945-1948, sans y parvenir tout à fait. En tout cas, sont devenues obligatoires depuis cette époque :
— les assurances contre les accidents du travail et les maladies professionnelles : pour salariés non agricoles ;
— les assurances sociales (maladie, maternité, décès, invalidité, vieillesse) : pour salariés et exploitants agricoles ;
— les prestations familiales.

Astérix

Ce héros typiquement franco-gaulois, qui n'a pas de mère, a le bonheur d'avoir deux pères, Goscinny, d'origine polonaise, et Uderzo, d'origine italienne. Il fut créé en 1959. Mais sa popularité commence véritablement en 1965, avec *Astérix chez les Normands* et, surtout, avec le film *Astérix et Cléopâtre*.

Astrologie

On prête traditionnellement aux Chaldéens la création de l'astrologie, mais cette attribution, trop restrictive, vient sans doute du fait qu'à Rome on appelait tout astrologue, quels que fussent sa race et son pays d'origine, « Chaldéen » (ou encore : « mathématicien »). En réalité, la théorie d'ensemble élaborée par les mages chaldéens date de 2 500 ans avant J.-C., et l'avait été à partir des observations des Assyriens, près de 6 000 ans

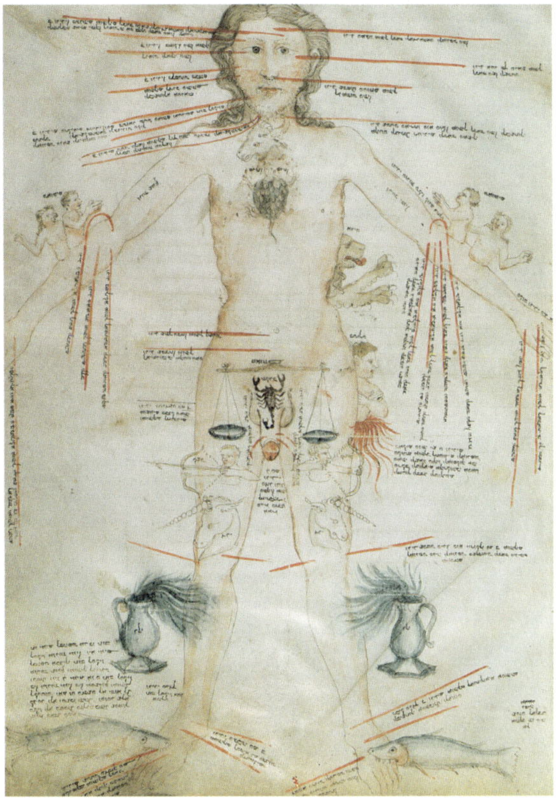

L'Homme zodiac extrait du *Petit Manuel de thérapeutique*, manuscrit du XIVe siècle illustrant les concordances entre les constellations et les points de saignée.

avant J.-C. C'est à l'ensemble des peuples de Mésopotamie, non seulement Chaldéens, mais aussi Babyloniens et Assyriens, qu'il faut attribuer l'établissement de l'astrologie.
Celle-ci s'est répandue chez les Romains au IIIe siècle avant J.-C. par le relais des colonies grecques de l'Italie méridionale. Les campagnes en Orient et le commerce avec l'Asie firent que, sous l'Empire, elle devint quasiment officielle. À l'instar des pharaons, César, Crassus, Pompée et leurs successeurs eurent leurs astrologues en titre – comme plus tard les grands personnages du Moyen Âge et de la Renaissance. N'oublions pas, non plus, qu'à partir du XVIe siècle existait la charge d'« astrologue du roi » de France, poste supprimé par Louis XIV seulement en 1682.
L'astrologie contemporaine est fille des Grecs, par l'intermédiaire de Ptolémée, géographe et astronome d'Alexandrie, au IIe siècle, dont le système permettait enfin l'établissement d'une carte du ciel à telle heure de tel jour. C'est Jean-Baptiste Morin, dit Morin de Villefranche, qui, actualisant les données de Ptolémée en fonction des connaissances acquises au XVIIe siècle, peut être considéré comme le fondateur de l'astrologie moderne avec son *Astrologica gallica*. Ce fut également un homme des sciences exactes : après avoir été l'astrologue du duc de Luxembourg, il se vit offrir par le roi en 1630 une chaire de mathématiques au Collège de France (v. *horoscope*, *zodiaque*).

Astronef

L'histoire de l'astronef est un long rêve, né avec le canon* plutôt qu'avec la fusée*. L'idée s'est précisée grâce à Jules Verne, qui projetait vers la Lune un gros obus habitable (*De la Terre à la Lune*, 1865). On sortit du domaine de la chimère avec les progrès récents de la technique de la fusée. Entre les deux guerres mondiales, les projets de voyage dans l'espace accompagnaient, voire précédaient cette technique. En 1937, à Paris, se tenait une exposition d'astronautique. Une fusée devait partir pour Vénus en 1940 : les dimensions modestes de l'engin, qui fut construit, laissent soupçonner une sérieuse erreur de calcul. On travaillait alors la technique (Robert H. Goddard en Amérique, Hermann

Avant l'envoi des premières fusées au XXe siècle, l'exploration de l'espace relevait de la chimère : l'astronef imaginé par Joseph Atterlay en 1827.

Oberth en Allemagne) en poursuivant le même rêve, mais en restant très loin des performances nécessaires. La difficulté d'atteindre une vitesse suffisante pour échapper à l'attraction terrestre explique que l'envoi d'un satellite* artificiel ait attendu 1957, que le premier voyage d'un homme dans l'espace (le Soviétique Youri Gagarine) date de 1961, le premier pas sur la Lune de 1969 (v. *alunissage*), et la satellisation des trois premières stations automatiques autour de Mars de 1971.

Signalons aussi que le premier « objet » terrestre à quitter le système solaire est Pioneer 10. Lancé en 1972, il a mis onze ans pour traverser l'orbite de Neptune et s'éloigner dans les espaces infinis dont le silence effrayait tant Pascal (juin 1983).

Dernière précision destinée à faire rougir la traditionnelle modestie hexagonale : premier astronaute français, Jean-Loup Chrétien, en juin 1982, lors d'un vol de huit jours dans une fusée soviétique (également premier piéton français de l'espace, toujours avec les Russes, en décembre 1988). Deuxième Français, Patrick Baudry, dans la navette américaine Discovery (juin 1985), en compagnie du premier astronaute musulman, Sultan Solman El Saoud, neveu du roi Fahd d'Arabie. Première française cosmonaute, Claudie Haigneré, qui, partie de Boïkonour à bord d'un Soyouz (17 août 1996) a passé quatorze jours dans la station russe Mir, et est redescendue sur terre le 2 septembre (v. *Mars*, *navette spatiale*, *satellite artificiel*).

Astronomie : v. *télescope*.

Athlétisme

Les jeux Olympiques sont nés officiellement en 776 avant J.-C. ; il va sans dire que l'athlétisme grec leur est certainement antérieur de plusieurs siècles.

L'athlétisme moderne s'est développé systématiquement en Europe et aux États-Unis vers les années 1880, mais la première compétition des Temps modernes, qui est la rencontre Oxford-Cambridge, remonte à 1864.

L'athlétisme doit beaucoup à Pierre de Coubertin, qui a fortifié l'engouement du public pour cet éventail de sports, en relançant l'idée des jeux Olympiques, le 25 novembre 1892, en Sorbonne (v. rubriques consacrées à chacun des sports, v. également *saut en hauteur* et *jeux Olympiques*).

Un atlas imprimé à Strasbourg en 1522 représentant le nord-ouest de l'Afrique (Bibliothèque des arts décoratifs). Il faut attendre 1570 pour que le *Theatrum Orbis Terrarum*, le premier ouvrage entièrement consacré aux cartes, soit publié.

Atlas

Au IIe siècle, la *Géographie* de Ptolémée est accompagnée d'un recueil de 27 cartes* que la Renaissance reproduira souvent dans les traités de ce type. Mais le mérite d'avoir fait un ouvrage de cartes revient au cosmographe et cartographe flamand Ortelius, dont l'œuvre essentielle est son *Theatrum Orbis Terrarum*, composé de 70 cartes en 53 planches gravées sur cuivre, parue en 1570.

Autre Flamand, le mathématicien et géographe Mercator reprend en 1578 la série des cartes ptoléméennes. Puis en 1585, il publie une collection de ses cartes, qui donne une vision neuve du monde connu à l'époque, ouvrage publié sous le titre : *Atlas, sive cosmographiae meditationes de fabrica mundi et fabricati figura*. Le géant Atlas, l'un des titans de la légende

Cette amphore de Vulci de la Grèce antique, représentant une scène de pentathlon, témoigne de la pratique très ancienne de l'athlétisme.

grecque, en rebellion contre les dieux, avait été condamné, on s'en souvient, à porter le monde sur ses épaules, et c'est pourquoi l'image de son personnage ployant sous le poids de la Terre avait fait le frontispice du traité de Mercator. Et depuis, tous les ouvrages similaires ont été désignés sous le nom d'atlas.

Auberges de jeunesse

En 1909, un jeune instituteur d'Altena (Westphalie), Richard Schirmann, considérant que rien ne favorisait le tourisme « lent », c'est-à-dire à pied ou à bicyclette, et qu'il était difficile aux très jeunes gens des familles pauvres de la Ruhr d'entreprendre de longs déplacements à peu de frais, eut l'idée d'une organisation d'hébergement temporaire – et ce fut le début des associations d'auberges de jeunesse. Celles-ci étaient au nombre de deux mille cinq cents en Allemagne au début de l'année 1934. En France, à la même époque, il n'en existait qu'une quarantaine, mais le mouvement ne datait chez nous que de quatre ans : la Ligue française des auberges de la jeunesse, association régie par la loi du 1er juillet 1901 et intéressant les jeunes âgés de 15 à 30 ans, avait en effet été créée par Marc Sangnier en 1929.
Après la Seconde Guerre mondiale sera constituée la Fédération internationale des auberges de la jeunesse (IYHF), qui regroupera, « sans race ni frontières, un réseau de quatre mille trois cent soixante-quatre auberges vouées à la fraternité internationale ». À noter que la première auberge, installée dans une école abandonnée voisine du château d'Altena, continue toujours de fonctionner.

Aubergine

Spontanée dans l'Asie du Sud-Est, l'aubergine est cultivée en Inde depuis des temps immémoriaux. Elle a dû parvenir sur les côtes de la Méditerranée orientale après le xe siècle de notre ère. L'Europe la connaît depuis le xive siècle.

Auscultation

Cette méthode de diagnostic médical, qui consiste à écouter les bruits émanant du cœur et des poumons, a été trouvée et mise au point par Laennec à partir de 1816. Son *Traité de l'auscultation médiate* fut publié en 1819 (v. *stéthoscope*).

Auto (Salon de l')

Le plus ancien est celui de Paris. Il eut lieu pour la première fois en 1898 sur la terrasse des Tuileries.
En 1901, il fut transféré au Grand Palais. Belle époque que celle où le président de la République Émile Loubet faisait son entrée dans ce Salon tout neuf, tandis que l'orchestre Dufayel jouait Extase, de Thomé, et que la belle Otéro débarquait superbement de sa pimpante De Dion-Bouton, une trois chevaux et demi qui avait coûté 4 000 francs-or... Ah oui, que l'automobile était belle au temps du cheval-roi !

Autobus

Ce n'est qu'au début du siècle, plusieurs années après les tramways* qu'ils devaient supplanter entre les deux guerres, que les premiers autobus furent mis en service à Paris. En 1905, la Compagnie générale des omnibus expérimente une voiture automotrice à vapeur, système Serpollet, de Montmartre à Saint-Germain-des-Prés ; la même année, pendant le Salon de l'auto*, le premier autobus à essence relie la Bourse au cours la Reine. Dans les années qui suivent, les lignes d'autobus se

Autobus parisien de type Renault reliant Montmartre au Louvre et datant de la première moitié du xxe siècle.

développent très rapidement : le dernier omnibus à chevaux disparaît en 1912, le dernier tramway parisien en 1937, laissant les seuls autobus maîtres des transports* en commun de surface.

Automate

L'Orient sassanide (IIIe -VIIe siècle) aurait exploité les forces hydrauliques pour actionner des appareils imitant les oiseaux ou les fauves. La Grèce avait tiré des effets analogues de combinaisons mécaniques, selon Aulu-Gelle, grammairien et critique latin du IIe siècle : il décrit une colombe articulée qui volait, construite par l'ingénieur Archytos. Au début du IXe siècle, Haroun al-Rachid, calife abasside de Bagdad, fit présent à Charlemagne d'une horloge* d'automates ; celle de la cathédrale de Strasbourg date de 1354. Les « surprises » tant hydrauliques que mécaniques de Hesdin (XVe siècle) et de Saint-Germain (XVIIe siècle) sont aussi fameuses que les automates de Vaucanson, témoin la joueuse de tympanon (1737), toujours visible au musée du Conservatoire national des arts et métiers. Vers 1720, le R.P. Truchet construisit pour le roi un théâtre sur lequel se jouait un opéra en cinq actes, mis en marche en actionnant une petite boule. Après Vaucanson, on ne construira plus aucun automate intéressant avant le renard cybernétique d'Albert Ducrocq (Salon des arts ménagers, Paris, 1957).

Automation : v. *cybernétique*.

Automobile

Venant peu après un essai de bateau à vapeur, le premier véhicule automobile à vapeur est le fardier de Cugnot (1770), à trois roues, incapable de concurrencer la traction hippomobile. Diverses diligences à vapeur sont essayées en Angleterre ; enfin, la Mancelle d'Amédée Bollée circule en France en 1878, suivie des voitures à vapeur Serpollet (1887). Le moteur à explosion rend les véhicules beaucoup plus pratiques. Il est mis au point par l'Allemand Otto en 1864. Gottlieb Daimler le perfectionne et l'applique le premier, vers 1886, à un châssis automobile. En France, Panhard et Levassor en font autant en 1891. Deux ans plus tard, la France innove, en imposant l'immatriculation des voitures à partir du 14 août 1893.

Autour de 1900, le nombre d'automobiles augmente peu à peu, posant alors le problème de la sécurité routière, comme le montre ce dessin d'une revue populaire de l'époque.

Puis, en quelques années, les organes essentiels de la voiture sont inventés. En 1895 apparaissent l'allumage électrique et le pneumatique. En 1898, Louis Renault met en service la boîte de vitesses. En 1900, la silhouette se différencie enfin de celle des voitures à chevaux, par la naissance d'un capot avant protégeant le moteur. En 1903 commence à se poser le problème de la sécurité routière, à l'occasion de la meurtrière course Paris-Madrid, où les concurrents roulent à plus de 100 km/h. L'apparition du démarreur électrique (Cadillac, 1912) donne naissance à la conduite intérieure, dont le nom est synonyme de confort. Mais celui-ci n'est pas encore de règle. La Ford T, première voiture construite en grande série sur une chaîne de montage (1908), a pour objectif l'économie (trois cent cinquante pièces, contre cinq à dix mille aujourd'hui ; toutes les voitures sont semblables : « Le client peut demander n'importe quelle couleur pourvu qu'elle soit noire. »). Ce n'est qu'après la Première Guerre mondiale que les voitures deviennent ordinairement fermées, grâce aux progrès de la carrosserie métallique, d'abord sur montants de bois, puis entièrement en tôle emboutie (procédé

Budd). La traction avant Citroën marque un nouveau tournant, avec sa carrosserie monocoque, ses cardans homocinétiques, son profil dit « aérodynamique » (le profilage des voitures de course est, lui, très ancien : voiture électrique de Jenatzy, 1899). En 1940, en Amérique, Oldsmobile adopte le changement de vitesse automatique. Depuis la Seconde Guerre mondiale, les progrès les plus notables ont été les freins* à disque (Jaguar, 1953) et les suspensions pneumatique et hydropneumatique (Citroën, 1956). Les nouveaux moteurs, turbine à gaz (Rover, 1950) et rotatif Wankel (NSU, 1960), ne tiennent qu'une place limitée.
La première femme conductrice – dans les rues de Mannheim – a été Berta Benz, la femme du constructeur allemand Karl Benz, qui avait mis au point, dès 1885, un tricycle considéré par les experts comme l'ancêtre direct de l'auto moderne.
Le premier musée de l'automobile a été créé en 1960 par Henri Malartre, qui l'a installé près de Lyon, dans le château de Rochetaillée, acheté spécialement à cet effet. Il abrite désormais cent cinquante spécimens de vieilles voitures, et ses murs sont ornés d'affiches anciennes ayant pour thème l'automobile. Ce musée est devenu la propriété de la ville de Lyon (v. *auto [Salon de l'], boîte de vitesses, circulation routière à droite, cardan, carter, delco, démarreur, permis de conduire, signalisation routière, taxi*).

Automobile (course)

Le *Petit Journal*, quotidien parisien, fait savoir que, le 22 juillet 1894, un « concours pour voitures sans chevaux » aura lieu sur la distance Rouen-Paris. On enregistre plus de cent demandes, mais vingt-six voitures seulement se présentent, dont sept vont être aussitôt écartées pour déficiences techniques. Le public se passionne pour cette première démonstration, dont Peugeot et Panhard se partagent le prix : 5 000 francs (or, naturellement !).
Cette manifestation détermine la formation d'un comité (lui-même à l'origine de l'Automobile-Club de France fondé cette année-là), qui sera chargé d'organiser la première compétition véritable,

Une des premières courses automobiles, la coupe Gordon Bennett, en 1905. Théry remporte le trophée sur sa « Brasier » (André Névil, musée de la Voiture et du Tourisme à Compiègne).

en février 1895 : ce sera le fameux Paris-Bordeaux-Paris.
Levassor, sur Panhard, et Rigoulot, sur Peugeot, arrivent premier et second respectivement. Mais leurs voitures ne comportaient que deux places. Or le règlement avait spécifié, afin d'éliminer les monstres de la vitesse, que seules auraient droit à la récompense les voitures de plus de deux places. C'est ainsi que le premier prix fut accordé à Koechlin, sur Peugeot, pourtant rentré dans la capitale quelque onze heures après Levassor. Levassor avait été le plus rapide, avec une vitesse de 24 km/h, y compris les arrêts techniques – plein d'eau et de carburant – et vingt-deux minutes de repos. Il avait conduit près de quarante-neuf heures, dont presque la moitié – les nuits étant longues, cet hiver-là – à la lueur de lampes à huile...

Autorail

Le 1er janvier 1931 est mis en circulation en France le premier autorail (à bandages métalliques) et, le 10 septembre de la même année, une « micheline » (autorail à bandages pneumatiques) atteint 107 km/h sur Paris-Deauville.
Les recherches et essais relatifs à la mise au point d'automotrices avaient débuté en 1929. L'exploitation régulière par michelines commencera le 22 mai 1932 sur deux lignes : Granville-Argentan et Alençon-Argentan.

L'autorail Renault ABJ de 1948 du chemin de fer de la vallée de l'Eure, premier de la série et classé monument historique.

Autoroute

L'autoroute, qui est réservée à la circulation automobile et ne comporte qu'un nombre très restreint de liaisons avec le reste du réseau routier, est, en 1914, apparue aux États-Unis près de New York. En Allemagne, on avait prévu un projet similaire aux environs de Berlin, mais l'idée ne put être mise à exécution qu'en 1921. Dans les deux cas, il s'agissait de réalisations très limitées. Les premières autoroutes véritables, dites « de dégagement », dont le principe avait été mis au point par l'ingénieur Piero Puricelli, furent construites en Italie, autour de Milan. Longueur totale : 80 km. Première autoroute de ville à ville : Milan-Varèse, 1924.
En France, la construction de l'autoroute de l'Ouest, entamée en 1935, mais arrêtée par la guerre, ne fut terminée qu'après le retour de la paix.

Autruche

Encore aux temps protohistoriques, l'autruche habitait un vaste territoire allant de la Grèce et de la Russie méridionale jusqu'à la Chine et à l'Afrique australe. Déjà en Chaldée, ses œufs étaient utilisés à des fins décoratives (cimetière royal d'Ur, 2800 avant J.-C.), comme ils le seront en Europe à l'époque de la Renaissance. Les hiéroglyphes égyptiens font mention de la plume d'autruche. Les rois de la Grèce antique en paraient leurs coiffures. En 1346, à la bataille de Crécy (v. *canon*), le Prince Noir (Édouard, prince de Galles et fils d'Édouard III) tue le roi Jean de Bohême, arrache les plumes d'autruche qui ornaient son heaume et les fixe sur le sien — et en fait dès lors l'emblème de tous les princes de Galles à venir.
On ignore quand les premières autruches furent élevées en captivité, voire domestiquées. Une momie de cet oiseau a été découverte dans un tombeau de la XVIIIe dynastie, ainsi qu'une une statue représente la princesse égyptienne Arsinoë (IIIe siècle avant J.-C.) montant une autruche. Et pour prouver que l'homme est un vieil « ami » de cette espèce, rappelons que l'empereur romain Élagabal (204-222) fit servir, à l'occasion d'un banquet, six cents cervelles d'autruches, et que le chef berbère Firmus (mort en 375 après J.-C.), au lendemain d'une victoire sur les Romains, commanda qu'on attèle des autruches à son char. De nos jours, la république d'Afrique du Sud en élève pour les plumes et pour le cuir.

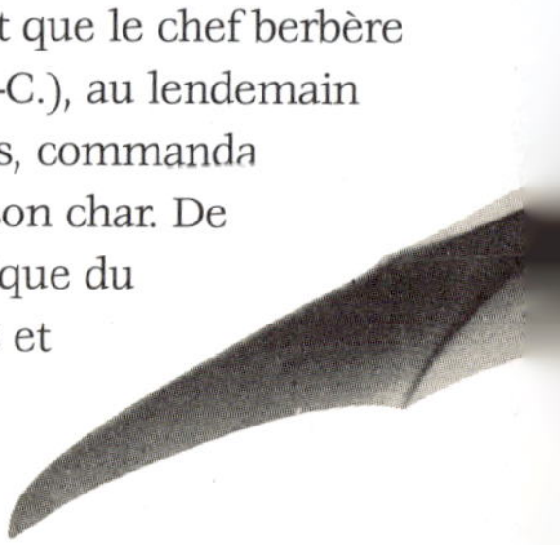

Avertisseur auto de ville

Le 20 juillet 1954, dans le scepticisme général — à l'exception de quelques personnalités, dont Le Corbusier –, celui qu'on allait appeler « le Préfet du Silence », André-Louis Dubois, interdisait l'usage des avertisseurs dans l'agglomération parisienne. On lui avait prédit une hécatombe de piétons et des collisions de voitures à l'infini. Il n'en fut rien. La rentrée de septembre fut une réussite. De nos jours, il n'y a guère qu'une trentaine d'infractions concernant cette interdiction, sur tout le territoire français – infractions relevées et punies, il va sans dire.

Aveugles

Au XIIIe siècle, Saint Louis fait élever l'hospice des Quinze-Vingts pour y recueillir les aveugles de Paris.
En 1784, Valentin Haüy fonde la première école consacrée à l'éducation des jeunes aveugles. Son initiative sera reprise un peu partout en Europe et aux États-Unis. Lui-même quitte Paris en 1806 pour aller créer une école d'aveugles à Saint-Pétersbourg. Lors de son passage à Berlin, il convainc ses hôtes officiels de l'imiter.
Jusqu'en 1852, l'enseignement se fait à l'aide de l'alphabet conventionnel, mais en relief, imaginé par V. Haüy. Cette année-là, on lui substitue l'alphabet Braille, constitué de points saillants, dont le système est assez souple pour s'appliquer également à la notation musicale et à la sténographie. En 1852 également meurt son inventeur, Louis Braille, aveugle lui-même dès l'âge de 3 ans, à 20 ans organiste dans diverses paroisses de Paris, puis professeur à l'Institution des aveugles (v. *canne blanche*).
Premier stylo à bille pour « écrire en braille », c'est-à-dire en relief, mis au point en 1988 par un inventeur breton, l'éducateur Gérard Pavard. Le relief est obtenu par une encre faite de microscopiques billes chargées d'azote, qui gonfle et durcit au contact du papier.
Premier timbre-poste en braille, intitulé « pour le bien des aveugles », avec illustration et texte en relief: émis en 1989 par les postes françaises.

Avion

L'histoire du vol aérien commence comme un long rêve, issu de la légende d'Icare, et qui a donné naissance aux projets célèbres de Léonard de Vinci. Dans la seconde moitié du XIXe siècle, l'Allemand Lilienthal et l'Américain Chanute parviennent à expérimenter des ailes grâce à de nombreux vols planés. Clément Ader fait voler des engins à silhouette de chauve-souris et à moteur à vapeur (1890-1897).
À partir de 1900, les frères Orville et Wilbur Wright font, en Amérique, des essais très méthodiques et inventent le gauchissement de l'aile pour modifier son incidence, ce qui permet un pilotage efficace. Ils commencent leurs vols à moteur en 1903. Leur appareil est incroyablement instable. Les expérimentations assidues de quelques passionnés, comme Henri Farman, amènent rapidement à trouver la forme approximative de l'avion moderne, mais avec des carcasses de bois entoilé. R. Esnault-Pelterie invente le manche à balai (1906). Les premiers instruments de navigation s'élaborent: gyrocompas, pilote automatique (Elmer A. Sperry, 1910, 1914). Louis Blériot traverse la Manche* le 25 juillet 1909. Un avion français bien caréné, le Deperdussin, atteint 205 km/h, vitesse exceptionnelle pour l'époque (1913).
L'« aéroplane » est prêt pour une intervention efficace dans les

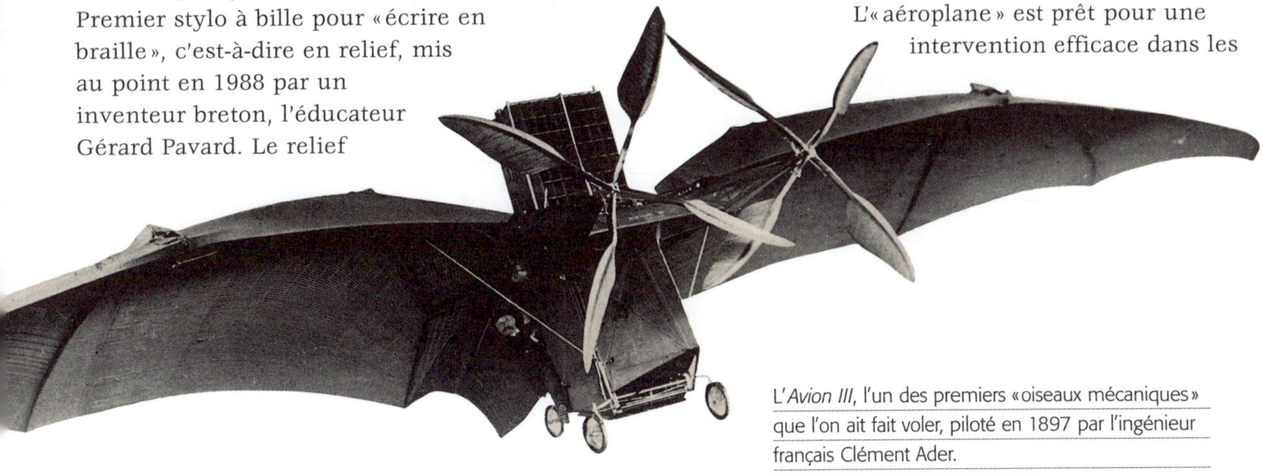

L'*Avion III*, l'un des premiers « oiseaux mécaniques » que l'on ait fait voler, piloté en 1897 par l'ingénieur français Clément Ader.

combats de la Première Guerre mondiale. L'avion biplan règne alors en maître, bien qu'on connaisse ses inconvénients.
Il n'empêche qu'en juin 1919, deux pilotes militaires britanniques, John Alcock et Arthur Whitten-Braun, décollent de Terre-Neuve et, seize heures douze minutes après, se posent à Clifden (Irlande), réalisant en 3 114 km le premier vol transatlantique sans escale – huit ans avant l'exploit en solo de Charles Lindbergh, sur le premier New York-Paris, le 21 mai 1927.
De 1914 à 1939, la compétition, avec la recherche de la vitesse, favorise l'évolution technique : aérodynamisme, construction métallique, hélice à pas variable (1923), turbocompresseur (1926), radiogoniométrie, téléguidage (1934). La Seconde Guerre mondiale n'utilise pas le moteur à réaction, qui pourtant existe. Officiellement, le premier avion à réaction à avoir volé est le Gloster-Whittle E 28/39, à partir de l'aérodrome de Cranwell, dans le Lincolnshire, Grande-Bretagne, le 15 mai 1941. Son inventeur et pilote hors-pair, acrobate de haut-vol à ses heures, Franck Whittle avait présenté son projet... en 1928, alors qu'il était jeune cadet de la Royal Air Force – projet alors accueilli avec désintérêt par le ministère britannique de l'Air.
La première traversée du mur* du son date de 1947 (avion américain Bell XI), le premier avion à géométrie variable de 1964 (F 111). Les essais d'avions à décollage vertical se sont multipliés vers cette date (v. *aéroport*, *aérostat*, *Airbus*, *Boeing*, *Caravelle*, *Concorde*, *postes*, *timbre-poste*, *vol à voile*, *ULM*).

Aviron

Première compétition d'aviron – et la plus ancienne de toutes celles des Temps modernes : la course d'aviron Oxford-Cambridge, créée en 1829. Les régates de Henley, petit village au bord de la Tamise, constituent sans doute la plus ancienne de toutes les rencontres sportives à courses multiples : elles ont été organisées en 1839. En 1853, le premier championnat de skiff se déroule sur la Seine (v. *athlétisme*).

Avoine

On rencontre, à l'état sauvage, de nombreuses espèces d'avoine, dite aussi « folle avoine », dans une vaste zone qui va de la Méditerranée à l'Asie centrale. Le monde antique de l'Assyro-Chaldée et de l'Égypte l'ignorait, sinon comme mauvaise herbe de ses céréales cultivées. Comme plante domestique, l'avoine n'est apparue qu'au début de l'ère chrétienne, dans le Proche-Orient et dans le bassin méditerranéen, et a commencé par être utilisée pour l'alimentation des animaux. La concurrence du blé* cantonne longtemps l'avoine dans son rôle de fourrage. Les Romains confondent dans le même dédain l'avoine et les Germains, qui aiment manger cette céréale. Caton avait même

proposé de la détruire et, sous Dioclétien, en 301, elle figure dans les tarifs maximaux à la rubrique des fourrages. Seuls les Irlandais et les Écossais ont adopté à son égard une autre attitude. Au XVIIIe siècle, le *Dictionnaire de la langue anglaise* du docteur Johnson ayant affirmé que l'avoine « est connue pour être nourriture humaine en Écosse et nourriture de chevaux en Angleterre », un Écossais aurait rétorqué que l'Angleterre était réputée pour l'excellence de ses chevaux et l'Écosse pour celle de ses hommes.

La course Oxford-Cambridge, la plus ancienne compétition d'aviron, créée en 1829 (J. Wilson, coll. privée,1871).

Azalée

Le vaste genre Rhododendron englobe presque la moitié des espèces de la famille des bruyères. Sur quelque huit cent cinquante espèces, soixante-dix environ ont des feuilles caduques et portent le nom d'azalées.
Les rhododendrons sont, selon les espèces, natifs de l'Himalaya, de Malaisie, des îles de la

Sonde, de l'Indonésie, de Nouvelle-Guinée, d'Australie, de la Méditerranée et même, avec le rhododendron nain, de Laponie, de Scandinavie, du Groenland et du nord-est de l'Amérique du Nord. C'est de cette dernière contrée que nous sont venues, au début du XVIIIe siècle, les premières espèces de rhododendrons ; puis arriva, en 1763, le rhododendron du Caucase ; enfin, à partir de 1820, les espèces himalayennes et malaisiennes. C'est un peu le même scénario avec les azalées : les premières, venues d'Amérique, sont introduites en Europe dès 1734. En 1793 arrivent d'Asie Mineure les premiers spécimens de l'azalée pontique. Puis, à partir des années 1820, c'est au tour des variétés orientales qui ont pour patries l'Inde, la Chine et le Japon.

Azote

Selon certains, c'est le chimiste suédois Karl Scheele qui, en 1770, aurait découvert que l'air se composait de deux substances, l'une propice et l'autre néfaste à la vie. Selon certains autres, ce serait Joseph Priestley en 1772 (v. *oxygène*). Cette année-là, en tout cas, un chimiste écossais, Daniel Rutherford, baptisait, dans sa thèse de doctorat, la mauvaise partie de l'air « air méphitique » (du latin *mephitis*, gaz empoisonné). En 1775, Lavoisier le nommait azote (du grec *a*, préfixe privatif, et *zôê*, vie). En 1790, le chimiste français Jean-Antoine Chaptal découvrait que l'azote était l'un des composants du salpêtre ou nitre – un des ingrédients de la poudre* à canon et il le rebaptisait nitrogène. Sous la forme nitrogen, ce mot inventé par un Français est devenu, en anglais, le nom de l'azote (v. *néon*).

Depuis Quand ?

B comme…

Badiane : v. *anis*.

Badminton

Ce sport est apparenté au tennis*, sauf que la balle est remplacée par un volant, c'est-à-dire une boule de liège où sont fichées quelques petites plumes, – boule empruntée elle-même au jeu de volant, passé de mode. Il fut d'abord pratiqué à Badminton House, siège du duché de Beaufort, dans le comté de Gloucester, en Grande-Bretagne. Car c'est là qu'il a été « inventé » en 1873, par des officiers de l'armée anglaise des Indes au repos.

Baccalauréat

Le mot baccalauréat remonte au Moyen Âge et désignait le premier grade universitaire délivré par certaines facultés (droit, théologie). Mais, en tant que diplôme de notre Enseignement secondaire, le baccalauréat a été créé en 1808, sous l'Empire. Les premiers diplômes furent délivrés l'année suivante à trente-deux lauréats. Le baccalauréat en deux parties est instauré en 1874. La première est supprimée en 1965, mais on la rétablit en 1980. Souvent menacé de disparition, le baccalauréat trouve toujours d'ardents défenseurs. Et il est encore là, bien vivant au fil des diverses métamorphoses.

Baccara

Rapporté d'Italie vers 1490, dans les fourgons de Charles VIII – avec le « mal de Naples » selon des contemporains –, le jeu du baccara a conquis le Midi, puis tout le pays de France. Mais c'est seulement sous Louis-Philippe qu'il est devenu un hôte privilégié des salons et des casinos.

Baignoire

La baignoire individuelle, installée dans la demeure d'un particulier, avec chauffage de l'eau *ad hoc*, a pour ancêtre l'« étuve humide » à intentions hydrothérapiques, imaginée par Ambroise Paré dans la seconde moitié du XVIe siècle.
Deux cents ans après, le confort est chose suffisamment partagée pour que l'on puisse trouver dans les *Annonces, Affiches et Avis Divers*, en date du 4 février 1765, l'offre d'une maison ayant toutes les commodités, dont une « salle de bains ». À cette époque se multiplient les baignoires de métal (déjà en usage au siècle précédent). Principal fabricant : le chaudronnier parisien Honel, lequel propose dès janvier 1760, dans le Mercure, la location de « baignoires avec cylindre pour chauffer l'eau ».
Or, les baignoires de Honel, trop volumineuses, demandent des moyens de chauffage démesurés. Mais un autre chaudronnier de la capitale, le sieur Level, a l'idée de construire un nouveau type de baignoire « dans laquelle la personne qui prend un bain est assise et contenue de toutes parts comme dans un fauteuil ». L'eau des premiers modèles est chauffée au moyen d'un réchaud à esprit-de-vin, c'est-à-dire à un prix prohibitif.
Cependant, en septembre 1768, Level met en vente de nouvelles baignoires, auxquelles est adaptée « une machine pour y brûler de la braise, sans que la vapeur de charbon pût incommoder le baigneur » – grâce à quoi le coût d'un bain tombe à dix ou douze sous. Toutes ces baignoires étaient en cuivre, donc d'un prix trop élevé pour que l'usage en devînt « bourgeois ». C'est un certain Clément, maître peintre dont les ateliers étaient installés rue des Mauvais-Garçons, qui, en 1770, invente un vernis spécial permettant de parer la tôle et, par

« L'étuve humide » conçue par Ambroise Paré au XVIe siècle, ancêtre de la baignoire individuelle en métal, apparue deux siècles plus tard.

Jusqu'à la fin du XIXe siècle, on se baignait tout habillé. Il a fallu l'audace de Mme Gorschakoff en 1865 pour que le maillot collant commence à être adopté. *Biches à la mer*, lithographie de Bettanier d'après Ch. Vernier.

conséquent, de confectionner des baignoires d'un prix accessible. Celle du pauvre Marat, assassiné en 1793 par Charlotte Corday, était de ce type. Ces baignoires en tôle remplacèrent très vite les traditionnelles cuves en bois ou en marbre de forme ronde, ainsi que les baignoires de grand luxe imaginées par les dessinateurs Juste-François Boucher et Jean-Charles Delafosse, baignoires et demi-baignoires en forme de sofa, plus riches d'ornementations que pratiques.
Anecdote amusante, le 17 août 1981, Bill Neal, marin britannique de 20 ans, a ramé d'une seule rame, de Douvre au cap Gris-Nez, pendant treize heures et dix-neuf minutes. Son embarcation : une baignoire. Cette traversée de la Manche* avait deux objectifs : collecter des fonds au bénéfice de l'Institut royal des bateaux de survie et prouver la qualité des baignoires de fabrication britannique.

Bains de mer

Vers 1820, la France découvre timidement les bains de mer. La duchesse de Berry met en vedette la plage de Dieppe un beau jour de l'été 1822. Le maire de la ville vient saluer l'illustre visiteuse tandis que les autochtones se pressent pour l'applaudir. «Madame» a décidé de prouver les bienfaits de l'eau salée en donnant l'exemple. En robe de laine, coiffée d'une toque et chaussée de bottes, pour prévenir toute attaque des crabes, elle foule les galets, encadrée de deux maîtres nageurs, sa main droite dans la main de son médecin personnel gantée de blanc. Celui-ci l'accompagnera jusqu'à l'extrême frange du rivage, en la prévenant des risques extrêmes de maladie qu'elle court «à vouloir se plonger dans l'onde amère». Après quelque hésitation, Son Altesse Royale se décide à s'immerger. Sur la falaise, l'artillerie salue l'authentique exploit par une salve nourrie...
Le premier «train de plaisir» ne reliera Paris à Dieppe qu'un quart de siècle plus tard, en 1848 (v. *Côte d'Azur, tourisme*).

Baïonnette : v. *fusil.*

Baladeur : v. *walkman.*

Balai mécanique

Que faire quand on est allergique à la poussière et qu'elle abonde autour de soi en raison d'une profession où emballer et déballer des objets fragiles sont choses quotidiennes ? C'est simple : on invente le balai mécanique. Mais encore fallait-il y penser avant tout le monde : c'est ce que fit l'Américain Melville R. Bissel, qui déposa son brevet en 1876.
Il ne faut surtout pas confondre ce Bissel, propriétaire d'un magasin de porcelaines à Grand-Rapids dans le Michigan, dont l'allergie lui valut de devenir un richissime industriel, avec l'autre Bissel, Américain lui aussi, mais resté pauvre malgré l'invention, en 1857, de l'essieu porteur à châssis propre auquel on a donné son nom, châssis utilisé aux extrémités de certaines locomotives, pour mieux négocier les courbes à faible rayon.

Balance

La balance dite «romaine» à deux bras inégaux est en réalité d'origine chinoise, et la Chine l'a mise au point mille ans avant notre ère. Son introduction – par l'intermédiaire des cavaliers nomades de l'Asie centrale – en Occident, patrie de la balance dite «ordinaire» (à deux plateaux) remonte au milieu du Ier siècle avant J.-C., et la découverte de la balance à plateaux par l'Empire du Milieu n'est guère antérieure à l'arrivée, là-bas, des premiers Occidentaux.
Les plus anciens documents d'Égypte et de Babylone, de Grèce et d'Étrurie signalent déjà la balance à deux plateaux, alors que Cicéron, Pline et Suétone sont les premiers auteurs à parler de la romaine.

La balance à deux bras inégaux dite «romaine» est en réalité une invention des Chinois qui remonte à plus de 1 000 ans avant J.-C.

Ballet

Le ballet est né en France et en Italie à la Renaissance. Mais tandis que les recherches des poètes et musiciens de la Pléiade allaient aboutir au ballet de cour, à Florence, ces mêmes recherches pour une union de l'action théâtrale et de la danse donneront naissance au drame musical.
Le Paradis d'amour, sur des paroles de Ronsard, est considéré comme le premier ballet de cour (1572). Le premier drame musical est probablement l'*Amfiparnasso* d'O. Vecchi (1594).

Bananier

Le bananier sauvage habite une vaste région qui va de l'Inde orientale à la Chine méridionale. Sa forme cultivée existait en Hindoustan dès les débuts de l'Histoire. Depuis trois cents ans, l'homme l'a acclimatée dans la plupart des régions tropicales du globe. Mais son fruit était déjà connu en France au XIIIe siècle par les récits des voyageurs, qui l'appelaient «pomme de paradis».

Bandes dessinées

Les bandes dessinées ont une longue histoire : on peut leur donner comme ancêtres lointains certains documents iconographiques de l'Égypte pharaonique, ou telle frise de temple grec, ou la tapisserie de Bayeux !
Mais la bande dessinée «classique», c'est-à-dire la bande composée d'une séquence de dessins avec «bulles», dans lesquelles sont contenus les textes, est relativement récente. La première s'intitule *The Yellow Kid*, de R. F. Outcault, publiée dans le New York World en 1896-1897. La première bande dessinée française répondant à ces critères est *Zig et Puce*, d'Alain Saint-Ogan, en 1925. N'oublions pas de saluer Annick Labornez, dite Bécassine, née le 2 février 1905 dans le tout premier numéro de *La Semaine de Suzette*, croquée par Joseph Porphyre Pinchon, avec des textes de Caumery, de son vrai nom Maurice Languereau.
Comme aïeul de la bande classique, on cite les séries à caricatures de William Hogarth au XVIIIe siècle, *Les Amours de M. Vieux-Bois*, du Suisse Rodolf Toepfer, publiés dans les années 1830, *La Famille Fenouillard*, de Christophe (de son vrai nom Georges Colomb), éditée à Paris en 1889. Mais ces albums comportaient, au lieu de bulles, de brèves légendes explicatives qui n'étaient pas forcément des dialogues. *Les Pieds nickelés*, de Louis Forton, parus en 1908, ont innové dans la mesure où les bulles y sont parfois utilisées. En 1934, va naître la première bande dessinée française à paraître quotidiennement : c'est le célèbre *Professeur Nimbus* d'André Daix.
10 janvier 1929 : première planche de *Tintin au pays des Soviets*, dans *Le Petit Vingtième*, supplément pour la jeunesse du *Vingtième Siècle*, journal bruxellois catholique. Georges Rémi, devenu Hergé en bande dessinée, est le fondateur de l'école belge de bande dessinée, et Tintin le premier héros de cette école.
Le *comic-book*, ou livre de bandes dessinées tel que nous le connaissons aujourd'hui, tire son origine de la presse quotidienne américaine : imprimé sur les mêmes presses, et sur le même papier, il a acquis son format en 1933, lorsqu'on découvrit que la page classique de journal, pliée deux fois, pouvait constituer une brochure de 22 x 28 cm environ.

En haut : on a parlé du bananier pour la première fois en France dans des récits de voyages datant du XIIIe siècle. *Le Bananier-Paradis*, gravure du début du XIXe siècle.

Ci-contre : une planche de *Zig, Puce et la petite princesse*, paru en 1934. Alain Saint-Ogan, son auteur, est considéré comme le père de la bande dessinée française.

Banjo

Le mot, qui appartient au vocabulaire des musiciens afroaméricains, est attesté dès 1764 sous la forme banshow, et depuis 1774 sous la forme banjo. L'instrument, lui, fut d'abord utilisé par les esclaves noirs des plantations, puis, aux débuts du jazz*, par les orchestres dixieland, où il jouait un rôle plus rythmique qu'harmonique. L'originalité de cet instrument à long manche et à cordes pincées (4, 5 ou 6 selon les types), réside dans sa caisse de résonance de forme ronde recouverte d'une peau, ce qui accroît sa puissance au détriment de la qualité du timbre. Après 1930, les musiciens de jazz lui préfèrent la guitare*.

Banque

Le plus vieux des édifices bancaires, que l'on ait identifié avec certitude, est... un temple, le temple rouge d'Ourouk, ville mésopotamienne sise sur l'actuel site d'Ouarka. Il date d'un peu plus de cinq mille ans. Et le premier banquier fut un dieu – qui laissait à ses prêtres le soin de gérer son commerce. Toutes les opérations se faisaient en nature, la monnaie* n'existant pas encore. Les reçus des dépôts se présentaient sous la forme assez encombrante de briquettes d'argile.

Mille quatre cents ans plus tard, Hammourabi, le plus grand des rois de la première dynastie de Babylone, décide de réglementer les opérations bancaires devenues très diverses, et parmi lesquelles on trouve déjà le crédit foncier et le crédit hypothécaire. Il édicte une série de textes connus sous le nom de *Code d'Hammourabi*, rédigé sous la dictée du Dieu-Soleil, le plus riche des dieux-banquiers de Mésopotamie. Ledit code entérine un usage bien établi : la mesure d'orge est l'étalon des échanges dans cette économie qui ignore la monnaie métallique.

Quant à la banque telle que nous la connaissons, elle est née en Toscane à la fin du XIIe et au début du XIIIe siècle, et plus précisément à Sienne, qui contrôlait la route conduisant de France à Rome et constituait donc un intermédiaire indispensable dans l'économie européenne. Le mot banque vient d'ailleurs de l'italien *banco*, le banc où s'asseyaient les changeurs – *banco rotto*, banc rompu, a donné banqueroute.

C'est à Sienne que furent donc fondées les premières grandes banques privées de type moderne : la famille des Piccolomini créa la toute première en 1193 (v. *billet de banque, chèque, monnaie fiduciaire, monnaie métallique, traveller's chèque*).

Baptême civil

La Convention a voté en l'an II une loi du 20 prairial (8 juin 1794) au Champ de Mars, après la fête de l'Être suprême présidée par Robespierre. Loi jamais abrogée qui, semble-t-il, institutionnalise le baptême civil et continue d'être suivie par les adhérents de la Fédération nationale des libres penseurs.

Au cours de ce baptême civil sont désignés parrain et marraine qui élèveront l'enfant, dans le cas où ses parents disparaîtraient, en lui inculquant le respect et l'amour de la République une, indivisible et laïque.

Barbe

Au commencement était la barbe. Mais déjà, silex en main, des hommes préhistoriques se sont rasés. Puis, à Rome, et dès le VIe siècle avant J.-C., apparaît le rasoir*.

Comme les Romains, les Francs se rasaient, tout comme leurs successeurs. La barbe fleurie (c'est-à-dire blanche) de Charlemagne n'est probablement qu'une invention du poète de *La Chanson de Roland*, en rappel des dignitaires barbus de la Bible.

C'est en Terre sainte, en 1099, que les Européens ont redécouvert la barbe (v. *croisades*) : leurs ennemis la portaient, et ce, dans le droit fil de la tradition musulmane, laquelle la prescrit, à condition qu'elle ne dépasse pas « la largeur d'une main à partir du menton ». Mais – dernier avatar – en Afghanistan, sous le

Ce masque funéraire du roi Psousennès, vers 1000 avant J.-C., témoigne que la barbe était déjà portée par les Égyptiens.

régime obscurantiste des Talibans, c'est-à-dire de 1997 à 2001, un « ministère pour la promotion de la vertu et de la lutte contre le vice », interprétant les dits du Prophète, a contraint tous les adultes de sexe masculin à porter la barbe, en condamnant les contrevenants à des peines exorbitantes.

Barbelés (fils de fer)

Penser, vers 1860, à barbeler le fil de fer dans les grandes plaines du Middle West américain était une idée banale et beaucoup s'y sont essayés avec succès, dont un certain Lucien Smith qui, en 1867, déposa un brevet. En effet, l'affrontement entre éleveurs et cultivateurs y était permanent à l'époque. Mais la difficulté était de mettre au point une machine capable de fabriquer du barbelé en quantités industrielles. En 1873, Joseph F. Glidden, rancher sexagénaire natif du New Hampshire, y parvient, distançant de peu son ami et rival Jacob Haish.

Des soldats français en 1916 attendant dans des tranchées recouvertes de barbelés. Ces derniers devinrent le triste symbole de la Première Guerre mondiale.

Depuis, le barbelé a connu des utilisations moins honorables que la protection des cultures : durant la guerre hispano-américaine (1898) et celle des Boers (1899-1902), il servit à défendre des points fortifiés ; on le trouve de la Manche à la Suisse lors de la Première Guerre mondiale et fut pris comme synonyme de guerre de tranchées. Après la Seconde Guerre mondiale, il est devenu le sinistre symbole des camps de concentration.

Baromètre

Inventé en 1643 par Torricelli, élève de Galilée, le « tube de Torricelli » doit son nom de baromètre à l'abbé Edme Mariotte. Le premier baromètre à cadran, invention de l'astronome anglais Robert Hooke, date de 1665.
Quant au baromètre anéroïde, qui permet de mesurer la pression atmosphérique à partir de la déformation d'une capsule métallique vide, le mécanicien français Lucien Vidie en a déposé le brevet en 1844, à Londres. Mais certains pensent que Nicolas Conté (v. *crayon*) l'avait inventé dès 1798.

Baron

Grands dignitaires du royaume à l'époque féodale avec le titre de hauts barons (xe siècle), leur nombre diminue peu à peu : le Grand Coutumier de France (fin XIVe siècle) n'en compte plus que trois, dont les baronnies vont finir par être érigées en duchés. Quant aux barons ordinaires, qui relevaient de ces grands feudataires, leur titre fut désormais réservé à de petits nobles, venant dans la hiérarchie nobiliaire après celui de vicomte.
Le décret napoléonien du 1er mars 1808 qui rétablissait les titres de noblesse (v. *duc*) offrait aux ministres, sénateurs, conseillers d'État et autres grands commis de l'Empire la possibilité d'instituer en faveur de leur fils aîné un majorat auquel serait attaché le titre de baron.

Barrage

Le plus ancien barrage dont on ait conservé la trace a été construit il y a 5000 ans en Jordanie pour alimenter en eau potable la ville de Jawa. Mais si l'on en croit Hérodote, les Égyptiens ont maîtrisé très tôt la technique des barrages, et cela dès le règne du légendaire roi Narmer (le Menès des Grecs), unificateur des deux royaumes à la fin du IVe millénaire. Le plus ancien dont l'archéologie nous ait fait connaître les vestiges

est celui qui barrait la vallée du Garaoui, non loin du Caire. Il avait plus de 100 m de long et une douzaine de mètres de haut. C'est le Sadd el-Kafara ou « barrage des païens », qu'a découvert en 1885 le voyageur et botaniste allemand Georg Schweinfurth.
Après l'Égypte, le Proche-Orient, la Chine, l'Inde ont construit des barrages pour l'irrigation et l'approvisionnement en eau potable.
Les Romains ont fait de même : le barrage de l'*Amio Novus*, près de Subiaco, dans le Latium (IIe siècle avant J.-C.) en est l'archétype.
Mais avec les Romains apparaît l'idée d'utiliser la force prisonnière de ces réservoirs d'eau (v. *moulin*, *hydro-électricité*, *aqueduc*). Le génie moderne a imaginé ou perfectionné différents types de barrage : le premier barrage-voûte a été réalisé en France, près d'Aix-en-Provence, par l'ingénieur Zola (le père d'Émile, le romancier) en 1843. À noter que les plus anciennes retenues d'eau de ce type, mais assez rudimentaires, furent construites en Iran, au XIIe siècle. Le premier barrage-digue a été édifié à Panamá, en 1912. Il a servi de modèle à celui d'Assouan, Sadd el-Ali, réalisé par les Soviétiques de 1960 à 1970, et à celui de Serre-Ponçon, qui barre la Durance depuis 1961. Le premier barrage-poids (dit aussi barrage-gravité) assure depuis 1866 une partie de l'alimentation en eau de Saint-Étienne.

Bas

Les racines du bas, si l'on peut dire, plongent profondément dans le Moyen Âge. Le bas sans couture, lui, est tout récent : il est né en 1955-1956 ; le bas sans talon ni gousset est naturellement son cadet (1958).
L'hégémonie du bas a sérieusement été battue en brèche à partir de 1967, avec l'avènement de la minijupe* et du collant (v. *caleçon*, *corset*, *culotte*, *jarretelle*).

Base-ball

Sport très populaire aux États-Unis, et exclusivement américain (Japon excepté), le base-ball descend en ligne directe du cricket* britannique, avec quelques emprunts à un autre jeu anglais, le rounders, où l'on court de base en base. Mais si le cricket est réservé aux amateurs, le base-ball est devenu l'apanage des professionnels. Et si le premier comprend onze joueurs par équipe, le second n'en demande que huit, plus un batteur. Ni l'un ni l'autre n'ont jamais pris racine en France – sans doute parce que l'on y « attend son tour », avec des phases de jeu brèves, rapides, hachées...
Une légende tenace veut qu'Abner Doubleday, futur général nordiste et héros de la bataille de Gettysburg, ait inventé le base-ball en 1839, à Cooperstown, État de New York. En fait, ses pionniers furent, au début du XIXe siècle, les gamins des rues de New York et de Boston, et l'on commençait déjà, vers 1835, à parler de base-ball ou « balle aux bases ». La plupart de ses règles sont fixées par Alexander Cartwright, du New York Knikerbockers Baseball Club, fondé en 1845. Premier club professionnel : le Cincinnati Red Stockings, en 1869. Les problèmes d'argent et de chiffre d'affaires présideront aux destinées de ce sport à partir de 1871, avec la création d'une première ligue nationale de joueurs professionnels.
En 1897, quatre ans après la mort d'Abner, un de ses petits-neveux, Frank Doubleday, fondait Doubleday and Co., aujourd'hui l'une des plus célèbres et des plus importantes maisons d'édition américaines. En 1980, un des arrière-arrière-petits-neveux, Nelson Doubleday, président de la même société d'édition, allait boucler la boucle, en achetant au nom de son groupe, pour 21,1 millions de dollars, les New York Mets, équipe de la National League de base-ball.

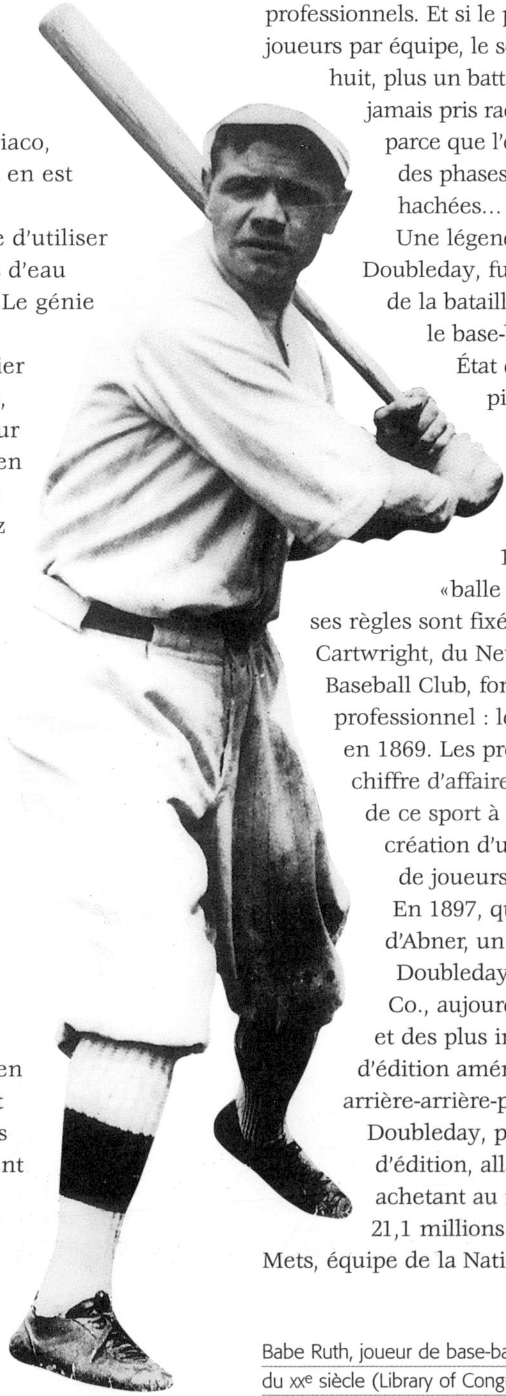

Babe Ruth, joueur de base-ball très populaire du début du XXe siècle (Library of Congress, Washington).

Basilic

Plante très sensible au froid, le basilic paraît être originaire des régions chaudes de l'Inde. Les Hébreux l'utilisaient comme plante médicinale. Pline l'Ancien le considère aussi comme tel. Acclimaté dans le midi de la France, il est le personnage principal de la fameuse « soupe au pistou », dont les zélateurs prétendent qu'elle est aussi vieille que le mistral (v. *fenouil*).

Basket

Pour répondre aux exigences du basket-ball*, fut créée aux États-Unis, dans les dernières années du XIXe siècle, une chaussure à tige haute, en toile renforcée, munie d'une semelle antidérapante. Par métonymie, elle reçut en France le nom de basket dès 1953, comme le précisent les *Datations et documents linguistiques*. Et elle conserva ce nom quand, vers 1970, elle sortit dans la rue et devint la préférée d'autres catégories de sportifs comme des simples promeneurs, puis de la jeunesse citadine. À la fin du XXe siècle, une paire de chaussures sur dix était une basket, et dans le monde, il s'en vendait 350 millions au total.

Basket-ball

Unique jeu mondialement connu et pratiqué qui ait été imaginé par un seul homme. L'unique aussi qui soit né sur le sol des États-Unis. Son inventeur, James Naismith, était un Canadien de l'Ontario, devenu citoyen américain par naturalisation, à qui on attribue par ailleurs la création du casque protecteur que portent les footballeurs américains. C'est en 1891, au collège de Springfield (Massachusetts) où il était professeur d'éducation physique, que Naismith créa le basket-ball pour animer ses cours, en édictant des règles qui n'ont pas changé depuis.

Alexandre le Grand sur son cheval se lance à l'attaque du roi de Perse lors de la bataille d'Issos, en 333 avant J.-C. (*La Bataille d'Alexandre*, mosaïque romaine, IIe siècle avant J.-C.)

Une première démonstration de basket-ball eut lieu à Paris, en 1893, rue de Trévise. Ce jeu fut admis aux jeux Olympiques à Berlin, en 1936.

Bataille

La première bataille entre armées nationales enregistrée par l'Histoire est celle de Kadesh, ville stratégique située dans la Syrie d'aujourd'hui, au confluent de l'Oronte et du Tannour.
Après Seti 1er, pharaon de la XIXe dynastie, son fils Ramsès II Mélamoum, fils de ce dernier, devait s'y heurter aux Hittites. Nous possédons le plan et les commentaires tactiques de cette bataille, restée indécise jusqu'au bout vers 1279, mais célébrée comme une victoire par l'Égypte pharaonique. C'est là que celle-ci devait brutalement faire connaissance avec la roue* des chars hittites.

Bateau à vapeur

Pour ceux qui dénient à Denis Papin (v. *cocotte-minute*) le titre de créateur du premier bateau à vapeur, il faut franchir un siècle, traverser la Manche à la voile et se rendre en Écosse. Là, sur les bords du Loch de Dalswinton, Patrick Miller, banquier à Édimbourg et dilettante ès sciences et techniques, lance un bateau équipé d'une machine à vapeur construite par l'ingénieur William Symington. Dès son premier essai, le bateau file cinq nœuds ; le poète Robert Burns fait partie de l'équipage (1788).

Sur mer, c'est le « Charlotte Dundas », en 1802, qui fut le premier navire à activités commerciales à utiliser la vapeur comme mode de propulsion. Équipé d'une seule roue à palettes, il avait été construit dans les chantiers navals de la Clyde. Ce spectacle inspira l'Américain Fulton qui passait par là. Cet artiste, joallier et ingénieur, est l'auteur d'un certain nombre d'inventions, dont un sous-marin* auquel il tenta vainement d'intéresser les autorités françaises. Et de même pour le premier bateau à vapeur qu'il fit naviguer sur la Seine en 1803. Rentré peu après dans son pays, il lança en 1807 le « Clermont », bateau à aubes qui assura à partir de cette même année un service régulier entre New York et Albany. En cela, on peut dire que Robert Fulton est le père de la navigation commerciale à vapeur.

Autres premières : 1816, traversée de la Manche à vapeur par l'Élise ; 1818, traversée de l'Atlantique, de New York à l'Irlande, par le Savannah, mais avec le sérieux appoint d'une voilure classique (v. *hélice*).

Bâton blanc (des agents de police)

Le bâton blanc date de 1896, le sifflet de 1900. Si le bâton blanc continue sa carrière, le sifflet a toujours plus de mal à se faire entendre, en raison de l'accroissement des nuisances sonores et de l'augmentation des décibels urbains. La fameuse pèlerine, elle, a disparu depuis longtemps.

BBC

La British Broadcasting Corporation a succédé à la British Broadcasting Company, créée en 1922, et dont la concession avait pris fin le 31 décembre 1926.

Le Charles-Philippe, premier bateau à vapeur lancé sur la Seine le 20 août 1826 (P.-L. Debucourt, musée Carnavalet, Paris).

En 1934 a lieu à l'Alexandra Palace la première émission publique de télévision*, sous l'égide de la BBC (v. *radio-électricité*).

Bébé-éprouvette

Louise Brown, née le 25 juillet 1979 à l'hôpital d'Oldham (Grande-Bretagne), est le premier bébé-éprouvette, c'est-à-dire le premier être humain conçu hors du sein maternel. Louise a pu naître grâce à une fécondation in vitro (FIV), réalisée à la suite des travaux des docteurs Patrick Steptoe et Robert Edwards. Ayant les trompes endommagées, Mrs. Brown était stérile. Le premier bébé-éprouvette né en France est aussi une fille, prénommée Amandine ; elle est née à l'hôpital de Clamart le 25 février 1982, après une procréation en laboratoire dans les services du professeur Jacques Testart dont les travaux, en association avec le professeur René Frydman, ont conduit au succès de la FIVETTE, c'est-à-dire : fécondation in vitro et transfert d'embryon (v. *chromosomes, insémination artificielle*).

Bêche

Déjà, les Grecs connaissaient la bêche. Ils fixaient au-dessus de la pelle une traverse de bois sur laquelle on posait le pied, nu, pour pousser l'outil en terre.
Cicéron accuse les publicains (ou agents du fisc) de battre à coups de bêche les paysans qui ne veulent ou ne peuvent payer leurs impôts (v. *agriculture*).

En 1500 avant J.-C., les Égyptiens connaissaient déja la technique de la bêche, comme en témoigne ce fragment de fresque représentant des scènes de travaux agricoles.

Bégonia

Le nom de bégonia, donné à cette plante en souvenir de Michel Bégon, gouverneur de Saint-Domingue au XVIIe siècle, recouvre un genre qui groupe plus d'un millier d'espèces originaires de régions humides tropicales – Amérique centrale et Brésil, Himalaya, Hawaii, Afrique du Sud, Nouvelle-Guinée. En 1777, les premiers spécimens arrivèrent des Antilles en Grande-Bretagne. *Begonia semperflorens* nous vint du Brésil dès 1828 ; *Rex begonia* arriva trente ans plus tard de l'Assam, province occidentale de l'Inde. Toujours du Brésil, *Begonia corallina* fut introduit en Europe vers 1875. À partir de ces trois souches, les floriculteurs ont pratiqué d'incessantes hybridations qui ont fait varier à l'infini la forme, la taille et la couleur des bégonias.

Belote

Il y a une centaine d'années faisait fureur en Alsace un jeu voisin de la belote, appelé cinq-cents, car il se jouait en cinq cents points.
Mais est-ce bien l'ancêtre de la belote ? On peut se le demander, car nous retrouvons, au début du XXe siècle, telle qu'elle se pratique aujourd'hui, notre belote jouée aux environs de la gare du Nord, à Paris, par des Hollandais qui l'enseignent à nos compatriotes. Son nom viendrait de « bel atout », à moins qu'il ne descende du patronyme du Français qui en aurait mis au point les règles – un incertain F. Belot (v. *cartes à jouer*).

Berger allemand

Les « standards » du berger allemand, dit aussi « berger d'Alsace » ou encore, plus communément, « chien-loup », ont été établis après quinze ans d'intense sélection, à la fin du XIXe siècle, par le capitaine de cavalerie allemand Max von Stephaniz. Mais la race est beaucoup plus ancienne ; c'est même l'une de celles dont on peut retracer la filiation très loin dans le passé : le berger allemand descend du berger persan, qui descend lui-même de ce *Canis familiaris metris optimae* dont la première vague avait touché l'Europe à l'âge du bronze avec ses maîtres asiatiques, des nomades forgerons et chaudronniers.

Berlingot (ou conditionnement souple)

L'inventeur du conditionnement souple pour produits liquides, surnommé « berlingot » par les usagers, est un ancien de l'escadrille Normandie-Niémen qui combattit sur le front de l'Est durant la Seconde Guerre mondiale. Il est aussi le fondateur du Marineland, le zoo marin d'Antibes, et, aussi, le lauréat de l'Oscar 1985 de l'exportation. Il se nomme Roland de La Poype. Le berlingot date de 1952, et son premier utilisateur fut alors un cosméticien connu pour ses shampooings, dont le célèbre Dop-Cadoricin. En 1986, Roland de La Poype « emballait » dans quelque quatre-vingts pays, ou plutôt, il vendait à ceux-ci les machines à conditionner en sachets de plastique de nombreux produits alimentaires, en particulier le lait et les huiles de table, ainsi que des produits utilitaires comme l'eau de Javel et les huiles industrielles.

Bette

Comme la betterave*, *Beta vulgaris* dérive de l'espèce sauvage, *Beta maritima*, dont l'aire naturelle va de l'Europe occidentale à l'Afghanistan.
Elle était connue des Grecs et des Romains, qui ne la prisaient guère. Les Celtes et les Germains du début de l'ère chrétienne la cultivaient aussi.

Les Romains et les Grecs connaissaient la bette mais ne l'appréciaient guère. Ce n'est que sous le règne de Charlemagne qu'elle acquiert ses lettres de noblesse. Miniature extraite d'une ancienne édition du *Tacuinum sanitatis* (Bibliothèque nationale de Vienne).

Mais il faudra attendre Charlemagne, qui la compte parmi les quarante-trois légumes et plantes condimentaires de son époque et en recommande la culture dans ses jardins, pour qu'elle connaisse une grande popularité. Depuis le XIXe siècle, elle est quelque peu délaissée.

Betterave

À côté de la bette* dont on ne mange que les feuilles, la betterave a vu croître, grâce à une sélection poussée, sa racine grêle et ramifiée, laquelle est devenue grosse et riche en sucre. C'est probablement en pays germain, vers le XIIe siècle, que la racine de la betterave ainsi transformée est utilisée comme aliment de grande consommation. Du moins, les variétés à racine rouge sont-elles introduites d'Allemagne en Italie au XVe siècle. Dans son *Théâtre d'agriculture* (1575), Olivier de Serres signalait déjà l'existence de sucre dans les racines de betterave, mais ce n'est qu'en 1796 que le Berlinois Frédéric-Charles Achard construisit la première fabrique de sucre de betterave, après avoir, dit-on, refusé les sommes considérables que des commerçants anglais lui offraient pour ne pas divulguer son invention.
Le Blocus continental amena Napoléon à se tourner vers le sucre* de betterave. Les découvertes de Benjamin Delessert – que la Légion d'honneur vint récompenser – permirent un grand développement des sucreries, puisque, le 29 mars 1812, l'Empereur faisait livrer 32 000 hectares à la betterave sucrière et distribuer un million de francs aux agriculteurs.
Mais le sucre de betterave fut long à s'imposer : en 1870, on consommait dans le monde 2,75 millions de tonnes de sucre de canne contre seulement 800 000 de betterave et 56 000 d'érable. Jusqu'au début du XIXe siècle, les fines bouches d'Europe préfèrent les betteraves à chair jaune à celles à chair rouge, auxquelles va aujourd'hui notre préférence (v. *abeille, canne à sucre, sucre de betterave*).

Beurre

Pas plus que la Mésopotamie, l'Égypte et la Grèce, Rome n'a savouré le goût du beurre. Il y a tout lieu de croire qu'aucune civilisation antique de la Méditerranée et du Proche-Orient ne l'a connu, bien qu'il en soit plusieurs fois question dans l'Ancien Testament. Le beurre d'Abraham

Le beurre n'apparaît dans les recettes qu'au xve-xvie siècle. Baratte à beurre normande du xixe siècle (musée de Marquez).

semble n'être que le résultat d'une mauvaise traduction. Il n'est même pas sûr que les Hébreux aient connu les fromages*. Sans pouvoir préciser davantage, on peut affirmer que le premier beurre a été baratté, en Europe, par des tribus germaniques et nordiques. Une chose est sûre cependant : le beurre n'apparaît dans les recettes qu'aux xve et xvie siècles. Et encore ne trouve-t-il pas facilement sa place dans la hiérarchie des graisses, qui privilégiait le lard et le saindoux pour les jours gras, et les huiles pour les jours maigres. Mais il existait, et à coup sûr au Moyen Âge, puisqu'on disait alors, en parlant des Flamands, peuple « mangeur de beurre », qu'ils en consommaient tous les jours et « qu'ils en mettaient même dans leur bière – Dieu leur pardonne ! ».

Bibliobus

Instruit par l'exemple des États-Unis, où fonctionnent des bibliobus dès avant la Première Guerre mondiale, Henri Lemaître, rédacteur en chef de *La Revue des Bibliothèques*, fait construire par Renault (à ses frais) un prototype de bibliobus qui sera présenté au stand de l'Association des bibliothécaires de France, à l'Exposition coloniale de Paris, en 1931.
De son côté, Victorine Vérine, qui avait été bibliothécaire en 1921-1923 pour le compte du Comité américain pour les régions dévastées (CARD), crée à Soissons une association, La Bibliothèque circulante intercommunale, et c'est ainsi que, le 23 septembre 1933, a lieu dans cette ville la mise en service du premier bibliobus français.
Cinquante ans après, quelque trois cents bibliobus fonctionneront en France.

Bibliothèques

Passons rapidement sur les bibliothèques ayant appartenu à des particuliers, celles du passé le plus lointain étant difficilement repérables. La première en Occident dont l'Histoire ait signalé l'existence fut celle du philosophe grec Aristote, élève de Platon avant de devenir le précepteur d'Alexandre le Grand. Nous en avons connaissance grâce à Platon lui-même, qui ne manquait pas de railler sa manie de collectionner d'anciens manuscrits et appelait sa maison la « boutique de lecture ».
Quant aux bibliothèques publiques, elles auraient existé en Chaldée dès 1700 avant J.-C. Les « livres » n'étaient alors, il va sans dire, que des tablettes d'argile cuite.
La première bibliothèque publique est créée à Athènes par Pisistrate en 540 avant J.-C. La grande bibliothèque d'Alexandrie, fondée en 284 avant J.-C. par le premier des Ptolémée, fut partiellement détruite lors de l'incendie de la ville par Jules César, en 47 avant J.-C. La première bibliothèque romaine est due à l'initiative de Paul-Émile le Macédonique, au iie siècle avant J.-C., et son premier fonds fut constitué par les ouvrages que celui-ci rapporta de Macédoine, en 167, après sa victoire sur Persée, dernier roi de ce pays.
Voici les plus fameuses bibliothèques des Temps modernes, dans l'ordre chronologique (la première par pays étant seule citée) :
1254, Salamanque, bibliothèque de l'université ;
1436, Florence, bibliothèque fondée par Niccolo Niccoli ;

Vers 1440, Vienne, bibliothèque impériale fondée par Frédéric III ;
1446, Rome, bibliothèque impériale fondée par le pape Nicolas V ;
Vers 1520, Blois, bibliothèque royale, aujourd'hui Bibliothèque nationale à Paris, fondée par François Ier ;
1580, Édimbourg, bibliothèque de l'université ;
1598, Oxford, Bodleian Library ;
1638, Harvard, bibliothèque de l'université ;
1659, Berlin, bibliothèque royale ;
1796, Lisbonne, Bibliotheca naçional.
(v. *classification décimale*.)

Bichon maltais

Venu d'Égypte en transitant par l'Asie Mineure (où sa terre d'élection aurait été le bourg de Melita, d'où son nom, né d'une déformation trompeuse), le bichon maltais est la coqueluche des dames athéniennes dès le ve siècle avant J.-C. Il sera aussi le favori de la Renaissance. En France, c'est Mme de Pompadour qui consacrera sa renommée.

Bicyclette

Le célérifère tout en bois du comte de Sivrac (1790), sans roue directrice, et qu'on dirigeait en secouant sa partie avant, peut être considéré comme l'aïeul de la bicyclette. En 1813, à Mannheim, le baron badois Drais von Sauerbronn présente sa draisienne à roue avant orientable, qui connaîtra une certaine vogue à Paris après une première démonstration au jardin de Tivoli, en 1817. Puis, c'est le vélocipède mû par le jeu de pédales axées directement sur le moyeu de la grande roue avant. La pédale est l'invention du jeune Ernest Michaux, conseillé par son père Pierre, chaudronnier de Bar-le-Duc venu s'installer à Paris comme carrossier : Ernest en avait eu l'idée en réparant la draisienne d'un M. Brunel, chapelier de son état (mars 1861). En 1868, le Marseillais Rousseau invente les rayons en fil de fer et, en 1869, le Lyonnais Thévenon adapte le bandage plein en caoutchouc* aux roues tandis que l'horloger parisien Suriray emprunte à sa profession l'idée du roulement à billes.
Cette même année 1869, *Le Vélocipède Illustré*, premier périodique de la spécialité, organise la première course cycliste* de fond entre Paris et Rouen, qui se déroule le 7 novembre. Le vainqueur : l'Anglais James Moore (123 km en dix heures !) qui avait déjà remporté la première course de vitesse, au parc de Saint-Cloud, le 31 mai 1868. L'évolution jusqu'à la bicyclette tout en métal telle que nous la connaissons aujourd'hui va s'effectuer en une dizaine d'années. Elle est l'œuvre de Britanniques : Lawson (roue motrice arrière grâce à la transmission par chaîne, 1879), James Kemp Starley (*rover safety* et diamètre égal pour les deux roues, 1885) et,

Portrait de Johnson (1819), coureur, professeur et constructeur de *hobbyhorses*, expression légère de la draisienne, que l'on faisait avancer à coups de grandes enjambées jusqu'à ce que Michaux invente la pédale en 1820.

surtout, le vétérinaire écossais John Boyd Dunlop (pneumatique*, 1888 – une « réinvention », car un autre Britannique, Robert William Thomson, en avait fait breveter l'idée dès 1845). Il était temps : déjà cahotaient sur les routes cinq cent mille usagers en Grande-Bretagne, trois cent mille en France, cent mille en Belgique.
Quant à la bicyclette volante, elle existe depuis 1977 ! Son inventeur : Paul Mac Cready, ancien champion international de vol à voile, ingénieur en aéronautique. L'aviateur cycliste : son compatriote californien Bryan Allen, 26 ans, de trente ans son cadet, 70 kg et myope. L'engin : un vélo ultraléger doté de deux ailes ultra-légères (envergure : 32 m – un peu plus qu'un DC9), baptisé Gossamer Albatros, qui, le 21 juin 1981, volera de Folkestone au cap Gris-Nez en 2 h 49 min. Récompense : 200 000 dollars – le prix Henry-Kremer. Rappelons cependant que le 9 juillet 1921, Gabriel Poulain, ex-champion du monde de vitesse (1905), avait fait voler au bois de Boulogne l'Aviette, bicyclette équipée de deux ailes. Voler ? C'est beaucoup dire : l'engin fit deux bonds de 12 m (v. *motocycle*).

Bidet

Ce mot, qui désigne à l'origine un petit cheval de poste, trapu et ramassé, a pris par analogie, le sens second d'« appareil sanitaire dont la cuvette sert aux ablutions intimes ».
Apparu chez nous vers 1710, la petite histoire note qu'en 1739, le maître tourneur Perverie, demeurant rue aux Ours à l'enseigne de la Belle Teste, avait sur sa carte d'adresse : « bidets, doubles bidets et chaises à deux dos ». Il en est aussi question dans *Dépenses de Madame de Pompadour* (1751), quand la marquise quitte Versailles, sa liaison avec Louis XV ayant pris fin l'année précédente.

Bière

La découverte de la fermentation est sans doute à peine moins ancienne que la culture de l'orge* et des autres céréales, et l'homme de la fin du néolithique a du en tirer des breuvages délectables. En tout cas, depuis la plus haute antiquité l'histoire constate la consommation de boissons fermentées, préparées à partir de céréales, aussi bien en Mésopotamie qu'en Chaldée et en Assyrie. Les Égyptiens en buvaient couramment et les offraient aux dieux. Plus tard, l'usage s'en répandit en Grèce et dans l'Empire romain.
Quant à la bière, on sait que les habitants du Soudan, il y a 7 000 ans, en fabriquait une, la plus ancienne au monde, à partir de sorgho. La première bière en Europe est catalane, et vieille de trois mille ans comme en font foi les fouilles menées de 1976 à 1985 dans la localité de Genò, hameau de la province de Lérida.
L'étude paléobotanique de deux jarres retrouvées sur le site, a révélé la présence de *Triticum dicoccum*, un blé d'altitude très résistant qui se cultive encore dans les Asturies, et d'*Hordeum vulgare*, c'est-à-dire d'orge, avec des traces de thym, de sauge, de menthe et de romarin.
Nos pères les Gaulois, eux, firent d'une préparation obtenue par germination de grains d'orge, de blé et de seigle leur boisson nationale, une boisson qu'ils savourèrent durant les quatre cents ans ayant précédé la conquête romaine. Au contact des Romains, ils l'appelèrent cervoise, en l'honneur de Cérès, la déesse latine des moissons ; puis sans rechigner ils acceptèrent d'être colonisés par la vigne* et le vin.
Avec les croisades arrive en Europe le goût des épices, et l'idée vient d'introduire dans la cervoise des piments, du genièvre, de la cannelle, du laurier, tandis que les gens du Nord préfèrent y incorporer du houblon. Ainsi est née la bière, dont la préparation s'est améliorée au cours des siècles, mais dont le principe de fabrication est demeuré le même.
Quant au sous-bock ou rond de bière, le premier du genre serait apparu en 1867 à l'initiative des brasseries allemandes Henschel, leurs clients taverniers se disant excédés de voir leurs

Un paysan égyptien préparant de la bière (ronde-bosse, vers 2500 avant J.-C., Musée égyptien, Le Caire).

comptoirs envahis de mousse. La bière fut dès lors servie chez eux dans une assiette creuse, gravée aux initiales du débit de boisson. Puis, on essaya la soucoupe-éponge absorbante et, breveté à la fin du XIXe siècle, le sous-bock compteur empilable, afin de pouvoir calculer le nombre de bières bues par un seul et même client. Enfin, en 1903, dans le Land du Bade-Wurtemberg, une entreprise fabriquant des poteaux téléphoniques eu l'idée de recycler ses déchets de bois en pâte à carton. Sans impression de texte et d'image à ses débuts, le sous-bock moderne était né, qui allait faire le bonheur des cervalobélophiles, c'est-à-dire ceux qui en font collection.

Bifteck

Le désastre de Waterloo est la cause directe de notre engouement national pour le bifteck. Alexandre Dumas père nous le signale dans son *Grand Dictionnaire de cuisine* : « Je me rappelle avoir vu, après la campagne de 1815 où les Anglais restèrent deux ou trois ans à Paris, naître le bifteck en France : jusque-là, notre cuisine avait été aussi séparée que nos opinions [...]. Nous tendîmes nos assiettes et nous donnâmes au bifteck un certificat de citoyenneté. »
Waterloo a donc déclenché l'invasion du continent par celui qui serait bientôt sur toutes les tables de l'Europe – bleu, saignant, cuit ou recuit jusqu'à la consistance du bois selon les pays et les goûts. Mais c'est en France qu'il finit par atteindre les sommets de la succulence et ce, grâce au peintre Henri de Toulouse-Lautrec : « On en grille trois l'un sur l'autre (au feu de sarments, bien entendu), copieusement poivrés et moutardés, mais on ne sert que celui du milieu qui, lui seul, est à point. »
La recette de ce bifteck de riche, date de 1890. Les bourgeois, eux, connaissaient le bonheur à table avec la magique combinaison steak-frites depuis les années 1860. Le cornet de frites à deux sous (sans steak) des classes laborieuses est signalé par *Le Figaro* en 1875, mais ceci est une autre histoire.

Bijoux

Avec les premières civilisations mésopotamiennes, c'est-à-dire au cours du IIIe millénaire avant J.-C., naît l'orfèvrerie*. La taille des pierres précieuses commence environ mille ans après. De la Mésopotamie, la joaillerie se propage vers l'Inde à l'est et l'Égypte à l'ouest… Dans le pays des pharaons, avec la XIIe dynastie qui ouvre le temps du Moyen Empire, il y a quelque quatre mille ans, elle atteint un niveau d'habileté jamais dépassé depuis. Du XVIIIe au XIVe siècle avant J.-C., elle connaît un développement particulier en Crète et à Mycènes. À la fin du IVe siècle avant J.-C., les premières pierres semi-précieuses font leur apparition dans la bijouterie grecque. La romaine sera son héritière. En Amérique précolombienne, les premiers centres de culture péruviens et mexicains mettront au point très tôt des techniques de taille, environ mille ans avant notre ère. L'agate, cette variété de corindon qui tire son nom d'une rivière de Sicile (aujourd'hui rebaptisée Dirillo), d'où elle a commencé d'être extraite vers le IVe siècle avant J.-C., était déjà connue des Égyptiens. L'amazonite, mal nommée, ne provient pas de l'Amazonie : connue depuis l'Antiquité, elle est originaire de gisements exploités en Inde il y a trois mille ans.

C'est avec la civilisation mésopotamienne, 3 000 ans avant J.-C., que naît l'orfèvrerie. Un bracelet au cylindre mésopotamien de 890 avant J.-C. (Musée du Caire).

L'améthyste était déjà très prisée des Égyptiens, comme la cornaline à partir de la XVIIIe dynastie, mais celle-ci fut l'une des premières gemmes à être utilisées en joaillerie, et cela en Inde, dès la fin du IIIe millénaire avant J.-C. L'émeraude*, déjà connue et employée du temps des Sésostris, mille sept cents ans avant J.-C., resta cependant assez peu utilisée en Égypte. Elle provenait de gisements situés en Haute-Égypte. Exploitées par les Grecs à l'époque hellénistique, ces mines connurent un nouvel essor avec Cléopâtre, c'est-à-dire quelque quarante ans avant notre ère. Il ne faut pas oublier que l'émeraude, variété la plus prestigieuse du béryl, est d'une certaine dureté (seuls le diamant* et le rubis le sont davantage), et pourtant, Égyptiens et Grecs parvinrent à la tailler. Huit cents ans avant J.-C., la taille du jade était parfaitement au point chez les Olmèques du golfe du Mexique. En Extrême-Orient, on retrouve sa trace jusque dans la préhistoire. L'engouement pour le jaspe, le plus noble des minéraux après le rubis, remonte à l'Égypte et à l'Inde antique. Cette faveur a traversé tous les siècles et toutes les civilisations : Grèce, Rome, Moyen Âge, Renaissance, Temps modernes. Le lapis-lazuli, originaire de l'Asie centrale et en particulier de l'Afghanistan, était apprécié dès la fin du IIIe millénaire avant J.-C. en Mésopotamie, il le fut aussi par l'Égypte, la Grèce et Rome. Le rubis, cité par Pline, Marco Polo, Albert le Grand, et dont les gisements sont abondants en Inde et dans l'Asie du Sud-Est, sera rarement employé avant le XVIe siècle, et de même le saphir, avant le XVIIIe siècle. Les premières topazes* connues proviennent de gisements exploités en Haute-Égypte par les pharaons. Quant à la turquoise*, elle fut également recherchée et travaillée par les Égyptiens à partir du IIIe millénaire avant J.-C. et par les Aztèques précolombiens.

Bikini

C'est la marque déposée d'un modèle de maillot de bain et, par extension, tout deux-pièces aux dimensions extrêmement modestes. Le dépôt du nom et du modèle (le nom était emprunté à un îlot de l'archipel des Marshall, dans le Pacifique, sur lequel les États-Unis venaient de procéder à une explosion atomique) fut fait par son inventeur français, Louis Réard, le 20 juin 1946. Le 23 juin, un premier bikini était visible à la piscine Molitor de Paris, porté par Micheline

Même si le nom et le modèle du bikini ne furent déposés qu'en 1946, le maillot de bain à deux pièces était connu dès l'Antiquité, si l'on en croit ces deux romaines prêtes pour le bain sur cette mosaïque sicilienne du IVe siècle.

Bernardi. Tous les mannequins pressentis avant elle avaient refusé. Micheline Bernardi, elle, était danseuse nue au Casino de Paris ! (v. *monokini*.)

Bilboquet

La pointe sur laquelle le jeu consiste à empaler la boule semble avoir donné son nom au jouet : c'était le bocquet, fer de lance. Le jouet ne paraît pas antérieur au XVIe siècle. Rabelais en parle dès 1534. Pierre de Lestoile signale la mode du bilboquet régnant à la cour d'Henri III en 1585. Le *Dictionnaire de Trévoux* le décrit ainsi en 1771 : « Petit instrument fait d'un bâton creusé, rond par les deux bouts, au milieu duquel est une corde où une balle de plomb est attachée. Les enfants la jettent en l'air et la reçoivent alternativement dans les deux creux. »

Billard

Mis à la mode par Louis XIV, à qui la Faculté en avait prescrit l'usage après les repas afin de faciliter la digestion, le billard est d'origine beaucoup plus ancienne. Est-il dérivé du jeu de boules ? Ou rapporté par les Templiers chassés de Terre sainte ? Une chose est certaine : il est déjà assez répandu en France (et dans les pays voisins) après 1550. En 1610, le privilège de tenir billard public est accordé

Louis XIV, qui a lancé la mode du billard en France, joue dans ses appartements avec Monsieur, le duc de Chartres, le comte de Toulouse, le duc de Vendôme, M. d'Armagnac et M. de Chamillard.

à des «billardiers-paulmiers». En 1766, cependant, cinquante-sept de ceux-ci seulement tiennent des jeux de billard dans Paris. Il faut dire que le billard que nous connaissons est relativement récent. Louis XIV jouait encore avec une «masse», sorte de crosse que la «queue» ne supplante définitivement qu'en 1760. Quant à la petite rondelle de cuir qui couronne le petit bout de la queue, ce serait un certain Mingaud qui l'aurait inventée avant 1806, année durant laquelle les joueurs auraient appris l'usage de la craie. C'est cette conjonction qui va permettre les «effets» variés, inconnus jusque-là, et faire du billard un jeu à la technique particulièrement subtile et élaborée.

Si, sur le principe d'un jeu de boules à jouer par les bandes d'une table, on fait varier le nombre de boules, et si l'on ajoute des trous (baptisés «poches»), on obtient de nombreuses variantes : billard anglais, russe, hollandais, billard dit «japonais ou chinois», billard Nicolas, etc.
Le plus répandu a été créé en 1857 par Sir Neville Chamberlain, alors colonel à Jumblapore, aux Indes, un jour de pluie tropicale où il s'ennuyait ferme.
C'est le snooker, qui se joue avec quinze boules rouges, une blanche et six autres de six couleurs différentes. Boules qui doivent pénétrer – selon des règles bien précises que l'Anglais avait inventé – dans l'une des six poches du billard. Très suivi en Grande-Bretagne, le snooker a débarqué sur le continent par la Belgique et les Pays-Bas dans les années 1980, avant de connaître en France le succès que l'on connait.

Billard électrique

Le billard électrique (Chicago, 1938) descend en ligne directe des machines à sous élaborées pour les maisons de jeu durant la seconde moitié du XIXe siècle en Europe et en Amérique du Nord. Le tilt, lui, a précédé le billard électrique : dès 1901, sur Little Dream (Caille, États-Unis), machine à sous relevant du type « pluie d'or », est introduit le tilt, qui bloque tout le système si l'on secoue trop la machine pour mieux diriger la pièce qui tombe - ainsi qu'il est signalé au musée de la Machine à sous, à Paris, rue Beaubourg.

Billet de banque

On pourrait remonter très loin dans le temps et trouver des ancêtres au billet de banque moderne, même en excluant la Chine (v. *chèque*). Citons simplement les récépissés nominatifs que délivraient à leurs déposants les banquiers des foires médiévales, puis, après 1587, la transmissibilité de ces récépissés par endossement, pratique imaginée à Venise. L'endossement allait, en effet, répandre l'usage de la monnaie de papier.

Mais la première à émettre de véritables billets fut, en 1658, la Riksbank de Stockholm (fondée en 1656) et la deuxième la Banque d'Angleterre, fondée en 1694 aux termes d'une loi qui désignait sa raison sociale, inchangée depuis : The Governor and Company of the Bank of England.

La France, elle, connaîtra une première fois le papier-monnaie en 1701, quand Louis XIV donnera cours forcé aux « billets de monnoye ».

Billet de 500 francs de la Banque de France datant de 1859 : ce n'est qu'au XIXe siècle que la Banque de France obtient le monopole de l'émission des billets de banque.

La Banque de France, créée le 18 janvier 1800, n'a reçu un premier privilège d'émission que le 13 avril 1803 (loi du 24 germinal de l'an XI). Il est à noter que ces deux banques, l'anglaise et la française, ont été fondées à la suite de grands bouleversements nationaux, alors qu'elles sont aujourd'hui le symbole le plus rassurant de la stabilité (v. *chèque, monnaie fiduciaire, papier-monnaie*).

Biscotte

Produit dit de « panification fine sèche » - avec les pains spéciaux grillés et les pains braisés -, la biscotte aurait été inventée par Charles Heudebert, boulanger de son état, au début du siècle (1903). Ingénieux autant qu'économe, M. Heudebert se refusait à laisser rassir son pain de mie en cas d'invendus. Il décida donc de le débiter en tranches qu'il fit griller. D'un point de vue commercial, la recette lui parut bonne, et elle l'était. Il ne fallut pas longtemps pour que naisse l'industrie de la biscotte. Mais la biscotte familiale existait depuis longtemps ; le mot, en tout cas, avait déjà 100 ans.

Bistouri

Au XVe siècle, le bistouri était un « grand coustel ». Ambroise Paré, au XVIe siècle, décrit la « lancette courbée appelée bistorie » (v. *lancette, scalpel*).

Blason : v. *héraldique*.

BIT

Durant ses études à l'Institut de technologie du Massachusetts, le jeune Américain Claude Shannon devient l'auteur d'une découverte fondamentale : il démontre que toute information et donc toute forme de communication (texte, son, image) peut être exprimée sous forme numérique binaire, par une suite de 1 et de 0, unités d'information ou « bits » (de *binary digit*, c'est-à-dire chiffre binaire). Sa thèse de doctorat en mathématiques, publiée en 1938, *Analyse symbolique des relais et commutateurs*, saluée avec chaleur par le monde scientifique, reçoit une application immédiate dans la mise au point des systèmes téléphoniques, puis, plus tard, dans celle des ordinateurs* modernes.

Shannon est également à l'origine de l'invention des ordinateurs à échecs, par un article paru en 1950, dans la revue *American Scientific*, expliquant qu'une bonne façon de travailler sur les problèmes de l'intelligence artificielle, serait de construire une machine à jouer aux échecs*. Ses travaux fondamentaux dans ce domaine seront poursuivis par de nombreux chercheurs et aboutiront en 1997 à la première victoire d'un ordinateur – le Deep Blue IBM – sur le champion du monde, le Russe Gary Kasparov.

Blé

La céréale que nous appelons blé comporte de très nombreuses espèces – amidonnier, engrain, épeautre, blé dit «commun», blé dur ou tendre – mais on peut dire que le blé était déjà cultivé aux époques protohistoriques en Égypte et en Mésopotamie, il y a plus de six mille ans. Quant à la patrie du blé sauvage, c'est depuis l'entre-deux-guerres seulement que nous pouvons la désigner avec vraisemblance, grâce aux travaux du savant russe Alexandre Vavilov. L'hypothèse de départ du Soviétique est que toute espèce vivante possède son «centre de gènes», c'est-à-dire qu'elle est née et a pris son essor dans le milieu géographique où elle a développé le plus grand nombre de variétés. Si un chercheur extra-terrestre arrivait sur notre Terre et voulait découvrir le lieu d'origine de la langue anglaise, aujourd'hui parlée un peu partout dans le monde, c'est en Angleterre méridionale qu'il devrait porter ses recherches, car là, sur l'espace le plus restreint, on trouve le plus grand nombre de dialectes. Valable pour les langues et les animaux, cette thèse l'est encore davantage pour les plantes – qui restent attachées au sol. En combinant cet axiome avec une série d'expériences sur l'hérédité, Vavilov a localisé le berceau du blé dans certaines hautes vallées des montagnes éthiopiennes (v. *agriculture*, *avoine*, *orge*).

Au Moyen Âge, beaucoup d'espèces de blé (épeautre, seigle, froment…) étaient consommées et sous diverses formes (galettes, bouillies…). Illustration extraite du *Tacuinum sanitatis*, manuscrit du XIIe siècle.

Bobsleigh

Dérivé de la luge millénaire et du skeleton-toboggan créé à Saint-Moritz par l'Anglais J. A. Bott en 1901, le bobsleigh, sport dangereux et coûteux, né peu après, également à Saint-Moritz, fut d'abord expérimenté par un autre Anglais, Wilson Smith. Il a acquis son statut international aux jeux Olympiques d'hiver de 1924, à Chamonix.

Boeing

Le Boeing 247 est le premier avion de ligne en date : prévu pour le transport de dix passagers, il a entamé sa carrière commerciale aux États-Unis en mars 1933.

Un Boeing 747 de la compagnie Air France. Ce type d'appareils appelé aussi «jumbo-jet», est le plus grand avion à réaction au monde. Ses premiers essais de vol ont débuté le 9 février 1969, puis il est entré en service sur les lignes commerciales de la PanAm l'année suivante.

Le Boeing 707 est le premier avion à réaction commercial. Premier vol d'essai le 15 juillet 1954. Premier vol commercial le 20 décembre 1957, entre New York et l'Europe.
Le Boeing 747, dit «Jumbo-jet», car il est le plus grand avion à réaction au monde, a commencé ses essais de vol le 9 février 1969. Il est entré en service sur les lignes commerciales de la PanAm le 31 janvier 1970 (v. *Airbus*, *Caravelle*, *Concorde*).

Bœuf

Il semble que notre bœuf domestique provienne d'un mélange complexe dans lequel intervient une demi-douzaine de races sauvages ou plus ou moins apprivoisées, et même le zébu à bosse de l'Inde. En tout cas, deux bovidés ont concouru à la création du bœuf européen : l'un, sauvage, le très grand *Bos primigenius* (dont Jules César fait mention dans *La Guerre des Gaules*), qui hantait les clairières européennes dès le début du quaternaire et s'éteignit dans les forêts polonaises, vers 1700, à force d'être chassé ; l'autre, le petit *Bos brachyceros*, déjà élevé par l'homme des palafittes (ou villages lacustres) à partir de quatre mille ans avant J.-C.
Mais des découvertes récentes donnent à penser que le bœuf indigène était déjà domestiqué en Iraq du Nord, vers 5000 avant J.-C. (v. *domestication*).

Bois (peinture sur)

Certains sarcophages égyptiens étaient faits de bois peint ; d'autres en panneaux de paryrus qu'on peignait. Mais le plus ancien panneau peint paraît avoir décoré le coffret des reliques de sainte Odile, exécuté en 1292 pour le couvent des Croisiers de Huy et conservé dans l'église conventuelle de Kerniel, près de Tongres (Belgique). L'œuvre est contemporaine du Christ en croix, de Giovanni Cimabue, actuellement aux Offices de Florence. Suivent le *Calvaire*, du musée d'Anvers, provenant du tombeau de Henri Van Ryn (†1363), et le profil de Jean le Bon, du Louvre, peint à Londres vers 1363 par Gérard d'Orléans.
Cependant, l'emploi des panneaux assemblés en «tables» est expliqué par le moine Théophile (fin du XIe siècle) dans sa *Schedula diversarum artium*, I, XVII. L'Italie utilisera surtout le peuplier, les écoles franco-flamandes le chêne, les écoles du sud de la Loire le noyer. À partir du XVIe siècle, le bois est délaissé au profit de la toile.

Du XIIIe au XVIe siècle, le bois fut le support de peinture le plus répandu. *La Vierge, l'Enfant Jésus et sainte Anne*, peinture à l'huile sur bois de Léonard de Vinci réalisée entre 1500 et 1519.

Boîte de conserve et ouvre-boîte

L'idée de substituer au verre de Nicolas Appert (v. *conservation des aliments*) un contenant métallique revient à un commerçant d'origine française établi à Londres, Pierre ou Peter Durand. Il vendit son brevet, déposé en 1810, à une firme dont la raison sociale était Donkin, Hall et Gamble, qui fit construire en 1812 une conserverie route de l'Ancre-Bleue, dans le quartier de Bermondsey, sur la rive droite de la Tamise, face à la Tour de Londres.
De même que la marine de guerre française

s'était intéressée à l'invention d'Appert dès 1804, de même la Marine britannique fut, dès le début, très attentive aux productions de Donkin and Co. On cite aussi le futur duc de Wellington parmi les premiers à les tester personnellement. Et, des expéditions de sir William Edward Parry, on possède encore un spécimen de conserve de veau rôti mis en boîte en 1824. On peut y lire le mode d'emploi : « Pour ouvrir, découper circulairement le haut avec un ciseau et un marteau. »
Ayant trouvé le moyen d'enfermer des aliments dans une boîte étanche, il semble donc qu'on ne s'était pas trop inquiété de savoir comment les en extraire ! Ces premières fabrications étaient en fer, et fort lourdes et épaisses. C'est pour les suivantes, celles des années 1860, faites en fer-blanc, qu'a été anonymement inventé l'ouvre-boîte, probablement en Amérique, et sans doute par des soldats de la guerre de Sécession.
Peu après, le New-Yorkais J. Ousterhoudt invente la clé ouvre-boîte à tige fendue, dans laquelle on insère la languette solidaire du couvercle. En tournant la clé, le couvercle s'enroule sur celle-ci, et, par voie de conséquence, la boîte s'ouvre. Nouvelle simplification 90 ans plus tard : en 1959, E. M. Fraze, natif de l'Ohio, réalise le premier anneau fixé sur le couvercle par une languette. Une simple poussée de l'index passé dans ledit anneau permet de décalotter la boîte de conserve. L'idée en était venue à Fraze au cours d'un pique-nique familial : ayant oublié chez lui son ouvre-boîte, il n'avait réussi à ouvrir sa boîte de bière qu'en l'ajustant sur le pare-chocs de sa voiture. Trente ans plus tard, au cours de l'année 1989, cent cinquante milliards de boîtes ont été ouvertes de par le monde grâce à l'anneau de Fraze.

Une « boëte pour les lettres » pour Paris et la province au début du XIXe siècle : elles furent créées au début du XVIIIe siècle afin que les différents quartiers de Paris puissent communiquer entre eux plus facilement. Leur usage se répandit plus tard dans d'autres villes françaises.

Boîte aux lettres

Vers 1650, quatre bureaux de poste parisiens fonctionnaient, reliant la capitale à la province et à l'étranger par la grande poste. Mais la ville de Paris ne communiquait pas avec elle-même. Maître des requêtes et « homme plein d'inventions singulières », Jean-Jacques Renouard de Villayer combla cette lacune en instituant la petite poste pour « ceux qui voudront escrire d'un quartier de Paris à un autre et avoir réponse promptement, deux ou trois fois le jour, sans y envoyer personne ». C'est pourquoi il fit placer des boîtes murales au coin des principales rues, avec trois levées quotidiennes, pour recevoir les lettres qui, chacune, devaient être entourées d'un billet dit « de port payé » vendu un sol. Le nouveau service commença à fonctionner le 8 août 1653. Faisaient partie des premiers usagers les habitués des samedis de Mlle de Scudéry.
Les premiers clients ne furent pas nombreux et la petite poste eut vite fait de péricliter, mais le principe de « la boëte pour les lettres », lui, fit fortune assez vite, au bénéfice de la grande poste : six boîtes dans Paris en 1692, sept en 1723, douze en 1740. Puis, en 1754, renaissance de la petite poste sous l'impulsion de Piarron de Chamousse, pour imiter celle de Londres créée en 1680 par un tapissier, Robert Murray, à l'instar de Renouard. Tant et si bien qu'en 1780, Paris comptait plus de cinq cents boîtes pour la petite poste et trente-huit pour la grande.

La boîte aux lettres se répandit dans toute l'Europe durant les XVIIIe et XIXe siècles.
À la Belgique revient le mérite d'avoir inventé, en 1848, les boîtes-bornes, introduites dès 1852 à Londres, puis dans tout le pays (*pillar-boxes*) sur l'initiative de Rowland Hill, le père du timbre-poste*, et ensuite, en France, en Amérique, en Australie, dans les colonies britanniques, etc. (v. *postes*).

Boîte de vitesses

En 1890, Louis Renault conçoit et met au point, pour sa première automobile, construite l'année précédente dans le jardin de ses parents à Billancourt, une boîte de vitesses à prise directe, avec trois vitesses et une marche arrière. C'est aussi sur cette « voiturette » que la dynamo* fait son apparition.

Bombe atomique

Les possibilités de fission d'un noyau atomique étaient connues depuis les expériences de Rutherford, qui désintégrait l'azote (1919). On n'obtenait alors ce résultat que par un bombardement énergique de particules. En 1938, l'Allemand Otto Hahn désintégra de l'uranium* avec des neutrons : le noyau d'uranium, instable, se divisait en deux, en dégageant beaucoup d'énergie, y compris une émission de neutrons. Ceci permettait d'imaginer une réaction en chaîne. C'est ce qui inquiéta Einstein dès 1939 : il écrivit au président Roosevelt pour l'avertir du danger du nouvel explosif en gestation. En 1941, Robert Oppenheimer découvrit la masse critique, c'est-à-dire la quantité d'uranium 235 nécessaire pour la réaction spontanée en chaîne (de 5 à 48 kg selon les cas). Des expériences de réaction contrôlée se firent dans une première pile atomique (Enrico Fermi, Chicago, 1942). Après un abandon momentané des travaux dû à leur coût élevé, les Américains les ont repris en apprenant les efforts de l'Allemagne dans ce domaine. La première bombe réalisée fut essayée le 15 juillet 1944 à 5 h 29 mn 55 s, heure locale, à Alamogordo (Nouveau-Mexique). Cette bombe, dite « A », n'était qu'un rustique pétard auprès des engins perfectionnés qui lui succéderont, et ce, indépendamment de la bombe H (1952), résultant de la fusion de l'atome d'hydrogène. La bombe au cobalt (1953) est le dernier raffinement, si l'on peut dire, imaginé pour rendre longtemps radioactive la région touchée.

Bonsaï (ou Bonzaï)

La miniaturisation des arbustes et des arbres est une technique mise au point dans la Chine du IIe siècle avant J.-C. Le Japon y est passé maître au XIVe siècle et en a fait un art.
La première exposition nationale s'est tenue à Tokyo en 1914 ; elle est annuelle depuis 1934.
L'Europe a fait connaissance avec les bonsaïs à Paris, lors de l'Exposition universelle de 1878.

Boomerang

Cette arme de jet, faite d'une pièce de bois recourbée, qui revient à son point de départ quand elle a manqué son but, est, selon l'opinion la plus répandue, le monopole immémorial des aborigènes australiens. Mais en fait, les anciens Égyptiens s'en servaient pour la chasse aux oiseaux du Nil. Les Indiens nord-américains Hopis l'utilisaient aussi, tout comme certaines populations du Deccan (Inde) et les premières ethnies d'Europe.

Cette peinture murale égyptienne de la XVIIIe dynastie contredit l'idée que le boomerang serait l'invention des Aborigènes australiens. Les Égyptiens se servaient en effet de cette pièce de bois courbe pour chasser les oiseaux.

Un spécimen de boomerang a été découvert dans un marais de Floride en 1976. Il serait vieux de 9 à 10 000 ans. En 1987, on a exhumé d'une grotte polonaise un spécimen qui, lui, aurait 23 000 ans. Le mot boomerang apparaît dans la littérature française avec *Les Enfants du capitaine Grant* (1868), de Jules Verne, mais il était déjà connu des Britanniques, avec une première citation dans la *Sydney Gazette* en 1823, Sydney étant la capitale de la Nouvelle-Galles du Sud, où furent vus les premiers chasseurs de kangourous et de wallabies. Depuis 1983 existe un championnat mondial du boomerang. En 1991, il a rassemblé à Perth (Australie Occidentale) soixante-dix participants de neuf nationalités différentes. Le champion cette année-là : John Koehler, 33 ans, Américain natif du Maryland.

Bossa nova : v. *samba*.

Bouche-à-bouche

L'inventeur de cette technique de réanimation est un maître nageur français ; il l'a décrite dans le *Guide médical des familles* paru en 1852. D'illustres praticiens et savants l'encouragèrent, en particulier le chirurgien Auguste Nétalon, celui même qui connut une célébrité à l'échelle européenne après les soins qu'il prodigua à Garibaldi (1862) et au prince impérial (1864). Mais, en 1747, un médecin aurait ressuscité un mineur de charbon, à Allon, en Écosse centrale, par une méthode qui, d'après le compte rendu donné dans un ouvrage spécialisé paru la même année à Édimbourg, était elle aussi basée sur le bouche-à-bouche.

Bouchon

L'Antiquité classique bouchait ses amphores à l'argile, le Moyen Âge ses tonneaux et ses bouteilles* au chanvre huilé et à la cire, avant la venue très tardive du liège, puisqu'en 1659 obligation était encore faite aux verriers-bouteillers parisiens de boucher leurs flacons « avec des bouchons faits de bon chanvre et d'étoupe bien nette ».

L'utilisation du liège, attribuée à Dom Pérignon (v. *champagne*) et qui remonte donc à la fin du XVIIe siècle, a aussitôt provoqué l'invention du tire-bouchon*. Mais l'usage de celui-ci ne se généralise qu'à partir du siècle suivant. Il est alors intégré au couteau* de poche. C'est ainsi que « le coutelier Lethien, rue Saint-Merry, fabrique des couteaux à tire-bouchon très à la mode ».

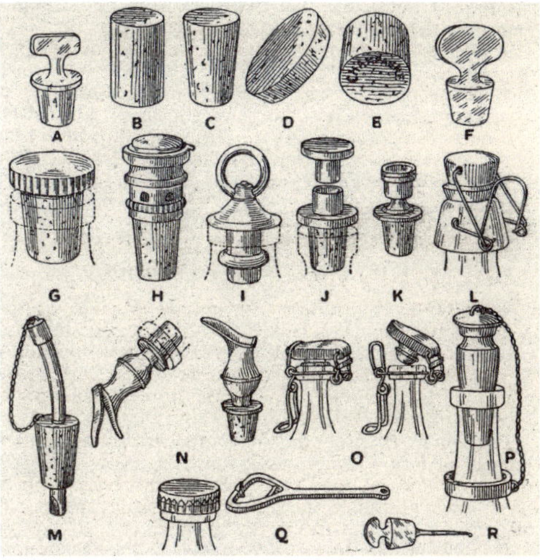

Avant l'apparition du bouchon de bouteille en liège au XVIIe siècle qui a donné les multiples sortes de bouchons que l'on peut voir ci-dessus, on utilisait du chanvre huilé et de la cire (illustrations extraites du *Larousse ménager*, début du XXe siècle).

Bougainvillée

Bougainvillea glabra, plante grimpante sud-américaine, fut ainsi nommée par le botaniste Philibert Commerson en l'honneur du navigateur Louis-Antoine de Bougainville, qu'il avait accompagné dans son voyage autour du monde, accompli de 1766 à 1769 (v. *tour du monde*).

Bougies et chandelles

Si la lampe* à huile apparaît en Égypte au IIIe millénaire avant notre ère, l'usage des premières chandelles de graisse ou de cire n'y devient courant que vers la moitié du IIe millénaire avant J.-C.. Après quoi, et jusqu'au Moyen Âge, l'éclairage domestique ne progresse guère. Encore au XIe siècle, les textes font mention de la chandelle, en tant que petit cierge de suif, concurremment avec la lampe à huile. Au XIVe siècle, le *Mesnagier de Paris* parle de « chandelles de bougie », terme encore employé dans l'inventaire de Charlotte d'Albret en 1514 : « Un bougeoir d'argent pour mettre chandelles de bougie. » Mais s'agissait-il de chandelles de suif ou de bougies de cire ? Si l'on en croit Olivier de Serres, à la fin du XVe siècle, on ne trouvait guère de chandelles de cire que « chez les princes et

grands seigneurs». Cire et bougie étaient alors synonymes, car la meilleure cire venait alors de la ville de Bougie, en Algérie.
La bougie que nous utilisons – de moins en moins, seulement lors de certains repas ou de pannes d'électricité – est la bougie stéarique, dont la fabrication à partir de suif fut mise au point en 1823 par le chimiste Chevreul. Sur ses aînées, elle présente l'avantage de donner plus de lumière et de dégager moins de fumée.
À noter qu'Eugène Chevreul eut lui-même l'avantage de profiter longtemps de sa découverte : il mourut à l'âge de 103 ans, en 1889 !

Boulangerie : v. *pain*.

Boules (jeu de)

Pratiqué dans l'Antiquité gréco-romaine, le jeu de boules a bénéficié d'une telle vogue durant le Moyen Âge (un texte de 1290 en parle déjà sous le nom de «boulerie») que Charles V dut l'interdire par une ordonnance de 1369... mais sans succès. Un siècle plus tard, Rabelais dénombrait dans le *Quart Livre* plus de deux cents jeux de boules aux règles différentes, parfois de village à village voisins.
La longue et la pétanque, variantes du même thème, ont vu leurs règles s'élaborer peu à peu au cours du XIXe siècle. La longue serait née à Marseille, quai de la Tourette. En 1910, à La Ciotat, un certain Jean Lenoir inventait un jeu aussitôt nommé «pieds tanqués» (pieds joints), rebaptisé depuis pétanque.

Boulier

Si le mot «calcul» désigne le rudiment de l'arithmétique*, nous le devons à l'abaque, premier système mécanique permettant d'en résoudre les opérations élémentaires. En effet, l'abaque désigne un cadre de bois muni de tiges sur lesquelles, à l'origine, étaient enfilés des petits cailloux. Or, en latin, pierre se dit *calcis*, et *calculus* en est le diminutif. Plus tard, les *calculi*, les cailloux, furent remplacés par des petites boules, et l'abaque prit chez nous le nom de boulier, ou de boulier-comptable. Dès le IXe siècle avant J.-C., la Chine utilisait le boulier. Et de même Babylone, au VIe siècle avant J.-C., selon Pythagore, et l'Égypte, au Ve siècle avant J.-C., selon Hérodote. L'Europe se familiarisera avec son maniement à partir du Xe siècle, grâce à Gerbert d'Aurillac, le futur pape Sylvestre II.
Au début du XVIe siècle, une lutte oppose les tenants de l'abaque aux «algoristes», qui défendent les calculs écrits, ancêtres des méthodes actuelles. Le point de vue de ces derniers l'emporte chez les mathématiciens occidentaux et, dès lors, l'abaque ne sera plus qu'un instrument de calcul pour les opérations commerciales – jusqu'à la fin du XVIIe siècle. Tout au contraire, l'Extrême-Orient a persévéré dans l'emploi du boulier-comptable aux deux niveaux – intellectuel et commercial. La calculatrice de poche ne l'a pas détrôné, bien au contraire : au Japon, celui-ci sert à contrôler les opérations de celle-là.
Il faut dire que les Japonais – qui ont emprunté leur boulier aux Chinois, puis l'ont amélioré et appelé *soroban* – ont poussé la maîtrise du boulier à une très haute sophistication. Pour eux, sa pratique est une gymnastique mentale qui développe le pouvoir de concentration, la dextérité et l'acuité visuelle. Depuis 1982, l'enseignement des «boules à penser» est obligatoire dans les écoles primaires durant trois ans. Après quoi, il peut être poursuivi à travers une série d'examens de qualification – six degrés puis huit dans (comme le judo*), la qualification pour le premier degré comprenant des extractions de racines carrées et de racines cubiques !
Certains maîtres, dit-on, opèrent à la vitesse d'une calculatrice. Et les meilleurs de ces maîtres finissent par calculer sur un boulier imaginaire, le résultat leur apparaissant mentalement à cette même vitesse. Depuis 1975 ont lieu tous les ans des championnats internationaux entre trois cents candidats en provenance de douze pays d'Extrême-Orient.

Bourbon

Le whisky de Bourbon est né en 1821 à Paris, capitale du comté de Bourbon, dans le nord-est du Kentucky. Du moins ce millésime marque-t-il la première apparition connue d'une publicité en faveur de la nouvelle boisson. En fait, un prédicateur baptiste, le révérend Elijah Graig, distillait depuis 1789, dans un comté voisin, un breuvage similaire à l'usage de ses paroissiens. Rappelons que le bourbon, alcool national des États-Unis, est fabriqué à partir du maïs*, céréale américaine, et non pas de l'orge, céréale européenne (v. *gin*, *whisky*).

Apparue au XVIe siècle, la Bourse fut au XIXe siècle, le théâtre de nombreux abus financiers. *La balançoire politique, nouveau jeu de société*, lithographie de H. Daumier, extraite du *Charivari*.

Bourse

Au Moyen Âge, les banquiers opéraient communément sur les lieux des foires de change, environ quatre fois l'an. Avec l'essor économique de l'Europe au début du XVIe siècle, dû en particulier à la découverte du Nouveau Monde, cette périodicité devient insuffisante, il fallut en assurer la permanence, c'est-à-dire une Bourse. La première sera celle d'Anvers, fondée en 1531, où d'abord se négocieront les marchandises puis, très vite, les valeurs mobilières. Un attrait supplémentaire à la spéculation sur l'argent sera créé à Anvers, sur l'initiative de Marguerite de Parme – dite aussi « d'Autriche », nièce de la grande Marguerite d'Autriche, fille naturelle de Charles Quint et gouvernante des Pays-Bas – par le lancement de loteries*, après 1565 (v. *aussi tulipe*).

Boussole

Selon Aristote, l'existence de pierres capables d'attirer le fer avait été notée par Thalès de Milet, au VIIe siècle avant J.-C. En tout cas, leur pouvoir d'attraction était connu au temps de Platon.

Mais l'invention de la boussole vient de Chine ; au Ier siècle, les Chinois utilisaient un instrument capable d'indiquer la direction du sud : c'est la cuiller-montre-sud. 900 ans plus tard, ils l'ont remplacé par un instrument plus simple, le poisson-montre-sud, feuille de fer découpée en forme de poisson et portée au rouge dans un feu de bois, puis rapidement trempée dans l'eau, traitement qui a pour effet de rendre le poisson magnétique : posé ensuite sur la surface d'une eau calme, il se comporte comme un aimant flottant, et sa queue s'oriente vers le nord. Au XIe siècle, les mêmes Chinois ont mis au point d'autres types de boussoles, dont l'aiguille suspendue à un fil de soie.

Mais alors qu'ils employaient ces instruments pour « deviner » le sud ou pour se guider dans les voyages terrestres, ils n'ont utilisé que tardivement l'aiguille aimantée pour se diriger dans les voyages maritimes : c'est en effet dans un ouvrage du début du XIIe siècle seulement qu'on trouve la première citation d'une aiguille-montre-sud utilisée par des marins.

En Europe, le poète Guiot de Provins célèbre le premier, dans son poème satirique *la Bible* (entre 1190 et 1210), la « manière » ou « magnette », c'est-à-dire la pierre d'aimant (du latin *magnes*), et l'aiguille qui montre l'étoile polaire. Un contemporain de Guiot, l'Anglais Alexandre Neckham, mentionne également l'utilisation de l'aiguille aimantée par les marins.

La boussole flottante était connue des Arabes depuis 1242 au moins, date de la publication du *Trésor des marchands par la connaissance des pierres* de Baïlak Al-Kabadjaki. Boussole en forme de poisson, ce qui donne à penser que les Arabes avaient emprunté l'instrument aux Chinois. En Europe, tandis que la boussole à pivot devait être utilisée avec la carte pour les voyages terrestres, la boussole flottante fut associée, par les marins, à la rose des vents et constitua le compas. Au XIVe siècle, la boussole était devenue chose commune.

Bouteille

La fabrication des bouteilles s'est faite longtemps par soufflerie ; la première verrerie à bouteilles française fut montée en 1290 à Quiquengrone (Aisne).

À la même époque, Venise créait ses ateliers à Murano. Mais la Grèce et l'Égypte avaient soufflé le verre, probablement pour en faire des flacons.

Bouton

L'ethnographe et sociologue Marcel Mauss avait coutume de dire que l'espèce humaine se répartissait en deux grandes catégories selon le type de vêtement : l'humanité drapée et l'humanité cousue. L'humanité drapée appartint d'abord aux civilisations des pays chauds, les premières à s'épanouir. Ce sont les hommes des pays froids, sans doute, qui ajustèrent au plus près du corps les vêtements par la couture. Le bouton est complément de celle-ci.
On a exhumé dans la vallée de l'Indus des amulettes taillées dans des coquillages et munies de deux trous datant du début du IIIe millénaire avant notre ère. Peut-être sont-ce des boutons. Mille ans après, les populations de l'Écosse et du nord de l'Angleterre ont fabriqué des boutons de jais.
On retrouve le bouton à la fin du Moyen Âge, sur les manches des vêtements, comme élément esthétique d'abord. Il est en argent ou en métal doré. Au XIVe siècle, il devient utilitaire, et la matière dont il est fait se diversifie : métal précieux, cuivre, cristal, ou encore verre et tissu. Il ne sera populaire qu'au XVIIIe siècle, grâce à son prix bon marché, quand sa fabrication industrielle à partir du fer prendra son essor à Birmingham. Sublime perfectionnement : en 1807, le Danois Bertel Sanders invente le bouton-pression.
Le XIXe siècle voit le triomphe du bouton en corne, au prix de revient encore plus bas – corne tirée du sabot des bovidés, ou en ivoire végétal, autrement dit en corozo, l'albumen de grosses graines d'arbres de l'Amérique tropicale, en particulier le *Phytelephas* (v. *fermeture à glissière*).

Bowling : v. *quilles.*

Boxe

Comme la boxe française, qu'elle a supplantée au début du XXe siècle, la boxe anglaise – qu'on appelle aujourd'hui la boxe tout court – a pour ancêtre lointain le pugilat de la Grèce antique, qui en attribuait la paternité à Thésée, roi de Crète – pugilat dont l'apparition au palmarès des vingt-troisièmes jeux* Olympiques remonte à 688 avant J.-C.
La boxe apparaît en Angleterre au XVIIIe siècle et se pratique à poings nus. Tous les coups sont

Les boxeurs Humphries et Mendoza en 1790.

Les boxeurs Humphries et Mendoza en 1790 : la boxe vient d'apparaître en Angleterre grâce à James Figg. Ce boxeur a l'idée de réintroduire le pugilat de la Grèce antique en créant l'« escrime sans armes », ou boxe à mains nues.

permis, et même les astuces vicieuses. C'est pourquoi James Figg, premier champion et sacré comme tel en présence du chef du gouvernement Walpole, de Swift et de Pope, se rasait soigneusement le crâne pour éviter toute empoignade par les cheveux.
Le successeur de Figg, John Broughton, batelier et hercule de foire, édicte en 1743 les premières règles qui font de la boxe un sport de combat. Puis, en 1867, une charte de la boxe est rédigée par le journaliste John Graham Chambers, qui sera définitivement acceptée par tous et dans sa totalité en 1891, sous le nom de « règles du marquis de Queensbury », huitième du nom, lequel avait accepté de leur prêter son patronyme afin qu'elles aient l'approbation de la noblesse sportive. Cette charte réunit les règles encore observées aujourd'hui. Elle prescrivait, entre autres, que les rounds auraient une durée de trois minutes et que le combattant tombé à terre aurait dix secondes au plus pour se relever. Mais surtout, elle imposait le port de gants, dont l'invention est attribuée à John Broughton.
Le premier gymnase spécialement conçu pour l'entraînement et la présentation de combats avait été monté à Hyde Park dès 1719. La

première arène date de 1783 : installée dans ledit gymnase, on lui donna le nom de ring à cause de sa forme circulaire.
Le premier périodique consacré à la boxe, le magazine *Ring*, considéré comme la bible de ce sport, est créé en 1928 à l'instigation de l'éditeur Nat Fleischer. En tant que sport amateur, la boxe est inscrite aux jeux Olympiques depuis 1904 (sauf Stockholm, 1912). L'Association internationale de boxe amateur, fondée en 1946, regroupe cent treize pays.

Boxer

Les caractéristiques de cette race de chien, produit d'un cocktail compliqué, n'ont été fixées que très tard – à la fin du XIXe siècle : son entrée dans les expositions canines a eu lieu en 1895.

Boy-scouts

Ce mouvement, créé en 1908 en Grande-Bretagne, fut repris dans sa formule dès 1909 au Chili et, en 1910, aux États-Unis, en France et dans les pays scandinaves. Par la suite, quelque cinquante autres pays les ont imités. Son fondateur et premier chef fut sir Robert Baden-Powell, devenu, à ce titre, baron B.-P. de Gilwell en 1929.
Premier jamboree mondial : 1920.

Portrait de sir Robert Baden-Powell (1857-1941), général britannique qui se servit de son expérience militaire pour fonder deux mouvements de jeunesse, les boy-scouts en 1908 et les girl-guides en 1910, procurant aux jeunes un cadre moral et une éducation sportive de plein air.

Bracelet

Le bracelet formé d'un anneau brisé dont les deux extrémités se terminent par une boule ou par une tête d'animal apparaît dans la bijouterie de Rhodes vers 800 avant J.-C., sensiblement plus tard que les diadèmes*, les colliers et les pendentifs.

Bracelet-montre

Le Brésilien Alberto Santos-Dumont, pionnier de la navigation aérienne, avait besoin de connaître l'heure sans lâcher le manche à balai de ses bizarres machines volantes. Louis Cartier, son ami, « joaillier des rois et roi des joailliers », réalise pour lui la première montre à bracelet en 1906. Il lancera sur le marché le même modèle luxueux pour son aristocratique clientèle.
Jean Chatenoud, industriel suisse établi à Annecy, crée en 1918, dans cette ville, un atelier de bijouterie mécanique où, s'inspirant des « poilus » de la Première Guerre mondiale – qui fixaient leur « oignon » au poignet à l'aide d'une chaînette –, il entreprend la fabrication en série des premières montres-bracelets, pour un prix de vente modique.

Braguette

Le mot a précédé l'objet de trois cents ans : il apparaît dans notre littérature en 1534, et l'honneur en revient à Rabelais parlant de Gargantua.
Ce mot dérive de braies, d'origine gauloise, et désigne un type de pantalon. Mais les braies gauloises, pas plus que les chausses collantes du Moyen Âge, n'ont comporté l'étui mis à la mode sous François Ier et que Rabelais décrit donc en l'appelant indûment braguette : « Pour la braguette feurent levées seize aulnes un quartier d'icelluy mêmes drap. Et fut la forme d'icelle comme d'un arc boutant, bien estachée joyeusement à deux belles boucles d'or, que prenoient deux crochetz d'esmail, en un chacun desquelz estoit enchassée une grosse esmeraugde de la grosseur d'une pomme d'orange. Car [...] elle a vertu érective et confortative du membre naturel. » Tels seigneurs, selon certains chroniqueurs, y introduisaient une belle pomme en signe de vantardise.
Par la suite, ni le haut-de-chausses du XVIIe siècle

ni la culotte du XVIIIe siècle n'ont possédé de braguette, et pas davantage le pantalon « à pont » sur les hanches, qui restera de mode jusque sous Louis-Philippe. C'est alors seulement que le pantalon masculin s'ouvrira par une fente verticale de face, appelée par abus braguette, puisque les braies n'en avaient pas (v. *poche*).

Bretelles

Au XVIIIe siècle, lorsque les gilets* remplacèrent les vestes, couvrant moins bas les culottes, les hommes en vinrent à porter des bretelles de ruban ou de galon. Du reste, en 1731, le *Dictionnaire des arts et des sciences* les définit en «galons de fil pour attacher le haut-de-chausses aux enfants et aux vieillards qui ont les hanches basses, ou aux hommes trop gras».
Elles n'en sont pas moins présentées comme une nouveauté dans *Les Petites Affiches* publiées à Paris en mai 1792, car, cette fois, de petits ressorts qui leur sont adjoints leur assurent quelque souplesse. Les bretelles, telles que nous les connaissons, font leur apparition à Rouen, vers 1840, quand les deux Français Ratier et Guibal remplacèrent par des fils de caoutchouc* les spirales de laiton qui assuraient, tant bien que mal, une certaine élasticité.

Bridge

Dérivé du whist, jeu anglais vieux de 400 ans, mais introduit seulement sous Louis XV dans une France qui s'en entiche très vite, le bridge, dit « bridge simple », est une création également britannique qui date des années 1890.
Au XXe siècle, le bridge aux enchères (1904) et même le bridge-plafond ont abdiqué en faveur du bridge-contrat (1925). Ces variétés sont cependant toutes trois reconnues par le Code international du bridge, né en 1932 d'un accord conclu entre le Whist Club de New York, le Portland Club de Londres et la Commission française de bridge. Le mot lui-même a été imprimé en France pour la première fois en 1893, dans *Le Figaro*.

Brie

Au XVe siècle, le père de Louis XII, Charles d'Orléans, le commandait par grosses quantités pour en faire cadeau à ses amis. Au XVIIe siècle, Gérard de Saint-Amant, poète et gourmet, lui consacrait une de ses odes. Au XIXe siècle, le Congrès de Vienne (1814-1815) le sacrait « roi des fromages » grâce au plaidoyer de son plus illustre fidèle, Talleyrand.

Briquet

Au début du XIXe siècle, un apothicaire et chimiste parisien, François Derosne, invente un briquet à friction au phosphore (1816). À la même époque, le physicien italien Alessandro Volta crée le premier briquet à gaz, et Gay-Lussac le briquet à hydrogène (1827). Puis vient le briquet à air comprimé. Aucun ne connut un grand avenir, les uns restant une curiosité de laboratoire, les autres représentant un danger réel d'explosion. Le briquet électrique imaginé par Gaston Planté vers 1870, lui aussi, fit... long feu.
C'est seulement à la fin du XIXe siècle que le succès survint, avec le briquet à amadou allumable d'une seule main en agissant sur la molette, puis avec le briquet à essence, peu avant la Première Guerre mondiale, enfin, après la Seconde, avec le briquet à gaz.
Le « cricket », briquet jetable, est une invention collective. Comme il était interdit de fumer dans l'usine des célèbres briquets Dupont, les ouvriers se fabriquèrent un petit allume-cigarettes discret à partir d'une recharge de gaz et d'une molette. Les ayant surpris, le fils du directeur trouva l'idée si géniale qu'il en fit, sans rien y changer, le cricket en habillant recharge et molette d'un plastique de couleur (1965) (v. *allumettes*).

Bronzage

En 1925, Coco Chanel, figure de proue de la haute couture, fait la connaissance du duc de Westminster, réputé pour être l'homme le plus

En 1920, Alfred Dunhill lance pour un ami ayant perdu une main pendant la guerre un briquet baptisé «l'Unique» qui peut être allumé d'une seule main et du premier coup.

riche d'Angleterre. C'est le coup de foudre. Sur l'un des trois yachts du duc, elle parcourt toutes les mers du monde. Revenue hâlée de cette abondance de croisières, elle lance la mode du bronzage. La fabrication immédiate des crèmes *ad hoc*, connaîtra un essor moins rapide qu'on aurait pu le croire.
C'est en 1927, certes, que le couturier Jean Patou lance l'« Huile de Chaldée », la toute première – et combien fragrante – huile solaire. Puis, ayant testé toutes les huiles à base de coco, d'olive ou d'arachide, qui venaient d'envahir le marché, ce sera Eugène Schueller, fondateur de L'Oréal et aussi bon barreur qu'un duc anglais, qui demandera à ses chimistes une composition qui filtre vraiment les rayons du soleil ; et voilà comment est née l'« Ambre solaire », apparue en juin 1935 sur la côte d'Azur à grand renfort de publicité, mais qui ne connaîtra un succès indiscutable auprès des vacanciers qu'après la fin de la Seconde Guerre mondiale (v. *bikini*).

Bronze : v. *cuivre*.

Brosse à dents

Le cure-dent a sûrement précédé la brosse. Déjà, Pline l'Ancien (23-79 après J.-C.) le recommandait. Le bâtonnet à mâcher existait chez les populations les plus primitives. De lui, sans doute, a dérivé la première ébauche de brosse à dents. En Inde, dès le VIe siècle avant J.-C., on conseillait de mâchonner l'extrémité d'un petit rameau ou d'une branchette, et, avec les fibres ainsi dégagées « en frange », d'obtenir une approche de brosse à dents.

Gabrielle Chasnel, dite « Coco Chanel », en 1931. Cinq ans auparavant, revenue hâlée d'une croisière en bateau, elle lança la mode du bronzage.

La brosse « classique », avec manche de bois et poils en soie naturelle, a été fabriquée en Chine, vers l'an 1500 de notre ère, pour la première fois. Elle fut introduite de Chine en Europe quelque cinquante ou soixante ans après, et présentée à la cour de France par l'ambassadeur d'Espagne aux alentours de 1570. La cour y prit goût, au point que certains n'osèrent plus paraître sans porter la leur, « en sautoir », autour du cou. Considérée comme un article de grand luxe, faite en métal noble et ornée de pierres précieuses, sa diffusion fut lente et difficile, d'autant que le corps médical la considéra comme une extravagance, lui préférant onguents et pommades pour l'hygiène buccale (v. *dentaire [art]*). Elle n'est devenue d'un usage courant en Europe qu'au XIXe siècle. La soie artificielle supplantera la naturelle durant la Seconde Guerre mondiale, faute de l'approvisionnement en provenance des producteurs traditionnels : Chine, Yougoslavie, Bulgarie.
Notons en passant que, le 30 novembre 1998, a été vendue à l'hôtel Drouot une brosse à dents du XVIIIe siècle. Réalisé à Paris vers 1730, et plus ancien spécimen français connu à ce jour, elle est équipée de deux rangées de poils de sanglier et accompagnée d'un gratte-langue et d'un râpe-langue, celui-ci étant destiné à terminer ce que celui-là avait commencé.
Le premier brevet de brosse automatique électrique date de 1908. Soixante-dix ans après, on en comptait six cents...

Brouette

La légende qui prête son invention à Pascal est plus que contestable, car, si la brouette semble avoir été ignorée de l'Antiquité classique, la caisse ouverte à roue unique et mancherons figure, dès le début du XVe siècle, dans les

La brouette nous vient des Chinois qui en faisaient usage dès le Ier siècle avant J.-C. et non pas de l'invention de Pascal, comme le veut la légende.

enluminures illustrant les *Très Riches Heures du duc de Berry*, sur le tableau de la *Sainte Barbe* d'Anvers (1437) et dans le manuscrit de *La Cité de Dieu* de saint Augustin (1503). En fait, la brouette de Pascal était une brouette au sens étymologique du mot (à deux roues) servant au transport des personnes, en fait une chaise à porteur montée sur deux roues, dite aussi « vinaigrette ».

La vraie patrie de la brouette est la Chine. Originaire du sud-ouest de celle-ci, elle y apparaît au Ier siècle avant notre ère. La frise en relief d'une tombe mise à jour près de Xuzhou (Jiangsu) nous offre la première représentation d'une brouette : elle date de cent ans après J.-C. L'ingéniosité des Chinois, ici comme dans de nombreux autres domaines, semble avoir été sans borne. Le cas-limite est la brouette dotée d'une voile (pareille à celle des jonques), qui aide à porter la charge. Elle est visible sur une gravure extraite de l'ouvrage de Van Braam Houckgeest, *Relation véridique de l'ambassade de la Compagnie des Indes orientales en Chine* (1797).

Buffet

Dérivé du bahut médiéval, malle de voyage en bois recouverte de cuir, le coffre, caisson à couvercle, se démode à son tour un peu partout dans le royaume de France à la fin du XVIe siècle, et ce, au profit des meubles à vantaux, armoires* et buffets.

Le buffet bas, d'abord garde-manger, date de la première moitié du XVIIe siècle, époque où l'on commence à le trouver, entre autres, dans les mas isolés de la Provence. Le buffet à deux corps, lui, sort déjà des ateliers lyonnais dans le dernier tiers du XVIe siècle.

Quant au buffet-vaisselier, il apparaît dans les logis des classes aisées au milieu du XVIIe siècle, avec l'établissement d'un tiers état affranchi de la tutelle nobiliaire. C'est un meuble de présentation qui s'inspire directement du dressoir médiéval, structure provisoire de tablettes sur laquelle le seigneur exhibait ses orfèvreries en des occasions solennelles. Le tiers état en fait un meuble construit et fixe pour y exposer ses étains et ses faïences. Le buffet-vaisselier se multiplie au XVIIIe siècle et surtout dans la première moitié du XIXe.

Bulldozer

Ce mot anglais, qui désignait originellement un agent électoral agissant par intimidation ou violence, a été choisi par les Américains pour nommer un engin automobile à chenilles* destiné à exécuter les travaux de défrichement et de terrassement les plus divers.

Les premiers bulldozers datent de 1942-1943 ; ils permirent aux États-Unis la construction rapide de nombreuses routes stratégiques comme celle de l'Alaska (l'Alkan) ou celle du Ledo, en Birmanie. Ces engins, de plus en plus puissants, leur rendirent également de grands services pour la mise en état de terrains d'atterrissage et pour le déblaiement des villes en ruines dans les pays nouvellement conquis.

Burin

L'outil coupant, d'acier trempé, qu'utilisent les orfèvres et les graveurs depuis le XVe siècle, reproduit, en en accroissant l'efficacité, l'outil de bronze, puis de fer, employé pour inciser la surface des métaux, en Orient, d'où les Arabes l'introduisirent en Espagne au VIIIe siècle.

Depuis Quand ? C comme…

Cabine téléphonique

Les premières cabines téléphoniques ont fait leur apparition dès 1884, à Paris et dans quelques grandes villes de province. Elles étaient installées dans des bureaux des Postes et des Télégraphes et dans des bureaux de quartier de la Société générale des téléphones. C'est le 1er janvier 1885 que débuta ce nouveau service (v. *postes*, *téléphone*).

Câble sous-marin

Le premier fut immergé en 1851 entre Douvres et Calais. Le premier câble transatlantique véhiculant des signaux télégraphiques date de 1858 ; il comportait sept fils de cuivre au lieu de quatre pour le précédent, mais ne fonctionna que vingt-trois jours (v. *télégraphe*). Ce n'est qu'à partir de 1869 que furent résolus la plupart des problèmes posés par l'installation des câbles sous-marins grâce à la mise en service du navire câblier Great Eastern (v. *paquebot*), immense «bahut» de 24 000 tonneaux propulsé par huit machines (quatre à roues et quatre à hélices), développant 10 000 chevaux-vapeur.

Quant à la station de téléphonie sous-marine de Marseille, elle fut construite pour recevoir, en 1956, le premier câble téléphonique sous-marin, «Marseille-Alger n° 1» d'une capacité de quatre-vingts voies.

En 1984, première mondiale pour le câble sous-marin à fibres* optiques : il est expérimental et va de Port-Grimaud à Antibes, soit une distance de 80 km. La première réalisation commerciale, entre Marseille et Ajaccio, a lieu fin 1985.

Le *Great Eastern*, le câblier qui permit le fonctionnement du premier câble électrique, en 1869, entre l'Europe et l'Amérique. Lithographie de Louis Le Breton, XIXe siècle (musée de la Marine, Paris)

Cacao

La forêt équatoriale qui couvre les bassins de l'Orénoque et de l'Amazone nous a fourni l'acajou*, le manioc, la patate*, les plantes à caoutchouc*, mais avant tout le cacaoyer – toutes espèces qui s'y trouvent encore à l'état spontané. Mais déjà à l'époque précolombienne, en Amérique centrale, Mayas et Aztèques employaient les fèves du cacao comme nourriture, comme breuvage, et même comme monnaie. C'était la boisson des classes riches, et les pauvres l'utilisaient sous forme de bouillie, avec de la farine de maïs* relevée de piment*. Au retour de son quatrième voyage aux Indes occidentales, en 1504, Christophe Colomb rapporta des fèves de cacao en Espagne, où sa culture resta secrète pendant cent ans ou presque. C'est probablement Anne d'Autriche, lors de son mariage avec Louis XIII en 1615, qui introduisit le chocolat en France, et, si ce n'est elle, du moins Marie-Thérèse d'Autriche se chargea-t-elle, par l'exemple, de le répandre à la cour de Louis XIV. Dès 1657, un Français ouvrit boutique à Londres pour vendre du chocolat solide à un prix exorbitant (10 à 15 shillings la livre). Aussi bien, le chocolat, qui avait fait les délices et les complications gastriques des gens plus qu'aisés, ne devint-il une boisson à la portée de tous que vers le milieu du XIXe siècle.

Vers 1700, les Anglais ont l'idée d'ajouter du lait au chocolat. Celui-ci est encore un produit de grand luxe lorsque J.-A. Meunier fonde, à Noisiel-sur-Marne, en 1824, la première chocolaterie industrielle. En 1828, le Hollandais Conrad J. Van Houten prend un brevet pour la fabrication de la poudre de chocolat. En 1847, à Bristol, la famille Fry met au point un chocolat à croquer. En 1850, le Suisse Charles-Amédée Kohler crée le chocolat aux noisettes. En 1876, un autre Suisse, resté

Le cacao est introduit en Europe au XVIe siècle, mais ce n'est que vers 1700 que l'on commence à le boire avec du lait. *La Famille du duc de Penthièvre*, dit *La Tasse de chocolat*, de Jean-Baptiste Charpentier, XVIIIe siècle.

anonyme, invente le chocolat au lait. Au début du XXe siècle, c'est à Londres, chez Cadbury, que l'on peut se procurer les premiers biscuits au chocolat. Enfin, en 1913, un troisième Suisse, Jules Séchaud, crée à Montreux les chocolats fourrés.

Cactées

Mille sept cents espèces de cactées environ constituent l'unique famille des *Cactaceae*. Elles sont pratiquement toutes originaires du Nouveau Monde, où on peut les trouver, les unes ou les autres, du Canada à la Terre de Feu. Leur aspect insolite ne fut pas sans étonner ni faire s'exclamer les équipages des premières caravelles espagnoles. Dans leur continent natal, le Mexique est leur terre d'élection.
On a tout lieu de penser que les premières cactées ont été importées en Europe par les Espagnols à la fin du XVe siècle ou au début du XVIe siècle. Vers 1575, elles étaient acclimatées en de nombreux lieux d'Espagne, de France et d'Italie. Mais leur vogue auprès du grand public ne date que du XIXe siècle. En France, leur mode fut une conséquence directe de l'occupation du Mexique décidée par Napoléon III. De tous les pays européens, l'Allemagne est aujourd'hui celui où le culte des cactées est le plus vif. Il faut noter que la première société « cactophile » a été fondée en 1890 à Anvers.

Coussin de belle-mère ou cactus, (*Melocactus intortus*), gravure du XVIe siècle, extraite du *Jardin d'Eichstätt*, de Basilus Besler.

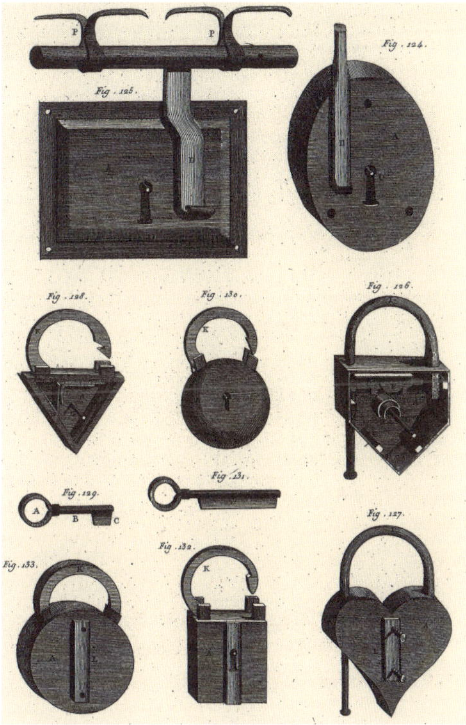

L'origine du mot « cadenas » dérive du latin *catena*, la chaîne. Le mot, mentionné dès le XVIe siècle, désignait les deux morceaux de chaîne et la serrure mobile qui les réunissait (gravure du XVIIIe siècle, extraite de l'*Encyclopédie*).

Cadenas

Mis au point en tant qu'équivalent d'une serrure amovible, le cadenas apparaît dès le XVIe siècle. D'Aubigné en fait mention.

Cadran solaire

Probablement inventé par les Chaldéens, le cadran solaire est utilisé par la Grèce antique et se répand à Rome dès le IIIe siècle avant J.-C. En 1782, le duc d'Orléans, futur Philippe Égalité, fit installer au Palais-Royal, où l'on peut encore le voir, un cadran solaire pourvu d'un canon mis à feu par le passage du soleil à midi. Avant lui, Buffon avait utilisé le même procédé, au Jardin des Plantes, pour faire résonner un gong (v. *heure*, *horloge*).

Caducée

Déjà il y a trois mille ans, c'était l'attribut accordé par les Syriens et les Phéniciens au dieu médecin Esmun. Les Grecs, eux, ont imputé l'invention de la médecine* à Asklepïos (Esculape pour les Romains),

guérisseur embarqué sur la nef Argo de Jason parti à la conquête de la Toison d'or.
Esculape soigne les voyageurs «par la parole, les simples et le couteau». De retour en Grèce, il multiplie les guérisons, si bien que le dieu des Enfers, Pluton, furieux de voir tant d'âmes lui échapper, va se plaindre à Zeus. Ce dernier foudroie Esculape mais, conscient de ses mérites, le prend avec lui dans l'Olympe et le place au rang des dieux.
Voilà pourquoi, à Épidaure comme dans les nombreux autres temples consacrés en Grèce à Esculape, on pouvait voir, à partir du VIe siècle avant J.-C., la statue de celui-ci qui tenait en main un bâton, celui des voyageurs, sur lequel s'enroulait un serpent, symbole de la prudence et des forces souterraines.
Le caducée de nos médecins en dérive : il est composé d'un faisceau de baguettes autour desquelles s'enroule le serpent d'Épidaure et que surmonte le miroir de la Prudence. Fait curieux, il est devenu familier au grand public à cause de l'augmentation du trafic urbain, à partir de 1950. Cette augmentation a conduit à accorder aux médecins un droit de stationnement privilégié et, dès lors, on a vu fleurir sur leurs pare-brise un caducée attestant leur profession.

Café

Le café est africain. On trouve à l'état spontané plusieurs espèces de caféier dans une vaste zone qui occupe les régions tropicales et équatoriales de l'Afrique, de part et d'autre de l'équateur. Mais le caféier d'Arabie, originaire des hautes vallées de l'Éthiopie, est l'espèce grâce à laquelle le café, en tant que fruit à boisson, a connu en Europe et dans le monde entier une fortune sans égale.
La légende veut que ses vertus excitantes aient été découvertes par le chevrier d'un couvent musulman du Yémen dont les bêtes, ayant brouté les fruits rouges d'un arbuste qu'elles affectionnaient particulièrement, ne pouvaient dormir les nuits suivantes.
Rhazès, médecin arabe du IXe siècle, est le premier qui ait fait mention du café et de certaines de ses propriétés. Mais il faut arriver au XIe siècle et au grand Avicenne, autre médecin musulman dont la renommée parvint jusqu'au monde savant de notre Moyen Âge, pour disposer d'une étude complète. Après quoi, avec l'intensification de sa culture, l'usage du café va se répandre et atteindre La Mecque. La curiosité

L'Europe entend parler du café pour la première fois au XVIe siècle, mais c'est au XVIIe qu'il deviendra un produit de consommation plus courante.
La Bottega del caffè (la Boutique du café), XVIe siècle.

pique les pèlerins venus embrasser la Pierre noire de la Kaaba ; ils rentrent chez eux avec le goût du café à la bouche, et l'Islam tout entier, du Caire à Alep, de Damas à Bagdad et à Téhéran, se met au breuvage noir.
En 1554, le café prend pied sur le rivage européen du Bosphore : à Constantinople s'ouvrent deux établissements qui deviennent très vite le rendez-vous des poètes, des cadis et des hauts dignitaires de l'Empire turc. La tasse du précieux breuvage est vendue un aspre, c'est-à-dire 0,025 franc-or.
À peu près à la même époque, on entend parler du café pour la première fois en Europe. Le docteur Léonard Rauwolf, citoyen d'Augsbourg,

mentionne le «breuvage noir comme de l'encre et fort utile en divers maux, dont ceux de l'estomac en particulier». Prospero Albini, professeur de botanique à Padoue, rencontre le caféier en Égypte et le décrit scientifiquement. Puis l'humaniste Pietro della Valle boit son premier «cachué» à Constantinople. Enfin, sir Thomas Herbert, en mission officielle en Perse, insiste sur la popularité que cette boisson connaît partout dans le Proche-Orient.
On commence à boire du café en Italie en 1640, en Grande-Bretagne en 1652. Cette année-là s'ouvre le premier café d'Europe, à Oxford, par les soins d'un certain Jacob, juif venu de Turquie ; et, en 1692, le premier café londonien, de Pasqua Rosée, Arménien ou Grec, dans Saint Michael's Alley, Cornhill.
En 1644, le négociant Jean de La Rocque introduit le café à Marseille : il répartit entre les apothicaires de la ville un premier lot de balles de café qu'un voilier venu d'Égypte – toute sa cargaison – vient de décharger à quai. C'est le départ d'une longue discussion entre médecins, qui va durer deux cents ans. Le café est-il un remède ou un poison ? Secoue-t-il «l'apathie du corps» ou s'attaque-t-il aux «corpuscules du cerveau» ? La faculté d'Aix le condamne, mais Dufour, médecin lyonnais, explique pourquoi ses effets sont tonifiants. C'est vers cette époque aussi que Mme de Sévigné, citant la Faculté («le café précipite le sang»), conseille à sa fille de s'en tenir aux fruits et à l'eau de Vichy. «Racine passera comme le café», aurait-elle dit, selon la petite histoire.
En 1671, toujours à Marseille, Pasquali Haroukian, dit Pascal l'Arménien, crée le premier débit de café en France. L'année suivante, il récidive à Paris, en ouvrant sa «Maison du Caoué» à la foire Saint-Germain. En 1686, le Sicilien Procope ouvre dans la capitale le premier établissement à prendre le nom de café, au numéro 13 de la rue des Fossés-Saint-Germain (aujourd'hui rue de l'Ancienne-Comédie) – établissement qui existe toujours, mais devenu restaurant*. En 1720, on compte 380 cafés dans Paris. C'est au Procope et dans ces autres cafés que naîtront et se communiqueront les nouvelles idées et les théories subversives nées de l'esprit encyclopédique. En ce sens, on pourrait dire que le café est à l'origine de la Révolution française...
C'est le Suisse Morgenthaler qui a inventé le premier café soluble («Nescafé»), en 1937, dans le laboratoire de recherche de la société Nestlé, mis en vente sur le marché helvétique dès avril 1938. La naissance du café lyophilisé, en 1965, a donné un nouvel essor au café soluble et a précipité l'agonie de la cafetière* (v. *café viennois*, *chicorée*, *moulin à café*, *sorbet*).

Café viennois

En 1669, l'Empire ottoman souhaite une alliance avec la France, contre l'Autriche. Soliman Aga, ambassadeur extraordinaire du Grand Turc, est assez dédaigneusement reçu à Versailles ; c'est pourquoi il multiplie les réceptions mondaines dans la demeure parisienne qu'il a transformée en palais des Mille et Une Nuits. Le café qu'il y fait servir délie les langues : des indiscrétions apprennent à Aga que Louis XIV ne lèverait pas le petit doigt pour son maître.
En 1683, l'immense armée de Kara Mustafa met

le siège devant Vienne et, de fait, Louis XIV ne bouge pas. Mais Charles de Lorraine et Jean Sobieski volent au secours des Viennois affamés. La jonction s'opère grâce à l'exploit de Kulczyski, Polonais installé dans la capitale autrichienne et naguère interprète à Constantinople où il a appris à aimer le café... turc, qui réussit à traverser les lignes ennemies et à communiquer un important message des assiégés à Charles de Lorraine. Deux cent mille Osmanlis lèvent le camp, abandonnant munitions et provisions, dont un stock de cinq cents sacs de grains noirs que la municipalité viennoise, en signe de reconnaissance, offre à Kulczyski en même temps qu'elle l'autorise à ouvrir le premier café, à deux pas de la cathédrale.
Ainsi, ayant fait quinze ans plus tôt la conquête de Paris, le café étend son empire sur l'Europe centrale. Mais les Viennois sont d'abord vignerons et buveurs de vin, et le marc de café turc n'est guère à leur goût. Kulczyski a alors une idée géniale : il filtre le marc et ajoute trois cuillers de lait au breuvage ainsi obtenu. Allant jusqu'au bout de sa profanation, le Polonais demande au plus proche boulanger de lui confectionner des petits pains briochés en forme de croissant qui rappelleront aux Autrichiens le souvenir de leur victoire sur les hérétiques. Cette fois, il obtient l'adhésion unanime de sa clientèle. Le café viennois était né.

Cafetière

Après le siège de Vienne par les Turcs (1683), l'Europe emprunte à l'Empire ottoman l'usage du café, traité par simple infusion : autrement dit, on versait de l'eau bouillante sur le café moulu garnissant le fond de la tasse, perdant ainsi une bonne partie de l'arôme.
En 1802, lors d'une visite de Jean Chaptal et d'Antoine de Fourcroy à leur ami François-Antoine Descroizilles, pharmacien à Rouen, celui-ci leur montra son invention, la cafetière, faite de deux récipients superposés et séparés par un filtre. Bien peu d'inventions ont été aussi simples dans leur principe. Bien peu, aussi, ont rencontré un tel succès. Descroizilles appelait son invention « caféolette ». Presque aussitôt, le chimiste et agronome Antoine Cadet de Vaux, auteur d'une fameuse *Dissertation sur le café* datant de 1806, créa la cafetière en porcelaine.

Ce type de petites cafetières d'époque Louis XIV servait uniquement à contenir du café. Ce n'est qu'en 1802 que François-Antoine Descroizilles invente la cafetière faite de deux récipients superposés et séparés par un filtre.

Après le café turc, après le café filtre (v. *percolateur*), la machine à espresso, inventée par l'Italien Achille Gaggia en 1946, a renouvelé la manière de faire le café. L'expresso a largement débordé les frontières de son pays natal.
En Grande-Bretagne, il a connu un immense succès : passant directement de l'insipide « jus de chaussettes » à la quintessence essentielle, les Anglais ont vécu, avec la création du *coffee bar*, une sorte de révolution effervescente et multiplicatrice qui, partie de Soho, a submergé tout le royaume. « The Moka Bar », dans Frith Street, fut le premier à ouvrir. Mais l'agonie de la cafetière avait commencé dès 1937, année où la société suisse Nestlé commercialisa le café instantané – c'est-à-dire le célèbre Nescafé.

Caisse enregistreuse

Inventée par James Ritty aux États-Unis, en 1879, elle est actionnée électriquement, en 1904, par un autre Américain, Charles-Franklin Kettering, par ailleurs inventeur du delco*. De son côté, un troisième Américain, William S. Burroughs, avait mis au point la première additionneuse imprimante à commande par touches, capable seulement d'additionner et de soustraire, mais très pratique commercialement (1892).

Caisse d'épargne

Les « caisses d'épargne et de bienfaisance » sont apparues en France, comme établissements privés, dans la seconde moitié du XVIIIe siècle. Mais c'est en 1835, à l'initiative et sous l'impulsion du baron Benjamin Delessert (v. *sucre de betterave*), qu'elles prendront leur essor au plan municipal, grâce au cadre légal qui leur est alors donné, avec une garantie de l'État accordée en contrepartie de la gestion de leurs fonds par la Caisse des dépôts et consignations. Leur statut actuel a été fixé par un décret du 26 juin 1952, dit Code des caisses d'épargne.
La Caisse nationale d'épargne, elle, est née d'une loi du 9 août 1881. C'est un établissement public à gestion autonome, dont l'exploitation est assurée par quelque treize mille guichets des P&T. Cette facilité d'accès pour le public lui a ouvert la voie de rapides succès : dès 1900, elle détenait un milliard de francs-or appartenant à trois millions et demi de déposants. La faveur populaire à son égard ne s'est jamais démentie. Mais les Français confondent encore souvent les caisses privées, symbolisées par l'Écureuil, et la Caisse nationale d'épargne, gérée par La Poste.

Calcul (règle à)

Le mathématicien et astronome anglais Edmund Gunter invente un premier modèle en 1624, que d'autres tenteront de perfectionner. Mais le modèle à réglette coulissante que nous utilisons encore, œuvre de Leadbetter, un autre Britannique, verra le jour en 1750 seulement.

Calculer (machine à)

Mis à part l'abaque de l'Antiquité (Chine, Grèce, Rome) et le boulier*, inventé et réinventé dans diverses parties du monde et à diverses époques, la première machine à calculer est l'œuvre de Blaise Pascal, alors âgé de 19 ans, en 1642. Ses mécanismes à engrenages pouvaient faire additions et soustractions avec exactitude, ce qui ne semble pas le cas de la machine construite par l'Anglais Napier, baron de Merchiston, en 1617.
En 1671, sur les mêmes processus que ceux de Pascal, le philosophe et mathématicien allemand Gottfried Leibniz imagine une machine capable de faire les quatre opérations élémentaires et d'extraire les racines carrées.
La carte perforée est née durant la première moitié du XVIIIe siècle, mais l'application de son principe à la machine à calculer n'est définitivement mise au point qu'en 1880, par l'Américain Herman Hollerith. Le premier ordinateur électronique universel, l'ENIAC, a vu le jour en 1945. L'Américain John W. Mauchly l'avait conçu deux ans plus tôt. Ce premier ordinateur occupait 160 m^2 de plancher avec ses milliers de tubes électroniques. L'invention du transistor*, puis des circuits intégrés – qui allaient permettre de fabriquer la fameuse puce, le microprocesseur mis au point par Jack Saint-Clair Kilby, jeune ingénieur de la Texas Instruments Co., le 12 septembre 1958 – a permis de réduire dans d'énormes proportions l'encombrement des nouveaux ordinateurs. Dès 1967, la société américaine Viatron a mis au point le premier ordinateur individuel, de la taille d'une machine à écrire. En 1980, une société franco-californienne, Friends-Amis, alliée au géant japonais Matsushita, spécialiste de la miniaturisation, crée le premier ordinateur de poche.

La machine à calculer, inventée en 1642 par Blaise Pascal alors qu'il était âgé de 19 ans.

C'est le HHC (Hand Held Computer), synthèse définitive entre l'ordinateur individuel et la calculette, « qui donne des bottes de sept lieues à notre intelligence ».

Caleçon

Ce sous-vêtement servait, au XVIe siècle, à l'un et l'autre sexe aussi bien, encore que les femmes en fissent rarement usage. Montaigne vante la « richesse des calessons de la signora Livia ». Mais Voiture, sous Louis XIII, décrit la chute d'une amazone qui, elle, n'en portait pas...
Sous Louis XV, à la suite d'un incident au cours duquel une comédienne révèle au public des charmes qu'elle montrait jusque-là à ses seuls galants, une ordonnance de police décide que le port du caleçon sera obligatoire pour les actrices et les danseuses (v. *culotte*).

Les Très Riches Heures du duc de Berry (1340-1416). Hérité du pantalon masculin du Moyen Âge, le caleçon devient également, au XVIe siècle, un dessous féminin. C'est Catherine de Médicis qui passe pour avoir initié les femmes au caleçon, que l'on appelait aussi familièrement le « brise-fesses » !

Calendrier

Tout porte à croire qu'une vingtaine de siècles avant J.-C., les Chinois avaient déjà découvert que l'année solaire comportait trois cent soixante-cinq jours, plus un reliquat d'un jour tous les quatre ans. C'est pourquoi leur calendrier, comme le nôtre, et sur le même rythme quadriennal, avait une année bissextile (v. *29 février*).
Le calendrier grégorien, qui est encore le nôtre, a été établi en 1582 à la demande du pape Grégoire XIII par l'astronome Luigi Lilio. Il donne à l'année une durée de trois cent soixante-cinq jours, cinq heures, quarante-neuf minutes et douze secondes. Les années bissextiles sont celles dont le nombre est divisible par quatre sauf s'il se termine par deux zéros. À Rome, comme en Espagne et au Portugal, au jeudi 4 octobre 1582 succéda le vendredi 15 ; en France, le lendemain du 9 décembre 1582 fut le 20 ; la Grande-Bretagne n'adopta le calendrier grégorien que cent soixante-dix ans plus tard : aussi le lendemain du 2 septembre 1752 fut-il le 14 – et non le 13, car le calendrier julien avait encore perdu un jour entre-temps. Le calendrier grégorien fut adopté en :
– 1582 en Espagne, en France, aux Pays-Bas (provinces catholiques) et Portugal ;
1584 dans les États catholiques d'Allemagne et en Suisse ;
– 1586 en Pologne ;
– 1587 en Hongrie ;
– 1752 en Grande-Bretagne et Suède ;
– 1918 en Russie (et voilà pourquoi la révolution d'Octobre est fêtée en novembre, car en 1917 la révolution s'est déroulée sous le calendrier julien et elle devrait donc s'appeler révolution de Novembre...). Rappelons, pour l'anecdote, qu'en 1908, lors des jeux Olympiques de Londres, les athlètes russes étaient arrivés après la clôture, car ils avaient établi leur emploi du temps en fonction du calendrier julien ;
– 1923 en Grèce.

Calendrier des postes

Son ancêtre, l'almanach de cabinet, apparaît en France au cours du XVIIe siècle. Utile et pratique, il est vite adopté par tout le monde.
Au début du XIXe siècle, l'almanach est si populaire que les facteurs le distribuent aux particuliers à l'approche du Nouvel An. Usage toléré par l'administration jusqu'en 1849, année où elle l'interdit, avec en compensation le droit,

Au Moyen Âge, avant la réforme de Grégoire XIII, le calendrier était établi en fonction des saisons et des travaux de la terre. Ci-dessus, le mois de mars, mois de la culture de la vigne, gravure extraite du *Kalendrier des bergiers et des bergières*, 1499.

pour les facteurs, de distribuer de simples calendriers où sont consignés jours, mois et indications astronomiques à l'exclusion de tous autres renseignements. Mais ces directives étant plus ou moins suivies, l'administration décide, en 1854, de réaliser elle-même un almanach pour Paris, édité et distribué par ses soins. Celui-ci paraîtra en 1855. Cette expérience fut concluante, d'où la circulaire n° 43 du 1er septembre 1855, qui étend la mesure à toute la France pour 1856. Depuis 1867, la réalisation de cette publication, devenue le « calendrier des postes », est libre ; mais chaque imprimeur est tenu de se conformer aux prescriptions en vigueur. Aujourd'hui, il est considéré à juste titre comme objet de collection.

Calendrier républicain

Le premier jour du calendrier républicain correspondait au 22 septembre 1792. Premier jour de l'automne, il fut baptisé – si l'on peut dire ! – 1er vendémiaire de l'an I. Ainsi en avait décidé la Convention qui, désireuse de rompre avec le calendrier grégorien considéré comme un stigmate de l'Ancien Régime, voulait surtout mettre en place un décompte inspiré du système métrique : l'année était divisée en douze mois eux-mêmes divisés en trois décades ; et les cinq jours restants terminaient l'année (ils s'appelaient « sans-culottides » !), sauf quand celle-ci était bissextile, auquel cas venait alors s'ajouter tous les quatre ans un sixième jour appelé « jour de la Révolution ». C'est seulement le 24 novembre 1793 – soit le 15 vendémiaire an II – qu'un décret précisa les noms des mois et des jours (inspirés par Fabre d'Églantine). Utilisé à partir de cette date, le calendrier républicain resta en usage jusqu'au 31 décembre 1805. Napoléon en avait en effet décidé l'abolition par un décret du 9 septembre précédent.
Soixante-six ans plus tard, ce calendrier allait être remis en usage par la Commune de Paris, du 6 au 23 mai 1871. L'affiche du 3 prairial an 79 (23 mai 1871) appelant aux armes, qui ouvrait la « Semaine sanglante », fut le dernier emploi du calendrier républicain.

Calorie

Jusqu'au milieu du XIXe siècle, on croyait que la chaleur était une sorte de substance qui s'écoulait d'un corps plus chaud dans un corps plus froid – et on l'appelait fluide calorique. En 1857, le physicien allemand Rudolf Clausius émit une autre hypothèse : la chaleur n'est pas une substance matérielle, mais de l'énergie, celle des molécules* en mouvement. Il avait raison. Mais en souvenir du fantomatique fluide calorique, les physiciens décidèrent de donner à l'unité de mesure de la chaleur le nom de calorie, qui est la quantité de chaleur nécessaire pour élever de 14,5 °C à 15,5 °C la température d'un gramme d'eau, soit, en termes d'énergie, la valeur de 4,185 joules. La kilocalorie, mille fois plus grande, est l'unité de mesure des diététiciens (v. *diététique*).

Camélia

Nom donné par Karl von Linné à cette plante originaire du Japon, en l'honneur du père jésuite morave Kamel, dit Camellus, missionnaire en Extrême-Orient, qui l'en rapporta à la fin du XVIIe siècle. À vrai dire, il la baptisa « camellia », mais Alexandre Dumas fils l'orthographia *camélia* pour sa célèbre dame poitrinaire, immortalisée dès 1848 par un roman et, surtout, à partir de 1852, grâce à sa pièce de théâtre.

Introduit en France en 1739, le camélia doit attendre Joséphine de Beauharnais pour connaître une première vogue qui coïncide avec l'apparition de variétés à fleurs doubles. Sa seconde vogue commence avec *La Dame aux camélias* et dure encore.

Dans le mensuel pékinois *La Chine*, n° 11 de 1993, il est dit que le plus ancien camélia connu a été découvert à Donglin, dans la montagne du district de Chadui (Yunnan).

Vieux de 600 ans, il mesure 10 m de haut et 3 m de circonférence. Les fleurs de sa partie supérieure sont blanches, et les autres, rouges. Mais sans doute ne s'agit-il pas de *Camellia japonia*, mais de *Camellia sinensis*, l'arbre à thé*.

Camembert

Une opinion fort répandue attribue à Marie Harel, fermière dans l'Orne, non loin de Camembert, la gloire d'avoir inventé, vers 1790, ce fromage dont Léon-Paul Fargue disait qu'il fleurait « les pieds du bon Dieu ».

En réalité, il s'agit d'un fromage qui jouissait depuis longtemps déjà d'une réputation régionale. Mais Marie Harel eut l'indéniable mérite de l'avoir fait connaître sur les marchés locaux avec une obstination sans faille. Deux autres initiatives ont parachevé son œuvre de diffusion : vers 1890, un certain Ridel, ingénieur de son état, a l'idée d'enfermer le camembert dans une boîte cylindrique faites de minces disques et de copeaux de bois, ce qui va permettre à celui-ci d'affronter de lointains voyages, à moins que le mérite de cette innovation ne revienne à un exportateur du Havre, M. Rousset, à la recherche d'un moyen de protéger les fromages qu'il expédie aux États-Unis… En tout cas, l'histoire n'a pas tranché ; et, vingt ans après, le camembert prend la couleur blanc cassé aujourd'hui classique, grâce à son ensemencement en *Penicillium candidum*, et ce à l'initiative du docteur Louïse, directeur de la station agronomique de Caen, au vu des travaux de l'institut Pasteur. On peut donc affirmer que le camembert, tel que nous le connaissons, n'a vu le jour que vers 1910.

Affiche de *La Dame aux camélias*, pièce de théâtre d'Alexandre Dumas dont le titre utilise pour la première fois l'orthographe camélia, usage qui sera conservé par la suite.

Étienne-Jules Maray (1830-1904), médecin et physiologiste français, a perfectionné l'emploi des appareils graphiques d'enregistrement des phénomènes physiologiques (mouvement du cœur, contraction musculaire, marche, vol des oiseaux, etc.), ancêtres de la caméra.

Caméra

On a longtemps cru que le premier brevet pour une caméra cinématographique avait été pris à Londres, en 1889, par William Friese-Greene. En réalité, c'était le second. Car en 1888, également à Londres, un Français, Louis le Prince, avait déposé le brevet d'un appareil de prise de vues et de projection qu'il avait effectivement mis au point. Cette même année, le professeur Marey, physiologiste français, se servait déjà d'un appareil présentant toutes les caractéristiques d'une caméra pour enregistrer et analyser hommes et animaux en mouvement (v. *cinéma*).

Canard

Notre canard commun dérive du colvert banal qui niche dans les marais. Sa domestication est sûrement récente. En Égypte, il est encore sauvage et fait l'objet d'une chasse intensive. Les Grecs le mentionnent à peine, et la Bible reste muette à son sujet. Chez les Romains, au premier siècle de notre ère, Columelle en parle dans son *Traité sur l'agriculture* comme d'une espèce fort rétive à la domestication.
En revanche, la Chine a probablement domestiqué le canard un millénaire avant notre ère.
L'origine du canard de Barbarie est toute différente : les conquistadors espagnols l'ont trouvé au Pérou, où il était l'hôte unique des basses-cours. Son nom est dû au fait que les négriers du XVIe siècle l'ont importé d'abord en Afrique du Nord, d'où il a rallié l'Europe.

Canari : v. *serin des Canaries*.

Canasta

Née en Uruguay au début de 1940, la *canasta* - mot espagnol qui signifie corbeille - envahit presque aussitôt l'Argentine où elle subit une première codification. Les règles définitives de ce jeu de cartes furent élaborées en 1951, aux États-Unis, où il avait abordé en 1949.

Caniche

Par son ancêtre, le barbet, il a une origine méditerranéenne. En France, le barbet sera un chien de chasse en pays marécageux, et l'on y appellera les plus petits spécimens «canichous» — petits canards. Buffon, lui, parlera du «Petit Barbet Caniche». Mais déjà avant lui, en 1743, le mot caniche — tout court — aura été cité par le *Dictionnaire universel français et latin*, dans sa sixième édition.
La promotion sociale du caniche eut lieu au XVIIe siècle, durant lequel, sans relais intermédiaire, il passa du marais au salon.

Canne à sucre

Cinq siècles avant Jésus-Christ, Darios découvre en Inde «le roseau qui donne le miel sans le secours de l'abeille». Grâce à lui, puis à Alexandre le Grand, sa culture s'installe dans le Proche-Orient. Selon Tacite, une ambassade indienne à Rome offrit à Néron, entre autres cadeaux, du «sel indien» — c'est-à-dire des pains de canne à sucre.
La canne à sucre sauvage est en effet originaire du nord de l'Inde, où l'on avait amélioré son rendement par la culture bien avant l'ère chrétienne. Deux siècles avant celle-ci, la Chine se met également à la cultiver. Puis les Arabes l'introduisent dans le bassin oriental de la Méditerranée d'abord, et ensuite en Sicile, enfin en Espagne vers 711. De là, elle passe à Madère et aux Canaries, et au XVIe siècle en Amérique, au XVIIe siècle à la Réunion. Malgré cette expansion, le sucre demeurera un produit de luxe jusqu'au XVIIIe siècle.
En 1806, le Blocus continental arrête les importations de sucre de canne en Europe.
Et c'est Napoléon qui développera alors la culture de la betterave sucrière.
Grecs et Romains, eux, n'avaient jamais eu

d'autre substance sucrée que le miel (v. *abeille, betterave, sucre de betterave*).

Canne blanche des aveugles

Institué en 1931 à Paris par le Lions Club, l'usage de la canne blanche s'étend très vite en province et à l'étranger, remplaçant les diverses marques distinctives jusque-là mises à la disposition des aveugles : brassards, insignes, petits drapeaux, etc.

Cannelle

Le cannellier est originaire des forêts du sud de l'Inde, de Ceylan et de Malaisie. Les Anciens se servaient de la cannelle comme encens : à la mort de Poppée, Néron brûle de la cannelle. Les Arabes, puis les Vénitiens l'importent en Europe, où son emploi ne se répand qu'à partir du XIIIe siècle. Aussi prisée que le poivre, elle est également d'un prix très élevé : la petite histoire raconte que, vers 1540, le banquier allemand Fugger aurait allumé devant Charles Quint un petit fagot de cannelle avec une reconnaissance de dette que lui avait souscrite le puissant empereur – cet épisode était cité comme un exemple de prodigalité inouïe.
À partir du XVIe siècle, les Portugais s'assurent un monopole de fait sur le commerce de la cannelle, mais ils vont bientôt le partager avec les Hollandais, lesquels finissent par les supplanter et restent maîtres de sa production jusqu'à la fin du XVIIIe siècle, en ayant soin de la concentrer dans l'île de Ceylan.
Depuis, l'Indonésie, le Brésil et les Antilles fournissent avec Ceylan de la cannelle, encore que l'Europe s'en soit désintéressée peu à peu. Pourtant, en Alsace, en Autriche, en Allemagne, on en parfume toujours les tartes aux pommes et le vin chaud.

Canoë

Le canoë (à pagaie simple) nous vient du Canada, où il était utilisé comme moyen de transport sur les lacs et les rivières. Le kayak eskimo (à pagaie double) servait à la pêche en mer.
C'est un avocat écossais, John Mac Gregor, qui lança au milieu du siècle dernier le canoë en tant que sport, en visitant l'Europe par ce moyen. Vite adopté par les étudiants britanniques, très en faveur chez les adeptes du scoutisme*, le canoë inspire bientôt le même engouement en Allemagne, où les Anglais l'ont fait connaître : dès 1876, il est ainsi admis aux régates de Cologne.
En 1924, à l'occasion des jeux Olympiques de Paris, a lieu sur la Seine une première exhibition. Canoë et kayak seront admis aux jeux Olympiques de 1936, organisés à Berlin.

Canon

Le premier canon, dit « pot de fer », apparaît vers 1320 en Angleterre et à Florence. En 1326 Florence passe commande du premier canon en bronze avec boulets de fer pour décourager les agressions de Lucques.
Pour la première fois sur un champ de bataille, l'aboiement des canons se fait entendre : nous sommes à Crécy, le 26 août 1346. Édouard III d'Angleterre met en action contre les hommes de Philippe de Valois les quelques pièces dont il dispose, lesquelles, dit Froissart, « menaient si grand bruit et tremblement qu'il semblait que

Ci-dessus : le siège d'Orléans en mai 1429, miniature extraite de « Virgile de Charles VII » par Martial d'Auvergne, vers 1484. À cette époque, la France ne possédait que sept canons.

En haut : les aveugles ont toujours utilisé une canne pour se déplacer seuls, comme cet aveugle des Quinze-Vingts au XVIIe siècle. Mais la canne blanche n'a été utilisée pour la première fois comme symbole de la cécité qu'en 1921 lorsque James Biggs, un photographe britannique qui avait perdu la vue, l'utilisa pour signaler à ses concitoyens qu'il était aveugle.

Dieu tonnât avec grand massacre de gens et renversement de chevaux».
Au XVe siècle, la France possédait sept canons dont Christine de Pisan a conservé les noms. Mais c'est dans un document arabe daté de 1304 qu'il est fait état d'un premier canon tirant, comme ceux de Crécy, des boulets de pierre (v. *dynamite*, *poudre à canon*).

Cantal

C'est un très ancien fromage français, l'un des plus vieux avec le roquefort* : Pline l'Ancien en parle avec respect dans son *Histoire naturelle*, écrite il y a deux mille ans, avant que Grégoire de Tours, au VIe siècle, en dise le plus grand bien dans son *Histoire des Francs*.

Cantate

Celle qu'on peut considérer comme la plus ancienne est une cantate de cour : elle est l'œuvre du Florentin Luca Martini, composée en 1539 à l'occasion du mariage de Cosme de Médicis et d'Éléonore de Tolède.

Caoutchouc

Au IIe millénaire éclôt au Mexique la première grande civilisation américaine, celle des Olmèques, c'est-à-dire «les gens du caoutchouc». L'Europe, elle, ne donnera sa carte d'identité au caoutchouc qu'en 1736, grâce à La Condamine. Cet officier français, marin, mathématicien et astronome, avait été chargé par l'Académie des sciences, avec deux autres de ses membres, d'aller mesurer en Amérique équatoriale un degré du méridien. Après avoir rempli sa mission, La Condamine descendit l'Amazone, dont il dressa la première carte exacte. En outre, il rapporta en Europe (1745) le caoutchouc, le curare, la quinine* et la technique de l'inoculation.
Déjà vers 1780, on vend dans les papeteries de la «peau de nègre», petits morceaux de gomme découpés dans des poires en caoutchouc importées du Brésil. Le caoutchouc n'a commencé à être utilisé dans l'industrie qu'en 1820 ; il le sera sur une grande échelle avec l'invention de la vulcanisation*, mise au point séparément par l'Anglais Hancock et l'Américain Good-year durant la décennie 1840. Quant au caoutchouc synthétique, c'est le Russe Lebedev qui obtient les premiers résultats en 1907. Mais sa production industrielle n'a commencé qu'en 1939, en Allemagne (v. *bicyclette*, *contraceptif*, *imperméable*, *pneumatique*).

C'est l'Allemagne qui se lance la première dans la production industrielle du caoutchouc, en 1939, bientôt imitée par les Alliés. Affiche incitant les colonies britanniques à participer à l'effort de guerre.

Câpre

Le câprier est un arbuste, indigène du bassin méditerranéen au piémont de l'Himalaya, dont les Grecs, déjà, appréciaient les boutons confits dans le vinaigre.

Capucine

Sa fleur ouverte en entonnoir, à cinq pétales aboutissant à un éperon long, a l'apparence d'un capuchon – d'où le nom latin de *Tropaeolum majus*, dit grande capucine, est arrivé en France en 1684 ; *Tropaeolum minus*,

Tropaeolum minus, ou petite capucine, gravure du XVe siècle, extraite du *Jardin d'Eischtätt*, de Basilus Besler.

ou petite capucine, y était connu depuis 1580. Les deux sont originaires du Pérou.

Caravelle

La caravelle, moyen-courrier français et premier avion commercial à réaction arrière, a commencé ses vols en prototype le 27 mai 1955. Son exploitation commerciale date de la fin de 1958 (v. *Airbus*, *Boeing*, *Concorde*).

Carbone 14

Le carbone 14, ou radiocarbone, isotope radioactif du carbone (C12), prend régulièrement naissance dans l'atmosphère sous l'influence des radiations solaires, comme tout radioélément, et perd en un temps donné, appelé « période », qui lui est propre, la moitié de sa radioactivité (la durée est de 5600 ans). Or, il entre dans la composition de toute matière vivante ; et comme les organismes cessent d'en acquérir au jour de leur mort, on peut déterminer la date de celle-ci à partir d'un échantillon, végétal ou animal (v. *pariétal* [*art*]).

La méthode de datation – pour les 70000 dernières années – est due à la découverte du géochimiste américain William F. Libby en 1947 qui valut à ce dernier le prix Nobel de chimie décerné en 1960. Fondée sur l'emploi du compteur Geiger, sa technique a permis, entre autres, de confirmer l'authenticité des manuscrits de la mer Morte et de vérifier la chronologie de l'Égypte pharaonique. D'où le surnom d'« Horloge atomique » ou de « sablier de la préhistoire » attribué au carbone 14.

Carburateur

C'est l'Allemand Wilhelm Maybach, ingénieur et principal collaborateur de Daimler, qui, en 1893, eut l'idée de concevoir, pour les premiers moteurs à essence, un appareil dans lequel s'opérait le mélange carburant/air/vapeur d'essence.

Maybach est également le concepteur de la Mercedes à châssis, à tôle emboutie, à changement de vitesse sélectif et à radiateur en nid d'abeilles, que Daimler fabriquera à partir de 1896.

Daimler ayant une résonance trop germanique pour une France encore sous le coup de la défaite de 1871, c'est encore Maybach qui eut l'idée de baptiser du prénom de sa fille, Mercedes, cette voiture révolutionnaire, afin de mieux la vendre dans l'Hexagone, à partir de 1901.

Cardan

Girolamo Cardano, dit Jérôme Cardan, médecin et mathématicien italien, a laissé par deux fois son nom à l'Histoire, et ce pour deux découvertes dont il n'était pas l'auteur !

Un confrère mathématicien, Niccolo Fontana, dit Tartaglia, c'est-à-dire « le bègue », ou « le balbutiant », lui confie sous le sceau du secret sa récente découverte de la formule permettant de résoudre les équations du troisième degré. Cardan la publie sans tarder dans son *Ars magna* (1545), d'où l'appellation de « formule de Cardan » qu'on lui donne aussitôt.

Et de même, mais sans jamais en avoir revendiqué la paternité, Cardan décrit dans son *De Subtilitate Rerum* (1550) le principe de ce qu'on appellera « la suspension » ou « le joint à la Cardan », avec, comme première application, la réalisation d'une boussole rendue indépendante des mouvements des navires.

C'est le mathématicien italien Niccolo Fontana Tartaglia (1499-1557) qui a véritablement découvert la méthode pour résoudre les équations du troisième degré, dite « formule de Cardan ».

En réalité, on connaissait en Europe la suspension dite à la Cardan depuis l'an 1100, peut-être même avant. En vérité, elle avait été inventée en Chine au plus tard au IIe siècle avant J.-C., soit mille ans plus tôt : c'est dans un poème intitulé *L'Ode aux jolies femmes*, composé vers l'an 140 avant notre ère, qu'on trouve la première référence écrite relative à cette suspension.
De fait, Cardan ne fut un novateur que dans le domaine médical : le premier, il a décrit scientifiquement le typhus. Mais de cela, qui se souvient ?

Cardigan

En 1913, la haute couturière Coco Chanel, à ses débuts, ouvre une boutique de mode à Deauville, où elle lance le cardigan et les tricots. Si le tricot est populaire, le cardigan, lui, est militaire : à Balaklava, durant la guerre de Crimée, J.T. Brudenell envoya à la mort ses six cents cavaliers pour contenir une avance russe (25 octobre 1854), et le chantre Tennyson célébra ce haut fait sanglant dans un poème intitulé *La Charge de la brigade légère*. J.T. Brudenell était le septième comte de Cardigan, et la postérité n'a retenu de cet officier à la compétence limitée que le nom, pour désigner un vêtement tricoté, boutonné haut par devant, à manches longues et sans col, dont il avait popularisé le port.

Caricature

Si, comme genre spécifique, la caricature ne s'affirme pas avant le XVIIe siècle, nombreux furent les artistes qui cultivèrent la satire ou la déformation depuis l'Antiquité. Au musée de Turin est conservé un papyrus représentant un âne, un lion, un singe et un crocodile jouant de la lyre en lieu et place d'un quatuor de jeunes Égyptiennes. Les Grecs, de leur côté, ont fait la caricature de scènes mythologiques, comme l'arrivée d'Apollon à Delphes. Certains graffiti* de Pompéi montrent que les Romains aussi maniaient l'art de tourner en ridicule gens et événements. Au Moyen Âge, la caricature s'inscrit au portail et sur les chapitaux des édifices religieux. Les artistes de la Renaissance, Léonard de Vinci en tête, prolongent cette tradition.
Mais le développement de la caricature sera fonction des progrès accomplis dans la mécanisation des techniques de reproduction graphique – gravure, lithographie*, cliché – et c'est grâce à ceux-là qu'elle a pris un essor fulgurant vers 1830, avec l'avènement du journal. En 1832, Daumier donne au périodique *La Caricature* ses premières lithos humoristiques, et Henri Monnier va créer le type du bourgeois antipathique avec Monsieur Prudhomme. Dès lors, libérée par la technique, la caricature ne rencontre plus d'obstacles à son développement que face à la censure politique. Autant dire que la caricature ne fait bon ménage qu'avec les régimes démocratiques, et encore !

Ces amusantes caricatures furent publiées en 1890 au moment où la question d'un costume pour le chef d'État était posée et discutée par les journaux. C'est en effet grâce au développement de la presse au XIXe siècle que la caricature a connu son envolée.

Carillon

Cet instrument à percussion, composé d'une série de cloches* sans battant, a une longue histoire en Chine : la cloche en céramique découverte sur le site de Longshan, situé dans la province de Shoanxi, date de la fin du néolithique, mais elle ne produisait qu'un son pour le moins indéterminé.
Il faudra attendre l'apparition des cloches en bronze pour que les carillons puissent produire des sons fixes. Le plus ancien, exhumé en 1953 dans la province du Henan, a 3000 ans d'âge. Il est composé de trois pièces et donne trois notes : *do*, *mi* et *la*.
En 1978, des archéologues chinois ont découvert dans la vaste tombe de Yi, un souverain du marquisat de Zeng mort en 433 avant J.-C., un carillon composé de soixante-cinq cloches en bronze, pesant au total 2500 kg, et dont la plus grosse (haute de 1,53 m) pèse 203 kg. Chaque cloche émet deux sons, et le carillon s'étend sur cinq octaves et douze demi-tons.
En Occident, le carillon apparut au Moyen Âge ; composé de trois à huit cloches, il donnait en général l'hexacorde *do ré mi fa sol la*, et parfois *si* bémol. Placé dans les clochers d'église, il servait à annoncer les services.

Carnaval

Il est sans objet de repousser jusqu'à la Grèce protohistorique et aux mystères campagnards d'Éleusis les origines du carnaval : celui-ci est urbain et s'inscrit dans le cycle calendaire qui va de l'Épiphanie au Mardi gras ; il naît au XIe siècle avec l'essor des villes médiévales. Apparaissent les masques, les travestissements, les cavalcades, puis les chars de triomphe de la Renaissance, enfin les bals costumés et les ballets inspirés de la fête vénitienne. Vers 1850, aucune ville de l'Europe catholique, peut-on dire, qui n'ait son *corso*, son défilé de groupes, ses bals bourgeois ou populaires, ses mascarades.
À la fin du XIXe siècle, les cortèges carnavalesques avec défilés de chars prennent l'avantage, simultanément à Viarreggio, à La Nouvelle-Orléans, à Rio de Janeiro, et à Nice.
À Nice, la plus ancienne mention du carnaval remonte à l'an 1294 (v. *confetti*). Mais c'est celui de 1873 qui ouvre l'époque moderne de cet ensemble de manifestations. Et c'est Andriot Saëtone, consul de Grèce à Nice, qui prit cette année-là l'initiative de former un comité chargé d'organiser les festivités sous le patronage de la municipalité. Rien ne manquait : grand *veglione* au théâtre Italien, soirée vénitienne en plein air, bals parés ou masqués, ventes de bienfaisance, illuminations, feux d'artifice et, pour finir, le roi Carnaval livré aux flammes le soir du Mardi gras. Et depuis, Nice reste la plus riche descendante de l'Italie carnavalesque.
Le carnaval du Brésil, lui, plonge ses racines, d'une part dans les rythmes et les danses venus d'Afrique avec les esclaves noirs, d'autre part, dans les jeux violents de l'*entrudo* portugais où, vêtus de hardes, les participants aspergent les passants d'eau, de farine, de détritus… Mais l'*entrudo* est officiellement interdit en 1853 et cède la place à des formes moins dangereuses de chahut et de tapage. Puis, au début du XXe siècle, les danses costumées prévalent dans le peuple et la mode des bals masqués vénitiens dans les classes aisées. Enfin, au cours des années 1950, ces deux formes de carnaval disparaissent. Seuls subsistent les bals costumés, les cortèges populaires évoluant en écoles de samba à Rio et en *cordoes* à Bahia.

Carotte

Longtemps, la carotte sauvage, représentée par diverses espèces et variétés autour de la Méditerranée et dans les zones tempérées de l'Eurasie, n'a été qu'une racine longue et fibreuse. Résultat de métissages patients au Proche-Orient, la carotte cultivée n'arrive en France qu'au XIIIe siècle, et son emploi ne se répand dans nos menus qu'au XVIIe siècle.

Ci-dessus : Les pistes caravanières du Sahara. Cette carte de 1413 montre la pénétration européenne en Afrique dès le XVe siècle. Mais il faut attendre 1507 pour que soit établi le premier planisphère figurant le Nouveau Monde, nettement séparé de l'Asie.

Ci-contre : carotte commune (*Daucus carotta*) gravure du début du XXe siècle.

Carte de crédit

C'est une invention américaine : en 1950, le premier, le Diner's Club en propose l'utilisation à ses clients.

Mais, concrètement, le démarrage de l'« argent plastique » a lieu en septembre 1958, quand 50 000 clients de la Bank of America reçoivent par la poste une carte qui leur donne le choix entre un paiement de leurs achats à la fin du mois, ou à tempérament et avec intérêts. Ce dut la première étape d'une révolution qui devait finalement mener les Américains de la classe moyenne à spéculer comme les gens fortunés au lieu de laisser leur argent sur des comptes d'épargne.

Carte géographique

La plus vieille carte géographique connue, qui se trouve au Musée sémitique de l'université américaine Harvard, fut découverte entre les deux guerres mondiales par une mission archéologique, organisée par cette même université, au cours de

fouilles sur le site de la ville de Ga Sur, à 320 km au nord de Babylone. Les spécialistes estiment que ladite carte donne la topographie de l'actuel Iraq septentrional. Il s'agit d'une tablette en terre cuite de 70 sur 90 mm, vieille de 4500 ans.
Selon Hérodote et Strabon, la première carte qui aurait donné « une vue complète de la Terre avec toutes ses mers et tous ses cours d'eau » serait l'œuvre d'Anaximandre de Milet. Hécatée, lui aussi de Milet, et qui vécut également au VIe siècle avant J.-C., perfectionna le travail d'Anaximandre : pour lui, la Terre était un disque plat.
La première carte qui montre le Nouveau Monde nettement séparé de l'Asie fut préparée en 1507 par le cartographe alsacien Martin Waldseemuller. Impressionné par le récit du voyageur florentin Amerigo Vespucci, il désigna le nouveau continent sud par le nom d'America. Mercator étend cette appellation à tout le Nouveau Monde en 1569.

Carte à jouer

On sait que la carte à jouer est née en Asie – Chine, Inde – il y a un millier d'années. Mais son origine est discutée : elle dérive probablement du jeu de dés*, la transition de celui-ci à celle-là coïncidant avec la transformation du rouleau manuscrit en livre relié vers la fin du Xe siècle. En tout cas, le plus ancien jeu de cartes que l'on connaisse, trouvé dans le Turkestan chinois, date du XIe siècle.
À la fin du XIIIe siècle ou, au plus tard, au début du XIVe siècle, les cartes font leur apparition dans les pays méditerranéens et, presque aussitôt, se multiplient les interdictions et les autorisations d'y jouer selon les jours ouvrables ou non, et les lieux, publics ou non... C'est ainsi qu'un décret pris par les autorités de Florence le 23 mai 1376 interdit les jeux de cartes. Avec la découverte de la gravure sur bois, au début du XIIe siècle, le maniement des cartes devient familier aux populations de l'Europe entière.
Le plus ancien jeu de cartes européen nous provient de Venise, où il fut en usage dès le XIVe siècle. En France, une légende voulait que l'invention du jeu de cartes revînt à Jacquemin Gringonneur. En réalité, cet artiste s'est contenté d'en dessiner et d'en peindre à la main. On possède encore une partie de celles qu'il fit en 1392, pour le compte de Charles VI. Ce sont les plus anciennes cartes de fabrication française que nous ayons conservées.
Quant à la répartition des cartes, il y eut d'abord plusieurs séries de couleurs dites alors « enseignes » (XIVe siècle). Prévalurent bientôt en France les familles que nous connaissons aujourd'hui – trèfle, carreau, cœur, pique – et en Allemagne, feuilles, grelots, cœurs et glands. Pour les figures, elles seront définitivement fixées au XVIIe siècle. Ainsi pour les piques : David, Pallas, Ogier, etc. En 1613, le roi impose aux fabricants de « mettre leurs noms et surnoms, enseignes et devises au valet de trèfle de chaque jeu ».
La Révolution voudra bannir tous les personnages traditionnels et les remplacera par des animaux, des fleurs, des symboles. On reviendra aux modèles anciens en 1813. C'est à cette époque qu'en Angleterre on invente les cartes à deux

Des cartes à jouer du XVIIe siècle représentant des dieux et déesses de la mythologie romaine. À la même époque, le roi impose aux fabricants de cartes d'inscrire « leurs noms et surnoms, enseignes et devises au valet de trèfle de chaque jeu » (Bibliothèque nationale, Paris).

têtes. En France, on fait bientôt de même : en 1827 et en 1828, le ministre des Finances décide qu'au lieu d'être en pied les personnages seront faits de deux bustes inversés, ces cartes bicéphales que nous avons conservées. Notons qu'en décembre 1999, s'est ouvert à Issy-les-Moulineaux un musée de la Carte à jouer, honoré du trophée du musée européen pour l'année 1999 (v. *carte de visite, réussites et patiences*).

Carte à puce : v. *télécarte.*

Carte postale

Les postes autrichiennes ont créé, les premières, en 1869, la carte postale – non illustrée – utilisable sur le territoire national. Son succès fut immédiat. L'inventeur en serait un certain Ludovic Zrenner.

La Grande-Bretagne suivit l'exemple autrichien un an après. L'autorisation donnée à des firmes privées, dans les années suivantes, d'éditer des cartes postales mit fin à ce monopole d'État et encouragea l'impression de cartes postales illustrées.

En France, elles ont plus de 100 ans. La première carte illustrée, datant de 1870, fut émise par la librairie Besnardeau, de Sillé-le-Guillaume (Sarthe), et représentait le camp de Conlie.

Mais c'est la loi du 10 décembre 1872 qui instaure la carte postale en France. Les premières, tirées à deux millions d'exemplaires par le ministère des Postes, apparaissent au début de l'année suivante et sont autorisées uniquement pour les correspondances en France et en Algérie. Leur validité s'étend à l'étranger à partir de 1876. En 1877, une nouvelle loi autorise les particuliers à confectionner des cartes postales, qui seront vendues chez les buralistes. Enfin, en 1891 circulent en France les premières cartes postales illustrées d'une photographie, fabriquées par un commerçant marseillais.

La toute première carte postale commémorative sort à l'occasion de la visite de l'escadre russe à Toulon, le 13 octobre 1893.

Carte routière : v. *signalisation routière.*

Carte de visite

Au XVIIIe siècle, la tradition voulait qu'on se rendît au domicile de ses amis et connaissances pour offrir ses vœux de Nouvel An. Mais cette visite conforme à l'étiquette ennuyait souvent, et certains faisaient alors en sorte de se présenter à un moment de la journée où ils avaient quelque chance de trouver porte close. Pour marquer leur passage, ces habiles esquiveurs de corvées laissaient une carte à jouer sur laquelle ils écrivaient quelques mots. Peu à peu, l'usage de la carte à jouer pour les vœux s'installa : on fit imprimer des cartes à son nom – cela allait encore plus vite que de griffonner une formule de souhaits et une signature ; puis, vers 1844, on les abandonna définitivement pour la carte de visite que nous connaissons.

Carte de vœux

L'histoire et l'évolution de la carte de vœux sont liées à celles de la carte à jouer, de la carte postale et de la carte de visite. L'usage de la carte de vœux aurait été déjà courant en Chine, semble-t-il, dès le Xe siècle de notre ère, et la carte de vœux chinoise était d'autant plus

importante en surface que le rang du personnage à qui on l'adressait était plus élevé. On cite, dans cet ordre d'idées, le cas d'une carte de vœux longue de six mètres et portée (à pied !) à son récipiendaire par six coolies ! En Europe, l'usage de la carte de vœux commence, au Moyen Âge, par la présentation ou l'envoi d'images pieuses. Cette coutume, qui n'a jamais complètement disparu depuis dans les pays anglo-saxons, tombe assez vite en désuétude chez nous, où la tradition renaît au XVIIe siècle sous une forme nouvelle, celle du « billet de visite » qui, de carte à jouer, deviendra une carte de visite véritable au XVIIIe siècle. En décembre 1791 paraît un décret qui interdit cartes de vœux, cartes de visite et même visites du jour de l'An. Mais ledit décret reste pratiquement sans effet et, sous le Directoire, la tradition des cartes est reprise.
À la fin du XIXe siècle, la carte postale illustrée se choisit un certain nombre de sujets et de thèmes pour l'an nouveau et prend ainsi le relais de la carte de vœux classique. Puis, dès 1920, se répand la carte de vœux reproduisant telle ou telle toile célèbre. Depuis 1980, la carte de vœux humoristique semble avoir la préférence des envoyeurs – peut-être aussi des destinataires.

Carter

Cette enveloppe rigide, étanche, protectrice des organes d'un mécanisme qui est lubrifié, a pour inventeur J. Harrison Carter, modeste mécanicien britannique dont on ne sait pas grand-chose, sinon qu'il mourut en 1903.
Pris comme substantif désignant ce réceptacle étanche, « carter » apparaît en France en 1891, dans le périodique *Vélo-Journal*. Les compatriotes de Carter auraient pu, comme les Français, lui rendre hommage en faisant de son patronyme un nom commun. En anglais, carter se dit *gear-case*, ou, plus familièrement, *sump*, dont le sens premier est fosse d'aisances, et le sens second, dépotoir.

Carvi : v. *cumin.*

Casserole

Le XVe siècle désigne l'ustensile par son nom originel : casse à rôt. La casse était la lèchefrite aux bords évasés. Le mot « casserole » est provençal.

Cassis

Le cassissier ou groseillier noir est originaire du nord de l'Eurasie tempérée. Son plus beau titre de gloire est le « cassis de Dijon », dont la formule fut élaborée en 1841 par un liquoriste de Bourgogne qui s'appelait... Lagoute.

Catch

Catch est l'abréviation de *catch as catch can*, c'est-à-dire « attrape comme tu le pourras ». Tout un programme ! Le jeu, du reste, est un spectacle plutôt qu'un sport. La justice ne s'y est pas trompée qui, par un jugement rendu en 1948, l'a assimilé aux jeux du cirque.
Importé des États-Unis en 1931 par Henri Deglane, champion olympique de lutte gréco-romaine aux Jeux de Paris en 1924, le catch, qui s'appelait alors « pancrace », rencontra un certain succès. Mais celui-ci n'est rien comparé à l'enthousiasme qui, depuis la fin des années 1950, submerge les téléspectateurs qui assistent régulièrement à la victoire du Bien sur le Mal.

Cédé, cédérom et DVD

Lorsqu'en août 1981 le chef d'orchestre autrichien von Karajan s'est fait photographier devant la presse internationale avec une galette brillante à la main, rares sont ceux qui pressentirent l'ampleur de la révolution qui allait bouleverser le monde de la musique.
Lancé au Japon en octobre 1982 et en mai 1983 en Europe, le « CD »– abréviation des termes anglais *compact disc* –, est devenu le support idéal pour la mise en conserve et la reproduction du son. Il est le résultat de travaux menés conjointement par le Hollandais Jopp Sinjou pour Philips International et le Japonais Toshi Tada Doi pour Sony. CD ou cédé désigne un nouveau type de disque. La machine pour le lire restitue le son au moyen d'une aiguille-laser, dont le rayon décode les quelque cinq milliards de trous que compte un compact moyen.
Ce principe révéla très rapidement des applications possibles dans le domaine de l'informatique. On combina ainsi sur les disques

Le catch fut importé des États-Unis au début du XXe siècle en tant que jeu de cirque. Il s'inspire des sports de lutte jusque-là pratiqués dans la rue, comme les représente Paul Sérusier en 1893 dans *La Lutte bretonne*, ci-contre.

numériques, ou CD-Rom (Rom pour *Read Only Memory,*), les avantages d'une grande capacité de stockage d'informations et d'une grande solidité. Quant au DVD *(Digital Versatile Disc)*, lancé en 1997 aux États-Unis et au Japon, il constitue la nouvelle génération de la technologie CD-Rom : il peut contenir – outre de la vidéo, de l'audio, et des données informatiques – de nombreuses heures de vidéo numérique et en plusieurs langues. Support idéal pour des films long métrage, il concurrence largement la cassette vidéo et marque l'ère du *home cinéma* (cinéma à domicile).

CEDEX

Le CEDEX, c'est-à-dire le Courrier d'Entreprise à Distribution EXceptionnelle, a été créé pour faire face à l'afflux de courrier destiné aux « gros » usagers : services publics et entreprises à grand gabarit. Le service CEDEX permet la remise au destinataire par les boîtes postales et les courses spéciales motorisées.
Dès la création du code postal* à deux chiffres, un premier CEDEX avait été mis en place au centre de Paris-Brune le 1er octobre 1966. Mais le système a été généralisé et étendu à la France entière par décret du 23 mars 1972, année de la création du code postal à cinq chiffres : pour séparer le courrier CEDEX du courrier ordinaire, on utilise désormais un code à cinq chiffres spécifique, différent de celui du bureau distributeur.

Cédille

Le signe et le mot viennent d'Espagne, empruntés par les imprimeurs français à leurs collègues d'outre-Pyrénées. Geoffroy Tory, typographe et graveur – également le créateur de l'apostrophe –, utilisa le signe le premier dans *Le Sacre et le coronnement de la Royne*, édité en 1530. Le mot ne commencera à circuler qu'au siècle suivant.

Cèdre

Des quatre espèces de cèdres « vrais », le plus célèbre depuis l'Antiquité est celui du Liban *(Cedrus libanotica)*. La Bible ne précise-t-elle pas que « quatre fois vingt mille bûcherons » abattirent des cèdres pour la construction du temple de Salomon ?
Il arrivera en Europe en 1638, grâce au docteur Edward Peacock, chapelain de l'ambassade britannique à Constantinople, qui le plante dans le jardin du presbytère de Childrey, au bord de la Tamise. Il faudra attendre 1734 pour que soit planté un premier cèdre en France, dans le tout nouveau jardin botanique du Trianon : Bernard de Jussieu venait de le rapporter d'Angleterre ; il lui avait été offert par un certain P. Collinson. De nos jours, on n'en trouve plus guère que quelques spécimens dans son pays d'origine, et l'on peut craindre que le dernier d'entre eux sera celui qui figure sur le drapeau libanais.
Bientôt seront éliminés, eux aussi par leurs trois ennemis « héréditaires » – la chèvre, le feu des incendies et l'homme –, le cèdre de Chypre *(C. brevifolia)* et celui du Maghreb *(C. atlantica)*. Seul n'est pas encore sérieusement menacé le *C. deodora*, cèdre de l'Himalaya, un grand et bel arbre dont le nom, en hindoustani deodar, signifie « bois d'œuvre des dieux », et que le célèbre botaniste anglais l'honorable L. Melville introduisit en Europe en 1831.

Le cèdre du Liban est l'espèce la plus ancienne des quatre espèces de cèdres « vrais ». Le plus ancien, introduit en 1734 au jardin du Trianon, fit des émules, comme celui-ci, planté au Jardin des Plantes. *Le Cèdre du Liban*, Jean-Pierre-Laurent Houel, XVIIIe siècle (musée Carnavalet, Paris).

Ceinture de sécurité

Empruntée au matériel de l'aéronautique commerciale, la ceinture de sécurité a équipé

d'abord les voitures de la société de construction automobile Volvo, en Suède (1959).
Le port obligatoire de la ceinture de sécurité pour les sièges avant date, en France, du 1er avril 1970, pour les sièges arrière, du 1er décembre 1990.

Céleri

L'ache est l'ancêtre sauvage du céleri : sa patrie est le littoral européen quand il est marécageux, et donc riche en sel. De ses pétioles creux et filandreux et de ses dures racines, une longue culture a fait le céleri à côtes, tendre et charnu, et le céleri-rave, moelleux et croquant. Ces résultats n'ont été pleinement obtenus qu'au XVIIe siècle. Auparavant, le Moyen Âge avait utilisé le céleri comme plante médicinale, et plus loin de nous, alors qu'il ressemblait encore beaucoup à l'ache, les Romains le tenaient pour une plante funéraire...

Cellule photoélectrique

En 1892, les physiciens allemands Hans Gestel et Julius Elster inventent la cellule photoélectrique qui, en collectant dans un circuit les électrons arrachés à la lumière, fournit une tension électrique.
Appliquée au domaine de la prise de vue photographique, elle donne naissance en 1931 au premier appareil de mesure photoélectrique, l'Électrophot, proposé aux amateurs par Thomas J. Rhamstine, Américain de Detroit : cette cellule photoélectrique permettait de mesurer avec une précision suffisante la luminosité ambiante.
En 1938, l'apparition du super-six-20 Kodak, muni d'un dispositif photoélectrique ouvrant automatiquement l'objectif au diaphragme adéquat, libéra les photographes d'une servitude et leur accorda un supplément de rapidité dans la prise de vue (v. *photographie*).

Celluloïd : v. *matières plastiques.*

Cercueil

Façonnant des sarcophages, l'Égypte paraît avoir été le seul pays des temps antiques à conserver ainsi la dépouille de ses morts. Le haut Moyen Âge français fait usage du cercueil.

La conservation des dépouilles mortelles dans les cercueils nous viendrait de la tradition égyptienne. Cercueil égyptien de la chanteuse d'Amon Henout-Oudjebou, datant de la XVIIIe dynastie.

Originaire d'Asie, le cerf-volant devient un jeu très populaire chez les enfants dès son arrivée en Europe au XVIe siècle. *Jeux de l'enfance, le cerf volant,* vers 1800 (Imagerie d'Épinal).

Cerf-volant

Le cerf-volant est le plus ancien des objets que l'homme a réussi à faire voler avant de voler lui-même. En Chine, son invention remonte à trois mille ans. Il y joua d'abord un rôle religieux, puis servit à la pêche en bord de mer et à des fins militaires (signaux).
Au XIVe siècle, venus probablement de l'Orient, les premiers cerfs-volants apparaissent dans le ciel d'Europe, et sont alors réservés à des usages militaires. Au XVIe siècle, ils deviennent des jouets très populaires chez les enfants.
La première utilisation scientifique du cerf-volant est le fait de Benjamin Franklin pour ses études sur l'électricité atmosphérique (1742), qui le conduiront à l'invention du paratonnerre*.
En 1894, l'Australien Lawrence Hargrave crée le train de cerfs-volants « cellulaires », c'est-à-dire composés de plusieurs plans parallèles, train qui lui permet de s'élever au-dessus du sol. Samuel Cody améliore l'invention en 1901-1903, et l'armée britannique l'adopte en 1904 pour l'observation navale et terrestre – la série des cerfs-volants cellulaires faisant en quelque sorte escalier pour l'observateur. À la même époque, la météorologie utilise cette invention pour envoyer certains instruments de mesure à des altitudes relativement élevées (v. *deltaplane, vol à voile*).

Cerisier

L'ancêtre sauvage de nos cerisiers à fruits doux ou acides est le merisier, spontané en Anatolie, du Caucase à la Caspienne. Sa culture s'est propagée peu à peu vers l'ouest et vers l'est. D'autre part, selon Pline, le griottier aurait été introduit en Italie par le général, consul romain et gastronome fameux Lucullus, après sa victoire sur Mithridate le Grand, roi du Pont. Par ailleurs, une légende prétend que le premier cerisier planté à Rome l'aurait été le jour de la mort de César (44 avant J.-C.).
À l'autre extrémité de son aire géographique, au Japon, on cultive depuis deux mille ans au moins le cerisier à des fins purement ornementales et non pour ses fruits. Les premiers botanistes européens, médecins de la Compagnie hollandaise des Indes, qui eurent le rare privilège de séjourner dans l'archipel nippon ne furent pas insensibles à la beauté du cerisier japonais. Sa première introduction connue chez nous remonte à 1822 seulement ; il s'agissait d'une des variétés de *Prunus serrulata*. Elle passa à peu près inaperçue, et il faudra attendre 1853, année où l'escadre américaine du commodore Perry contraignit l'empire du Soleil levant à s'ouvrir sur l'Occident, pour que les nombreux cultivars du cerisier à fleur soient enfin transplantés en Europe, au grand plaisir des amateurs.

Prunier cerise ou cerisier « myrobolant » *(Prunus cerasifera)*, gravure du XVIe siècle extraite du *Jardin d'Eichstätt*, de Basilus Besler.

César (prix) : v. *oscar*.

Césarienne

À Rome, on désignait comme *caesar* (de *caedere*, couper) tout enfant né par excision de l'utérus maternel. Le terme césarienne ne dérive pas directement de l'empereur César, comme on aurait pu le croire. Selon la tradition, un lointain ancêtre de Jules César aurait reçu ce surnom en rappel de sa naissance, lequel surnom aurait passé d'une génération à la suivante jusqu'à César, premier des empereurs romains, qui fit de ce surnom un nom.

La césarienne est une opération fréquemment pratiquée depuis des temps immémoriaux, mais uniquement sur la femme tout juste décédée.

La première qui l'ait été sur une femme vivante date de l'an 1500 : cette année-là, Jacques Nufer, châtreur de porcs à Siegerhausen, en Thurgovie, sollicite de... la magistrature locale l'autorisation d'accoucher sa femme, Marie Alepaschin, par une voie artificielle, les médecins et sages-femmes du cru déclarant impossible l'accouchement par la voie naturelle.

Il réussit parfaitement son exploit, puisque son épouse eut plusieurs autres enfants par la suite – preuve de son courage en un temps où l'anesthésie* n'existait pas encore.

La même opération sera tentée, parfois avec succès, au cours du XVIe siècle et plus tard. Ambroise Paré, puis François Mauriceau (v. *forceps*) s'élèveront contre cette pratique, cruelle à l'époque. Même durant la première moitié du XIXe siècle, cinq opérées sur six y laissaient la vie : il faudra attendre 1880 et les progrès de l'asepsie pour que la tendance se renverse complètement. La césarienne dite « haute » devient alors courante, mais reste dangereuse. À partir de 1920, la césarienne « basse », appelée ainsi en raison du changement du point d'incision sur l'utérus, en fait une intervention dénuée de risques.

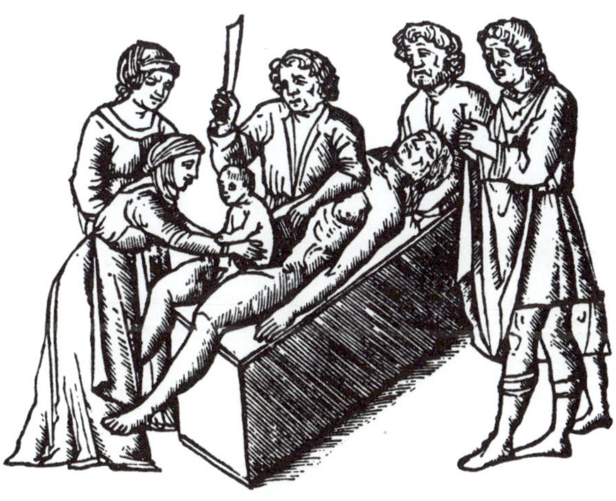

La plus ancienne représentation d'une césarienne datant de 1509 (Venise, G. Rubeus Verce).

Chaîne de montage

L'invention de la chaîne de montage – et l'expression même : *assembly line* – est de Henry Ford. L'invention fut mise au point pour démarrer la construction de sa Tin Lizzie, le célèbre « modèle T », qui, à partir de 1908 et jusqu'en 1927, va motoriser l'Amérique. Son prix de départ : 850 dollars ; la dernière année : 290. Au total, quinze millions d'exemplaires.

La bande transporteuse, longue de quelque 300 m, était le cœur de la nouvelle usine de Ford, spécialement construite pour cette première production de masse dans une branche industrielle qui, jusque-là, travaillait artisanalement. Le long de cette bande transporteuse, les ouvriers assemblaient les trois cent cinquante pièces dont était faite la « Ford T » (contre les 6000 à 11 000 pièces des voitures actuelles).

Robustesse et simplicité : pour arriver à la formule la plus économique, la Ford T, dépouillée de tout superflu, était le résultat de la fabrication en série la plus stricte, au point que toutes étaient livrées peintes en noir. « Le client, précisait Ford avec humour dans ses publicités, peut demander n'importe quelle couleur, à condition qu'elle soit noire... » (v. *automation*).

Chaise

Dotée d'un dossier, mais privée de bras, la chaise appartient au mobilier grec qui est représenté sur les vases peints. Rome adopte ce modèle, témoin la statue d'Agrippine au Vatican.

Au Moyen Âge, la chaise est réservée à la noblesse, les séants roturiers se contentant du banc, à l'église comme à l'auberge, ou, chez soi, du tabouret*. Au XVe siècle, l'Italie crée le type dont l'Europe entière multipliera les variantes. Elle prolifère à un point tel au XVIIIe siècle qu'on pourra dire que, « de la chaise de bébé à la chaise roulante, l'homme est un animal assis ». En réalité, elle ne s'affirme alors que comme un meuble caractéristique du seul Occident,

Venue du mobilier grec, la chaise à dossier simple a connu de multiples transformations, particulièrement au XVe siècle lorsque les Italiens lui donnèrent la forme à deux bras que nous lui connaissons aujourd'hui (Scène d'offrande sur terre cuite, Museo Nazionale di Taranto).

lieu privilégié d'une humanité assise, par opposition aux humanités accroupies ou « en tailleur » du reste du monde.
En 1859, en Autriche, Michael Thoret perfectionne et industrialise le cintrage du bois à la vapeur, technique employée pour sa fameuse chaise dite « N° 14 », qui permet de réduire les coûts de production tout en proposant une nouvelle élégance. Après la Seconde Guerre mondiale, cette élégance se renouvellera par la légèreté des modèles fabriqués à partir du polyester, puis d'autres matières plastiques (v. aussi *fauteuil*).

Chalutier à vapeur

Le premier chalutier à vapeur fut construit en 1837. Il fut armé cette année-là par David Léon Alègre, à Andernos-les-Bains (Gironde), pour opérer dans le bassin d'Arcachon. Son nom : *le Turbot*. La pierre tombale de l'armateur Alègre, dressée contre le mur de la belle église d'Andernos, rappelle l'événement.

Chameau

Le dromadaire est connu de l'Égypte mille sept cents ans avant J.-C., à la fin du Moyen Empire. L'Assyrie du VIIe siècle connaît le chameau à une et à deux bosses. Les Arabes en font leur animal porteur, et il les aidera dans leur conquête de l'Afrique du Nord et de l'Espagne. Mais le chameau aurait été précédemment domestiqué, comme animal de selle, par les populations vivant à la lisière septentrionale du Sahara.

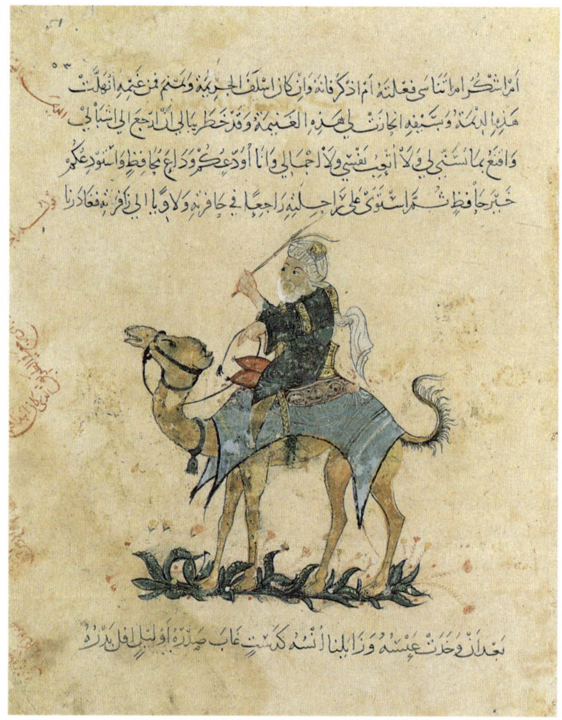

La monture du désert : le chameau, extrait de *Al-Maqamat* (les Séances), manuscrit de l'école de Bagdad datant des Xe-XIe siècles. La civilisation arabe, depuis le VIIe siècle, en a fait son principal moyen de transport.

Champagne

La tradition populaire veut que l'« inventeur » du champagne soit dom Pérignon, qui fut cellérier de l'abbaye bénédictine d'Hautvillers à partir de 1668 et jusqu'à sa mort en 1715.
À vrai dire, le vin blanc de Champagne avait une propension naturelle à mousser depuis l'implantation de la vigne à l'époque de Jules César ; mais le mérite de dom Pérignon fut de faire de ce défaut une qualité, en mettant au point

un procédé de dosage qui permet d'obtenir une mousse régulière. Toujours généreuse, la tradition populaire attribue aussi à ce moine subtil d'avoir utilisé, en fait de caves, les « crayères » de la période gallo-romaine pour faire mûrir le précieux vin, d'avoir inventé la flûte à champagne et, aussi, d'avoir remplacé le bouchon de chanvre* huilé par le bouchon de liège*. Cette dernière idée lui serait venue à la vue de pèlerins espagnols bouchant leurs gourdes avec ce matériau.

Champignons (intoxication par les)

Comme l'a remarqué un philosophe, « les champignons sont comme les amis, il faut savoir discerner les bons des mauvais ». Faute de quoi – et c'est le premier empoisonnement dû aux champignons enregistré par l'Histoire –, la femme, le fils et les deux filles du poète tragique grec Euripide trouvèrent ensemble la mort, au IVe siècle avant J.-C.

En l'an 54 de notre ère, l'empereur romain Claude Ier fut mortellement intoxiqué par les soins d'Agrippine, sa seconde femme. Il s'agit du premier empoisonnement sur lequel nous possédons tous les détails. Non contente d'avoir fait servir à son impérial époux des amanites oronges, son plat préféré, imprégnées du jus d'une amanite phalloïde, elle soudoya son médecin Xénophon pour qu'il lui administre une dose élevée de coloquinte par voie rectale. À la suite de ce double traitement vespéral, Claude mourut à l'aube.

La première intoxication mycologique qui fut due à l'égoïsme survint au pape Clément VII, qui avait interdit la cueillette des champignons dans les forêts avoisinant son palais, afin d'en être l'unique consommateur (1534).

Chandelle : v. bougie.

Change (agent de)

Le titre d'agent de change remonte à 1639, mais la fonction et le privilège avaient été créés par Henri IV en 1595, comme étant ceux des « courtiers de change ». Courtiers ou agents, peu importe : ils étaient tenus d'assister en corps constitué, le jour de la Sainte-Geneviève, à une messe haute en l'église des Petits-Pères, afin d'attirer les grâces du Saint-Esprit sur leurs activités professionnelles.

Les charges d'agent de change furent supprimées par la Révolution française (lois du 2 mars et du 14 avril 1791), mais rétablies six ans plus tard et finalement intégrées dans le Code de commerce de 1807 (v. *bourse*).

Chanvre

Son habitat naturel est l'Asie centrale, de la Caspienne au lac Baïkal, mais sa culture avait déjà gagné la Chine cinq siècles avant notre ère.

Les Égyptiens comme les Hébreux ont ignoré le chanvre. Celui-ci ne s'installera en Europe orientale, apporté par les Scythes, que sept cents ans avant J.-C. Les Gaulois en ont répandu la culture dans notre pays au point qu'on l'y trouvait un peu partout, pour faire toile, ficelles et cordes. Les chenevières ont quasiment disparu de chez nous depuis quelque cent cinquante ans, du fait de la concurrence du lin*, de la laine* et du coton*.

Char d'assaut

Au VIe siècle avant notre ère, les Perses utilisaient des chars armés de faux ; on peut les considérer, ainsi que les éléphants d'Hannibal et les chevaliers du Moyen Âge, comme les précurseurs du char de combat. C'est de 1915 à 1916 qu'Anglais et Français – ces derniers sous la direction du général Estienne – mirent au point le char d'assaut. Il fut utilisé pour la première fois par les Anglais le 15 septembre 1916, dans la Somme (v. *chenilles*).

Ci-dessus : les premiers chars d'assaut furent construits entre 1915 et 1916 dans la Somme. Quatre ans plus tard, ils défilent, victorieux, le jour de la fête nationale, à Paris. (*L'Illustration* du 19 juillet 1919).

Au centre : le chanvre (*Cannabis sativa*), gravure du début du XXe siècle.

Charbon minéral

Connu de l'homme préhistorique, utilisé en Chine bien avant notre ère, ainsi que dans la Grèce antique, le «charbon de terre» fut exploité en Allemagne dès le xe siècle. En France, la faculté de médecine, consultée en 1520, affirma que sa fumée n'était pas nuisible et que les forgerons pouvaient continuer à l'employer ; l'ordonnance de décembre 1672 n'en autorise encore l'achat qu'aux «artistes et forgerons».

Charrue

L'araire vient très tôt s'ajouter à la pioche et à la houe de pierre, puis de métal : il y a 6000 ans, à Summer et le long du Nil, cette charrue primitive sans avant-train, à un ou deux mancherons, est déjà utilisée.
La paire de roues sur laquelle prend appui le timon de l'araire apparaît au Ier siècle de notre ère. Selon Pline, le mérite de ce perfectionnement revient aux habitants de la Gaule cisalpine. Au VIe siècle, la combinaison du coutre et du versoir sur le même bâti pourvu d'un avant-train donne naissance à la véritable charrue, en Europe centrale probablement.
Pourtant, son utilisation va mettre longtemps à se généraliser en Europe occidentale. Dans notre pays, une ordonnance de 1531 désignait encore les laboureurs sous le vocable de «laboureux de houe et de besche» et leur imposait de retourner, par jour, la terre d'un journal – environ 32 ares.
Il faudra attendre la fin du XVIIIe siècle pour que la charrue devienne la machine à labourer que nous connaissons, en particulier grâce à Michel de Dombasle, ingénieur agronome né à Nancy (v. *agriculture*).

Le travail des champs, au IXe siècle : à cette époque, l'araire est encore l'outil de labour le plus utilisé en France. Dès le VIe siècle, les pays d'Europe centrale ont amélioré l'araire, donnant naissance à la charrue. Mais il faut attendre plusieurs siècles avant que cette dernière ne soit vraiment utilisée en Europe occidentale.

Chasse d'eau

Dans les palais minoens, on a retrouvé des tuyauteries qui prouvent que les Crétois connaissaient le principe de la chasse d'eau. On y a aussi découvert des installations sanitaires dont la perfection n'a guère été dépassée avant le début du XXe siècle. Cela se passait entre 1800 et 1400 avant notre ère.
Oubliée, la chasse d'eau renaît 3000 ans plus tard : sir John Harington of Kelston, poète paillard durant le règne d'Élisabeth d'Angleterre, première du nom, prit le temps de réinventer, entre deux quatrains salaces, la chasse d'eau. La reine fut si éblouie par cette nouveauté sanitaire qu'elle lui en commanda une pour son château de Richmond (v. *papier hygiénique*, *water-closet*).

Chat

Dès les premières dynasties égyptiennes est vénéré et momifié l'africain *Felis libyca*, ou chat ganté. À partir des XIIe et XIIIe dynasties, les momies de cette espèce sauvage présentent des signes de domestication et des coloris nouveaux (1500 avant J.-C.).

La première civilisation à domestiquer le chat est la civilisation égyptienne (chat en bronze du Ve siècle avant J.-C., musée du Louvre, Paris).

Assyro-Chaldéens et Hébreux paraissent avoir ignoré le chat, de même que la Grèce qui ne le découvre qu'avec les récits d'Hérodote à son retour d'Égypte.
Chez les Étrusques et à Rome, en revanche, c'est un familier des foyers, encore que, chez les Romains, il ne supplante définitivement la fouine qu'au IVe siècle de notre ère pour la chasse aux souris.
En Provence, il s'installe dès le Ve siècle, mais il ne colonise vraiment l'Europe occidentale qu'au IXe siècle ; longtemps encore, il aura une rivale : la genette. L'arrivée du rat* noir, au XIIIe siècle, apporté d'Asie Mineure par les croisés, assurera sa suprématie, car seul le chat était à même de combattre le nouveau venu. Pourtant, la genette habitera nos demeures longtemps encore : au XVe siècle, la Dame à la licorne ne compte pas le chat parmi ses familiers. Au XIVe siècle, le chat d'Étienne Marcel, prévôt des marchands de Paris, avait été une curiosité.
Le premier chat angora fut rapporté de Perse en 1526 par un voyageur italien, et c'est l'astronome provençal Nicolas Fabbri de Peiresc qui, de Florence, l'introduisit en France.
L'Anglais Owen Gould, venant de Bangkok, emporta dans ses bagages un premier chat siamois, en 1884. De cette même ville est originaire un second exemplaire de cette race, que rapporta l'explorateur et diplomate français Auguste Pavie pour en faire don au Jardin des Plantes (1885).

Châtaignier

Le châtaignier est originaire de l'Europe méridionale et du pourtour méditerranéen. Ses fruits appréciés se sont très tôt vendus en plein air, l'hiver, dans les villes françaises, sous forme cuite, les fameux « marrons chauds ». Le châtaignier recule, attaqué par l'encre et d'autres maladies, et le marron, ou plutôt la châtaigne, qui fut l'aliment de base dans nombre de provinces françaises au XVIe siècle, tombe peu à peu dans l'oubli.

Château

De la fin du Xe siècle datent les premiers donjons* de pierre, ceux que firent édifier les comtes d'Anjou. C'étaient encore des constructions très simples, de plan carré ou rectangulaire, où l'on entassait les réserves, où l'on se retranchait lors des alertes. Mais les forteresses maçonnées restèrent très rares tout au long du XIe siècle. Presque tous les châteaux de cette époque étaient en bois, vulnérables par le feu, mais faciles à rebâtir. De ceux-ci, rien ne reste, sinon la trace qu'ont laissée leur « motte » et leur enceinte extérieure dans la topographie des champs.
Le château de Vic-sous-Thil (Côte-d'Or) était considéré par André Malraux comme le plus ancien encore debout. Il fut construit, autant qu'on le sache, vers la fin du Xe siècle, mais son état de décrépitude ne permet pas d'en dire davantage, sinon qu'il est bâti sur des vestiges gallo-romains. Sa restauration, longue et coûteuse, a commencé en 1991.

Chauffage central

Si l'on peut voir dans les hypocaustes romains — cavités creusées sous le plancher des thermes dans lesquelles passait de l'air chaud – une première tentative de chauffage central, c'est seulement à la fin du XVIIIe siècle que le Britannique James Watt, s'appuyant sur les travaux de ses compatriotes le

James Watt, ingénieur et mécanicien écossais, fut le premier à utiliser le chauffage central qui fonctionnait à la vapeur d'eau.

colonel Cooke (1745) et les physiciens Leslie et Dalton, installa le premier chauffage central à vapeur d'eau dans son usine des environs de Birmingham. James Watt fut très rapidement imité en France, par Rumford à Paris, Montgolfier à Annonay, etc. De son côté, Bonnemain installa en 1877 un chauffage à eau chaude au château du Pecq. En 1851, soit vingt-six ans plus tôt, en Angleterre, le baron Mayer Amschel de Rothschild, magnat de la banque, avait fait construire dans le Buckinghamshire sa magnifique résidence de Mentmore, première grande demeure privée à avoir bénéficié du chauffage central et d'un système de plomberie moderne.
Mais c'est en 1899 seulement qu'apparaît aux États-Unis le radiateur fait d'éléments assemblés. En France, la firme Chappée adopte ce système en 1900. Le radiateur en fonte avait été précédé par le modèle Bundy, en fonte et fer, importé d'Amérique par Henry Hamelle en 1892 (v. *climatisation*).

Chaussette

La plus vieille chaussette a 1 000 ans. Abandonnée par un des Vikings qui envahirent le nord de l'Angleterre au Xe siècle, elle est exposée au musée de Coppergate, bourgade voisine d'York, depuis 1984. Elle est de couleur kaki. Découverte l'année précédente par des archéologues sur le site d'un camp viking voisin, au bord d'une rivière, elle doit son état de fraîcheur relatif aux vertus conservatrices du limon dans lequel elle était enfouie.

Chaussure

Le soulier épousant la forme du pied droit ou gauche apparaît tard. La statuaire du XIIe siècle, qui seule pourrait nous renseigner sur ce point, laisse indécise la forme du soulier, qui ne se précise qu'au XIIIe siècle. Le modèle est un escarpin muni d'une patte sanglant le cou-de-pied. Albrecht Dürer nous a laissé un dessin très étudié d'une chaussure d'homme.

Cheminée

Le règne de la cheminée aura été bref. On peut dire qu'il commence avec le XIIIe siècle et se termine dans le courant du XXe. Comment, en effet, parler de cheminée auparavant ? Si le feu* est la première découverte des ancêtres de l'homme, celui-ci s'est contenté pendant longtemps d'un simple trou dans le toit de sa demeure pour évacuer les fumées de ses braseros et autres chariots à feu. Peut-on même appeler cheminée la structure en brique surmontée de tuyaux en terre cuite qu'on a

La cheminée, intégrée au confort domestique dès le XIIIe siècle, a gagné au fil du temps une fonction de plus en plus décorative. Stéphane Mallarmé (ci-dessus), au XIXe siècle, aimait rassembler ces hôtes autour de sa cheminée à l'occasion de ses réceptions du mardi.

trouvée, par exemple, à Pompéi ?
En fait, les cheminées dignes de ce nom commencent à apparaître dans les demeures cossues de l'Europe vers la fin du XIIIe siècle. Dans tous les pays, comme l'Angleterre ou la Hollande, où la brique, faute de bois, était le principal matériau de construction, elle est devenue très banale au cours du XVIe siècle. C'est alors que la richesse du décor, inspirée de l'Italie, gagne la cheminée de pierre. L'usage du marbre se généralise au XVIIe siècle. Au XVIIIe siècle se répand la cheminée à tablette surmontée d'une glace ou d'un trumeau. Au XIXe siècle, la cheminée s'embourgeoise en prenant des proportions plus modestes. Enfin, le causeur, comme Mallarmé rue de Rome, durant ses réceptions du mardi, peut-il s'accouder à sa cheminée. Il était temps : au XXe siècle, chauffage central* et fuel seront les ennemis mortels de la cheminée (v. *poêle*).

Le chêne habite les forêts de France depuis plus de 13 000 ans. *Mois de décembre : la glandée*, miniature extraite du *Martyrologe d'Usuard*, vers 1270 (Bibliothèque nationale, Paris).

Chemise d'homme

Peu après 1920, la chemise d'homme est parvenue au stade que nous lui connaissons : un chemisier de New York a alors l'idée de créer la chemise complètement ouverte et boutonnable par-devant de haut en bas (ou de bas en haut...). Le succès de cette nouveauté fut immédiat aux États-Unis. En Europe, la tradition (ou les stocks ?) freina sérieusement l'adoption de la chemise complètement ouverte, et il faudra attendre 1945 pour que son usage se généralise.

Chênes

Les chênes – il y en a vingt-sept espèces en Europe, dont huit en France – font partie de notre patrimoine végétal depuis plus de 13 000 ans. Repoussés dans le sud de l'Espagne et les Balkans par la dernière période glacière, ils sont remontés vers le nord, avec le redoux, pour coloniser de vastes territoires.

Chenilles

Le tracteur agricole fut, avec le fil de fer barbelé*, la création qui a le plus contribué à la transformation de l'Ouest américain ; et cela, grâce à la chenille, du moment qu'il s'agissait de vastes territoires sans chemins. En effet, sur les sols mous, ou semés d'aspérités, ou buissonneux, force était de faire appel à un matériel présentant une plus grande surface de contact et une plus grande souplesse que la roue* classique.
De nombreux brevets furent déposés, dont les plus intéressants par F. W. Batter (1888) et Benjamin Holt (1904). En 1906, un authentique tracteur à vapeur fut commercialisé par la Holt Tractor Company et vendu à la Meadow Development Company pour une utilisation en Louisiane. Cependant, dès 1904, en Grande-Bretagne, l'ingénieur David Roberts avait mis au point pour le compte de Ruston Hornsby and Sons un tracteur à chenilles techniquement parfait. Ce même modèle, équipé d'un moteur à essence, fut présenté en 1907 au ministère britannique de la Guerre. Sans succès. Hornsby vendit alors son brevet à Holt. Cet intérêt ne devait s'éveiller qu'au spectacle de l'immensité boueuse des Flandres, au début de la Première Guerre mondiale (v. *bulldozer*, *char d'assaut*).

Chèque

Les banquiers de l'Antiquité grecque ont inventé sinon le chèque, du moins la lettre de change. Au IVe siècle avant J.-C., dans son *Trapézitique*, ou discours sur la banque*, l'orateur athénien Isocrate parle de cet instrument de paiement avec sympathie, car il évite d'emporter en voyage de grosses sommes en numéraire. Et il cite le cas d'un Athénien partant pour le pays de Pont, qui a versé une certaine somme d'argent au fils d'un citoyen de cette terre lointaine résidant à Athènes, en échange d'un écrit qui permettra au voyageur parvenu au terme de sa route de tirer sur le père à concurrence de la provision (v. *monnaie fiduciaire*, *traveller's cheque*).

Chèques postaux

L'Autriche a été, en 1883, le premier pays à se doter d'un système de chèques postaux. Après quelque temps de réflexion ont suivi son exemple : la Suisse (1906), l'Allemagne (1909), la Belgique (1913) et les Pays-Bas (1918). En France, la Chambre des députés avait adopté un projet dans ce sens, transmis au Sénat le 4 octobre 1916, projet qui n'obtint force de loi que le 7 janvier 1918. Après un démarrage assez lent, l'usage des chèques postaux est entré dans les mœurs françaises. Depuis la loi du 28 novembre 1955, le système bénéficie d'une réglementation identique à celui des chèques* bancaires.

Cheval

La domestication du cheval remonte à la préhistoire : dès cette époque, en effet, l'espèce s'est diversifiée à l'extrême grâce au savoir-faire de nos ancêtres.

Les premiers maîtres du cheval sont à peu près sûrement des populations occupant les steppes allant de la Russie méridionale à l'Asie centrale.

À l'âge du bronze, tout l'Occident possède des chevaux domestiques.

Babylone adopte le cheval il y a quatre mille ans, les Hittites le connaissent déjà à la même époque.

La civilisation mycénienne, quant à elle, utilise le cheval attelé quelque mille sept cents ans avant l'ère chrétienne.

Les Égyptiens de la XVIIIe dynastie font pour leur part sa connaissance avec l'invasion des Hyksos.

En Chine, ce serait la dynastie Fu-Hsi qui aurait domestiqué le cheval, vers 3500 avant J.-C.

Le premier *Traité d'art équestre* qui nous soit connu dans son intégralité est celui de Xénophon (vers 480 avant J.-C.).

Quant au dernier cheval sauvage, il fut retrouvé dans le désert de Gobi par Prjevalski en 1879. Poliakov en donna une description scientifique, en 1881, sous le nom d'*Equus prjevalskii* (v. *collier d'attelage*, *courses de chevaux*, *équitation*, *étrier*, *fer à cheval*, *jumping*, *roue*, *selle*).

À l'époque de la préhistoire, l'homme considérait principalement le cheval comme une source de nourriture. Ce dernier aurait commencé à être domestiqué vers 3500 avant J.-C. par les populations des steppes de l'Asie centrale où l'utilisation du cheval améliorait nettement les techniques de chasse et de transport. Une statuette funéraire chinoise du Ve siècle représentant un guerrier à cheval « Ming-ki ».

Chèvre : v. *mouton*.

Chewing-gum

Par plaisir, ou pour calmer son anxiété ou sa faim, l'homme a toujours mâché des feuilles, des herbes, des écorces et autres matières végétales. C'est ainsi que les Mayas, comme bien d'autres populations de l'Amérique centrale, ont mâché depuis des siècles le chiclé, ou sève solidifiée du sapotillier. De leur côté, les colons britanniques d'Amérique ont appris des Indiens de la Nouvelle-Angleterre l'art et la manière de mâcher la résine du spruce, vocable qui englobe un certain nombre d'espèces américaines d'épicéa. Dès le tout début du XIXe siècle, cette habitude était si courante que la résine de spruce donna lieu à une commercialisation et devint une source de profit pour ses fabricants. En 1855, le général Antonio de Santa Anna, chassé du Mexique et exilé à New York, eut l'idée de rapporter 250 kg de chiclé, gomme extraite du sapotillier, un arbre qui croît en abondance dans les forêts du Yucatán. La résine de spruce fut alors abandonnée au profit du chiclé, en raison des qualités de celui-ci comme pâte masticatoire et comme support idéal de

parfums tels que la menthe et l'anis. Grâce à quoi le chewing-gum connut un essor extraordinaire et, à partir de 1900, fut fabriqué industriellement.
En 1928, le premier chewing-gum à bulles qui sera commercialisée, est inventé par l'Américain Walter Diemer, comptable chez Fleer Corporation, à Lancaster, Pennsylvannie.
En France, le mot « chewing-gum », sinon la chose, est signalé dès 1906.
La consommation du chewing-gum connaît une importante augmentation en période de guerre ou de bouleversements sociaux. Les deux conflits mondiaux ont ainsi fait, chacun, doubler la consommation de chewing-gums aux États-Unis.

Chicorée

Grâce au *Papyrus médical Ebers*, ainsi nommé d'après l'égyptologue allemand qui le découvrit dans un sarcophage, nous savons que les médecins de l'empire des pharaons avaient mis au point, il y a quatre mille ans, un ensemble de traitements par les plantes. Entre autres remèdes, ils prônaient l'huile de ricin comme laxatif et vantaient les vertus apéritive et digestive de la chicorée. Après les Égyptiens, les Grecs s'y intéressent : Aristophane (Ve siècle avant J.-C.), Dioclès de Karytos, médecin à Athènes, et Théophraste (IVe siècle) parlent de la plante dans leurs œuvres. Plus tard, au IIe siècle de notre ère, Galien précise qu'elle « est l'amie du foie ». Chez les Latins, Horace, Ovide et Pline l'Ancien, tour à tour, saluent ses qualités médicinales.
Le *Codex constantinopolitanus*, le plus ancien de tous, paru à Vienne au VIe siècle de notre ère, reproduit la première image d'un plant de chicorée. Après un voyage en Orient (1580-1583), Prospero Albini, professeur de botanique à Padoue, compare, le premier, café* et chicorée et fait leur description dans un livre publié en 1592, *De Plantis Aegypti liber venitiis*. À propos du café torréfié, il note : « La décoction de café est proche, par le goût, de la décoction de chicorée. » La comparaison ne passera pas inaperçue ; en tout cas, cent ans après, les Hollandais découvrent le traitement industriel de la chicorée, qu'ils gardent jalousement secret pendant quarante ans : il faudra attendre 1723 pour que ce traitement soit divulgué et connu des Allemands.
Franchissons encore une cinquantaine d'années. En échange de l'installation d'une « fabrique de poudre de chicorée », les industriels Van Heine et Forster obtiennent de Frédéric le Grand un privilège d'exclusivité ; la culture de la plante s'étend à toute la Prusse, et l'on y voit s'élever des manufactures de dessiccation et de torréfaction. Le pays entier, puis les autres États allemands se mettent à la boisson tirée de cette denrée infiniment moins coûteuse que le café. Aussi, quand sonne l'heure du Blocus continental, il suffit à Napoléon d'en étendre la culture au nord de la France, et tous les Français en adoptent l'usage (v. *laitue*).

Au XVIIe siècle, les Hollandais sont les premiers à industrialiser la production de la chicorée, mais en France, il faut attendre Napoléon pour que la plante y soit cultivée et que sa consommation soit largement adoptée. Une affiche publicitaire ventant les mérites de la chicorée au XIXe siècle.

Connu depuis la préhistoire, le chien est présent dans de très nombreuses civilisations (ancienne Égypte, Asie mineure…). Les Romains l'utilisent comme garde, éboueur, messager, mais surtout comme animal de compagnie. Mosaïque de pavement romaine du Haut-Empire (Musée archéologique national de Naples).

Chien

Avec le néolithique apparaissent un peu partout en Europe des hommes nouveaux suivis de leurs chiens ; on a découvert leurs restes dans le sol des campements qui datent de cet âge.
Les restes d'un animal découverts en 1921, près de la ville allemande de Bonn, et attribués alors à un loup de la dernière période glaciaire, ont été identifiés en 1981 par des chercheurs du musée zoologique de Bonn : il s'agirait d'un petit chien aux allures de berger allemand, vieux de 14 000 ans.
Des os de *Canis familiaris*, remontant à six mille ans avant J.-C., montrent qu'existaient alors deux types à tout le moins : un genre de terrier et une espèce de sloughi.
Les sculptures assyriennes nous présentent un dogue, destiné à la garde et au combat, et un lévrier rapide à la chasse. Peintures et momies égyptiennes offrent un choix plus large : dès la IVe dynastie, un lévrier et un chien plus court et massif ; dès la XIIIe, d'autres races nettement différenciées – un berger, un chasseur, un gardien et même un basset (v. les différentes races de chiens : *berger allemand*, *bichon*, *boxer*, *caniche*, etc.).

Chiffres arabes

La transcription des nombres par les chiffres dits « arabes » devient d'un usage courant en Occident au début du XIIIe siècle de notre ère. Nous la devons à Léonardo Fibonacci, dit Léonard de Pise (qui mourut après 1240), propagateur dans le monde chrétien des principes de calcul des Arabes. Chez ces derniers, le promoteur de cette transcription avait été, au IXe siècle, le mathématicien Muhammad ibn Mûsâ al-Khâresmi, également « inventeur » de la numération décimale (v. *zéro*).

Chiropraxie

Cette méthode thérapeutique centrée sur la colonne vertébrale a été conçue et mise au point à Davenport (Iowa, États-Unis) par le docteur Daniel David Palmer.
Celui-ci « découvrit » la chiropraxie, ou *chiropratic*, le 18 septembre 1895 : il avait alors à son service un jeune Noir, Harvey Lilliard, sourd depuis dix-huit ans. Un jour où Lilliard relatait à son maître les circonstances au cours desquelles son infirmité était apparue, il précisa que, se trouvant accroupi, il avait entendu un craquement au niveau de la nuque et était devenu sourd aussitôt.
Par pressions manuelles, Palmer réduisit la grosseur insolite que Lilliard avait à la colonne vertébrale. Grâce à ce geste, Lilliard retouva ses facultés auditives. À partir de ce cas particulier, il eut l'intelligence de généraliser : les principes et la pratique de la chiropraxie reposent en effet sur l'existence de déplacements vertébraux minimes appelés « subluxations », qui affectent les commandes nerveuses entre le cerveau et le reste du corps.

Chirurgie

On a relevé des traces de trépanation* sur les crânes d'hommes préhistoriques. S'agissait-il d'opérations magiques et non d'actes chirurgicaux à but thérapeutique ? En tout cas, il y a trois mille ans, les Égyptiens possédaient plus que des rudiments en fait de chirurgie, et les papyrus Edwin Smith et Ebers, miraculeusement parvenus jusqu'à nous, en apportent la preuve : les Égyptiens savaient comment refermer les plaies par sutures, clamps et une sorte de plâtre adhésif. Mais c'est le rôle capital des Grecs qu'il faut souligner à propos de la naissance d'une chirurgie rationnelle. Ici, comme en médecine*, on trouve Hippocrate de Cos, dont l'œuvre constitue le

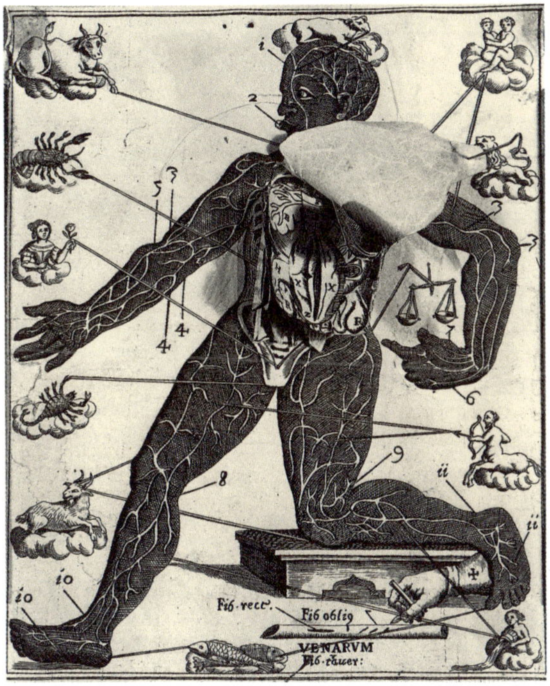

Une planche extraite du *Traité de chirurgie* paru en 1544. Jean Targault, son auteur, fut l'un des médecins les plus reconnus au XVIe siècle au même titre qu'Ambroise Paré, son contemporain.

point de départ de la science chirurgicale.
Le savoir grec en la matière passe à l'école d'Alexandrie et à Rome, et, de là, il survivra grâce aux Arabes, tandis que dans les pays chrétiens du Moyen Âge la chirurgie subit une sorte de décadence et échoit aux barbiers. Puis elle connaît un renouveau, en particulier en Italie, à Salerne, et en France à Montpellier. Mais pendant quatre siècles se perpétuent les querelles incessantes des chirurgiens de robe longue – les authentiques chirurgiens – et les barbiers, dits chirurgiens de robe courte…
À partir de la Renaissance et jusqu'au XIXe siècle, et quels que soient les mérites de chirurgiens comme Ambroise Paré et tant d'autres, les progrès seront lents. La révolution chirurgicale durera vingt ans, de 1850 à 1870 environ, avec deux grandes découvertes : l'anesthésie* et l'antisepsie*.
À partir de 1950 intervient une seconde révolution, concrétisée par le recul du bistouri* : on « ouvre » moins et moins souvent le corps humain, pour la bonne raison qu'endoscopie*, fibres optiques*, laser*, scanner*, ultrasons, résonance magnétique nucléaire* (RMN*) permettent une exploration approfondie du corps humain et favorisent l'exercice d'une chirurgie plus précise et moins traumatisante (v. aussi *amputation*, *appendicite*, *bistouri*, *lancette*, *scalpel*).

Chirurgie esthétique

Conseillé par un certain Joseph Jacob, chirurgien allemand qui avait commencé, en 1896, par opérer un décollement d'oreilles, Charles Conrad Miller, praticien de Chicago, s'était fait connaître à partir de 1914 par des « extravagances chirurgicales » – comme les appelait la presse locale – telles que rapetissement des bouches trop larges, rétrécissement des narines trop ouvertes et création de fossettes.
Très vite, des chirurgiens respectables suivirent la voie ouverte par le pionnier Miller et, de l'autre côté de l'Atlantique, on s'intéressa à cette nouvelle mode. En France, c'est une dermatologue, le docteur A. Noel, qui devint le premier chirurgien esthétique. Il existe une photographie d'elle dans l'exercice de sa profession : bouche en cœur, les mains nues, un calot blanc gaminement posé sur les cheveux, ses hanches charnues ceintes d'un tablier immaculé, Mme la doctoresse Noel fait penser à un fin cordon-bleu, toute à la préparation d'une succulente pâtisserie.
À la suite de la Première Guerre mondiale va se développer une chirurgie réparatrice qui tentera d'effacer les terribles mutilations des « gueules cassées » ; puis, profitant des résultats obtenus par elle, une chirurgie véritablement esthétique s'affirmera dans les années précédant la Seconde Guerre mondiale – discipline nouvelle dominée par deux grands noms, celui de l'Anglais Harold Gilles et celui du Français Léon Dufourmentel.

Chloroforme : v. *anesthésie.*

Chocolat : v. *cacao.*

Cholestérol

Le premier à isoler de la bile cette substance jaunâtre d'apparence savonneuse fut le chimiste français Poulletier de La Salle en 1769.
Deux siècles plus tard, en 1913, le pathologiste russe Nikolaï Anitschkow démontre que le cholestérol se dépose dans les artères de lapin (athérosclérose) en plaques et en dépôts par le simple fait de nourrir les sujets selon un régime alimentaire très riche.

À partir de 1947, l'épidémiologiste américain Ancel Keys mène une enquête dans sept pays industriels. Il découvre qu'existe une relation directe, dans chacun de ces pays, entre les maladies de cœur, le niveau de cholestérol dans le sang et le régime alimentaire. Nation championne pour le taux de cholestérol : la Finlande, talonnée par les États-Unis. Les Japonais, pratiquant un régime maigre, ont le taux le plus bas et le moins d'accidents vasculaires. Une enquête ultérieure devait montrer que les Japonais établis en Californie y étaient dix fois plus sujets que leurs congénères restés au pays.

Chorégraphie

Très complexe, la chorégraphie de l'ancienne Égypte connaissait le grand écart, la pirouette, le saut périlleux, la roue et le pont, comme nous le montrent, entre autres, les peintures murales de très nombreux tombeaux.
Bien plus près de nous, le chanoine Jehan Tabourot a signé en 1588, sous l'anagramme de Thoinot Arbeau, une *Orchésographie* – traitée en forme de dialogue par lequel toutes personnes peuvent apprendre et pratiquer l'honneste exercice de dance – qui est le plus ancien essai de notation de la danse par une écriture comparable à celle de la musique. Son système était purement descriptif. Suivra la *Chorégraphie ou l'Art d'écrire la danse par caractères, figures et signes démonstratifs* (1701) de Raoul Auger Feuillet, maître de ballet : il s'agit du premier ouvrage qui propose un véritable système d'écriture permettant la notation des chorégraphies – que supplantera Magny avec un ouvrage bien plus approfondi : les *Principes de chorégraphie* (1765) (v. aussi *ballet*).

Chou

C'est l'un des rares légumes indigènes de l'Europe. Peu frileux, assez indifférent à la chaleur, il est spontané de la mer du Nord jusqu'au golfe de Gênes. Si les Hébreux l'ignoraient, il faisait déjà les délices, au début de l'ère chrétienne, des Celtes, des Romains, des Germains. L'ingéniosité paysanne l'a diversifié à l'extrême. Le chou dit « de Bruxelles », sans doute d'origine flamande, ne paraît pas avoir été cultivé en France avant la fin du XVIIIe siècle.
Comme le chou de Bruxelles, et aussi le chou-rave ou le chou pommé, le chou-fleur est issu de notre chou sauvage. Il semble avoir été le résultat d'une sélection opérée au Proche-Orient. Les Génois l'auraient apporté en Europe au XVIe siècle (v. *navet*).

Le chou est l'un des rares légumes originaire du continent européen. Illustration extraite du *Tacuinum sanitatis*, manuscrit du XIIe siècle (Bibliothèque nationale de Vienne).

Choucroute

La choucroute, ou chou conservé dans la saumure, était l'unique légume vert dont disposaient les populations d'Europe centrale et orientale durant leurs longs hivers. L'idée géniale du capitaine Cook, ancien ouvrier agricole devenu mousse, fut d'en embarquer en quantité, afin de lutter contre le scorbut, sur l'*Endeavour*, lors de son premier voyage d'exploration dans le Pacifique (1768-1772). L'expérience, couronnée de succès, permit à la choucroute, nourriture de terrien, de naviguer sur toutes les mers du monde.

Chow-chow

Ce lointain petit-fils du loup boréal vécut pendant des millénaires dans sa seule patrie, le Céleste Empire, où il était commun : chien de traîneau dans le Nord, chien de chasse dans le Sud où il faisait lever faisans et francolins, il était aussi

élevé pour sa fourrure douillette et sa chair savoureuse.
Mais, en 1880, l'ambassadeur de Sa Gracieuse Majesté en Chine en ramena un premier spécimen dans la capitale britannique.
Son élevage en Grande-Bretagne débute vers 1890. Il est admis au sein du Kennel Club anglais en 1894.

Chromosomes et gènes

À la fin du xixe siècle dernier, tandis que les études de Mendel sur les lois de l'hérédité* connaissaient le désintérêt et l'oubli, un certain nombre de biologistes, dont l'Américain Thomas Organ, découvraient de minces unités filiformes dans les noyaux cellulaires. La possibilité de les colorer les rendait visibles à l'examen microscopique – d'où leur nom de chromosomes, ou corps colorés, que leur avait donné l'anatomiste allemand Heinrich Waldryer en 1888. On put ainsi constater que, lors de la division cellulaire, chacune des deux cellules filles se retrouvait avec la même garniture chromosomique.
En 1902, W. S. Sutton, professeur à l'université américaine Columbia, avançait l'hypothèse selon laquelle les chromosomes seraient porteurs des éléments héréditaires imaginés par Mendel. Hypothèse confirmée par Morgan et son équipe de jeunes chercheurs à l'université de Columbia, grâce à leurs travaux sur la drosophile, dite mouche du vinaigre.
En particulier, Hermann Muller, brillant disciple de Morgan, allait dresser à partir de 1925 de véritables cartes chromosomiques donnant à chaque facteur héréditaire une localisation précise. Ces localisations correspondent à des particules auxquelles avait été donné le nom de « gènes » par le biologiste danois Wilhelm Johanssen en 1911.

Chronomètre

Au début du xviiie siècle, combien de navires faisaient naufrage faute d'un instrument capable de calculer avec précisions leur longitude ? Suffisamment pour que l'Amirauté anglaise se décide, en 1714, à proposer 20 000 livres sterling à qui créerait une horloge* qui saurait donner le temps à deux minutes près, pour un voyage aller et retour aux Caraïbes.
John Harrison, charpentier devenu horloger

Le chronomètre, inventé par John Harrison, que James Cook emporta lors de son deuxième voyage en Antarctique entre 1772 et 1775.

d'un village du Yorkshire, se met à l'ouvrage. Il parvient à obtenir un premier mécanisme efficace en 1735. Il passe trente ans de sa vie à perfectionner et à miniaturiser ce chronomètre de marine qui lui a valu le prix de l'Amirauté malgré son poids : environ 34 kg ! L'an 1761 voit la naissance de son quatrième modèle, le fameux N4, « Mona Lisa de l'horlogerie », de la taille d'une grosse montre, qui, testé à la faveur d'un voyage à la Jamaïque, n'accusera qu'un retard de cinq secondes. Mais l'Amirauté, mauvaise joueuse, refusera longtemps de payer la totalité des 20 000 livres sterling, jusqu'à ce que Harrison en appelle à George III. Il était temps, Harrison avait 80 ans. On était en 1773, et il n'avait plus que trois ans à vivre.

Chrysanthème

Le chrysanthème est authentiquement chinois. Les variétés qui sont aujourd'hui indigènes au Japon ont d'abord été cultivées en Chine. Baptisés ainsi, à partir du grec *chrusos*, or, et *enthemis*, fleur, parce que les premiers spécimens connus de l'Occident étaient jaunes, les chrysanthèmes deviendront bien plus tard les fleurs préférées d'Odette, l'héroïne proustienne d'*Un Amour de Swann*, car « elles avaient le mérite de ne pas ressembler à des fleurs, mais d'être en soie, en satin ».
En 1789, le capitaine Blancard, de Marseille, qui

semble peu préoccupé par l'importance des événements politiques de son pays, rapporte de Chine une première variété. Et en 1826, un autre capitaine, Bernet, de Toulouse (aidé, il faut le dire, par un jardinier professionnel), a l'idée de multiplier ses chrysanthèmes non plus par éclats, mais par semis, d'où de nombreuses variations et mutations qui ont engendré les races que nous connaissons aujourd'hui. Deux hommes, donc, semeurs de mort par profession, ont créé ces fleurs symboliques de notre piété pour les disparus.
Le chrysanthème pénètre un peu plus tard en Grande-Bretagne. Mais en 1826 on y cultive déjà une cinquantaine de variétés. Et, dès lors, les choses sont prises plus au sérieux : une *National Chrysanthemum Society* y est créée en 1846 à partir d'une association formée par un groupe d'enthousiastes de Stoke Newington. Cette société tient un «registre national de chrysanthèmes», anime deux concours annuels, en septembre pour les précoces et en novembre pour les tardifs, et publie des ouvrages faisant autorité à des prix très modiques afin de propager l'art et la passion des chrysanthèmes.

Cibistes et CB (citizen band)

C'est en 1930 qu'Al Cross, Américain passionné d'électronique, construit un premier talkie-walkie, l'ancêtre de la CB (*citizen band*), émetteur-récepteur radio de faible puissance. Vingt-trois ans après, la FCC (Federal Communication Commission) accorde aux «cibistes» des États-Unis vingt-trois canaux sur la bande des 27 MHz. En 1973, la limitation de vitesse sur les autoroutes américaines provoque la colère des routiers... et le développement en flèche de la CB. Celle-ci permet d'éviter les contrôles radar et, surtout, de rompre la solitude, de parler et non pas seulement d'écouter. «Le 27, c'est radio-cancan, radio-convivialité, radio-loisirs», les cibistes étant non pas des radioamateurs mais des amateurs de radio fraternelle.

Chrysanthème couronné (*Chrysanthemum coronarium*), planche botanique du début du XXe siècle.

Ils sont quinze millions aux États-Unis depuis 1980, et ce grâce aux quarante canaux d'une puissance de 5 watts qui leur sont attribués. En France, l'essor de la CB a commencé en 1979. Et, dès juillet 1980, ils étaient environ douze mille à «faire du 27», en dépit des interdictions légales.

Cigare

La feuille de tabac* roulée était fumée par les autochtones des Antilles, de l'Amérique centrale et de l'Amérique du Sud, plus tard imités par les conquistadores. Au début du XVIIᵉ siècle, le cigare devient l'apanage de nos classes aisées et, précisément, un signe de prospérité. Mais c'est seulement au XIXᵉ siècle que l'usage s'en répand un peu partout en Europe, à commencer par l'Angleterre, pour qui Cuba, à partir de 1849 – et c'est une grande première –, va fabriquer le... londrès. Consécration non négligeable, le cigare entre en force dans notre littérature : Balzac fait fumer le havane à l'un des protagonistes de la *Fille aux yeux d'or* ; Stendhal affirme : «J'écris comme on fume un cigare», la *Carmen* de Mérimée et George Sand en personne restent les plus célèbres cigarières de l'époque.

Cigarette

L'histoire de la cigarette commence dans la pauvreté et l'improvisation : au début du XVIᵉ siècle, les mendiants de Séville eurent l'idée de rouler le tabac des mégots de cigare (*cigarro*) dans un petit cylindre de papier (*cigarillo*). Très vite, la cigarette se répandit au Portugal et en Italie, et, par les marins portugais, aux échelles du Levant et en Russie. Durant la guerre d'Espagne, les troupes napoléoniennes, comme les combattants anglais qui leur étaient opposés, prirent goût à la cigarette.
En 1844 paraît *L'Art de fumer, ou la Pipe et le cigare*, poème en trois chants par Auguste Marseille Barthélemy, adorateur exclusif du cigare, mais qui, dans une note du chant deuxième, rend «pourtant justice à la nouvelle et ingénieuse invention du cigarettotype, qui a glorieusement figuré à la dernière exposition [il s'agit de l'Exposition industrielle de 1839]. Au moyen de cet appareil simple et peu coûteux, le

fumeur fabrique lui-même ses cigarettes, sans se donner la moindre peine ; aussi la foule se presse chez l'inventeur Le Maire, rue du Petit-Carreau, dans le premier arrondissement. » La première fabrique de cigarettes « industrielle » fut installée à La Havane en 1853.
En littérature, le premier texte à donner le mot cigarette semble bien être les *Scènes populaires* d'Henri Monnier en 1829. Balzac ne l'utilisera qu'à partir de 1831.
Quant à la première femme à avoir fumé en public, c'est lady Essex, au Carlton de Londres, à la fin du XIXe siècle (v. *tabac*).

Ciment armé

L'invention du ciment, par Vicart, en 1820, a été complétée au cours du XIXe siècle par une série de recherches. En 1852, à Saint-Denis, François Coignet fait élever une maison dont la structure de béton est renforcée de tiges de fer. Mais déjà en 1849, l'horticulteur Joseph Monier, pour alléger les caisses de béton où il faisait ses plantations expérimentales, avait introduit dans la masse un treillis métallique, et déposé le brevet de son invention. À la même époque (1848), l'ingénieur Lambot construisait un bateau par un procédé analogue et son confrère François Coignet, des poutres armées. À Berlin, Ways développait l'invention de Monier. C'est en 1889 que les ingénieurs Bordenave, Cottancin, Coignet et Hennebique formulaient les moyens de calculer la mise en œuvre du ciment armé, dont l'immeuble de la rue Danton, à Paris, fut en 1892 la première application.

Cimetière

Le 3 août 1908, les abbés Bardon et Bouyssonie découvrent dans une petite grotte de Corrèze un squelette d'homme reposant dans une fosse creusée intentionnellement ; un repas composé de viandes de bœuf et de renne est à portée de sa main : voilà les preuves indubitables que, déjà, l'homme de Neandertal organisait des funérailles et creusait des sépultures.
Nos ancêtres les Celtes avaient droit, s'ils étaient riches, à un tombeau personnel, avec le choix entre inhumation et crémation* ; pauvres, c'était la fosse commune.
L'occupation romaine de la Gaule se caractérise par l'introduction du principe démocratique de la sépulture individuelle.
Puis, les villes de notre pays adoptent la coutume italiote : tombeau le long des routes, dans les périphéries citadines.
Avec la reconnaissance du christianisme comme religion d'État, les funérailles relèvent de l'Église, qui fait enterrer ses hauts dignitaires dans les édifices religieux, et autour de ceux-ci ses simples fidèles, dès la fin du IVe siècle. Enfin, au Ve siècle, saint Patrice va créer le décor classique de nos cimetières : la croix du Christ dressée à la tête de chaque tombe chrétienne.
Mais, au fil des siècles, avec l'urbanisation, la « nécrosurpopulation » sévit dans et autour des villes. Pensant résoudre cet encombrement, un décret du président Sadi Carnot abroge en 1889 un capitulaire de Charlemagne interdisant – depuis 785 – la crémation des corps. Mince palliatif et fulminations de l'Église qui, cependant, lèvera son interdit après le concile de Vatican II. Contre ce surpeuplement, les grandes cités imaginent tant bien que mal des solutions partielles, comme Marseille avec ses « cimetières gratte-ciel ». Il faudra bien un jour s'inspirer de la Chine ; dans les mégapoles du pays le plus peuplé du monde, pas de cimetières : on brûle et, dans une urne, chacun emporte chez soi les cendres parentales. Ainsi renaîtra peut-être chez nous le culte des ancêtres !

La tradition de la sépulture funéraire individuelle nous vient des Romains à l'époque de l'invasion de la Gaule. Une stèle funéraire d'un Gaulois au Ier siècle de notre ère.

Ciné-club

Louis Delluc, cinéaste, avait eu avec Léon Moussinac, autre cinéaste, l'idée du ciné-club, en inventant le mot : « Il nous faut un Ciné-Club comme il y a un Touring-Club. » Le premier d'entre eux, « La Tribune libre du cinéma », fut fondé par Charles Léger à l'occasion de l'Exposition des arts décoratifs à Paris (1925). C'est un succès immédiat : dès 1926 commence à fonctionner le Ciné-Club de France, fédération présidée par la réalisatrice Germaine Dulac.

Auguste et Louis Lumière, les pères du cinéma, dans leur laboratoire. En 1895, ils mettent au point le Cinématographe, un petit laboratoire portatif de 20 cm de long sur 12 cm de large, qui sert aussi bien d'appareil de prises de vue, que de tireuse et de projecteur.

Cinéma

Nombreux sont les précurseurs dont les travaux ont permis la mise au point de la technique cinématographique, mais la naissance du « Cinématographe » a une date bien précise : elle a eu lieu le 28 décembre 1895, dans le Salon indien du Grand Café, boulevard des Capucines, à Paris. Ce jour-là, les frères Louis et Auguste Lumière projetèrent, pour le compte de spectateurs médusés, l'*Arrivée d'un train en gare de La Ciotat*, la *Sortie des Usines Lumière* et la *Sortie du port*. Dès l'année suivante, à La Ciotat, s'ouvrait l'Éden, première salle de cinéma au monde.

Le « muet » commençait sa carrière. Quant au « parlant », il entama la sienne aux États-Unis, lui aussi par le documentaire. Un des premiers films d'actualités sonores fut réalisé par Fox-Movietone en mai 1927, à l'occasion du départ de Lindbergh pour la première traversée de l'Atlantique (alors que son arrivée au Bourget allait être filmée en muet...). En juin de la même année, Samuel Warner et ses frères produisent *Les Lumières de New York*, premier film sonore de long métrage, puis, le 7 octobre de la même année encore, sort *Le Chanteur de jazz* avec Al Jolson où sont insérés quelques numéros chantants et parlants. À la fin de 1928, le cinéma muet, qui survivait encore en Europe, était définitivement mort en Amérique. Les premiers parlants américains sont mal accueillis en France : les spectateurs cassent les fauteuils aux cris de : « En français ! » Aussi Gaumont se décide-t-il à produire *L'Eau du Nil*, en 1928, film musical et non parlant, réalisé par Marcel Vandal, puis *Les Trois Masques*, par André Hugon, d'après un mélodrame de Charles Méré, qui avait déjà fourni le thème d'un muet.

Dès le début du XXe siècle, des chercheurs se sont attelés au problème du film en couleurs. Premier procédé véritablement au point, le Technicolor est à porter au crédit de l'Américain Herbert Kalmus (1924). Le premier film en trichromie selon ce procédé est *Flowers and Trees*, un dessin animé* de Walt Disney (1932). Le premier long métrage en bichromie est

Le Vagabond du désert (1921), de l'Américain Irving C. Willat, et le premier long métrage en trichromie Technicolor, *Becky Sharp* (1935), de Rouben Mamoulian, réalisateur russo-américain (v. *affiche, caméra, dessins animés, oscar, photographie, western*).

Cinquième colonne

La chose est vieille comme l'humanité – souvenons-nous, entre autres, du cheval de Troie ! Mais l'expression est apparue en 1936, au tout début de la guerre civile espagnole. On l'attribue au général Mola, proche compagnon du général Franco.

Circuits touristiques en car

Grenoble, ville de pointe en matière de tourisme, s'honore d'avoir été la première ville en France à proposer des circuits touristiques en car.
Les premières « excursions » en car datent de 1908, époque où les services réguliers de la région cessent d'être assurés par diligences (... et traîneaux, en montagne). Les premiers cars étaient montés sur bandages pleins.
Dès 1921, Grenoble propose les circuits de la Chartreuse, du Vercors, de N.-D. de la Salette. Mais ce n'est guère qu'en 1923 qu'apparaissent les premiers cars modernes, avec roues à pneumatiques, qui permettent les premières excursions d'une journée aux grands cols alpins. Ils avaient quatorze places, n'étaient pas fermés, et l'on recommandait aux audacieux touristes de s'habiller chaudement. L'état des routes était médiocre. Dans les montées très dures, nombreux étaient les arrêts « pour admirer le paysage », mais il s'agissait surtout de mettre des sacs mouillés sur le moteur afin de le refroidir un peu...

Circulation routière à droite

Napoléon, ayant conquis l'Europe, imposa à celle-ci la conduite à droite. Seule l'Angleterre conserva indépendance et conduite à gauche, laquelle venait de loin : imposée au monde antique par César, elle permettait en effet aux cavaliers de tirer efficacement leur épée contre un ennemi venant à leur rencontre (v. *Code de la route*).

Circulation sanguine

Proposée comme hypothèse par le médecin anglais William Harvey dans son traité intitulé

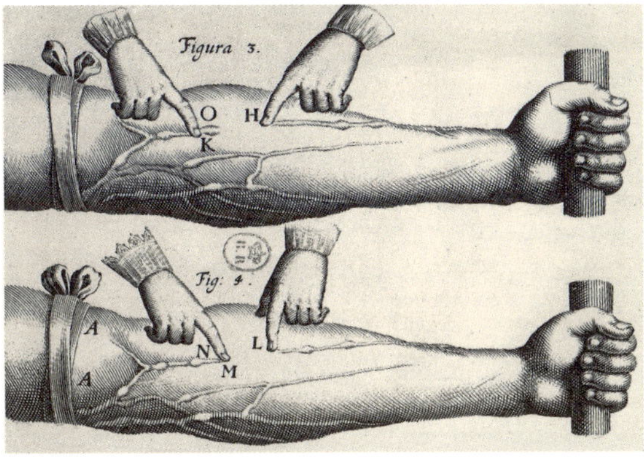

Une planche extraite de la *Théorie de la circulation du sang* (1639), ouvrage de l'Anglais William Harvey, le premier à supposer l'existence de la circulation du sang dans le corps.

Motu cordis (1628), l'existence de la circulation sanguine sera confirmée en 1661 par l'anatomiste italien Marcello Malpighi : grâce au microscope*, dont il fut le premier utilisateur pour l'étude des tissus, celui-ci découvrit les capillaires par lesquels artères et veines sont en liaison. Mais, une fois de plus, la Chine avait devancé l'Occident : ici, de plus de deux mille ans.

Cirque

En 1768, l'écuyer britannique Philip Astley a l'idée de créer un spectacle en plein air, dans un cercle délimité par des bottes de paille, à Halfpenny Hatch, grand terrain vague de Londres. Il vient d'inventer le premier cirque moderne, avec des numéros d'équitation. Et pour le désigner, il reprend le mot latin *circus*, qui s'appliquait jusqu'alors aux seuls jeux de la Rome antique.
Né en Angleterre d'une discipline stricte – l'art équestre –, le cirque va devenir un spectacle aux multiples facettes, avec jongleurs, dompteurs, équilibristes, hercules, mimes et clowns, et conquérir en deux cents ans le monde entier.
En 1780, Astley construit le premier amphithéâtre « en dur » au cœur de Londres, dans Westminster Road. Il a ajouté à ses numéros d'équitation des jeux d'ombres chinoises, des prouesses d'acrobates. Aussitôt apparaît un premier concurrent, le Cirque Royal, qui propose un supplément d'attractions nouvelles : ascension de ballons et pantomimes. Astley émigre un temps à Paris, où il fait construire l'Amphithéâtre

Anglais, rue du Faubourg-du-Temple (1782). Mais il quitte Paris durant la Révolution. Lui succède un de ses anciens écuyers, le Vénitien Antonio Franconi, fondateur d'une illustre dynastie de directeurs de cirque.
Au cours du XIXe siècle, le cirque provoque l'engouement des foules dans toute l'Europe et aux États-Unis, où il finit par atteindre une sorte d'apothéose avec Phineas T. Barnum, créateur du « plus grand spectacle du monde » (1871), qui se déroulait sur une piste ovale de son invention. Barnum va encore plus loin : associé à James A. Bailey, il ajoute une deuxième piste ovale, puis une troisième (1881), poussant avec ce chapiteau à trois pistes le gigantisme jusqu'aux limites du possible. Seul le cinéma américain a fait mieux avec ses superproductions hollywoodiennes.
Entre-temps, le Toulousain Jules Léotard a donné au cirque de nouvelles lettres de noblesse : après l'art équestre, voici la voltige au trapèze. Celui qui s'appelait lui-même très immodestement « l'Antinoüs du trapèze » devait jouir d'une renommée internationale comme « créateur mondial du trapèze volant ». Célébrité née en novembre 1859 au Cirque Napoléon qui, débaptisé après 1870, deviendra le Cirque d'Hiver de Paris. Succès illustré par un dessin paru dans l'*Album du Gaulois* de 1859.
Parmi les plus enthousiastes supporters de Léotard, Léon Gambetta, qui venait souvent l'encourager dans ses périlleux exercices – à l'époque, on voltigeait sans filet. Mais, par ailleurs, les détracteurs de Gambetta accusaient celui-ci de s'assoupir souvent au cours des débats parlementaires. D'où ce dessin paru dans le numéro du 4 novembre 1881 du *Figaro*, alors qu'il était président de la Chambre des députés : on y voit Gambetta brutalement réveillé par la cloche et s'élançant dans les airs pour s'emparer – évidemment – d'un maroquin.

Ciseaux

On a retrouvé à Sialk, en Iran, des ciseaux de cuivre datant du IVe millénaire, mais ils ne comportaient qu'une lame. Plus tard apparurent les forces, faites d'une lame de métal recourbée en U. Les Romains, enfin, furent les premiers à fabriquer des ciseaux à pivot. En France, les ciseaux apparaissent dans les inventaires royaux du XIVe siècle : il s'agit bien de ciseaux à deux lames tranchantes croisées, car, dans le poème du *Jouvencel*, du XVe siècle, les ciseaux sont apparentés aux tenailles et tricoises.

Citrouille ou courge

Cultivée par les autochtones de l'Amérique centrale et du Pérou, elle fut acclimatée en Europe au XVIe siècle, tout comme le potiron qui, lui, paraît originaire des Andes brésiliennes.

Claquettes (danse de)

C'est une combinaison du zapateado espagnol et de la clog dance irlandaise, mise au rythme du jazz* par les Noirs américains du début du XXe siècle. La danse de claquettes (*tap dance* en anglais) a atteint la perfection et la gloire avec le cinéma et Fred Astaire au cours des années 1930, puis a vécu, dix ans plus tard, une seconde jeunesse avec Gene Kelly et la *soft shoe dance*, ou claquettes douces. Délaissée au début des années 1950, elle a connu un renouveau après 1970.

Clarinette

En 1690, Jean-Christophe Denner, facteur allemand d'instruments à vent, donne le nom de clarinette à l'instrument qu'il vient, après de longues et patientes recherches, de tirer du

Ci-dessus : ancêtre du cirque moderne, le cirque romain était à l'origine un lieu réservé aux spectacles hippiques. Sa tradition fut remise en cause par les progrès du christianisme qui n'en conserva que les jongleurs, les mimes, etc. *Les Jongleurs*, miniature du XIIIe siècle.

Ci-contre : les claquettes, mieux connues aux États-Unis et en Angleterre sous le nom de *tape dance*, connaîssent un véritable succès grâce à Fred Astaire au début des années 1930 puis grâce à Gene Kelly dans les années 1940. Affiche de l'après-guerre (Waterman Fine Arts Ldt, Londres).

POST
HULTONS NATIONAL WEEKLY
In this issue:
WAR ARTIST AT WORK
4d
OCTOBER 2, 1943
Vol. 21. No. 1

C'est au XVIIe siècle qu'apparaît la clarinette, un instrument dérivé de l'ancien chalumeau français. Faïence de la Manufacture de Rouen (Musée National de Céramique de Sèvres, XVIIe siècle).

chalumeau français médiéval. Ses fils, puis d'autres facteurs, apporteront à la clarinette un certain nombre de perfectionnements qui lui permettront d'accéder à l'orchestre soixante ans plus tard, avec Rameau en France et Vivaldi en Italie.

Classification décimale

Utilisé de nos jours par quelque 200 000 bibliothèques* dans 134 pays, ce système classe livres et publications périodiques selon les sujets traités, les connaissances humaines étant réparties entre dix grandes unités, lesquelles sont subdivisées en dix sous-unités, et ainsi de suite. Nous l'appelons classification décimale, mais les Américains la connaissent sous le nom de Decimal Dewey System (DDS), car c'est un de leurs compatriotes bibliothécaires qui en eut l'idée. Idée aussi simple qu'efficace que Melvil Dewey a tout d'abord appliquée, dès 1876, à la bibliothèque de l'Amherst College, Massachusetts. Par ailleurs, c'est également lui qui fonda, à l'université Columbia, la première école de bibliothécaires (1883).
La classification décimale a été ensuite adoptée par la Conférence bibliographique internationale de Bruxelles (1895), qui décida de la création d'un Office international de bibliographie.

Clé

Les Chinois se sont contentés d'inventer le loquet il y a quatre mille ans. En revanche, l'Inde, le Proche-Orient et l'Égypte antiques se servaient de clés et de serrures* en bronze. La clé devient d'un usage courant dans les mondes grec et romain : la *clavis* latine a la forme et les dimensions de notre clé. C'est au Moyen Âge qu'on a forgé des clés aux dimensions impressionnantes et artistiquement ciselées.
L'âge moderne du couple clé-serrure commence avec l'Anglais Joseph Bramah, génial mécanicien aux nombreuses inventions et auteur d'une *Dissertation sur la construction des serrures* (1790). En 1778, il avait mis au point la serrure à pompe, encore utilisée aujourd'hui, et qui porte toujours son nom. En 1851, l'Américain Linus Yale invente la clé de sûreté dite à barillet et à goupilles, dont l'emploi se répandra dans le monde entier à partir des années 1860.

Clémentinier

On suppose que le clémentinier résulte d'une hybridation entre l'oranger et le mandarinier. En tout cas, son fruit a été découvert en 1902, non loin des cultures d'arbres fruitiers de l'orphelinat agricole de Mizerghine, créé par les pères blancs, dans l'Oranais, en Algérie. Avant d'avoir cueilli et goûté ce fruit, l'abbé Clément, un père blanc, greffa cet hybride sur un pied cultivé de mandarinier (v. *agrumes*).

Climatisation

Inventé par l'Américain Schuyler S. Wheeler en 1882, le ventilateur a été baptisé par les Anglo-Saxons *electric fan*, éventail électrique, désignation plus poétique. On le rencontre de moins en moins dans les pays industriels, car un autre Américain a fait mieux mais plus cher dans le genre, en 1911 : cette année-là, Willis H. Carrier invente la climatisation, système de circulation d'air porteur de fraîcheur en été, de chaleur en hiver (v. *chauffage central*).

Clip vidéo

À partir de 1960, à Paris, certains lieux publics, cafés, etc., abritaient une machine nouvellement inventée, qu'on appelait « scopitone » – du grec *skopein*, voir, et *tonos*, tonalité. Cette année-là, l'ingénieur Frédéric Mathieu venait d'inventer un étrange appareil qui avait les jambes en forme de

juke-box* et la tête en écran de télévision ; sur le ventre de cet animal insolite, un clavier à trente-six sélections et, à l'intérieur, autant de bobines de 16 mm.
Entre 1960 et 1975 passeront sur cet écran de télévision environ un millier de petites comédies musicales filmées par de jeunes cinéastes, comme Claude Lelouch, décidés à faire victorieusement leurs premières armes. Mais les cent dix-huit premiers scopitones furent réalisés par un de leurs aînés, Alexandre Tarta, dont le tout premier fut chanté par Gloria Lasso (déjà elle, et il s'appelait *Vénus*...), le deuxième par Georges Ulmer et le troisième par Annie Cordy.
À la fin des années 1970, la vente des disques de variété traversant une crise grave, les éditeurs proposèrent aux chaînes de télévision de petits films publicitaires pour le lancement de telle ou telle chanson. Cela se passait en Amérique : le clip vidéo – qui veut dire séquence télévisée en français strictement hexagonal — était né. Seul « plus » par rapport au bon vieux scopitone : les trucages et les effets électroniques. Aux États-Unis, la vogue du clip date de 1980, après le triomphe de Michael Jackson avec *Thriller* (vingt-trois millions d'enregistrements vendus). C'est en 1981 qu'on a vu les premiers clips anglo-saxons en France, dans l'émission « Platine 45 », sur la deuxième chaîne. Les premiers clips français sont nés en 1982. On cite *Halloween*, avec Jean-Patrick Capdevielle, et *Illusions*, de Pierre Rapsat. Reste à savoir si le clip est synonyme de nouvelle écriture audiovisuelle ou bien art de pacotille...

Cloche

Il est bien difficile de préciser l'origine des clochettes : on en a trouvé un peu partout au cours de nombre de fouilles effectuées tout autour de la Méditerranée. Or, elles semblent bien être les ancêtres des cloches.
En Chine, au IIe millénaire avant J.-C., existaient des cloches sans battant qu'on faisait tinter à l'aide d'un maillet. Si l'on en croit Grégoire de Tours, c'est le même procédé qui est utilisé en France au VIe siècle, avec les cloches de bronze fondu devenues d'un usage très courant autour de l'an 550. Auparavant, depuis la reconnaissance par Constantin le Grand, en 312, du christianisme comme religion officielle de l'Empire, on se servait d'une trompette pour appeler les fidèles à la prière.

Une cloche datant du XIe siècle : l'usage des cloches en bronze pour appeler les fidèles chrétiens s'est répandu, en France, dès le VIe siècle. Jusqu'alors, on utilisait la trompette.

Au VIIe siècle, on se met à placer les cloches au sommet des tours de guet. En 637, lors de la capitulation de Jérusalem devant les Arabes, l'article 12 du traité stipule que les chrétiens « ne devront pas faire sonner leurs cloches, mais seulement les faire tinter ». C'est également au VIIe siècle que l'Angleterre commence à entendre le chant des cloches. Mais, chose étonnante, la cloche était un élément important dans le rituel de l'Église irlando-écossaise dès le Ve siècle.
En France, à partir du XIIe siècle, on prend l'habitude de graver sur la cloche le nom du donateur, puis, au XIIIe siècle, le nom de la cloche elle-même.
Toujours dans notre pays, la plus ancienne cloche encore en activité semble bien être celle de la cathédrale de Reims (v. *carillon*).

Club

On en entend parler pour la première fois sous le règne d'Élisabeth Ire (1533-1603). Ce sont d'abord des arrière-salles de tavernes où l'on se réunit entre amis, comme le font Shakespeare et son cercle d'intimes à la Mermaid Tavern, connue depuis 1464, ou Ben Jonson, l'auteur de *Volpone*, à la Devil Tavern.

Sir Walter Raleigh fonde en 1603 à Londres le Mermaid Club, le premier club anglais. National portrait gallery of Ireland, Dublin.

En 1603, selon la petite histoire, Sir Walter Raleigh fonde le Mermaid Club. C'est officiellement le premier. Il sera détruit au cours du grand incendie de Londres (2-6 septembre 1666).
Autres clubs vénérables : le Kit-Cat (1703), le Beafsteak (1735), le Johnson's (1764), l'Almack's (1765), l'Athenaeum (1824) et le Savage (1857).

Clubs d'investissement

Les SICAV, ou sociétés d'investissement à capital variable, nées en France à partir de 1965, sont des clubs d'investissement ou groupements de personnes physiques qui constituent, au moyen de versements échelonnés, un portefeuille collectif de valeurs, le gèrent et en partagent revenus et bénéfices.
Le premier de ces clubs a vu le jour en 1898, au Texas, mais, sinon par l'antériorité, il n'a guère marqué l'institution. Ce n'est qu'en 1940, toujours aux États-Unis, à Detroit (Michigan) qu'a été constitué l'aîné des clubs sous une forme moderne pratiquant l'investissement mensuel dans les sociétés à forte productivité et le réinvestissement des dividendes.
Après les États-Unis, les clubs d'investissement se sont installés en Angleterre et dans le Commonwealth, puis en Europe continentale.
En 1960 est fondée à Londres la Fédération mondiale des clubs d'investissement.

Club de livres

Si l'on définit le club de livres comme une maison d'édition spécialisée dans la publication d'ouvrages déjà parus ailleurs, mais sélectionnés et tirés spécialement pour ses seuls abonnés, alors, le premier au monde est Sélection Sequana.
Les Éditions Sequana avaient été créées en 1924 par René Julliard et Louis Mouilleseaux, avec comme objectif unique la publication du « Livre du mois » distribué automatiquement aux abonnés, livre qui avait été sélectionné par un comité de lecture.
Faisaient partie de ce comité d'illustres écrivains de l'époque, comme Henri Bordeaux, Paul Valéry et André Maurois. Sa première réunion, dans un grand restaurant parisien, eut lieu en 1923, sa dernière, en 1940...

Club de vacances

Le Touring-Club de France a le mérite d'avoir inventé la formule des villages de vacances. En fait, il n'a devancé le Club Méditerranée que d'une courte longueur, en 1947. Mais tandis que ce dernier entamait la prodigieuse expansion que l'on sait, sous l'impulsion du Belge Gérard Blitz, puis de Gilbert Trigano, grâce à une formule originale de brassage social et de libération des esprits et des corps, les quelques villages créés par le Touring-Club en France s'apparentèrent plutôt à des colonies de vacances pour adultes.

Cobalt

Découvert et isolé par le chimiste suédois Georg Brandt en 1735 dans un minerai qui, deux cent cinquante ans plus tôt, avait rebuté les mineurs de Saxe, car ils ne savaient comment le traiter. Au Moyen Âge, en effet, on n'en savait pas plus que les Anciens, et l'on ne connaissait que sept métaux, avec la façon de les extraire – l'or*, l'argent*, le cuivre*, le fer*, l'étain*, le plomb et le mercure. Croyant que ce minerai était ensorcelé, ces mineurs l'appelèrent Kobalt, du nom de méchants lutins qui infestaient leur mine (v. *nickel*). En souvenir de leurs mésaventures, Brandt appela de ce nom le métal qu'il venait de découvrir.

Cobaye

Avec le dindon* et le canard* de Barbarie, le cobaye est le troisième et dernier animal que l'Europe ait importé, tout domestiqué, des Amériques.
Venu du Pérou au milieu du XVIe siècle, il n'a joui longtemps, pour sa tranquillité, que d'un succès d'estime et de curiosité. Au XXe siècle, il est devenu un matériel d'expérience pour les laboratoires.

Coca

Originaire des Andes, la coca était utilisée par les autochtones de temps immémorial. Comme le thé* et le café*, c'est un stimulant qui « efface » la faim, la fatigue et le manque de sommeil. Mais les Péruviens et les Boliviens de l'ère précolombienne semblent en avoir ignoré l'effet insensibilisant, dû à l'alcaloïde connu sous le nom de cocaïne* (v. *anesthésie*).

Coca-Cola

Si la coca est américaine, la cola, ou noix du kolatier, riche en caféine, a pour patrie la côte occidentale de l'Afrique tropicale.
En 1886, la cinquantaine venue, John Styth Pemberton, pharmacien-droguiste à Atlanta, Géorgie, invente dans son arrière-boutique un breuvage qui marie coca et cola avec une douzaine d'ingrédients dont le toujours mystérieux Merchandise 7X. La marque Coca-Cola est déposée par une société du même nom, fondée en 1892 par Pemberton en vue de la fabrication et de la commercialisation de ce soda sur le marché national. Aussitôt après la Première Guerre mondiale, et en quelques décennies, l'expansion fera de cette boisson la plus bue dans le monde.
Mais en 1898, un autre droguiste américain, Calib Bradham, 31 ans, avait mis au point Pepsi-Cola, breuvage à base de cola et d'« huiles rares », dans son magasin de New Bern, en Caroline du Nord. La fièvre de la concurrence entre les deux marques, depuis cette époque, n'a cessé de monter, l'avance prise par le « Coke » fondant lentement au fil des années. C'est probablement la raison pour laquelle, quatre-vingt-dix-neuf ans après son invention, Coca-Cola décidait d'un nouveau départ. Un dernier spécimen de son mystérieux ingrédient secret 7X était déposé dans le coffre d'une banque d'Atlanta – dernier spécimen, car 7X ne devait plus être utilisé dans la composition du Coca-Cola : à partir du 1er mai 1985, il serait remplacé par un ingrédient tout aussi mystérieux, le Merchandise 7X-100.
Or, ce changement voulu par une puissante société après de longues et fort savantes études de marché, le menu peuple d'Amérique n'en a pas voulu : plus de mille cinq cents appels téléphoniques quotidiens, des lettres de protestation et jusqu'à des meetings et des défilés

Créé en 1886 aux États-Unis, le Coca-Cola a gagné tous les verres du monde. En 1933, la célèbre boisson fait son apparition en France où on le sert pour la première fois au Café de l'Europe, près de la gare Saint-Lazare, à Paris. Affiche publicitaire française de la fin des années 1930.

ont exprimé sa volonté. Le 10 juillet 1985, Coca-Cola a décidé de reprendre la fabrication de son breuvage originel sous l'appellation nouvelle de Coca-Cola Classic afin de le distinguer du nouveau produit. Pour reprendre les mots du sénateur de l'Arkansas David Pryor, la capitulation de Coke « est un moment très significatif dans l'histoire des États-Unis. Elle montre qu'il est impossible de changer certaines de nos institutions nationales ».

Cocaïne

Alcaloïde extrait de la feuille de la coca*, pour la première fois en 1855 par M. Niemann, chimiste allemand, et utilisé aux fins d'anesthésie* locale, en premier par Carl Koller, à Vienne, en 1884 (v. *anesthésie*).

Cocker

Le cocker est un épagneul anglais qui, comme tous les épagneuls de son pays et du nôtre, est originaire d'Espagne. Les caractéristiques de sa race ont été fixées et étalonnées en 1893. Son arrivée en masse dans notre pays remonte au début du siècle.

Cocktail

Les cocktails étaient déjà très populaires aux États-Unis en 1869 puisque, cette année-là, on y publiait un *Manuel des boissons composées*.

À Paris, les premiers bars dits « américains » apparaissent peu après l'Exposition universelle de 1889. On les trouve aux alentours de la Madeleine, de la gare Saint-Lazare et des Grands Boulevards. Ils gagneront la rive gauche lors de l'Exposition de 1900. Ils entrent immédiatement dans la littérature avec Alphonse Allais, qui donne à quelques-uns de ses contes le décor d'un bar américain et ne manque pas l'occasion de citer un nom cocasse de cocktail.

Après la Première Guerre mondiale, le cocktail acquiert ses lettres de bourgeoisie en pénétrant dans les foyers européens. On apprend à préparer chez soi, on invente des compositions. Et Marcel Aymé les orthographie « coquetèles »...

Cocktail Molotov

Bouteille remplie d'un mélange à base d'essence, le cocktail Molotov s'enflamme et explose à peine touchée sa cible. Ce sont les soldats finlandais qui l'ont inventé au cours de la guerre finno-russe de 1939-1940 pour lutter en particulier contre les chars soviétiques. D'où son nom.

Cocotte-minute

Denis Papin, mathématicien, physicien et médecin de haut vol, malgré son intense activité dans le domaine de la recherche, ne manquait pas d'esprit pratique et prenait le temps de penser aux pauvres : ceux de son époque n'ayant que viandes dures à se mettre sous la dent, il met au point en 1679 son fameux digesteur, dit encore « marmite de Papin », ancêtre des autocuiseurs, pour lequel il invente la soupape de sûreté. En 1698, Thomas Savery et, en 1710, Thomas Newcomen avaient chacun construit en Angleterre une machine à vapeur destinée à pomper l'eau dans les galeries de mine, mais les communications de Denis Papin publiées dans les *Acta eruditorum* lui assurent sans conteste la priorité. Dans un mémoire qu'il avait rédigé en 1684, *Description et usage de la nouvelle machine à élever l'eau*, il exposait ses vues sur une machine fonctionnant par le jeu alternatif d'un piston.

La révocation de l'édit de Nantes l'avait contraint à quitter la France sans espoir de retour. Invité par l'Électeur de Hesse-Cassel, il va occuper la chaire de mathématiques à l'université de Marburg. En 1707, il y construisit sur la Fulda le premier bateau à vapeur, sur lequel il comptait rallier l'Angleterre. Mais les bateliers de la rivière, jaloux de leurs privilèges, détruisirent le navire (v. *paquebot*).

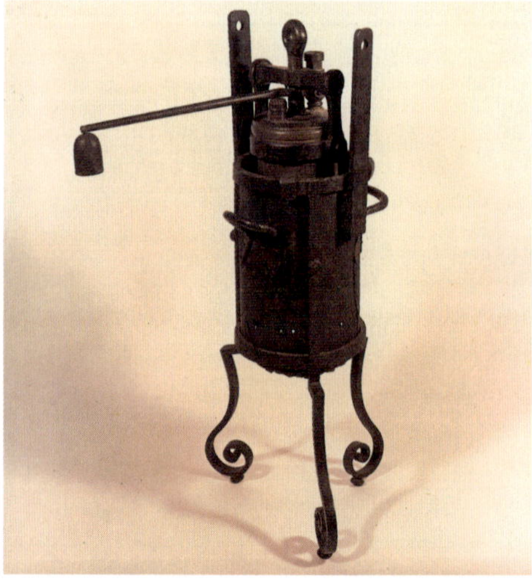

La première cocotte-minute ou « marmite de Papin » créée en 1679 par Denis Papin (Conservatoire des arts et métiers, Paris).

Code-barres

Le code-(à) barres, ou étiquette optique, qui utilise des barres verticales imprimées sur l'emballage d'un article, permet, par passage devant un lecteur optique, l'identification dudit article, l'affichage de son prix et la gestion informatisée de son stock.
Déjà imaginé en 1949 aux États-Unis, il est mis au point en 1960 par l'Américain Sylvania qui cherchait un système efficace, destiné au comptage des wagons de chemin de fer. En 1970, c'est au tour des produits de la grande distribution de se voir attribuer ce système d'identification par le «U.S. Supermarket ad hoc Committee on Universal Product Coding». Et en 1977, les étiquettes zébrées apparaissent en Europe. Leur norme, baptisée EAN-13 (pour EUrope Article Numbering), est capable de décoder une série de treize chiffres.

Code postal

Après avoir adopté en 1965 un code départemental à deux chiffres, la France est passée en 1972 au code à cinq chiffres. Ce code est dit numérique externe – numérique, car il ne comporte que des chiffres ; externe, parce qu'il fait appel à la collaboration du public. Par opposition, il existe des codes alphanumériques, qui utilisent lettres et chiffres, jusqu'à présent en vigueur uniquement en Grande-Bretagne et au Canada. Pratique et économique, le système français de codification postale a suscité l'intérêt d'administrations étrangères, en Europe (Grèce, Portugal), dans les pays arabes (Tunisie, Libye, Égypte, Arabie saoudite) et en Asie (Malaisie, Thaïlande).

Code de la route

Appliqué par décret du 31 décembre 1922, l'actuel Code de la route, qui date du 27 mai 1921, a pour ancêtre la loi du 30 mai 1851 sur «la police du roulage et des messageries», laquelle réunit toutes les prescriptions passées et les grossit de quelques innovations, dont l'obligation de tenir sa droite. Les premières autos furent d'abord soumises à la loi de 1851. Ce n'est que le 10 mars 1899 qu'un décret portera «règlement relatif à la circulation des automobiles» : entre autres obligations, défense de dépasser les 30 km/h, même en rase campagne. Quant au premier Code de la route (1905), qui n'en était pas encore un, il comportait seulement dix articles et ne mentionnait aucun panneau de

Bien que les automobiles circulent en nombre toujours plus grand depuis la fin du XIXe siècle, le Code de la route, lui, ne date que de 1921. En 1929, des vignettes de Leroy et Baille illustrent les obligations qui incombent à tout automobiliste, comme l'interdiction de s'arrêter en pleine voie en agglomération.

signalisation*. En l'absence de textes légaux, il inspira jusqu'en 1922 bon nombre de décisions judiciaires et de transactions en matière d'assurance. Et aussi, il prépara la réglementation officielle. Son auteur : Jules Pettigot, président de l'Automobile-Club des Vosges et sociétaire du Touring-Club de France (v. *circulation à droite, permis de conduire, signalisation routière*).

Cœur (greffe du)

Le 3 décembre 1967, le docteur Christian Barnard procède à la première transplantation d'un cœur humain sur la personne de Louis Washkansky, 58 ans. La « donneuse » était Denise-Anne Darval, 25 ans. L'opération a eu lieu à l'hôpital de Groote Shuur, au Cap (Afrique du Sud). L'opéré ne survivra que dix-huit jours.
Le 12 mai 1968, à Paris, à l'hôpital Broussais, a lieu la première greffe du cœur française. C'est l'équipe du professeur Charles Dubost qui opère le R. P. Damien Boulogne. Donneur : M. Gougirand, 39 ans. Le père Boulogne vivra un an et deux mois avec son nouveau cœur (v. *greffe d'organe*).

Cognac

Les pays des Charentes cultivaient la vigne et produisaient un vin sec et fruité mais léger depuis la colonisation romaine. Tout alla fort bien jusqu'au jour où fut ouverte la route des épices par le cap de Bonne-Espérance. Le vin des Charentes ne résista pas au voyage ni au vieillissement en climat chaud. La surproduction et les barrières douanières interprovinciales firent le reste : la révolte des croquants, en 1636, marque la ruine du vin charentais. D'où l'idée qui vint alors aux Charentais de distiller leur vin en une eau-de-vie* longtemps considérée comme un concentré de celui-ci, son âme ardente, sa quintessence. On la buvait alors en *long drink*, étendue d'eau.
La production du cognac, tel que nous le connaissons aujourd'hui, remonte à la seconde moitié du XVIIe siècle. Au début du XVIIIe siècle, le cognac part à la conquête du monde.
La plupart des grandes firmes de cognac remontent à cette époque.

Cognassier

Natif du Proche-Orient, et plus précisément des bords iraniens de la Caspienne, le cognassier était déjà cultivé à Babylone il y a 6 000 ans. Il est arrivé très tôt en Europe puisque, à l'époque classique de la Grèce, c'était le fruit de Vénus, que la jeune mariée devait croquer avant d'entrer dans la chambre nuptiale. Cette longue période de culture n'avait pourtant guère amélioré le goût du coing qui, encore de nos jours, n'est guère savoureux qu'en compote ou en gelée.

Cognassier (*Cydonia vulgaris Pers.*), gravure du tout début du XXe siècle.

Coiffeuse

Elle est une création du XVIIIe siècle, curviligne en style Louis XV, rectiligne en Louis XVI. Elle

s'appelait alors « toilette ». Le mot de « coiffeuse » n'est pas entré dans la langue avant le milieu du XIXe siècle, avec la vogue de ce meuble sous le second Empire.

Collier d'attelage

Le procédé mis au point par l'Antiquité classique pour atteler le cheval*, qui faisait porter la charge sur le cou, utilisait très mal les potentialités de l'animal et limitait à un faible poids ce qu'il pouvait tirer par char ou charrette. Ce procédé a été supplanté, à un moment difficile à préciser, mais qui n'est pas postérieur à la fin du IXe siècle, par le collier d'attelage qui, en faisant porter la charge sur les épaules du cheval, permet des transports bien plus importants en poids.
Invention qui, comme celle de l'étrier* et du fer* à cheval (XIe siècle), paraît être un emprunt fait aux peuples nomades d'Asie. Les Chinois, en tout cas, ont utilisé le harnais à collier mille ans au moins avant l'Occident. On le trouve représenté sur un estampage montrant trois chevaux tirant un chariot, et cette impression date d'une époque remontant au minimum au Ier siècle avant notre ère.

Colonie

Dans le sens de territoire et communauté lointains qu'une métropole administre et garde sous sa tutelle, la première colonie dont l'histoire nous soit parvenue est Utique, la Punique, à ses débuts vassale de Tyr (XIe siècle avant J.-C.).
La première installation coloniale française date du XVIIIe siècle : après les trois voyages (1534-1542) de Jacques Cartier qui remonte le Saint-Laurent à la demande de François Ier.
Le véritable apériteur d'une politique coloniale sera Henri IV, avec la fondation de Québec (1608) par Samuel de Champlain, qui marque la naissance de la Nouvelle-France.

Page de gauche : la coiffeuse est un meuble qui naît avec le XVIIIe siècle mais sous le nom de « toilette ». Le terme « coiffeuse » n'est adopté qu'au XIXe siècle. La coiffeuse en bois et bronze de l'impératrice Joséphine fabriquée par Jacob-Desmalter au tout début du XIXe siècle (musée des Arts décoratifs, Paris).

Portrait de Samuel Colt, inventeur du pistolet à barillet qui porte son nom (collection privée, XIXe siècle).

Colt

En 1836, Samuel Colt, ingénieur américain, invente le pistolet à barillet qui porte son nom, et qui sera aussi le premier à recevoir celui de revolver.

Colza : v. *navet*.

Commode

De même que le secrétaire, sous ses diverses formes, est entré tardivement dans l'ameublement, la commode ne date que des toutes premières années du XVIIIe siècle. En 1708, la princesse Palatine, mère du Régent, écrivant à sa famille pour annoncer le présent fait à sa fille d'une commode, est obligée d'en donner une description minutieuse – et embarrassée. Selon une tradition difficilement contestable, ce meuble est une création de l'ébéniste Boulle. C'est seulement vers le milieu du XVIIIe siècle qu'on la trouve, nombreuse, en province et surtout dans le Sud-Est. Elle détrône alors l'armoire* comme meuble d'apparat. Au XIXe siècle, sa présence est commune dans les belles demeures et les maisons bourgeoises.

Compagnonnage

Une illustration d'un manuscrit de la Bibliothèque nationale, *le Siège de Rhodes* (1480), montre des compagnons effectuant le rituel d'une «entrée en chantier», outils en mains, reçus par le grand maître de l'ordre des Hospitaliers de Saint-Jean-de-Jérusalem. C'est dire que le compagnonnage devait déjà exister au début du XVe siècle, voire au XIVe siècle, comme le pense Martin Saint-Léon, grand historien de ce mouvement professionnel.
À l'origine, le compagnonnage était une réaction ouvrière contre les toutes-puissantes corporations, qui réservaient aux seuls fils et aux alliés de patrons l'accession à la maîtrise. Sans qu'on puisse préciser le lieu et la date de sa naissance, il s'organisa clandestinement à travers la France un réseau sans statut légal de sièges et de relais, qui permettaient à ses adeptes de travailler et de découvrir des techniques nouvelles, toujours dans le plus grand secret, car le fait de voyager, après avoir quitté son employeur, déclenchait répressions policières et poursuites judiciaires.
Chaque métier avait son association (parfois deux, rivales entre elles jusqu'aux violences) à l'échelle nationale, centrée sur la pratique du tour de France et sur l'entraide la plus large entre ses membres.
À ce titre, le compagnonnage peut se définir comme un mouvement de solidarité professionnelle pour la recherche d'un travail et pour les cas de maladie et d'accident.
C'est pourquoi certains y voient l'un des ancêtres probables du syndicalisme, du mutualisme et de la franc-maçonnerie*.
Quoi qu'il en soit, le mot syndicat*, pris dans le sens de groupement de défense de salariés, date de 1730, année où il fut utilisé pour la toute première fois par le tribunal de Montpellier à propos d'une rixe entre compagnons menuisiers. Or, au XIXe siècle, c'est précisément la naissance et l'essor des syndicats qui ont enlevé au compagnonnage une grande partie de son rôle social, donc de recrutement.
Un musée du Compagnonnage a ouvert ses portes à Tours en 1968.

On consomme le concombre depuis l'Antiquité. Cependant, parmi les nombreuses variétés existantes, seul *Cucumis sativus* est comestible. Ci-contre, un concombre sauvage. *Ecbalium elaterium*, gravure du début du XXe siècle.

Comptabilité en partie double

Pendant deux siècles (1128-1313), l'ordre des Templiers fut le banquier de l'Europe avec, au plus haut de sa prospérité, quelque neuf mille «commanderies» – que nous appellerions aujourd'hui succursales.
La marche de son énorme administration, variée et complexe par le volume et la diversité des opérations financières auxquelles il se livrait, détermina l'ordre à mettre au point la technique de la comptabilité en partie double, qui demeure à la base de la gestion de toute entreprise moderne.
Nous devons aussi aux Templiers le terme de «grand-livre» (*magnus liber*), ainsi que la création et l'usage de ce document comptable de première importance.

Comte

À partir du règne de Constantin (IVe siècle), le titre de comte (en latin *comes*, compagnon) est attribué à des gens de confiance et aux hauts fonctionnaires de l'Empire romain ; ainsi, depuis 334, le *comes orientis*, le comte d'Orient, a autorité sur les provinces de l'Est méditerranéen. À son tour, Charlemagne met en usage le titre avec les diverses attributions civiles et militaires qui lui sont attachées. À la fin du IXe siècle, son empire comptait ainsi jusqu'à trois cents comtes. Choisis presque tous parmi la vieille aristocratie franque, les comtes avaient fait en sorte que leur titre devienne transmissible à leurs fils dès la première moitié du IXe siècle. Le droit à l'hérédité leur fut reconnu par le capitulaire de Kierzy-sur-Oise (16 juin 877) : à la veille d'une expédition en Italie, Charles le Chauve avait dû accorder à ses comtes la transmissibilité de leur charge à tous leurs descendants (v. *duc*).

Concombre

Cucumis sativus est notre concombre, connu déjà des Hébreux, des Grecs, des Romains, mais qui est à peu près sûrement originaire des coteaux sur lesquels s'appuie l'Himalaya.
Le cornichon n'est rien d'autre qu'une variété à fruit nain du concombre – comme son nom l'indique : petite corne. Quant au melon, alias *Cucumis melo*, il est un proche parent du concombre, et l'on rencontre ses formes primitives un peu

partout en Asie, du Proche-Orient à la Chine méridionale. Mais il faut noter que l'on trouve aussi, à l'état sauvage, du Sud mauritanien aux savanes du Soudan, un melon en miniature qui présente tous les caractères botaniques du melon cultivé.
Quoi qu'il en soit, celui-ci est passé de l'Égypte hellénistique en Italie, où Pline, au Ier siècle de notre ère, précise qu'on le cultive depuis peu dans la région de Naples. Après quoi, au Moyen Âge, il disparaît.
La France ne commence à le cultiver qu'à partir de 1495, et ce grâce aux guerres d'Italie : selon l'opinion la plus courante, ce serait Charles VII qui l'aurait rapporté de Naples, précisément (v. *tomate*).
Mais la petite histoire raconte aussi que le bon roi Henri IV, qu'on croyait davantage porté sur la poule au pot, aimait tellement le melon qu'il en aurait eu une sérieuse indigestion durant les fortes chaleurs de l'été 1607.
Au contraire du melon, la pastèque provient sûrement de l'Afrique tropicale, mais elle était déjà cultivée par l'Égypte pharaonique 2000 ans avant notre ère, comme en attestent certaines peintures tombales. De là, elle s'est répandue très tôt dans tout le bassin méditerranéen.

Concorde

Création franco-britannique, Concorde est le premier supersonique civil ; il a effectué son premier vol d'essai le 2 mars 1969 à Toulouse-Blagnac. La première liaison de démonstration a lieu le 26 septembre 1973 : elle relie Washington-Orly en trois heures trente-trois minutes, après un voyage de 18000 km en Amérique du Sud et aux États-Unis. Les premières liaisons commerciales : Paris-Rio de Janeiro via Dakar, inaugurée le 21 janvier 1976, et Londres-Barhein. La crise pétrolière de 1973 a obscurci l'avenir financier de Concorde. La catastrophe du 25 juillet 2000, survenue à Gonesse après un décollage de l'aéroport Roissy-Charles-de-Gaulle, où périrent les 113 personnes embarquées, a été à l'origine de la suspension de certaines de ses lignes (v. *Airbus*, *Boeing*, *Caravelle*).

Confetti

Une tradition fait remonter le carnaval* de Nice à l'an 1294, en l'honneur de Charles II d'Anjou, comte de Provence, qui visitait la ville. Mais sa réputation et son éclat datent de l'hiver 1821-1822 et du séjour qu'y faisait Victor-Emmanuel Ier, où Nice organisa d'extraordinaires festivités pour célébrer la venue de son souverain. S'y déroula alors le premier corso, avec batailles de fleurs et de bonbons appelés dragées par les francophones et *confetti* par les Italiens.
Puis, sous le nom de confetti, à Nice, à Rome et ailleurs, on continua à se jeter des sucreries, mais aussi et surtout des boulettes de plâtre, des haricots secs, des pois chiches — d'où les masques d'escrime bariolés avec lesquels les participants se protégeaient, d'où le nom de «journée des plâtres».
Enfin, en 1892, un ingénieur de Modène imagine de confectionner des confettis à partir de cartons ayant servi à l'élevage des vers à soie. Mais c'est au Casino de Paris, à l'initiative de son régisseur, un certain Lue, que des spectateurs-cobayes en reçoivent la première pluie... (v. aussi *Côte d'Azur*).

Congés payés

En France, les congés payés résultent d'une loi du 11 juin 1936, votée à l'unanimité (592 voix) par la Chambre des députés. Le Sénat l'approuva six jours plus tard par 295 voix contre 2. La loi fut

Fruit de la coopération technologique entre la France et la Grande Bretagne, le Concorde est le seul avion supersonique en service sur des lignes de transport commercial depuis 1976.

En 1936, les voyageurs s'amassent dans les gares (ici, en gare du Tréport) : cette année-là a été votée la loi offrant les congés payés aux Français.

promulguée le 20 juin 1936. Son équivalent existait déjà aux États-Unis depuis 22 ans et en Italie depuis neuf ans. Grâce à cette loi, les salariés pouvaient bénéficier d'une réduction de 40 % sur les chemins de fer français à dater du 2 août 1936. Ce fut le «billet Lagrange», du nom du sous-secrétaire d'État aux Loisirs et aux Sports de l'époque. 1 098 500 salariés pourront l'utiliser cette année-là, et la suivante, 1 815 714. Le record absolu sera établi vingt ans plus tard, en 1956 : 5 170 000 «congés payés» prendront le train des vacances (v. *Côte d'Azur*, *tourisme*).

Conseil général

Les conseils généraux ont eu 130 ans le 10 août 2001. C'est en effet la loi du 10 août 1871 (complétée par le décret du 5 novembre 1926) qui a codifié toutes les structures du conseil général, autorité délibérante du département.

Conservateur

Le mot est ancien, mais son acception politique, par opposition à libéral, n'est admise officiellement en France qu'en 1866, dans le *Grand dictionnaire universel du XIXe siècle* de Pierre Larousse. Elle dérive du mot anglais *conservative* qui aurait été inventé par le tory J. W. Croker en 1830. Macaulay, le premier, l'emploie dans un article de l'*Edinburgh Review*, en juillet 1832.

Conserves alimentaires

Le procédé qui permet de conserver en pots de verre (puis en boîtes métalliques) hermétiquement clos les aliments aseptisés par la chaleur a été mis au point par Nicolas Appert. Jusque-là et depuis la plus haute antiquité, la conservation des aliments se faisait par séchage ou fumage, salaison ou froid (neige ou glace), fermentation acide ou adjonction de sucre.
Fils d'un aubergiste de Châlons-sur-Marne, Nicolas Appert s'établit en 1780, comme confiseur, rue des Lombards, à Paris. Soucieux de nourrir ses militaires, hâves et déguenillés, le Directoire offre un prix de 12 000 francs (-or !) à qui trouvera le moyen de bien conserver les denrées destinées à nourrir les armées de terre et de mer.
En 1796, Appert abandonne son commerce et part s'installer à Ivry, puis en 1804 à Massy où il crée une petite usine, la première de toutes celles qui vont participer à la fortune de l'industrie géante des conserves alimentaires. Dès cette année-là, on a la preuve, par les navigateurs au long cours, que le procédé d'Appert est efficace. Mais celui-ci attendra l'année 1810 pour toucher la récompense de 12 000 francs et publier un ouvrage sur le sujet, qui fera autorité. De ce livre fondamental sera tirée une version populaire, le *Livre de tous les ménages*, qui vulgarisera la technique de ce qu'on va nommer l'«appertisation».
En 1822, la Société d'encouragement pour l'industrie nationale lui remet le diplôme de «bienfaiteur de l'humanité». Mais dans ses recherches en vue de substituer le fer-blanc au verre comme matériel de conditionnement, il engloutira sa fortune.
Lorsqu'il meurt, en 1841, c'est la fosse commune du cimetière de Massy qui reçoit sa dépouille (v. *boîte de conserve*, *surgelés*).

Consultation médicale gratuite

Créateur de la presse hebdomadaire, le médecin Théophraste Renaudot (v. *journal*) fut aussi celui de la consultation médicale gratuite pour les pauvres de Paris (vers 1633). N'y pouvant suffire, il fit venir une quinzaine de collègues provinciaux, en particulier de Montpellier où il avait reçu, en 1606, son bonnet de docteur. Par ailleurs, il vantait dans sa *Gazette* les médicaments préparés selon ses directives (v. *publicité*). La faculté de Paris lui fit un procès qu'elle perdit. Plus tard, après la mort du cardinal de Richelieu dont Renaudot était le protégé, elle poursuivit celui-ci pour exercice illégal de la médecine. Cette fois, Renaudot fut condamné (1er mars 1644).

Contraceptif

Un papyrus égyptien du IIe millénaire avant J.-C. proposait déjà un emplâtre composé d'excrément de crocodile, de miel, de gomme arabique et de natron qui, placé au fond du vagin, faisait merveille. Plus près de nous, au XIe siècle de notre ère, Avicenne décrit une vingtaine de techniques anticonceptionnelles. Au milieu du XVIe siècle, l'anatomiste italien Fallope met au point le condom, qu'un ouvrier boyaudier avait imaginé de fabriquer à partir d'un cæcum de brebis. Puis, la découverte des spermatozoïdes par Van Leeuwenhœk, en 1677, introduit la

C'est l'anatomiste, médecin et astrologue italien Gabriele Fallope qui, au milieu du XVIe siècle, fabrique le condom à partir d'un cæcum de brebis. (Bibliothèque nationale, Paris).

pratique de la douche vaginale après coït.
En 1820, le planning familial fait ses premières armes avec l'Anglais Francis Place, qui propose aux ouvriers britanniques un certain nombre de pratiques anticonceptionnelles dont le coït interrompu, déjà célébré dix-neuf siècles auparavant par Lucrèce. Et, en 1881, s'ouvre aux Pays-Bas le premier cabinet de consultation anticonceptionnelle tenu par Rutgers et Aletta Jacobs, qui conseillent l'emploi du diaphragme mis au point par l'Allemand Mensiga.
Mais de tous les contraceptifs, le plus répandu reste, depuis 1840, le préservatif ; la découverte de la vulcanisation* a dès lors permis d'améliorer la résistance et l'élasticité du caoutchouc, et donc la création du préservatif moderne, dont les Britanniques lanceront la production industrielle en 1870. Quelque cent dix ans plus tard, l'apparition du Sida* va renforcer l'urgence de son utilisation.
Quant à la contraception physiologique, elle est née des travaux sur la progestérone entrepris au Mexique par le chimiste Carl Djerassi. À partir de ces travaux, sanctionnés par un dépôt de brevet le 22 novembre 1951, est inventé le premier contraceptif oral par le biologiste Gregory Pincus, professeur au collège de l'université américaine Harvard, avec la collaboration des docteurs John Rock et Min-Chueh Chang. La « pilule » est d'abord testée à Porto Rico en 1956, puis autorisée aux États-Unis en 1960. Elle le sera en France en 1967 par la loi Neuwirth. Enfin, une dernière arme est venue enrichir, en 1959, la panoplie anticonceptionnelle : le stérilet, dont on ne sait encore si l'action abortive est ou non supérieure à l'action anticonceptionnelle. Il est dû, en tout cas, aux travaux d'Oppenheimer en Israël, et d'Ishihana au Japon. Enfin, l'Administration américaine autorise à la fin de 1990 l'emploi d'un implant contraceptif, le Norplant. La technique était déjà utilisée depuis 1987 dans les pays scandinaves. Il s'agit d'un produit fixé sous la peau du bras par une petite intervention chirurgicale sous anesthésie locale, actif de un à cinq ans.
Jouant malicieusement de son homonymie avec un certain John Condom, médecin et officier britannique, inventeur putatif de la capote dite « anglaise » par les Français et « française » par les Anglais, la capitale de l'Armagnac, Condom (Gers), abrite le musée du préservatif dont la moitié des visiteurs vient d'Outre-Manche.

Contrepèterie

La contrepèterie consiste à jouer avec les lettres, les syllabes et les mots d'une phrase anodine de façon à donner à celle-ci, en intervertissant ceux-là, un sens nouveau, en général cocasse ou obscène. De cette façon, « les amas de patentes » deviennent « les appas de ma tante », et « Sonnez, trompettes ! » se métamorphose en « Trompez, sonnettes ! » Ainsi Rabelais, dans *Pantagruel* (1532), parle de « femme folle à la messe » et de « femme molle à la fesse ». Car Rabelais, comme beaucoup de ses contemporains, a pratiqué la contrepèterie avec brio. Mais eux et lui désignaient ce jeu tout nouveau par les termes d'antistrophe ou d'équivoque. Celui qui donnera son nom à l'art du contrepet est le Bourguignon Étienne, dans son ouvrage intitulé *Bigarrures* (1572), bientôt suivi par *Touches* (1585), deux recueils de rébus, coq-à-l'âne, équivoques, acrostiches, anagrammes, etc.
La meilleur définition qu'on ait jamais donnée de ce jeu des mots est d'un moderne ; il a nom Joël Martin, et son *Manuel du contrepet*, publié en 1986, a pour sous-titre : *L'Art de décaler les sons*. Définition qui, on l'a subodoré, est elle-même une contrepèterie.

Contreplaqué

Vers 1850, les ébénistes se mettent à pratiquer de façon artisanale le contreplaqué. Peut-être le premier d'entre eux à se lancer dans cette voie nouvelle est-il Michel Thonet, ébéniste à Boppart, en Rhénanie, qui nous a laissé le croquis d'une chaise à siège en contreplaqué, exécuté en 1855. À l'échelle industrielle, le procédé de fabrication est inventé en Thuringe (Allemagne), en 1884, par Witkowsky. Un brevet, qui ne paraît pas avoir reçu d'application, avait été pris aux États-Unis en 1865.

Copropriété

En droit français, la forme normale de la copropriété est l'indivision, dans laquelle chacun des copropriétaires possède un droit complet sur une quote-part abstraite du bien, et cette copropriété est en principe provisoire. Mais il existe une forme particulière de copropriété à caractère permanent, qui est celle des immeubles à usage d'habitation, chacun des appartements étant la propriété de celui qui l'occupe. Forme qui, en France, a vu le jour vers 1936, d'abord à Grenoble, et à qui la loi a donné un statut en 1938, aux termes duquel les différents propriétaires sont groupés en un syndicat qui désigne à la majorité un gestionnaire, le syndic. Cependant, certains font remonter la naissance de la copropriété au grand incendie de Rennes, en 1720 : les quartiers dévastés furent reconstruits sur les plans de l'architecte Jacques Gabriel, et leurs maisons divisées en appartements vendus séparément pour qu'ils trouvent plus vite acquéreurs.

Originaire de l'Inde, le coq gagne l'Italie au IVe siècle avant J.-C. Il devient même le thème principal des fresques de l'atrium de la maison des Vettii à Pompéi.

Coq

Le coq de nos basses-cours descend en droite ligne du coq banthan (*Gallus gallus*) originaire de l'Inde, où il fut domestiqué quatre millénaires avant J.-C. Passé au Proche-Orient vers 1400 avant notre ère, il colonise le bassin méditerranéen au VIe siècle avant J.-C. Après l'Italie, il envahit la Gaule au début de l'ère chrétienne. Quant au coq girouette, au coq de clocher, il apparaît à Brescia, en Lombardie : en 820, au cours de la sixième année de son épiscopat, Mgr Rampert commande le coq en bronze qu'il destine au clocher de son église. En Angleterre, au Xe siècle, le moine Woltan relate que l'évêque de Winchester a bien du plaisir à contempler, sommant la tour de sa cathédrale, « un coq doré, de forme élégante, qui étincelle au soleil ». En France, le moine Guy raconte avoir vu, en 965, la foudre frapper le clocher d'un monastère de Chalon-sur-Saône, détruisant et le coq et la sphère sur laquelle l'infortuné animal était perché…

Coquille typographique

La première erreur dans un texte imprimé se trouve, semble-t-il, dans le *Psautier de Mayence*, publié en collaboration avec Peter Schöffer par Johann Fust, ancien commanditaire et ex-associé de Gutenberg.
Cet ouvrage est le premier livre imprimé portant sa date de publication : 1457. Et l'on peut y lire cette première coquille, qui concerne précisément le mot psaume – en latin : « *spalmorum* », au lieu de *psalmorum*.

Corbillard

À l'origine, le mot désigne le coche d'eau qui transportait les voyageurs de Paris à Corbeil : il figure, avec son nom de « corbeillard », sur le plan de Paris de 1618. Puis le nom passe aux grands carrosses, témoin les *Mémoires du chevalier de Gramont*, par Hamilton, 1713. En tant que char funéraire, le corbillard ne paraît pas antérieur à l'époque romantique.

Corn flakes

De père en fils, les Kellogg étaient végétariens et adventistes du septième jour. À la fin du XIXe siècle, un John Harvey Kellogg, chirurgien et hygiéniste américain, fonde en 1876 la première cure thermale à Battle Creek, Michigan. Voulant

fournir à ses patients une nourriture de petit déjeuner diététique*, il leur propose des flocons de blé – les *corn flakes*.
Il confie la gestion de sa maison de repos à son frère. Celui-ci, organisateur-né qui, devant l'ampleur que prend la demande en corn flakes des malades guéris et rentrés chez eux, de leurs familles, de leurs amis, etc., ne tarde pas à les fabriquer à l'échelle industrielle dans une usine qu'il crée en 1906. W. K. Kellogg sera vite la figure de proue de la très nouvelle industrie agroalimentaire des céréales, où il fera fortune.
Toujours à l'écoute de ses patients, J. H. Kellogg est aussi l'inventeur de la couverture chauffante, du premier appareil de musculation et, surtout, du beurre de cacahuète.

Cornichon : v. *concombre*.

Correspondant de guerre

Envoyé par le *Times* auprès du corps britannique qui combattait en Crimée aux côtés des Français et des Piémontais contre les Russes, William H. Russel peut être considéré comme le premier correspondant de guerre des Temps modernes. En ce milieu du XIXe siècle, la presse londonienne, avec six journaux du matin, trois du soir et une vingtaine d'hebdomadaires, laisse prévoir l'influence qu'aura désormais l'information journalistique sur l'opinion publique d'un pays et, au-delà de celle-ci, sur les événements politiques. C'est ainsi que les dépêches de Russel, en dénonçant la sous-alimentation et l'état sanitaire désastreux de ses compatriotes, vont déchaîner une indignation générale en Grande-Bretagne (v. *journal*, *reportage photographique*).

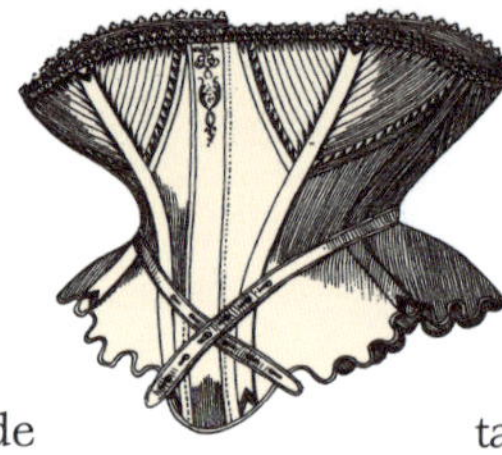

Corset

À la différence du soutien-gorge*, création du XXe siècle favorisée par la mise au point de fibres d'une grande élasticité, le règne du corset, son prédécesseur, qui remplissait la double fonction d'amincir la taille et de soutenir la poitrine féminine, commence avec la civilisation minoenne et s'étend sur quelque 4000 ans avec des périodes alternées de gloire et de désuétude.
En effet, l'humanité vêtue a seulement une alternative : le drapé ou le cousu. La Grèce et Rome, avec leur climat relativement chaud, choisissent le drapé. Plus de sous-vêtement, plus de corset. Les Barbares venus des pays froids imposent à l'Europe médiévale le costume ajusté et les sous-vêtements protecteurs. Le corset est utilisé par les femmes de haut rang. En mai 1265, Eleanor, comtesse de Leicester, note dans ses livres de comptes domestiques l'achat de robes d'été et de corsets reçus de Paris. Mais ce n'est qu'au tout début du XVIe siècle que se généralise le port du corset rigide en cuir armé de «baleines» (de fanons de baleines chassées dans le golfe de Biscaye). Le Directoire remet à la mode le drapé de l'Antiquité classique. Pas pour longtemps : le XIXe siècle sera celui du corset armé de tiges métalliques dont le plus sûr ennemi est… la rouille. C'est à nouveau un instrument de supplice «capable d'entraîner la mort» – du moins le prétendait le caricaturiste Cham. La Première Guerre mondiale, en généralisant le travail des femmes, libérera celles-ci par l'usage de la gaine élastique – qui suppose l'emploi du soutien-gorge…
À noter que, à l'appel du War Industries Board, les femmes américaines avaient abandonné l'achat de corsets à baleines d'acier dès 1917, année de l'entrée des États-Unis dans le conflit, libérant ainsi quelque 28000 tonnes de ce métal – de quoi construire deux cuirassés de l'époque.

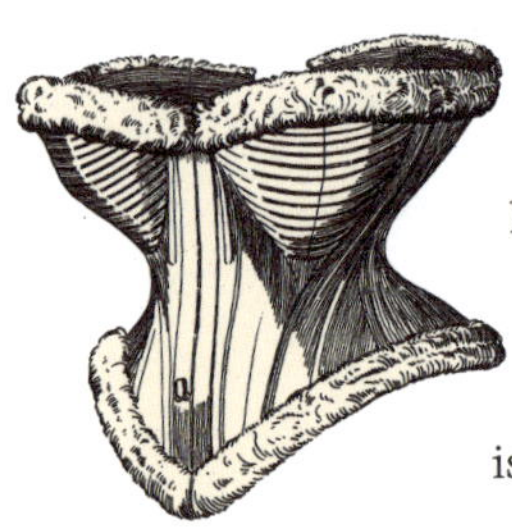

Près de 4000 ans avant J.-C., les femmes minoennes portaient le corset. Oublié par la Grèce et la Rome antiques, il redevient courant au XVIe siècle. Au fil du temps, le corset adopte de nombreuses formes, serrant toujours plus l'abdomen féminin, comme ces corsets de la fin du XIXe siècle.

Cortisone

L'Américain Edward Kendall, biochimiste à la Fondation Mayo, a isolé pour la première fois, à partir de 1937, une série d'hormones produites par la glande corticosurrénale, et pour certaines, en a réalisé la synthèse. En particulier, il avait isolé le composé E, un corticoïde qui fut baptisé 11-désydro-17-hydrocortisocostérone. En 1948, Philip S. Hench, qui travaillait également à la Fondation Mayo, découvrait que ce composé E, appelé aussi « composé Kendall », apportait un soulagement spectaculaire dans certains cas d'arthritisme. Prévoyant qu'il était appelé à un grand avenir, Kendall et son équipe décidèrent de raccourcir son nom afin de le rendre prononçable par Monsieur Tout-le-monde, et ce fut cortisone. En 1950, Kendall et Hench reçurent le prix Nobel de physiologie et de médecine pour leurs travaux.

Côte d'Azur

Si l'on admet que la Côte d'Azur est née avec les bains de mer, son acte de naissance remonte au premier baigneur, qui fut l'écrivain et médecin écossais Tobias Smolett, dont le séjour à Nice dura de 1763 à 1765. Malade, le docteur Smolett recouvra la santé en prenant le premier bain* de mer, malgré les pronostics de mort immédiate proférés par ses propres médecins. Devant son exemple, « quelques officiers suisses, écrivait Smolett, tentèrent la même expérience et, au bout de quelques jours, notre exemple fut suivi par plusieurs habitants de Nice. Certes, cela manque de confort, et le beau sexe doit y renoncer complètement, car la plage fourmille de monde... » Quant à son nom, la Côte d'Azur le doit à Stephen Liégeard qui, en 1887, avait intitulé un de ses ouvrages... *La Côte d'Azur*, beaucoup lu et même couronné par l'Académie française. Il aurait forgé cette expression, dit-on, à partir de « Côte-d'Or », en arrivant à Hyères, car ce poète bourguignon, alors sous-préfet à Carpentras, venait tout simplement de découvrir la mer.
Le chemin de fer de Paris atteint la rive droite du Var en 1861 et Nice en 1864. C'est dès lors le départ d'un prodigieux essor, avec les têtes couronnées et les artistes d'abord, puis les gens fortunés, qu'ils soient poitrinaires ou non.
En 1928, Juan-les-Pins ouvre un casino et lance une « saison de bains de mer » qui connaît un succès immédiat : la clientèle huppée, habituée de la saison d'hiver, accepte les coups de soleil ; le bronzage devient un élément de succès.
L'ère des congés payés* s'ouvre avec le « billet Lagrange » de chemin de fer (1936). La Côte d'Azur appartient désormais au touriste moyen (v. *bains de mer*, *carnaval*, *confetti*, *congés payés*).

Le coton est connu des Égyptiens dès le IIIe millénaire avant J.-C. Mais il ne commence à être manufacturé en Europe qu'au XIIIe siècle, en Espagne notamment. La culture du coton, gravure extraite de l'*Encyclopédie*, XVIIIe siècle.

Coton

Sous le vocable de « cotonnier », les botanistes rassemblent deux groupes d'espèces voisins, le premier originaire d'une vaste zone asiatique, allant du Turkestan à la Chine, l'autre proprement sud-américain, appartenant aux régions andines.
La Mésopotamie et l'Égypte des pharaons ont connu le coton importé d'Inde de très bonne heure, probablement dès le IIIe millénaire. Mais à quel usage le consacraient-elles ? On n'a pas trouvé de tissus en coton dans les tombes (le lin* était le textile de base en Égypte), ce qui laisse entendre que leur emploi fut relativement tardif – cinq siècles avant notre ère.
Au Moyen Âge, le coton utilisé par l'Europe provenait en particulier de l'Inde, encore que les Arabes en aient introduit la culture en Espagne. Il est manufacturé dans cette même Espagne au XIIIe, en Italie au XIVe, en Angleterre au XVIIe, à Bombay au XIXe.
Les espèces américaines étaient cultivées au Mexique et au Pérou bien avant l'arrivée de Christophe Colomb et des conquistadores : entre cinq et dix siècles avant notre ère. La machine à égrener le coton (cotton gin), inventée par Eli Whitney en 1793, devait faire du coton la monoculture des États du sud des États-Unis, qui, elle-même, allait institutionnaliser l'esclavage* (v. *chanvre*, *laine*, *lin*).

Coudre (machine à)

Les brevets pris par l'Allemand C. F. Weisenthal en 1755, par les Anglais Thomas Stone et Jones Henderson en 1804 n'eurent pas d'utilisation pratique. La première application réelle de la mécanique à la couture serait donc le « métier pour confectionner des coutures à point de chaînette », breveté en 1830 par le tailleur Thimonnier, d'Amplepuy dans le Rhône. Les Américains Walter Hunt (1834) et Elias Howe (1846) substituèrent à l'aiguille à crochet de Barthélemy Thimonnier l'aiguille avec un œil près de la pointe et ajoutèrent la navette ; il ne restait plus à leur compatriote Isaac Merrit Singer qu'à lancer, après quelques perfectionnements, la fabrication en série (1851).

Couplé (pari) : v. *tiercé.*

Coupole

La construction d'une voûte en coupole est représentée sur un bas-relief de Ninive relatant les actions de Sennachérib. La Grèce voûtait en coupole ses cryptes. Rome et Byzance ont perpétué ce mode architectural, dont la France médiévale a fait quelques applications, avant l'expansion du système en Italie.

Course cycliste

Organisée par Pierre Giffard, rédacteur en chef du *Petit Journal* et créateur de l'expression « la petite reine », la première grande course cycliste sur route fut, en France, le Bordeaux-Paris, 572 km, de mai 1891. Les Anglais Mills et Holbein s'assurèrent la première et la deuxième place. Premier Français et cinquième du classement : Jiel-Laval, à six heures du gagnant. Il faut dire que cette compétition était réservée aux amateurs et qu'à l'époque les meilleurs des Français étaient des « pistards » professionnels. Suivirent Paris-Brest-Paris (1 200 km) en septembre 1891, gagné par le Français Charles Terront, Paris-Roubaix (1896), Paris-Tours (1906), Paris-Bruxelles (1907) et Milan-San Remo (1907), pour ne citer que les grandes « classiques ». Le Tour* de France, lui, avait commencé sa prodigieuse carrière en 1903.
Depuis 1893, les cyclistes français disposaient d'un vélodrome digne de ce nom, le Vélodrome de la Seine, dont le premier directeur deviendra l'auteur dramatique Tristan Bernard. L'épopée de

En même temps que se répand l'usage de la bicyclette au XIXe siècle, naissent les premières courses cyclistes (Bibliothèque nationale, Paris).

la course sur piste va commencer. Déjà, la même année, un jeune clerc de notaire a l'idée d'établir le record de l'heure – une idée à laquelle personne n'avait pensé : sur la piste de Buffalo, il parcourt plus de 35 km. Ce jeune homme plein d'idées est Henri Desgrange – il en aura d'autres, dont le Tour* de France.
La première course des Six-Jours a eu lieu en 1891, à Madison Square, New York. Elle est individuelle et se court sur « grand-bi ». Elle se courra à partir de 1893 sur bicyclette. À partir de 1908, on juge la course individuelle trop inhumaine, et désormais la compétition se jouera entre équipes de deux coureurs. Les premiers Six-Jours de Paris n'auront lieu qu'en 1913. Le premier « surplace », si familier aux amis des courses de vitesse sur piste, a été inventé – sur place, c'est le cas de le dire – par

le Français Gabriel Poulain, en 1907, alors qu'il était opposé au Noir américain Major Taylor, meilleur par le muscle mais plus faible nerveusement (v. *bicyclette*).

Courses de chevaux

Pour les Anglais, cette invention typiquement britannique est le fait de Jacques Ier, roi de Grande-Bretagne de 1603 à 1625, qui fit planter les magnifiques gazons (*turf*) de l'hippodrome de New Market. Mais déjà au XIIe siècle, Richard Cœur de Lion avait organisé une course dotée d'un prix de 40 livres d'or et, au XVIe siècle, Henri VIII avait créé la Saint George's Bell. En 1779, lord Derby fondera l'épreuve qui porte son nom, le célèbre derby d'Epsom (une station thermale), couru le mercredi qui précède la Pentecôte.

La doyenne des courses françaises date de 1639 et, depuis, elle se tient le 31 mai de chaque année à Saumur-en-Auxois, en Bourgogne. C'est la « Course de la Bague » dont le premier prix est une bague en or aux armes de la ville.

La première course de chevaux organisée à Paris eut lieu en 1776 à l'initiative du duc de Chartres. Elle se déroula, comme les suivantes, sur l'emplacement de l'actuel Champ-de-Mars, alors champ de manœuvres de l'École royale des cadets. Tombées dans l'oubli durant la période révolutionnaire, elles reprirent sous Napoléon Ier, mais, les paris étant interdits, leur succès fut plutôt médiocre. Après 1815, sous la Restauration, on tenta de les relancer, mais ce fut seulement sous Napoléon III, avec l'aménagement du bois de Boulogne et l'ouverture de Longchamp, en 1855, qu'elles connurent un engouement qui n'a jamais faibli depuis.

En 1863, le prince Murat fonde la Société des steeple-chases de France et, dix ans après, est ouvert l'hippodrome d'Auteuil, réservé à ce type de courses (v. *tiercé*).

Couteau de table

Son emploi se généralise au Moyen Âge, avant celui de la cuiller* et de la fourchette*. Mais il reste longtemps un objet personnel : jusqu'à la fin du XVIe siècle, on l'emporte dans un étui, quand on dîne en ville. Et jusqu'au XVIIe siècle, il est pointu, car il fait office de fourchette pour piquer la viande. À la fin du même siècle apparaissent les couteaux fermants, qui dispensent d'avoir un étui.

Ce serait le cardinal de Richelieu qui aurait eu l'idée de faire arrondir l'extrémité des couteaux de table, et cela, disent les chroniqueurs, pour mettre en difficulté le chancelier Séguier qui avait l'habitude de se curer les dents, en fin de repas, avec la pointe du sien. Richelieu, probablement désireux de s'amuser davantage aux dépens des dents creuses, fit rendre un édit, en 1669, qui étendait à tout le royaume l'obligation des couteaux de table à bout rond (v. *assiette*, *bouchon*, *serviette*).

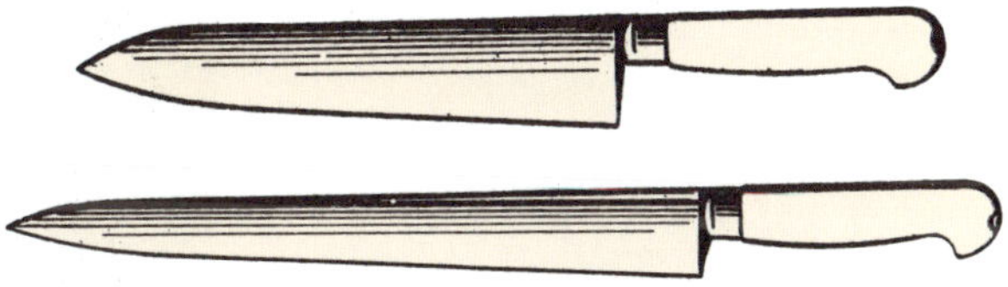

Le couteau apparaît sur les tables au Moyen Âge avec une forme pointue qui permettait à celui qui l'utilisait de piquer les aliments. C'est Richelieu qui, au XVIe siècle, fit arrondir l'extrémité de la lame (illustration extraite du *Larousse ménager*, XXe siècle).

Cravate

À l'origine, pièce vestimentaire des cavaliers croates appartenant au régiment de Royal-Cravate (Croate) au service de Louis XIV. C'est du moins l'opinion généralement admise. Toutefois, dès 1638, dans les *Mémoires de l'abbé Arnauld*, se trouve cette curieuse indication, assez énigmatique : « Il y avait alors un célèbre cravate de bois [c'est ainsi qu'on appelait certains petits partisans arrivés de quelques garnisons du Luxembourg] qui nous incommodait assez. » Avant d'entrer dans les ordres, l'abbé Arnauld avait porté l'épée.

Au XIXe siècle, la cravate prend une importance sans commune mesure avec la surface qu'elle occupe dans le costume masculin. De celui-ci, qui ne dépend plus que de l'habileté d'un bon faiseur, la cravate est le seul élément abandonné à la dextérité de son propriétaire. D'où la conclusion : « La cravate est au costume ce que la truffe est au dîner », que le baron de L'Empesé donne dans une plaquette intitulée l'*Art de mettre sa cravate enseigné en dix-huit leçons*. Et qui donc se cache derrière ce pseudonyme de L'Empesé ? Honoré de Balzac, tout simplement !

La cravate d'Honoré de Balzac et de ses contemporains n'était encore qu'une longue pièce de tissu rectangulaire. Telle que nous la connaissons, elle a été taillée et cousue pour la première fois à la fin du siècle dernier par Washington Tremlett, un grand faiseur de la rue de Rivoli, pour un Américain résidant dans le Midi.

Crawl : v. *natation*.

Crayon

Utilisé pour régler le parchemin, le poinçon de métal fut remplacé par une tige de plomb à la fin de l'Antiquité classique. Au Moyen Âge, on se servait encore d'une tige de plomb enrobée de cuir, usage qui fut abandonné vers 1420, « ce qui est cause que l'écriture est devenue irrégulière et gauche ».

À la fin du XVIe siècle, après la découverte des gisements de plombagine, ou graphite, dans le comté de Cumberland, apparurent les crayons de plombagine rendue plus solide en l'entourant de bois.

Au XVIIIe siècle, les écoliers devaient avoir « des cahiers propres et réglés avec du plomb ou du crayon ».

Sous la Révolution, la plombagine ne pouvant plus être importée d'Angleterre, le Comité de salut public invita le créateur de l'aérostation militaire, Nicolas-Jacques Conté, à la remplacer. Il créa le crayon en bois dont la mine était constituée d'un mélange d'argile et de carbure de fer, crayon qui porte toujours son nom.

Crémation

La coutume d'incinérer les cadavres est immémoriale. On la retrouve un peu partout dans le monde, chez les populations primitives d'hier et d'aujourd'hui, et aussi dans certaines sociétés très évoluées. Mais l'arrivée du christianisme en Occident a fait disparaître très vite cette coutume dans nos pays : dès le VIe siècle, l'Europe ne la pratique plus du tout.

Elle réapparaît cependant chez nous durant la seconde moitié du XIXe siècle en dépit des résistances religieuses et des obstacles juridiques, par l'action d'associations pour l'incinération, dont la première, fondée en 1874, est la « Society for promotion of cremation », de Londres, qui parvient à ses fins dix ans plus tard. Mais encore fallait-il pouvoir traiter les cadavres de façon à les réduire totalement en cendres et sans que leur combustion dégage la moindre odeur, selon des processus techniquement acceptables dans nos sociétés dites industrielles. Le premier four du genre qui répondit à cette exigence fut construit à Berlin en 1876 (v. *embaumement*).

V'là du cresson, la santé du corps, gravure extraite des *Cris de Paris*, début du XIXe siècle : c'est à cette époque que la culture industrielle du cresson commence en France.

Cresson

Le cresson dit « de fontaine » prospère naturellement dans toutes les zones humides des pays à climat tempéré. Chez les Anciens déjà, Hippocrate et Dioscoride vantaient ses vertus médicinales, mais avec des orientations différentes : le premier comme expectorant, le second comme... aphrodisiaque. On le cultive en Europe depuis le XIIe siècle à tout le moins. Quant à sa culture industrielle, elle a été entreprise d'abord en Allemagne au XVIIe siècle, puis introduite en France autour de 1811, à Saint-Léonard, dans l'Oise, par... Cardon, un fonctionnaire des hôpitaux de la Grande Armée, qui l'avait étudiée deux ou trois ans auparavant à Erfurt.

Cricket

On a remonté la lignée d'ancêtres du cricket jusqu'au niveau du haut Moyen Âge (le ball club), et même, en cherchant bien, plus loin encore dans le temps. En tout cas, il est sérieusement question de lui à partir de 1598, année où il est nommé comme tel pour la première fois. La première rencontre officielle de cricket eut lieu à Londres en 1744, entre le comté de Kent et le reste de l'Angleterre, qui fut battu. Le premier club, le Hambledon Club, fut fondé en 1750. Sport national britannique, il s'est répandu dans tout le Commonwealth, en particulier aux Indes et, surtout, en Australie dont l'équipe, en 1896, année d'une première rencontre avec celle de la métropole, donna à celle-ci un sérieux fil à retordre, et cela continue depuis.

Les règles et les finesses de ce jeu qui se dispute entre deux équipes de onze joueurs amateurs échappent un peu aux peuplades latino-méditerranéennes. Disons qu'au cricket on ne peut jamais être sûr de rien et que les renversements de situation sont monnaie courante. Il faut des muscles et un moral d'acier pour les supporter sans dommage, ce qui a permis au duc de fer, Wellington, parcourant les champs de cricket d'Eton, d'affirmer que « là avait été gagnée la bataille de Waterloo ». Observons aussi que le cricket est devenu pour les Anglais synonyme de *fair play*. Ne dit-on pas chez eux : « J'ai été cricket avec vous » pour signifier qu'on a été parfaitement loyal à votre égard ? Enfin, notons que c'est un jeu lent : une partie peut durer cinq jours (c'est le temps prévu pour les matches internationaux) – cinq journées de six heures, coupées par le lunch et le thé, avec seulement une heure et demie d'action effective (v. *base-ball*).

Sport disputé officiellement pour la première fois en 1744 à Londres, le cricket a conquis tout le Commonwealth. À l'aube du XXe siècle, une première rencontre a lieu entre l'Australie et l'Angleterre. *Le Batteur Stoddart portant la casquette des Zingari et le gardien MacGregor*, XXe siècle (Maylebone Cricket Club, Londres).

Cristal

Le cristal est une combinaison de silice et d'oxyde de plomb qui fut inventée par le verrier anglais Robert Mansell en 1623, à Castle-on-Tyne.

Croisades

Il a paru naturel d'attribuer aux croisades tous les usages, les objets, les plantes et, parfois même, les animaux nouveaux qui apparaissent en Europe aux XIIe et XIIIe siècles. En réalité, l'Occident chrétien avait entretenu auparavant maintes relations avec les pays musulmans de la Méditerranée, et il est souvent difficile de distinguer ce qui était déjà venu de ces pays et ce que les croisés leur ont emprunté.

Mais du moins est-on assuré que, de Terre sainte, les croisés ont apporté quelques usages de guerre, la lance à banderole, l'arbalète, le tambour*, la trompette et l'invention des armoiries (v. *héraldique*). De là aussi provinrent l'abricotier*, la pastèque*, peut-être l'échalote* (v. *barbe*)...

Croissant : v. *café viennois.*

Croix-Rouge

Les sociétés nationales de la Croix-Rouge ont été fondées pour les soins à prodiguer aux blessés militaires, à la suite de la convention de Genève de 1864.
Cette convention est due à l'initiative d'Henri Dunant qui, en juin 1859, se trouvant dans la petite ville de Castiglione, après la bataille de Solferino, avait vu des milliers de blessés agoniser dans une quasi-absence de soins appropriés. C'est pourquoi ce philosophe genevois avait décidé, en 1863, de créer le Comité international de la Croix-Rouge, dit « Comité des cinq », avec quatre compatriotes de ses amis. Encore aujourd'hui, le comité, qui est composé de dix-huit membres, recrute ceux-ci parmi les ressortissants helvétiques. Cette première convention concernait les blessés des armées de terre. Elle a été suivie de trois autres, en 1899 (blessés des armées de mer), 1929 (prisonniers de guerre), 1940 (populations civiles).
La société française de la Croix-Rouge fut créée dès 1864, la britannique en 1870, l'américaine en 1881, entre autres. Henri Dunant a reçu le premier prix Nobel* de la paix, en 1901.

Croquet (jeu de)

Le jeu de croquet est représenté sur une des tapisseries de la tenture de Gombault et Macée, dont les cartons sont de Laurent Guyot, qui les composa vers 1620.

Cryptographie

Depuis l'invention de l'écriture*, l'homme s'est ingénié à brouiller certains messages pour en protéger le secret. Hérodote est le premier à signaler qu'en son temps on cachait le message sous la cire vierge d'une tablette d'écriture, ou encore qu'on l'inscrivait sur le crâne tondu d'un émissaire duquel on attendait que les cheveux repoussent avant de l'envoyer chez son destinataire.
Plus près de nous, Jules César a utilisé une clé baptisée de son nom par les historiens. Le « chiffre de César » consiste à remplacer chaque lettre du message par celle qui se trouve trois ou quatre lettres plus loin dans l'alphabet*. Avec quelques variantes, ce système a fait florès pendant des siècles. Mais la science

mathématique le brisa définitivement peu avant l'an mil en calculant les fréquences d'apparition respectives des lettres dans telle ou telle langue. En 1560, le diplomate français Blaise de Vigenère met au point un système multialphabétique qui transformait un texte en charabia incompréhensible

En 1906-1907, Pablo Picasso, tout juste sorti de sa «période rose», peint *Les Demoiselles d'Avignon*. Avec cette toile, il donne naissance à un nouveau courant de peinture, le cubisme.

pour quiconque ignorait les règles de son codage. Ce système résista trois siècles, jusqu'à ce que le mathématicien britannique Charles Babbage élabore, en 1860, la très complexe théorie de son décodage.

Et ainsi de suite : l'histoire de la cryptographie est un combat sans fin entre codeurs et décodeurs – entre le chat et la souris, le gendarme et le voleur, l'espion et le contre-espion. De nos jours, la cryptographie, toujours plus indispensable, a progressé énormément grâce à l'informatique*, et sans elle nous n'aurions ni carte bancaire, ni téléphone portable, ni télévision câblée.

Cubisme

Le peintre Henri Matisse avait parlé de «petits cubes» devant un paysage de Braque exposé au Salon d'automne de 1908, en présence du critique d'art Louis Vauxcelles, et celui-ci utilisa le premier, dans un article, le mot «cubisme». Guillaume Apollinaire a raconté cette histoire dans les Peintres cubistes (v. *fauvisme*, *impressionnisme*).

Quant à la première toile cubiste, c'est à coup sûr le groupe des cinq nus féminins, connu depuis sous le titre de *Demoiselles d'Avignon*, que Picasso entreprit de peindre en 1906, à peine sorti de sa «période rose».

Cuiller

L'usage de la cuiller, petite ou de taille moyenne, ou même allant jusqu'aux dimensions de la louche*, est immémorial. Le matériau le plus courant était le bois. Son emploi devient fréquent au Moyen Âge, mais après celui du couteau*. À cette époque apparaît la cuiller de luxe, avec un manche imitant un pied de biche. Au XVe siècle, le manche devient prétexte à évoquer un mufle de lion ou de dragon. Après le XVIe siècle, il se simplifie dans le style des époques successives, pour arriver à la forme dépouillée et fonctionnelle que nous lui connaissons (v. *assiette*, *fourchette*, *serviette*).

Cuir

La peau des animaux a servi d'abord à l'homme pour s'en revêtir. Il apprend très tôt à la dépouiller de son pelage pour en faire des cuirasses et des boucliers, témoin celui d'Achille auquel Homère donne neuf peaux superposées.

D'abord simplement fumées, puis assouplies avec de la graisse, les peaux furent tannées dès la plus haute antiquité : les Mésopotamiens utilisaient comme tanin l'alun et la noix de galle, les Égyptiens les cosses d'acacia ; Grecs et Romains découvrirent les propriétés tannantes de nombreuses écorces, de feuilles, de fruits, de racines (v. *tan*).

Cuisine (livres de)

Le célèbre traité d'Apicius, *De re coquinaria*, remonte à la seconde moitié du Ier siècle de notre ère : il est postérieur à l'an 54, durant lequel disparaît l'empereur Claude Ier, et évoque les festins organisés par celui-ci.
Entre ce premier livre de cuisine romaine et le premier en France, treize siècles vont s'écouler. L'auteur en est un cuisinier royal de la seconde moitié du XIVe siècle, Guillaume Tirel, dit Taillevent, d'où son nom : *Le Viandier de Taillevent*. Mais le viandier a des prédécesseurs en Europe. C'est de l'Italie du Nord, pleine d'une fiévreuse activité culinaire qui débute avec le XIVe siècle, que nous sont parvenus un petit nombre d'ouvrages présentant tous un air de famille, probablement parce qu'ils sont les descendants d'un certain *Liber de coquina* ; ce premier livre de recettes en Occident est émaillé de mots français et fait état d'usages culinaires français aussi, peut-être en raison de la domination angevine sur l'Italie méridionale.
Il paraît remonter à la seconde moitié du XIIIe siècle.

Cuisinière

En 1755, un certain Boudin, à Beauvais, construit la première cuisinière bois-charbon. Cent ans plus tard, la cuisinière au gaz, grâce à l'invention de Lebon (v. *gaz d'éclairage*), part à la conquête de Paris, des rez-de-chaussée aux derniers étages. Cent ans plus tard encore, ou plutôt à la fin de la décennie 1940, la cuisson aux ondes ultra-courtes est mise au point aux États-Unis. Pour la première fois depuis la domestication du feu*, l'homme n'utilise plus celui-ci pour cuire ses aliments : il les bombarde d'ondes d'une certaine fréquence, ce qui provoque une activité moléculaire au sein des aliments, et donc une élévation de température suffisante pour qu'ils cuisent à cœur (v. *four à micro-ondes*).

Cuivre

Au néolithique succède l'âge du cuivre. Le passage s'est fait insensiblement dans le temps et dans l'espace : on martelait le cuivre au Ve millénaire avant notre ère à Sumer. C'est l'Égypte prédynastique qui a fourni les premiers objets en cuivre qui nous soient connus (–4500). L'âge du bronze, alliage de cuivre et d'étain*, commence trois mille ans avant notre ère dans le bassin oriental de la Méditerranée, mais il faut noter que de vastes aires de civilisation sont passées directement de la pierre polie au fer*. Ainsi, toute l'Afrique subsaharienne, à l'exception de la Mauritanie et du Soudan, a complètement ignoré le bronze « classique » de neuf parties de cuivre pour une d'étain.

Culotte

En tant que sous-vêtement féminin, la culotte apparaît en France à l'époque de la Renaissance. La mode, nous dit Brantôme, en vint d'Italie. Après une éclipse au XVIIIe siècle – les estampes de Bouchet, de Lancret et de Watteau en témoignent –, la culotte retrouve une bonne raison d'être avec les robes collantes, transparentes et fendues sur le côté du Directoire. En tant que vêtement, la culotte, qui descend plus ou moins jusqu'au genou, est le privilège du sexe masculin dès le Moyen Âge, mais le sexe féminin va chercher à s'en emparer : «la lutte pour la culotte» est alors un des thèmes préférés de l'imagerie populaire, qui se prolongera jusqu'à la fin du XIXe siècle.
Dans l'intervalle, le pantalon* aura succédé à la culotte masculine : car la culotte, porte-drapeau de la prééminence maritale, était aussi symbolique de l'Ancien Régime, et les «sans-culottes» se dénommaient ainsi non parce qu'ils allaient en caleçon, mais qu'ils avaient fait la révolution vestimentaire en adoptant le pantalon (v. *caleçon*).

À l'origine, la culotte est un sous-vêtement masculin fréquemment porté dès le Moyen Âge. Il n'est adopté par les femmes qu'à partir de la Renaissance (Renaud de Montauban, XVe siècle, bibliothèque de l'Arsenal).

Cumin

Les Égyptiens connaissaient et, pour leurs vertus carminatives, appréciaient le cumin, l'aneth et l'anis* : on en trouve mention dans le papyrus Ebers, vieux de 3500 ans. Avec les graines de l'anis, du fenouil et du carvi, celles du cumin constituèrent les «quatre semences chaudes majeures» très prisées de notre pharmacopée médiévale. Le cumin, ou faux anis (*Cuminum cyminum*), est originaire du Proche-Orient. Les Romains qui, comme les Grecs, en faisaient grand cas sur le plan gastronomique, importaient le leur de Galatie, en Asie Mineure, et d'Éthiopie. Au Moyen Âge, il avait envahi notre cuisine. *Le Mesnagier de Paris*, paru à la fin du XIVe siècle, donne la recette de la «cumminée de poulaille». Aujourd'hui, on le cultive dans le midi de la France et à Malte. Il parfume saucisses, bretzels et choucroute d'Alsace.
On confond souvent le cumin avec le carvi, ou cumin des prés, ou anis des Vosges (*Carum carvi*), natif de l'Eurasie septentrionale, cultivé industriellement depuis des siècles en Hollande. Les Anglais l'utilisent dans leur pâtisserie. Les Allemands en parfument leurs soupes, leurs ragoûts, leurs fromages. À partir du carvi, Allemands et Russes font une liqueur, le kummel. L'Europe centrale tout entière en saupoudre le pain, appelé à tort «pain au cumin».

Curare : v. *caoutchouc*.

Cure-dent

C'est un fait avéré que l'homme néolithique souffrait de caries. Il lui a donc bien fallu trouver moyen d'explorer ses dents creuses et les interstices de sa denture, avec des brins de bois par exemple. Mais la carrière de l'authentique cure-dent (bois, os, métal), savamment taillé en

Au XVIIe siècle, les Écossais inventent un jeu de boules sur glaces, le curling, qui, au XIXe conquit de nombreux pays d'Europe et d'Amerique. Un match de curling sur le lac Duddingston, Charles Altamon, XIXe siècle (Musées et Galeries de la Ville d'Edimbourg).

pointe ou en biseau, ne commence que bien plus tard. L'Inventaire du duc de Berry est le premier document dans lequel on rencontre le mot (1416). Quant à l'objet, le plus ancien qui soit parvenu jusqu'à nous paraît bien être un cure-dent en or du XVIe siècle, d'origine italienne, conservé au Metropolitan Museum de New York (v. *brosse à dents*).

Curling

Au XVIe siècle, des Écossais inventèrent un sport d'hiver qui ressemblait beaucoup au jeu de boules auquel on jouait l'été dans tout le pays : le curling. Le but de ce jeu était de faire glisser une pierre de granite pesant de 20 à 50 kg sur une vaste étendue de glace, le plus près possible d'une cible fichée dans la glace à une distance donnée. La plus ancienne «bouillotte» (lourde pierre qu'on lançait sur la glace) que l'on connaisse a été retrouvée dans un marais d'Écosse : l'année 1551 est inscrite sur son flanc.

Le plus ancien club de curling paraît être celui qui fut créé à Dunfermline, non loin d'Édimbourg, en 1738. Au fil du XIXe siècle, le curling a conquis le Canada, la Suède, la Suisse. Il a fallu attendre 1912 pour que Chamonix crée le premier club français.

Cybernétique

La cybernétique, ou science des machines régulées, constitue l'aboutissement des recherches humaines au départ desquelles on trouve les automates*, puis les machines à calculer*, puis les robots*. L'automatisme, qui s'était considérablement développé dans l'industrie durant la Seconde Guerre mondiale, a beaucoup progressé après celle-ci. C'est ainsi qu'en 1947 la firme américaine Ford a mis en service les toutes premières chaînes* de production de moteurs complètement automatisées.

La même année 1947, le savant américain Norbert Wiener publiait, sur la philosophie de l'automatisation, une synthèse intitulée *Cybernetics, or Control and Communication in the Man and the Machine*. Il redonnait par là vie au mot cybernétique en lui attribuant une acception nouvelle, dérivée de son sens premier : les Grecs, en effet, appelaient ainsi l'art de gouverner.

Cyclamen

Tous les cyclamens cultivés proviennent d'une seule et même espèce, *Cyclamen persicum* (famille des primulacées), lequel appartient à la flore du Proche-Orient importée en Europe à l'époque des croisades.

Cyclomoteur :

v. *motocycle.*

Cyclotron

Après la Première Guerre mondiale, l'ambition vint aux physiciens occidentaux de « casser » le noyau atomique afin d'en connaître et d'en répertorier les minuscules éléments. Pour ce faire, pensaient-ils à juste titre, rien de tel que de le bombarder avec des projectiles à son échelle, c'est-à-dire avec des particules lancées à de prodigieuses vitesses sur une piste circulaire traversée par un puissant champ magnétique.
Après diverses constructions, dont la première fut l'accélérateur de haute fréquence du Norvégien Rolf Wideroe, l'Américain Ernest O. Lawrence invente en 1930 son cyclotron, mis en service en 1932. Depuis sont créés d'autres types d'accélérateurs de particules : statitron (1933), bétatron (1939), synchrocyclotron (1945), accélérateur linéaire (1946) et synchrotrons variés (à partir de 1952).
Le premier cyclotron de E. O. Lawrence tenait dans une ampoule de 11 cm de haut. La piste souterraine du synchrotron du Centre européen de recherche nucléaire (CERN) est un anneau de près de 5 km de diamètre, à cheval sur la frontière franco-suisse, près de Genève. La chasse aux particules infiniment microscopiques demande des fusils de plus en plus gigantesques... (v. *microphysique*).

Cygne noir

Passons sous silence le cygne blanc du Vieux Monde, que nous connaissons depuis toujours, ou du moins depuis l'histoire mythologique de Léda...
En revanche, l'histoire du cygne noir est plus récente : en 1696, le Hollandais Willem de Vlaming, capitaine du *Geelwing* qui explorait les côtes de l'Australie occidentale, aperçoit un cygne d'une espèce inconnue de l'Europe : « noir comme de la suie avec un bec rouge » ; il croise sur l'estuaire d'une rivière voisine de la future ville de Perth, et que les Britanniques baptiseront « Swan River ».
Certains clans aborigènes en avaient fait leur totem, et l'État d'Australie-Occidentale le prendra ensuite pour emblème.

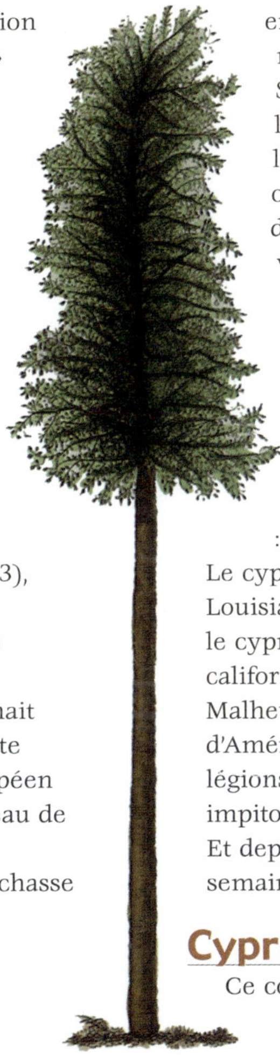

Cyprès

Natif du Proche-Orient, le cyprès était déjà connu en Mésopotamie pour les vertus médicales de l'huile extraite de sa noix, en particulier très efficace dans les affections du système nerveux.
S'il appartient au paysage italien depuis l'Empire romain, c'est grâce aux légionnaires qui, au retour de leurs campagnes d'Asie Mineure, en rapportèrent des graines pour les semer le long de la voie Appienne. Déjà de jeunes cyprès y croissaient quand l'apôtre Pierre rencontra le Christ et lui demanda : *Quo vadis, Domine* ? On a retrouvé les gracieuses images de cet arbre sur les fresques de Pompéi. Et dans l'*Annonciation* attribuée à Vinci, l'ange à genoux se trouve au premier plan d'un classique décor toscan : ville, jardin et silhouettes de cyprès.
Le cyprès chauve, originaire des marécages de la Louisiane, a été importé en Europe dès 1640 ; le cyprès de Lawson, habitant des montagnes californiennes, y a été introduit en 1856.
Malheureusement, en 1951, venant aussi d'Amérique, sont arrivées en Italie d'autres légions, celles d'un chancre déjà vainqueur impitoyable des cyprès de Monterey (Californie). Et depuis, l'arbre des cimetières, en quelques semaines et par centaines, est frappé à mort.

Cyprin doré

Ce cousin de la carpe a été importé de son empire d'origine, la Chine, par les Portugais au XVIe siècle. Puis l'Europe l'oublie, mais l'Angleterre et la Hollande le réimportent au XVIIIe. En France, sa vogue ne commence qu'à partir de 1730, année où la Compagnie des Indes fait cadeau de quelques sujets à la Pompadour.

Originaire du Proche-Orient, le cyprès est introduit en Italie sous l'Empire romain. Le cyprès, gravure du début du XXe siècle.

Depuis Quand ?

D comme…

Dahlia

Originaire du Mexique, le dahlia (ainsi nommé par l'abbé et botaniste espagnol Cavanilles en l'honneur d'Andrea Dahl, botaniste suédois, élève de son compatriote le grand Linné) était déjà cultivé depuis longtemps dans sa patrie quand il fut acclimaté à Madrid, en 1788, et de là introduit en Angleterre en 1798, puis en France en 1802, par l'intermédiaire du docteur André Thibaud, botaniste de l'ambassade de France à Madrid. Mais, s'il avait été importé par nos voisins d'outre-Pyrénées comme plante ornementale, on l'avait envoyé dans notre pays, au Muséum d'histoire naturelle, à titre de plante alimentaire… mais ses tubercules sont totalement incomestibles et on n'a jamais pu en tirer de sucre, sinon en laboratoire ! Dès 1809, un certain Souchet, jardinier-chef à Saint-Cloud, commençait un long travail de sélection, qui donnait les premiers dahlias à fleurs blanches, et devait se poursuivre par la production de fleurs doubles en 1867. Les Anglais produisaient des variétés de grande taille (1829) et les Allemands de taille minuscule (1850). En 1872 arrivaient du Mexique les premiers plants de *Dahlia juarezii*, à partir desquels un attentif travail d'hybridations allait aboutir au dahlia à fleurs de cactus. Aujourd'hui, la fleur de dahlia peut offrir toutes les nuances, du blanc au noir, en passant par l'éventail complet des couleurs… sauf le bleu, qui, selon Alphonse Karr, cité par Pierre Larousse dans son *Grand Dictionnaire universel du XIXe siècle*, n'a jamais pu être obtenu.

Dalmatien

Peut-être vraiment originaire de la Dalmatie, peut-être descendant du braque du Bengale, il connaît en tout cas une première vogue dans l'Italie du XVIIe siècle, puis une seconde dans la France et dans l'Angleterre du XVIIIe siècle. Après quoi, il passe par une longue période d'indifférence. En 1956, *Les 101 Dalmatiens* de Walt Disney le remettent en selle – si l'on ose dire.

Dames (jeu de)

Des jeux aux règles voisines du jeu de dames ont été pratiqués depuis la plus lointaine antiquité, en Égypte, en Mésopotamie et en Extrême-Orient. Au temps de la Renaissance est né en Europe un jeu de dames dont les règles dérivaient d'une simplification des échecs* et qui se jouait, comme ceux-ci, sur un damier de soixante-quatre cases. Vers 1725, le jeu évolua encore lorsqu'un officier français et son adversaire, un étranger surnommé « le Polonais », mais qui n'en était pas un, auraient lancé à Paris une variante du jeu de dames, avec un damier de cent cases et les règles que nous pratiquons encore aujourd'hui en France. Cette variante « à la polonaise » était inconnue en Pologne, et, quand elle y fut introduite, on l'appela « jeu à la française ». Mais, tandis que les échecs recevaient vers la même époque une codification admise internationalement, les règles du jeu de dames n'ont cessé depuis de varier selon les pays. Certains, comme la Grande-Bretagne, sont demeurés fidèles aux soixante-quatre cases ; d'autres, avec la France, ont choisi les cent cases ; d'autres enfin, comme le Canada, ont mis en service un damier de cent quarante-quatre cases. À noter que le premier traité de jeu de dames a été imprimé à Valence en 1547. Un exemplaire se trouve à la Bibliothèque royale de Madrid.

Dattier

L'ancêtre du palmier-dattier, *Phœnix dactylifera*, est à peu près sûrement *Phœnix sylvestris*, spontané en Afrique du Nord et en Inde. La

Originaire d'Afrique du Nord, le dattier aurait conquis l'Europe par l'Espagne dès l'Antiquité. Le palmier-dattier, gravure du début du XIXe siècle.

culture du dattier a commencé voilà plus de sept mille ans avant J.-C., chez les populations de Sumer, en Mésopotamie. En Égypte, dès les premières dynasties, sa fécondation artificielle était pratiquée selon la technique encore utilisée aujourd'hui dans les oasis africaines.
La palmeraie d'Elche, sur la côte espagnole du Levant, est la plus ancienne d'Europe. On a longtemps cru que les dattiers de la « Jérusalem espagnole » avaient été plantés par les envahisseurs musulmans, mais on a retrouvé enfouies à leur pied des pièces de monnaie antérieures à la colonisation romaine, probablement de provenance phénicienne.

DDT

Le dichloro-diphényl-trichloréthane n'est pas né d'hier : cet énergique insecticide a été obtenu par synthèse dès 1874. Mais le premier à mettre au point les moyens de le produire industriellement est le chimiste suisse Paul Muller en 1939. Et ce n'est qu'après son utilisation massive par l'armée américaine au cours de la Seconde Guerre mondiale, en particulier dans les zones de paludisme, qu'il nous est devenu familier.
Ce pesticide n'est pratiquement plus employé aux États-Unis et en Europe, en raison de ses effets néfastes sur l'environnement (sa toxicité, quant à elle, n'a pas été prouvée). Mais il reste le moins cher des pesticides, et, dans de nombreux pays, l'un des plus efficaces pour lutter contre le paludisme (v. *quinine*).

Décoration (distinction honorifique)

Les pharaons de l'ancienne Égypte accrochaient des mouches d'or sur la poitrine de leurs braves et de leurs fidèles. Depuis, cette tradition des décorations civiles et militaires n'a jamais été interrompue au cours des âges. Quant aux grands colliers que les chefs d'État ont le privilège de conférer, ils sont aussi les héritiers d'un usage égyptien vieux d'au moins trente siècles.

La tradition des décorations honorifiques est héritée des Égyptiens. Un collier honorifique de perles d'or datant de 1450 avant J.-C. et provenant de Thèbes.

Delco

Passionné de mécanique, un jeune instituteur né dans une ferme de Londonville, dans l'Ohio, le 28 août 1876, poursuit ses études et devient ingénieur. Il s'appelle Charles Franklin Kettering. En 1904, le directeur de l'usine de Dayton où il travaille, et qui fabrique des caisses* enregistreuses, lui demande de trouver un système permettant de les actionner électriquement, et il y parvient.
Sept ans plus tard, en 1911, il monte un laboratoire dans un hangar de Dayton, qu'il baptise du nom pompeux de « Dayton engineering laboratories company » – en abrégé DELCO –, et il baptise également de ce sigle le dispositif d'allumage par batterie qui supplante tous les systèmes existants.
Puis, en 1912, il monte le premier démarreur* électrique sur une Cadillac. En d'autres mots, et par cette seule invention, il amène à l'automobile une immense clientèle, celle du beau sexe – pour qui le démarrage à la manivelle était un difficile problème.
Au cours des années 1922-1925, à la demande de l'aviation militaire américaine, il met au point un « super-carburant » pour élever le rendement des moteurs, en mélangeant à l'essence une certaine proportion de plomb tétraéthyle.
Électrificateur de la caisse enregistreuse, inventeur du Delco, du démarreur électrique et du « super », Kettering est véritablement un chevalier des temps modernes.

Deltaplane (ou aile delta ou aile volante)

Il fut d'abord appelé Rogallo, du nom de son inventeur, alors ingénieur à la NASA, qui cherchait le moyen de permettre aux capsules spatiales du projet Mercury d'atterrir sur un simple terrain d'aviation. Les sportifs reprennent l'idée à leur profit. En juillet 1969, Bill Bennett vole dans le ciel de New York et Dave Kilbourne vole en Californie ; en 1970, Bill Moyes et Bill Bennett en Australie ; en 1972, Bernard Dahis au puy de Dôme ; et, en 1977, Ken Messanger traverse la Manche* après largage d'un ballon à 6 000 m d'altitude. Il avait suffi au deltaplane de quatre à cinq ans pour devenir un sport largement pratiqué partout dans le monde. En septembre 1974 ont eu lieu les premiers championnats d'Europe : le vainqueur, le Français Patrick Bayle, a tenu l'air une heure cinquante-huit minutes sur un dénivelé de 1 300 m. Mais le deltaplane allait rencontrer, au cours des années 1980, un rival auquel les amoureux du vol libre accorderont leur préférence à cause de son matériel moins contraignant en taille et en poids : le parapente, parachute* conçu pour s'élancer d'un point haut, falaise, ou versant escarpé, ou sommet montagneux (v. *cerf-volant*, *vol à voile*).

Démarreur électrique

En 1701, Antoine de La Mothe Cadillac s'installe avec une centaine de soldats et de paysans français sur le site qu'il va baptiser Ville d'Étroit. Deux siècles plus tard, en 1902, Henry M. Leland implante son usine de voitures automobiles sur le même site, qui s'appelle désormais Detroit, et il donne à sa marque le nom de Cadillac en l'honneur du Français. Ayant décidé d'orienter sa production vers les modèles de luxe, il invente l'antivol, et, dès 1912, sa marque devient la première à livrer en équipement de série éclairage et démarrage électrique, grâce aux talents de l'ingénieur Charles Franklin Kettering. Cette dernière innovation, qui supprime l'emploi de la manivelle, laquelle exigeait une certaine force physique et se révélait parfois dangereuse (le fameux retour de manivelle, casseur de poignets !), ouvre à l'automobile une nouvelle et vaste clientèle, celle des femmes (v. *Delco*).

Dentaire (art)

Vieux de près de six mille ans, le papyrus Ebers retrouvé à Louqsor parle des moyens de combattre la rage de dents et de façonner les fausses dents. On a du reste constaté, à maintes reprises, la présence de dents artificielles dans la bouche de momies égyptiennes. En France, les premiers maux de dents dont l'Histoire ait gardé le souvenir sont évidemment royaux ou princiers : déjà, les chroniqueurs parlent des dentiers des mignons d'Henri III. Mais la prothèse dentaire avait commencé dès le Moyen Âge en Occident : les premiers matériaux utilisés pour fermer les cavités creusées par la carie sont des résines, des cires, des gommes diverses. On utilise l'or en feuille dès 1450. Les fausses dents sont en os, les dents véritables, mais branlantes, étant arrimées, tant

Sainte Apolline, qui refusait d'abandonner le christianisme, subit le martyre au IIIe siècle et eut les dents brisées. Dès lors, elle devint la sainte patronne des douleurs de dents. *Le Martyr de sainte Apolline*, xylographie de 1470 (Bibliothèque nationale de France).

bien que mal, avec des fils métalliques.
La dent de porcelaine est fille du XVIIIe siècle : le dentiste Dubois de Chemont la perfectionne à Paris (1790) et s'en va s'installer à Londres pour en vendre le brevet à la firme Claudius Ash. Elle ne parviendra aux États-Unis que vers 1817. C'est en ce début du XIXe siècle qu'un dentiste italien exerçant à Paris, Joseph-Ange Fonzi, se fit le promoteur de la dent de porcelaine montée sur or ou sur platine. Au cours du siècle, la technique de l'or à des fins « dentaires » se perfectionne à tel point que l'emploi de ce métal est préféré à tout autre vers 1875. L'amalgame d'argent et de mercure pour les « plombages » était connu dès 1828, mais il ne se généralisera qu'après 1895 : dans l'intervalle, on avait cru dur comme… fer, mais à tort, que le mercure pouvait affecter la santé des patients.
L'utilisation des résines synthétiques pour les obturations se situe autour de 1938.
La « fluorisation » d'un réseau de distribution d'eau

a été tentée pour la première fois dans le Michigan, en 1945, à titre expérimental, après qu'on eut découvert le rôle protecteur du fluor contre la carie dentaire (v. *brosse à dents*, *dentier*, *roulette*).

Dentier

Le témoignage le plus ancien que l'on ait retrouvé d'une prothèse complète ne remonte qu'au XVIe siècle, et c'est dans le tome deux des *Historiettes* de Tallemant des Réaux qu'on en retrouve la mention. Elle concerne Mlle de Gournay, « fille d'alliance » (c'est-à-dire adoptive) de Montaigne, qui possédait, nous dit l'auteur, un râtelier de dents de loup marin. Cette jeune personne avait, poursuit-il, un talent particulier pour escamoter son râtelier au moment de manger et pour le remettre dès qu'elle devait parler. Car, paradoxalement, les premiers râteliers (dont ceux des mignons d'Henri III) furent des objets de parade et non de mastication !
De fait, il faudra le XVIIIe siècle naissant et Pierre Fauchard pour que les râteliers condescendent à des fonctions masticatoires. Fauchard, un des premiers bénéficiaires de l'édit de mai 1699 qui faisait de l'art dentaire* une spécialité distincte de la médecine*, de la chirurgie* et des barbiers, est aussi le premier praticien à avoir rédigé une étude exhaustive de la dentisterie avec *Le Chirurgien-dentiste ou Traité des dents* (1728). Et c'est lui qui résout le problème de la sustentation de la prothèse supérieure en imaginant un appareil avec ressort postérieur et attelle pour fixation à la prothèse du maxillaire inférieur.
Un autre problème était celui de la mauvaise odeur et du mauvais goût laissé dans la bouche par le matériau (ivoire d'éléphant le plus souvent) vite corrompu par les sucs salivaires, raison pour laquelle George Washington n'était jamais satisfait des dentiers en ivoire d'hippopotame que lui fabriquait John Greenwood (v. *roulette*) et qui explique le rictus qu'on lui voit sur les billets d'un dollar ; et voilà pourquoi il plongeait lesdits dentiers, toute la nuit, dans un verre rempli de porto.
Durant la première moitié du XIXe siècle, l'arrivée de la porcelaine (v. *dentaire [art]*) comme matériau de substitution, l'invention de la prise d'empreinte et l'emploi de la gutta-percha comme monture des dentiers permirent aux édentés, totaux ou partiels, de ressembler à tout le monde et de sourire sans souffrir.

Dépôt légal

Le dépôt légal de tout imprimé, quelle que soit sa valeur littéraire ou morale, à la Bibliothèque nationale, a été institué par François Ier dès 1537. Évidemment, le dépôt se faisait alors à la Bibliothèque* royale.

Dérive des continents

En 1915, un météorologue allemand, Alfred Wegener, publie un ouvrage intitulé *L'Origine des continents et des océans*, qui constitue le premier exposé des arguments en faveur d'une dérive des continents entamée il y a deux cents millions d'années, à partir d'un continent unique flottant sur une mer primordiale. Sa théorie permettait d'expliquer un ensemble de phénomènes, entre autres les variations climatiques au cours des âges géologiques et la répartition mondiale de certains fossiles.
Le monde scientifique accueillit d'abord avec un certain intérêt, puis combattit vigoureusement cette théorie, et la mort de Wegener en 1930, alors en mission sur l'inlandsis groenlandais, évita à celui-ci d'assister à l'abandon de son hypothèse par tous ses pairs. Mais, au cours des années 1950, l'Américain Harry Hess, géologue de l'université de Princeton, avançait l'hypothèse que, si la croûte continentale ne constitue pas une série de « radeaux » glissant sur fond océanique permanent et immuable, bien au contraire ce sont la mobilité et le renouvellement incessant de la croûte sous-marine qui assurent la dérive des continents : telle est la tectonique des plaques, étayée par toutes les découvertes de la sismologie et de l'océanographie, que la communauté scientifique tout entière allait accepter sans restriction dans les années 1970.

Dés (jeu de)

Selon Sophocle, les dés auraient été inventés par le héros grec Palamède, lors du siège de Troie, il y a quelque trois mille ans. Hérodote, de son côté, affirme qu'ils furent imaginés par les Lydiens, en proie à une famine terrible sous le règne du roi Atys, pour tuer le temps et tromper leur faim.
En fait, tous les peuples dits primitifs ont joué et jouent encore aux dés faits de matériaux et de formes les plus divers, et le jeu de dés remonte certainement à plus de trois millénaires.
Cependant, les dés cubiques que nous connaissons semblent bien ne dater que de

l'Antiquité romaine, qui, d'une façon ou d'une autre, les avait adaptés des dés indiens qui servaient à prédire l'avenir.

Design

Le design, ou esthétique industrielle, date des années 1930. Son inventeur est le Français Raymond Loewy, émigré à New York comme dessinateur de mode, et qui, en 1929, ouvre à Manhattan le premier atelier de modélisme industriel. Son premier client est Sigmund Gestetner : Loewy améliore jusqu'à l'élégance la silhouette d'un de ses duplicateurs particulièrement lourdaud – et les ventes de cet appareil centuplent. Le succès ne quittera jamais Raymond Loewy, sacré « le Léonard de Vinci de la beauté fonctionnelle ». En cinquante ans de vie professionnelle, il dessinera ou transformera quelque mille cinq cents objets, allant du tube de rouge à lèvres aux cabines spatiales Skylab. Entre autres, le coquillage de Shell et la bouteille de Coca-Cola*, c'est lui…

Dessins animés (film)

Aux États-Unis, le premier dessin animé est l'œuvre de John Stuart Blackton : *Le Style magique*, réalisé en 1906. De son côté, et sans rien connaître de la technique qu'avait mise au point Blackton, Émile Cohl (Émile Courtet de son vrai nom) allait créer à Paris, en 1908, *Un drame chez les Fantoches*.

Contrairement à ce que sa longue liste de célèbres productions laisse à penser, Walter Elias Disney n'a pas inventé le dessin animé, ni même été le premier à produire des dessins animés sonores. Il a cependant réalisé le premier dessin animé en Technicolor, six ans après avoir réalisé *Steamboat Willie* (1928) (extrait ci-dessus). C'est dans ce film que le personnage qu'il avait créé en 1926 fut pour la première fois baptisé du nom de Mickey.

Le premier personnage de dessins animés qui ait joui d'une grande popularité est *Gertie le Dinosaure*, de Winsor McCay (1909). Le Mickey de Walt Disney n'apparaîtra qu'en 1926, dans *Mortimer Willie* ; son nom de Mickey, du reste, lui sera attribué seulement deux ans plus tard, dans *Steamboat Willie* (1928).

Détective privé

Le premier « privé » fut français : il s'agit d'Eugène François Vidocq, ancien bagnard reconverti en chef de la Sûreté, que Balzac immortalisera en 1834, dans *Le Père Goriot*, avec le personnage de Vautrin : « À l'aide de ses immenses ressources, cet homme a su se créer une police à lui, des relations fort étendues qu'il enveloppe d'un mystère impénétrable […]. »

Et il est bien vrai que François Vidocq, en mettant en place son « Bureau des renseignements universels » dès le début de 1833, après sa démission en novembre 1832, va concurrencer brillamment la police officielle. En particulier, il la surclassera dans sa lutte contre les faiseurs, ces hommes d'affaires aux activités un peu troubles, évoqués aussi par Balzac dans sa comédie en cinq actes primitivement intitulée *Les Faiseurs* et connue sous le nom de *Mercadet ou le Faiseur*. Vidocq sera imité outre-Atlantique par un ex-tonnelier écossais, Allan Pinkerton, qui fonde en 1850, à Chicago, une agence portant son nom ; elle le porte encore aujourd'hui, avec de nombreuses succursales dans tous les États-Unis et plus de vingt-cinq mille collaborateurs. Sa devise : *We never sleep* – Nous ne dormons jamais. Pinkerton accomplit le parcours inverse de celui de Vidocq : de « privé », il devint « public » en organisant un réseau d'espionnage au cours de la guerre de Sécession, futur Federal Secret Service. Il connut aussi une grande célébrité comme briseur de grève (la Homestead strike) en 1890, et pour avoir détruit la société secrète des Molly Maguires. Pinkerton aurait créé le mot « détective ». Celui-ci apparaît pour la première fois en France, et en français, dans *Une ville flottante*, de Jules Verne (1871).

Dévaluation

Environ 450 ans avant notre ère, les cités grecques créèrent des banques* publiques pour normaliser les taux d'intérêt, qui, jusque-là, dépendaient du bon plaisir des banquiers privés.

L'une des plus anciennes de ces banques publiques, celle de la ville de Sinope, vint à être administrée au IVe siècle avant J.-C. par le père de Diogène, aidé de celui-ci. À eux deux, ils imaginèrent une manipulation monétaire qui les fit condamner au bannissement pour fabrication de fausse monnaie. En réalité, il s'agissait de diminuer le titre de l'argent dans le drachme, et donc d'une dévaluation, la première que l'Histoire nous ait rapportée (v. *monnaie fiduciaire*).

Diabolo

Cet instrument inventé en Chine il y a près de 4000 ans avait des dimensions insolites pour nous et était percé de trous à travers lesquels le passage de l'air produisait des sifflements aigus qui permettaient aux marchands des rues d'alerter le chaland.
Au retour d'une mission diplomatique en Chine, lord Macartney le fit connaître à ses compatriotes en 1794. Les Parisiens attendirent l'an 1812 pour s'en enticher.

Il y a près de 4000 ans, en Chine, le diabolo était à l'origine un instrument sifflant utilisé par les marchands pour alerter le chaland. Ce n'est que bien plus tard qu'il devint un loisir populaire.

Diadème

Dans la Bible, Assuérus couronne Esther en lui ceignant la tête du diadème. S'il n'est pas mythique, l'événement daterait des années 485 avant J.-C. En tout état de cause, le bandeau royal fut adopté par Alexandre après la conquête de la Perse, donc environ trois cent trente ans avant J.-C.

Diamant

L'Inde est considérée comme le plus ancien pays producteur de diamants : il est à peu près certain que cette gemme y fut connue dès le IIIe millénaire avant J.-C. Mais jusqu'au premier millénaire de notre ère, on la confondit avec d'autres pierres ayant la même apparence. Si l'on excepte la poésie védique et les ouvrages de Pline (lequel dit qu'ils ne sont connus que des rois et en décrit six variétés), l'existence des diamants en Inde nous fut révélée par Marco Polo. Mais, c'est au XVIIe siècle seulement que, par le Français Jean-Baptiste Tavernier, l'Europe a reçu les premiers renseignements concernant les gisements diamantifères et les techniques d'exploitation.
Le Brésil est le second pays où des gisements ont été découverts, les premières trouvailles remontant à 1670. Le premier diamant mis au jour en Afrique du Sud, dans l'État libre d'Orange, le fut fortuitement en 1867. Vers 1745, Georges Frédéric Stras, joaillier parisien natif de Strasbourg, invente un verre à base de plomb, le strass, qui, une fois coloré à l'aide d'oxydes métalliques, imite le diamant et diverses autres gemmes.

Diapason

Les plus anciens diapasons auraient été des cloches conservées au palais de l'empereur de Chine, sur lesquelles s'accordaient les instruments rituels. Elles avaient nom *liu*, c'est-à-dire « lois ».
Ni l'Antiquité gréco-romaine, ni le Moyen Âge, ni la Renaissance n'ont connu le diapason. Les premiers diapasons semblent avoir été des petits tubes sonores étalonnés, auxquels on préféra le « diapason à fourche », tige d'acier recourbée en U, aussitôt qu'il eut été inventé, en 1711, par l'Anglais John Shore, trompettiste dans l'orchestre de Haendel.

Dictionnaire

Pas plus que l'Antiquité, le Moyen Âge et la Renaissance n'ont mis au point de dictionnaires véritables, tels que nous en avons l'usage aujourd'hui. En Chine, le dictionnaire de Hou Chin avait été publié 150 ans avant J.-C.
Dictionnaire de la langue : en 1606 paraît à titre posthume un ouvrage lexicographique dû à Nicot.

Ce premier dictionnaire de français, encore qu'on y trouve, *in fine*, un lexique des équivalents latins, s'intitule : *Trésor de la langue française tant ancienne que moderne*, auquel entre autres choses sont les mots propres de la marine, vénerie et fauconnerie.

Dictionnaire bilingue : À Reggio, en 1509, est édité le monumental *Dictionarium* ou *Dictionnaire polyglotte*, dû à l'érudit italien Calepino, qui devint célèbre en France sous le nom de Calepin, mot qui a fini par prendre l'acception modeste que l'on connaît. Le latin y était la langue de référence. Robert Estienne publie le premier dictionnaire bilingue où le français est la langue de départ en 1539 : c'est le *Dictionnaire français-latin*, autrement dit les mots français avec les manières d'user d'iceux tournés en latin. Le premier bilingue anglais-français est publié en 1611 : c'est le *Dictionnaire anglois-françois*, par Cotgrave.

Mais le premier dictionnaire bilingue connu remonte au milieu du IIIe millénaire avant J.-C. En fait, c'est un lexique sumérien-éblaïte sur tablettes de terre crue (mais cuites par un incendie, ce qui a permis leur conservation jusqu'à nos jours). Ebla était une ville sise au bord de la Méditerranée, sur le territoire de l'actuelle Syrie. C'est l'archéologue italien Giovanni Pettinato qui a mis au jour les tablettes de 1974 à 1978 (v. *encyclopédie*).

Une édition de 1588 du *Dictionnaire de la langue latine* écrit en 1502 par l'Italien Ambrogio Calepino, dont le nom francisé fut donné à notre bien utile calepin.

Diététique

Thomas Sydenham, « l'Hippocrate anglais » comme l'appelaient ses compatriotes, paraît bien être le père, ou du moins le grand-père, de la diététique moderne. En 1683, victime de la goutte, il entama un régime composé uniquement de lait et de pain – régime qu'il baptisa « galactoposie » – et en recueillit un tel bénéfice qu'il l'imposa à ses patients podagres. Mais cela, c'était du simple régime médical.

Et il faudra attendre encore longtemps pour s'acheminer vers le régime de santé – exactement 1827, quand le chimiste et médecin anglais William Prout distingue les trois principaux groupes de substances qu'on trouve dans les aliments : protides, glucides, lipides.

Dès lors, la voie était ouverte au changement : la diététique hippocratique allait pouvoir se transformer en science de l'alimentation grâce à l'Allemand Justus von Liebig. À l'université de Giessen, où le savant et explorateur Humboldt l'avait fait nommer professeur de chimie en 1824, Liebig va créer en annexe un laboratoire qui servira de modèle à tous ceux qu'on installe alors en Allemagne, en France, en Angleterre. Les nombreuses découvertes qu'il y fait autorisent qu'on l'appelle le fondateur de la chimie organique. Par la suite, Liebig s'occupera plus spécialement des applications de la chimie à la physiologie végétale et animale, à l'agriculture, à l'industrie. « Il a aussi attaché son nom », nous précise la *Grande Encyclopédie*, inventaire raisonné des sciences, des lettres et des arts, publié au début du siècle, « à quelques produits alimentaires qu'une réclame effrénée a popularisés, extrait de viande, lait condensé, pain artificiel, etc. ; et le vulgaire, en France, s'est habitué à considérer comme un simple fabricant de conserves celui qui a été, en réalité, l'un des plus illustres chimistes de son temps. »

Il est vrai que les « conserves » de Liebig étaient la concrétisation des idées qu'il avait exposées dans son ouvrage paru en 1842, *Die Tierchemie oder die organische Chemie in ihrer Anwendung auf Physiologie und Pathologie*, et d'où est sortie toute la diététique moderne, science de l'alimentation équilibrée (v. aussi *calorie*).

Dindon

Le magnifique paon bleu de l'Inde et de Ceylan (*Pavo cristatus*), connu depuis trois mille ans par

les rois d'Égypte et d'Asie Mineure, a été élevé en Occident après qu'Alexandre le Grand l'eut rapporté de l'Inde. Ce fut un mets de choix dans l'Antiquité et au Moyen Âge, jusqu'à l'arrivée du dindon en Europe. La petite histoire veut que les premiers dindons qu'on ait vus en France, descendants des spécimens rapportés du Mexique par les Espagnols peu après la découverte du Nouveau Monde, fussent morts, certes, mais farcis de truffes et disposés sur des plats d'or massif. Cette apparition se situerait en novembre 1570, aux noces du jeune Charles IX et d'Élisabeth d'Autriche. La petite reine de 16 ans ayant déclaré qu'ils étaient succulents, les invités en dirent autant. Peu après, quelques dindons importés d'Espagne furent élevés près de Bourges.
En réalité, « poules et coqs d'Inde » arrivèrent de la péninsule Ibérique probablement plus vite. On signale leur présence en France sous Louis XII, en Angleterre sous Henri VIII. Disons donc, pour conclure, que le dindon fut connu chez nous au début du XVIe siècle et que la noblesse n'inspectait pas de très près ses basses-cours.

Dirigeable : v. *aérostat*.

Disque

Depuis longtemps, la reproduction des sons et de la voix est dans les préoccupations humaines : deux cents ans avant notre ère, un conte chinois imaginait un coffret dans lequel la voix était prisonnière. Plus près de nous, Rabelais et le baron de Münchhausen évoquent la possibilité de geler paroles et sonorités pour les dégeler ensuite, afin de les restituer à leurs oreilles. Quant à Cyrano de Bergerac, il décrit un mystérieux coffret « permettant de lire avec les oreilles ».
En 1807, le physicien anglais Thomas Young parvient à enregistrer les vibrations d'un corps sonore, par l'intermédiaire d'un style, sur un cylindre tournant, enduit de noir de fumée.
En 1857, l'ouvrier typographe Édouard Scott de Martinville y associe son « phonautographe », capable d'inscrire le verbe et le chant. En 1877, Charles Cros, avec le « paléophone », et, en 1878, l'Américain Thomas Edison, avec le « phonographe », inventent l'un et l'autre un appareil capable d'enregistrer et de restituer le son. Mais c'est en 1887 qu'un Allemand émigré aux États-Unis, Émile Berliner, invente le disque, galette de zinc enduite de cire avec sillon en spirale, ainsi que l'appareil qui en donne la lecture – le « gramophone ».

Thomas Young, médecin et physicien anglais, parvint au tout début du XIXe siècle à enregistrer les premiers sons sur un cylindre tournant. Il faut attendre 1887 pour qu'Émile Berliner invente le disque, une galette de zinc enduite de cire avec sillon en spirale.

À partir de 1910, la normalisation du diamètre des disques est acquise : 30 cm pour les grands, 25 cm pour les petits. Normalisation qui permet l'enregistrement d'œuvres, et d'abord le *Concerto pour deux violons*, de J.-S. Bach, et *Carmen*, de Georges Bizet. En 1927 se généralise la vitesse de rotation de 78 t/min (v. *cédé*, *microsillon*).

Dissection : v. *chirurgie*.

Distillation : v. *alambic*.

Doberman

Vers 1860, Dobermann, employé à la fourrière d'un bourg de Thuringe, entreprend de créer une race de chiens de garde à partir des animaux condamnés qu'il aurait dû détruire. Cette technique de sélection est loin d'être hérétique comme on pourrait facilement le penser, puisqu'il obtint la magnifique race que l'on sait. En France, le doberman a été présenté pour la première fois en 1917, à Lyon.

Dollar

Sa création est décidée par le *Coinage act* du 2 avril 1792, mais les premiers dollars seront frappés seulement à partir de 1794. Cette unité monétaire a emprunté son nom à la pièce d'argent de huit réaux, dite « pièce de huit », d'une valeur sensiblement égale, qui circulait aussi bien dans les colonies espagnoles que britanniques d'Amérique, et que les anglophones avaient baptisée *spanish dollar*.
Dollar est une altération de *thaler*, diminutif de *Joachimsthaler*, pièce de monnaie qui avait cours dans les territoires soumis aux Habsbourg et s'appelait ainsi d'après le nom du village de Bohême (en tchèque : Jachymov) où elle avait été frappée pour la première fois en 1519.

Dôme

L'Égypte pharaonique a couvert ses temples d'un dôme élevé par assises circulaires de diamètre décroissant. La Chaldée a connu cette structure, dont la Perse a maintenu la tradition, qu'elle a transmise à Byzance. L'église Sainte-Sophie a été construite de 532 à 537 par Anthemios de Tralles et Isidore de Millet.

Domestication

L'homme domestique les animaux depuis huit mille à dix mille ans, depuis l'aube du néolithique, en commençant par le chien. Mais, sur cinq mille espèces de mammifères, un peu plus d'une douzaine seulement sont encore domestiquées par l'homme d'aujourd'hui : le chien*, le chat*, le mouton* et la chèvre*, le bœuf*, l'âne* et le cheval*, le lapin*, le chameau*, le renne, l'éléphant*, le cobaye*.
D'autres espèces de mammifères ont été abandonnées par l'homme. C'est ainsi que l'Égypte des pharaons avait domestiqué la gazelle, l'oryx, le bubale, l'addax et d'autres antilopes, et qu'elle utilisait comme auxiliaires de chasse guépard, chacal, hyène et lycaon. Les Romains, eux, élevaient et engraissaient le loir pour sa chair qu'ils trouvaient délectable.
L'homme d'aujourd'hui ne domestique plus. À peine peut-on citer, au XXe siècle, la domestication de l'éléphant d'Afrique, tentée au Congo belge. En Afrique du Sud, on aurait partiellement réussi celle de l'éland du Cap (*Taurotragus oryx*), dont Bougainville, le premier en France, signale sa première rencontre avec les Hollandais, en 1766 : « Un quadrupède d'une grande beauté, lequel tient du taureau, du cheval, du cerf, et dont le genre est absolument nouveau. » Enfin, notons qu'au cours des dernières décennies l'homme a « apprivoisé » le dauphin, avec des intentions et des objectifs souvent peu avouables.
Pour les oiseaux, sur dix mille espèces, on en compte à peine une dizaine qui aient été domestiquées, mis à part les oiseaux d'agrément comme serins, canaris, perruches... Ce sont le coq*, le canard*, le canard de Barbarie, l'oie*, le pigeon*, la tourterelle, la pintade*, le dindon*, le paon*, le cygne*, le faisan*, l'autruche*. Les Chinois utilisaient depuis des siècles le cormoran captif comme pêcheur. L'ancienne Égypte avait domestiqué une grue, « la Demoiselle de Numidie », qui gardait la basse-cour (v. aussi *abeille*, *huître*, *moule*, *ver à soie*).

Dominos (jeu de)

Les Grecs, les Hébreux, les Chinois se sont adonnés à des jeux voisins des dominos. Une légende tenace veut que ceux-ci soient arrivés en Europe au XIVe siècle. En fait, on ne trouve guère de traces de ce jeu avant le XVIIIe siècle. C'est en Italie qu'il apparaît alors, et qu'il jouit d'une grande popularité chez les oisifs de Venise et de Naples. Presque aussitôt, il a conquis la France.

Probablement originaires de Chine et arrivés en Italie au XVIIIe siècle, les dominos s'empressent de conquérir Paris. Au XIXe siècle, il était même de bon ton de se rassembler dans les cafés de la capitale pour y jouer. Aquarelle de Georg Emanuel Opitz (1775-1841).

Donjon

C'est à Langeais (Indre-et-Loire) qu'on peut encore voir deux pans de mur du premier donjon de pierre construit en France. Il fut élevé dans les dernières années du Xe siècle par Foulques Nerra, comte d'Anjou de 987 à 1040, avec la forteresse dominant le Val de Loire, et devait lui servir de point d'appui pour la conquête de la Touraine.

Le donjon de Langeais allait devenir un modèle pour toute l'architecture militaire de la première période romane, en particulier à Loches. Le donjon de Loches, lui, est toujours debout : c'est un bloc rectangulaire de 37 mètres de hauteur, auquel ont été ajoutés, à la fin du XIe siècle, trois contreforts semi-cylindriques (v. *château*).

Dorure

Revêtir d'une feuille d'or un objet de cuivre ou de bois, qui constitue la première technique de la dorure, n'est pas antérieur au XIe siècle. L'anneau d'Adalbéron, qui fut évêque d'Angoulême de 1070 à 1101, est fait d'une aigue-marine enchâssée dans le bronze doré.

Doryphore

Malgré son nom belliqueux (dans la Grèce antique, le mot désignait un soldat armé d'une lance), le doryphore était un modeste coléoptère du Colorado, assez rare, qui, pour vivre, mangeait les feuilles d'une solanacée sauvage, *Solanum rostratum*, elle-même peu répandue. Comme tel, le doryphore est décrit pour la première fois en 1824 par un entomologiste américain. En 1850, la culture de la pomme* de terre, autre solanacée (*Solanum tuberosum*), est introduite dans cette région, et aussitôt, pour le doryphore, qu'on surnommera bientôt «bête du Colorado», c'est un grand bonheur : les feuilles de la pomme de terre lui plaisent particulièrement, et une explosion démographique de l'espèce s'ensuit. En 1874, le doryphore atteint la côte est ; en 1876, il traverse l'Atlantique et débarque à Brême ; en, 1877, il fait de même à Liverpool et Rotterdam, et remonte la vallée du Rhin ; en 1922, un important foyer de 250 km^2 entoure Bordeaux ; en 1935, il est signalé en Espagne ; en 1937, il apparaît en Suisse. Entre 1941 et 1944, les Français ont faim en raison des appétits conjugués de l'armée allemande et du doryphore, si bien que, dans leur argot d'occupés, ils finissent par appeler «doryphores» les nazis ; en 1961, il atteint les Balkans, la Scandinavie et la Russie, d'où il va rejoindre, via la Sibérie et le Pacifique, sa patrie d'origine. En quelque cent dix ans, il aura fait le tour du monde.

Dragée

Histoire de mieux « faire passer la pilule », les apothicaires de Verdun, dès le XIIe siècle, enrobaient de manière sucrée leurs médications. En 1220, un « espicier » du cru a l'idée de couvrir des amandes d'une légère couche de miel et de sucre comme seul remède à cette maladie qu'est la gourmandise...

La dragée venait de naître, et depuis huit siècles elle est restée la fierté de sa ville natale. Toutefois, ce n'est qu'au milieu du XIXe siècle que ce bonbon va connaître son passage à l'ère industrielle avec l'apparition de la turbine à dragées, basée sur l'invention d'un autre Verdunois, un nommé Moulefarine...

Drap de lit

Le drap de lin apparaît au début du XIIIe siècle en France septentrionale, en Flandre et aux Pays-Bas (le commun des mortels continue, bien entendu, à coucher sur des paillasses en se tenant chaud comme il peut). On l'appelle alors drap-linge, car drap de lit et linceul seront synonymes pendant près de trois cents ans. Au XVIIe siècle apparaissent les draps de coton. Ils étaient d'autant plus appréciés que beaucoup couchaient nus, comme l'illustre Descartes, qui le précise incidemment, philosophant sur le rêve, dans ses *Méditations* : « Je suis moi-même fou toutes les nuits puisque je crois être dans une forêt alors que je suis nu dans mon lit » (Méditation première).

Ni Descartes ni personne d'autre n'a pu parler de draps-housses avant 1948. En effet, les premiers furent présentés cette année-là à Paris, au Salon de l'enfance (v. *lit*, *matelas*).

C'est au XIe siècle que débute la technique de la dorure. Une crosse impériale en bois recouverte d'une feuille d'or, sculptée en 1024.

Drapeau américain

Stars and Stripes, le drapeau aux cinquante étoiles, a été officiellement hissé pour la première fois à 12h01, le 4 juillet 1960, au Fort McHenry National Monument, à Baltimore. Le cinquantième État correspondant à la cinquantième étoile était l'archipel des Hawaii, la quarante-neuvième ayant été ajoutée l'année précédente pour l'admission de l'Alaska au sein de l'Union. Avant l'année 1959, le drapeau américain portait quarante-huit étoiles depuis 1912, année où le Nouveau-Mexique et l'Arizona étaient devenus États membres.
Si étonnant que cela paraisse, la naissance du drapeau américain donne lieu à d'innombrables discussions. Ainsi, nul ne peut affirmer avec certitude qui l'a dessiné et quand il a flotté au vent pour la première fois. Un seul point certain : le drapeau à treize bandes et à treize étoiles (correspondant aux treize États fondateurs) a été créé sur décision du Second Congrès, à Philadelphie, le 14 juin 1777.

Drapeau britannique

L'Union Jack, ou pavillon de l'Union, est le nom du drapeau national du Royaume-Uni de Grande-Bretagne et d'Irlande du Nord. Jacques Ier l'a créé par un décret de 1606. L'Union Jack unissait alors sur le fond bleu la croix de Saint-Georges anglaise, rouge avec liséré blanc, et la croix de Saint-André écossaise. Après l'union avec l'Irlande, en 1800, fut ajoutée la croix de Saint-Patrick, semblable à la croix de Saint-Georges, mais rouge.

Drapeau tricolore

Sous l'ancienne monarchie, il n'existait pas de drapeau national, seulement des drapeaux militaires aux couleurs diverses. L'ancêtre de notre tricolore est la cocarde adoptée par la garde nationale de Paris, sur proposition de La Fayette, le 17 juillet 1789, le blanc étant la couleur du roi, le bleu et le rouge celles de Paris.
Depuis 1793, drapeau national de la France – abandonné sous la Restauration entre 1816 et 1830 –, le tricolore, sous sa forme actuelle, a été institué par Napoléon en 1812 : on le dote des trois couleurs nationales en bandes verticales, le bleu à la hampe. Aussi bien le timbre de 0,90 F émis le 13 novembre 1972 et consacré à Bonaparte au pont d'Arcole, qui représente celui-ci brandissant un magnifique drapeau aux trois couleurs, distribuées selon l'ordre et les surfaces que nous

Lorsque Napoléon Bonaparte entre en Égypte en 1798, il porte le drapeau de la République française tel que les révolutionnaires l'avaient établi. Ce n'est qu'en 1812 que le tricolore adopte la forme que nous lui connaissons aujourd'hui : le bleu à la hampe. *Bonaparte entre en Égypte*, gravure de J. Chéreau, 1798 (Bibliothèque nationale, Paris).

lui connaissons, constitue-t-il un anachronisme. En effet, à l'époque des guerres d'Italie, le drapeau français représentait les trois couleurs sous diverses formes. Généralement, le bleu et le rouge étaient disposés dans les quatre angles, le centre étant constitué par un losange réservé au blanc, et c'est bien ainsi qu'on le retrouve dans les tableaux de Gros et d'Horace Vernet. De même, David avec sa *Distribution des aigles par l'Empereur*.

Duc

Le titre remonte à l'Empire romain. À partir de Constantin (IVe siècle), les gouverneurs de province, qui exerçaient à la fois le pouvoir civil et le pouvoir militaire, se voient retirer ce dernier, qui est confié à un *dux* (latin : « chef »). De même, dans la monarchie mérovingienne, le duc, qui était lui aussi, à l'origine, un chef militaire nommé par le roi, commence à recevoir, vers le milieu du VIIe siècle, un commandement territorial. En France, les quatre grands duchés se constituent, pour la Normandie en 911, pour la Bretagne et pour l'Aquitaine (ou Guyenne) à la fin du IXe siècle, et pour la Bourgogne en 1204. En

revanche, le titre n'apparaît en Angleterre qu'en 1337, créé par Édouard III au bénéfice de son fils, le Prince Noir, qui devient duc de Cornouailles. L'Assemblée constituante supprimera la noblesse héréditaire et les titres par décret du 19 juin 1790. Par une série de décrets pris entre 1806 et 1808, Napoléon Ier crée une noblesse d'Empire. La Restauration maintient cette nouvelle noblesse et réhabilite l'ancienne. De nouveau supprimés en 1848, les titres nobiliaires seront rétablis par Napoléon III en 1852.
En ce qui concerne le titre de duc, il est rétabli par Napoléon Ier en 1806 : trente-cinq ducs seront créés sous le premier Empire, dix-sept sous la Restauration, quatre sous la monarchie de Juillet, quatorze sous le second Empire (v. *baron*, *comte*, *vicomte*, *marquis*, *prince*).

Dynamite

Né et élevé parmi les explosifs – son père faisait commerce de la poudre* à canon –, le chimiste suédois Alfred Nobel connaissait les dangers de la nitroglycérine : les propriétés brutales de celle-ci avaient en effet été découvertes en 1847 par son collègue italien Ascanio Sobrero, qui en était resté là, faute de maîtriser ce liquide.
Nobel, quant à lui, se lança dans sa production, mais l'usine qu'il avait montée en 1863 fut détruite par une explosion où périt son frère cadet. Sans se décourager, Nobel chercha et découvrit en 1864 la possibilité d'amorcer la détonation de la nitroglycérine au moyen de fulminate de mercure. Il monte alors une deuxième usine (1865), ayant imaginé de faire absorber trois parties de nitroglycérine pour une partie de kieselguhr, corps inerte composé de diatomées, d'où son nom français de « diatomite » ou « terre d'infusoires ». Le résultat est une poudre, un peu moins violente, mais plus maniable que la nitroglycérine : il la baptise « dynamite ». Il en dépose le brevet en Grande-Bretagne (1867) et aux États-Unis (1868).
En 1875, Nobel invente la dynamite-gomme ou gélatine explosive, en faisant absorber la nitroglycérine par du coton nitré. En 1887, il crée une poudre propulsive qu'il baptise « balistite ». Grâce à ces inventions, et à quelques autres, toutes aussi explosives, il laisse à sa mort, en 1896, une fortune considérable, dont quelque 9 millions de dollars destinés à la création des prix Nobel*.

Alfred Nobel, chimiste suédois, a cherché toute sa vie à maîtriser la force explosive. En 1865, il découvre la dynamite.

Dynamo

Le premier moyen inventé par l'homme pour produire un courant électrique fut la pile*, mais celle-ci ne suffisait pas à obtenir un courant de grande puissance et de longue durée.
Le physicien danois Hans Christian Œrsted ayant découvert en 1820 qu'une aiguille de boussole s'orientait vers un fil où passait un courant électrique, le chimiste anglais Michael Faraday démontra que l'inverse était également vrai : en 1831, il réussit à créer un courant électrique par un aimant* en mouvement dans un enroulement ou solénoïde. Tel est le principe même de l'induction électromagnétique.
Restait à mettre au point un dispositif permettant de faire tourner un enroulement entre les pôles d'un aimant et de prélever ensuite l'électricité à mesure qu'elle se formait. C'est un constructeur d'instruments de physique, le Français Hippolyte Pixii, qui, le premier, construisit en 1832 une machine suivant ce principe à la demande d'un client – qui n'était autre qu'Ampère.
Enfin, en 1871, le Belge Zénobe Gramme mettait au point une machine assez puissante pour alimenter en force électrique usines et ensembles de foyers urbains. Ce type de machine s'appelle une génératrice : elle transforme de l'énergie mécanique en énergie électrique. Une appellation plus ancienne est machine dynamo-électrique, devenue ensuite, par abréviation, la célèbre dynamo.

Depuis Quand ? E comme...

qu'appliquent au XVIe siècle, en Italie, le Parmesan et Augustin Carrache. Androuet du Cerceau l'introduit en France au milieu du XVIe siècle.

Eau-de-vie

La technique de la distillation ne fut pas inconnue des grandes civilisations, mais c'est Arnaud de Villeneuve, médecin et alchimiste du XIIIe siècle, qui, héritier des procédés mis au point par les musulmans, a trouvé les moyens de fabriquer de l'« eau ardente » à partir du vin (v. *alambic*).

Eau de Cologne

Cette eau cosmétique et de toilette – *aqua mirabilis* – est née sur les bords du Rhin au début du XVIIIe siècle. Elle consiste en une solution alcoolisée d'huiles essentielles (à l'origine : bergamote, citron, lavande, romarin, néroli) dont la composition, tenue secrète, aurait eu pour inventeur un certain Jean-Paul Feminis, Italien venu s'installer à Cologne vers 1695. Il en aurait transmis la recette à un autre Italien, peut-être son neveu, Jean-Marie Farina, qui s'en assura la vente exclusive pour l'Europe entière en 1709 – et c'est ainsi que Farina est devenu le nom de la plus ancienne fabrique d'eau de Cologne.

Celle-ci doit son appellation aux Français du début du XIXe siècle, qui l'utilisaient sans retenue, après qu'un des nombreux descendants de Jean-Marie Farina se fut installé à Paris en 1806. La petite histoire ne raconte-t-elle pas que Napoléon Ier lui-même en faisait un usage immodéré – soixante litres par mois paraît-il – et qu'avant d'engager une bataille il s'en aspergeait la tête et les épaules...

Eau-forte

La gravure* à l'eau-forte préparant la finition au burin paraît avoir eu pour inventeur le maître allemand Daniel Hopfer, d'Augsbourg, à la fin du XVe siècle. Son portrait de Konrad von der Rosen, de 1503, initie Dürer à cette technique,

Eaux thermales

Les Grecs semblent bien être les « inventeurs » des eaux thermales. Leur mythologie en attribue la découverte à Héraclès, l'Hercule des Latins, et ces eaux, que les uns appelaient « bains d'Héraclès » et les autres « bains d'Hercule », étaient consacrées à ce demi-dieu. Hippocrate lui-même, qui exerçait quatre siècles avant notre ère, parle de leurs vertus bienfaisantes. Moins d'un siècle plus tard, Aristote cite les eaux de Scotussa, en Thessalie, et celle d'Edipsos, en Eubée.

La volcanique Italie est très riche en eaux thermales, et les Romains, en dignes disciples des Grecs, les avaient presque toutes recensées – sans parler de celles de l'Empire. Autour de ces sources florissait une hôtellerie comparable à celles de nos plus célèbres villes d'eaux. Et déjà le « coup de

Les Grecs de l'Antiquité connaissaient les vertus des eaux thermales. En France, il faut attendre le XVIIIe siècle que le commerce de ces eaux soit organisé. Une publicité pour une eau purgative, la « Royale hongroise », fin du XIXe siècle (bibliothèque des Arts décoratifs, Paris).

fusil » avant la lettre existait quatre-vingts ans après J.-C., à en croire le poète Martial, qui se plaint de la plus célèbre des stations thermales romaines, Baies, où, malgré son prix élevé, la nourriture était médiocre. Et de conclure : « Quand je mange si mal, qu'ai-je besoin d'être lavé ! »
Les eaux thermales apparurent dès le XVIe siècle dans la littérature française : Rabelais fait prendre les eaux à Pantagruel, et Marguerite de Navarre, dans *l'Heptaméron*, montre ses personnages aux eaux de Cauterets. En mai 1655, Vallet ordonna à Louis XIV les eaux de Forges, « qu'il faisait apporter par des officiers du gobelet à cheval, puis des relais d'hommes à pied en apportaient toute la matinée une flottée dont le roi usait de la manière ordinaire, après avoir été préparé par la saignée et la purgation ». Le traitement dut être cependant rapidement interrompu, l'état du roi ne faisant qu'empirer.
C'est au siècle suivant que le commerce des eaux minérales fut organisé : en 1760, les sieurs Alleaume et Delage, rue des Prouvaires, à Paris, possédaient le privilège exclusif de transport et de vente, le prix de chaque eau étant fixé par le premier médecin du roi. Ces prix allaient de quinze sous pour la bouteille de Sainte-Reine à douze livres pour cinq pintes de Plombières ; la bouteille d'eau de Forges « à l'ordinaire » coûtait quinze sous, et une livre et quinze sous « par relais ». En 1837, Saturnin Badoit devint fermier des eaux de la ville de Saint-Galmier, dans le département de la Loire. Avec lui, l'esprit d'entreprise se mit à souffler sur cette cité, dont les eaux étaient déjà appréciées des Romains. Car Badoit eut le premier l'idée de se lancer dans l'embouteillage industriel. Sa réussite fut si fructueuse qu'il en vint à construire des entrepôts pour ses bouteilles dans toute l'Europe, et que l'eau de Saint-Galmier fut rebaptisée « eau de Badoit » par le public.

Ébène

Ce bois noir au grain très serré provient de plusieurs espèces d'arbres exotiques du genre *Diospyros*, indigènes en Asie, en Afrique et en Amérique tropicales.
Dès le XIIIe siècle, rare et précieuse, l'ébène asiatique est employée en Europe pour la fabrication de coffrets, d'écritoires, de damiers, etc. Son emploi par les tabletiers français est réglementé par le *Livre des métiers* du prévôt Étienne Boileau en 1258.
Du XIVe au XVIe siècle, l'emploi de l'ébène passe des petits objets aux meubles d'une certaine importance, grâce à quoi l'on assiste, sous Henri III, dernier des Valois, aux commencements de l'ébénisterie. Mais celle-ci, ingrate, délaissera au XVIIe siècle le matériau auquel elle doit son nom au profit de l'acacia.

Échalote : v. *oignon*.

Échasses

C'est un appareillage assez surprenant, constitué d'un long bâton équipé d'un fourchon ou étrier, que l'on croit généralement réservé aux bergers des Landes du XIXe siècle. En fait, les échasses sont connues de nombreuses civilisations. Déjà utilisées durant l'Antiquité dans les zones marécageuses (et même par les Grecs comme accessoire de théâtre), elles servent encore de nos jours, en Chine, aux acteurs des rues ; et, dans les danses rituelles de certaines ethnies d'Afrique et d'Amérique du Sud, elles représentent les démons et les esprits.
En France, il était d'usage de monter sur de courtes échasses, dès le XIIIe siècle, pour se protéger de la boue. La disparition des derniers bergers landais remonte aux années 1860, quand leur territoire, que les pluies transformaient en marécages, céda la place à une immense forêt de pins créée sous l'impulsion de Napoléon III. Les sociétés d'échassiers sont nées une trentaine d'années plus tard. De nombreuses courses ont eu lieu, déjà à la fin du XIXe siècle, et jusqu'aux années 1970.

Dès le XIIIe siècle, on utilisait fréquemment de courtes échasses afin de se déplacer au milieu des étendues marécageuses du sud-ouest de la France (Bibliothèque nationale, Paris).

Échecs (jeu des)

La Chanson de Roland donne au jeu des échecs son nom actuel, alors que le Moyen Âge latinisant l'appelait *ludus calculorum*, d'après le nom d'un jeu romain dont on a pu croire qu'il s'agissait du jeu des échecs, et l'on a alors fait remonter celui-ci à la Grèce antique et à l'un des

Dès le XIe siècle, *La Chanson de Roland* donne au *ludus calculorum* le nom de « jeu des échecs ». Et, contrairement à ce que la légende répand, ce jeu n'a pas été inventé par les Grecs, mais par un brahmane au Ve siècle. *Joueurs d'Échecs*, miniature extraite du *Guiron de Courtois* de Rusticien de Pise de 1370.

héros de la guerre de Troie : Palamède, son inventeur légendaire. Toujours à partir de cette erreur d'interprétation, on a admis qu'au troisième triomphe de Pompée, donc au Ier siècle avant J.-C., figurait un jeu d'échecs fait, selon Pline l'Ancien, de grosses pierres précieuses avec une reine d'or.

En réalité, les échecs sont d'origine hindoue – les pièces, d'ailleurs, représentent l'ancien appareil de guerre indien. Leur inventeur serait un brahmane du nom de Sessa, qui vivait au Ve siècle de notre ère – peut-être au VIe. Mais le jeu hindou avait peu de rapport avec celui que nous connaissons : il se jouait entre deux équipes de deux joueurs chacune, ne comptait que quatre pièces et quatre pions et comportait le lancer d'un dé*. Les Perses l'empruntent à l'Inde vers l'an 600 après J.-C., puis les Arabes aux Perses. En 950, un auteur arabe, Massoudi, en parle comme d'un jeu pratiqué bien avant son époque. En effet, Charlemagne possédait déjà un échiquier, qui se trouve aujourd'hui à la Bibliothèque nationale. Car les Arabes avaient eu tôt fait d'apporter avec eux les échecs en Espagne, d'où ceux-ci vont se répandre dans toute l'Europe. En Europe, les joueurs ne sont plus que deux, manœuvrant les seize pièces qui sont toujours les nôtres, encore que la marche de la reine et du fou soit différente. C'est seulement au XVIIe siècle que les échecs ont vu leurs règles définitivement codifiées, avec la marche rectiligne « tous azimuts » de la reine et la marche en diagonale du fou. C'est ce jeu-là qu'ont pratiqué avec passion Voltaire, Leibniz, Napoléon, Lénine et bien d'autres personnages célèbres.

Si le premier tournoi international – entre maîtres espagnols et joueurs italiens – a lieu en 1574, les premières compétitions mondiales, elles, voient le jour au cours du XIXe siècle, et en 1924 est créée la Fédération internationale des échecs.

The Game and Playe of the Chesse fut probablement publié en 1475 à Bruges par William Caxton, qui sera le premier imprimeur britannique à publier un livre (*Dictes and Sayenges of the Phylosophers*, Londres, 1477).

Le premier auteur de grande autorité, spécialiste des échecs modernes, est l'Espagnol Ruy López de Segura, dont le traité date de 1561.

En France, Philidor, compositeur d'opéras-comiques à succès, de tragédies lyriques et d'oratorios, mais aussi réputé comme le plus fort joueur d'échecs de son temps, publie en 1749 *L'Analyse du jeu des échecs* (v. *bit*, *jeu de dames*).

Échelle

Le satirique romain Martial déplore, dans une de ses Épigrammes, la hauteur des trois échelles qui donnaient accès à son logis. L'échelle reparaît en France au XIIe siècle, sous deux formes, l'une à deux montants reliés par un étagement de barreaux, l'autre faite d'un fût traversé par des échelons.

Éclairage des rues de Paris

En 1258, Étienne Boileau, prévôt de Paris, ordonne aux propriétaires d'éclairer la façade de leurs maisons avec un pot à feu. Son ordre n'est pas suivi. En 1318, Philippe V place une lanterne à la porte du palais du tribunal du Châtelet, « afin de déjouer les entreprises qui se perpétraient jusque sur place. » C'est le tout premier éclairage urbain dans Paris.
Enjambons les siècles obscurs et glissons de l'utilisation des « lanternes ardentes et allumantes » aux éclairages à la résine, à la cire, à la chandelle, à l'huile de tripes ou de colza, au gaz*, et venons-en à l'éclairage électrique des rues de Paris. Mais, au passage, notons qu'en mars 1874 avait eu lieu à la préfecture de la Seine l'adjudication des mille cinq cents réverbères à l'huile existant encore dans Paris. Après deux expériences, l'une en 1841, au no 7 du quai de Conti, l'autre en 1844, place de la Concorde, il faudra attendre l'exposition de 1878 pour qu'ait lieu la première application véritable de la lumière électrique à l'éclairage urbain dans Paris : le 30 mai 1878, la Société générale électrique met en service trente-deux « foyers » avenue de l'Opéra et place du Théâtre-Français. Ce nombre est porté à soixante-deux, dont huit doubles, place de l'Opéra, dans les mois qui suivent. La ville paie à la SGE 1,25 F par heure et par foyer (v. *ampoule électrique*, *électricité*, *lampe*).

Cette miniature extraite d'un manuscrit à peintures et datant du IXe siècle mentionne et décrit l'échelle. Son utilisation, héritée de l'Antiquité, n'est redevenue courante qu'au XIIe siècle. *Vision de l'Échelle*, saint Jean Climaque (Bibliothèque nationale, Paris).

Éclipse

Dans le cas d'une éclipse de Soleil, la Lune s'interpose entre la Terre et lui ; dans le cas d'une éclipse de Lune, c'est la Terre qui s'interpose entre eux. Les mêmes soixante-dix éclipses se reproduisent après deux cent vingt-trois lunaisons (soit dix-huit ans et onze jours), dont vingt-neuf de Lune et quarante et une de Soleil — et les Chaldéens le savaient déjà il y a trois mille ans !
Cependant, elles furent longtemps encore tenues pour des phénomènes divins, annonciateurs de catastrophes. Mais, au VIIe siècle avant notre ère, la périodicité des éclipses est connue de l'Antiquité grecque. La légende affirme que le mathématicien et philosophe Thalès de Milet a prédit l'éclipse de Soleil de 585 qui interrompit une bataille entre Lydiens et Mèdes.
Malgré leur fréquence et leur répétitivité, elles impressionnent les « bons sauvages » : Christophe Colomb, démuni de vivres à la Jamaïque, menace les Indiens de les priver de Lune s'ils ne le ravitaillent pas. L'éclipse de Lune se produit et les Indiens, terrifiés, obtempèrent. En 1887, l'astronome autrichien Theodor von Oppolzer publie le *Canon des éclipses*, de 1207 avant J.-C. à 2161 de notre ère.

Écluse à sas

En Europe, la première écluse à sas reconnue comme telle avec certitude date de 1373. Elle fut construite à Vreeswijk, aux Pays-Bas, précisément au point où le canal d'Utrecht rejoint le Lek, c'est-à-dire le bras septentrional du Rhin.
La technique de l'écluse à sas a été probablement rapportée de Chine par des marchands hollandais. En tout cas, elle fut inventée en 984 par Qiao Weiyo, préfet adjoint des Transports dans la région de Nankin. Auparavant, les barges à fond plat, sans quille, qui naviguaient sur les voies d'eau chinoises, étaient halées sur des plans inclinés pour passer d'un bief à l'autre, et les avaries provoquées par cette opération étaient fréquentes et coûteuses. Si les écluses à sas chinoises se multiplièrent très vite, elles ne survécurent pas longtemps aux changements politiques qui secouèrent l'empire

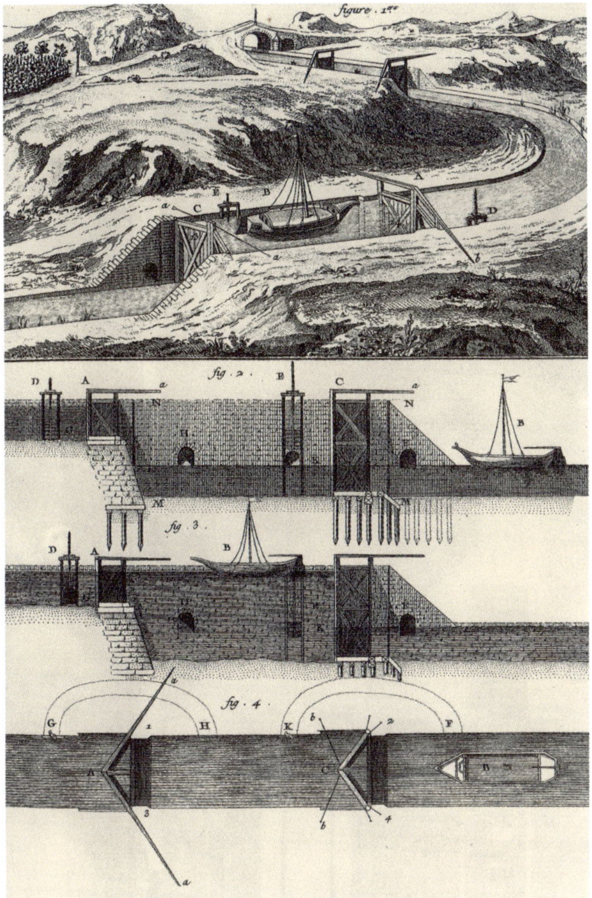

Ce n'est qu'après le développement de l'écluse à sas au XIVe siècle (la première fut construite près d'Utrecht, aux Pays-Bas, vers 1370) que le transport fluvial prit un essor considérable. L'écluse à sas et son système hydraulique, gravure extraite de l'*Encyclopédie*, XVIIIe siècle.

du Milieu par la suite, notamment avec la prise de pouvoir par les Mongols en 1260. Elles disparurent au moment où elles s'imposaient en Europe.

Écologie

Considérée comme l'étude des équilibres naturels et des adaptations des plantes et des animaux à leur milieu, l'écologie est née avec Darwin. Mais le mot « écologie » et la science écologique exposée comme telle sont la création du naturaliste allemand Ernst Haeckel – tonitruant et fougueux défenseur des idées évolutionnistes de Darwin – avec sa *Morphologie générale des organismes*, publiée en 1864.

Écrire (machine à)

C'est la firme américaine Remington, alors renommée pour sa production d'armes, de matériel agricole et de machines à coudre, qui réalise la première fabrication en série d'une machine à écrire digne de ce nom (1873). Elle séduisit Mark Twain, qui, dès lors, s'inscrit dans le panthéon littéraire comme le premier écrivain dactylographe. Mais les experts disputent encore sur le point de savoir si c'est le manuscrit de *Tom Sawyer* ou celui de *Vie sur le Mississippi* que le célèbre humoriste remit en premier, dactylographié, à son éditeur.
Remington avait utilisé, pour réaliser cette première fabrication en série, les travaux et résultats de Christopher Sholes, imprimeur de son état, qui avait péniblement mis au point un modèle de type artisanal, en 1867, avec l'aide de ses amis Carlos Glidden et Samuel W. Soulé.
Auparavant, dans la première moitié du XIXe siècle, quelques bricoleurs géniaux avaient fabriqué des machines à écrire, baptisées de noms poétiques ou plaisants, tel un certain « piano à écrire », dont la frappe était malheureusement plus lente que l'écriture manuelle. Plus sérieuse, mais encore assez loin de l'efficacité minimale, citons les machines de l'Italien Giuseppe Ravizza (1837) et de l'Américain Charles Thurber (1843).
Enfin, saluons au passage un ancêtre : l'ingénieur anglais Henry Mill, qui, dès 1714, se vit accorder par Sa Gracieuse Majesté le brevet d'une machine à écrire dont nous ignorons si elle fut jamais construite.

L'écrivain américain Mark Twain (1835-1910), séduit par l'invention de la machine à écrire par la société Remington en 1873, fut le premier écrivain à remettre à son éditeur des manuscrits dactylographiés.

Écriture

Définie comme un ensemble de signes graphiques destinés à traduire visuellement la parole, l'écriture marque le début de l'Histoire. Il semble bien qu'elle soit apparue simultanément en Mésopotamie (au pays de Sumer – l'actuel Irak) et en Égypte vers 3300 avant J.-C. Alors qu'avant 1996 on donnait les Sumériens comme ses premiers « inventeurs », sous la forme de symboles pictographiques vite transformés en caractères cunéiformes, l'archéologue allemand Gunther Dreyer a remis en question ce point de vue. Après avoir fouillé pendant plus de dix ans la nécropole égyptienne d'Abydos, à 500 km au sud du Caire, il a mis au jour plus de 300 inscriptions phonétiques sur des tablettes et des poteries vieilles de 3200 ans, inscriptions qui ne ressemblent pas à l'écriture cunéiforme sumérienne et annoncent les hiéroglyphes*. Mais, dans les deux cas, il s'agissait, pour des raisons administratives et commerciales, d'enregistrer les mouvements de marchandises et d'animaux.

Égout

L'aménagement des égouts fait partie de l'architecture assyrienne. Strabon reproche aux Grecs de le négliger, bien qu'on ait retrouvé à Athènes un fond de caniveau relié par des canaux latéraux aux maisons qui le bordaient, sous les Pisistratides (ve siècle avant J.-C.). Rome a connu sous ses premiers rois la *cloaca maxima*, dont une branche est encore en service aujourd'hui.
La France en a renouvelé l'usage au XIIe siècle. En 1370, sous Charles V, le prévôt de Paris Hugues Aubriot – par ailleurs constructeur de la Bastille – fait aménager, rue Montmartre, le premier égout maçonné et voûté : il aboutissait dans le ruisseau de Ménilmontant, dont le tracé suivait, à peu de chose près, celui de l'actuelle rue de Provence. Sous le Palais de justice de Paris se trouvent encore des égouts construits vers la moitié du XVe siècle, sous Louis XI.

Électricité

Après frottement, l'ambre jaune attire les corps légers : ce phénomène, qui relève de l'électricité statique, est décrit pour la première fois par Thalès de Milet, en l'an 600 avant

notre ère. Après quoi, il faut attendre le XVIe siècle et les travaux de l'Anglais William Gilbert, de Colchester, pour que soit faite la distinction entre l'attraction magnétique de l'aiguille aimantée (v. *boussole*) et l'attraction électrique de l'ambre et d'autres corps comme le verre et la résine. Et c'est le même Gilbert qui baptise le phénomène du nom d'« électricité », du grec *elektron*, qui signifie précisément « ambre ».
En 1670, Otto von Guericke, physicien et bourgmestre de Magdebourg, invente une machine électrostatique qui crée, pour la première fois, des étincelles électriques : les « hémisphères de Magdebourg » émerveillent la diète de Ratisbonne. À partir de cette création artificielle, Benjamin Franklin (par ailleurs, promoteur de la théorie des électricités positive et négative) identifie l'électricité naturelle des orages et invente le paratonnerre* (v. aussi *ampoule électrique, dynamo, éclairage des rues de Paris, lampe, pile*).

Électrocardiogramme

Enregistrement graphique de la tension artérielle, l'électrocardiogramme (ECG) est une invention de Willem Einthoven. Né aux Antilles néerlandaises en 1885, ce physiologiste avait mis au point dès

En haut : les expériences de Guericke sur la répulsion électrique et la première machine électrostatique qu'il a mise au point en 1670, gravure extraite de *Experimenta nova Magdeburgica de vacuo spatio*, paru à Amsterdam en 1672.

Ci-dessus : une des premières tablettes à écriture pictographique sumérienne datée du IVe millénaire avant J.-C., retrouvée en basse Mésopotamie (musée du Louvre, Paris).

1903 le galvanomètre à corde, qui permettait la mesure de courants électriques extrêmement ténus. Il allait aussitôt utiliser ce dispositif pour construire un appareil capable d'amplifier et d'enregistrer sur papier sensible le tracé de la tension cardiaque (1906) ; travaux et inventions qui lui valurent un prix Nobel* en 1924.

Électroencéphalogramme

En 1875, le Britannique R. Cavon met en évidence l'activité électrique du cerveau par des expériences sur l'encéphale des singes. S'appuyant sur ces travaux, le physiologiste et neuropsychiatre allemand Hans Berger met au point, en 1929, un appareil capable d'enregistrer un électroencéphalogramme (EEG) – mot qu'il a créé pour la même occasion –, la traduction linéaire des variations de potentiel électrique entre les cellules cérébrales.

Éléphant

Comme le rhinocéros* laineux, le mammouth, ancêtre immédiat de l'éléphant, a été le contemporain de l'homme du paléolithique, de l'Espagne à la Sibérie. Déjà, l'Égypte prépharaonique a connu l'éléphant : les artistes de la civilisation de Negada (4000-3000 avant J.-C.) l'ont dessiné sur des vases et des palettes.

L'Égypte des Ptolémée, elle, a appris à dresser l'éléphant d'Asie. Dressés aussi, les éléphants d'Afrique, qui, en 280 avant J.-C., font leur apparition en Italie avec Pyrrhus et mettent en fuite la cavalerie romaine à Héraclée. Dressés également, les éléphants gétules des Carthaginois : ce seront leurs chars d'assaut* aux cours des guerres puniques. Et le sénat romain, ne sachant quoi faire d'une centaine d'entre eux faits prisonniers et qui participaient au triomphe de Caecilius Metellus, en 261 avant J.-C., ordonna de les massacrer à coups de javelots. Un éléphant blanc du Siam participa à l'inauguration du théâtre de Pompée à Rome, en 61 avant J.-C., et sans doute est-ce le premier éléphant d'Asie venu en Europe. Avec les débuts de notre ère, les éléphants demeurent rarissimes en Occident : l'Histoire cite celui que Harun al-Rachid, calife de Bagdad, envoya à Charlemagne en 797, celui que Saint Louis ramena de Syrie en 1254, ceux dont la royauté portugaise fit cadeau à Louis XI en 1475 et à Louis XIV en 1668, celui à propos duquel Henri IV écrivait, le 25 juillet 1591, à son bureau des finances de Dieppe : « Parce que nous désirons que l'éléphant qui nous a été amené des Indes soit conservé et gardé comme chose rare et qui ne s'est encore vue en cestui notre royaume. »
En 1795, les troupes françaises aux Pays-Bas saisissent un couple d'éléphants donnés au stathouder par la Compagnie des Indes. Sur chariots et péniches, on les convoie jusqu'à Paris, où le Jardin des Plantes va les abriter. Voyage mouvementé qui dure… six mois ! Ces éléphants d'Asie vont constituer pendant quelque temps la grande attraction de la capitale.

L'Égypte ancienne connaissait déjà l'éléphant au IVe millénaire avant J.-C. Une tête d'éléphant provenant du Nigeria, datée du IIIe siècle avant J.-C. environ (Musée national de Jos, Nigeria).

Élysée (palais de l')

À l'inverse de la Maison*-Blanche, l'Élysée a abrité des résidents extrêmement divers.
Construit en 1718 sur les plans de l'architecte Claude Mollet pour le comte d'Évreux, il est acquis une vingtaine d'années plus tard par la marquise de Pompadour, qui le cède bientôt à son frère le marquis de Marigny. À partir de 1773, il est la propriété du financier Beaujon, qui s'y fera arrêter en 1793. C'est en 1797 qu'il prend le nom d'Élysée, quand il devient bal public et loué à différentes entreprises de spectacles, pour des fêtes champêtres, des lâchers d'aérostats ou des feux d'artifice. Puis Joachim Murat l'acquiert (1803) jusqu'à son départ pour le royaume de Naples (1808). Il le cède alors à Napoléon, qui aime y résider. On l'appelle alors « Élysée-Napoléon ». C'est là que l'Empereur signera sa seconde abdication (22 juin 1815). Sous la Restauration, il devient l'« Élysée-Bourbon » et conserve cette appellation jusqu'à la chute de Louis-Philippe (1848). Puis, il devient l'« Hôtel du Président », car Louis Napoléon y réside à son tour. Puis celui-ci, s'étant installé aux Tuileries en tant que Napoléon III, se contente d'y loger ses invités de marque – rois, princes et sultans.

L'Élysée devient présidentiel quand le maréchal de Mac-Mahon, monarchiste convaincu, devient le deuxième président de la IIIe République (1873). Les onze présidents qui se succèderont de 1879 à 1940 y résideront tous sans exception. Un seul y mourra : Félix Faure. La IVe et la Ve République prolongeront la tradition, encore que certains élus au poste suprême préfèrerent dormir à leur domicile privé. Mais cela est invérifiable, car selon la formule consacrée des guides touristiques, «on ne visite pas».

Émail

Cette pâte de verre colorée a été connue dès la haute antiquité. L'ancien Empire égyptien, l'Assyrie, la Chine de haute époque en ont transmis la technique à l'Europe médiévale, qui en a fait, à Byzance, les premières applications.

Embaumement

L'Égypte conservait les corps de ses morts au moyen de substances qui en empêchaient la putréfaction. Cette pratique reparaît au Moyen Âge. Au XIIe siècle, *La Chanson de Roland* en parle (v. *crémation*, *tabac*).

Émeraude

Cette variété de béryl s'importait d'Égypte à Rome. Le fameux « oculaire » ou « monocle » de Néron avait probablement cette origine (v. *bijoux*).

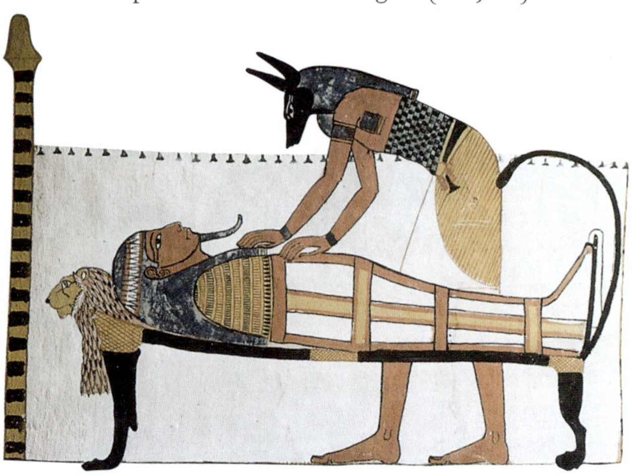

La technique et la pratique de l'embaumement nous sont héritées des Égyptiens, dont la croyance était que l'âme demeurait auprès du corps tant qu'il conservait sa forme. Cette peinture, réalisée entre 1196 et 1193 avant J.-C., représente Anubis, le dieu de la Momification, des Embaumeurs et des Morts.

Émeri

Cette poudre d'alumine servait au XVIe siècle – Ronsard le dit – au fourbissage des armes.

Empreintes digitales

Alphonse Bertillon, chef du service de l'identité judiciaire à la préfecture de Police, fut le premier à procéder à un relevé d'empreintes digitales permettant l'arrestation d'un criminel – Henri-Léon Scheffer, 24 ans, « aux mœurs inavouables », qui le 16 octobre 1902 avait assassiné Joseph Relbel, le domestique du chirurgien-dentiste Alaux, rue du Faubourg-Saint-Honoré. Scheffer était fiché depuis le mois de mars précédent, et le rapport de Bertillon, déposé dès le 24 octobre, soit huit jours après le crime, concluait à sa culpabilité. Or, Bertillon n'avait accepté qu'à contrecœur le principe des empreintes digitales, car il avait mis au point, dès 1880, le système anthropométrique baptisé par la suite «bertillonnage», ou mise en fiches des mensurations des délinquants (taille, envergure, longueur et largeur du crâne, couleur des yeux, des cheveux, etc.). Vers la même époque, un peu partout dans le monde, on avait assisté aux premières tentatives d'identification systématique par les empreintes digitales. Le premier, Jean Vucetich, avait mis au point en Argentine un système aussitôt utilisé par la police de Buenos Aires (1888), qui est toujours en usage dans le monde hispanique. Du côté du monde anglo-saxon, sir Francis Galton (physiologiste, cousin de Charles Darwin et l'un des fondateurs de l'eugénique) avait proposé en 1892 une technique que Scotland Yard mit en pratique sous l'impulsion de son chef, sir Edward Richard Henry, à partir de 1901, et que les États-Unis adoptèrent en 1903.
C'était donc plutôt de mauvais gré que Bertillon, très sûr de sa technique, avait ajouté en 1894, à ses fiches anthropométriques, l'empreinte des quatre doigts de la main droite, en 1900, celle de l'index gauche. Mais il ne devait pas le regretter, comme on l'a vu plus haut. Dans les années 1980, on découvre et l'on se met à étudier les empreintes génétiques (cheveux, sang, sperme), grâce auxquelles un homme sera pour la première fois reconnu coupable de viol et condamné, à Cardiff, en 1987.

Encens

Connu des Grecs au VIe siècle avant J.-C., l'encens véritable, l'oliban médical fourni par un résineux de l'Inde et de l'Arabie, n'est autre

chose que le « bois qui brûle avec un parfum agréable », dont parle Homère.

Encre

L'encre produite par le délayage, puis le séchage d'une suie dans une eau gommée, est très tôt connue de l'Égypte ancienne.
Depuis les époques les plus reculées, la Chine se sert aussi d'une encre noire, mais produite à partir de la sève de l'arbre à laque. En Grèce, Dioscoride recommande un mélange de suie et d'huile de lin. Au XIIe siècle, le moine Théophile fait graisser par évaporation une décoction de l'écorce du « bois d'épine ».
La première fabrique d'encre d'imprimerie a été fondée en 1818 par Pierre Lorilleux. Jusque-là, chaque imprimeur gardait secrètes les compositions de ses encres.
Quant à l'encre de Chine, son invention est attribuée à Wei Tan (première moitié du IIIe siècle de notre ère) (v. *porte-plume à réservoir, stylo à bille*).

En haut : gravure satirique de l'époque de la Restauration intitulée *Le Phénix renaissant de ses cendres* raillant les anti-encylopédistes. La notion d'encylopédie est née avec le *Dictionnaire* de Bayle et l'*Encyclopédie* de Diderot et d'Alembert.

Ci-dessus : dès l'Antiquité, les Égyptiens écrivaient ou dessinaient à l'encre sur des morceaux de calcaire, comme celui-ci daté aux alentours de 1500 avant J.-C. sur lequel sont utilisées une encre rouge et une encre noire.

Encre invisible

Elle a été inventée par les Anglais en 1772. Faite à partir de lait et de jus de citron, l'encre invisible a longtemps servi au courrier secret des diplomates et des amoureux.

Encyclopédie

Certains auteurs de l'Antiquité et du Moyen Âge ont réuni des « sommes » religieuses ou profanes : ainsi, Varron, avec ses *Neuf livres d'instruction*, dont le contenu n'est pas parvenu jusqu'à nous ; Lucrèce, avec son poème scientifique *De natura rerum* ; Pline l'Ancien, avec son *Histoire naturelle*. Au Moyen Âge seront rédigées des sortes d'encyclopédies, comme celle de Martianus Capella l'Africain, au Ve siècle, d'Isidore de Séville à la fin du VIe, et le *Speculum majus* de Vincent de Beauvais au XIIIe siècle. À la même époque, les Arabes traduisaient les encyclopédies grecques et se livraient aussi à des compilations de leur cru. En Chine, la plus grande encyclopédie fut rassemblée durant le règne de Yung Lao au début du XVe siècle.

Mais aucune de ces œuvres ne saurait être considérée comme une authentique encyclopédie dans l'acception moderne du terme; répertoire méthodique des connaissances humaines. Rabelais est un des premiers à employer, en 1532, le mot d'« encyclopédie » et à en exposer les bases éducatives. Mais, si la notion est créée, il reste à concrétiser la chose. Le *Dictionnaire historique et critique* (1697) de Pierre Bayle est la première encyclopédie française, dont le premier exemple britannique est la *Cyclopedia* (1729) d'Ephraïm Chambers. De celle-ci s'inspireront Diderot et d'Alembert, avec leur *Encyclopédie ou dictionnaire raisonné des sciences, des arts et des métiers* (1751-1772) (v. *dictionnaire*).

Endoscopie

L'endoscopie, c'est-à-dire l'exploration des cavités du corps humain, est un ensemble de techniques au matériel infiniment varié, selon qu'il s'agit de telle ou telle cavité – et il y en a! Elle est d'autre part récente, car elle exige un outillage très léger et un éclairage miniaturisé. Dès 1827, le chirurgien français Pierre Ségalas se livrait à l'examen de l'urètre à l'aide d'un spéculum, sa source de lumière étant fournie par une bougie. En 1850, le génial physicien et physiologiste allemand Hermann von Helmholtz mettait au point le premier ophtalmoscope et, en 1862, un autre Allemand, le docteur Adolf Kussmaul, le premier œsophagoscope.
Voilà pour la préhistoire de l'endoscopie: la première vague de progrès viendra avec Edison et la fabrication de lampes* électriques de très petite taille à partir de 1878, et la seconde vague, plus spectaculaire encore, quelque quatre-vingts ans plus tard, du jour où l'on a pu utiliser en endoscopie les fibres* optiques. Souples et minces, celles-ci ont permis d'explorer, par les orifices naturels ou par de minces incisions, les moindres recoins de notre corps et, au besoin, de réparer ou de prélever, dans des conditions qui, jusque-là, obligeaient à l'acte chirurgical. C'est ainsi que, depuis 1966, les gastro-entérologues peuvent visiter intégralement le tube digestif, de la bouche à l'anus. N'en disons pas davantage: il serait fastidieux, sinon impossible, de consigner ici toutes les endoscopies et toute la spéléologie médicale qui sont aujourd'hui pratiquées.

Enseignes

Si *La Chanson de Roland*, au XIIe siècle, fait de l'enseigne une marque de ralliement, le sens originel s'étend rapidement à tout signe extérieur de condition et de profession. Encore assez rares à Paris au XIIIe siècle, les enseignes commerciales sont nombreuses dès le XIVe siècle; leurs sujets étaient très variés: saints, emblèmes sacrés, animaux, végétaux, armes, outils, rébus, etc. De plus en plus grandes, les enseignes dépassaient souvent le milieu de la rue et leurs dimensions durent être réglementées. En 1666, Guy Patin écrivait: « On réforme ici les auvents des boutiques qui étaient trop grands, à quoi les commissaires du Châtelet sont fort occupés. » Cette réforme étant tombée en désuétude, une ordonnance de M. de Sartine du 17 décembre 1761 supprima, à Paris, toutes les enseignes saillantes, autorisant seulement les enseignes murales: l'enseigne perdait ainsi de son importance, si les rues gagnaient en clarté. En août 1792, les commerçants durent supprimer de leurs enseignes « tous emblèmes qui rappelleraient au peuple le temps d'esclavage sous lequel il a gémi depuis trop longtemps ».

Enveloppe (à lettre)

Elle a vu le jour au début du XVIIe siècle: la lettre pliée, entourée d'un fil de soie dont un cachet réunissait les deux bouts, est alors progressivement remplacée par l'enveloppe, d'abord simple feuille de papier blanc sur laquelle on répétait l'adresse. Consécration incontestable: la lettre « sous enveloppe » est taxée par un édit de 1676. Elle est taillée sur mesure, manuellement. Si l'usage s'en répand en Europe au cours du XVIIIe siècle, il ne se généralisera que durant la première moitié du XIXe

L'usage des enseignes commerciales est adopté à Paris dès le Moyen Âge, mais il n'était soumis à aucune législation. Pour limiter leur taille souvent démesurée, M. de Sartine ordonna en 1761 la suppression de toutes les enseignes saillantes. M. de Sartine, peint par Joseph Boze en 1787 (musée Lambinet, Versailles).

avec sa fabrication mécanique. Celle-ci permettra à un certain Brewer, de Brighton, d'affirmer qu'il avait créé l'enveloppe en 1820, ainsi qu'à un autre papetier, le Parisien Maquet, de s'intituler « l'inventeur des enveloppes de lettres » en 1841 – et d'intenter à ce sujet un procès à l'un de ses concurrents, procès que d'ailleurs il devait perdre. Les archives du canton de Genève conservent plusieurs enveloppes de 1615. Ce sont les plus anciennes enveloppes originales que nous connaissions. L'une d'elles est adressée, de Turin, par Charles d'Angennes, marquis de Rambouillet, à MM. les Syndics et Conseils de Genève.
L'enveloppe dite « à fenêtre » est utilisée en France dès 1913. Mais, à l'époque, d'autres pays en interdisent l'emploi ou soumettent celui-ci à des restrictions – comme la Grande-Bretagne, la Suisse, les Pays-Bas, ou encore l'Égypte, la Bosnie-Herzégovine, Haïti… (v. *postes*).

Épagneul

Le « chien couchant » – par opposition au « chien courant » – est l'aïeul médiéval de tous les épagneuls français et d'autres encore. Il était lui-même le produit d'un croisement entre chiens courants à poil long des croisés et sloughis ou lévriers* du Proche-Orient. Il prospéra dans tout notre pays et devint l'épagneul français, lequel devait donner naissance à l'épagneul breton, dont les caractéristiques ont été fixées à partir de 1907.

Épargne

Jusqu'au XVe siècle, les banquiers d'Italie, de France et d'Allemagne travaillaient avec leurs propres capitaux augmentés des quelques dépôts faits entre leurs mains par de riches nobles et certains ecclésiastiques de haut rang. Avec l'afflux de métal précieux dû en particulier à la découverte du Nouveau Monde et l'essor du capitalisme qui s'ensuit, l'épargne se généralise et touche toutes les classes sociales. Les tout premiers, les banquiers allemands eurent l'idée de faire appel aux moyens et petits épargnants potentiels, et ils réussirent dans leur entreprise en leur servant un intérêt fixe. Travaillant sur une grande échelle, ils purent ramener le taux de cet intérêt servi aux déposants de dix, onze ou douze pour cent à cinq pour cent, et, parallèlement, réduire celui qu'ils demandaient jusque-là à leurs emprunteurs. C'est ainsi que l'épargne « démocratisée » a permis, avec l'argent moins cher, de donner un supplément d'essor à toute l'économie européenne du XVIe siècle (v. *actions*, *banque*, *caisse d'épargne*, *clubs d'investissement*).

Connue et utilisée dès l'Antiquité par les Grecs, l'épée gagna, grâce à la Crète, qui en produisait beaucoup, une grande partie du bassin méditerranéen. Les restes de l'épée et de son étui ayant appartenu au roi Childéric au Ve siècle (Bibliothèque nationale, Paris).

Épée

La Crète a forgé des épées de bronze pour tout le monde hellénique ; on a toutefois trouvé dans les sépultures du Dipylon, à Athènes, des épées de fer à deux tranchants, du VIIIe siècle avant J.-C. L'épée est l'arme des officiers, comme la lance celle des soldats. À Rome, les Barbares ont utilisé l'épée, qui entre dans l'armement français dès le haut Moyen Âge (v. *Académie française*, *escrime*).

Épices

À l'instar d'Athènes, mais en quantités autrement impressionnantes, Rome importait, stockait et faisait commerce des épices ; au cœur de la ville, près du Forum, étaient jalousement gardées cent plantes odoriférantes venues de tous les horizons marins : cumin d'Éthiopie, anis d'Égypte, séséli de Crète, sésame de Grèce, asaret d'Illyrie, safran de Cilicie, d'autres encore dont on a perdu le goût – et aussi trois épices : poivre, gingembre, cannelle dont les auteurs grecs et latins n'ont jamais su l'exacte provenance. Nos historiens modernes, eux, ont des raisons de penser qu'ils arrivaient par deux voies, l'une terrestre, la « route de la Soie », l'autre maritime : océan Indien et golfe Persique ou mer Rouge.
Vient ensuite le temps où les populations de l'Occident se replient sur elles-mêmes : les invasions barbares, puis la conquête arabe ont pour conséquence de couper toutes relations économiques avec l'Orient. L'Europe perd le goût du poivre. À l'époque des croisades, elle a oublié jusqu'à la provenance de cette marchandise de spéculation par excellence, de cette « graine de paradis » comme les Vénitiens qui ont retrouvé l'ancienne route des épices vont l'appeler.

La Rome et la Grèce antiques se délectaient d'épices et particulièrement du poivre, dont la provenance n'est pas identifiée. Oublié pendant une très longue période, il réapparaît au XIVe siècle grâce aux explorateurs vénitiens et hollandais. La récolte et la préparation du poivre dans le monde perse, illustration extraite d'un ancien manuscrit arabe (Bibliothèque nationale, Paris).

Après les Vénitiens, après les Portugais et l'ouverture d'un nouvel itinéraire vers les Indes orientales par Vasco de Gama, les Hollandais puis les Anglais et les Français vont cultiver le nouveau jardin des épices, et d'abord celles qu'on va appeler les quatre épices « nobles » : poivre*, cannelle*, muscade*, girofle*.

Épidémies

Les grandes maladies qui ont ravagé l'Europe d'autrefois ont quasiment disparu de l'Occident, excepté les cas isolés dus à la rapidité des voyages et au brassage des populations par faits de guerre.
Peste : dernière grande épidémie européenne, 1720, Marseille.
Choléra : dernière grande épidémie en France, 1854 (si l'on excepte un dernier assaut, plus modeste, en 1892-1893).
Typhus : guerre de Crimée, Première Guerre mondiale (Balkans).
Lèpre : fermeture de la dernière léproserie, 1695 (déclin entamé dès le XVe siècle) (v. *vaccination*).

Épilation

L'épilation, comme soin esthétique, s'est pratiquée depuis toujours, ici et là, et se pratique encore chez bon nombre de communautés dites « primitives ». Elle est aussi le fait de beaucoup de civilisations. Les femmes grecques, par exemple, poussaient la coquetterie jusqu'à s'arracher les poils du pubis à la main – « branches de myrte que la main cueille », pour citer un classique – ou les faisaient se consumer soit à la flamme d'une lampe, soit avec des cendres chaudes. Les pâtes aigres sont également connues de tout temps. Les femmes arabes confectionnent un sirop épais, fait à parts égales de sucre et d'eau additionnée de jus de citron, l'étendent sur la peau, laissent sécher, puis enlèvent les poils. C'est, pour l'essentiel, la même technique que celle qui utilise la cire : cette dernière est l'invention du sieur Peronet, en 1742, à Paris. Le traitement moderne est précisément celui-ci. Gloire donc au sieur Peronet !

Épinard

Spinacia oleracea, notre épinard domestique, semble bien être la forme améliorée de *Spinacia tetranda*, qui croît spontanément sur les hauteurs de l'Asie Mineure, en particulier au Caucase.

Inconnu de l'Antiquité gréco-romaine, l'épinard s'est acclimaté en Europe via l'Andalousie, où ses « inventeurs », les Arabes, l'utilisèrent d'abord comme plante médicinale, puis en firent un de leurs plats favoris : ils l'appelaient « le prince des légumes », qui devint plus prosaïquement, chez nous, « le balai de l'intestin ». De leur côté, les croisés contribuèrent également à le faire connaître ; mais on s'interroge sur la date d'introduction de l'épinard en France : XIIIe, XIVe, XVe siècle ? Vraisemblablement bien plus tôt, car le capitulaire *De villis*, ordonnance édictée vers 795 par Louis le Pieux – premier du nom et fils de Charlemagne – pour son royaume d'Aquitaine, inclut l'épinard (*blitum*) dans la liste des espèces végétales à planter et à entretenir dans ses domaines agricoles. Aujourd'hui, l'épinard a la réputation de donner

L'épinard (*Spinacia oleracea*), planche botanique du tout début du XXe siècle.

de la force. Il a été rendu particulièrement populaire, depuis 1934, par un personnage de dessin* animé : *Popeye le Marin* (v. *tétragone*).

Épingle

La corporation des épingliers est réglementée par le statut qu'entérine le *Livre des métiers* de 1258. En 1292, il y avait à Paris dix ateliers d'espinguiers, vingt-cinq en 1300. L'épingle de sûreté, elle, a été inventée par Walter Hunt, aux États-Unis, en 1849. Mais les fibules de l'Antiquité s'en rapprochent étrangement (v. *agrafe*, *aiguille*).

Éponge

Le squelette fibreux des spongiaires est décrit par Aristote, au ve siècle avant notre ère.

Équitation

L'équitation est aussi vieille que la deuxième rencontre de l'homme avec le cheval*, la première ayant sûrement consisté en un round d'observation. L'événement, selon les préhistoriens, s'est probablement produit entre Don et Volga vers le Ve millénaire avant notre ère. Après avoir réussi à enfourcher sa plus belle conquête, l'homme se mit à en disserter devant ses semblables. Puis il écrivit sur le sujet.
Le plus ancien traité d'équitation, que nous connaissions depuis 1998 par sa traduction du hittite en français, est dû à Kikkuli, maître écuyer mitannien (la Mitanni était un royaume voisin de celui des Hittites), employé par Souppilouliomus le Grand, roi des Hittites. Son *Art de soigner et d'entraîner les chevaux*, gravé sur des tablettes d'argile en caractères cunéiformes, remonte au xve siècle avant notre ère : jusque-là, on tenait pour le premier un traité d'équitation rédigé par le général-écrivain grec Xénophon, qui du reste vécut à cheval sur les ive et iiie siècles avant notre ère. À cheval aussi, avant d'écrire son traité, il avait commandé la fameuse retraite des Dix Mille, puis raconté cet événement dans *L'Anabase*. Mais la plus belle synthèse sur le thème de l'équitation restera celle de la mythologie grecque avec la création du centaure. On n'a jamais fait mieux depuis.

Ancêtre de l'épingle, l'agrafe était utilisée par les Grecs comme par les Romains, comme cette fibule étrusque du viie siècle avant J.-C. en argent revêtu d'une plaque d'or (musée archéologique de Florence).

Pourtant, dans ce domaine, le cavalier moderne a imaginé une variante inédite : le jumping* (v. *étrier*, *fer à cheval*, *manège*, *selle*).

Ère

L'idée de classer les événements survenus au fil du temps dans une succession unique, en prenant comme point de départ un fait exceptionnel, est moins ancienne qu'on pourrait le croire. Longtemps les communautés humaines se sont contentées de situer les choses par un événement remarquable, mais local : début d'une dynastie, ou d'un règne, ou d'un exode, ou d'une installation sur un nouveau territoire...
Les Grecs furent parmi les premiers à établir une chronologie générale. Ils le firent, fait unique dans l'histoire de l'humanité, en prenant comme référence une manifestation sportive périodique : les jeux Olympiques*. Et c'est l'historien Timée qui, vers la fin du iiie siècle avant J.-C., introduisit le calcul du temps en se servant de la liste des vainqueurs des jeux, dont les premiers à avoir été consignés remontaient à l'an 776 avant Jésus-Christ. De ce fait, les olympiades sont à la fois une ère ayant cette année-là comme point de départ et une période chronologique de quatre ans. Ce comput est demeuré longtemps en usage, même après l'abolition officielle des « JO » par Théodose en 394 de notre ère. L'ère des Juifs, elle, établie au ixe siècle par le rabbin Hillel, et qui part du 1er du mois de tishri 3 761 ans avant J.-C., reste encore en vigueur de nos jours dans les synagogues.
Quant aux pays musulmans, ils ont adopté l'ère de l'hégire, dont le premier jour correspond à notre vendredi 16 juillet 622, jour qui fut celui où le prophète Mahomet s'enfuit de La Mecque, où il était persécuté, pour se réfugier à Médine.
En ce qui concerne l'Occident, le système consistant à classer les événements chronologiquement à partir de la naissance du Christ s'impose à nos esprits comme un axiome. Or, il ne fut inventé qu'au vie siècle seulement, sans qu'il y ait eu préméditation, et il a mis quelque cinq cents ans à s'imposer en Europe. L'inventeur involontaire de l'ère chrétienne est Denys, moine érudit venu d'Orient, auteur d'un célèbre corpus canonique qui va des canons

apostoliques à ceux du concile de Carthage (419). Au début du VIe siècle, il s'était installé à Rome où il avait pris, par humilité, le surnom d'*exiguus* – Denys le Petit.
Vers 530, le pape Jean Ier lui demande de rédiger une nouvelle table pascale pour les années à venir, l'existante, dite « de Cyrille », ne donnant les dates de Pâques que jusqu'en 531. La datation de cette fête mobile, la plus importante pour la chrétienté, exige des calculs astronomiques complexes, et Denys le Petit fait de son mieux avec les moyens... exigus dont on peut disposer à son époque. Récapitulant le travail de son prédécesseur, il commence par déterminer le jour de naissance du Seigneur : « J'ai choisi de noter le temps à partir de l'Incarnation de Notre Seigneur Jésus-Christ, parce que cette date apparaît comme le commencement de notre espoir. » Mais, selon les historiens modernes, Denys le Petit a commis une erreur en fixant la date de l'Incarnation à l'an 754 de Rome. Car le Christ serait né en réalité quatre ou cinq ans plus tôt. En tout cas, Denys décide qu'il est né le jour de Noël de l'an -1, auquel il fait succéder l'an 1, car l'Europe ne connaît pas encore le zéro* – ce premier janvier était le jour de la circoncision de Jésus, si l'on en croit Denys. Le coup d'essai de Denys ne fut pas un coup de maître.
Chancelleries et particuliers continuèrent à dater événements et documents à partir de la première année du souverain en exercice. La table de Pâques ne servait qu'à ce pour quoi elle avait été établie : connaître une année après l'autre le jour anniversaire de la résurrection du Christ. Deux siècles s'écouleront avant que l'ère chrétienne soit érigée en système de datation : en 731, est publiée l'*Histoire ecclésiastique de la nation anglaise*, par Bède le Vénérable. Grand spécialiste de la chronologie autant que de l'histoire et l'une des personnalités principales de l'Église anglo-saxonne, Bède éprouve quelque mal à situer dans le temps les événements survenus en Grande-Bretagne, celle-ci étant morcelée en de nombreux petits royaumes, en sorte que, pour chaque événement relaté, il lui aurait fallu énumérer les dates correspondant chacune à l'un des systèmes de datation considérés, et leur liste était longue. Alors, Bède contourna la difficulté en se contentant d'écrire : « En l'an X (ou Y) de l'Incarnation... » Bède va même plus loin : il invente le compte à rebours. Dans le deuxième

chapitre de son ouvrage, il est question de « l'an 60 avant Jésus-Christ ». Son initiative fit école assez vite. Peu à peu, l'habitude fut prise de dater en fonction de l'ère chrétienne les documents officiels anglais, puis romains, et finit par s'imposer dans l'Europe entière. Le public éprouva un certain mal à suivre : l'usage ne s'en généralisa dans toutes les classes sociales qu'au cours du XIIIe siècle. La grande peur de l'an mil n'est sans doute qu'une construction imaginaire des générations postérieures. À peu près tous les Européens de l'époque ont ignoré qu'ils passaient d'un millénaire au suivant.

Esclavage (abolition de l')

La France de la Révolution avait aboli l'esclavage (4 février 1794), mais le décret fut rapporté par Bonaparte (1802), d'où l'insurrection de Saint-Domingue.
L'Angleterre ayant interdit la traite en 1807 peu avant la France en 1815, l'émancipation des esclaves devenait cette fois plus facile : elle fut décidée par

Abolie en 1794 puis rétablie par Bonaparte en 1802, la traite des Noirs prend vraiment fin en France le 20 novembre 1815, ce qui provoque la joie des Africains (gravure coloriée, XIXe siècle, Bibliothèque nationale, Paris).

l'Angleterre en 1833 (et devint effective en 1834), par la France de la IIe République le 4 mars 1848 (décret confirmé par celui du 27 avril suivant). Victor Schœlcher, député, ministre et apôtre de l'anti-esclavagisme, alla en personne proclamer cette émancipation à la Martinique.
À la Guadeloupe, ce fut Layrle, capitaine de vaisseau et gouverneur de la colonie, qui, raconte Victor Hugo dans *Choses vues*, lut par le plus beau soleil du monde « le décret de l'Assemblée du haut d'une estrade élevée au milieu de la place publique et entourée d'une foule immense ».
« Au moment où le gouverneur proclamait l'égalité de la race blanche, de la race mulâtre et de la race noire, remarque cependant le narrateur, il n'y avait sur l'estrade que trois hommes, représentant pour ainsi dire les trois races : un Blanc, le gouverneur ; un mulâtre qui tenait le parasol ; et un nègre qui lui portait son chapeau. »
L'Angleterre et la France allaient être suivies par la Hollande et le Danemark en 1860, et par les États-Unis, en conclusion de la guerre de Sécession (janvier 1865). Le principe de la liberté individuelle est proclamé par le pacte de la SDN et réaffirmé par la Déclaration universelle des droits de l'homme (ONU, 10 décembre 1948) (v. *coton*).

Escrime

Née de l'armement médiéval individuel, l'escrime s'est développée d'abord en France et en Italie. Le premier traité d'escrime est italien (1553). Utilitaire ou esthétique d'abord, l'escrime n'est devenue sportive qu'à la fin du XIVe siècle. Seuls le fleuret et le sabre sont présents aux premiers jeux Olympiques de 1896. L'épée* figurera à son tour au programme quatre ans plus tard.
La même année est organisé, à Paris, le premier championnat annuel de fleuret. *L'Escrime française*, première revue spécialisée, a vu le jour en 1889.
Le contrôle électrique des combats a été rendu obligatoire, pour l'épée, lors des championnats d'Europe de 1934, à Budapest ; pour le fleuret, en 1958, après deux essais concluants aux championnats du monde de 1955, puis aux jeux Olympiques de 1956.

Espéranto

Le plus répandu des nombreux « langages* artificiels » fut créé par l'ophtalmologue et linguiste polonais Lazare Zamenhof, comme une contribution à l'esprit de paix entre les peuples.
Il en fit connaître les principes et le vocabulaire dans un livre intitulé *Une langue internationale, par le docteur Espéranto*, publié en juillet 1887. Ce pseudonyme devint aussitôt le nom de la nouvelle langue.
Très vite, le succès de l'espéranto franchit les frontières russes et gagna tout l'Occident.
Actuellement, il y aurait un million cinq cent mille espérantistes et quelque trente-trois mille ouvrages publiés dans cette langue.
En 1987, la Pologne a célébré le centenaire de l'espéranto par un congrès international rassemblant six mille participants venus de soixante-dix pays, qui s'exprimaient et se comprenaient sans le secours d'interprètes.
Le premier congrès universel d'espéranto avait eu lieu en 1905, à Boulogne-sur-Mer.

Esperluette

L'esperluette est le signe & représentant la conjonction « et ». On la trouve pour la première fois dans les *Serments de Strasbourg*, traité rédigé en 842 entre Charles le Chauve et Louis le Germanique. Elle fait partie des abréviations utilisées par les copistes du Moyen Âge pour gagner du temps. Jusqu'au XIXe siècle, elle était encore indiquée à la fin des alphabets* dans les écoles élémentaires.

Esquimau

En 1904, aux États-Unis, un certain Ernest Hamwi, à court d'assiettes, a l'idée de faire des gaufrettes en forme de cornet qui serviront à contenir la crème glacée de sa fabrication.
En 1919, un autre Américain, Harry Burt, plus expéditif, remplace le cornet par un bâtonnet en bois enfoncé dans la glace.
En 1922, à Onawa, dans l'État d'Iowa, un troisième Américain, Christian Nelson, parvient à assurer la cohésion entre chocolat et crème glacée par l'application d'huile de coprah ; grâce à quoi, il crée le bâtonnet glacé chocolat-vanille, dont il dépose le brevet sous le nom d'*eskimo-pie*.
En 1929, les Fromageries Charles Gervais déposent la marque Esquimau dont les produits, fabriqués industriellement, feront les délices des cinéphiles dans les salles obscures du septième art... à l'entracte.

Estragon

Condiment parmi les plus appréciés de la cuisine française – il entre dans la composition des « fines herbes » –, l'estragon est resté inconnu des Anciens et n'est cultivé en France qu'à partir de la fin du XVe ou du début du XVIe siècle. Il est indigène en Russie méridionale et en Asie centrale. Le premier à l'avoir cité, au XIIIe siècle, est le voyageur et savant musulman Ibn El Beïzar, le premier à l'avoir décrit scientifiquement est Jean Ruel, botaniste et médecin de François Ier, le premier à l'avoir nommé dans notre littérature sous le vocable que nous lui donnons encore aujourd'hui est l'illustre Rabelais (1540). Jusque-là, en effet, on l'appelait « dragon » ou « serpentine » à cause de ses racines aux formes torturées.

Étain

Employé dès le néolithique en alliage avec le cuivre* pour la fabrication de l'airain, l'étain provenait, déclare Hérodote, « des extrémités du couchant ». Mentionné déjà par Homère, il est appelé *cassiteros* par les Grecs – du nom des îles Cassitérides, autrement dit la Grande-Bretagne. Carthage en fait longtemps le commerce, lequel passe bientôt aux Phocéens. Utilisé par les contemporains de Pline pour recouvrir les objets en cuivre et en laiton, il sera employé à l'état naturel, à partir du XIIIe siècle, comme matériau des vaisselles bourgeoises et cultuelles.
Probablement depuis le IVe siècle avant J.-C. et jusqu'à l'avènement de la puissance romaine en Italie et en Provence, la grande artère commerciale de la route de l'étain traversait l'Étrurie et la Suisse, descendait le cours de la Seine, puis, de l'estuaire de celle-ci, devenait maritime pour atteindre les grands gisements de Cornouailles.

État civil

Le plus ancien registre paroissial qui soit conservé est celui de Givry, en Saône-et-Loire : il s'ouvre en 1334.
Mais la tenue régulière des naissances, mariages et décès avait commencé en France dès 1308. En 1539, par l'édit de Villers-Cotterêts, François Ier fait obligation de les transcrire en français*, tout comme les autres actes officiels et de justice.
En Angleterre, cette tenue systématique de l'état civil ne débute qu'en 1338 (v. *livret de famille*, *patronyme*).

Étau et clé de serrage

La légende accorde à Archytas de Tarente, ami de Platon, l'invention de l'étau. *Se non è vero...*

Un plat en étain de style baroque décoré par Johann-Heinrich Ulrich en 1701. Au XVIIe siècle, cet art atteignit son apogée. Les styles rococo et baroque du XVIIIe siècle en permirent encore de belles réalisations, avant que la céramique ne le supplante au XIXe siècle (musée des Arts décoratifs, Prague).

La coutume des étrennes nous vient des Romains, pour qui l'offre de cadeaux était une source de bienfaits pour l'année à venir. Louis XVI, accompagné du Dauphin, reçoit un groupe de gens du peuple à l'occasion de la nouvelle année. *Les Étrennes patriotiques offertes au roi au nouvel an 1790* (Bibliothèque nationale, Paris).

C'est seulement à partir du XVIe siècle que l'on voit forgerons et maréchaux-ferrants utiliser des étaux en métal. Les artisans du bois, comme l'attestent les illustrations d'époque, n'ont utilisé l'étau qu'à partir de la fin du XVIIe siècle, et celui-ci ne devint chez eux d'un usage courant qu'au siècle suivant.
Il faut remonter à 1550 pour trouver trace de clés à écrous et à boulons de diverses formes. Dans ses *Principes de l'architecture* (1676), l'architecte et hagiographe André Félibien donne les croquis d'un étau et d'une clé très proches de ceux que nous connaissons. Les clés à molette apparaissent vers 1700.

Éther : v. *anesthésie.*

Étrennes

En Occident, les premières étrennes auraient été celles qui furent offertes, sous forme de rameaux verts, au roi sabin Tatius, lequel partageait la souveraineté avec Romulus. Les branchages avaient été coupés dans le bois sacré de la déesse Strenia, d'où le nom latin des étrennes : *strenae.*
C'est ainsi qu'à Rome naquit la coutume : à l'occasion des calendes de janvier et des saturnales, célèbres à cette période, on échangea des présents, ceux de la fin de décembre étant de deux sortes : bougies de cire (que nous avons transférées à nos arbres de Noël*) et poupées d'argile ou de pâtes comestibles que l'on donnait aux enfants. Déjà alors, ceux-ci avaient licence d'aller de maison en maison annoncer l'an neuf et de recevoir des cadeaux.
Durant la Renaissance, les épingles* de métal devinrent un cadeau favori pour les étrennes, car ce fut une grande nouveauté jusqu'au XVe siècle, les femmes ne se servant guère que de chevilles de bois pour retenir leurs vêtements.
Cependant, au XIVe siècle, le mot d'« étrennes » allait changer de sens, et la coutume d'objet : le cadeau se transforme en espèces sonnantes et trébuchantes. On peut lire dans les *Employés* (1827) de Balzac que « les étrennes et gratifications portaient ces émoluments à douze cents francs [...] », et dans les *Mémoires d'un touriste* (1838) de Stendhal : « Dès que nous arrivions à l'étape, je le quittais, je donnais l'étrenne à son domestique pour soigner mon cheval. » Les étrennes étaient

devenues pourboire*, sans lien avec le jour de l'An, mais attachées à la notion de service rendu (v. *carte de vœux*).

Étrier

L'Antiquité classique n'a pas connu l'étrier. On montait à cru, ou sur un tapis sanglé. Les premiers étriers sont visibles sur des œuvres sculptées chinoises remontant au IIe siècle de notre ère. À partir du IIIe siècle, les Chinois fondent les étriers de métal que l'Occident utilise aujourd'hui. Via les Avars, turbulents nomades de l'Asie centrale venus s'installer en Hongrie au VIe siècle, l'étrier arrive à Byzance au IXe siècle. Les Vikings se chargeront de le répandre dans toute l'Europe, dont les armées en adopteront systématiquement l'emploi vers le XIe siècle.
En fortifiant l'assise du cavalier et en libérant sa main droite, l'étrier lui a donné un rôle prépondérant dans le déroulement des batailles. Ce rôle, désormais indispensable tactiquement, oblige Charles Martel à créer l'ordre de la Chevalerie. La naissance d'une aristocratie fondée sur la maîtrise du cheval avec la nécessité d'un matériel coûteux sont les facteurs décisifs qui vont modeler la société médiévale de l'Occident chrétien.

Eucalyptus

Les six cents espèces d'eucalyptus sont toutes originaires d'Australie. Sur ce continent comme en Nouvelle-Guinée et dans les îles de la Sonde, trois arbres sur quatre sont des eucalyptus d'une espèce ou d'une autre. L'eucalyptus résineux d'Australie, *Eucalyptus globulus*, à croissance rapide, a été répandu largement dans toutes les parties du monde à climat méditerranéen parce qu'il procure du bois vite et à bon compte et qu'il assainit les zones marécageuses. C'est ainsi que les Français, à partir de 1860 et durant une quarantaine d'années, ont planté quelque six millions de sujets dans les régions côtières du Midi et de l'Algérie. Les Brésiliens ont fait de même, en particulier dans l'État de São Paulo, où, de 1903 à 1931, trente-cinq millions de pieds appartenant à cent cinquante espèces différentes ont été plantés.
C'est au cours de l'expédition d'Entrecasteaux montée pour retrouver La Pérouse que, le 6 mai 1792, le botaniste Jacques Julien Houtou de La Billardière avait remarqué sur les rivages de la Tasmanie les premiers eucalyptus jamais vus par un Français. Frappé par leur haute taille et leur élégante silhouette, il en introduisit les premiers sujets en France avec l'aide du jardinier botaniste Delahaye, de la Malmaison.

Euro

En 1979 est créé le système monétaire européen (SME), dont la pierre angulaire est l'ECU (European Currency Unit), ancêtre de l'Euro, simple monnaie de compte composé d'un « panier » de dix monnaies nationales. Le traité sur l'Union européenne, conclu à Maastricht (1991), prévoit la création d'une monnaie unique, avec passage prévu pour le 1er janvier 1997, qui sera reporté au 1er janvier 1999. Ce jour-là, l'Union économique et monétaire (UEM) fixe irrévocablement le taux de conversion entre douze monnaies participantes et l'euro. Le 1er janvier 2002, l'euro en huit pièces et sept billets est mis en circulation, en même temps qu'est supprimé le cours légal des pièces et billets en monnaies nationales. Quant à €, son logo, il est inspiré de l'epsilon de l'alphabet grec, agrémenté de deux traits horizontaux en son milieu, symbole de stabilité. Il avait été proposé lors du sommet de Dublin, en décembre 1996, par le Français Yves-Thibault de Silguy, commissaire chargé des affaires monétaires à la commission de Bruxelles, et adopté par la Banque centrale européenne en 1998 (v. *franc*).

Eurovision

En 1950, 41 ans après Louis Blériot (v. *avion*), la BBC réussit, à partir de Calais, une première traversée d'images télévisées par-dessus la Manche. Et les deux exploits ont le même caractère exceptionnel. Du 8 au 14 juillet 1952, la toute première semaine d'échanges télévisés entre Grande-Bretagne et France impressionne vivement les rares téléspectateurs des deux pays. Enfin, grande première : la retransmission en

Les pièces d'euro ont été mises en circulation pour la première fois le 1er janvier 2002. Le côté pile est identique pour les pays membres de la zone euro et le côté face est personnalisé pour chaque pays.

Hérité de la Rome antique, l'éventail connaît son âge d'or au XVIIIe siècle. *Le marchand d'éventails*, peinture à l'huile de José del Castillo de 1786 (musée du Prado, Madrid).

direct, le 2 juin 1953, du couronnement de la reine d'Angleterre Élisabeth II.
La naissance officielle de l'Eurovision date du 6 juillet 1954 : ce jour-là est retransmise dans huit pays d'Europe la fête des Narcisses à Montreux. Le sigle de l'eurovision a été conçu par la BBC, et son indicatif musical, proposé par Jean d'Arcy, est extrait du *Te Deum* de Marc-Antoine Charpentier (v. *télévision*).

Éventail

Les rois assyriens, qui se servaient d'éventails, ont-ils été imités par les Mèdes, puis par les Perses ? Les Grecs les leur ont-ils empruntés par l'intermédiaire des Phrygiens et des Phéniciens ? Sans doute. Mais les certitudes se font jour seulement à partir de Rome : nous avons des représentations de dames romaines qui trouvent quelque fraîcheur à faire manœuvrer par un esclave de grands éventails en matières précieuses peintes de couleurs brillantes, ou en plumes d'autruche, de paon, de faisan disposées au bout d'un long manche.

Le *flabellum* des Romains devient celui de la liturgie sacrée au cours du haut Moyen Âge. Quant à l'usage laïque de l'éventail, il est toléré par l'Église dès le XIIe siècle. Des inventaires mentionnent les « ès-mouchoirs » à manche d'argent de Mahaut d'Arbois (1316) et de la reine Clémence la Hongroise (1326), éventails qui étaient ronds, garnis de plumes rares, de pierres, de perles d'or.
Catherine de Médicis a véritablement lancé la mode de l'éventail en apportant dans ses bagages de nombreux modèles, vite copiés par la noblesse française. Comme elle, nos belles du temps jadis le portaient suspendu à la ceinture par une chaînette d'or. L'éventail pliant apparaît à la fin du XVIe siècle. La mode s'en répand dans toute l'Europe au XVIIe siècle, qui sera, avec le XVIIIe, son âge d'or. Le XIXe siècle verra s'étioler et

disparaître peu à peu l'usage de celui que Molière appelait « le paravent de la pudeur » et que Stéphane Mallarmé est le dernier à célébrer dans « L'éventail de Mademoiselle Mallarmé » :

Ô Rêveuse, pour qui je plonge
Au pur délice sans chemin,
Sache, par un subtil mensonge,
Garder mon aile dans ta main.

Ex-libris

Le British Museum de Londres possède une de ces tablettes bleues en argile vernissée qui habillaient les boîtes de cèdre dans lesquelles le pharaon Aménophis III conservait ses papyrus. Cette tablette constitue l'une des premières formes de l'ex-libris et remonte à environ 1400 avant J.-C. Les manuscrits enluminés du Moyen Âge portaient la liste de leurs propriétaires successifs. Bien entendu, ce sont des ex-libris rédigés à la main, très souvent richement ornés et armoriés. L'ex-libris imprimé et tiré à un certain nombre d'exemplaires est né avec l'imprimerie. Il apparaît à Nuremberg aux environs de 1511, gravé sur bois et la plupart du temps enluminé (Dürer aurait gravé la marque du célèbre humaniste Pirckeimer). Il ne tarde pas à passer en Suisse et arrive en France au début du XVIe siècle. Le plus ancien ex-libris gravé français serait, à en croire les chroniques, celui de Jean-Bertrand de La Tour Blanche, en Périgord (1529).

Ex-voto

Le nom est une abréviation de la formule latine de dédicace *ex voto suscepto*, « selon le vœu fait ». La chose est ainsi désignée par Saint-Amant et Mme de Sévigné.
Venu d'Italie dès le XIVe siècle, l'ex-voto, toujours de facture naïve, peut être tableau, vitrail, sculpture ou, cas le plus fréquent, simple plaque de texte, avec l'effigie du donateur et, généralement, l'image de son saint éponyme.
Sa pratique est antérieure au christianisme : on la rencontre sous forme d'inscriptions ou d'objets offerts dans la Grèce et la Rome antique, où, de leur côté, guerriers et athlètes vainqueurs déposaient boucliers et couronnes dans les temples, et les femmes leur voile, leur ceinture et jusqu'à leur chevelure.

Un ex-voto égyptien de 1300 avant J.-C. composé de deux artisans agenouillés côte à côte présentant un hymne au soleil levant (musée du Louvre, Paris).

Depuis Quand ? F comme…

recouvraient sa tête et ses épaules d'une couche de pommade collante.
La Romaine aussi se fardait. L'esclave spécialiste ou *ornatrix* – l'esthéticienne d'alors ! – posait sur le front et les bras de sa maîtresse la craie et la céruse ; sur ses joues et ses lèvres, l'ocre, le fucus et la lie de vin ; et, autour de ses yeux, la poudre d'antimoine.
La Française, quant à elle, emploie les fards depuis le XIIIe siècle (v. *épilation*).

Faïence

La poterie couverte d'un émail stannifère opaque, exécutée par l'ancien Orient dès le VIIIe siècle et transmise par les Maures à l'Espagne, est passée des Baléares en Italie vers la fin du XIIIe siècle, notamment à Faenza, mais aussi ailleurs en Toscane, et en Ombrie. Les premières majoliques, dites du « style d'Orvieto », datent de la fin du XIVe ou du début du XVe siècle. Au cours de fouilles dans Faenza, on a mis au jour, datant d'entre 1393 et 1405, les débris d'une cruche à embouchure trilobée aux armes du seigneur de la ville, Astorgio Manfredi. La série suivante comporte des pièces ornées de feuilles dentées, dites « feuilles de chêne », qui proviennent toutes de Faenza. La plus ancienne majolique de ce type qui nous soit parvenue est une plaque ornée d'un coq, emblème des Manfredi, datée de 1466 (v. *porcelaine*, *poterie*).

Déformation du nom de la ville italienne de Faenza, près de Bologne, le terme *faïence* entre dans la langue française au XVIe siècle avec l'arrivée de potiers italiens à Lyon et à Rouen. Une majolique du XVe siècle originaire de Cafaggiolo, en Italie (musée départemental des Antiquités, Rouen).

Fards

Leur origine se perd dans la nuit des temps, mais on peut affirmer qu'ils ont à peine quinze ans de moins que la première des femmes, Ève.
Déjà, l'Égyptienne avait le khôl pour fard à paupières. Fortunée, elle participait à des festins pour lesquels elle plaçait sur sa chevelure un cône d'encens parfumé dont, la soirée s'écoulant, les corps gras fondaient lentement et

Fauconnerie

L'utilisation d'oiseaux de proie pour la chasse des gibiers de poil et de plume remonte à la plus haute antiquité, elle a été probablement inventée, à diverses reprises, par différents peuples de l'Ancien Monde.
L'art de dresser pour la chasse faucons, éperviers, aigles et autours paraît bien être né au Moyen-Orient, Iran, Afghanistan, Inde du Nord-Ouest. En Europe occidentale, il est déjà fort à l'honneur au VIe siècle.
Par les Arabes, les croisés apprennent beaucoup sur la fauconnerie. Mais c'est à partir du XVe siècle et jusqu'au XVIIe que celle-ci va connaître son apogée en Occident. De nos jours, elle est encore pratiquée au Proche-Orient et dans les steppes de l'Asie centrale. Un premier ouvrage de fauconnerie, celui de l'Arabe Moamin, avait été traduit en allemand en 1241, au bénéfice de Frédéric II de Hohenstaufen, empereur passionné de zoologie ; il fut également traduit en français vers 1250 – à la demande d'Enzo, roi de Sardaigne – en même temps qu'un autre traité, du Persan Ghatrif, écrit vers 1200.
Tombée en désuétude au moins en Europe, la fauconnerie vient d'y renaître dans des circonstances insolites : depuis 1980, l'armée de l'air française élève et dresse des faucons pour écarter de l'espace aérien de sa base d'Istres les oiseaux de la Camargue voisine ; de même fait-elle pour sa base de Strasbourg. Depuis 1984, la base aéronavale d'Hyères est très officiellement dotée d'un couple d'autours qui patrouillent chaque jour afin d'éloigner les nombreuses mouettes importunes.

Fauteuil

La « chaise à bras » du XVIe siècle est dénommée « fauteuil » en 1636. Ce siège ne dérive pas du *fauldesteuil* médiéval, qui était un pliant* sans dossier, mais de la *chayère*, devenue siège à haut dossier au début du XVe siècle (v. *chaise*).

Fauteuil à bascule

Visionnaire politique, imprimeur, journaliste, écrivain, philosophe et homme de science, Benjamin Franklin était également d'une intelligence pratique étonnante.
Expérimentant sur le tout nouveau domaine de l'électricité*, il invente le paratonnerre*. Voilà sa maison à l'abri du feu du ciel ; alors, il imagine un très efficace poêle à bois et, pour lire au coin du feu, dessine le fauteuil à bascule qui fera rêver tous les amateurs de westerns*. Mais pour lire, à l'approche de la cinquantaine, il faut si possible voir autour de soi quand le regard se détache du livre. Alors, Franklin conçoit et met au point les lunettes* à double foyer.
Esprit curieux de tout, qui s'intéresse aux courants marins comme à la météorologie et aux phénomènes calorifiques, il prend encore le temps de mettre au point, en 1761, un harmonica* de verres pour lequel, en 1791, Mozart composera le quintette K 617.

Fauvisme

Fauvisme « est un mot du critique d'art Louis Vauxcelles », écrivait Henri Matisse en 1934, « qui, pénétrant dans une salle du Salon d'automne où était exposée au milieu des toiles des peintres de cette génération une statue du sculpteur Marque, exécutée dans la tradition de la Renaissance italienne, déclara : « Tiens, voilà Donatello au milieu des fauves. »
Il s'agissait du Salon d'automne de 1905 et, dans le numéro de *Gil Blas* du 17 octobre, Vauxcelles allait forger le mot de « fauvisme ». Mais les débuts de ce mouvement pictural se situent vers 1899 ; il se terminera vers 1906 – au moment même où il reçoit un nom –, cédant la place au cubisme* (v. aussi *impressionnisme*).

Ce *Portrait à la raie verte* de madame Matisse (1905) d'Henri Matisse, patriarche incontestable du fauvisme, nous montre comment des couleurs violentes sont posées par de larges taches plates, selon une volonté plus expressive que descriptive (Statens Museum for Kunst, Copenhague).

Faux en peinture

Une copie n'est un faux que si son exécution est déterminée par une intension dolosive. Les copies romaines des originaux grecs n'étaient pas des faux, ni celles que faisait exécuter La Courdine par les pensionnaires de l'Académie de France à Rome. Mais certains peintres, même renommés, du XVIIIe siècle, témoin Sébastien Bourdon, ont démarqué les maîtres italiens pour abuser le client. Ils ont fait les premiers faux.

Fax : v. *télécopieur*.

Féminisme

Pour s'en tenir à l'Occident et à la période moderne, la préparation des esprits à l'amélioration de la condition féminine est le fait des encyclopédistes. Mais ce ne sont que des hommes. La première femme à écrire sur ce thème appartient à l'époque révolutionnaire : Olympe de Gouges, la fondatrice du club des Tricoteuses, publie en 1791 une *Déclaration des droits de la femme et de la citoyenne*. Pour ne pas être en reste, une Anglaise qui vivait à Paris, Mary Wollstonecraft, publie l'année suivante *Une Justification des droits de la femme*. Cinquante ans après, reprenant le flambeau, Flora Tristan écrira dans l'Union ouvrière que la femme « est la prolétaire du prolétaire même », et Pauline Roland, qui a rejoint les saint-simoniens, participe à la révolution de 1848.

Femme d'action, elle aura en cela suivi l'exemple des Anglo-Saxonnes, qui ne se contentent pas d'écrire. Aux États-Unis, où les femmes commencent par lutter contre l'esclavagisme avant de penser à leur propre libération, Lucretia Mott fonde dès 1833 la « Société des femmes anti-esclavagistes de Philadelphie », et, avec Elizabeth Stanton, organise la toute première « Convention sur les droits de la femme », en 1848, à Seneca Falls, État de New York. Plus jeune de vingt-deux ans, Elizabeth Stanton poursuit la lutte et fonde en 1869 l'« Association pour le droit de vote de la femme » avec Susan Anthony. À son tour, Susan Anthony continue l'œuvre des précédentes comme présidente, de 1892 à 1900, de l'« Association nationale américaine pour le droit de vote des femmes ».

En Grande-Bretagne, Emmeline Pankhurst a des méthodes plus musclées à la tête de ses suffragettes. En 1903, elle fonde avec ses filles

Christabel et Sylvia la Woman's Social and Political Union, qui manifeste beaucoup dans la rue. De 1908 à 1914, séjours en prison et grèves de la faim se succèdent pour Emmeline. Elle meurt peu de temps avant que les femmes anglaises n'obtiennent la pleine égalité avec les hommes en fait de droits politiques. Ce qu'ont acquis, pour les élections législatives, celles de Nouvelle-Zélande (1902), d'Australie (1903), de Finlande (1906), etc. À la fin des fins, le 27 novembre 1944, le gouvernement provisoire de la République accordera aux Françaises le droit de vote. Elles exerceront ce droit pour la première fois le 29 avril 1945.
À noter que dans notre pays Marguerite Durand avait fondé en 1897 *La Fronde*, premier journal féministe dont la rédaction était entièrement féminine.

Fenêtre

Les fouilles de Cnossos, en Crète, ont permis d'exhumer les restes d'une mosaïque représentant une rue. Les façades de ses maisons sont percées de fenêtres. Aristophane raille les badauds qui passent leur temps à la fenêtre. Certaines maisons de Pompéi avaient des fenêtres de verre translucide.

Fenouil

Le fenouil est natif du pourtour méditerranéen, où il se rencontre encore à l'état sauvage. Son arôme l'a fait apprécier des humains depuis les premières civilisations de l'Antiquité, pour ses qualités culinaires et médicinales. Sur ces dernières, on a beaucoup varié : la Mésopotamie croyait à son action sur les maux d'estomac ; l'Inde et la Chine le tenaient pour un remède contre les piqûres de serpent et de scorpion ; certains, tel Pline, le considéraient comme un préventif de la cécité, d'autres comme un amaigrissant, etc. En tout état de cause, il reste un condiment parfumé, comme la menthe et le basilic*, et un excellent légume.

Fenouil officinal (*foeniculum officinale*), planche botanique du tout début du XXe siècle.

Fer

Succédant à l'âge du bronze, qui lui-même prolongeait celui du cuivre*, l'âge du fer commence à la fin du IIe millénaire, de l'Asie Mineure à la Chine : nombre de pays orientaux obtiennent alors ce métal par réduction du minerai au feu de bois. Comme la métallurgie du fer exige un feu plus puissant que celui des usages domestiques, ses progrès resteront étroitement liés à l'existence et au perfectionnement du soufflet de forge* jusqu'aux XIIIe-XIVe siècles – époque où de nouvelles techniques couronnées par l'apparition du haut-fourneau en pays de Flandre vont permettre la production à grande échelle de la fonte* et de l'acier.
L'industrialisation moderne de la métallurgie du fer commencera avec l'utilisation du charbon pour suppléer à l'insuffisance du bois, grâce à l'obtention du coke par l'Anglais Abraham Darby en 1709.
Le fer était connu des humains et travaillé par martelage de météorites dès le Ve millénaire, et l'acier déjà obtenu, en faibles quantités, par cémentation du fer doux quelques siècles avant J.-C. (instruments de chirurgie en Inde, vers - 300 ; épées de Damas vers - 200).
L'apparition de l'âge du fer est variable, comme celle du cuivre*. Ainsi, le travail du fer s'est répandu lentement en Afrique : l'Égypte, qui importait depuis longtemps des instruments et des objets en fer, ne s'est mise à le travailler qu'au VIe siècle avant J.-C. ; le pays de Kush, dès le IVe ; le Nigeria, à partir du IIIe ; le Rwanda, vers 250 après J.-C. ; la région des Grands Lacs et la Zambie, au début de notre ère ; le haut Zambèze, après l'an 200, etc. (v. *pont*).

Fer à cheval : v. *collier d'attelage.*

Fer à repasser

Dès le IVe siècle de notre ère, les Chinois utilisent une sorte de casserole en laiton contenant de la braise, qu'ils manœuvrent à l'aide d'un manche. En Occident, l'ancêtre du fer à repasser fut ce lissoir, fait de bois, de verre ou de marbre, employé forcément à froid, car, jusqu'au XIVe et même au XVe siècle, l'usage de la gomme à empeser ne permettait pas le moindre travail à chaud. Le repassage au lissoir doit, en Orient, remonter à l'époque sassanide et, en Europe, au

Le fer à repasser est mentionné pour la première fois au XVIe siècle, et c'est au XIXe qu'apparaît le fer de blanchisseuse. *Atelier de repasseuses à Trouville* de Louis Joseph Anthonissen, XIXe siècle (musée des Beaux-Arts, Pau).

XIIe siècle : ici et là, l'iconographie et la sculpture nous livrent des personnages aux plis de vêtement si régulièrement marqués qu'ils laissent supposer l'existence du lissoir. En Europe, les plus anciens fers à repasser qui soient parvenus jusqu'à nous sont rarement antérieurs au XVIe siècle. Quant à la mention même de fer à repasser, elle n'apparaît qu'au XVIIe siècle. Se succèdent le « fer à jeter » – à jeter au feu – et le « fer à braise », creux, enfin, au XIXe siècle, le classique fer de blanchisseuse, mis à chauffer sur les fourneaux. À la même époque, on a trouvé d'autres moyens de chauffage que le charbon, et donc diversifié l'instrument : fer à eau chaude, à gaz, à alcool, etc., jusqu'à l'année 1913, qui, en France, voit apparaître le premier fer électrique, avec un premier modèle Calor. Mais le fer électrique est une création américaine : il avait été inventé par H. W. Seely en 1891.

Fermeture à glissière

L'invention n'est pas aussi récente que l'on croit souvent. Un premier brevet avait été pris par l'Américain Whitcomb L. Judson en 1891, mais sa « C-Curity » laissait trop à désirer par ses fréquents détraquements. Il faudra attendre 1913 pour qu'un jeune Suédois naturalisé américain, Gideon Sundback, ingénieur spécialisé dans la création de turbines à vapeur, mette au point après plusieurs années de recherche un modèle tout à fait sûr. Pendant la Première Guerre mondiale, un tailleur a l'idée d'en doter les porte-monnaie des marins, fixés à leur ceinture de cuir, puis la fermeture à glissière vient équiper les vêtements des aviateurs, et enfin s'implante dans la confection civile. Consécration : en 1930, la haute couture parisienne l'adopte sur l'initiative de Schiaparelli. De nos jours, chaque année, il s'en fabrique de par le monde quelque 400 000 km, sans pour autant éliminer le millénaire bouton*.
Notons que « fermeture Éclair », souvent employé – comme « Frigidaire » pour « réfrigérateur » –, est une marque déposée.

Festivals

Pour la musique, le premier est le Festival of the sons of the Clergy, en Grande-Bretagne (1665) ; en Allemagne, le Nieder-rheinisches Musikfest (1817) ; en Italie, le Maggio Musicale Fiorentino (1933).
Pour la chanson, le Festival de San Remo (1950) ; pour le cinéma, la Biennale (Mostra Internazionale) de Venise (1932), Cannes (1946), Berlin (1951). Pour le théâtre, c'est en France que fut créé le premier festival d'art dramatique, la Chorégie d'Orange, dans le cadre du théâtre

antique, en 1869. Idée reprise par Jean Vilar et son petit groupe d'amis, dont le peintre Gishia, avec le festival d'Avignon ayant pour décor principal la cour d'honneur du palais des Papes (1947).

Fête des Mères

S'inscrivant dans la vague des revendications féminines du début du xxe siècle, la fête des Mères a été fixée aux États-Unis au deuxième dimanche de mai. C'était le 9 mai 1914, et ainsi en avait décidé par décret le président Thomas Woodrow Wilson. Décision prise en conclusion d'une campagne menée par Anne Jarvis, une jeune femme inconsolable du décès de sa mère, morte prématurément un 9 mai. En fait, l'idée ne deviendra tradition établie qu'à partir de 1922.
En France, Camille Schneider, instituteur et poète alsacien, entreprit une action analogue, mais il lui fallut cinq années de démarches avant qu'un décret de 1926 instaurât cette fête le dernier dimanche de mai – le deuxième étant déjà réservé à la célébration de Jeanne d'Arc. Le gouvernement de Vichy institua en 1941 une « journée des Mères » qui rendit la fête des Mères très populaire, mais c'est une loi de 1950, votée à l'initiative du député François Bouxon, qui lui a donné son caractère officiel.
Les pères attendront trois ans pour être à leur tour honorés une fois l'an, et leur fête, sans base légale, ne sera due qu'à l'initiative de deux académiciens, Georges Duhamel et Maurice Genevoix (1953).

Fête nationale

Sur proposition du député Raspail, la Chambre vote le texte suivant : « La République adopte la date du 14 juillet comme jour de fête nationale. » C'est la loi du 6 juillet 1880, et le 14 juillet 1881 sera le premier officiellement célébré comme tel.
Ce jour-là, la moitié des fenêtres était pavoisée de drapeaux ; mais l'autre moitié était tendue de noir, comme pour un deuil. Ces fenêtres étaient celles des orléanistes et des bonapartistes.

François Vincent Raspail, député républicain, propose la date du 14 juillet comme jour de fête nationale, célébrée pour la première fois en 1881.

Fête du Travail : v. *Premier-Mai.*

Feu

Prométhée s'appelait en réalité « pithécanthrope », ou *Homo erectus*, dont le premier spécimen, découvert en 1891 à Trinil (île de Java), par le Hollandais Eugène Dubois, est célèbre sous le nom d'« homme de Java ». Le pithécanthrope, lointain ancêtre de l'*Homo sapiens* que nous sommes, avait commencé à fabriquer un outillage primitif voilà plus d'un million d'années et à coup sûr, utilisé le feu ; mais rien ne prouve qu'il pouvait le produire. Peut-être ne savait-il que le conserver après l'avoir recueilli à la faveur d'un incendie naturel – feu de brousse, de marais, etc.
Mais au moustérien ou, plus sûrement, au paléolithique supérieur, c'est-à-dire il y a entre cent mille et trente-cinq mille ans, sans aucun doute l'homme a appris à allumer le feu, par frottement ou par choc – qui sont les deux techniques primordiales dans ce domaine (v. *allumettes, briquet, forge, homme moderne*).

Feu d'artifice : v. *artifice (feu d').*

Feux de signalisation

Inspirée par le système des signaux maritimes que la Grande-Bretagne avait codifié dès 1818, la signalisation routière par sémaphores à feux tricolores commence dans la campagne anglaise en 1838. Puis, tout naturellement, la ville de Londres applique à partir de 1868 un système analogue pour tenter de régler sa circulation, déjà dense et très chaotique.
Les États-Unis, à leur tour, sont amenés à canaliser un flot d'automobiles toujours plus violent ; apparaissent à Cleveland, en 1914, des feux bicolores, puis des tricolores à New York.
À Paris, le premier signal lumineux a commencé à fonctionner au carrefour des boulevards Saint-Denis et Sébastopol le 5 mai 1923. C'était un feu rouge unique, accompagné d'une sonnerie, le tout fonctionnant par commande manuelle. En raison des protestations des riverains, la sonnerie fut remplacée par un gong – mais le bruit des moteurs couvrant tous les autres, le gong sera vite supprimé. Le feu vert et le feu jaune-orange n'apparaîtront que dix ans plus tard.

Fève

La culture de la fève remonte à la préhistoire, tant en Eurasie qu'en Égypte. On a trouvé des graines de fèves dans les fouilles de Troie. Avec les lentilles, les pois* chiches, les radis* et les pourpiers, il y avait déjà des fèves dans les jardins pharaoniques, aussi bien qu'en Mésopotamie. Les Grecs mangeaient vertes les fèves d'Égypte ; mûres, celles-ci leur servaient de... bulletin de vote.
C'est en 1899 qu'à Paris, pour la première fois, la fève est remplacée, dans la galette des rois, par une poupée de porcelaine « sur laquelle on risque de se casser les dents. C'est le sujet de tous les potins. » Dans les années 1960, on a voulu remplacer les fèves en porcelaine par des fèves en matière plastique, mais, celles-ci supportant mal l'épreuve du feu, on en est revenu à la porcelaine.

La fève (*Faba vulgaris*), planche botanique du tout début du XXe siècle.

Fibres optiques

En 1870, le physicien irlandais John Tyndall met en évidence la propagation de la lumière dans un jet d'eau. Les rayons lumineux, explique-t-il, sont « piégés » à cause de leurs réflexions multiples dues à la différence d'indice de réfraction entre l'eau et l'air.
L'idée de remplacer le jet d'eau par un fil de verre, si lumineuse qu'elle soit, mit longtemps à s'imposer à l'esprit des chercheurs : presque une centaine d'années. Il fallait en effet disposer de verre suffisamment transparent d'une part, et d'autre part d'une source de lumière cohérente. L'invention du laser* en 1958 et son perfectionnement durant les quinze années suivantes vont permettre de résoudre le second problème, le premier étant parallèlement résolu à partir du verre de silice : sans entrer dans la technique, disons qu'on a fini par obtenir une fibre optique qui soit un support de transmission adapté aux communications à grande distance ; les premiers résultats ont été obtenus par Kao et Hocknam en 1966, puis, en 1970, par les compagnies américaines Corning Glass et Bell Labs, enfin en France par le Centre national des télécommunications (CNET, 1972).
La fibre optique se présente comme un cheveu de verre qui véhicule des impulsions lumineuses (et non plus électriques). Elle est insensible aux perturbations électromagnétiques. Le volume occupé par les fibres optiques est bien inférieur à celui des câbles coaxiaux, faits d'un fil de cuivre entouré d'un isolant, puis d'une treille métallique et de sa gaine. Le kilomètre de fibre optique pèse 25 g, alors que le câble classique pèse 5 kg. Sans compter qu'on serait bien en peine d'y faire passer en une seconde la totalité de la Bible, ce que permet la fibre ! (v. *vidéocommunication*.)

Fibres synthétiques : v. *Nylon*.

Figuier

Notre figuier méditerranéen, cousin du figuier des pagodes et du figuier des banians, qui prospèrent sur le sous-continent indien, est indigène dans une aire immense qui va des Canaries à l'Afghanistan. L'Égypte pharaonique le connaît dès la IVe dynastie, voilà près de cinq millénaires, et les plus anciens textes hébraïques le citent. Plus près de nous, Caton montre aux sénateurs romains quelques figues encore fraîches provenant de Carthage, pour leur prouver combien proche de Rome est la dangereuse rivale qu'il faut détruire.

Fil

La fabrication du fil remonte à la préhistoire : les aiguilles* à chas trouvées dans la grotte de Lascaux, entre autres, le prouvent. Mais le premier emploi que les premières sociétés humaines firent des toisons animales fut un feutrage : les stations lacustres en ont livré des vestiges. Puis, on roula les brins de laine et de poil en les tordant, pour produire des filaments propres au tissage.
L'emploi des fibres végétales est à peine postérieur à la sédentarisation. On en a trouvé en Égypte qui remontent au Ve millénaire, sans qu'on puisse identifier les espèces dont avaient été tirées ces fibres. Le lin* est probablement la plus ancienne : on sait qu'il était déjà cultivé au

V^e millénaire au bord du Nil, en Mésopotamie, en Inde. Le premier tissu de laine est égyptien, il a 6000 ans (v. *Nylon*).

Film (musique de)

La première musique spécialement composée comme accompagnement d'un film cinématographique – jouée évidemment par un orchestre installé dans la fosse – est l'œuvre de Saint-Saëns, pour *L'Assassinat du duc de Guise* réalisé par A. Calmettes et Le Bargy en 1908 ; scénariste : Henri Lavedan.

Film (réalisatrice de)

La première fut Alice Guy, contemporaine de Méliès et collaboratrice de Léon Gaumont. Elle est également le premier auteur à avoir tourné un film de fiction : *La Fée aux choux*.

Flash

Quatre ans après l'invention de la lampe* électrique, l'Américain C. H. Chauffour fabrique le premier flash – très artisanal et peu sûr (1893) : on obtenait l'éclair en faisant brûler de la poudre de magnésium sur un petit plateau doté d'un réflecteur, qu'un assistant brandissait au voisinage de l'appareil photographique. En 1925, l'Allemand Paul Vierkötter déposait un brevet pour un flash dit « magnésique » : une mince feuille d'un alliage aluminium-magnésium était enfermée dans une ampoule où le passage d'un faible courant électrique déclenchait un bref et brillant éclair. En 1935, le Français M. Laporte inventait le flash électronique dispensant de remplacer la lampe après chaque flash.

Fleurs artificielles

Égyptiens et Chinois, chacun de leur côté, ont pensé à pallier le caractère éphémère des fleurs naturelles en les remplaçant par des imitations en matériaux plus durables.

C'est en taillant des lames dans la corne et en colorant celles-ci diversement que les Égyptiens tressèrent leurs premières couronnes de fleurs artificielles. Puis ils utilisèrent l'étoffe de lin, et aussi le métal. S'inspirant de leur exemple, les dames romaines en ornaient de petits chapeaux d'hiver qu'elles appelaient « chapeaux égyptiens ». Quant aux Chinois, leur matériel de base fut d'abord la fibre de bambou. On sait aussi que, mille ans avant notre ère, les dames conviées à la table de l'empereur ne s'y présentaient que parées de fleurs de pêcher taillées par leurs soins dans des feuilles de mica. Plus près de nous, les Chinois se sont servis de tissus de soie. En France, l'usage des fleurs artificielles a été introduit par les Italiens durant la seconde moitié du Moyen Âge : être « chapelier de fleurs » devint une profession lucrative. Ces artisans fabriquaient leurs couronnes couvre-chefs à partir de parchemin, de velours et de soie. L'art et la technique de la fleur artificielle atteindront à Paris une perfection telle, à la fin du XVIIIe siècle, que leur réputation sera mondiale.

Flûte

Probablement le plus ancien de tous les instruments de musique, à l'exception des percussions : on en a découvert dans des gisements du magdalénien, c'est-à-dire que l'âge de ces flûtes est de 10000 à 15000 ans. La Grèce et Rome ont connu les trois sortes de flûte : droite, de Pan (ou syrinx) et à bec.

Notre flûte actuelle, issue de diverses améliorations apportées à la flûte traversière, existe depuis 1840.

La flûte, l'un des plus anciens de tous les instruments de musique, était à l'origine employée pour donner l'alarme ou pour effrayer les ennemis grâce à son bruit strident. Mosaïque de Pompéi, illustrant des comédiens répétant leur texte au son d'une flûte anchée (Musée national, Naples).

Au ve siècle avant notre ère, les civilisations antiques avaient déjà appris à maîtriser la technique de la fonte. Une représentation d'un atelier de fonte du métal sur une coupe étrusque datée de 490 avant J.-C. provenant de Vulci (Antikensammlung, Berlin).

FMI

Le Fonds monétaire international, né en 1945, est reconnu comme organisation mondiale par l'ONU en 1947. Son objectif: assurer la stabilité des changes par la coopération internationale.

Foire de Paris

Devant le succès de la Foire de Leipzig, Paris ouvre la sienne le 17 mars 1904, au carreau du Temple.
En 1925, la Foire de Paris élit un nouveau domicile: le parc des Expositions de la porte de Versailles, inauguré par le président de la République Gaston Doumergue. À partir de 1929, à l'instigation de l'ancien préfet de police Lépine, elle abritera le « concours » des petits inventeurs et autres amateurs de système D, qui perpétue son nom et son souvenir.

Fonte

Les Chinois maîtrisèrent la technique des hauts-fourneaux dès le IVe siècle avant J.-C., précédant de beaucoup tous les autres peuples de la terre (v. *fer*). Nombre de raisons expliquent cette avance ; entre autres, les excellentes terres réfractaires dont ils disposaient pour le revêtement des hauts-fournaux, et cette « terre noire », comme ils l'appelaient, très riche en phosphate de fer, qui, jetée dans leurs hauts-fourneaux, permettait d'abaisser rapidement la température de 1130 à 950 °C. Quant au charbon, ils commencèrent à l'utiliser pour obtenir des températures encore plus élevées dès le IVe siècle de notre ère.

Football

Les Chinois deux siècles avant notre ère, les Romains de l'Empire, la France du Moyen Âge (avec la soule), la Florence de la Renaissance jouaient à un jeu qu'on peut croire ou dire l'ancêtre du football. Mais celui-ci, spécifiquement, est un fils de l'Angleterre: la Football Association y fut créée le 26 octobre 1863

pour jouer avec un ballon qu'il était interdit de saisir avec ses mains, non plus que l'adversaire. Le 20 juillet 1885 était fondée la Football Association Cup, réservée aux professionnels.
À noter que l'invention de la vessie de caoutchouc remonte à 1862 (v. *vulcanisation*).
Né en 1855, le club de Sheffield passe pour le plus ancien de tous. En France, c'est celui du Havre (1872), puis vient le Football Club de Paris (1879). La saison 1893-1894 voit se dérouler le premier championnat de France : le Standard Athletic Club en sort vainqueur… avec une équipe composée de dix Anglais et d'un Français. Le football est admis aux jeux Olympiques de 1900 à Paris. La Coupe de France a débuté en 1918 (Olympique bat F. C. Lyon par trois à zéro).
La Coupe du monde, créée par le Français Jules Rimet, remonte à 1930. Ouvrier chez Peugeot et footballeur amateur au club de Sochaux, Lucien Laurent a marqué le premier but de cette Coupe à Montevideo. L'exploit eut lieu le 13 juillet, à la 19e minute du premier match que la France remportera sur le Mexique par 4 buts à 1. Coupe qui sera gagnée par l'Uruguay, en battant en finale l'Argentine 4 à 2.

Forceps

Mis au point en Angleterre par tel ou tel membre – nous ignorerons toujours lequel – des Chamberlen, cet instrument de l'obstétrique resta l'exclusivité de ladite famille jusqu'au XVIIe siècle, jusqu'à la fuite à Paris de Hugh Chamberlen, menacé de prison pour faillite et qui tenta de vendre son secret à François Mauriceau. Celui-ci, obstétricien de grand renom, ne crut peut-être pas en l'efficacité du forceps. En tout cas, il refusa la transaction, et sans doute Chamberlen fut-il plus heureux en Hollande, car on sait que, dans les dernières années du XVIIe siècle, un certain nombre de gynécologues néerlandais l'employaient.
À partir du XVIIIe siècle, le forceps devient d'une utilisation courante, après que le docteur Mellie, appelé le « père de l'obstétrique britannique » par ses compatriotes, en eut perfectionné la forme.

Forge

L'âge du bronze a forgé les métaux pour leur donner forme. Pline attribue au roi mythique de Chypre l'invention de l'enclume et du marteau. *Le Livre des métiers*, de 1258, réglemente le métier parisien des forgerons (v. aussi *fer* et *feu*).

Dès le VIIIe-VIIe siècle avant J.-C., Homère fait de nombreuses mentions de la fabrication et de l'utilisation du métal. Une amphore du VIe siècle avant J.-C. représentant Héphaïstos dans son atelier de forgeron (Museum of Fine Arts, Boston).

Fosbury flop : v. *saut en hauteur.*

Four à micro-ondes

Le magnétron, tube électronique producteur d'énergie à ondes courtes, fut inventé en 1940, dans les laboratoires de l'université de Birmingham, par sir John Randall et H. A. H. Boot. Leurs travaux avaient pour objectif l'amélioration des radars anti-aériens en butte aux attaques des avions allemands. Le premier à appliquer la production d'ondes courtes à la cuisson des aliments (v. *cuisinière*) fut l'Américain Percy Spencer. Il travaillait alors pour le compte de la firme Raytheon, qui a commercialisé le premier four à micro-ondes en 1947.
Apparu en France vers le milieu des années 1980, le four à micro-ondes a connu d'emblée un grand succès, puisque, en l'espace de dix ans, la moitié des ménages en a été équipée. Mais, dès le début de 1990, un nouveau venu va commencer à le concurrencer : le micro-grill, qui associe deux fonctions complémentaires : ses micro-ondes permettent une cuisson des aliments en profondeur tout en conservant leur moelleux, son grill permet de les dorer et de les griller. D'où la possibilité d'une cuisine soit simple, soit élaborée, au choix – tandis que le four à micro-ondes continue sa fonction de décongélation et de réchauffage, et que le four traditionnel est utilisé seulement à l'occasion de repas exceptionnels – galas, mariages, grandes réunions de famille, etc.

Fourchette

C'est un usage courant, au Moyen Âge, que chaque invité apporte son couteau* – tandis que la cuiller* constitue un élément important du service de la table. Naturellement, on se sert toujours de ses doigts pour se saisir des aliments – d'où une grande variété de bassins et d'aiguières qui circulent au cours du repas, dans lesquels les convives se rincent les mains. Cependant, la fourchette n'est pas absente des repas médiévaux : on la voit paraître dans quelques inventaires ; celui d'Édouard Ier d'Angleterre († 1307) fait mention de sept fourchettes, dont une en or ; celui de Charles V († 1380) de douze, dont plusieurs « ornées de pierreries » (ce qui est peu, comparé à la nombreuse argenterie qui y figure) ; et l'inventaire de la duchesse de Touraine, en 1389, de neuf douzaines de cuillers d'argent et seulement de deux « fourchètes » en argent doré. Ces fourchettes ne comportent que deux dents, comme la fourche, d'où leur nom.

La fourchette demeure alors, on s'en doute, un véritable luxe, au même titre que la serviette* de table, et on l'utilise surtout pour manger les fruits. Au XVIe siècle encore, elle est considérée comme entachée de coquetterie.

Son usage ne se généralisera en France qu'à la fin du XVIIIe siècle, avec celui des assiettes* et des verres individuels. Les plus pauvres l'ignorent encore à la veille de la Révolution.

Cependant, on sait aujourd'hui que la fourchette médiévale n'est qu'une « réinvention ». Les fouilles de Çatal Höyük, en Turquie, nous ont en effet appris qu'elle était presque aussi vieille que la civilisation (v. *ville*).

Fox-terrier

Dans son *Histoire naturelle*, Pline l'Ancien raconte que les légionnaires de Jules César, ayant débarqué en (Grande-)Bretagne, « ils y trouvèrent des petits chiens qui savaient suivre leur proie jusque dans sa tanière ». Était-ce des fox-terriers ? Sans doute. En tout cas, ce chasseur de renards est populaire en Angleterre dès le XIVe siècle. En 1570, sous le règne d'Élisabeth Ire, il y est décrit pour la première fois par un médecin et naturaliste dont l'Histoire aurait dû retenir le nom. Mais la sélection sévère des caractères que nous lui connaissons aujourd'hui ne fut entreprise et poursuivie qu'au cours du XIXe siècle : c'est en 1862 qu'il est présenté pour la première fois en exposition, à Birmingham. Le premier standard de la race, établi en 1876, fait mention des deux variétés : à poil lisse et à poil dur. Le type ne sera définitivement fixé qu'au début du XXe siècle. Entre-temps, vers 1880, le fox à poil lisse a fait son apparition en France pour la chasse au renard et au blaireau. Mais c'est le fox à poil dur qui connaîtra chez nous, entre les deux guerres mondiales, une vogue comparable à celle du caniche* à partir des années 1980.

Fraisier

Le fraisier sauvage est représenté, en tant qu'indigène, par plusieurs espèces en Occident. Par exemple, *Fragaria vesca* habite tout l'hémisphère Nord, et *Fragaria eliator* est répandue dans toute l'Europe et jusqu'en Sibérie. Déjà, les Romains appréciaient la chair délicate des fraises, mais il faut attendre jusqu'au XIVe siècle pour que nous commencions à les cultiver et à les forcer afin d'en obtenir des fruits plus gros ; et l'on cite, comme le père de la fraise domestique enfin parvenue à l'état de succulence, Jean de La Quintinie. Cet avocat parisien venu de son Angoumois natal avait un jour jeté sa robe aux orties pour se consacrer à la culture des poires dans le village d'Auteuil. Poires si délicieuses que Racine les fit goûter au surintendant Le Nôtre, lequel fit nommer La Quintinie directeur des vergers du Roi-Soleil.

Nos fraisiers à très gros fruits dérivent du fraisier de Virginie, natif de la côte orientale des États-Unis, apparu en Europe dans la première moitié du XVIIe siècle, et du fraisier du Chili, arrivé quelque cent ans plus tard. Ce dernier a été introduit chez nous par un officier nommé… Frézier. Établi à Brest, il fit prospérer ses plants sous le climat breton, et Plougastel conserve encore le privilège, dit-on, de les faire fructifier le plus savoureusement.

Le fraisier à gros fruit (*Fragaria*), gravure du XVIe extraite du *Jardin d'Eichstätt* de Basilus Besler.

Franc

« Franc à cheval ». Une ordonnance royale du 5 décembre 1360 décide la frappe d'une pièce de 3,877 g d'or fin à l'effigie de Jean le Bon, alors captif des Anglais, représenté en cavalier. Cette frappe spéciale de trois millions d'écus est réalisée pour rendre le roi « franc de sa dette » (en latin médiéval *francus*, « libre »). Le premier des francs est né, que l'on appellera « franc à cheval », pour le distinguer de son cadet, le « franc à pied », émis sous Charles V, d'une valeur – déjà ! – moindre : 3,82 g d'or fin.
« Franc germinal ». C'est le franc de la Révolution, créé par la Convention nationale, en 1795, en l'étalonnant par rapport à son poids d'argent, auquel la loi du 17 germinal an XI (7 avril 1803) va attribuer une valeur or : 0,322 g d'or fin.
« Franc lourd ». Ainsi nommé par Antoine Pinay, ministre des Finances du président de Gaulle. Très exactement six cents ans après la naissance du franc à cheval, le 20 janvier 1960, le franc s'alourdit grâce à un déplacement – de deux crans vers la gauche – de la virgule des unités. Wilfrid Baumgartner, gouverneur de la Banque* de France, propose de l'appeler « nouveau franc » pour le libellé des chèques, afin d'éviter toute confusion (NF). Il est suivi aussitôt par le Français* moyen. Une période de transition de trois ans est prévue : au 1er janvier 1963, le franc léger sera banni des écritures, mais non des mentalités. Le franc de nos ancêtres avait déjà connu le même problème avec la livre. Écoutons Argan, le malade imaginaire de Molière, dans son monologue : « Suivant l'ordonnance de M. Purgon, pour expulser et évacuer la bile de Monsieur : quatre livres. » L'édition du *Malade imaginaire* de 1674 donne bien : quatre livres. Mais la version définitive, celle de 1682, porte : quatre francs.
Le franc suisse est devenu l'unité monétaire de la République helvétique en 1799 ; le franc belge est né en 1831. Malgré sa bonne mine, le franc français est mort le 31 décembre 2001 à minuit. L'euro*, son bourreau et successeur, l'a mis en terre alors qu'il venait d'entrer dans sa 642e année (v. *euro, louis d'or*).

En haut : le premier franc à cheval, frappé en 1360 à l'effigie du roi Jean le Bon (Bibliothèque nationale, Paris).

Ci-contre : l'expression « Français moyen » désignant le Français-type, que l'on doit à Édouard Herriot, est devenue familière au cours des années 1930.

Français moyen

Le Français moyen est un personnage mythique bien français (qui équivaut à « l'homme de la rue », aussi mythique mais anglais) dont la paternité revient à Édouard Herriot. À la manière de Zeus enfantant Athéna, celui-ci le fit surgir de son cerveau, tout armé, c'est-à-dire bardé de bon sens radical-socialiste et coiffé non d'un casque mais d'un béret basque. L'événement eut lieu le 17 août 1924, à Boulogne-sur-Mer, devant des journalistes, au retour d'une conférence internationale à Londres (v. *John Bull, Oncle Sam*).

Française (langue)

La tradition désigne comme premier texte rédigé en français la reproduction des célèbres Serments échangés à Strasbourg, le 14 février 842, entre Charles le Chauve et Louis le Germanique. En réalité, ces deux petits-fils de Charlemagne

étaient tombés d'accord pour prêter serment dans la langue de l'autre (et non en latin comme c'était l'usage), c'est-à-dire en *lingua teudisca* (en « tudesque ») pour Charles et en *lingua romana* pour Louis. *Lingua romana* qui, dans une certaine mesure, était déjà du français et serait d'ailleurs consacrée comme langue littéraire dès 881, avec la *Séquence de sainte Eulalie*.
Par l'ordonnance de Villers-Cotterêts de 1539, François Ier prescrit de rédiger désormais en français, et non plus en latin, tous les actes judiciaires. En littérature, Du Bellay, porte-parole de la Pléiade, publie la *Déffence et Illustration de la langue françoise* (1549). Avec le *Discours de la méthode* (1637), Descartes ouvre au français les chemins de la philosophie.
Quant à l'enseignement, on apprenait à lire en latin dans les petites écoles jusqu'au XVIIe siècle. De même, dans les collèges, celui-ci reste la langue de base jusqu'au XVIIIe. L'université de Paris ne met à son programme l'étude d'auteurs français qu'en 1762. Le discours latin est supprimé à la fin du second Empire. L'obligation d'une thèse latine n'est supprimée qu'au début du XIXe siècle.

Franc-maçonnerie

Ce type de société en partie secrète, rassemblant des personnes qui professent des principes de fraternité fondés sur la liberté et la tolérance, semble bien être apparu dans la seconde moitié du XVIIe siècle en Grande-Bretagne, au sein de groupements, ou « loges », de maçons et de tailleurs de pierre. De simples confréries professionnelles, ces associations devinrent des écoles de pensée, qui commencèrent à se fédérer à partir de 1717, sous le nom de Grande Loge de Londres.
Dès les années 1730, la franc-maçonnerie se répandit aux Indes, dans les Antilles, et, surtout, dans les colonies anglaises de l'Amérique du Nord. Elle passa également sur le Continent, en Espagne (1728), en Allemagne (1733), au Portugal et aux Pays-Bas (1735), en Suisse (1740), etc.
En France, la franc-maçonnerie a probablement été introduite dès le début des années 1720, puis a progressé jusqu'à aboutir, en 1755, à la création de la Grande Loge de France. Le Grand Orient, lui, est né d'une scission, en 1773. Il est intéressant de relever que la Révolution française, qui a malmené la franc-maçonnerie, s'est pourtant inspirée de sa philosophie et lui a emprunté sa devise : Liberté*, Égalité, Fraternité.

L'essence de la maçonnerie se trouve dans son symbolisme issu de l'art de bâtir, comme le montre cette boîte du XIXe siècle peinte des symboles de la franc-maçonnerie de la Grande Loge de Londres (Freemasons' Hall, Londres).

Freins à disque

Les premières autos étaient pourvues de freins à tambour, et le premier constructeur à mettre au point des freins à disque fut Alexandre Darracq, qui en équipa ses modèles de 1906, puis de 1913-1914. Mais son innovation ne fera pas d'adeptes, en dépit des quelques brevets déposés avant la Première Guerre mondiale, notamment en Grande-Bretagne et en Allemagne.
C'est seulement vers 1935 que les freins à disque commenceront à être utilisés systématiquement… pour les trains d'atterrissage des avions. Et il faudra attendre encore dix-huit ans pour que l'on enregistre l'emploi de freins à disque sur une automobile : une Jaguar, aux Vingt-Quatre Heures du Mans, en 1953.

Fresque

La Grèce préhellénique a connu la fresque, technique de peinture consistant à couvrir de couleurs à l'eau une surface de stuc ou de matière fraîche. Elle l'a abandonnée pour la peinture à la cire dès le début de son ère. L'Italie et la France ont peint à fresque dès le Moyen Âge.

Froid artificiel

Le froid naturel fut certainement le premier moyen de conservation* des aliments, merveilleusement efficace, employé par les hommes : en Sibérie, au début du XXe siècle, des hommes et des chiens ne se sont-ils pas nourris de steaks vieux de 50 000 ans, découpés dans la chair congelée de mammouths ?
L'ancien Orient a produit de la glace en utilisant le

froid nocturne : on recueillait les minces couches gelées sur les eaux dormantes pour les emmagasiner dans des resserres obscures. Déjà, au IIe millénaire, villas et résidences mésopotamiennes possédaient leurs glacières. Grands amateurs de boissons fraîches, les Romains stockaient dans des caves et des puits spécialement aménagés la neige des Apennins transportée de nuit sur des chariots recouverts de paille.

Ils avaient emprunté cette technique aux Chinois, après l'ambassade conduite par Caïus Metelius Ploter en 130 après Jésus-Christ. À Pékin, le Romain s'était étonné de ce qu'on lui fit savourer en pleine canicule une succession de délicieux mets glacés, et ses hôtes lui avaient alors montré les grottes dans lesquelles une multitude de travailleurs avaient entreposé et tassé de la neige durant l'hiver précédent. Technique reprise, après les temps obscurs du Moyen Âge, par les Italiens de la Renaissance, qui avaient une prédilection pour les sorbets et les vins frais. Voisins envieux, les Provençaux réclamèrent à Louis XIII, et obtinrent de celui-ci en 1641, le droit de récolter la glace.

En 1685, le physicien français Philippe de La Hire fut le premier à produire artificiellement de la glace en enveloppant de sel d'ammoniac humide une toile pleine d'eau fraîche. Dès le début du XVIIIe siècle, avaient été fabriquées les premières glacières en bois calorifugé dans lesquelles on plaçait des blocs de glace. Mais c'est seulement dans la première moitié du XIXe siècle que l'on commence à trouver dans les familles des « glacières artificielles » fondées sur ce principe. En 1851, l'Américain John Gorrie met au point la première « machine à fabriquer de la glace ». De son côté, s'appuyant sur les découvertes des physiciens anglais Leslie (1811) et Faraday (1823) relatives à la liquéfaction des gaz, l'ingénieur Ferdinand Carré construit en 1860 le premier appareil réfrigérant par vaporisation d'ammoniaque, qui va permettre la production industrielle de glace. Dès lors, grâce à ce type d'appareil, on abandonne à Paris la glace du bois de Boulogne que l'on « récoltait » chaque hiver pour la stocker… rue de la Glacière.

Au même Carré, on doit le compartiment frigorifique du Paraguay, grâce auquel eut lieu le premier transport de viande congelée entre le Nouveau Monde et l'Ancien. L'année suivante, en 1876, un autre ingénieur français, Charles Tellier, allait pourvoir à l'équipement en cales réfrigérées du « Frigorifique », premier navire véritablement spécialisé dans le transport de la viande de bœuf sud-américaine.

La fabrication industrielle des réfrigérateurs électriques à usage domestique a commencé en 1918 aux États-Unis avec la marque Kelvinator, et à partir de 1935 en Europe. En 1939, un foyer américain sur deux est équipé d'un réfrigérateur, contre un foyer français sur cent. La marque Frigidaire, qui date de 1922, est la plus populaire chez nous dès 1932, ce qui explique la confusion, dans notre vocabulaire, entre cette marque déposée et réfrigérateur, d'où la création populaire « frigo » (v. *surgelés*).

Fromage

Le fromage est sans conteste presque aussi vieux que la domestication* des animaux laitiers. Aussi sûrement, aucun de nos ancêtres ne l'a inventé. Ceux-ci ne firent que découvrir un fait évident : abandonné à lui-même, le lait coagule et fermente.

Le fromage était déjà un aliment courant dans l'Antiquité. Au cours du Moyen Âge, les monastères et les abbayes mettent au point des spécialités fromagères, qui contribuent à leur notoriété et à leur richesse, comme le munster, le pont-l'évêque, ou le port-salut. Une miniature extraite d'une édition du *Tacuinum sanitatis* (Bibliothèque nationale, Vienne).

On a retrouvé un peu partout sur les sites préhistoriques de l'Eurasie des matériels de préparation fromagère. C'est ainsi que, dans certains palafittes du néolithique, ont été exhumés des tessons de pots percés qui ne pouvaient servir qu'à égoutter le lait caillé.
Les anciens ont tous connu le fromage, sauf peut-être Babyloniens et Hébreux. En Europe, les monastères médiévaux furent à l'origine de nombreux fromages (v. *brie*, *camembert*, *cantal*, *gorgonzola*, *gruyère*, *maroilles*, *munster*, *parmesan*, *pont-l'évêque*, *roquefort*, *yaourt*).

Fuchsia

Natif de la cordillère des Andes, sur le territoire de la Colombie, de l'Équateur et du Pérou, ce montagnard s'est fort bien adapté au climat tempéré de notre Europe. Les premiers spécimens sont parvenus chez nous en 1693. Son nom lui a été donné par Charles Plumier, botaniste et voyageur français, en l'honneur du botaniste et médecin allemand Leonard Fuchs, mort en 1566, longtemps avant que le genre eût été découvert.

Fuseaux horaires

Nés en 1884, ils sont égaux et numérotés de 0 à 23 en allant d'ouest en est ; on a conventionnellement divisé entre eux la surface de la Terre, et tous les points de chacun d'eux ont en principe la même heure légale.
L'heure légale d'un événement donné correspond à l'heure du premier méridien, dit « méridien origine », à laquelle s'est produit ledit événement, augmentée du nombre précis d'heures correspondant au numéro du fuseau auquel est rattaché le lieu de l'événement. Ce méridien origine est placé au centre du fuseau zéro. On l'appelait « méridien de Greenwich », car il passe sur les lieux mêmes de l'ancien observatoire créé dans la banlieue de Londres par Charles II d'Angleterre en 1675 – méridien qui donnait l'heure GMT (Greenwich mean time), ou TMG (temps moyen de Greenwich).
L'heure GMT était en service comme référence universelle depuis la conférence internationale de 1884 sur les méridiens, à laquelle participaient vingt-cinq pays. Elle l'est toujours, mais l'appellation, formellement proscrite par l'Union astronomique internationale, a été remplacée par l'expression : heure de temps universel (UT).
C'est l'heure légale des pays rattachés au fuseau zéro, comme la Grande-Bretagne et l'Algérie. La France – qui n'a adhéré à la convention de 1884 qu'en 1911 – a préféré être rattachée au fuseau n° 1 pour des questions d'économie d'énergie. Rappelons que c'est par une loi du 24 février 1898 qu'en France l'heure légale n'est plus celle de Paris, mais l'heure de Greenwich. Pour ce faire, nos horloges et montres furent alors retardées de 9' 21" (v. *heure d'été*).

Fusée

La force propulsive de la poudre a d'abord été utilisée en Chine : sa première application, sous les Tang, aux VIIIe et IXe siècles, fut faite avec les feux d'artifice fusants ; deuxième application, la fusée verticale (et non la flèche à feu, actionnée par une force mécanique, arc ou baliste, employée depuis fort longtemps), dont se sont servis les Chinois, au XIIe siècle, dans leurs luttes contre les Mongols.

Le principe de la fusée était déjà connu des Chinois depuis le VIIIe siècle, mais il fallut attendre le XXe siècle pour passer de la propulsion par la poudre noire, découverte par les Chinois, à l'utilisation des liquides. Robert Hutchings Goddard, ingénieur et physicien américain, lors du lancement de la première fusée à ergols liquides, le 16 mars 1926.

Ces derniers, instruits à leur tour, vont répandre la technique de la fusée au cours de leurs expéditions dans le Proche-Orient et en Europe. Mais il faudra attendre six cents ans pour passer de la propulsion par la poudre à l'emploi des liquides – hydrogène et oxygène liquéfiés qui constituent le propergol des plus modernes fusées et que, déjà en 1903, proposait un modeste instituteur de Kalouga, en Russie, du nom de Konstantine Tsiolkovski. Le premier vol d'une fusée de ce type a eu lieu en 1926. De fait, ce vol ne fut qu'un bond d'une trentaine de mètres : son auteur, un jeune professeur de physique, l'Américain Robert H. Goddard, qui, à la veille de la Seconde Guerre mondiale, devait énormément améliorer sa technique – ses fusées atteignaient alors 1 100 km/h et 2 200 m d'altitude. Pour un chercheur isolé, cela représente un record difficilement égalable (v. *astronef*, *bombe atomique*).

Fusil

Il apparaît en France vers 1630. Mais son existence était déjà signalée en 1476, à Guastala, en Italie. Le fusil a pour ancêtres directs l'arquebuse (bataille de Morat, en 1476) et le mousquet (bataille de Pavie, en 1525), et doit sa naissance et son développement à l'invention de la rainure hélicoïdale attribuée, entre autres, à l'Autrichien J. Koller, de Vienne, au XVe siècle. La baïonnette, dont on suppose qu'elle a été inventée à Bayonne vers 1647, va ajouter à l'efficacité du fusil. Vauban généralisera son emploi dans l'armée française au tout début du XVIIIe siècle. Le fusil est introduit dans le Nouveau Monde, aux États-Unis, par des colons suisses en 1721. Une usine de fabrication sera fondée en Pennsylvanie dès 1754.

C'est au XVe siècle qu'apparurent les premières armes à feu portatives. Quant au terme *fusil*, il apparaît vers 1630 et est dérivé du latin *focilis petra*, « pierre à feu ». *La Fabrication de fusil*, gouache de Le Sueur, 1793 (musée Carnavalet, Paris).

Depuis Quand ? G comme...

Gaz d'éclairage

En 1799, l'ingénieur français Philippe Lebon dépose le brevet d'un appareil destiné à l'éclairage et au chauffage à partir de gaz obtenu par distillation du bois. Ce brevet précise qu'il s'agit de « thermolampes », et l'inventeur spécifie que ce sont des « poêles qui chauffent, qui éclairent avec économie et qui offrent avec divers produits précieux une force motrice applicable à l'industrie ». Un premier essai d'éclairage à l'hôtel Seignelay, rue Saint-Dominique, laisse indifférents le public et les autorités constituées. Quelques années auparavant, l'Anglais William Murdock a mis au point un procédé voisin, mais à partir de gaz de houille, et un premier essai mené par l'inventeur en personne pour l'éclairage d'une usine, en Cornouailles, a été concluant. Amélioré, le procédé de Murdock sera adopté en Angleterre dès 1807 et généralisé en 1815. En 1812, Chabrol de Volvic, préfet de la Seine, le fait expérimenter à l'hôpital Saint-Louis. En 1833, le comte de Rambuteau, autre préfet de la Seine, décide de remplacer l'éclairage à huile des rues de Paris par le gaz (v. *éclairage des rues de Paris*, *électricité*, *lampe*).

Gens de lettres (Société des)

La SDGL a été fondée le 28 avril 1838 à l'instigation d'Honoré de Balzac. Ses premiers présidents furent Villemain, Balzac, Victor Hugo et François Arago. Elle a été reconnue comme établissement d'utilité publique par décret du 10 décembre 1891. Elle a aujourd'hui la forme juridique d'association régie par la loi du 1er juillet 1901.

Géométrie

« Il n'y a pas de voie royale qui conduise à la géométrie », aurait dit Euclide d'Alexandrie au roi Ptolémée Ier (360-283 avant J.-C.). Euclide parlait ainsi en connaissance de cause : il était le premier à avoir construit un système rigoureux, une étude cohérente de l'espace et de ses formes. Les treize livres de ses *Éléments* constituent en effet la somme organisée de tous les travaux épars accomplis avant lui depuis un millénaire, à commencer par ceux des savants et philosophes d'Égypte et de Mésopotamie, découlant pro-bablement des techniques de bornage et d'arpentage, et pour finir par ceux, relativement récents, d'Hippocrate et d'Eudoxe. La géométrie euclidienne s'appuie sur des définitions et des axiomes, entre autres le célèbre postulat des parallèles, qui permettent le déroulement de théorèmes dans un ordre logique. Or, après deux mille ans de règne absolu, cette géométrie sera battue en brèche par les inventeurs de géométries dites « non-euclidiennes » : chacun de son côté, le Hongrois Bolyai et le Russe Lobatchevski découvrent dans les années 1830 une géométrie baptisée « hyperbolique », par opposition à la géométrie plane. Puis viendra la géométrie elliptique de l'Allemand Riemann, basée sur l'hypothèse d'une

Christian Felix Klein (1849-1925), mathématicien allemand, est connu pour ses travaux en géométrie et en algèbre.

somme des angles d'un triangle supérieure à deux droits (1854). Enfin, l'Allemand Felix Klein échafaudera une théorie d'ensemble réunissant toutes les géométries, théorie connue sous le nom de programme d'Erlangen (1872). Depuis lors, la géométrie s'est ouverte sur un champ de recherches illimité, allant de la géométrie plane aux géométries à *n* dimensions (v. *algèbre*, *arithmétique*, *mathématiques*).

Géranium

Le pélargonium, généralement plus connu sous le nom de géranium, est originaire d'Afrique du Sud. Les premières espèces furent introduites en Europe à partir de 1690. Des croisements intervenus à la fin du XVIIIe et au début du XIXe siècle ont donné naissance au géranium-lierre, au géranium des fleuristes...

Ghetto

Comme l'Arsenal, fondé sur la lagune vénitienne dès le XIe siècle, a donné son nom à tous les chantiers navals de l'Occident, le terme de *ghetto* a d'abord désigné le quartier de Venise assigné aux Juifs de la ville en 1516. C'est Napoléon qui, en faisant ouvrir le ghetto en 1798, autorisa les Juifs à ne pas y habiter.

Mais, en fait, des ghettos ont existé auparavant en Europe : à Valence dès 1239, à Francfort-sur-le-Main en 1462. Celui de Rome, mis en place en 1556, ne fut démoli qu'en 1885. À Londres, l'« Old Jewry » fut le quartier juif de 1066 à 1291 – mais ce n'était pas un ghetto, encore que des pogroms y eurent lieu en 1261 et en 1264.

Gilet

La pièce de vêtement sans manches n'est pas connue des glossaires avant l'édition de 1762 du *Dictionnaire de l'Académie*. Auparavant, sous le pourpoint, on portait la veste.

Gin

Cette eau-de-vie* de grain, aromatisée principalement avec des baies de genièvre, est née en Hollande à la fin du XVIe siècle d'une modification dans la méthode de distillation du *genever*, considéré alors comme un médicament. Pour la fabrication du *genever*, les baies étaient ajoutées au cours de la première distillation, tandis que dans celle du gin ce sera au cours de la seconde. À la fin du XVIIe siècle, la boisson et son procédé de fabrication furent introduits en Grande-Bretagne, où elle prit son nom de *gin*, abréviation de *genever*, et dès le siècle suivant y connut le plus grand succès (v. *bourbon*, *whisky*).

Le géranium sanguin (*Geranium sanguineum*), planche botanique du tout début du XXe siècle.

Gingembre

Grecs et Latins ont connu cette épice originaire de l'Asie du Sud-Est : Pline et Dioscoride la citent. Dioscoride précise que « le gingembre est cultivé en abondance en Arabie troglodyte ». Marco Polo en décrit la culture en Inde et en Chine à la fin du XIIIe siècle. Mais le premier à décrire la plante fut Jean de Montecorvino, missionnaire en Inde à la même époque.

Surtout utilisé par la médecine médiévale, qui le tenait, entre autres, pour un préservateur de la peste a été beaucoup employé par la France comme épice jusqu'à la fin du XVIIIe siècle. Il est regrettable que notre pâtisserie l'ait complètement oublié, alors que l'Allemagne et l'Angleterre en ont gardé l'emploi dans leurs puddings et dans leurs confitures, ainsi que dans certaines boissons comme le *ginger beer* ou le *ginger-brandy*.

Ginkgo

C'est l'espèce d'arbres la plus ancienne qui vive encore, car le ginkgo existait déjà au permien, c'est-à-dire à la fin de l'ère primaire. On le considère comme le dernier survivant d'une flore disparue, et nous ne le connaissons plus de façon certaine à l'état spontané même dans sa Chine natale (sauf, peut-être, dans la province de Chekiang). Le ginkgo est donc en quelque sorte un fossile vivant. On ne le trouve plus qu'à proximité des temples, en Chine, en Mandchourie, en Corée, au Japon, cultivé par les moines bouddhistes qui le plantent par paires – un mâle et une femelle – dans les jardins sacrés. Il pousse lentement et peut vivre au-delà de 2000 ans. On cite même le cas d'un sujet vieux de 3000 ans, surnommé « l'arbre royal », sur le mont Fulai (province chinoise du Shandong),

toujours productif, haut de 26 m, et dont le tronc mesure 16 m de circonférence.
Introduit à Utrecht en 1710, à Londres et au Muséum de Paris en 1754, le coût de l'entretien des jeunes sujets en Europe commença par être si élevé qu'on le désigna longtemps sous le nom d'«arbre aux quarante écus». Celui du Jardin des Plantes parisien présente la particularité d'être un ginkgo femelle sur lequel a été greffé un rameau mâle.

Girafe

Avant même l'avènement de la civilisation pharaonique, l'Égypte a connu la girafe. C'est en tout cas ce que nous apprennent les représentations qu'en ont données les artistes de la culture de Negada (moyenne Égypte), au cours du IVe millénaire avant notre ère.
Durant la XVIIIe dynastie, quatorze siècles avant notre ère, la reine Hatshepsout envoie cinq vaisseaux au pays de Pount, qui reviennent chargés d'animaux, dont une girafe, la première « enregistrée » par l'Histoire.
Outre les Égyptiens, Persans et Chinois, Grecs et Romains ont connu la girafe et l'ont figurée à maintes reprises. L'empereur Hadrien l'a fait représenter, parmi bien d'autres animaux sauvages, sur les admirables mosaïques de Préneste (Palestrina).
Bougainville, dans son *Voyage autour du monde* (novembre 1766-mars 1769), relate qu'en 1763, au cours d'une expédition de huit mois dans l'intérieur de l'Afrique australe comme en montait de temps en temps le gouvernement hollandais du Cap, «on a trouvé le quadrupède de dix-sept pieds de hauteur dont j'ai remis le dessin à M. de Buffon. Celui-ci m'assure que cet animal est celui que les naturalistes appellent la girafe. On n'en avait pas revu depuis celui qui fut apporté à Rome du temps de César et montré à l'amphithéâtre.»
Bougainville faisait erreur. Il est bien vrai qu'après la chute de l'Empire romain le souvenir de la girafe s'évanouit en Europe pour un millier d'années - jusqu'au xve siècle: dans sa ménagerie de Florence, Laurent de Médicis en possède une... qu'il a promise à Anne de Beaujeu. Et la fille de Louis XI écrit au Magnifique pour lui rappeler la chose. « C'est la beste du monde que j'ay le plus grand désir de revoir », lui écrit-elle, mais en vain. Grâce à quoi, si l'on peut dire, la gloire d'avoir la première posé ses sabots sur le sol de France revient à « la girafe de 1827 ».

L'année précédente, le pacha d'Égypte a fait cadeau simultanément aux rois d'Angleterre et de France de deux jeunes girafes capturées en Abyssinie. Celle qui est destinée à Charles X débarque à Marseille le 23 octobre 1826, accompagnée du consul de France à Alexandrie, de quatre « palefreniers » africains et de trois vaches laitières; elle y passe la mauvaise saison. Du 20 mai au 30 juin 1827, et à raison de 20 à 25 km par jour, elle franchit la distance qui la sépare de Paris. Tout au long, la foule se presse sur son passage, et la gendarmerie doit la protéger des bousculades. Au Jardin des Plantes, dont elle devient la pensionnaire, elle continue longtemps à exciter la curiosité des visiteurs. Le 9 juillet 1827, en compagnie de dignes professeurs du Muséum et couronnée de fleurs, elle se rend au château de Saint-Cloud pour être présentée au roi.
Cette première girafe hexagonale mourut en

La première girafe qui vécut en France, destinée à Charles X, arriva en 1826 à Marseille, puis fut transportée au Jardin des Plantes à Paris en 1827, suscitant la curiosité de très nombreux visiteurs. *La Girafe*, gravure sur bois en couleurs, 1827 (musée Carnavalet, Paris).

1845. Sa sœur anglaise, qui n'avait résisté que quelques mois aux brumes londoniennes, fut remplacée en 1836 par le premier couple de girafes introduit en Europe.

Girofle (clou de)

Le clou de girofle est le bouton desséché de la fleur du giroflier, plante originaire des îles Moluques. Les Chinois en appréciaient déjà l'usage quelques siècles avant notre ère : les mandarins le mâchaient pour s'en parfumer l'haleine quand ils avaient à adresser la parole à leur souverain.
On croit qu'il fut introduit en Europe au début de l'ère chrétienne ; en tout cas, dès le VIIIe siècle, les Arabes nous le firent apprécier doublement, en en assurant le commerce régulier et en nous le vendant très cher. En effet, tout au long du Moyen Âge, le clou de girofle sera la plus coûteuse des épices en Occident, plus coûteuse même que le poivre (v. *épices*). On l'utilisait alors surtout comme médicament, et les médecins le tenaient pour une panacée ; en particulier, une orange toute piquée de clous de girofle était censée éliminer tout risque de contagion. C'est cette même « boule parfumée » que nos grand-mères, plus réalistes, mettront dans leurs armoires à linge pour éloigner les mites.

Girouette : v. *coq*.

Glace

Si, dès la plus haute antiquité, on utilisait des miroirs métalliques, Pline semble avoir été le premier à mentionner des miroirs de verre qui auraient été fabriqués à Sidon. Sous les premiers empereurs, les verriers de Rome et de Brindes devinrent célèbres ; devant l'invasion des Barbares, certains d'entre eux se réfugièrent à Venise, dont les miroirs, étamés à partir du XVe siècle, devinrent une des gloires. L'inventaire des meubles de Catherine de Médicis mentionne cent dix-neuf miroirs de Venise, tous rangés dans un même cabinet. La technique de l'étamage étant gardée secrète, en 1660, Colbert décida dix-huit verriers vénitiens à venir à Paris et accorda privilèges et avantages à la « Manufacture des glaces et miroirs par des ouvriers de Venise ».

Dès l'Antiquité, l'Égypte utilisait des miroirs métalliques qui ne furent détrônés qu'au XIXe par les glaces en verre. Un miroir en bronze et bois du IIe millénaire avant J.-C. provenant de Médinet El-Gourob (musée du Louvre, Paris).

Glaïeul

Le glaïeul de nos pays était déjà connu de l'Antiquité classique. Il est originaire de l'Europe méditerranéenne. Mais la vogue du glaïeul n'est pas la sienne. Cette fleur et cette plante modestes ne peuvent rivaliser avec la splendeur des espèces exotiques, importées d'Afrique australe par les Hollandais aux XVIIe et XVIIIe siècles et qui, par un long et patient travail d'hybridations, ont donné, au XIXe siècle, les fleurs géantes et les coloris resplendissants que nous apprécions aujourd'hui (v. *jacinthe*, *tulipe*).

Glycine

Wisteria chinensis fut introduite en France vers 1780, mais ne connut son heure de gloire que vers 1900-1910, en pleine Belle Époque. Puis, après une longue éclipse, la glycine est redevenue un des ornements les plus recherchés de nos jardins. Son nom scientifique, *Wistaria* ou *Wisteria*, lui a été donné en 1786 pour honorer l'anatomiste américain C. Wistar.
L'une des plus vieilles, sinon la plus vieille d'Europe, se trouve chez un agriculteur varois, en plein centre de Fréjus. Une autre, sensiblement aussi ancienne, et de beaucoup la plus volumineuse, ombrage les terrasses du café-buvette de la gare des Arcs-sur-Argens, dans le même département du Var.

Golf

Ce sport est un fils de l'Écosse, comme le whisky*. On y jouait au Moyen Âge, et avec un tel engouement que le Parlement écossais dut l'interdire, car les jeunes gens le préféraient au tir à l'arc. Il s'étend très vite à l'Angleterre : un vitrail du XIVe siècle, de la cathédrale de Gloucester, montre un joueur de golf en action, à moins qu'il ne s'agisse d'un joueur de hockey* ! Ce qui est sûr, en tout cas, c'est que Jacques VI, fils de Marie Stuart, monte sur le trône en 1606 et qu'il apporte avec lui ses clubs de golf. Dès lors, celui-ci se répand dans tout le Royaume-Uni. Le 17 mai 1754, à Saint-Andrews,

près d'Édimbourg, *des gentlemen golfers* codifient leur jeu.
Le golf mettra longtemps à débarquer sur le continent, puisque le premier golf français (et européen) est celui de Pau, aménagé en 1856, longtemps avant celui de Biarritz, créé en 1888, l'année même où le golf traverse l'Atlantique (terrain de Yonkers, aux États-Unis).
Le golf n'a fait que deux timides apparitions aux jeux Olympiques (1900 et 1904).

Goncourt (prix)

La plus haute récompense littéraire est décernée en France au cours d'un déjeuner de dix couverts, ceux des membres de l'Académie Goncourt, réunis chez Drouant.
Celle-ci doit son existence à une clause du testament rédigé en 1884 par Edmond de Goncourt, clause qui exprimait un désir commun à feu son frère Jules et à lui-même : récompenser chaque année une œuvre littéraire de qualité.
Créée en 1896, constituée officiellement le 21 décembre 1903 et reconnue aussitôt d'utilité publique, la compagnie décerne le soir même, au cours d'un dîner au restaurant Champeaux, place de la Bourse, le premier « Goncourt » à John-Antoine Nau pour son roman *Force ennemie*.
Les dix premiers académiciens, suivant l'ordre des « couverts » (et non des fauteuils, comme à l'Académie française), furent : Léon Daudet, J.-K. Huysmans, Octave Mirbeau, J.-H. Rosny, Justin Rosny, Léon Hennique, Paul Margueritte, Gustave Geffroy, Élémir Bourges, Lucien Descaves.

Les frères Goncourt ont joué un grand rôle dans le monde littéraire du XIXe siècle. Selon un vœu qu'il partageait avec son frère Jules, Edmond fonda l'Académie Goncourt, qui récompense chaque année une œuvre littéraire. Lithographie de Paul Gavarni représentant Edmond (1822-1896) et Jules (1830-1870) Huot de Goncourt (Bibliothèque nationale, Paris).

Gondole

« Croissant de lune posé sur la lagune », la gondole est typiquement, strictement vénitienne.
La première mention qui la concerne se trouve dans une charte de 1094, aux termes de laquelle le doge Vitale Falier accorde à certains habitants le droit de construire une *gondula*. Et le premier plan connu de ce genre d'embarcation à rame unique et à fond plat a été tracé en 1555 dans les chantiers de l'Arsenal.
Dès la fin du XVIe siècle, la gondole possède les caractéristiques que nous lui connaissons aujourd'hui, en particulier *il ferro* – la lourde pièce de métal surmontant la proue, et dont les six dents horizontales représentent, selon la tradition, les six quartiers historiques de Venise –, pièce destinée à contrebalancer le poids du gondolier à la poupe.
À la fin du XVe siècle, on comptait au moins quinze mille gondoles, bien davantage selon certains. À la fin du XXe siècle, elles ne sont plus que quatre cents. Le premier *vaporetto* était apparu cent ans plus tôt sur le Grand Canal.

Gorgonzola

Petit village voisin de Milan, Gorgonzola était chaque année une étape d'automne pour les troupeaux de bovins qui transhumaient des Alpes aux plaines du Pô. Très tôt, dès le IXe siècle, ses habitants eurent l'idée de faire de cette vague énorme de lait qui roulait de la montagne une provision de fromages pour l'hiver, qu'ils gardaient pour leur consommation et pour la vente locale.
C'est seulement après 1870 que le gorgonzola partit à la conquête du monde. Souvent imité, copié, plagié, on connaît peut-être sa dernière métamorphose : le maczola de Nouvelle-Zélande...

Les marins de l'Antiquité dirigeaient leurs vaisseaux au moyen d'une rame-gouvernail très large, placée sur la poupe à tribord. Ce n'est qu'au XIIe siècle que le gouvernail d'étambot, fixé dans l'axe du navire, fut inventé pour faciliter les manœuvres.
Une représentation de gouvernails d'étambot, miniature extraite des *Chroniques de Jean Froissart* du XVe siècle (Bibliothèque nationale, Paris).

Gouvernail

Les embarcations maritimes de l'Antiquité, même les plus importantes, étaient équipées de deux rames, l'une à bâbord, l'autre à tribord, fixées de façon que leur extrémité plonge dans l'eau en arrière de la poupe. Cette technique est concurrencée à partir du Xe siècle par une autre, qui consiste à n'utiliser qu'un seul aviron latéral, fixé en général à tribord.
Le gouvernail d'étambot, monté sur un axe vertical, dans l'axe du navire, apparaît dans les villes hanséatiques de la Baltique, au XIIIe siècle. Mais on a retrouvé son modèle en Chine, sur la maquette en terre cuite d'un bateau, objet funéraire des Han de l'Est (25-220 après J.-C.), exhumée à Canton.

Graffiti

Dessiner ou écrire sur la pierre est un incomparable moyen de communication que les hommes ont utilisé très tôt. Mais peut-on parler de graffiti par exemple à propos de l'art pariétal* du paléolithique supérieur ? André Malraux considérait que le « bison d'Altamira n'est pas un graffito ni un dessin figuratif », et le terme n'est pas utilisé une seule fois dans l'œuvre que Leroi-Gourhan a consacrée à ce sujet.
C'est à Pompéi que subsiste sinon le plus ancien, du moins le plus important ensemble de graffiti de l'Antiquité (plusieurs milliers), et le seul dont on peut fixer à coup sûr la période de production : entre le tremblement de terre de l'an 63 de notre ère et l'éruption du Vésuve qui ensevelit la ville seize ans après, en 79.
Les graffiti de Pompéi constituent une documentation sans égale sur les aspects de la vie quotidienne des Latins de l'époque impériale. Ils témoignent de cet esprit mordant qu'Horace avait appelé le vinaigre italique.

Grape-fruit

Le grape-fruit est considéré tantôt comme un hybride entre pamplemousse et orange, tantôt comme un mutant du pamplemousse ou pomelo. En tout cas, c'est le seul de tous les agrumes* à n'avoir jamais été localisé en Extrême-Orient.
Il est fait mention du grape-fruit, pour la première fois, dans le *Hortus jamaicensis* de John Lunan, publié en 1814. Il y a donc tout lieu de croire qu'il est originaire de la Jamaïque, ou d'une Antille voisine. De bonne heure en effet, les Anglais avaient introduit les agrumes dans leurs colonies des Indes occidentales. La légende désigne, comme l'introducteur du pamplemoussier dans les Caraïbes, un certain capitaine Shaddock ; et, du reste, dans les Antilles britanniques, *shaddock* et *pomelo* sont synonymes.

Graphologie

Parmi les auteurs de l'Antiquité classique, Aristote d'Halicarnasse et Suétone, en particulier, ont pressenti dans leur œuvre que l'écriture pouvait révéler le caractère du scripteur. Démétrius, lui, précise que « la lettre rend l'âme », et il ajoute : « Nous pouvons, par l'écriture, connaître les mœurs de l'écrivain. » Le Moyen Âge ne nous a rien transmis qui puisse faire supposer que, durant ladite période, l'écriture ait été un sujet d'étude.
En 1622, le Bolonais Camilo Baldi publie le premier livre connu sur ce thème *(Manière de connaître la nature et les qualités de l'écrivain par une lettre missive)*. Baldi semble donc bien être le premier à avoir rédigé un traité qui étudie les rapports entre écriture et caractère, mais l'assurance avec laquelle il présente le sujet dans

son avant-propos fait penser qu'à l'époque la graphologie constituait déjà un ensemble aux techniques éprouvées.

Au XVIIIe siècle, Goethe insiste auprès de son ami Johann Kaspar Lavater, poète et théologien zurichois, pour que celui-ci se penche sur le problème de la graphologie. Lavater se met à l'œuvre, puis résume ses conclusions en quelques pages de son *Art d'étudier la physionomie* (1722), qui constituent le point de départ de tous les progrès qu'a faits depuis l'art, sinon la science, de la graphologie.

En France, l'abbé Hyppolyte Michon, qui créa en 1871 la Société française de graphologie, est tenu pour être le véritable fondateur de cette dernière avec la publication d'un certain nombre d'ouvrages, dont *Les Mystères de l'écriture* (1872), livre considéré à l'époque comme une révélation.

Gratte-ciel

C'est à Chicago que fut construit, en 1833, l'ancêtre de nos gratte-ciel. Pour la première fois, l'architecte George W. Snow appliqua la technique du bâti métallique supportant des murs-rideaux. Puis, le 9 octobre 1871, un gigantesque incendie allait détruire les deux tiers de Chicago. Ce désastre détermina l'essor d'une série d'expériences architecturales d'où sortit bientôt la notion véritable de gratte-ciel : en 1884-1885, William Le Baron Jenney construisit le premier *skyscraper* à cage d'acier revêtu de béton. Il avait neuf étages, c'était le Home Insurance Building. Puis, en 1898 fut construit un immeuble de dix-sept étages, entièrement en aluminium*. Chicago avait montré la voie à New York.

Mais, si l'on veut chercher un ancêtre aux gratte-ciel des temps modernes, notons que le roi Dutthagamani fit construire dans Anuradhapura, c'est-à-dire « la ville de la constellation », capitale du Sri Lanka (Ceylan) pendant plus de dix siècles (vers 400 avant J.-C.-781 après J.-C.), un des premiers gratte-ciel en 155 avant notre ère : le fabuleux Loha-Pâsâda, ou « palais de Bronze », couvrait une surface de 6 000 m^2, il avait neuf étages et était haut de 50 m. Son confort allait de pair avec la dignité de ses locataires, tous prêtres et hommes de religion. Seuls émergent encore de la jungle les mille quatre cents piliers qui soutenaient l'édifice, lequel fut détruit par un incendie.

La construction du premier gratte-ciel, le Home Insurance Building, revient à l'architecte de l'école de Chicago, W. Le Baron Jenney. Une affiche représentant la Tribune Tower à Chicago, gratte-ciel élevé entre 1923 et 1925 (Victoria & Albert Museum, Londres).

Gravure

La gravure sur bois ou sur pierre est née en Chine au tout début de notre ère, c'est-à-dire peu après l'invention du papier – que cette technique suppose. La plus ancienne gravure sur bois connue jusqu'à présent en Europe est le « bois Protat », datant de 1370 environ, découvert à Mâcon

et propriété du maître imprimeur Protat.
La *gravure sur métal* apparaît en Occident quelques décennies plus tard : on attribue à Finiguerra, orfèvre florentin, l'invention de la gravure sur cuivre (1449). La gravure sur pierre a été réinventée par l'Europe en 1796 (v. *lithographie*).
Parmi les premiers livres illustrés de gravures sur bois, citons *Der Edelstein* (*La Pierre précieuse*), recueil de fables d'Ulrich Boner (Bamberg, 1461) et les *Méditations de Torquemada* (Rome, 1467). À Paris, Jean Dupré publie les *Heures à l'usage de Rome*, premier livre illustré de gravures « imprimées sur cuivre » (1481) (v. aussi *aquatinte* et *eau-forte*).

Greffe d'organe

Au IIe siècle de notre ère, les chroniques rapportent que le vénérable chirurgien Hua-To jouissait en Chine d'une grande renommée pour ses transplantations de « viscères », sans autre précision si ce n'est qu'il pratiquait sous analgésie au chanvre indien.
Fra Angelico a peint un « saint Côme et saint Damien greffant la jambe d'un Noir à un amputé ». Le tableau est visible au musée de San Marco, à Florence. L'opération étant en cours, on ignore si elle fut un succès. Les deux hommes, avant de subir le martyre en 287, exerçaient la médecine afin de gagner les malades à la foi chrétienne. Ils sont aujourd'hui les patrons des chirurgiens.
Le 17 juin 1950, à Chicago, une femme de 44 ans, Ruth Tucker, dont l'affection rénale est grave, reçoit le rein d'une autre femme qui vient de mourir d'une cirrhose du foie. C'est la première greffe de rein. Mais le rein greffé ne fonctionne guère que quelques mois. En France (après deux essais en 1951, qui tourneront court, tentés à partir des reins d'un condamné à la guillotine) a lieu la première greffe de rein le 18 décembre 1952, sur la personne d'un jeune garçon, Marius Renard. Rein prélevé sur la mère du malade,

Saint Côme et saint Damien greffant la jambe d'un noir au diacre Justinien. Ces deux saints sont aujourd'hui les patrons des chirurgiens. Retable du XVe siècle peint par Fra Angelico (musée de Saint-Marc, Florence).

lequel succombera au bout de cinq semaines.
Enfin, la première greffe réussie est réalisée le 23 décembre 1954 à Boston, où Richard Herrick reçoit l'un des reins de son jumeau Ronald.
La première greffe du foie a eu lieu en 1963 aux États-Unis. Transplantation effectuée par le docteur Thomas Starzl, à Denver, Colorado.
Le 23 janvier 1964, le docteur James Hardy, de Jackson (Mississippi), implante le cœur d'un chimpanzé chez un homme de 68 ans, dont l'insuffisance cardiaque a atteint son dernier stade ; le greffon ne fonctionnera que quelques heures.
Le 3 décembre 1967, le docteur Christiaan Barnard procède à la première transplantation d'un cœur humain sur la personne de Louis Washkansky, 58 ans. Et le 12 mai 1968, à Paris, à l'hôpital Broussais, a lieu la première greffe du cœur* française.
Doyen des greffés du cœur, l'Américain Lewis Russel, d'Indianapolis, avait été opéré en juillet 1968. Il est mort en novembre 1974.
Le Français Emmanuel Vitria a vécu avec le cœur d'un donneur de novembre 1967 à mai 1987 : un record (v. *cœur*, *rein artificiel*, *sang*).

Grenadier

La première représentation peinte du grenadier se trouve sur la muraille d'un tombeau situé dans les jardins du pharaon Aménophis IV ; elle remonte donc à la XVIIIe dynastie, soit environ quatorze siècles avant notre ère. Mais l'Égypte, qui lui reconnaissait des vertus vermifuges, l'avait acclimaté : le grenadier est originaire de l'Iran, de l'Afghanistan et du Baloutchistan. Cultivé dès les temps préhistoriques, il aurait étendu au début de l'Histoire son habitat à la fois vers l'est, dans l'Inde, où la légende prétend qu'il est une création de Bouddha destinée à guérir une certaine déesse de ses penchants anthropophagiques, et vers l'ouest, jusqu'en Afrique du Nord et en Espagne. C'est pourquoi les Romains l'appelaient « pomme de Carthage » – Carthage la punique, d'où son nom scientifique : *Punica granatum*, (pomme) à grains punique.

Le grenadier en fleur (*Punica granatum*), gravure du XVIe extraite du *Jardin d'Eichstätt* de Basilius Besler.

Grille-Pain

C'est une invention américaine en trois étapes :
— en 1909, une première ébauche de grille-pain est conçue, fabriquée et commercialisée par une certaine Compagnie générale d'électricité, à Schenectady, dans l'État de New York ;
— en 1917, à Stillwater, dans l'État du Minnesota, un anonyme invente un authentique grille-pain, dont le temps de cuisson est réglé par un système d'horlogerie ;
— en 1930, cet appareil trouve enfin sa structure définitive par le réglage du temps de cuisson au moyen d'un thermostat.

Grog

L'amiral britannique Edward Vernon avait été surnommé Old Grog par son équipage, à cause de sa prédilection pour les vêtements en grogram – ou tissu de gros grain. Et, tout naturellement, ses hommes appelèrent « grog » la boisson de rhum coupée d'eau qu'il eut l'idée de leur fournir en 1740, au lieu de la ration de rhum pur à laquelle les marins de la Royal Navy avaient traditionnellement droit. Excellent et glorieux navigateur, l'amiral fut néanmoins rayé des cadres pour son attitude trop sévère envers ses marins. Ou bien ce ne fut qu'un prétexte pour l'Amirauté, car Vernon, si chatouilleux sur l'obéissance à son endroit, avait lui-même commis quelques actes d'indiscipline.

Gruyère

Ce fromage suisse provient de la vallée du même nom, dans le canton de Fribourg, où il est fabriqué depuis mille ans et peut-être davantage.

Guide touristique

Le premier traité français de tourisme est la (*sic*) *Guide des chemins de France*, publié en 1552 par Charles Estienne, troisième fils d'Henri, fondateur de la célèbre dynastie d'imprimeurs-libraires parisiens.
Charles Estienne avait rédigé son ouvrage d'après les renseignements recueillis de la bouche des messagers, des marchands et des pèlerins. Son livre eut un succès immédiat et tel qu'il fut imité

aussitôt, souvent et longtemps. Nos guides actuels n'ont rien inventé : déjà, Estienne donnait, en fonction des itinéraires, la qualité des routes, les distances, les villes traversées, notamment.
En 1583 paraît un autre ouvrage du même type, mais qui, le premier, déborde le cadre national : c'est celui de Nicolas Bonsons, dont le titre est d'autant plus explicite qu'il est fort long : *Nouvelle guide des chemins pour aller et venir par tous pays et contrées du royaume de France, plus le chemin de Jérusalem, Rome et autres lieux de Terre Sainte.*
Il faudra attendre 1724 pour voir paraître le premier guide routier avec cartes. Innovation qui plaît. Ces cartes avaient été dessinées d'après les relevés des ingénieurs du génie civil.
À peine née, l'automobile va créer un nouveau type de guide qui doit répondre immédiatement aux problèmes d'un nouveau tourisme* : c'est, en 1900, le premier Michelin rouge, « offert gracieusement aux chauffeurs » (ceux qui chauffaient le moteur avec de l'esprit-de-vin ou de l'esprit-de-bois !). Il avait été conçu et réalisé par le centralien André Michelin, le frère aîné d'Édouard, l'homme du pneumatique*. Le même, en 1910, innove encore en lançant la fameuse carte de France : 47 feuilles juxtaposées, pliées selon l'ingénieux principe de l'accordéon, dessinées au 1/200 000 avec une précision dans le détail quasi microscopique.

Guignol

Marionnette inventée à Lyon, en 1808, par Laurent Mourguet, fondateur d'un théâtre de marionnettes dont le succès allait s'affirmer précisément grâce à ce nouveau personnage.
La petite histoire raconte que Mourguet, canut au chômage devenu arracheur de dents, avait demandé aide à sa marionnette pour attirer la clientèle. Mais, devant le succès de celle-ci, il était passé de l'art dentaire à l'art théâtral.
D'abord inspirés de la commedia dell'arte, les spectacles de Mourguet et de son compère Lambert Grégoire connaissent un franc succès quand ils s'enrichissent de deux nouveaux personnages, Gnafron (1805), cordonnier ivrogne et grande gueule, puis Guignol le débonnaire, porte-parole des faibles et des opprimés.
Mourguet se retira en 1840, laissant à son fils Étienne et à son gendre François Josserand

Les guignols, poupées animées, nous sont venus d'Italie. C'est un Lyonnais, Laurent Mourguet, qui a installé à Lyon au début du XIXe siècle, un petit théâtre de marionnettes, à l'imitation des *pupazzi* italiens. En médaillons, les deux guignols (Delisle et Vuillerme) et les deux Gnafron (Josserand et Henry). En bas, de gauche à droite, les deux aveugles du quai Saint-Martin, les artistes vus des coulisses et Rousset tenant Guignol. Dessin de Girranc, 1865 (musée de la Marionnette, Lyon).

l'exploitation de son théâtre. Ceux-ci continuent sur le même registre, utilisant les événements du jour dans le même esprit critique et anti-conformiste qui déplaira au gouvernement du second Empire, lequel instituera pour Guignol une sorte de censure (1852). C'est alors que les adultes délaisseront ce spectacle et que celui-ci, très édulcoré, devenu fable, s'adressera aux enfants.

Guillotine

Elle ne date pas de la Révolution française comme on le croit trop souvent. Un exemplaire, auparavant utilisé en Écosse, la « jeune fille » (*maiden*), conservé au musée des Antiquités d'Édimbourg, assura l'exécution du régent Morton en 1581 ; dernières victimes de cette jeune fille : le marquis d'Argyll (1661) et son fils, comte du même nom (1685). La guillotine avait également fonctionné en Allemagne au Moyen Âge, et en Italie dès le XIIIe siècle. Le docteur Joseph-Ignace Guillotin prôna l'usage d'une machine qui abrégerait les souffrances des condamnés à mort, et ce devant l'Assemblée nationale, en 1789. La description qu'il fit de l'appareil s'inspirait d'un ouvrage anonyme qui relatait une exécution ayant eu lieu à Milan en 1702. Son rôle s'arrête ici.
Ce n'est qu'à la fin de 1791 que le gouvernement donna mission au docteur Louis de mettre au point une machine à décollation, d'où les premiers sobriquets de celle-ci : « Louisette » et « Petite Louison ». Après une série de tests satisfaisants faits à Bicêtre sur des cadavres, l'appareil fonctionna pour la première fois le 25 avril 1792, aux dépens d'un voleur de grands chemins, Nicolas-Jacques Pelletier. Le 28 suivant, le *Journal des Révolutions* de Paris parlait déjà de guillotine, et non de Louisette. Ce premier exemplaire avait été construit par un Allemand, Tobias Schmidt, fabricant de clavecins, de pianos et de… scaphandres. Guillotin faillit périr sous la Terreur, par l'instrument qui portait son nom. Libéré après thermidor, il continua à protester contre cet emploi qu'il estimait abusif. Mise au rancart définitive de la guillotine en France : une loi du 10 octobre 1981 abolit la peine de mort dans notre pays.

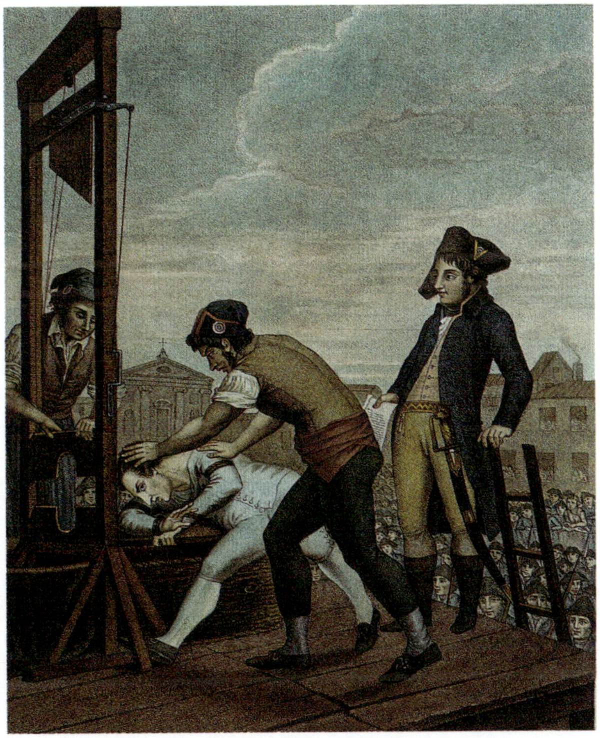

Même si la guillotine n'est pas née avec la Révolution française, elle en fut le principal instrument de décapitation. *La Mort de Robespierre*, gravure en couleurs de James Idnarpila, 1794 (Bibliothèque nationale, Paris).

Guitare

La guitare, instrument à manche et à cordes pincées, aurait pour ancêtre lointain le luth assyro-chaldéen qui, passant par l'Arabie, se serait finalement fixé en Espagne à la faveur de l'occupation maure. Le premier document attestant l'existence de la guitare proprement dite est un manuscrit du XIIIe siècle, les *Cantigas de Santa María*, attribué au roi de Castille Alphonse X le Sage, document dont une miniature représente deux types d'instrument à cordes : la guitare dite mauresque, à caisse ovale, et la guitare dite latine, à caisse plate.
Au XVIe siècle, la mauresque disparaît : elle est remplacée par le luth, tandis que la latine évolue pour devenir la guitare espagnole par l'adjonction d'une cinquième corde, puis au XVIIe siècle d'une sixième. Au XIXe siècle, celle-ci trouve sa forme définitive, qui en fait la guitare moderne que nous connaissons, avec sa caisse en palissandre, son mécanisme de chevilles, ses frettes métalliques, etc. Le premier traité de guitare est l'œuvre de Juan Carlos Amat (XVIe siècle).
La guitare électrique, dont l'un des premiers adeptes fut, dans l'entre-deux-guerres, le génial improvisateur Charlie Christian, a connu une vogue extraordinaire à partir de 1954, année où

Clarence L. Fender mit au point la fameuse Stratocaster, l'élue de stars quasi légendaires du rock et de la pop music comme Buddy Holly et Jimi Hendrix.

Gymnastique

Il faut nettement distinguer la simple culture physique, la « gym » des potaches et certainement la plus ancienne des activités athlétiques, de ce sport de force esthétique, présent dès les premiers jeux Olympiques* d'Athènes, en 1896, mais qui n'a trouvé sa parfaite formulation qu'entre les deux guerres mondiales : série d'exercices aux appareils – barres parallèles, barre fixe, anneaux, cheval-d'arçons, etc. – et acrobaties au sol. En ce sens, on peut dire que la gymnastique est née en 1936, aux jeux Olympiques* de Berlin.

La gymnastique, héritée des Grecs, est une des activités athlétiques les plus anciennes. Mais il faut attendre le XIXe siècle pour que cette discipline revienne à la mode et 1936 pour qu'elle soit reconnue comme sport olympique. Une représentation d'un ballet gymnique des frères Hanlon-Lees, gymnastes américains, aux Folies-Bergère, estampe de 1873. Collection particulière.

Depuis Quand ?

H comme…

Haltérophilie

Cette fille des exhibitions foraines a eu beaucoup de mal, précisément en raison de ses origines, à être acceptée dans les compétitions sportives. Au début de notre siècle, deux Français firent beaucoup pour sa rédemption : Émile Desbonnet, encore mal affranchi des formules du cirque, dont le flair commercial sut recruter, pour son « académie », maints colosses qui impressionnèrent le public ; et surtout Jules Rosset, animé quant à lui d'un esprit purement sportif, qui créa en 1913 la Fédération française de poids et haltères, suivie en 1920, toujours sous son impulsion, de la Fédération internationale. Les premiers championnats d'Europe virent le jour en 1935, à Paris, et, toujours dans notre capitale, les premiers championnats du monde en 1937. L'haltérophilie avait fait une entrée furtive aux premiers jeux Olympiques de 1896, à Athènes. Après une éclipse, elle fut de nouveau admise en 1920, à Anvers, selon les formules et les règlements que nous lui connaissons encore aujourd'hui. Deux Français en furent les triomphateurs, Gance (poids moyens) et Cadine (poids mi-lourds). Quatre ans plus tard, Cadine était supplanté par un quasi-inconnu, Charles Rigoulot, bientôt sacré l'« homme le plus fort du monde ».

Hameçon

La fin du paléolithique voit l'invention de l'hameçon, de la foène et du harpon.

Hamster

Proche parent du campagnol, le hamster vit en Europe et en Asie. Son nom, d'origine allemande, signifie « rat de blé ». On trouve encore en liberté, dans l'est de la France, le hamster commun (*Cricetus cricetus*). Mais le plus souvent commercialisé est le hamster doré (*Mesocricetus auratus*), originaire de Syrie. Connu des naturalistes seulement depuis 1839, on n'a commencé son élevage en Europe que vers 1930, année où furent capturés en Syrie une femelle et ses douze petits, dont descendent tous les sujets que nous voyons aujourd'hui en Europe.

Handball

Inventé par l'Allemand Schellenz, professeur d'éducation physique à Berlin pendant la Première Guerre mondiale, le handball fut à l'origine, littéralement, la transposition du football en jeu à main : même surface de terrain, même nombre de joueurs, etc. Sous cette forme, il fit une apparition aux jeux Olympiques de 1936, à Berlin, où l'Allemagne remporta le tournoi sur cinq autres nations.
C'était donc un jeu de plein air. En est dérivé presque aussitôt, dans les pays scandinaves, un jeu en salle, pratiqué entre équipes de sept joueurs. Depuis le début des années 1960, c'est le seul à être joué en France. Le jeu à onze semble définitivement tombé dans l'oubli, depuis l'admission de son rival aux jeux Olympiques de 1964, à Tokyo.

Haricot

Il est originaire du Mexique méridional et de l'isthme centraméricain où on le cultivait déjà plus de trois mille ans avant J.-C. Une autre zone d'origine, d'importance secondaire, se situe dans les régions chaudes de l'Équateur et du Pérou. En 1528, Pietro Valeriano, chanoine italien, reçoit du pape Clément VII quelques haricots envoyés d'Amérique au titre de curiosité botanique. Le chanoine cultive ces spécimens et découvre leur utilité alimentaire. Alexandre de Médicis, sur sa suggestion, en donne à sa sœur Catherine, à l'époque fiancée du Dauphin de France. Et c'est ainsi que le haricot gagnera la France et la sympathie des Français.

Haricot commun (*Phaseolus vulgaris*), plus souvent appelé « flageolet » ou « fayot », planche botanique du tout début du XXe siècle.

Harmonica

En 1823, le facteur allemand Christian Messner présente un premier modèle de cet instrument, qu'il dénomme à l'époque *Mundäoline*, c'est-à-dire « éoline à bouche ».
Mais en 1828, Christian Buchmann, autre facteur allemand, invente le *Mundharmonika*, que Matthias Hohner va perfectionner dans ses ateliers de Trossingen.
C'est ce dernier instrument, et lui seul, qu'en France on désignera sous le nom d'*harmonica*. Notons que, dans le passé, ce vocable s'était appliqué à maints instruments très différents, dont les harmonicas de verres, constitués de verres à pied convenablement accordés, desquels l'exécutant tirait des sons en effleurant leurs bords de ses doigts préalablement mouillés – le plus célèbre étant l'harmonica de Franklin (v. *accordéon*, *fauteuil à bascule*).

Harmonium

Le mot et l'instrument appartiennent au Français Alexandre Debain, conformément au brevet déposé en 1840. Mais l'instrument est l'aboutissement de nombreux travaux et de recherches entrepris dès le début du siècle, principalement par Gabriel-Joseph Grenié (v. *orgue*).

La harpe est l'un des instruments de musique dont la pratique remonte le plus loin dans le temps : elle est présente dès l'Antiquité égyptienne, assyrienne et gréco-romaine et la Bible y fait allusion. Elle devient ensuite un instrument traditionnel et un instrument de cour. *Harpiste chantant un hymne au soleil*, bois stuqué et peint, 1000 avant J.-C. (musée du Louvre, Paris).

Harpe

Les premiers instruments de ce type ont été trouvés dans les ruines d'Ur, en Mésopotamie. Ils auraient 5000 ans. Dès l'Ancien Empire, l'Égypte pharaonique jouait d'une variété de harpe.
Celle qui est encore en usage de nos jours, dite « à double mouvement », est l'œuvre de Sébastien Érard, qui la mit au point à Londres, en 1811.

Hélice

Sur le principe de la vis d'Archimède, une multitude d'inventeurs s'est essayée à propulser divers types de navires.
Le premier bâtiment naval qui ait jamais navigué par hélice (actionnée manuellement !) est un sous-marin* (le premier submersible, du reste, la *Tortue* de l'Américain David Bushnell) avec lequel, en 1775, le sergent Ezra Lee attaquera une frégate anglaise au cours de la guerre d'Indépendance.
Le premier vapeur mû par une hélice est-il l'*Archimedes* de l'Anglais Francis P. Smith, en 1839 ? Les premiers essais de cet inventeur dataient de 1836. Son succès de 1839 lui valut l'inimitié de John Ericsson, Suédois naturalisé américain, qui, avec un dispositif hélicoïdal un peu moins élaboré, avait assuré la propulsion du *Francis B. Ogden* dès 1837.

Hélicoptère

Le principe du vol avec une hélice sustentatrice avait déjà été imaginé par Léonard de Vinci, qui nous a laissé des croquis de sa machine volante. Des jouets fonctionnant sur le même principe ont été construits en France et en Angleterre, à la fin du XVIIIe siècle.
Mais le premier modèle à voler véritablement, piloté par un homme, n'a vu le jour qu'en 1923, après trois quarts de siècle d'études et d'échecs divers : cet homme est l'ingénieur espagnol Juan de la Cierva, qui avait nommé son engin « autogire ». Le premier hélicoptère à effectuer des vols de longue durée est celui de Louis Breguet, en 1936, après trente ans de mises au point et d'essais. En 1939, l'ingénieur russo-américain

Igor Sikorsky, pilote et constructeur aéronautique américain, à bord d'un hélicoptère primitif de 75 CV. En 1939, il invente la petite hélice « caudale » et réussit l'année suivante le premier vol à décollage vertical contrôlé.

Igor Sikorsky invente la petite hélice « caudale » qui apporte à l'hélicoptère une meilleure maniabilité et une pleine stabilité.
Premier hélicoptère transporteur de courrier postal : en East Anglia, Grande-Bretagne, 1948. Premier hélicoptère-cargo, toujours en Angleterre, 1949. Premier tour du monde en hélicoptère bouclé le 16 août 1997 par Jennifer Murray, grand-mère britannique de 56 ans en 97 jours, avec son copilote Quentin Smith, 26 ans : 50 000 km au-dessus de 26 pays.

Héliogravure

Dès l'invention de Daguerre (v. *photographie*) ont commencé les recherches destinées à fixer une image par la lumière. C'est l'ingénieur Poitevin qui, en 1847, mit au point le procédé de l'héliogravure.

Héraldique

Le mot « héraldiste » est relativement récent (XIXe siècle), mais la science du blason date de l'adoption d'un signe de ralliement par les chefs de guerre. Il semble que les chevaliers des croisades en aient emprunté l'usage à leurs adversaires musulmans ; le nom même de certains émaux – l'azur, le sinople – vient de l'arabe. L'émail représentant Geoffroi Plantagenêt, en 1152, le montre tenant son bouclier orné du léopard qu'il avait choisi pour emblème.

Hérédité

Dans son ouvrage *L'Origine des espèces* (1859), Charles Darwin avait énoncé les principes de l'évolution sans pour autant expliquer la transmission et les variations des caractères propres à telle ou telle espèce. Or, ironie du sort, à l'époque où Darwin travaillait à la formulation définitive de sa théorie, les lois fondamentales de l'hérédité et celles de l'Évolution venaient d'être établies par un moine autrichien, Anton Mendel, vivant alors sur l'actuel territoire de la Tchécoslovaquie.
À partir de 1843, il avait eu la possibilité de se livrer, dans les jardins de la maison augustinienne de Brünn (Brno, en tchèque), à des études pratiquées sur le croisement de plantes florales. Ayant concentré ses recherches sur l'hybridation de vingt-deux variétés de pois sélectionnées par ses soins, il put, à travers sept générations consécutives et de nombreux croisements, constater : 1) que l'hérédité est faite de nombreux caractères qui se comportent comme des unités et se transmettent identiques au fil des générations ; 2) et que, dans le cas de parents appartenant à

Les thèses de Charles Darwin sur l'évolution des espèces vont à l'encontre des Écritures sur la création de l'homme. Il place en effet l'homme au niveau de l'animal et, pis, le fait descendre du singe. Darwin rencontra une opposition virulente de la part des hommes d'Église et de certains biologistes. Caricature de Darwin du *Hormet*, journal humoristique du XIXe siècle.

deux variétés différentes, le descendant est un hybride dont le patrimoine se « disloque » à la génération suivante, chacun de ses éléments se séparant des autres inchangé, selon des proportions mathématiquement calculables. Mendel eut l'occasion de faire, en 1855, une communication sur les résultats qu'il avait obtenus, à l'Association de Brünn pour l'étude des sciences naturelles, mais son explication mathématique de phénomènes botaniques ne trouva aucun écho dans les milieux scientifiques d'Europe et d'Amérique. Il faudra attendre l'année 1900 pour que, par une extraordinaire coïncidence, trois chercheurs découvrent, chacun de leur côté, l'existence du mémoire oublié de Mendel et proclament le bien-fondé de ses conclusions : il s'agit du botaniste hollandais Hugo De Vries, le 24 mars 1900, du biologiste allemand Karl Correns, le 24 avril 1900, et du savant autrichien Erich von Tschermak, le 24 juin 1900. Mendel était mort depuis seize ans (v. *ADN*, *chromosomes* et *gènes*).

Heure

Diviser la journée en intervalles de temps réguliers est une idée très ancienne. Dès le VIIIe siècle avant Jésus-Christ, les Babyloniens divisent la journée en douze parties égales, chacune étant fractionnée en trente sous-parties. Les Égyptiens les imitent. La Grèce primitive, elle, ne connaît que deux heures, symbolisant le jour et la nuit ; puis elle en admet quatre, à l'instar des saisons ; enfin, la Grèce classique répartit le temps de la journée en douze heures plus ou moins longues selon les saisons.
Plus ponctuels, les Romains lui donnent huit intervalles, quatre diurnes et quatre nocturnes ; en divisant chacun d'eux par trois, ils vont créer, vers 280 avant notre ère, la première répartition de la journée en vingt-quatre heures. Heures qui n'ont pas de durée fixe, mais qui varient en fonction de la longueur du jour et de la nuit, selon la latitude du lieu et la saison.
En France, pendant longtemps, chaque ville, chaque village ou presque avait son heure, celle du soleil. C'est ainsi, cas extrême, que les horloges de Strasbourg avançaient de 49 minutes sur celles de Brest. La décision d'unifier l'heure sur tout le territoire fut prise seulement en 1891. Mais l'usage de l'heure locale n'a disparu définitivement de nos campagnes qu'au milieu du XXe siècle, avec l'urbanisation et sous l'influence de la radio (v. *bracelet-montre*, *cadran solaire*, *calendrier*, *chronomètre*, *fuseaux horaires*, *horloge*).

Heure d'été

Dès 1907, un Anglais, W. Willet, propose d'avancer l'heure légale de soixante minutes par rapport à la marche du soleil, et cela durant l'été ; cette mesure présentait un double avantage : en libérant une heure plus tôt ouvriers et employés, elle permettait de sérieuses économies de gaz d'éclairage et d'électricité ; de plus, elle donnait aux gens des villes des fins de journée plus longues à la lumière du jour – et ce n'était pas là un mince agrément pour les « masses laborieuses ». Mais c'est l'Allemagne qui donne l'exemple… en 1916. Car, du moins sur ce point, les belligérants tombent d'accord : le Parlement anglais vote, le 17 mai de cette même année, le Summertime Act, qui entre en vigueur le 21. Et un an après, votée le 19 mai 1917, sur une proposition du député André Honnorat, une loi française rattache notre pays au fuseau* horaire de l'Europe centrale (fuseau no 1), et non plus au fuseau de l'Europe occidentale (fuseau no 0), mais cela seulement pendant environ six mois de l'année : ce sera l'heure d'été. Elle sera appliquée de 1916 à 1945, avec des modalités diverses en ce qui concerne ses jours d'entrée en vigueur et de cessation.
Depuis 1945, l'heure d'été est devenue en France l'heure légale tout au long de l'année. Autrement dit, la France est rattachée en permanence au fuseau n° 1 – alors que certains de ses voisins, ayant conservé ou adopté le principe de l'heure d'été et de l'heure d'hiver, ne vivent en synchronisme avec elle que la moitié de l'année. En Grande-Bretagne, l'heure d'été durera continûment du 25 février 1940 au 31 décembre 1944, et durant l'an 1945 sauf trois mois. Au cours de ces années et de nouveau en 1947, *double summertime*, l'heure double d'été, fut en vigueur d'avril à octobre. N'ayant pu se mettre d'accord avec ses partenaires de la CEE sur le principe d'une heure d'été européenne, la France a repris seule l'heure d'été le 28 mars 1976 (en application d'un décret du 20 septembre 1975). Sa décision a provoqué une « réaction en chaîne » plus ou moins rapidement suivie par ses voisins. Vingt ans plus tard, tout sera remis en question une nouvelle fois.

Les origines du hockey sont incertaines : on pense que ce jeu est né en Perse plusieurs millénaires avant notre ère, mais c'est en Égypte que l'on en trouve les premières traces. C'est sans aucun doute en Angleterre que le hockey fut codifié pour la première fois sous sa forme actuelle. *Le Hockey féminin au collège de Malvern* peint par Henry Deykin, 1951 (Wingfield Sporting Gallery, Londres).

Hiéroglyphes

Ces inscriptions qui dormaient, certaines depuis plus de cinq millénaires, sur les murs des temples égyptiens, n'ont été déchiffrées qu'au milieu du XIXe siècle : dans une communication datée du 27 septembre 1822, Jean-François Champollion annonçait à M. Dacier, secrétaire perpétuel de l'Académie des inscriptions et belles-lettres, qu'il avait définitivement trouvé les clés de l'écriture pharaonique. Pour cela, dont il rêvait depuis l'âge de 10 ans, il lui avait fallu se préparer avec une ténacité, un acharnement sans égaux. À Grenoble, il a appris le latin, le grec, l'arabe et l'hébreu, puis, à Paris, le copte et l'abyssin. Enfin, pendant quatorze ans, il a travaillé sur une copie, exécutée en 1808, des textes trilingues – grec, démotique et hiéroglyphique – de la pierre de Rosette, sans avoir jamais vu l'original !

HLM

Le premier ensemble d'« habitations à loyer modéré » en Europe a été imaginé en 1920. Commencée cette même année, sa construction s'est terminée en 1933, à Lyon, ville natale de son concepteur, l'architecte et urbaniste Tony Garnier. Cet ensemble est constitué de mille six cents logements répartis en une douzaine d'îlots, où vivent quatre mille personnes. Il a été rénové en 1988 et, à la demande même de ses habitants, y a été créé un musée Tony-Garnier, homme d'avant-garde dont Le Corbusier fut un des premiers à reconnaître le génie novateur.

Hockey

Sur gazon, le hockey connaît une suprématie de l'Inde presque sans faille, depuis 1928, où, aux jeux Olympiques d'Amsterdam, ce pays battit la Hollande. Il faut dire que c'est son jeu national depuis la fin du siècle dernier.
On jouait au hockey sur gazon, en Perse, il y a quelque quatre mille ans. Pourtant, l'Inde l'a emprunté, non à sa voisine, mais aux militaires britanniques — dont les ancêtres s'étaient eux-mêmes inspirés de la « crosse » médiévale

française. En tout cas, c'est au Wimbledon Hockey Club que revient le mérite d'avoir codifié ce jeu d'amateurs dont les pères putatifs sont des plus nombreux.
Sur glace, le hockey est devenu un jeu de professionnels et un spectacle. Lui, on sait sur quel sol il est né : au Canada. La seule question est de savoir qui l'a inventé : les autochtones ou les colons d'Europe ? Sa faveur a commencé au milieu du siècle dernier, dans les casernes, sans qu'on sache où : trois villes au moins revendiquent l'antériorité – Kingston, Montréal, Halifax. Quoi qu'il en soit, le jeu a été réglementé vers 1875 et n'a guère changé depuis. Les autochtones, cependant, pourraient demander le bénéfice de la priorité : une relation de voyage de 1632 parle d'Indiens jouant avec balle et crosses sur... la neige.

Hold-up

Le 13 février 1866, Jesse James, avec son frère et leur bande, réalise le premier hold-up de l'histoire. Cet ex-guérillero sudiste, fils d'un pasteur qui deviendra chercheur d'or et d'une catholique torturée durant la guerre de Sécession, est devenu chef de gang, faute d'avoir pu se réadapter à la vie civile et à la paix.
Ce jour-là, il mène l'attaque de la « Commercial Bank » de Liberty (Missouri), où il avait vu le jour dix-neuf ans plus tôt. Butin : 75 000 dollars. Il continuera sa carrière pendant seize ans, jusqu'à ce que Bob Ford, membre de sa bande, l'abatte d'une balle dans la nuque afin de toucher la prime, car la tête de Jesse James était naturellement mise à prix. Bob Ford aura le temps de profiter de sa trahison : il ne sera abattu que dix ans après, par un ami de Jesse. Dans l'intervalle aura fleuri la légende du bandit bien-aimé qui volait les riches pour donner aux pauvres.

Les frères James, célèbres hors-la-loi, entreprennent le premier hold-up de l'histoire, à la « Commercial Bank » à Liberty dans le Missouri en 1866. Publicité pour un spectacle intitulé « Jesse James », de l'École américaine au XIXe siècle.

Holographie

Procédé de photographie* en relief, l'holographie a été inventée en 1947 par Dennis Gabor, de l'Institut impérial des sciences et des technologies de Londres. Invention qui lui valut le prix Nobel* de physique, mais seulement en 1971. Car, si elle avait enthousiasmé le monde des savants et des techniciens à l'époque, on l'avait assez vite oubliée. Il a fallu attendre 1960 et l'arrivée du laser*, source de lumière dite « cohérente », pour pouvoir l'utiliser de façon efficace.

En 1962, Emmer Leith et Joris Upanieks mettent au point l'holographie par transmission laser, qui permet de réaliser des hologrammes de qualité. Puis le Soviétique Y. N. Denisyuk crée l'holographie de réflexion. Et, en 1972, Lloyd Cross combine l'holographie par transmission avec celle du cinéma. Rappelons qu'en mars 1980 s'est ouvert à Paris, plateau Beaubourg, un musée de l'holographie, ouverture précédée de peu par celui de New York.

Homéopathie

Christian Samuel Hahnemann, médecin allemand à la clientèle incertaine, méconnu dans son pays, est en 1789 le fondateur de cette doctrine médicale inspirée de la loi de similitude d'Hippocrate. Ayant constaté que,

prise à petites doses quotidiennes, le quinquina (v. *quinine*) provoquait la fièvre chez un sujet sain alors qu'il la faisait tomber chez un paludéen, il édifia sa théorie qui reprend sur d'autres bases la doctrine de Paracelse concernant le traitement par les semblables, en opposition à l'allopathie.
La méthode de Hahnemann fut introduite en France, à Lyon d'abord, vers 1830. En 1835, il s'établit lui-même à Paris, y devint rapidement célèbre et fut le premier président de la Ligue française des homéopathes, fondée pour lui rendre hommage (v. *médecine*, *pharmacie*).

Homme (Homo sapiens sapiens et ses ancêtres)

L'enquête menée par l'homme sur ses propres origines et ses plus lointains ancêtres est une longue histoire encore inachevée. En 1650, James Ussher, archevêque d'Armagh, reconstitue jusqu'à Adam le fil des générations bibliques par une lecture attentive de la Genèse : cette lecture lui permet de conclure que la Création remonte à l'an 4004 avant J.-C. Peu après, John Lightfoot, directeur du collège Sainte-Catherine à l'université de Cambridge, reprend le même itinéraire et parvient à une précision encore plus grande : le sixième jour de la Création était le 23 octobre de cette année-là, et ce jour-là Dieu avait donné son premier souffle de vie au premier homme à 9 heures du matin.
Le monde chrétien acceptera cette vision statique du passé humain jusqu'en 1859, date de la publication du livre de Charles Darwin, qui amorce la théorie de l'évolution : *De l'origine des espèces par voie de sélection naturelle*. L'hypothèse de Darwin sur une parenté possible entre l'homme et d'autres primates déchaîna l'ironie et la colère dans les cercles autorisés. De nos jours, la question n'est plus là ; elle est de savoir où, quand, comment le rameau humain a poussé sur l'arbre de vie.
Durant la seconde moitié du XIXe siècle et le début du XXe, les anthropologues, tout imprégnés de l'anthropomorphisme ambiant, avaient imaginé pour cet arbre de vie une silhouette élégante, pyramidale, et, partant de sa base, des branches représentant des organismes de plus en plus complexes et élaborés, jusqu'à sa cime occupée par l'homme, modèle insurpassable de perfection spécifique – le seul capable de se tenir et de marcher debout en permanence, de faire du feu, de fabriquer des outils, d'être conscient de soi, de vivre au sein d'une communauté organisée.
Mais, à partir des années 1930, et jusqu'à l'aube du XXIe siècle, « la chasse à l'homme du passé » menée par les paléontologues va s'accélérer et multiplier les découvertes de fossiles pré-humains et humains. Et force sera pour eux de constater deux choses : d'une part, que les prétendus monopoles de l'homme ont été et sont, selon les cas, soit les uns, soit les autres, partagés avec d'autres espèces ; et, d'autre part, que ce fameux arbre de vie, symbolisant une évolution continue et progressive, n'était en réalité qu'un buisson à la forme incertaine, malmené par les variations climatiques et les changements géologiques auxquels a eu la chance de survivre le seul rameau qui porte la lignée de l'homme d'aujourd'hui.
Cette lignée, quelle est-elle donc ? À coup sûr, son commencement se situe entre vingt et dix millions d'années. Mais les fossiles de ces époques sont rares, et par conséquent nombreuses les hypothèses. Passons donc vite là-dessus, en notant cependant qu'*Orrorin tugenensis*, « le fossile du millénaire », découvert au Kenya par l'équipe

française Senut-Pickford à l'automne 2000, pourrait bien être la branche maîtresse à partir de laquelle se sépareront la lignée des ancêtres des grands singes actuels – chimpanzé, bonobo, gorille, orang-outan – et celle de nos propres ancêtres. L'événement se situe en Afrique (comme l'avait subodoré, dès 1871, le génial Charles Darwin), le long d'un arc qui, grosso modo, balaie l'Afrique orientale du lac Tchad au cap de Bonne-Espérance.

Y vécurent les australopithèques (entre quatre et trois millions d'années), dont entre autres, *Australopithecus africanus*, à la capacité crânienne de 450 cm^3 et *Australopithecus afarensis*, à la capacité crânienne moindre, de 350 à 400 cm^3, celle des chimpanzés actuels. C'est à cette espèce-ci qu'appartient la célèbre Lucy, que, en 1974, une mission américaine, animée par Yves Coppens, D. Johanson et M. Taïeb, a exhumée en Éthiopie, dans une couche sédimentaire vieille de trois millions et demi d'années – Lucy, 20 ans, haute de un mètre, ainsi baptisée par la mission d'après la chanson des Beatles, *Lucy in the sky with diamonds*.

Et puis, voici les paranthropes (c'est-à-dire « les presque-hommes »), vieux de trois à un million d'années, avec de 500 à 550 cm^3 de capacité crânienne, et les premiers hommes (de deux et demi à un million d'années). Ces premiers hommes sont *Homo habilis* et *Homo rudolfensis*, aux capacités crâniennes de 550 à 650 cm^3 et de 650 à 750 cm^3, respectivement. Paranthropes et premiers hommes fabriquent des outils, grâce auxquels, ils préparent nourritures végétales et animales, collectées méthodiquement. Suivent, au fil du temps, les premiers grands hommes : *Homo ergaster* (de 1,9 à un million d'années, de 750 à 875 cm^3, davantage ensuite), le premier à s'affranchir du monde arboré, à mettre au point des silex bifaces, à domestiquer le feu, à construire des abris ; *Homo erectus* (de 1,2 million d'années à 120000, de 850 à 1000 cm^3), le premier vrai chasseur et grand voyageur : on a retrouvé sa trace à Java, alors que l'archipel indonésien était une presqu'île du Sud-Est asiatique, en Chine (*Homo erectus pekinensis*), et sur les bords méridionaux de la Méditerranée – il n'arrivera en Europe que vers - 800000, âge du spécimen primitif découvert en Espagne, non loin de Burgos, en 1994 ; et *homo Heidelbergensis* (de 700000 à 120000 ans), peut-être l'ancêtre direct de *Homo sapiens* si ce n'est *Homo erectus*.

En tout cas, la capacité crânienne de l'un et de l'autre augmentera substantiellement à partir de -500000 ans, âge auquel on suppose que, de cette branche, ont divergé deux rameaux. Ce qui est sûr, c'est qu'il y a 120000 ans *Homo neandertalensis* (plus de 1600 cm^3 de c.c.), l'homme trouvé d'abord à Neandertal (Allemagne), est déjà présent un peu partout en Asie occidentale et en Europe, tandis que l'Afrique orientale, du sud de l'Éthiopie à la région des Grands Lacs, héberge *homo sapiens* (1400 cm^3), notre père à tous, que les spécialistes baptiseront l'« homme de Cro-Magnon », village de la Dordogne. Sa présence se confirme en Israël, vers - 100000, et dans toute l'Europe, il y a 40000 ans. Par le Proche-Orient, l'Asie centrale, la Sibérie et la passerelle de Béring, il prendra pied en Amérique, voilà quelque 25000 ans.

Les paléontologues d'hier avaient cru voir dans l'homme de Néandertal comme une première ébauche maladroite de l'homme de Cro-Magnon, qui se serait éteinte dès l'arrivée de celui-ci en Europe. On a la preuve aujourd'hui qu'ils ont coexisté assez longtemps – jusqu'à la disparition du premier, vers - 27000, pour des raisons inconnues. Il est avéré depuis peu qu'*Homo neandertalensis* maîtrisait la taille des outils, enterrait ses morts, et possédait à l'arrière de la langue, comme nous, l'os hyoïde, indispensable à l'articulation des sons (v. *langage*). C'était tout simplement une autre espèce d'homme, comme l'a confirmé le test à l'ADN, pratiqué en Allemagne en 1997, par l'équipe du Suédois

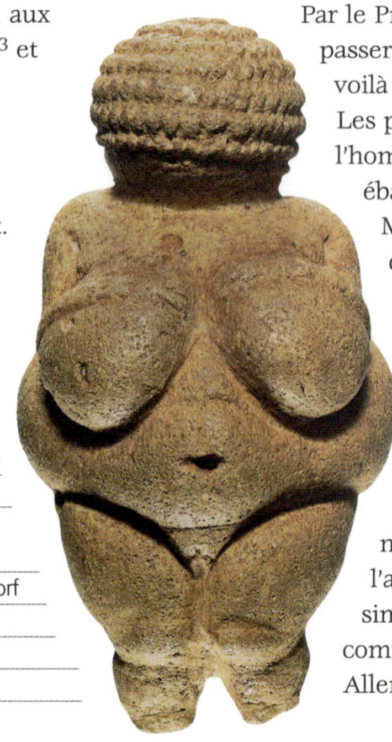

En haut : Mère à l'enfant, ronde-bosse en terre cuite datant du néolithique (de -9000 à -4750 environ) et provenant de Drenovac en ex-Yougoslavie (Musée archéologique, Zagreb).

Ci-contre : La Vénus de Willendorf, statuette de femme provenant de la caverne de Willendorf en Autriche. Statuette stéatopyge, symbole de fécondité et datant du paléolithique (Musée d'histoire naturelle, Vienne).

Svante Pääbo, mais plus charpentée, plus forte physiquement que la nôtre.
Et donc, nous avions tort de nous rengorger. *Homo sapiens sapiens* (Néandertal étant désormais appelé *Homo sapiens neandertalensis*) n'a rien inventé.
Il a hérité de ses prédécesseurs le plus important: outil, feu, sociabilité, faculté de prévoir et de se projeter dans l'avenir. L'unique domaine créé par nos seuls aïeux directs est celui de l'art [v. *pariétal (art)*]. Cro-Magnon peignait et gravait sur les parois de ses grottes. Un monopole, vraiment? Sans doute. Mais il y a un bémol: en 1995, à Iorija, sur l'un des sites paléolithiques les plus importants de Slovénie, on a trouvé un os percé, vieux de 45000 ans.
S'il s'agit d'une flûte, et cela semble bien le cas, ce serait le plus ancien instrument de musique, et Néandertal aurait été le premier à pratiquer le plus subtil des arts.
Il va sans dire que l'homme d'aujourd'hui ressemble comme un fils à l'homme d'il y a 20000 ou 30000 ans, mais on peut tout de même se poser la question, car l'homme est rarement présent dans l'art paléolithique et, la plupart du temps, sous simple forme de silhouette. C'est pourquoi nous est précieuse la découverte faite en 1894 par Edmond Piette, magistrat de son état et préhistorien à ses heures de loisir, dans la grotte du Pape, à Brassempouy (Landes). Il s'agit d'une tête (avec une partie du tronc et le haut de la cuisse droite), sculptée dans de l'ivoire de mammouth dite « figure à la capuche » à cause de sa curieuse coiffure en résille. On l'appelle aussi « la dame » ou la « Vénus de Brassempouy » – car le premier visage d'humain que nous connaissons est celui d'une femme.
Ce remarquable témoin de la culture périgourdine date de 20000 à 25000 ans avant notre ère.
Pour clarifier les données que nous possédons sur l'évolution humaine, certains se sont amusés à ramener sa durée à vingt-quatre heures, et voici, en chronologie ainsi réduite, la succession des étapes franchies par notre lignée: si le premier ancêtre de l'homme apparaît sur Terre à 0 heure, il faut attendre 16 heures pour que sa boîte crânienne atteigne son développement actuel et qu'il taille des outils en silex. Puis, à 21 h 30, il découvre l'agriculture, et, à 22 heures, les métaux avec lesquels fabriquer armes et outils. À 22 h 30, il commence à faire du commerce; à 23 heures, il construit les pyramides. Et voici le « sprint » des dix dernières minutes: à 23 h 50, il invente l'imprimerie; à 23 h 58, la machine à vapeur; à 23 h 59, il maîtrise l'énergie électrique et émet les premiers sons à travers l'espace. Enfin, durant la dernière minute, plus féconde à elle seule que toute la journée qui vient de s'écouler, il construit l'automobile (23 h 59 min 25 s) et l'avion (23 h 59 min 30 s), puis, dans les dix dernières secondes, découvre les antibiotiques (-8 s), le Nylon (-7 s), la bombe atomique (-6 s), la bombe à hydrogène (-5 s). À -3 s, il parvient à se satelliser, et, aux douze coups de minuit, il fait ses premiers pas sur la Lune.
Assurément, la « seconde journée » sera beaucoup plus chargée que la première (v. aussi *carbone 14*, *Terre*)!

Homme des Neiges (abominable) : v. *yéti*.

Hôpital

Il est intéressant de se tourner vers l'étymologie quand on parle d'hôpital. *Hospitalis domus*, maison où l'on accueille des hôtes (de *hospis, hospitis*, hôte), a donné en français, aux XIIe et XIIIe siècles, hôpital, hospice, hospitalité, hôte,

Depuis 1791, les hôpitaux français sont une administration municipale et non plus une institution charitable. René Théophile Hyacinthe Laennec, fondateur du stéthoscope et de la médecine anatomoclinique, ausculte un homme atteint de tuberculose devant ses élèves à l'hôpital Necker, peinture de Théobald Chartran, XIXe siècle (péristyle de la Sorbonne, Paris).

hôtel (d'où, aussi bien, hôtel-Dieu qu'hôtel de ville). Hôpital et hôtel sont des demeures réservées aux individus différents du commun, soit par la maladie, soit par la langue ou la race. Et voilà pourquoi, créés sous l'influence du jeune christianisme, ils ne font d'abord qu'un tout. Ainsi, le *xenodochium*, fondé en 368 par saint Basile aux portes de Césarée, disposait de bâtiments réservés les uns aux voyageurs et aux étrangers, les autres aux malades. Et de même celui de Lyon, construit en 512 par Childebert Ier, fils de Clovis.
Mais, sous l'influence des ordres hospitaliers du Moyen Âge, comme l'ordre de Saint-Jean ou l'ordre du Saint-Esprit, les structures strictement hospitalières se multiplièrent. Il faut dire que beaucoup prirent de plus l'aspect et le rôle d'hospices, ou bien, pour les contagieux, de lazarets. C'est ainsi qu'aux XIe et XIIe siècles apparaissent et se multiplient les léproseries. D'autre part, en tant que refuges des malades pauvres, ces hôpitaux tendaient à répandre les affections microbiennes plutôt qu'à les guérir.
On est loin des réalisations de l'Islam à la même époque. Un chroniqueur arabe ne décrit-il pas un hôpital doté de cours agrémentées de fontaines, et où « des personnes racontent des histoires pour les insomniaques » ?
Jusqu'au XVIe siècle, les hôpitaux sont dirigés en France par des religieux. En raison de nombreux abus sur le plan de la gestion, leur administration est sécularisée par l'ordonnance de Moulins de 1566, sous Charles IX. Deux siècles plus tard, la loi du 16 vendémiaire an V (7 octobre 1796) communalise les institutions hospitalières, qui seront placées par Bonaparte sous la tutelle des préfets.
Sur le plan médical, le progrès ne viendra que durant la seconde moitié du XIXe siècle, avec les travaux de Pasteur sur les maladies microbiennes, ceux de Lister sur l'asepsie dans la chirurgie opératoire (v. *antisepsie*), et avec le rôle déterminant de l'Anglaise Florence Nightingale dans la formation et l'organisation du personnel hospitalier. Jusque-là, les hôpitaux avaient été considérés comme des institutions charitables. Depuis le début du XXe siècle, la médecine* hospitalière a cessé d'être un acte de compassion pour prendre rang de fonction sociale.

Horloge

La clepsydre, ou horloge hydraulique, qui a remplacé le cadran* solaire et le sablier, était déjà connue des Égyptiens. La plus ancienne que l'on connaisse date de quatorze siècles avant J.-C. et se trouve au Musée du Caire. La clepsydre est perfectionnée par la Grèce au IVe ou au IIIe siècle avant J.-C., et introduite à Rome en 159 avant notre ère. La Chine la connaissait.
Au Xe siècle, l'horloge hydraulique est remplacée par l'horloge mécanique grâce à l'invention de l'échappement et du poids mort, très probablement due à Gerbert d'Aurillac, pape en 999 ; c'est lui, en tout cas, qui construisit l'horloge de Magdebourg.
Les Usages de l'ordre de Cîteaux (1120) prescrivent aux sacristains de régler l'horloge de façon qu'elle sonne pour les matines ; la sonnerie automatique existait donc dès le XIIe siècle. En 1314, Beaumont construisit à Caen la première horloge publique à sonnerie. C'est à Nuremberg que les premières montres furent fabriquées vers 1500 : leur taille et leur forme leur valurent le nom d'Œuf de Nuremberg. C'est le célèbre horloger britannique Georges Graham qui, le premier, emploiera le mot « chronomètre » au début du XVIIIe siècle.
En 1736, un menuisier anglais, qui deviendra un horloger renommé, John Harrison, construit le premier chronomètre* de marine pour la détermination des longitudes. Puis, en 1765, Pierre Le Roy, maître des horlogers de Paris, construit un chronomètre contenant tous les éléments essentiels d'un chronomètre moderne.
Les horloges électriques datent de la première moitié du XIXe siècle, l'horloge à quartz de 1929, l'horloge atomique de 1954.
En 1963, l'affichage numérique fait son apparition grâce à l'informatique : au lieu de consulter les deux aiguilles classiques, on lit en chiffres les

L'horloge mécanique existe depuis le Xe siècle. Une horloge comtoise de type « coucou » du début du XVIIIe siècle (musée du Temps, Besançon).

heures et les minutes qui s'égrènent sur un tableau.
Référence suprême, le temps atomique international (TAI), institué en 1972, se définit à partir de « garde-temps » installés dans différents pays : des horloges pilotées par des atomes de césium (9 192 631 770 périodes par seconde). Un nouveau dispositif lancé dans l'espace en 1988, « Lasso » (Laser Synchronisation from Stationary Orbit), permet déjà de synchroniser les horloges en Europe, et, à terme, celles du monde entier.
L'horloge parlante est une invention du directeur de l'Observatoire de Paris, Ernest Esclangon, las des nombreux appels téléphoniques demandant l'heure* qui assaillaient son standard (1933). Cinquante ans plus tard, l'horloge parlante était le numéro de téléphone le plus demandé de France : cent quarante millions d'appels dans l'année.
En 1975 était mise en service une batterie de trois horloges atomiques au césium, qui a donné le top sonore jusqu'au 18 septembre 1991. Ce jour-là ont commencé de donner l'heure quatre machines parlantes et quatre horloges atomiques fonctionnant en parallèle. Elles le feront jusqu'au 18 septembre… 2088 (v. *bracelet-montre*, *heure*, *heure d'été*).

Hormones

Dès 1851, Claude Bernard avait noté l'action d'un agent excitateur par voie sanguine dans la fonction glycogénique du foie, mais c'est seulement en 1895 que les biochimistes britanniques George Oliver et Edward Sharpey-Schafer constatèrent que les glandes surrénales émettaient une substance qui faisait se contracter les artères et monter la tension artérielle. La substance elle-même fut isolée en 1901, aux États-Unis, par le docteur japonais Jokichi Takamine, qui la baptisa « adrénaline ». En 1902, les physiologistes anglais Ernest Starling et William Bayliss, qui venaient d'isoler la sécrétine, une hormone de la muqueuse duodénale, proposèrent d'appeler de tels agents chimiques « hormones », en référence au verbe grec *hormân*, exciter.

Horoscope

« En observant le jour de la naissance de quelqu'un, on lui prédit le sort qui l'attend », remarquait déjà Homère. Mais dresser la carte du ciel à un jour et une heure dits, vu d'un certain point de la Terre, exigeait des connaissances

À l'origine, l'horoscope (du grec *horos*, heure, et *skopein*, examiner) consistait en une observation de la carte du ciel pour une époque et un lieu donnés. Il s'est ensuite étendu à la prédiction de l'avenir par les astres. Une représentation d'un accouchement au cours duquel un astrologue établit l'horoscope du nouveau-né, miniature du XIIe siècle extraite de *Al-Maqamat* (Les Séances), manuscrit de l'école de Bagdad (Bibliothèque nationale, Paris).

astronomiques très affinées. Ce fut l'affaire de Ptolémée, puis de Morin de Villefranche. Quant au mot, pris dans le sens de « prédiction de l'avenir par les astres », on le trouve dans les écrits de Rabelais (1546) et, plus tard, dans l'œuvre de La Fontaine (1668).
L'horoscope quotidien, tel qu'on le trouve aujourd'hui dans la presse écrite et dans la presse radiotélévisée, remonte au célèbre fakir Birman (de son vrai nom Charles Fossez), dont le sens extraordinaire de la publicité fit descendre l'astrologie dans la rue. C'est ainsi qu'en 1933 il eut l'idée de dresser un horoscope, salle Wagram, dans une cage de fauves, où l'on avait rassemblé une horde de rats, paraît-il, affamés. Une trappe s'étant ouverte accidentellement, les rats se répandirent parmi le public. C'est à la suite de cet incident, et de quelques autres actions publicitaires comme la distribution d'horoscopes au fil du Tour* de France cycliste, que le Poste

parisien, émetteur privé, lui demanda de donner chaque matin, au micro, l'horoscope du jour. Initiative reprise aussitôt par le quotidien *L'Intransigeant*, qui fut donc le premier organe de la presse écrite au monde à assurer une chronique astrologique (v. *astrologie*, *zodiaque*).

Hors-bord

C'est en 1904 qu'apparaît en France la motogodille, ancêtre en ligne directe des propulseurs amovibles qui vont révolutionner le monde des petites embarcations : toutes celles-ci vont pouvoir désormais, comme par un coup de baguette magique, se transformer dans l'instant en bateaux à moteur.
Après quoi, Ole Evinrude, un Norvégien émigré aux États-Unis, lancera en 1929-1930 la fabrication en série et entreprendra l'exploitation commerciale de ce qu'on appelle depuis les années 1960 le « hors-bord », qui désigne tantôt l'embarcation et tantôt le moteur de ce type.

Hors taxes (ventes)

La vente d'articles exonérés de taxe dans les boutiques installées à cet effet est autorisée dans les espaces de zone franche des aéroports du monde entier.
L'inventeur de la formule est l'Irlandais Brenan O'Regal, qui, en 1947, prit l'initiative de vendre en détaxe dans l'aéroport de Shanon.

Hortensia

L'hortensia des jardins provient des grandes forêts humides de la Chine. Mais son nom ? Évidemment, *hortensia* vient d'Hortense. Laquelle ? Hortense de Beauharnais, la reine ? Hortense de Nassau, la princesse ? Ou bien Hortense Lepaute, la femme de l'horloger, en l'honneur de qui Commerson baptisa la plante qu'il avait récoltée en Extrême-Orient en 1769 lors de son voyage avec Bougainville ? L'ennui, c'est que l'épouse de Lepaute s'appelait Reine.
Aussi, les étymologistes restent-ils très perplexes. Certains pensent que, dans l'intimité, peut-être appelait-on Reine Lepaute du surnom d'Hortense. D'autres, esprits simplificateurs, voient ce nom dérivé du latin *hortus, hortensis,* qui signifie « jardin »...

Hôtesse de l'air

S. A. Stimson, président de la Boeing Air Transport, compagnie intérieure américaine qui sera plus tard absorbée par United Air Lines, est le père des hôtesses de l'air. Il les a « inventées », à une époque où les chemins de fer battaient dangereusement en brèche l'essor de l'aviation commerciale, en opposant à l'argument de la vitesse celui de l'insécurité des voyages aériens. Démontrer que le temps des pionniers et des sportifs de l'air était révolu en créant un corps de maîtresses de maison volantes ayant aussi compétence d'infirmière fut la géniale idée de Stimson. Le 15 mai 1930, huit hôtesses de l'air entraient en service sur la ligne San Francisco-Chicago – et voilà pourquoi la première à s'envoler, Ellen Church, était une ex-infirmière de l'hôpital français de San Francisco. D'autres compagnies intérieures des États-Unis suivirent très vite l'exemple de la BAT. Celles qui assuraient un trafic international furent les dernières à l'imiter – et d'abord la TWA en décembre 1935, puis huit ans plus tard la Pan Am, en décembre 1943. En Europe, peu avant la Seconde Guerre mondiale, Swissair avait esquissé une tentative en affectant à bord d'un de ses appareils Nelly Diener, qui est donc la première hôtessc de l'air du Vieux Monde. Mais l'invasion des cieux par le beau sexe ne débutera qu'en 1946, quand Air France et TWA décident de recruter des hôtesses françaises.
Pour Air France commença le 15 juillet 1946 le premier stage de formation – en internat – organisé au château de Montjean, près de Fresnes. Elles étaient vingt-six. Ainsi prenait fin l'époque où le personnel navigant commercial était exclusivement masculin. Car, en France, la témérité se colore souvent de misogynie : un corps de stewards existait depuis 1933 – des stewards du type jockey, leur poids ne devait pas excéder 60 kg, et il leur fallait passer sur la bascule avant chaque départ...

Houblon

Si les boissons obtenues à partir de la fermentation des céréales faisaient déjà les délices des Mésopotamiens du IIIe millénaire, et si elles étaient d'une consommation courante

Le houblon (*Humulus lupulus*), planche botanique du tout début du XXe siècle.

chez les Grecs et les Latins, les unes et les autres n'étaient pas plus aromatisées que la cervoise des Gaulois.
Pour aromatiser la bière*, les amateurs ont fait bien des essais, mais rien ne vaut, pour cela, les inflorescences femelles du houblon. Celui-ci paraît être natif des zones subdésertiques de l'Asie centrale. Il n'aurait été introduit en Europe qu'au IVe siècle de notre ère, lors de la grande invasion des Goths et des Alains, et c'est seulement à la fin du VIIIe siècle qu'il est question, en France, d'« umelages », c'est-à-dire de houblonnières. En tout cas, une date est sûre : en 816, le polyptyque d'Irminon mentionne l'emploi du houblon dans la préparation des boissons obtenues par fermentation de l'orge. Cet emploi sera prescrit aux brasseurs de France par une ordonnance de février 1495.

Mde D'HUITRES. A la barque ! à la barque !

Huître

L'huître « sauvage » se développe en bancs elle aussi, et l'homme a dû commencer à la déguster il y a des millénaires.
Les Romains eurent l'idée de les parquer pour en améliorer la chair et la reproduction. Mais l'ostréiculture moderne, basée sur une technique véritable, a été mise au point en France, vers 1860, par les embryologistes Victor Coste et de Bon.
Au XIVe siècle, on a déjà inventé le couteau à huîtres. Et, dans un ouvrage du XVIe siècle, *Le Trésor de santé*, on apprend que les huîtres ne passent pour bonnes qu'aux mois ayant un r dans leur nom (v. *perle*).

Hydravion

Premier essai réussi de décollage à bord de son second prototype : Henri Fabre, le « faucheur de nénuphars », sur l'étang de Berre, le 28 mars 1910, soit sept ans seulement après le succès des frères Wright à partir du « plancher des vaches ». Avant Henri Fabre, un autre Français, Alphonse Pénaud, avait envisagé de faire de la surface d'une eau calme la base d'une machine volante. Mais ce grand précurseur du XIXe siècle s'était donné la mort à 30 ans. Après lui, Gabriel Voisin avait utilisé la Seine pour essayer des planeurs remorqués (v. *avion*).

Ci-dessus : la culture de l'huître ne commença qu'au XIXe siècle. Auparavant, elles étaient récoltées sur les bancs rocheux et simplement verdies dans des claires. Une marchande d'huîtres, gravure extraite des *Cris de Paris*, début du XVIIIe siècle.

Ci-dessous : Henri Fabre, ingénieur et navigateur français, fut l'inventeur de l'hydravion, dont il a conçu le premier modèle en 1909. Ce dernier ne volant malheureusement pas, il dut l'améliorer pour que, en 1910, il réussisse quatre vols successifs.
L'hydravion commercial « Lieutenant de vaisseau Paris » sur l'étang de Biscarrosse en 1935.

Hymnes nationaux

Le plus ancien des chants adoptés par une nation constituée est l'hymne suisse, chanté à partir de 1603 ; il est de peu postérieur à celui qui fut composé à la fin du XVIe siècle par les partisans de Guillaume de Nassau. L'Angleterre doit au poète James Thomson et au compositeur T. A. Orne le « Rule Britannia » de 1740, extrait de son opéra *Alfred*. Le *God Save the King* (ou *the Queen*) est chanté sur une mélodie écrite en 1743, qu'utilisèrent les hymnes de Prusse et de Russie – celle de l'hymne suisse *Rufst du, mein Vaterland*, depuis 1811. L'Autriche a choisi pour chant national, en 1797, un lied de Joseph Haydn. Sur cet air, un des poèmes patriotiques écrits en 1841 par Hoffmann von Fallersleben sera choisi comme hymne national en 1919 par la république allemande de Weimar : c'est le *Deutschland über alles*.

En 1797 aussi, le général Wibicki écrivait l'hymne polonais. En 1814, Tchaïkovski composait l'hymne impérial russe. En 1820, c'est au tour de Spontini qui mettait en musique le *Wo ist das Volk* de la Prusse.

Durant la seconde guerre d'Indépendance américaine (1812), l'avocat Frank Scott Key compose *The Star Spangled Banner*, officiellement adopté en 1916 seulement et reconnu comme tel par un acte du Congrès de 1931. Cet hymne avait succédé à *Hail Columbia* (paroles de J. Hopkinson et musique de Fyls, vers 1800). En 1822, le roi Don Pedro Ier célèbre son accession au trône du Portugal par un hymne qui restera celui de la nation. L'année suivante, la Grèce se donne le sien, écrit par Dionysos Solomos. La Belgique indépendante adopte en 1830 *La Brabançonne*, composée par Fr. Van Campenhout sur des paroles de l'acteur français Jenneval, remplacées quelques années plus tard par celles de Charles Rogier, homme politique belge.

L'Italie, en 1860, choisira l'hymne de Garibaldi.

Il est remarquable que l'Espagne n'ait pas d'autre hymne qu'une marche militaire solennelle.

Quant à l'URSS, un chant dont la musique est d'Alexandrov a supplanté, en 1942, *L'Internationale**.

Pour *La Marseillaise**, d'abord appelée *Chant de guerre pour l'armée du Rhin*, elle fut écrite et composée en avril 1792 par le capitaine du génie Rouget de Lisle, à Strasbourg (v. *artifice [feu d']*, *fête nationale*).

Hypermarché : v. *shopping-center*.

Hypnotisme

Paracelse est le premier qui, à l'époque moderne, se soit livré à des recherches sur l'hypnotisme.

Au XVIIIe siècle, l'hypnotisme est utilisé comme thérapeutique à partir de 1774 par le médecin allemand Franz Anton Mesmer, fondateur de la théorie du magnétisme animal, dite « mesmérisme ». Mais l'hypnotisme devait perdre beaucoup de son crédit auprès des hommes de science en raison des utilisations plus ou moins délictueuses qu'en fait Joseph Balsamo, alias comte de Cagliostro.

Le mot, lui, a été créé par le docteur James Braid, de Manchester, en 1841.

Le médecin autrichien Philipp Theophrast von Hohenheim, dit Paracelse, est considéré comme le fondateur de la chimie médicale. Il est connu également pour ses recherches sur l'hypnotisme. *Portrait de Paracelse*, de Petrus Paulus Rubens du XVIIe siècle (musées royaux des Beaux-Arts, Bruxelles).

Imperméable

Les Grecs comme les Romains s'abritaient de la pluie avec des manteaux de laine à trame serrée et équipés d'une capuche. Les privilégiés du Moyen Âge utilisaient des pèlerines en toile épaisse, souvent doublées de fourrure. En 1823, l'industriel écossais en matières colorantes Charles Mackintosh a l'idée d'utiliser le benzol, sous-produit de ses fabrications dont il ne sait que faire, comme solvant du caoutchouc* et peut dès lors rendre étanche, par application du vernis obtenu, deux toiles collées l'une à l'autre de façon que le vernis ne soit plus en contact avec la peau. À partir de 1836, l'usage s'établit en Grande-Bretagne d'appeler « mackintosh » tout vêtement de pluie taillé dans cette toile, tant étaient populaires l'invention et l'inventeur (v. *parapluie*, *vulcanisation*).

Impôt sur le revenu

C'est le 20 juin 1871 qu'un député de la gauche, dont la postérité a refusé de retenir le nom, eut l'effronterie de proposer à l'Assemblée nationale ce moyen inédit de remplir les caisses de l'État vidées par la défaite. Adolphe Thiers, chef du gouvernement, avait combattu cette proposition avec la dernière énergie et, aussi, avec des arguments qui nous font sourire bien tristement : « Quoi ? La taille, comme sous l'Ancien Régime ? [...] L'impôt sur le revenu, c'est le secret des fortunes violé ! » La loi fut votée le 2 juillet... 1914 et ne reçut un commencement d'application qu'en 1916, pour résorber les besoins en argent d'une autre guerre. Rappelons que si, en 1707, Vauban, animateur victorieux de cinquante-trois sièges, constructeur de trente-trois citadelles, et qui avait perfectionné la défense de trois cents autres, perdit la faveur de Louis XIV, c'est qu'il venait de publier sans l'autorisation royale son Projet d'une dîme royale préconisant un impôt proportionnel au revenu (v. *tiers provisionnel*).

Impressionnisme

La toile intitulée depuis *Impression, soleil levant* avait été peinte en 1872 par Claude Monet, au Havre, d'une fenêtre, et présentée à la première exposition organisée en avril 1874 par la toute jeune « Société anonyme de peintres, sculpteurs et graveurs » fondée par Monet, Pissarro, Renoir et leurs amis. Comme on en demandait à l'artiste le titre pour l'inscrire au catalogue, celui-ci raconte : « Ça ne pouvait vraiment pas passer pour une rue du Havre, et je répondis : “Mettez : impression.” » Le critique du *Charivari*, qui voulait ironiser, intitula son article : « L'exposition des impressionnistes ». Il s'appelait Louis Leroy. Quelques jours après, un autre critique, Jules Castagnary, parla le premier dans *Le Siècle* d'impressionnisme. Élie Faure – lui, sans ironiser – adopta le terme (v. *cubisme*, *fauvisme*).

C'est sans doute *Impression, soleil levant*, le tableau de Claude Monet présenté à une exposition, qui inspira à un journaliste le terme d'« impressionnisme ». Aussitôt repris par d'autres critiques, et bientôt revendiqué par les artistes eux-mêmes, ce terme est resté. *Impression, soleil levant*, Claude Monet (1840-1926) en 1872, détail (musée Marmottan, Paris).

Imprimerie

Selon des auteurs chinois, on aurait commencé à pratiquer l'impression tabellaire ou fixe sur planchettes de bois vers la fin du VIe siècle de notre ère. En tout cas, la technique de l'impression au moyen de caractères mobiles fut inventée en Chine par Bï Sheng entre 1041 et 1048. Ce novateur se servait de caractères en terre cuite, matière à laquelle furent substitués par la suite le bois, l'émail et le métal. Puis apparurent les caractères mobiles en plomb : en 1317, un livre coréen était « imprimé à l'aide de caractères fondus » ; malheureusement, on manque de preuves concrètes à l'appui. En 1403, un décret royal de Htai-Tjong prescrit l'extension du procédé. Mais l'Occident n'en a rien su.
La substitution aux signes gravés en relief sur bois des caractères de métal fondu est l'œuvre de Gutenberg, qui l'expérimente à Mayence à partir de 1450, avec des caractères mobiles de fonte. C'est avec le même procédé qu'est imprimée par lui la Bible à quarante-deux lignes (v. *livre*).
En 1469-1470 arrivent à Paris les premiers imprimeurs chassés de Mayence par la guerre, et déliés par force majeure de leur serment de ne pas divulguer leurs secrets professionnels. Ce sont Michel Friburger, de Colmar, Ulrich Gering, de Constance, et Martin Grantz, de Stein, qui établissent la première imprimerie française dans la vieille Sorbonne, sur l'initiative des professeurs Jean de la Pierre et Guillaume Fichet. Quelques années plus tard, elle sera transportée rue Saint-Jacques, à l'enseigne du Soleil d'or. Deux autres ouvriers de Gutenberg s'étaient établis en Italie dès 1464, à Subiaco, puis à Rome. L'Angleterre aura sa première imprimerie en 1497 (v. *échecs*).
La Linotype est mise au point en 1885, la Monotype en 1887.
En 1953 est publié à New York *The Wonderful World of Insects*, de A. T. Gaul, composé avec la machine révolutionnaire Higonnet-Moyroud à photocomposeuse : la technique de la photocomposition (photon-lumitype) élimine le caractère métallique, mettant fin au règne de l'« invention » de Gutenberg, règne qui aura donc duré cinq cents ans (v. *livre de poche*, *micro-édition*, *papier*).
Imprimerie nationale. En 1640, à l'instigation du cardinal de Richelieu, Louis XIII décrète l'établissement d'un atelier général de typographie dans le palais du Louvre ; il lui

L'intérieur d'une imprimerie au XVIe siècle montrant les différentes étapes de la fabrication d'un livre : la composition, l'assemblage des feuilles tirées, l'encrage des formes et enfin la mise sous presse. Estampe de Jean Stradanus gravée par Jean Galle (vers 1590).

donne le nom d'Imprimerie royale. En 1792, l'Imprimerie royale devient l'Imprimerie nationale, nom qu'elle retrouvera en 1870, après avoir été de nouveau royale, puis impériale.

Incendie (lutte contre l')

On attribue traditionnellement à Ctésibios, savant grec contemporain du Sicilien Archimède, au IIIe siècle avant J.-C., l'invention de la pompe aspirante et foulante. Imaginée sur le principe de celle-ci apparaît vers le début de notre ère la seringue romaine montée sur roues, que les *siphonarii* actionnaient avec des manivelles. Après quoi, il faudra attendre le XVIIe siècle pour que ces manivelles soient remplacées par des soupapes et des pistons.

En 1657, Hautsch de Nuremberg met au point une machine à laquelle, en 1672, le Hollandais Jan Van der Heide apporte un complément important : une tuyauterie de cuir flexible permettant de fournir de l'eau à distance.
En 1699, Dumouriez du Perrier rapporte cette invention de Hollande, et la ville de Paris est équipée de douze pompes, puis de vingt.
Beckmann mentionne dans son *Histoire des inventaires* qu'en 1518 on se servait déjà à Augsbourg de pompes contre l'incendie. En 1661, le prêtre Michel de Saint-Martin, visitant les cités flamandes, s'émerveille d'y trouver des corps de pompiers organisés, ou « maîtres du feu ». Au XVIIIe siècle, à Londres, les compagnies d'assurances* contre l'incendie entretiennent chacune un corps de pompiers pour combattre le feu. Et un acte du Parlement de 1774 enjoint à chaque paroisse de la capitale d'avoir obligatoirement une voiture-pompe. Tout au long du XIXe siècle, on s'efforcera de remplacer la force humaine par un moteur – à vapeur, à pétrole, à l'électricité. La première pompe mue à la vapeur est mise au point par Braithwaite en 1829. Et quand, en 1865, Londres crée son propre corps de sapeurs-pompiers*, le moteur à vapeur s'est généralisé. En France, c'est avec le siège de Paris, en 1870, qu'apparaît la première pompe à vapeur construite par Thirion. Les Américains avaient précédé Anglais et Français de quelques années.
C'est en France, peu avant le tournant du siècle, qu'ont lieu les premiers essais de traction automobile pour les voitures-pompes. Mais les chevaux ne seront définitivement mis au rancart qu'en 1920.

Indigo

Les bandelettes entourant certaines momies égyptiennes vieilles de cinq mille ans étaient passées à l'indigo, lequel était aussi utilisé comme teinture par les Chinois depuis des temps immémoriaux. L'indigo est cette poudre bleu sombre obtenue à partir de la sève de l'indigotier, arbuste originaire de l'Asie du Sud-Est, mais qu'on retrouve également en Afrique et en Amérique du Sud tropicales.
Au XIIIe siècle, Marco Polo trouve l'indigo aux Indes et le fait connaître à toute l'Europe ; celle-ci se met à l'importer massivement dès le siècle suivant. Au XVIe siècle, les Hollandais en jettent sur le marché des quantités considérables qui concurrencent un crucifère, indigène du Portugal au Proche-Orient, le pastel, alors cultivé en grand dans le bassin de la Garonne. Malheureusement, le pastel est beaucoup moins riche en colorant ; or, la France, entre autres pays d'Europe, tirait de ses feuilles et de ses tiges une pâte (*pasta*, d'où le nom de pastel) moulée en pains appelés « coques » ou « cocagnes », dont la vente était si fructueuse qu'on en avait tiré l'expression « pays de cocagne ».
Les rois de France du XVIe siècle tentèrent de s'opposer à l'introduction de l'indigo, rien n'y fit : l'emploi de ce colorant sera général dans notre pays deux cents ans plus tard. Mais l'indigo reculera à son tour devant l'invention d'un futur Prix Nobel* de chimie, l'Allemand Adolf von Baeyer, apparue en 1880 après dix-sept ans de recherche : l'indigo artificiel. Produit industriellement à partir de 1898, il va tuer

l'indigo végétal, dont l'acte de décès se situe au début du XXe siècle. Les blue-jeans* ne connaîtront guère que l'artificiel.

Informatique

C'est en 1962 que le Français Philippe Dreyfus a inventé le terme d'informatique, à partir des deux mots information et automatique, terme dont l'Académie française a peaufiné cinq ans plus tard la définition : « Science du traitement rationnel, notamment à l'aide de machines automatiques, de l'information considérée comme le support de connaissances dans le domaine scientifique, économique et social ». (v. *calculer [machines à]*, *Internet*, *langages artificiels*, *ordinateur*, *souris*, *transistor*, *télécarte*, *web*).

Insecte

En 1988, des chercheurs de l'université de Chicago ont découvert le fossile du plus vieil insecte du monde, qu'ils ont baptisé *Gapea*. Ce fossile est âgé de 390 millions d'années, c'est-à-dire qu'il date du dévonien, dernière période de l'ère primaire, à l'époque où Amérique et Europe ne formaient qu'un seul continent.

Gapea mesure 5 mm de long. Il est armé de mandibules très développées, et sa forme, très évoluée, laisse supposer que les insectes devaient exister dès avant le dévonien.

Insémination artificielle

Elle est d'origine plus ancienne qu'on ne le croit : les Arabes l'auraient pratiquée pour la race chevaline dès le XIIIe siècle. En tout cas, la première insémination « homologuée » est le fait du biologiste italien Lazzaro Spallanzani, qui obtint à Pavie, en 1780, une portée de chiots parfaitement constitués.

Cette grande première devait rester sans suite pendant plus d'un siècle. C'est en

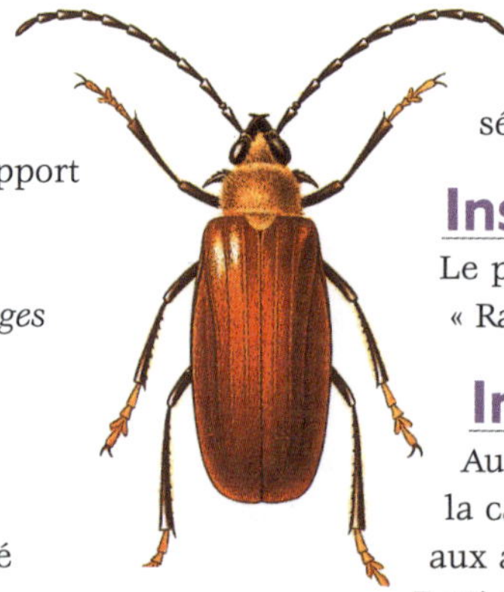

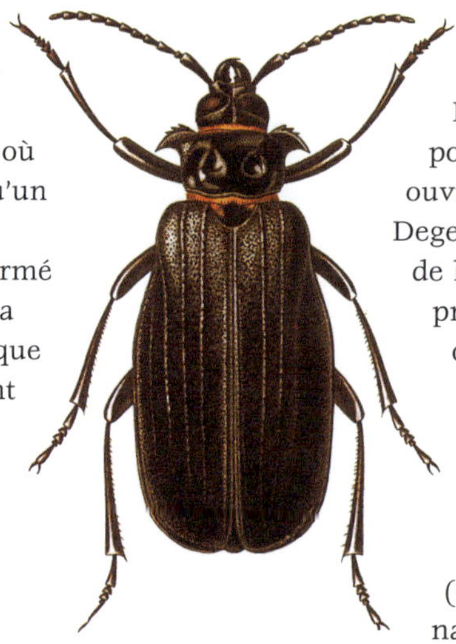

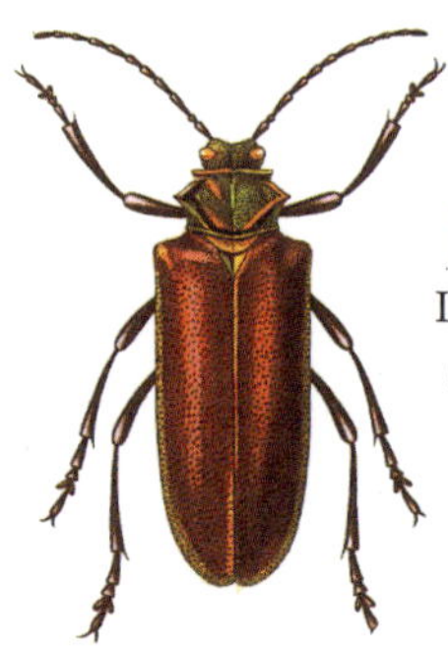

Une collection de coléoptères trouvée au Chili.
Gravure de Lebrun extraite d'*Histoire du Chili*, 1854.

Russie que les recherches reprirent d'abord et furent les plus actives avant la Première Guerre mondiale, avec Ivanov et Milovanov. Grâce à eux fut mise au point entre les deux guerres mondiales une méthode pratique d'insémination applicable à différentes espèces domestiques.

L'insémination artificielle est devenue chose courante dans le monde entier. En France, 1946 est la première année où fut pratiquée, pour les bovins, sur une grande échelle, cette technique de procréation sélective (v. *bébé-éprouvette*, *chromosomes*).

Institut de beauté

Le premier est ouvert à Paris en 1867, par « Rachel l'émailleuse ».

Internationale (l')

Au lendemain du 4 décembre 1870, jour de la capitulation de Napoléon III à Sedan face aux armées prussiennes, le Parisien Eugène Pottier, alors dessinateur sur étoffes et, à ses heures, poète et « chansonnier socialiste », rédige le texte de *L'Internationale*.

Il mourra en 1887, un an avant que son poème ne soit mis en musique par un ouvrier des usines de Fives, Pierre Degeyter. Et c'est à Lille, dans un estaminet de la rue de la Vignette, que, pour la première fois, retentissent les accents de ce chant révolutionnaire entonné par la « Lyre des travailleurs » du Parti ouvrier français (23 juillet 1888).

Devenu hymne international des « damnés de la terre », ou plutôt des partis socialiste, puis communiste (Copenhague, 1920), il fut hymne national soviétique de 1917 à 1942. Depuis, il est longtemps resté le « tube » incontesté de chorales ouvrières françaises et une « rengaine » universelle (v. *hymnes nationaux*).

Internet

Internet, ou, en abrégé, le Net (du mot anglais signifiant « la toile ») est un super-réseau informatique international constitué d'un ensemble de sous-réseaux publiés et privés. Cyberespace, toile d'araignée électronique,

espace virtuel, réseau des réseaux sont autant de termes pour le désigner autrement.
Internet aura été la nouvelle Frontière, le Far West, la ruée vers l'or des années 1990. On a dit, et c'est sans doute vrai, qu'Internet représente une révolution aussi importante que l'imprimerie, le téléphone et la télévision. Mais, à la différence de ceux-ci, qui ont tous trois un inventeur (contesté ou non), Internet est une création née de l'empirisme collectif. L'histoire, ou plutôt la préhistoire, d'Internet commence aux États-Unis dans les années soixante avec la mise en place de réseaux de grande distance « à commutation de paquets », technique de transmission d'informations qui consiste à segmenter le message à transmettre en une série de paquets qui sont véhiculés par le réseau.
Le premier véritable réseau à commutation de paquets en mode non connectés est celui mis en place par National Physical Laboratories, en Grande-Bretagne. Puis, en 1969, aux États-Unis, cette technique est livrée à l'ARP (Advanced Research Project) du Département de la défense américaine. L'Arpanet, réseau à commutation de paquets, va constituer la base du réseau Internet. L'année 1972 voit se réunir à Washington la première conférence sur les communications informatiques, qui crée l'Internet Working Group (INWG) pour répondre au considérable besoin de conception de protocoles de communication communs, et entre 1972 et 1974 sont développées les premières spécifications des protocoles Internet. Grâce à quoi, en moins de 25 ans, Internet, devenu le plus grand réseau informatique du monde, préfigure ce que seront les autoroutes de l'information au XXIe siècle.
« Avec Internet, déclarait déjà en 1996 l'informaticien Joël de Rosnay, on est en train de constituer un réseau nerveux d'un nouveau type, impliquant des machines biologiques, des machines mécaniques et électroniques dans un macro-organisme d'un niveau de complexité supérieur aux cellules, aux organismes, et à tous les réseaux de communication existants ».
(v. *souris*, *web*).

Interpol

La « Commission internationale de police criminelle », ou CIPC, est née à Vienne, Autriche, en 1923. Son siège a été transféré à Berlin en 1938, où elle est devenue l'« Organisation internationale de police criminelle », ou OIPC. Dès 1946, elle a repris ses activités interrompues par la Seconde Guerre mondiale, avec un nouveau siège, à Paris. Interpol est simplement l'abréviation qui lui sert d'adresse télégraphique, mais c'est aussi le nom que le public a retenu. Fin 1984, le comité exécutif de l'OIPC a décidé d'installer son siège à Lyon, où un immeuble spécialement construit abrite au bord du Rhône, depuis 1989, ses trois cents fonctionnaires et un fichier de deux millions de malfaiteurs et criminels exerçant leurs talents un peu partout de par le monde.

Italique

Type de caractères d'imprimerie dessinés par Francesco Griffo vers 1500 pour le graveur vénitien Aldo Manuzio (francisé en Alde Manuce), utilisé en premier par celui-ci pour la légende d'une illustration des *Lettres de Catherine de Sienne* (1500), puis pour le texte complet d'un *Virgile* in 8° (1501). Aldo Manuzio avait créé son imprimerie en 1494; devenue célèbre par la perfection de ses réalisations, on l'appellera « l'Aldine ». Manuzio meurt en 1515, mais ses presses continuent à fonctionner jusqu'en 1597, après avoir « sorti » 908 ouvrages.

خوب می نماید خیلی باغ خوبی طرح شده و در طرف جنوب

Depuis Quand ?

J comme...

Jacinthe

Originaire de Turquie méridionale, de Syrie et de Mésopotamie, la jacinthe fait son apparition en Hollande à la fin du XVIe siècle, comme la tulipe*. Ce sont des marins bataves qui rapportent les premiers oignons de jacinthe en provenance de Crimée (1583), à peu près en même temps que d'autres marins bataves ramènent d'Afrique du Sud les premiers glaïeuls*. À cette époque, jacinthes, tulipes et glaïeuls n'avaient ni la beauté, ni la taille, ni les coloris que nous leur connaissons et qu'ils doivent à l'habilité de la floriculture occidentale.

Ci-dessus : La jacinthe (*Hyacinthus orientalis*), gravure du XVIe siècle, extraite du *Jardin d'Eichstätt*, de Basilus Besler.

Ci-contre : Les premiers jardins cultivés sont nés en Perse et en Mésopotamie et ont influencé les jardins romains puis italiens, modèles que nous connaissons dans les jardins occidentaux d'aujourd'hui. Babur, l'empereur des Grands Moghols, surveillant les travaux de jardinage dans l'un des nombreux jardins qu'il avait créés, illustration extraite d'un manuscrit indien du XVIe siècle.

Jacquet

Le trictrac, ancêtre du jacquet, est l'un des plus anciens jeux connus et toujours pratiqués. L'Égypte, la Grèce, Rome y ont joué. Probablement dérive-t-il d'un jeu oriental encore plus ancien, le pachisi, qui est encore de nos jours le jeu national indien.
Tout le monde occidental du Moyen Âge s'y est adonné avec passion jusqu'au XVe siècle, époque où son étoile pâlit au profit des échecs*. Au début du XVIIe siècle, un aménagement qualitatif de ses règles lui fait connaître un regain de faveur à travers l'Europe. Appelé jusque-là « toutes tables » en France, il est rebaptisé trictrac. L'Angleterre l'appelle *backgammon* ; l'Écosse, *gammon* ; l'Allemagne, *Puff* ; l'Italie, *tavola reale*.
Dans la seconde moitié du XIXe siècle, l'Angleterre en simplifie les règles. La France la suit immédiatement et appelle jacquet ce fils direct du trictrac.

Jardin

L'histoire des jardins en Occident chrétien, qui commence avec Florence, débute par une période qui va de 1450 à 1503, c'est-à-dire des écrits d'Alberti aux plans de Bramante pour le Belvédère de Rome. Dans son *De re aedificatoria*, Alberti a dessiné le jardin idéal en prenant pour modèle celui de Pline le Jeune sur la rive du lac de Côme, décrit dans les *Lettres* de cet auteur latin. Les jardins des villas et les parcs publics de la Rome antique sont d'origine grecque. C'est dans les jardins d'Athènes qu'enseignaient les philosophes, tel Platon sous les ombrages de l'Académie.
Avant les Grecs, il y avait les jardins des demeures égyptiennes, et les jardins suspendus de Babylone et de la Perse. Plus loin encore, comme l'a dit Thomas Browne, dans *Le Jardin de Cyrus*, « les jardins existaient avant les jardiniers, et peut-être quelques heures avant la création de la Terre... »

Jardin botanique

Le créateur du premier jardin botanique est le philosophe grec Théophraste, né à Lesbos. Élève d'Aristote, auquel il succéda à la direction du Lycée, il avait étudié et classé environ cinq cents

espèces de plantes après s'être livré à des observations directes dans ce jardin qu'il avait créé de ses propres mains.
Grâce à son livre, *Recherches sur les plantes*, il est considéré comme «le père de la botanique».

Jardin d'enfants

Le premier jardin d'enfants est la création du pédagogue allemand Friedrich Fröbel, qui l'ouvrit en 1837, avec sa femme, à Blankenburg, en Thuringe. Les méthodes qu'il appliquait avaient été exposées dans son *Éducation de l'homme*, ouvrage publié en 1826, où le mot *Kindergarten* (jardin d'enfant) apparaissait pour la première fois. Inspiré par les idées du pédagogue suisse Johann Pestalozzi, Fröbel considérait comme fondamental le jeu et l'activité créatrice pour le développement et l'équilibre de l'enfant en âge préscolaire.
Les principes de Fröbel se sont rapidement propagés en Europe – en France, les écoles maternelles en tiennent compte – et aux États-Unis, où Élisabeth Peabody créait le premier jardin d'enfants dès 1860.

Jarretière, jarretelle

Au XIIIe siècle apparaît la jarretière, un ruban dont on enserrait la jambe pour maintenir les bas-de-chausses – plus tard appelés bas* par abréviation – en place. Placée au niveau du jarret, comme son nom l'indique, et fixée au-dessus du genou par de riches agrafes ou boucles, elle était utilisée par les hommes comme par les femmes; mais à partir du XIVe siècle, elle devient surtout féminine. S'il faut en croire Brantôme, les dames de son temps accordaient une grande importance à cet ornement. On cite aussi le cas d'une duchesse d'Orléans qui, devenue veuve, avait fait émailler des larmes et des pensées sur ses jarretières.
Sous Louis XIV, la jarretière féminine se situe plus haut, à mi-cuisse. Après le Second Empire, elle se heurte à une concurrente nouvelle, la jarretelle, née de la civilisation industrielle – métal et élastique –, complément du corset, que le french cancan va immortaliser durant le XIXe siècle finissant. La lutte durera longtemps. Mais la Première Guerre mondiale ayant tué le corset*, le porte-jarretelles va définitivement éliminer la jarretière.
En 1963 sonnera à son tour le glas de la jarretelle avec le succès foudroyant du collant, déclenché aux États-Unis, jusque-là utilisé seulement par les gens de la danse classique et du music-hall, et dès lors fabriqué industriellement. Le triomphe du collant est total à partir de 1967, car il répond aux exigences d'une mode nouvelle, celle de la minijupe*, lancée cette année-là à Londres.

Née au Moyen Âge, la jarretière, accessoire masculin et féminin, retient le bas-de-chausses. Devenue féminine au XVIe siècle, elle est remplacée au XIXe par la jarretelle, ruban élastique cousu ou boutonné au corset. Aujourd'hui jarretière et jarretelles ont été détrônées par le collant. *Dame attachant sa jarretière*, peinture à l'huile de François Boucher, XVIIIe siècle (Collection Thyssen-Bornemisza, Madrid).

Javel (eau de)

Ayant observé que les lavandières faisaient blanchir le linge en l'étendant sur les prés, le chimiste Berthollet réussit, en 1785, à obtenir le même résultat avec des solutions chlorées dosées

Le jazz naît à la toute fin du XIXe siècle, à la Nouvelle-Orléans, au sein de la communauté noire, celle des esclaves déportés d'Afrique et peu à peu affranchis. Le jazz, musique essentiellement improvisée, s'est répandu tardivement au-delà de ses lieux de production. Il arrive en France dans les années 1920, comme le montre cette affiche (1920) d'un spectacle à succès, présenté au Casino de Paris (Bibliothèque de la SACEM, Paris).

en conséquence. Il baptisa aussitôt son produit « eau de Javel », du nom du village au bord de la Seine qui se trouvait à l'époque hors les murs de Paris et où les lavandières qui s'y étaient installées étaient nombreuses.

Jazz

Il est né à La Nouvelle-Orléans au début du XXe siècle, par la fusion de rythmes et d'airs en provenance des folklores européens et noirs américains qu'interprétaient les orchestres de parades et de bals populaires.
Le premier enregistrement de jazz sur disque a lieu à New York le 24 janvier 1917 par le quintette *Original Dixieland Jass Band*, composé de musiciens de race blanche, et créé à La Nouvelle-Orléans vers 1913. Il s'agissait de *Dixie Jass Band One-Step* et de *At the Darktown Sutterball*.
Down Hearted Blues, chanté par Bessie Smith, est enregistré en 1923. Avec deux millions de disques vendus, c'est le premier « tube » de l'Histoire.

En France, le jazz s'installe vers 1925 à la faveur de la vogue de l'art nègre. Son implantation s'officialise avec la création du Hot Club de France, en 1932. En 1949 a lieu, à Nice, le premier festival international, aussitôt suivi par celui de Newport, États-Unis ; tous deux sont organisés par l'écrivain et pianiste George Wein, inventeur de cette formule de rassemblement convivial autour du jazz. C'est également ce dernier qui crée la première Grande Parade du jazz, également à Nice, en 1974.

Jeans (blue)

Porté dans le monde entier, depuis les années 1950, par des millions de personnes des deux sexes appartenant à toutes les classes sociales, le blue-jeans est pourtant plus que centenaire. On doit cette invention typiquement américaine à un émigrant bavarois, Levi Strauss. Parmi ses

Le blue-jeans, créé à l'origine pour les orpailleurs américains en 1853 par le Bavarois Levi Strauss, a conquis le monde entier. Signe de reconnaissance de la marque, la fameuse étiquette en cuir patch (Source Soubrane, 1964).

caractéristiques, les rivets métalliques représentent la contribution d'un autre Américain, Jacob Youphes, venu, lui, de Russie, et naturalisé sous le nom de Jacob Davis.

Le futur fondateur de l'actuelle multinationale « Levi Strauss and Co. » débarque à New York en 1847 pour y exercer ses talents de vendeur en confection ambulant. Il a 17 ans. Mais, dès 1850, il reprend le bateau, fait le tour des Amériques par le cap Horn (les liaisons continentales n'existent pas encore à l'époque) et s'installe à San Francisco, alors que la ruée vers l'or bat son plein en Californie. Il s'y établit comme commerçant en nouveautés, assuré d'être approvisionné par ses deux frères restés à New York. Puis il se donne une activité de complément en créant un petit atelier où il fabrique des pantalons à partir de toile de tente pour les orpailleurs, lesquels en sont satisfaits et les baptisent Levi's. Des concurrents l'imitent.

En vérité, le succès est tel, d'abord chez les prospecteurs de filons aurifères, puis chez les agriculteurs, les bûcherons, les poseurs de rails et les cow-boys, que la production disponible de toile de tente ne suffit bientôt plus et que Levi Strauss se tourne vers un tissu de coton très résistant, fabriqué à l'origine – dès le XVIe siècle – à Nîmes; d'où son appellation « serge de Nîmes »; d'où l'abréviation américaine *denim* pour désigner d'abord le tissu, puis ce type de pantalon.

Jeans, son synonyme, est une corruption de Gênes, à cause des pantalons portés depuis le XVe siècle par les marins génois, taillés dans un tissu similaire, souvent teintés en bleu par l'indigo*, et de coupe analogue.

En 1872, l'émigré russe Jacob Davis, devenu tailleur à Reno, Nevada, la future capitale du divorce et des jeux de hasard, écrit à Levi Strauss pour lui proposer l'exploitation en commun d'un brevet : Davis a eu l'idée de renforcer les points faibles (tels que les coins des poches) des vêtements qu'il fabrique avec des rivets de cuivre, et cette idée a rencontré le plus vif succès auprès de sa clientèle. En 1873, l'association est en place et la fabrication commence. Dès 1874, Levi Strauss a vendu quelque 6 000 douzaines d'articles avec rivets – pantalons, gilets, vestes, vareuses, blousons, etc. Ce sont les pantalons qui trouvent le meilleur accueil, en particulier le modèle catalogué *501 Double X blue denim waist overall* – celui-là même qui, doté de quelques améliorations comme les fermetures à glissière, se répandra dans le monde entier quatre-vingt dix ans plus tard.

En 1902, Levi Strauss meurt célibataire, mais il a des neveux, qui lui succèdent. En 1908, le brevet de Davis tombe dans le domaine public, et la concurrence redouble. Aussi, ce sera seulement à la fin des années 1920 que le « 501 » deviendra l'article le plus vendu du catalogue. Et le véritable essor commence avec les années 1950, quand apparaissent sur les écrans, moulés dans leurs jeans, Marlon Brando (*L'Équipée sauvage*, 1953), James Dean (*À l'est d'Éden*, 1953; *La Fureur de vivre*, 1954) et l'éternel hors-la-loi John Wayne.

À cet engouement romantique, il suffira d'ajouter l'interdiction des jeans décidée dans de nombreuses écoles à travers les États-Unis, et le tour sera joué.

En 1957, les États-Unis produisaient cent cinquante millions de paires de jeans pour leur consommation intérieure, la demande étrangère étant quasi inexistante. Mais en 1967, si le marché national consomme deux cents millions d'unités, l'exportation est déjà presque équivalente : cent quatre-vingt-dix millions de paires. Et en 1977, les

La Jeep, véhicule léger tout terrain, destinée à servir de moyen de liaison pour l'armée américaine, fut créée en 1940 par Bentam, rapidement suivi par Ford. Aujourd'hui, cette automobile est largement utilisée par des populations civiles. *Jeep Jeep Hourra*, aquarelle de S. Gunther, XXe siècle (musée d'Histoire contemporaine, BDIC, Paris).

ventes intérieures atteignent cinq cents millions (soit plus de deux par Américain de 0 à 99 ans), et les ventes à l'étranger trois cents millions. N'entrent pas dans ces statistiques contrefaçons et imitations produites un peu partout dans le monde et qu'il est impossible de chiffrer.
Alors, les sociologues se penchent sur le phénomène et l'examinent avec minutie. Parmi les plus célèbres, l'un déclare que les jeans « expriment la liberté et l'intégralité du moi ». Pour un autre, ils apparaissent comme le rejet violent des valeurs établies, tandis qu'un troisième y lit un « message culturel » inspiré du fameux rêve américain.
En tout cas, c'est la gloire…
En France, le mot apparaît pour la première fois en 1949 dans un reportage sur la mode masculine intitulé « les Nouveautés en Californie ». La seconde fois, c'est en 1954 sous la plume de Marcel Aymé (in *Les Quatre Vérités*) qui l'orthographie : bloudgine. Cinq ans plus tard, Raymond Queneau parlera des bloudjinnzes dont rêve Zazie et qu'elle parvient à se faire offrir par le répugnant Trouscaillou.

Jeep

En juin 1944 et durant les mois suivants, un véhicule tout terrain, vif et maniable, provoque l'étonnement admiratif des populations libérées en Europe par les Alliés : la Jeep. Or, quatre ans plus tôt, elle n'était encore qu'un prototype mal dégrossi, conçu à la hâte par un constructeur de taille médiocre : American Bentam.
C'est en effet le 22 juillet 1940, au camp de Holabird, consacré aux essais des véhicules de l'armée américaine, que Bentam présentait le projet technique d'un engin qui répondait aux desiderata de cette armée pour un véhicule tout terrain.
Et c'est l'ingénieur Karl K. Probst qui en avait conçu les plans et rédigé le dossier… en cinq jours.
L'armée donne quatre-vingt-dix jours à Bentam pour la construction d'un premier prototype, lequel devra être livré à Holabird le 23 septembre 1940, à 17 heures précises. Et ce calendrier est respecté.
Moyennant quelques modifications, le prototype

est accepté, et Bentam décroche une première commande de soixante-dix véhicules de présérie. Mais durant ses essais sur le terrain, deux concurrents, Ford et Willys Overland, ont dépêché des observateurs – et trois semaines plus tard Willys présente à l'armée son propre véhicule ; Ford en fait autant, douze jours plus tard. Inutile de préciser que les trois prototypes, sans être identiques, se ressemblent étrangement. Finalement, Willys emporte le marché grâce à son prix de fabrication, le plus bas. Mais comme les besoins de l'armée ne cessent de grandir, Ford à son tour obtient une fabrication du modèle « MB Willys GP ». GP, c'est-à-dire *general purpose*, tous usages. Et cette abréviation sera bientôt phonétisée en Jeep. Quarante ans plus tard, toujours bien vivante et rendue à la vie civile, la Jeep est devenue l'arme absolue de milliers d'agriculteurs dans le monde. Notons que Renault, qui a absorbé American Motors en 1982 (lequel avait lui-même digéré Kayser-Jeep ex-Willys en 1970), est devenu dès lors le nouveau tuteur de la Jeep. Pour peu de temps : en mars 1987, Chrysler achète à Renault American Motors.

Jeu de mots

Le calembour est aussi vieux que le langage. Les auteurs de l'Antiquité classique le pratiquaient sans déplaisir ni honte. La France du XVIe siècle l'a particulièrement apprécié. Plus près de nous, Tristan Bernard lui a donné ses lettres de noblesse.
La contrepèterie date du temps de Rabelais. Peut-être même celui-ci en est-il l'inventeur. Puis l'oubli l'a recouverte. La fin du XIXe siècle l'a remise en vogue. C'est un produit typiquement français.
La charade n'est pas antérieure au XVIIIe siècle.
La charade en action est fille du XIXe siècle.
L'anagramme est une création de l'Antiquité classique. Certaines ont 2 200 ans. La cour de François Ier l'a remise en honneur. Et de même pour l'acrostiche qui, lui, est une invention latine des premiers siècles de notre ère.
L'énigme plonge ses racines dans la mythologie grecque. Premier questionneur célèbre : le Sphinx de la route de Thèbes ; et premier lauréat : Œdipe. La devinette médiévale est sa descendante.
Quant au rébus, c'est probablement le plus ancien des jeux de mots, avec les hiéroglyphes pharaoniques (v. *mots croisés*).

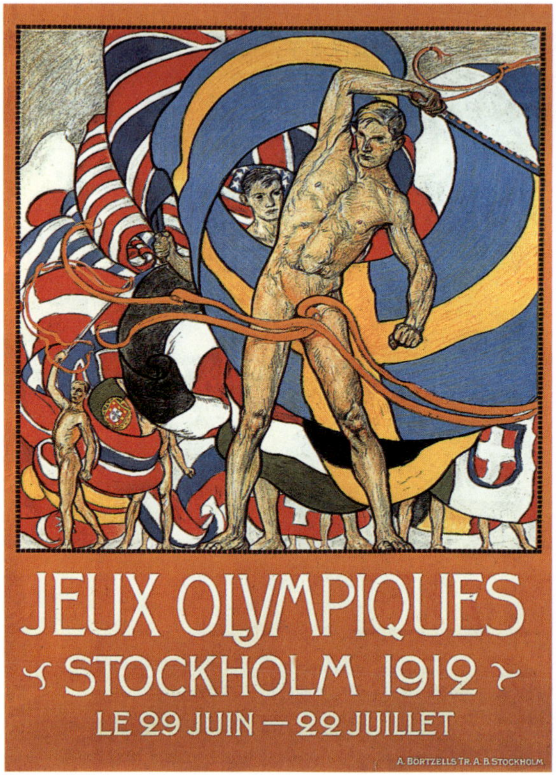

En 1896, à Athènes, sont disputés les premiers jeux Olympiques modernes grâce à la persévérance du baron Pierre de Coubertin, historien français passionné de culture grecque qui fit renaître cette ancienne tradition hellénique. Une affiche des jeux Olympiques de 1912, gravure d'A. Börtzells (Stockholm).

Jeux Olympiques

« Je proclame l'ouverture des jeux de la première Olympiade de l'ère moderne », avait lancé le roi Georges de Grèce au stade Périclès d'Athènes, le 6 avril 1896, pour la plus grande joie de Pierre de Coubertin (v. *athlétisme*). Rappelons-nous que celui-ci s'était obstinément opposé à l'admission de toute compétition féminine. Mais à Stockholm, en 1912, les nageuses taillèrent une première brèche et, en 1920, à Anvers, ce fut le tour de l'athlétisme.
La flamme olympique faisait déjà partie du cérémonial antique. Le rite du flambeau, transporté d'Olympie jusqu'à la ville olympique par une série de coureurs en relais, s'est déroulé pour la première fois lors de l'ouverture des Jeux d'Amsterdam (1928).
Le drapeau aux cinq anneaux est une création de Coubertin lui-même (à partir du mât : bleu pour l'Europe, jaune pour l'Asie, noir pour l'Afrique,

vert pour l'Océanie et rouge pour l'Amérique). Le modèle actuel date des Jeux d'Anvers (1920). Le serment olympique fut prononcé la première fois pour l'ouverture des Jeux d'Anvers (1920), par le Belge Victor Boin, nageur et escrimeur médaillé aux Jeux de Londres (1908). Si souvent citée comme étant de Pierre de Coubertin, la formule « l'important n'est pas de vaincre mais de participer » a pour auteur l'évêque de Pennsylvanie, qui l'a prononcée dans la cathédrale Saint-Paul de Londres, à l'occasion de ces mêmes Jeux de Londres (v. *marathon*).

Jeux télévisés

En France, le plus ancien, et qui a toujours lieu du lundi au vendredi, est *Le Mot le plus long*, apparu sur les écrans le 5 octobre 1967. Sa forme actuelle, *Des chiffres et des lettres*, a débuté le 4 janvier 1972. Son créateur : Armand Jammot. Le premier club « Des chiffres et des lettres » fut fondé à Nice, en 1978, par Raphaël Marquet et Maurice Jousse, tous deux anciens candidats à ce jeu.

John Bull

Le nom et le robuste personnage qui personnifient le peuple britannique ont été créés par le docteur John Arbuthnot, éminent médecin, homme de lettres et pamphlétaire anti-whig, ami de Swift et de Pope.
Publié en 1712, l'ouvrage où apparaît John Bull s'intitulait *Law is a Bottomless Pit*. Mais devant le succès immédiat de son héros, Arbuthnot abandonna ce titre pour celui de *History of John Bull* (v. *Français moyen, oncle Sam*).

Jour de l'an

Le 1er janvier n'a pas toujours été le jour de l'an : mars était le premier mois du calendrier* romain primitif. Numa et César déplacèrent le début de l'année du 1er mars au 1er janvier, mais leur réforme ne s'inscrivit pas dans la tradition.
En 532, l'Église décide de compter les années à partir du 1er janvier qui avait suivi la naissance de Jésus (le 25 décembre), autrement dit, le 1er janvier de l'an de Rome 754 devenait rétrospectivement le 1er janvier de l'an I de l'ère chrétienne.
Il n'empêche que, pour Charlemagne, le 1er mars était encore le jour de l'an, et la France mit longtemps à adopter la nouvelle manière de compter, souvent contredite par l'Église elle-même (c'est ainsi que celle-ci, au XIIe siècle, avait choisi le samedi saint comme premier jour de l'an). Le 1er janvier ne devint définitivement en France le jour de l'an que sous Charles IX, en 1564. (v. *étrennes, poisson d'avril*). À noter l'éclipse révolutionnaire : le 22 septembre 1792 était devenu – rétroactivement, aux termes d'une loi d'octobre 1793 – le premier jour de l'an I.
Le 1er janvier fut rétabli dans son statut de jour de l'an le... 1er janvier 1806.
En Angleterre, le 25 mars demeura le jour de l'an jusqu'en 1751.

Le Petit Journal
SUPPLÉMENT ILLUSTRÉ
Huit pages : CINQ centimes
SAMEDI 2 JANVIER 1892
Le Jour de l'An à Paris
(LES PETITS MARCHANDS DU BOULEVARD)

En France, le jour de l'an n'a été célébré le 1er janvier qu'en 1564. Puis, déplacé par le calendrier révolutionnaire, il fut rétabli le premier jour de janvier de l'année 1806. Le jour de l'an à Paris, « une » du *Petit Journal* du 5 janvier 1892 (collection particulière).

Journal (presse périodique)

Théophraste Renaudot passe pour l'inventeur de la presse imprimée, avec sa *Gazette* dont le premier numéro paraît le 30 mai 1631. Est-ce exact ?
Dès le XVe siècle, tout de suite après la découverte de l'imprimerie*, commencèrent à paraître des « occasionnels », traitant de

En 1631, Théophraste Renaudot obtint le privilège de l'impression des « gazettes, nouvelles et récits de tout ce qui s'est passé et se passe tant dedans que dehors le royaume » et lance son journal périodique. Une eau-forte représentant cet avènement de La Gazette, 1631 (Bibliothèque nationale, Paris).

l'actualité, mais publiés de façon irrégulière, à l'occasion seulement d'un événement important. Un peu plus tard apparaissent d'autres feuilles volantes imprimées, spécialisées dans la relation d'événements extraordinaires, parfois surnaturels, qu'on appelle « canards ». Le plus ancien connu en France remonte à 1529.
Mais occasionnels et canards ne possèdent pas la caractéristique primordiale du journal : la périodicité. Le mensuel de l'imprimeur Samuel Dilbaum, d'Augsbourg, sera le premier périodique. Puis viendra le trimensuel d'Abraham Verhoeven, intitulé *Les Nouvelles d'Anvers*, en 1605. Après quoi, en 1609, naissent deux hebdomadaires, l'un à Strasbourg, l'autre à Augsbourg, puis d'autres, à Bâle, Francfort, Berlin, Prague, Amsterdam.
Même en France, Théophraste Renaudot ne semble pas être le premier : le 1er janvier 1631, Jean Martin et Louis Vendôme lancent *Les Nouvelles ordinaires et divers endroits*, hebdomadaire qui sera absorbé par *La Gazette* après un procès gagné par Renaudot, à la faveur duquel celui-ci acquiert aussi une réputation de pionnier à tout le moins discutable.
Le premier journal anglais fut celui de Nathaniel Battles, en octobre 1621 : *Courant, or Weekly News from Foreign Parts*. Premier quotidien anglais : le *London Gazette*, lancé par Henry Muddiman (7 novembre 1665). Le premier périodique américain est le *Boston News-Letter* (avril 1704) ; le premier quotidien, *Pennsylvania Packet or General Advertiser* (1784), titré par la suite *Daily Advertiser* ; le premier mensuel, le *Harper's*, né en 1850.
Le plus ancien quotidien encore existant est *The Times* de Londres, publié sous ce nom à partir du 1er janvier 1788, après avoir paru pendant trois ans sous le nom de *Daily Universal Register* (v. *presse quotidienne*).
Le premier *Journal officiel* commença de paraître à Venise en 1566, connu sous le nom de *Notizie Scritte* ; sa publication avait été entreprise sur l'ordre du gouvernement vénitien.
C'est un journal britannique, le *Daily Express*, qui, pour la première fois, a transmis le 17 octobre 1967, en quinze minutes, sa « une » par l'intermédiaire du satellite Early Bird au journal *El Mundo* de San Juan de Porto Rico – à 7 000 km de Londres – grâce à un système de duplication à distance.
Le 6 juin 1978, c'est-à-dire exactement trente-quatre ans après le débarquement allié en Normandie, a eu lieu la première transmission fac-similé en couleurs, par satellite, d'une page de journal : à l'occasion du jumelage de Saint Louis (États-Unis) et de Lyon, elle fut réalisée par le *St-Louis Globe Democrat* et parvint au *Progrès de Lyon* après que les signaux eurent transité par un satellite Intelstat, ayant parcouru en une dizaine de minutes 1 500 000 km dans l'espace.
Le système du journal gratuit, distribué comme tel en porte à porte, et qui assure son assiette financière grâce à la publicité en placards et aux petites annonces, remonte à 1971. Cette année-là est lancé le *Chicago Reader*, qui tente de vivre uniquement de ses recettes publicitaires à l'exemple des hebdos des campus universitaires américains. Au bout de deux ans, le succès est assuré. Au bout de dix, le *Chicago Reader* tire à quatre-vingt-dix mille exemplaires, avec une centaine de pages chaque semaine et un million de dollars de publicité annuellement.

Journal filmé

En 1908, Pathé crée le premier journal au cinéma : *Pathé-Journal*, qui est hebdomadaire, puis, à partir de 1913, bi-hebdomadaire. Innovation reprise par les firmes concurrentes : *Gaumont-Journal* en 1908, *Éclair-Journal* en 1909. Mais *Pathé-Journal* restera le plus important et le mieux organisé de ces programmes d'actualités, car ses opérateurs, efficaces et rapides, seront présents dans le monde pour filmer les événements sur le vif.

Pathé diffuse le premier journal filmé en 1908. Sur cette affiche d'Adrien Barrère (1908), Émile Pathé tient un phonographe et Charles Pathé un projecteur, accompagnés d'un coq, symbole de la société Pathé (Archives du Film, Bois-d'Arcy).

Les actualités cinématographiques disparaîtront dans les années 1950 avec l'arrivée de la télévision*.

Journal radiophonique

George Delamare fut le premier journaliste de la « presse parlée ». C'est lui, en effet, qui lança, du pilier nord de la tour Eiffel, en octobre 1923, le premier journal radiophonique. Il en assurait le billet quotidien sous le titre « Propos en l'air ». La radio s'était installée sur la tour Eiffel en 1921. Il faut ici signaler que ce furent les ondes hertziennes qui avaient alors sauvé la tour, promise à la ferraille pour 1910. Mais les premières antennes y avaient été montées dès 1904; puis, la tour avait été « mobilisée » et affectée aux transmissions au tout début de la Première Guerre mondiale. Les informations radiodiffusées quotidiennement avaient, elles, commencé leur carrière le 6 février 1922.

Journal télévisé

Le 29 juin 1949, Pierre Sabbagh et Michel Wachévitch produisaient le premier journal télévisé à partir du premier étage de la tour Eiffel dont le sommet relayait les images.
Ce journal tenait du bulletin d'information radiophonique et du reportage filmé des actualités cinématographiques, expérience jamais tentée jusque-là nulle part dans le monde, et qui réussit parfaitement, puisque, d'hebdomadaire, le journal télévisé devint quotidien dès le 1er janvier 1950 (v. *télévision*).

Judo

Il est le seul sport qui ne se limite pas à un souci de plénitude physique ou au goût de la victoire et s'allie à une règle de vie, celle du perfectionnement permanent dans tous les domaines. À partir du jiu-jitsu plus que deux fois millénaire au Japon, mais simple technique d'attaque et de défense à main nue ou, quelquefois, armée, le judo a été inventé et mis au point vers 1880 par Jigoro Kano, étudiant de constitution fragile, qui sut trouver les formules d'efficacité maximale en fonction du moindre effort. Il avait 19 ans quand il fonda sa propre école, 23 quand, au cours d'une série de compétitions, quinze de ses élèves démontrèrent la supériorité de sa méthode sur celle des autres écoles en remportant tous les combats.
En France, le judo s'est implanté à partir de 1935, avec la venue à Paris du professeur Mikonosute Kawaishi, qui a su en adapter l'enseignement à la mentalité européenne.
La Fédération française de judo a été créée en 1946.
Aux premiers championnats du monde, en 1956, ce fut naturellement un Japonais qui gagna, mais dès 1961, la couronne passait à un Européen, le Hollandais Geesink. Et aux jeux Olympiques de 1964, à Tokyo, le même Geesink fut sacré champion toutes catégories. Il est vrai que, depuis vingt ans, le judo n'était plus spécifiquement japonais : il avait fait le tour du monde et trouvé des adeptes par milliers dans le monde entier. Quant au judo féminin, il acquiert, enfin, ses lettres de noblesse avec son inscription aux jeux Olympiques de Barcelone en 1992.

Juke-box

C'est un certain Louis Glass qui met en service au Palais Royal Saloon de San Francisco un premier juke-box le 23 mars 1889.
Il avait eu l'idée d'adapter sur une de ces drôles de machines enregistreuses de son, mises au point par Edison onze ans plus tôt (v. *phonographe*), une fente où glisser des pièces de monnaie pour la mettre en marche.
Le terme de juke-box descend en ligne directe d'un vocable d'origine africaine, utilisé par les Noirs du Sud profond des États-Unis, *jook*, qui signifie danser.

Jumelage de villes

Célébré le 11 mai 1952, le premier jumelage de villes a uni Luchon (France) et Harogate (Grande-Bretagne). La Fédération mondiale des villes jumelées (FMVJ) a été constituée en avril 1957 à Aix-les-Bains. Elle prenait le relais du « Monde Bilingue », association dont l'action en faveur de la paix s'élargissait ainsi au-delà du simple bilinguisme. Le promoteur et l'animateur de ces deux mouvements était Jean-Marie Bressand. En vingt-cinq ans furent réalisés quelque trois mille cinq cents jumelages de villes d'Europe et d'Afrique surtout, mais aussi des pays de l'Est et d'Asie.

Jumping

Apparu seulement à la fin du XIXe siècle, le jumping dérive directement de la chasse au renard : celle-ci nécessitant le franchissement fréquent d'obstacles de toute sorte, on en vint tout naturellement, à titre d'entraînement ou comme mesure éliminatoire, à imaginer des « concours hippiques » comportant des obstacles artificiels imitant ceux de la nature.
Admis aux jeux Olympiques de 1912, à Stockholm (premiers : à titre individuel, le Français Cariou, et par équipes, la Suède), le jumping est resté, jusqu'à la Seconde Guerre mondiale, le privilège des *happy few*. Il connaît la faveur du grand public depuis cette époque, marquée par le désintéressement des militaires et des agriculteurs à l'égard du cheval à qui, très démocratiquement, a été rendue sa noblesse de bête à concours grâce au jumping. Parlant de jeux Olympiques, notons que l'épreuve de dressage y fut inscrite dès 1900, à Paris (v. *équitation*).

Dérivé de la chasse au renard, le jumping apparaît au XIXe siècle. *A Steeplechase, Near The Finish*, huile sur toile de Henry Thomas, XIXe siècle (Yale Center for British Art, collection Paul Mellon, État-Unis).

Depuis Quand ?

K comme...

Kalachnikov

L'Automat Kalachnikov modèle 1947, dit AK 47, est une arme russe inspirée d'un modèle allemand. Ce pistolet automatique a été mis au point par un jeune sergent-chef de l'armée Rouge, Mikhaïl T. Kalachnikov, et une dessinatrice, Ekatarina V. Moïselva. Il a fallu des années pour que l'AK 47 remplace les fusils de guerre jusque-là en usage. C'est avec les événements de Budapest, en 1956, qu'il est entré officiellement sur un théâtre d'opérations militaires. Depuis, il est devenu l'arme la plus employée des guerres « pauvres »: soulèvements populaires, révolutions, maquis, guérillas urbaines...

Kaléidoscope

David Brewster, physicien écossais du XIXe siècle, s'était spécialisé dans l'étude des phénomènes optiques, en même temps qu'il s'employait à mieux familiariser le public avec ce domaine de la science, alors en pleine expansion.
C'est ainsi qu'il a formulé les lois de la polarisation par réflexion, inventé un polarimètre et perfectionné le stéréoscope qui donne du relief à la vision binoculaire, et découvert les raies telluriques du spectre solaire.
En 1817, il a déposé le brevet du kaléidoscope. Inventeur de ce gadget, il est également le créateur du mot qui le désigne – à partir du grec: *kalos*, beau ; *eîdos*, aspect ; et *skopein*, regarder.

David Brewster, physicien écossais, entreprit des recherches expérimentales, notamment sur la polarisation de la lumière. Grâce à ses travaux, il inventa le kaléidoscope et en déposa le brevet en 1817. *American quilt*, XIXe siècle, collection privée.

Karaoké

Cette invention, qui donna lieu à un phénomène de société, est japonaise. Le karaoké, littéralement « orchestre absent », serait né au plus tôt en 1972, à l'initiative d'un certain Daisuke Inoué, dans un snack-bar de Kobé, les bars avec orchestre et chanteurs étant au pays du Soleil Levant un héritage, entre autres, de l'occupation américaine. Progressivement, les chanteurs amateurs remplacent les professionnels, et les orchestres, par mesure d'économie, cèdent la place à de simples bandes magnétiques. Puis, au livret des paroles qu'on doit garder en main, succède le Vidéo Home System (VHS) grâce auquel le texte défile sur des écrans de télévision égayés par des images. Puis, en 1982, avec l'apparition du laser*, on stocke en même temps le son et l'image, avec un accès direct à la plage que l'on souhaite.
Techniquement, le karaoké est dès lors parfait. D'où son essor foudroyant dans un pays déjà conquis : 420 000 établissements nippons sont désormais équipés en karaoké, un Japonais sur deux va y chanter régulièrement.
C'est à partir de 1976 que la « karaokémania » s'empare des Français. Un des plus anciens établissements, sinon le premier à s'équiper, serait le « China Town », à Paris-Belleville.

Karaté

Le « Kendo », ou art de la guerre, enseignait aux samouraïs le maniement des différentes armes:

Jo (bâton cours), *Bo* (bâton long), *Boken* (sabre), *Jari* (lance), etc. Le « Kung Fu », basé sur la maîtrise du souffle et du geste, désigne au contraire l'ensemble des arts à mains nues, pratiqués par les gens du peuple, auxquels était interdit le port d'armes : aïkido, sumo, jiu-jitsu, judo*, karaté. Ce dernier est dérivé d'une boxe chinoise, le *kempo*, importée au tout début du XVIIe siècle par des soldats d'occupation dans l'île d'Okinawa, où les autochtones le combinèrent avec leur propre technique de combat, pour en faire l'okinawaté. Celui-ci est l'ancêtre du karaté, lequel ne s'imposa dans l'archipel japonais proprement dit que dans les années 1920, et en Europe dans les années 1970.

Kayak

Le kayak, embarcation traditionnelle des Esquimaux, est devenue esquif de compétition sportive au XIXe siècle. En France, le premier club fut créé en 1888 (v. *canoë*).

Invention des Inuit, le kayak, dès son origine, est conçu pour le transport d'une seule personne. Ici, le voyage de Sir Martin Frobisher's pour découvrir le passage du Nord-Est, en 1577 (British Museum, Londres).

Kir

Le bourgogne aligoté est la base du célèbre apéritif nommé d'après le patronyme du non moins célèbre chanoine Kir, député-maire de Dijon de 1945 à 1968. La formule du kir : deux tiers de ce blanc, un tiers de crème de cassis.
Le chanoine en fit le vin d'honneur de toutes les réceptions de sa mairie à partir des années 1950, façon comme une autre de relancer la fabrication locale du cassis. Toujours avec un tiers de cassis, il existe un kir dit « royal », dans lequel l'aligoté est remplacé par du champagne.

Kiwi

Originaire de la Chine méridionale, la liane *Actinidia*, à l'état sauvage, grimpe jusqu'à 10 m de hauteur dans les arbres qui bordent fleuves et rivières. Son nom chinois est *Yang-tao*.
C'est au cours d'un voyage dans l'Empire Céleste, à la fin du XVIIIe siècle, que le père d'Incarville la découvrit. Une centaine d'années plus tard – à partir de 1874 –, baptisée groseiller de Chine, elle apparaît en Europe, apportée par des botanistes, et devient plante d'ornement pour les pergolas, grâce à la vaillance de ses lianes et à la beauté de ses fleurs blanches.
En 1906, pour la première fois, des plants sont expédiés en Nouvelle-Zélande où, cultivée, sélectionnée, améliorée et produite industriellement, *Actinidia* va donner le fruit apprécié que nous connaissons. Les Néo-Zélandais l'ont baptisée kiwi, nom maori de l'aptérix, oiseau aptère qui leur tient lieu d'emblème national.

Depuis Quand ? L comme...

Laguiole

Aussi fameux que l'opinel*, ce couteau de poche à manche d'ivoire ou de corne légèrement courbe et à lame allongée, est né sur le plateau de l'Aubrac en 1829. Créé par Pierre-Jean Calmels, fils d'aubergiste à Laguiole, Aveyron (et qui sera équipé d'un tire-bouchon en 1880), il contredit l'affirmation d'un autre natif de cette région, le romancier Alexandre Vialatte, à savoir : « l'Auvergne produit des volcans, des fromages et des ministres. » Car il est vrai que le substantif laguiole (prononcer : *laïole*) désigne aussi un fromage très voisin du cantal, fabriqué avec le lait des vaches paissant dans le massif de l'Aubrac. Jadis, ce fut également un synonyme utilisé pour désigner cette race bovine.

Laine

La laine de mouton* est le premier textile mis en œuvre par l'homme. Elle est citée dans les textes de l'Ancien Orient.
La Grèce attribue à son dieu Hermès la tonte des moutons et le tissage de la laine. Selon d'autres légendes, c'est Héraclès qui a importé d'Égypte en Grèce la tonte et le tissage (v. *coton*, *lin*).

« Ovide moralisé », femme filant la laine, miniature du XIe siècle de Chrétien Legouais (Bibliothèque municipale, Rouen).

Laitue

La laitue dérive d'une herbe sauvage qui prospère, un peu partout en Eurasie, dans les terres incultes et le long des chemins. Les soins de l'homme lui ont fait perdre l'amertume de son ancêtre et, déjà, elle était présente sur la table des rois perses cinq siècles avant notre ère. Notre laitue provient donc des potagers de l'Orient.
La mythologie des Romains, qui l'appréciaient pour son goût et aussi pour ses propriétés narcotiques, racontait que Junon, épouse de Jupiter en son Olympe, avait vérifié ces propriétés et, du même coup, inventé l'accouchement* sans douleur en mangeant de la laitue sauvage : grâce à quoi, elle avait donné naissance à Hébée dans l'euphorie.
En revanche, la scarole et la chicorée*, la première à feuilles entières, la seconde à feuilles découpées et frisées, sont deux formes de l'endive vraie, probablement dérivée d'une plante indigène de la zone méditerranéenne. Toutes deux sont cultivées en France seulement depuis le XIVe siècle.

Lampe

Lampe à huile. Dès la haute Antiquité, la lampe à huile a succédé à la torche avec laquelle s'éclairaient les héros d'Homère. À la fin du Ve siècle avant J.-C., la lampe à huile était d'usage courant. Elle dure jusqu'au XIXe siècle. Mais dès le Moyen Âge, elle n'est plus guère utilisée qu'en veilleuse et dans les cuisines ou les arrière-salles d'auberge. Partout ailleurs, dans les châteaux comme dans les chaumières, on se sert de chandelles (v. *bougies*). Il faut arriver au XVIIIe siècle pour que la lampe descende dans la rue. Celles qu'on y trouve sont alors munies d'un réflecteur pour augmenter l'intensité de la lumière. Ce sont les réverbères dont le nom servira longtemps à désigner, par extension, tous les lampadaires publics (v. *éclairage des rues de Paris*).
En 1757, Rabineau lance les « lampes optiques », dont deux suffisent à « éclairer un billard* sans interruption pour moucher, ce qui est fort gracieux pour les joueurs ». Mais les sommets de la luminosité par l'huile sont atteints avec la

« lampe à quinquet » invention d'Argand, Suisse installé en Grande-Bretagne. C'est là que, en 1784, il crée son modèle à courant d'air, avec mèche tressée en forme de cylindre creux qui augmente l'intensité lumineuse en supprimant la fumée. Mais Argand avait comme ami l'apothicaire français Quinquet, dont l'indélicatesse n'avait d'égal que le sens des affaires. Quinquet s'empare de l'idée, la perfectionne avec l'aide d'un ferblantier nommé Lange, lequel dote la lampe merveilleuse d'une cheminée de verre, et voilà Quinquet qui triomphe, avec la caution naïve de Lavoisier et une première application très applaudie à la Comédie-Française.
Lampe à pétrole et lampe à essence. Huile minérale qui nous arrive d'Amérique en 1860, le pétrole* va remplacer l'huile végétale. Tous les mécanismes compliqués des lampes à huile disparaissent. Comme la lampe à pétrole, la lampe à essence est fort simple et vient aussi d'Amérique. Mais la plus connue en France, car elle est née chez nous, est la lampe Pigeon, à tout jamais immortalisée par le romantique monument funéraire de son fabricant au cimetière Montparnasse.
Lampe électrique. Le premier brevet d'ampoule* électrique à incandescence a été déposé en 1841 par le Britannique Frederick de Moleyns. La première ampoule équipée d'un filament permettant une utilisation de longue durée, et donc sa commercialisation, est celle de l'Américain Thomas Alva Edison (1879).
Un an plus tard à peine, le paquebot américain Columbia en était équipé (v. *électricité*, *pile*).

Lancette

L'instrument chirurgical de ce nom est employé au XIIIe siècle. Le *Traité* d'Aldebrand de Sienne (1256) recommande, en saignant un malade, de ne point plonger la lancette « trop dedans ». La *Chirurgie* d'Henri de Mondeville (1314) en fait également état. L'hebdomadaire *The Lancet*, la plus importante publication médicale britannique, fut aussi la première. Son fondateur est le docteur Thomas Wakley en 1823 (v. *bistouri*, *scalpel*).

Langage humain

En Espagne, dans les grottes d'Atapuerca, voisines de Burgos, ont été trouvées les preuves de la plus ancienne présence d'hominidés en Europe (- 800 000 ans). Selon des paléoanthropologues espagnols travaillant sur le site, les occupants qui y vivaient, il y a 300 000 ans, étaient capables de prononcer des vocables. En atteste l'étude d'un crâne, découvert en 1992, dans lequel étaient conservés les osselets de l'oreille moyenne et l'os hyoïde supportant le larynx. Grâce à quoi, l'*homo erectus* d'Atapuerca possédait un appareil phonique à mi-chemin entre celui du chimpanzé et celui d'*homo sapiens*, suffisant pour une prononciation « plus lente et moins claire que la nôtre ».
Quant aux pierres travaillées de la culture acheuléenne, datant de - 200 000 ans, elles témoignent de ce que leurs fabricants furent les premiers capables d'articuler des sons convenus, d'utiliser un véritable langage : la fabrication de ces outils, qui suppose un enchaînement complexe d'opérations, ne peut que résulter d'une intention et d'une volonté d'exécution authentiques, autrement dit d'une pensée réfléchie aussi précise que les mots qui la supportent.
Par ailleurs, l'histoire, l'archéologie et la linguistique tendent à prouver que l'apparition des grands systèmes linguistiques, dont sont issues de nombreuses langues modernes, a eu lieu au début de l'âge des métaux, il y a environ six à neuf mille ans [v. *Homme*, *langue parlée*, *pariétal (art)*].

Langages artificiels

Faisant suite aux rêves idéalistes de Francis Bacon, le XIXe siècle finissant a vu la création de divers langages artificiels destinés à favoriser la compréhension et l'harmonie entre les hommes et les nations.
C'est d'abord le Volapük de l'abbé allemand J. M. Schleyer (1880), puis l'espéranto* du docteur Zamenhof (1887), puis l'ido de Louis Couturat et Louis de Beaufront (1900), enfin le novial de J. O. H. Jespersen (1928), l'avant-dernier étant dérivé de l'espéranto et le dernier de l'avant-dernier…

Cette lancette à saignée est graduée de façon précise car, comme pour l'acupuncture, il existe des points de saignée (musée national des Arts et Traditions populaires, Paris).

Dans son traité *Ars magnae lucis et umbrae*, publié en 1645, un savant jésuite allemand, le père Athanasius Kircher, donne la description complète d'un instrument d'optique auquel il a lui-même donné le nom de lanterne magique. *La lanterne magique* de Jean-François Bosio, XVIIIe siècle (Bibliothèque nationale, Paris).

Le XXe siècle finissant, lui, aura assisté à la floraison de langages artificiels : ce sont les langages de programmation destinés aux ordinateurs, dont l'avenir est promis à de plus brillantes carrières que les précédents. Fortran et cobol sont devenus des langues autant parlées, ou plutôt écrites, que le chinois ou l'anglais.
Le premier en date de ces langages de programmation est le fortran (FORmula TRANslation), et le premier à être largement utilisé dès sa mise au point en 1954-1956, par une équipe d'IBM. Viennent ensuite, en 1959, le cobol (COmmon Business-Oriented Language), le plus largement utilisé pour les problèmes de gestion administrative, et le basic (Beginner's All-purpose Symbolic Instruction Code), créé en 1965 par deux universitaires américains du Darmouth College, John G. Kemeny et Thomas E. Kurtz, pour les débutants en informatique, et qui a sommeillé jusqu'à l'explosion de la micro-informatique (1975). Certains, comme Algol (1958), survivent par leur postérité : de ce langage dérive le pascal (1969), ainsi nommé en l'honneur de Blaise Pascal, et à partir duquel une équipe de CII Honeywell-Bull France, animée par l'ingénieur français Jean Ichbiah, a créé, à la demande du département américain de la Défense, ada (1974-1979), baptisé du prénom de la fille du poète Byron, Augusta Ada, comtesse de Lovelace. Celle-ci fut un précurseur de l'informatique : mathématicienne d'une grande ouverture d'esprit, elle a été la toute première à construire des programmes destinés à des ordinateurs… qui n'existaient pas encore (v. *calculer [machine à]*).

Langue parlée

La langue la plus ancienne encore parlée de nos jours serait le tamoul, dont l'aire géographique couvre le sud-est de l'Inde et le nord de Sri Lanka (Ceylan) : elle aurait deux mille ans d'existence dans ses formes actuelles. Mais elle existait déjà, avant même le sanskrit, antérieurement au IIe millénaire avant notre ère.

Lanterne magique

Le savant Roger Bacon, au XIIIe siècle, l'aurait inventée, et le pape Innocent IV aurait lavé le célèbre moine de l'accusation de diablerie suscitée par sa découverte. En fait, la projection des images sur écran est décrite par le père jésuite Kircher dans un ouvrage publié à Rome en 1645.
En 1656, Loret écrivait dans la *Muse historique* :

Cette magie est innocente
J'en sçai la finesse excitante;
Mais, me piquant d'être discret,
Je n'en apprends point le secret.

En 1719, Richelet décrivait la lanterne magique: « Petite machine d'optique qui fait voir dans l'obscurité, sur une muraille blanche, plusieurs spectres et monstres affreux, de sorte que celui qui n'en sçayt pas le secret croit que cela se fait par art magique. »

Lapin de garenne

Il est si commun en Europe, et, de là, il a si facilement conquis les terres vierges de l'Australie qu'on imagine à peine la vérité: au Ier siècle de notre ère, les naturalistes romains parlent de cet animal aussi prolifique que casanier comme d'une espèce rare. Rare mais si typique de l'Espagne méditerranéenne que déjà au Ier millénaire avant J.-C. les premiers colons phéniciens, n'en ayant jamais vu jusqu'alors, l'assimilèrent à une espèce de leur pays, l'actuel danan (*Hyrax syriacus*). Ils lui donnèrent son nom, Saphan – d'où découle le nom d'Hisphania, l'Espagne, le pays des lapins.

Laque

En Chine, l'invention de la laque remonte au moins au XIIIe siècle, puisque la reine Fu Hao fut à l'époque ensevelie dans un coffre laqué. On l'a trouvée dans sa tombe intacte à Anyang, en 1976. Le grand sinologue britannique Joseph Needham dit de la laque qu'elle « était sans doute le premier plastique* industriel inventé par l'homme ».

Les « curieux » qui se disputaient les paravents de laque, importés par les caraques dès le XVIe siècle, les dénommaient « vernis de Lachine ». Ces ouvrages n'ont reçu le nom de lac ou laque qu'au XVIIIe siècle. Les envois faits par les missionnaires jésuites à la cour de Louis XV eurent un tel succès que beaucoup expédiaient en Extrême-Orient des objets à faire laquer.

Laser

En 1958, les Américains Charles H. Townes et A. L. Schawlaw ont l'idée d'étendre le principe du maser, ou amplificateur de micro-ondes, aux spectres lumineux et infrarouges.

C'est le laser, ce « bistouri de lumière », ainsi nommé par les initiales de *Light Activation by Stimulated Emission of Radiations*.

Le premier laser sera construit en 1960 par T. H. Maiman (v. *holographie, scanner*).

Lasso

Solide corde, longue de 15 à 20 m, terminée par un nœud coulant, utilisée par les *gauchos* argentins pour capturer leurs bovins vivant en semi-liberté dans la pampa, selon une technique mise au point par eux au XVIIIe siècle, et reprise au siècle suivant par les cow-boys américains, qui, de nos jours, n'emploient plus le lasso que pour les concours de rodéo*.

Le mot apparaît chez nous en 1829, par l'intermédiaire de l'anglais *lasso*, transcription de l'hispano-américain lazo, lui-même emprunté au castillan, qui a le sens de « lien, attache », l'équivalent du français lacs.

Le lasso, dont le nom est dérivé de l'hispano-américain, a commencé à être utilisé au XVIIIe siècle en Argentine. Les Tartares chassant les chevaux, planche extraite de l'édition de 1803 de *The Manners, Customs and Amusement of the Russians'.*

Lavabo

Le trépied portant cuvette et pot à eau est une création du Premier Empire, vers 1803. Le *Journal des dames et des modes* en parle, en 1804, comme d'une nouveauté.

Laver (machine à)

La première machine à laver électrique a été inventée et mise au point par l'Américain Alva J. Fisher en 1907. Celui-ci avait eu de nombreux prédécesseurs, moins heureux ou plus modestes, dont son compatriote James T. King qui avait construit un premier engin, non automatique et nullement électrique, en 1851.

Lentille

Comme la fève*, la lentille est l'un des plus anciens légumes cultivés par l'homme de l'Ancien Monde. Si on ne l'a jamais trouvée à l'état sauvage, du moins existe-t-il certaines formes proches de cet état en Asie centrale, en particulier au Turkestan.

Lévrier

Le grand lévrier d'Égypte est visible sur certains bas-reliefs pharaoniques datant de quatre mille cinq cents ans. De lui sont issus le sloughi arabe, le greyhound anglais, le barzoï russe, le saluki persan, le tazion afghan. En France, un arrêté de 1844 interdit son utilisation cynégétique, car ses pointes de vitesse (90 km/h) ne laissaient aucune chance à un gibier à poil déjà en cours de raréfaction, le lièvre étant sa proie favorite – comme son nom l'indique.
C'est pourquoi les qualités spécifiques de cet animal ne purent plus, désormais, s'exprimer que dans la compétition des courses. Depuis la fin du XIXe siècle, celles-ci connaissent une grande faveur populaire dans toute l'Europe – sauf en France, où elles sont apparues tard (1930) et où le seul cynodrome digne de ce nom (Courbevoie) a été fermé en 1951. Cependant, le XXe siècle finissant aura enregistré un renouveau certain dans notre pays. Le lévrier le plus couramment utilisé pour la chasse au lièvre électrique est le greyhound, véritable star des cynodromes.

Lézard

Découvert en Écosse, en 1988, et aussitôt exposé au Muséum d'histoire naturelle de Londres, « Lizzie » est un lézard fossile vieux de 340 millions d'années. Il vivait donc au début du carbonifère, et bat de quarante millions d'années le précédent recordman qui, lui, se chauffait au soleil à la fin de la même période.
Le professeur Tim Smithson, de l'université de Newcastle-on-Tyne, qui a examiné Lizzie, reste perplexe : « Sa colonne vertébrale, observe-t-il avec un flegme très écossais, est différente de celle de tous les autres reptiles connus, et nous ne savons pas encore à quelle famille il appartient. » Un orphelin de 340 millions d'années…

Liberté, Égalité, Fraternité

Liberté, Égalité, Fraternité, devise de la République française adoptée par la Convention nationale en juin 1793, reste celle de notre pays jusqu'en 1814 et le redevient de 1848 à 1851 et de 1875 à nos jours, sauf une brève interruption de 1940 à 1944.
Elle n'a été inscrite en toutes lettres, pour la première fois, dans une de nos constitutions qu'un demi-siècle après la Révolution française : l'article IV du préambule de la Constitution du

4 novembre 1848 dit que : « Elle [la République] a pour principe la Liberté, l'Égalité et la Fraternité. » (v. *franc-maçonnerie*).

Libre-service

Le principe du libre-service dans les commerces de détail et dans la restauration a été appliqué en France à partir de 1952.

Liège

Employé à divers usages dès le XIIIe siècle (v. *bouchon*, *champagne*).

Lilas

Originaire d'Asie Mineure, où on le rencontre à l'état sauvage, le lilas est cultivé depuis longtemps dans le sud-est de l'Europe. De Constantinople, il a été introduit en Italie et en Bohême, en 1562, par l'ambassadeur de Ferdinand Ier, fondateur de la monarchie autrichienne, auprès de Soliman le Magnifique. Le lilas de Perse, plus tardivement importé en Europe – au XVIIe siècle – provient de l'Iran, de l'Afghanistan et du nord-ouest de la Chine.

Lin

Le lin, dont le nom désigne de nombreuses espèces sauvages indigènes couvrant une aire allant, au total, des Canaries au Turkestan, était déjà cultivé au néolithique, probablement pour la richesse de ses graines en une huile aux vertus médicinales certaines. En Égypte, les qualités de ses fibres en font très tôt le matériau noble pour le vêtement. On a retrouvé dans les plus anciens tombeaux pharaoniques, qui sont vieux de 5 000 ans, des corps momifiés enveloppés dans un tissu de lin d'excellente qualité.
En France, la culture du lin s'est développée à partir du XIIIe siècle, pour connaître son essor maximum au XVIIIe siècle. Mais l'invention de la machine à égrener le coton*, en 1793, a diminué l'intérêt de l'Europe pour ce textile, et plus encore celui de l'Amérique du Nord.

Lion

En Europe même, le lion a été mêlé à la vie des hommes de la préhistoire. Au paléolithique, existait un lion des cavernes auquel nos ancêtres ont dû opposer leurs armes de pierre taillée.
Au commencement de l'Histoire, le lion

L'homme a connu le lion dès la préhistoire. Un lion royal, ronde-bosse en granit rose du IIe siècle avant J.-C. (The trustees of the British Museum, Londres).

était encore commun dans les Balkans.
Il y en avait en Grèce également : Hercule étrangle le lion de Némée qui terrorise le Péloponnèse. Plus tard, une compagnie de lions attaque l'armée de Xerxès près du mont Athos.
Sous l'Empire romain, l'espèce était assez abondante en Afrique du Nord et au Proche-Orient pour qu'on puisse en capturer des centaines destinés à alimenter des jeux de cirque sanglants.

Lions club

Créé le 7 janvier 1917 à Chicago (ville où sera également fondé le Rotary*) à l'initiative de l'assureur Melvin Jones, son nom est l'acronyme de *Liberty, Intelligence, Our Nations Safety* (Liberté et compréhension sont la sauvegarde de nos nations).
Sa devise : *we serve*. Son premier club français fut créé à Paris par Loumé Casalonga, le 30 octobre 1948.

Lis

Non sans réticence, les botanistes ont fini par admettre que l'ordre des liliacées était très ancien : on pense aujourd'hui qu'il remonte au crétacé, et donc qu'il est contemporain des dinosaures.

Le lis blanc, pour ne parler que de lui, a été connu et cultivé très tôt par les populations du Proche-Orient. Il fut le symbole de la résurrection, attaché au culte d'Osiris chez les Égyptiens.
Ce sont probablement les croisés qui l'ont acclimaté en Occident, encore que les Étrusques semblent l'avoir connu.
Trois fleurs de lis ont été sculptées sur les chapiteaux de l'église Saint-Aignan, à Paris, en 1120. La fleur de lis devient l'emblème de la maison de France lorsque, vers 1280, l'usage des armoiries* est régularisé. Puis, en février 1376, Charles V décide que l'écu royal, jusque-là semé de ces fleurs de lis, n'en présentera désormais plus que trois.

Lit

Le lit, formé d'un châssis forcé de sangles et pourvu d'un chevet, est connu de l'Égypte pharaonique et de la Grèce antique : Ulysse, dit Homère, avait construit son lit de ses mains. L'Étrurie et Rome utilisaient le lit, soit pour y reposer, soit pour les repas. Les romans français du XIIe siècle parlent du « lit à gésir ». Au Moyen Âge, les lits étaient fabriqués par les huchiers, garnis par les taiers, les couverturiers et les contrepointiers. Les couches où l'on dormait à plusieurs – hommes, femmes et chiens – avaient deux mètres de large, et les servantes devaient utiliser un bâton de lit pour tendre draps et couvertures ; les couchettes étaient de dimension plus modeste (v. *matelas*).
Lit mécanique. On pouvait lire dans *l'Almanach Dauphin*, pour 1677 : « Garat, menuisier rue de la Verrerie, est inventeur d'un lit mécanique pour le soulagement des malades par le moyen duquel, sans toucher au malade, on peut lui lever la tête, le mettre sur son séant, l'y soutenir, le renverser sur le côté, l'enlever tout entier horizontalement et à une assez grande hauteur pour pouvoir faire son lit ; le tout avec des mouvements si doux et si faciles qu'un enfant de huit à dix ans suffit pour toutes ces opérations. Approuvé de l'Académie. »

Lit conjugal

Dans la *Physiologie du mariage*, Balzac pèse, non sans humour, les divers avantages et inconvénients des trois solutions entre lesquelles les époux doivent choisir afin de maintenir la meilleure harmonie dans leur vie conjugale : un lit ou deux lits dans la même chambre, ou deux lits dans deux chambres. Balzac admet la première et préfère la dernière, mais refuse absolument le compromis des lits jumeaux.
Or, remarque Jérôme Carcopino dans *La Vie quotidienne à Rome*, il se trouve qu'ainsi notre grand romancier a codifié, sans le savoir, les usages qui prévalaient déjà dans la Rome impériale.

Lithographie

Invention fortuite d'un Allemand de Prague, le dramaturge Aloys Senefelder qui, ne trouvant pas d'éditeur pour ses pièces, décida, en 1796, de les graver lui-même et, le cuivre étant trop cher, eut l'idée d'employer une pierre lisse et tendre de Solenhofen, en Bavière.
Les impressions lithographiques apparaissent à Paris au début du XIXe siècle, et l'ordonnance du 8 octobre 1817 assimile les imprimeurs lithographes à leurs confrères typographes.
C'est le comte Charles de Lateyrie du Saillant, publiciste, agronome (v. *rutabaga*) et imprimeur,

L'impression lithographique fut inventée par l'Allemand Senefelder en 1796. Ce dernier recherchait un moyen peu onéreux de faire imprimer ses partitions musicales.
Le Comédien marchand de chansons, lithographie réalisée par Aloys Senefelder (1771-1834) (musée Carnavalet, Paris).

qui avait fondé, trois ans plus tôt, la première imprimerie lithographique dont il était allé apprendre le procédé à Munich (v. *gravure*).

Livre : v. *imprimerie*.

Livre de poche

En 1939, à New York, le *pocket book* sortit tout armé du cerveau de MM. Simon et Schuster, éditeurs, et partit à la conquête du monde. En France, le premier éditeur à lancer une série de livres de poche est Hachette (9 février 1953 : *Kœnigsmark*, de Pierre Benoit ; *Les Clés du royaume*, de A. J. Cronin ; *Vol de nuit*, de Saint-Exupéry).

Cela dit, on peut trouver des ancêtres directs au livre de poche, comme certaines collections bon marché, publiées par les éditions allemandes Tauchnitz au début des années 1920.

Et, surtout, il faut citer le grand éditeur londonien Allen Lane qui, en 1935, et pour son coup d'essai, lance les éditions Penguin qui ont pour cible le grand public peu fortuné et mal à l'aise dans les librairies traditionnelles : il remplace la classique couverture cartonnée des livres anglais par une couverture souple et propose ses ouvrages au prix uniforme de 6 pence (2 francs de l'époque – le prix d'un paquet de cigarettes) dans une gamme étendue de points de vente – kiosques, gares, maisons de presse, etc. Les dix premiers titres paraissent le 30 juillet 1935. Le premier : une traduction de *Ariel, ou la Vie de Shelley*, par André Maurois ; le deuxième : le roman de guerre d'un jeune auteur américain, Ernest Hemingway, *L'Adieu aux armes*. Le succès de la série est immédiat.

Livre sterling

Sterling pound. Vers 775, le roi de Mercie frappe des pièces d'argent dites « sterlings » et « pennies » ; les autres royaumes saxons de l'île suivent son exemple, 240 pence étant frappés à partir d'une livre d'argent – sterling pound.

L. s. d. Avant et après la conquête normande, circule une unité monétaire, le shilling, à la valeur très variable. C'est Henry le Septième qui frappe le premier, en 1503, un shilling d'argent ayant la valeur de 12 pence. Les abréviations comptables, L. s. et d. (ne pas confondre avec LSD !), sont d'origine latine : *libra, solidus, denarium* – livre, sou, denier.

NP. Le 1er février 1971, conformément à une recommandation de l'Académie royale des sciences publiée en 1866 en conclusion d'une réforme proposée en 1608, la livre sterling est « décimalisée » : le nouveau penny devient la centième partie de la livre (l'ancien en était la deux cent quarantième), et le shilling disparaît après 468 ans d'existence. Il disparaît, certes, mais n'est définitivement retiré de la circulation que le 1er janvier 1991, remplacé par une minuscule pièce de 5 pence.

Enfin, la dernière pièce « historique » encore en circulation, le florin (équivalant à 2 shillings), en est retirée le 1er janvier 1992.

Livret de famille

Un décret du 15 mai 1974 a fixé les règles d'attribution du livret de famille donné aux époux par le maire ou tel autre officier d'état civil qui vient de célébrer leur union. C'est le dernier en date ; mais on ignore en général que d'autres décrets d'application l'avaient précédé au cours du XXe siècle ; et peu de gens savent qu'au départ le livret de famille a pour inventeur un besogneux en quête de quelque argent, dont nous ne connaissons pas grand-chose, sinon qu'il s'appelait Métayer et habitait Paris dans les années 1870.

Dans une « note de l'auteur » placée en tête des premiers livrets, Métayer explique que « les nombreuses erreurs de noms et de prénoms qui existent dans les actes de l'état civil, et que j'ai remarquées pendant que j'étais secrétaire de mairie, m'ont donné l'idée d'appeler l'attention du gouvernement sur un état de choses très préjudiciable aux intérêts des populations ».

Le livret sera « la pièce officielle qui fait constat de trois grandes phases de l'existence : la naissance, le mariage et le décès ».

Suite à une pétition que Métayer adressa à la Chambre des députés, celle-ci demanda à l'un de ses membres, M. de Taillancourt, de rédiger un rapport, dans lequel Taillancourt allait admettre que l'adoption du « livret de la famille » était « éminemment utile », comme il est dit dans le *Journal officiel* du 11 février 1872. Sous le quatrième gouvernement de Jules Dufaure, président du Conseil et ministre de la Justice, l'institution du livret est approuvée par une circulaire datée du 18 novembre 1876. Et, par une lettre du 10 avril 1877, autorisation est donnée à « l'auteur » par Jules Simon, président

du Conseil, ministre de l'Intérieur, d'éditer et de vendre son livret de la famille.
Ainsi, après cinq années de démarches, Métayer pourra mettre au bas de la couverture : « Pour tous renseignements sur l'état civil, recherche de parenté, et pour la fourniture de livrets, MM. les Maires, Secrétaires de mairie et tous intéressés sont priés de s'adresser à l'Auteur, M. Métayer, rue de Trévise, 13, à Paris. »
L'idée de Métayer était bonne. L'affaire fut-elle rentable pour lui, en un temps où se célébraient trois cent mille mariages par an ? Sans doute.

Locomotive

Le 21 février 1804 roule pour la première fois la première locomotive à vapeur, entre Penydaren et Abercynon, au pays de Galles. Conçue par Richard Trevithick, elle avait été construite en 1803 et essayée à Merthyr Tydvil au début de 1804.
« Nous avons traîné dix tonnes de fer, cinq wagons et soixante-dix hommes montés sur ceux-ci pendant tout le trajet », écrivait le Gallois Trevithick à un ami, dès le lendemain de son exploit. « C'est neuf milles que nous avons couverts en quatre heures cinq minutes, mais nous avons dû abattre quelques arbres et déplacer quelques rochers. La machine a avancé à environ cinq milles à l'heure. » La plus vieille locomotive encore existante au monde est conservée au Science Museum de Londres. C'est Puffing Billy, construite en 1813 par William Hedley pour les charbonnages de Wylam, et restée en service jusqu'en 1864.

L'ingénieur anglais Richard Trevithick construisit en 1803 la première locomotive à vapeur. Profil, arrière et plan de la locomotive à vapeur dessiné par Trevithick.

En France, la première locomotive (à chaudière tubulaire) fut construite par Marc Seguin pour le chemin de fer de Saint-Étienne à Lyon. Elle était prête le 1er octobre 1829. Les premiers essais eurent lieu avec succès le 7 novembre, « dans un chantier de Perrache ». En 1837, une première locomotive électrique est construite en Grande-Bretagne par Thomas Sturgeon, et une autre, aux États-Unis, en 1839, par le professeur Charles Page, de Washington. Mais l'électricité va longtemps donner du fil à retordre – c'est le cas de le dire – aux inventeurs tentés de résoudre le problème de la traction électrique : c'est seulement en 1879, à l'exposition industrielle de Berlin, que roulera un petit train électrique, imaginé par Siemens et Halske, à l'usage des visiteurs. Cette simple attraction est considérée comme la première réalisation pratique de traction électrique appliquée à un service public.
Le plus ancien – et le plus riche – musée ferroviaire est celui d'York, en Grande-Bretagne. Complètement réaménagé sur un ancien dépôt de locomotives en 1975, il a pris le nom de « musée national des chemins de fer » (v. *autorail*, *SNCF*, *TEE*, *train de voyageurs*, *wagon-lit*, *wagon-restaurant*).

Loquet

La chambre de Jacques Cœur, dans son hôtel construit à Bourges à la fin du xve siècle, est fermée par une serrure à « clenche ou loquet ». Mais, dès le xiie siècle, on fermait les portes au moyen d'un « loc ».

Loterie

On a voulu faire remonter les loteries aux Hébreux et même aux Égyptiens, mais les renseignements que nous possédons sont trop parcellaires pour s'y arrêter. En revanche, les empereurs romains ont imaginé des distributions gratuites placées sous le signe du hasard ou de la chance, comme on voudra, qui n'étaient pas encore de véritables loteries puisque tous les participants étaient gagnants ! Néron, entre autres, décida une « loterie » de ce genre au profit du peuple, à l'occasion des fêtes célébrées

La loterie nous est parvenue des Romains et a traversé les siècles et de nombreux pays d'Europe. Ce jeu était tellement populaire en France qu'il était même utilisé par la politique. Première page de l'hebdomadaire satirique *Le Charivari* du 18 avril 1936 (collection particulière).

pour l'éternité de l'empire. Les billets, des tablettes carrées, portaient mention et spécification du lot et permettaient de gagner tantôt un modeste grillon et tantôt un oiseau rare, ou des perles, ou même un vaisseau, ou même encore une île. Mais ces billets avaient été distribués gratuitement.

Il faut ensuite franchir l'espace de douze ou treize siècles pour arriver à la véritable loterie, qui remonte à tout le moins au début du XVIe siècle : en 1514, elle fait l'objet d'une dissertation théologique à l'université de Thuringe, en Allemagne. Son origine est à peu près sûrement italienne : au XVe siècle, les commerçants vénitiens et génois employaient le système de la loterie pour se débarrasser de leurs vieilles marchandises ou pour vendre des objets de grand prix qui auraient, eux aussi, trouvé difficilement acquéreurs.

Et ce sont précisément les Italiens venus à la suite de Catherine de Médicis qui introduisent la loterie en France, en 1533. En 1539, François Ier rend un édit qui octroie à un sieur Jean Laurent la permission d'établir autant de loteries qu'il voudra, à charge pour lui de payer un droit annuel de 2000 tournois. Dès lors, le ton est pris : la loterie est un moyen de soulager les finances publiques, et elle gardera désormais ce caractère. La loterie royale est créée en 1660. Tous les États d'Europe s'en inspirent : Angleterre, Pays-Bas, Allemagne, Suisse, Espagne, etc., et jusqu'au Vatican qui y aura recours en 1713...

La Convention supprime la loterie ; le Directoire la rétablit ; puis la monarchie de Juillet, à son tour, en condamne le principe même, par une loi du 21 mai 1836, sauf dans le cas des loteries privées de bienfaisance, soumises à une autorisation administrative. Cette condamnation durera presque cent ans : c'est de la loi de 1933, qui a rétabli la loterie au seul bénéfice de l'État, qu'est née la Loterie nationale, dont le premier tirage a lieu le 7 novembre 1933. Premier gagnant du gros lot : Paul Bonhoure, coiffeur à Tarascon, qui touche 5 millions en échange du billet 18414 série H.

Le 13 décembre 1990, jour de son dernier tirage, la Loterie nationale meurt à l'âge de 57 ans, tuée par ses enfants, Loto, Tac O Tac, Tapis vert...

Le Loto, jeu de la monarchie finissante et du Premier Empire, est réintroduit en France à l'échelle nationale le 16 mai 1976, par Claude Kretzschmar, qui en est aussi le premier animateur.

Le Tac O Tac, qui inaugure « la double détente », date de la fin de 1983. Le Tapis vert, d'autre part, a été créé par la Société nationale du Loto avec un premier tirage de quatre cartes d'un jeu de trente-deux le 15 octobre 1987.

Le Loto sportif, lui, date du 21 avril 1985. Pour son coup d'essai, il a porté sur une épreuve de course de formules 1 au Brésil, et sur une journée de rencontre du championnat de football de la première division.

Et puisqu'il a été question de loterie de bienfaisance, on sait où et quand la première fut organisée : le 13 septembre 1519, à Malines, « en faveur de la grande confrérie de saint Georges et de l'église de Saint-Pierre, pour subvenir aux grandes affaires d'icelle confrérie ». Le célèbre *totocalcio* italien, lui, date de 1946. Le *totocalcio nero*, ou clandestin, est à peine moins vieux...

Louche

En 1304, une louche d'argent figure dans le trésor des comtes de Hainaut. Selon le *Trésor de la langue française*, de Nicot (1606), « louche » est un mot picard « signifiant ce que le commun françois appelle cuiller » (v. *cuiller, fourchette, couteau*).

Louis d'or

Les premiers louis furent frappés sous Louis XII ; mais ils ne prirent leur nom que sous Louis XIII, en 1640 (v. *franc*).

LSD

Depuis 1934, le chimiste suisse Albert Hoffmann, des laboratoires Sandoz à Bâle, effectuait des recherches sur l'alcaloïde de l'ergot de seigle (un microscopique champignon parasite des céréales), l'acide lysergique, lorsqu'il découvrit accidentellement, le 16 avril 1943, les propriétés hallucinogènes d'un de ses composés qu'il avait isolé cinq ans plus tôt : le diéthylamide de l'acide lysergique, rebaptisé par la suite LSD 25 d'après ses initiales en allemand – Lyserg Saüre Diethylamid.
En 1960, à Harvard (Massachusetts), Timothy Leary, 39 ans, professeur de psychologie à la célèbre université de cette ville, part avec un groupe d'étude expérimenter les champignons psilocybes du Mexique, dont l'étude a été amorcée par l'Américain Gordon Wasson et le professeur français Roger Heim.
Leary rentre à Harvard, initie un jeune confrère de 29 ans, Richard Alpert, aux secrets des hallucinogènes et entreprend avec lui de les utiliser comme moyen d'investigation de l'inconscient dans le très officiel « Centre de recherches sur la personnalité ».
Dès 1966, cent adeptes américains du LSD vivent l'illusoire satisfaction de comprendre l'univers « hors de l'espace et du temps ». Mais le 13 avril de la même année, Timothy Leary, principal responsable de la diffusion du LSD 25 aux États-Unis, est condamné à 30 ans de prison par un tribunal du Texas, officiellement pour « contrebande de marijuana ». Le 16 avril, les laboratoires Sandoz, distributeurs exclusifs du LSD, en annoncent la suspension de la vente aux États-Unis, décision étendue au monde entier le 22 avril.

Lunette d'approche : v. *téléscope*.

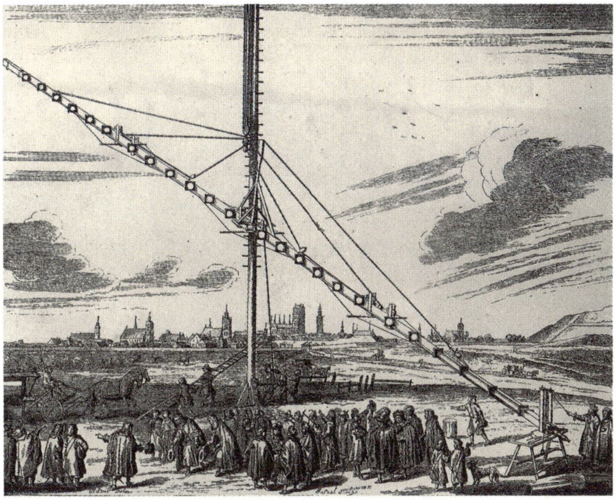

Ci-contre : Les premiers louis d'or furent frappés à l'initiative de Louis XII (ce qui valut son nom à cette monnaie), puis mis en circulation par Louis XIII. Un louis d'or de 1640 (Bibliothèque nationale de France).

Ci-dessus : Galilée utilisa la première lunette pour l'observation astronomique en 1609, puis l'instrument se développa très rapidement au XVIIe siècle. La lunette astronomique construite par Johannes Havelke dit Hevelius, astronome allemand, vers 1670.

Lunette astronomique

En 1608, le Hollandais Hans Lippershey, fabricant de bésicles à Middelbourg, ville zélandaise de l'île de Walcheren, conçoit une lunette binoculaire d'approche, par la suite baptisée « lunette de Galilée », car, dès l'année suivante, celui-ci allait faire les premières observations astronomiques avec cet instrument qu'il appelait perspicile (v. *télescope*).

Lunettes

Un physicien arabe, Ibn al-Haytam al-Hazin, avait bien, dès l'an 990 de notre ère, établi le pouvoir grossissant des verres à faces arrondies, mais nul n'a pu dire, jusqu'ici, s'il en avait tiré des conséquences pratiques. C'est vers 1285 que des verriers italiens constatèrent que les verres à surface convexe amélioraient la vue des personnes âgées, à moins que, d'origine incertaine, les lunettes aient alors été introduites en Italie. Contradictoirement, d'autres attribuent leur invention au moine franciscain anglais Roger Bacon, et d'autres encore à l'Italien Alexandre de Spina.
En tout cas, l'utilisation de verres convexes pour

corriger la presbytie devient courante en Europe avant le milieu du XIVe siècle. La première représentation picturale de lunettes en Occident se trouve sur une fresque datée de 1352, par Tommaso da Modena, à l'église Saint-Nicolas de Trévise. Portées par Hugues de Saint-Cher écrivant, elles ont une monture articulée «en compas».
La correction de la myopie par verres concaves devait naturellement suivre, mais c'est cependant plus tard que les lunettes pour myopes font leur apparition: on n'en trouve les premières mentions qu'à la fin du XVe siècle (le pape Léon X, très myope, peint par Raphaël vers 1517-1519, tient une lentille concave à la main – ainsi qu'on peut le voir au palais Pitti, à Florence).
Cependant, en 1436, Jan Van Eyck a peint, à Bruges, *La Vierge entre saint Georges et saint Donatien*, qui se trouve au Musée communal de Bruges. Et l'on peut y voir le chanoine Georges Van der Paele, avec une paire de lunettes posée sur son bréviaire: d'après les déformations optiques du texte écrit, on peut voir, sans risque d'erreur, que ce sont des lunettes de myope.
L'apparition des branches sera tardive. Les bésicles des premiers temps se tiennent d'abord d'une main, puis est inventé le «binocle à nez arrondi» qui, de fait, pince le nez. Puis, on attache les lunettes tant bien que mal, en général avec un lien noué derrière la nuque... Au XVIe siècle, Panurge les fixe à son bonnet (grâce à quoi, prétend Rabelais, il entend aussi plus clair que de coutume – étonnantes «aureilles lunetières»!) et de même, au XVIIe siècle, Philippe II d'Espagne. L'idée de branche naît au début du XVIIIe siècle; dans un premier temps, celle-ci est unique, frontale et se maintient grâce à son extrémité enfoncée dans la chevelure. Enfin, en 1746, par exemple, Thomin, marchand miroitier-lunetier renommé, propose dans son *Instruction sur l'usage des lunettes et conserves*, des «lunettes à branches d'argent et d'acier, qui tiennent sur les tempes et n'empêchent pas la respiration» (v. *fauteuil à bascule, verres de contact*).

Luth

Le luth de l'Europe occidentale dérive d'un instrument arabe (*el oud*) apporté par les Maures en Espagne.
À la fin du XVe siècle, après adjonction de cordes et perfectionnements divers, le luth classique est né. Ses siècles de gloire seront le XVIe et le XVIIe siècles.

Ci-dessus : le principe du luth est sans doute très ancien. Cependant, ce n'est que vers le VIIIe siècle qu'il aurait pris sa forme définitive. Cette représentation des *Cantigas de Santa Maria*, d'Alphonse X de Castille, au XIIe siècle, est une des premières représentations de luth dans le monde occidental (Bibliothèque de l'Escurial, Madrid).

Luzerne

Cette légumineuse est probablement originaire de l'Asie Mineure. Déjà, elle était cultivée en Mésopotamie et, sur une grande échelle, par les Perses, malgré l'impôt qui pesait sur elle. Ce sont probablement les Perses eux-mêmes, d'ailleurs, qui l'ont introduite en Europe orientale.
Son apparition ne remonte, en France, qu'à 1550 – en France où elle a connu depuis le plus franc succès, avec sa première martyre seulement trois siècles plus tard: Mme de Marbeuf fut guillotinée le 18 pluviôse an II pour avoir, en sa terre de Champs (Seine-et-Marne), mis en luzerne 285 arpents de terre à blé...

Ci-contre : la luzerne cultivé (*Medicato sativa*), planche botanique du tout début du XXe siècle.

Depuis Quand ? M comme...

Macadam

L'ingénieur écossais John Loudon McAdam (1756-1836) serait aujourd'hui oublié si son nom n'avait été donné à un système d'empierrement des routes mis au point en 1815, et si ce mot de macadam n'était devenu, fort indûment, synonyme d'asphalte. Et pourtant, circonstance aggravante de ce passage à la postérité, McAdam n'avait fait que reprendre la méthode rationnelle d'empierrement inventée par un Français, Jean-Rodolphe Peronet (1708-1794), celui-là même qui avait construit, entre autres, le pont de la Concorde à Paris et créé, avec Trudaine, l'École des ponts* et chaussées.
Puis le procédé du macadam repassa la Manche et fut introduit à Paris en 1849.

Les premières grandes enseignes historiques de grands magasins parisiens furent « La Belle Jardinière », créée en 1866 et située près du Pont-Neuf, et les magasins du Louvre créés en 1855 et fermés en 1974.
Vue des magasins du Louvre, lithographie de 1866 de Frédéric Sorrieu. Musée Carnavalet, Paris.

Machine :

Machine à coudre : v. *coudre (machine à).*
Machine à écrire : v. *écrire (machine à).*
Machine à laver : v. *laver (machine à).*
Machine à tricoter : v. *tricoter (machine à).*
Machine à vapeur : v. *bateau à vapeur.*

Madère

Le madère est presque aussi vieux, assurément, que la colonisation de son île d'origine, découverte au début du XIVe siècle par les Portugais. Ceux-ci entreprirent la culture de la vigne avec des cépages en provenance de la Crète et de Chypre. Dans son *Henri IV* (1597), Shakespeare vantait ses délices : Falstaff n'est-il pas soupçonné d'avoir vendu son âme pour une coupe de madère et une cuisse de poulet froid ? Preuve que, déjà, ce vin était le péché mignon des Anglais. En tout cas, leur prédilection pour le madère sera totale après 1745, année où un certain Francis Newton s'établit dans l'île et y développa la culture de la vigne.

Magasins (grands)

Selon Balzac, « Le Petit Matelot », quai d'Anjou, fut en 1837 le « premier de ces grands magasins qui, depuis, se sont établis dans Paris avec plus ou moins d'enseignes peintes, banderoles flottantes, montres pleines de châles en balançoires, cravates arrangées comme des châteaux de cartes et mille autres séductions commerciales, prix fixes, affiches, illusions et effets d'optique portés à un tel degré de perfectionnement que leurs devantures sont devenues des poèmes commerciaux ».

Auparavant s'était ouvert à Paris, en 1824, quai aux Fleurs, un premier magasin, à l'enseigne de « La Belle Jardinière ». Et en 1843 sera inauguré le prototype de la cité commerciale, baptisé « À la ville de Paris ».
C'est donc à tort qu'on attribue généralement au Second Empire la création des grands magasins. En réalité, ils sont apparus dès le règne de Charles X, certains plus tôt encore. Parfois, ils affichent des enseignes aguicheuses : « À la Tentation de saint Antoine », « Au Page inconstant », « À la Fille mal gardée »... Modestement, « Les Trois Quartiers » ouvrent leurs portes en 1829, sur les lieux-mêmes que nous connaissons.
Mais il faut reconnaître que les plus grands des grands magasins d'aujourd'hui ne remontent qu'au Second Empire : en 1852, Boucicaut, employé au « Petit saint Thomas », s'associe avec un sieur Videau, propriétaire d'une boutique sise à l'angle de la rue de Sèvres et de la rue du Bac qui deviendra « Le Bon Marché » ; en 1867, Jules Jaluzot, chef de comptoir audit « Bon Marché », fait à son tour sécession, et ce sera le premier « Printemps » ; en 1869, Cognacq loue, pour 15 francs par jour, une échoppe place du Pont-Neuf, à deux pas des bains de la Samaritaine, et Ruel fait de même place de l'Hôtel-de-Ville, pour ouvrir le « Bazar » du même nom (v. *shopping-center*, *supermarché*).

Magnétomètre

Astronome, mathématicien et physicien, l'Allemand Carl Friedrich Gauss fut un touche-à-tout scientifique d'une exceptionnelle envergure intellectuelle. Il s'occupa, entre autres, de magnétisme, pour la mesure duquel il inventa le premier magnétomètre, et dont il formula la structure mathématique dans sa *Théorie générale du magnétisme terrestre*, en 1839.

Portrait de Carl Friedrich Gauss, mathématicien et physicien allemand, inventeur du magnétomètre, peinture de H. Schäffer du XIXe siècle (Bundespost Museum, Francfort).

Magnétophone

L'enregistrement magnétique, qui a remplacé l'enregistrement sonore sur cylindre de cire vierge, est l'invention de l'ingénieur danois Valdemar Poulsen, en 1898. En 1940, la firme allemande AEG lance un appareil d'enregistrement sous la marque « Magnétophone ». Depuis 1945, l'appellation a été étendue à tous les appareils fonctionnant sur le même principe.

Magnétoscope

Le magnétoscope permet d'enregistrer l'image sous forme magnétique pour la restituer ultérieurement. Le magnétoscope est à l'image ce que le magnétophone* est au son – mais le premier se limite à l'image télévisée.
Les premières recherches pour tenter d'enregistrer les images remontent au début des années 1950. Et c'est le perfectionnement du magnétophone qui, en 1956, a permis à la société américaine Ampex de mettre au point un premier appareil capable de traiter les signaux des images télévisées pour en faire un enregistrement instantané et une reproduction immédiate sans aucun traitement en laboratoire.
À la fin de cette année 1956, une « première » eut lieu à Hollywood : la retransmission d'une émission passée quelques heures plus tôt à New York.
Quant au magnétoscope non professionnel, à l'usage du grand public, le premier à être mis sur le marché, en avril 1972, est un magnétoscope à cassettes VCR Philips. L'engouement des Français pour ce type d'appareil remonte à 1978, quelques mois avant la coupe du monde de football en Argentine. Et 1979 sera la première année d'importations massives : quatre-vingt-dix mille exemplaires, surtout japonais.

Magnolia

Gracieux symbole du « Sud profond » aux États-Unis, le magnolia à feuillage persistant (*Magniola grandiflora*), avec ses larges feuilles luisantes et ses belles fleurs blanc crème, nous est arrivé de son Amérique natale en 1737. Mais il n'est qu'une espèce sur les quelque trente-cinq de la famille des magnoliacées d'Asie et d'Amérique.

Mailer

Le mailer est une liasse de papier en continu destinée à passer sur imprimante d'ordinateur et constituée de telle façon que deux des feuillets

qui la composent forment une enveloppe* close à l'intérieur de laquelle on trouvera plusieurs inserts. Si, malgré cette définition très précise, le lecteur n'imagine pas encore la matérialité du mailer, il lui suffit de savoir qu'il en reçoit au moins un exemplaire par an, en provenance du percepteur des impôts.
On l'avait d'abord appelé de son nom latino-saxon : *data mailer* (*data* : données ; *mailer* : envoi par la poste) ; puis, tout simplement : mailer.
Il est né aux États-Unis en 1966, et, fort de ses succès, est arrivé en Europe – en France en 1971. Ses premiers utilisateurs, outre le Trésor public, sont les banques et les compagnies d'assurances.

Maïs

Dans l'État mexicain de Tamaulipas, mitoyen de l'actuel Texas, on a découvert des grottes habitées par l'homme depuis le VIIe millénaire avant J.-C.
Les fouilles qu'on y a faites prouvent que cet homme des cavernes, qui vivait de la cueillette, n'a commencé à ramasser les grains d'une minuscule variété de maïs (sauvage) qu'au milieu du IIIe millénaire avant notre ère. Par ailleurs, dans la vallée de Tehuacan, au sud-est de Mexico, on a trouvé des épis de maïs plus grands, qui représentent déjà, sûrement, le résultat d'une sélection et d'une culture. Ils sont vieux de 5 500 ans.
Dans son journal, à la date du 5 novembre 1492, Christophe Colomb note qu'« il y avait là de grandes terres cultivées avec des racines, une sorte de fève et une sorte de blé appelé maïze »… Le goût du maïs grillé déplut à ses matelots, et il faudra trente ans pour que quelques paysans andalous se décident à semer du maïs – qu'ils utiliseront comme fourrage. Et ce ne sera pas avant le milieu du XVIIe siècle que les premières populations européennes se décideront à manger du maïs, en Italie et dans les Balkans. En revanche, les colons espagnols et anglo-saxons d'Amérique en ont fait très vite un de leurs aliments de base (v. *agriculture*).

Le maïs cultivé (*Zea mays*), planche botanique du tout début du XXe siècle.

Maison blanche

Comment un bâtiment de briques rouges peut-il devenir une maison blanche ? Mystère ? Oui. Indéchiffrable ? Non…
The White House (dite aussi *Executive mansion*) avait été baptisée « Le Palais » par l'architecte irlandais James Hoban, qui s'était inspiré de la belle demeure du duc de Leinster, à Dublin, pour en concevoir les plans. Première pierre posée le 13 octobre 1792, et dernière, en octobre 1800. John Adams, deuxième président des États-Unis, y emménage le 1er novembre de cette année-là et en fait sa résidence officielle, qui sera aussi celle de tous ses successeurs, tandis que le gouvernement américain s'installe dans la nouvelle capitale, Washington, encore en plein chantier.
Incendiée en 1814 par les Britanniques, cette bâtisse colossale de 132 pièces sur deux étages, faite de briques rouges, sera repeinte en blanc pour cacher les traces du sinistre, durant la présidence de James Madison, en 1816. Mais ce n'est qu'en 1901 que le président Théodore Roosevelt lui donnera le nom officiel de « Maison Blanche ».

Majorettes

C'est la ville de Moulins qui, en 1961, prend l'initiative de fonder la première troupe française à l'image des célèbres « Filles du Tonnerre » de Hungtington, ville de l'État de New York. En 1962, piqué au vif, le maire de Nice fait appel à un professeur américain pour initier le régiment qu'il vient de créer.
Le 14 juillet 1973, l'ampleur du phénomène « majorettes », pourrait-on dire, montre qu'il a atteint sa majorité : l'Hexagone voit défiler trente mille majorettes appartenant à six cents clubs français.

Mammifères

En 1983, une expédition scientifique franco-américaine a trouvé en Bolivie des fragments de petits mammifères, vraisemblablement marsupiaux, qui vivaient il y a quelque soixante-dix millions d'années. Ils datent donc de la fin du secondaire, au moment où les dinosaures (v. *reptiles*) terminaient leur longue carrière.
Ces plus vieux mammifères sud-américains viennent s'ajouter au nombre très restreint de

ceux de la même époque, connus à ce jour, qu'on a exhumés depuis 1960, aux États-Unis, en France et en Chine occidentale, dans le désert de Gobi.

Manche (traversée de la) :

v. *aéroglisseur, aérostat, avion, baignoire, bateau à vapeur, bicyclette, delta-plane, natation, parachute, planche à voile, ski nautique, tunnel, ULM.*

Mandoline

L'ancêtre immédiat de la mandoline, dite « mandoline milanaise », n'était qu'un luth* de très petit gabarit et ventru. Il semble remonter à la fin du XVIe siècle.
La mandoline encore en exercice aujourd'hui est dite « napolitaine ». Instruments typiques de l'Italie méridionale, les plus belles et les plus somptueusement décorées y ont été fabriquées aux XVIIIe et XIXe siècles. C'est le facteur Pasquale Vinaccia – de Naples, naturellement – qui a donné à la mandoline, vers le milieu du XIXe siècle, le profil, la forme exacte et les proportions que nous lui connaissons.

Manège

La leçon d'équitation* forme le sujet d'une des tapisseries de l'*Histoire d'Artémise*, tissée vers 1610, d'après Henri Lerambert. Mais le terme de manège, définissant le dressage du cheval et l'éducation du cavalier, n'apparaît qu'au XIXe siècle – alors qu'il était usuel dès le début du XVIIe siècle pour qualifier une série de coquetteries et d'intrigues.

Manille

La manille proprement dite rappelle un jeu espagnol, l'*hombre*. On sait en tout cas qu'elle s'est développée d'abord dans le Midi et qu'elle a gagné tout l'Hexagone à la fin du siècle dernier, en multipliant ses variantes. Le mot, d'origine espagnole lui aussi (*malilla*), remonte au milieu du XVIIe siècle, mais cela signifie simplement qu'il recouvre plusieurs jeux de cartes, assez différents les uns des autres.

Manioc : v. *tapioca.*

Mannequin de mode

C'est l'Anglais Frederic Worth qui, après dix années à Paris comme employé de la maison Gamelin qui vendait étoffes, cachemires et

C'est le couturier Frederic Worth qui eut l'idée au XIXe siècle de présenter ses modèles sur des mannequins vivants. Dessin d'une robe du soir de Worth paru dans *La Gazette du bon ton* en 1922 (Bibliothèque nationale, Paris).

mantelets, fonda en 1860 ses propres salons de haute couture et eut l'idée de présenter ses toilettes à sa clientèle féminine par le truchement de « mannequins » vivants.
Il rejoignait ainsi, par un artifice plus éloquent, l'usage des « poupées de mode » attesté par certains textes du XVIe siècle, comme cette lettre de François Ier à Isabelle d'Este, en 1515, pour lui demander une poupée de cette sorte.
Deux autres titres de gloire sont échus à Worth : célèbre par ses mannequins, il devint très vite le couturier de l'impératrice et délivra la femme... de la crinoline.

Maquillage et soins de beauté

Dans l'Égypte pharaonique, les femmes bien nées donnaient la primauté au maquillage des yeux. Celui des lèvres se résumait à l'emploi du fard à joues pour les colorer discrètement. À la femme grecque, toute à la religion du corps, le maquillage, quel qu'il fût, apparaissait comme un artifice inutile – sauf si elle était «de mauvaise vie»: alors, elle appliquait sur sa bouche des rouges à base de minium, de terre argileuse, de cinabre, etc. Quant à la Romaine de bonne condition, aux temps de l'empire à son apogée, elle faisait appel à une *ornatrix* – une esthéticienne, dirions-nous – pour se faire épiler, et surtout «peindre» en blanc le front et les bras avec de la craie et de la céruse, en rouge avec de l'ocre, du fucus ou de la lie de vin, sur les pommettes et sur les lèvres, en noir avec de la cendre ou de la poudre d'antimoine sur les cils et le tour des yeux.

Le Moyen Âge est une période de pénitence chrétienne pour la coquette, tandis que son homologue musulmane, parce qu'elle est voilée, s'applique essentiellement à mettre en valeur son regard, grâce au khôl ou *Kohol* (nom arabe du collyre d'antimoine) dont elle frotte ses sourcils et ses paupières. La coquette indienne, elle, mâche la feuille de bétel qui lui fait des lèvres purpurines.

À la fin du XVIe siècle et surtout au XVIIe siècle, l'Europe retrouve l'usage de la poudre et du fard à joues, mais les lèvres féminines restent telles quelles. Apparaissent des pommades colorées par des grains de raisin muscat écrasés. Et si le XVIIe siècle demeure la grande époque du renouveau en matière de maquillage, au XVIIIe, c'est l'apogée: la France produit deux millions de petits pots d'onguents divers chaque année. Pour sa part, la Pompadour ne dépense pas moins la valeur d'un million de francs pour ses produits de beauté.

La chute de la monarchie déclenche le déclin du maquillage. La citoyenne qui vient de prendre la Bastille n'a guère le temps d'embellir son minois. L'Empire n'y change rien, sinon que la coquetterie va se nicher tout entière dans les extravagances de la mode vestimentaire. Tout juste si, pour éviter les gerçures, on enduit les lèvres de différents cérats. C'est ainsi que naquit la pommade Rosat, encore fabriquée aujourd'hui selon le même procédé. D'un Napoléon à l'autre, les choses ne font qu'empirer peut-on dire. Si le premier avait imposé la sobriété, le règne du troisième fut placé sous le signe du maladif. Dans un livre qu'elle consacre à l'*Art de la Beauté* (1857), Lola Montez proclame que «tout homme reculera de dégoût devant une bouche fardée». Les «théâtreuses» et les «créatures» de la Belle Époque se chargeront de prouver le contraire (v. *rouge à lèvres*).

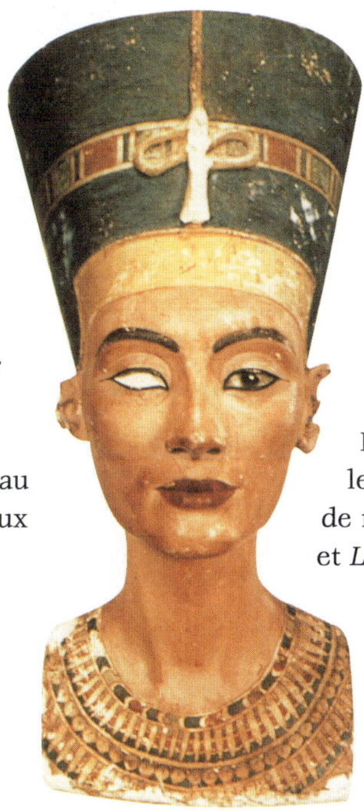

Les civilisations antiques nous ont laissé la preuve d'un usage constant des cosmétiques et surtout dans les catégories les plus élevées de la hiérarchie sociale. Ce buste de la reine égyptienne Nefertiti nous montre l'importance accordée au maquillage des yeux (Bode Museum, Berlin).

Marathon

Le marathon est la seule épreuve olympique qui ait des racines historiques. C'est un membre de l'Institut, Michel Bréal, qui en avait proposé la formule à Pierre de Coubertin pour commémorer l'exploit accompli quelque 2500 ans plus tôt par un soldat athénien, Phillipidès: celui-ci avait couru d'une traite la quarantaine de kilomètres qui séparaient le champ de bataille de Marathon, où les alliés grecs venaient de défaire la formidable armée perse, jusqu'à Athènes afin d'annoncer la nouvelle à ses compatriotes – avant de s'écrouler, mort d'épuisement.

L'écrivain Charles Maurras avait «couvert» les jeux* Olympiques de 1896, les premiers de notre époque, car c'était un fin helléniste, et *La Gazette de France* avait cru bon d'en faire son envoyé spécial : c'est dans la quatrième de ses *Lettres des jeux Olympiques* qu'il donne sa relation du premier marathon des Temps modernes. Malgré les appréhensions du corps médical et des athlètes eux-mêmes, aucun des vingt-cinq participants ne mourut, et dix-sept franchirent la ligne d'arrivée. Une jeune fille de la bourgeoisie athénienne qui, comme tous ses compatriotes, s'était enflammée à l'idée qu'un Grec pût emporter l'épreuve, avait promis sa main au vainqueur à condition qu'il fût de sa nationalité. Elle comptait bien que ce serait l'un des huit ou dix beaux jeunes gens de la haute société locale qui prenaient part à l'épreuve. Or, parmi les huit

premiers, il y eut sept Grecs, mais le vainqueur était un berger du Péloponnèse, Louys Spiridon. Ni Maurras ni la petite histoire n'ont dit si la jeune fille tint parole et si le pâtre – qui n'était peut-être qu'un facteur rural – accepta cette union.
En tout cas, la distance officielle du marathon n'est pas précisément celle qui sépare le village de ce nom de la capitale grecque. Elle ne fut définitivement fixée qu'aux jeux Olympiques de 1908, qui se déroulèrent en Grande-Bretagne : elle est de 42,195 km, soit les 26 miles qui séparent Windsor de la porte du stade de White City, à Londres. Premier marathon féminin olympique aux Jeux de Séoul, le 23 septembre 1988 : la Portugaise Rosa Mota gagne la médaille d'or en 2 heures 25 minutes 39 secondes. En 1908, sur cette même distance de 26 miles courus pour la première fois, l'Américain Hayes avait vaincu en 2 heures 50 minutes 18 secondes.

Marché commun : v. *U.E. (Union européenne)*

Margarine

En 1869, Napoléon III ouvre un concours pour la découverte d'un produit qui remplacerait le beurre, serait plus économique que celui-ci et facilement conservable, et cela à l'intention des hommes de la Marine impériale. C'est Hippolyte Mège-Mouriès, esprit imaginatif et professionnel de l'invention, qui l'emporte en mettant au point l'oléomargarine, très vite adoptée sous l'appellation de margarine tout court, laquelle couvre aujourd'hui un certain nombre de compositions variées dont, entre autres, les margarines spéciales pour la pâtisserie et la biscuiterie. La margarine est le premier aliment synthétique jamais créé par l'homme, de même que l'aspirine* est le premier de tous les médicaments préparés en laboratoire.

Marijuana (marie-jeanne)

Selon Salomon H. Snyder, professeur à la faculté de médecine de l'université américaine John Hopkins, les charmes de la marie-jeanne sont appréciés depuis bien plus longtemps qu'on ne l'imagine d'ordinaire : la reine Victoria, dont le règne fut si vertueux, en aurait fumé. Au XIXe siècle, cette drogue – qui n'était pas considérée comme telle – était en vente libre.

Les premières marionnettes françaises apparues au XVIe siècle se sont inspirées des *pupazzi*, marionnettes italiennes. Une marionette en bois peint du théâtre de la Casa Grimani ai Servi à Venise, XVIIIe siècle (Civico Museo Correr, Venise).

Marionnettes

Les marionnettes françaises apparaissent, d'après une *Historiette* de Guillaume Bouchet, en 1584. Elles imitaient les *pupazzi* des Italiens, lesquels figuraient les personnages de la *Commedia dell'arte*. Mais les marionnettes sont aussi vieilles que l'histoire. En Égypte, elles ont un caractère essentiellement sacré et, effigies du dieu immortel, participent à un rituel au cours duquel elles invitent la divinité à imiter leurs gestes.
En Grèce, complètement désacralisées, elles font déjà la joie des enfants, puis à Rome, qui a vaincu la Grèce, mais est conquise par ses petits personnages devenus exclusivement populaires.
En Chine, mille ans avant notre ère, les marionnettes ont fait la joie du peuple – et de l'empereur (v. *guignol*, *polichinelle*, *Punch*).

Maroilles

Les moines de l'abbaye de Maroilles, en Thiérache, ont créé vers 960 un fromage à la saveur puissante que les croquants d'alors appelaient « craquegnon » et les autochtones d'aujourd'hui dénomment « puant ». En tout cas, la gloire du maroilles était assise dès le XVIe siècle grâce à Charles Quint qui s'en faisait servir régulièrement. Il fut également apprécié par Henri IV et Louis XIV.

Marqueterie

La marqueterie a été inventée dans les années 1450 par le Florentin Benedetto da Maiano.

Marquis

À l'origine, marquis était un titre équivalent du titre germanique de margrave (1080), qui était porté par des officiers chargés de la garde des marches, ou provinces frontières. Dans la féodalité, le marquis venait hiérarchiquement après le duc et avant le comte. Très vite devenu honorifique, le titre fut donné au propriétaire d'une terre noble érigée en marquisat par lettres patentes du roi (v. *duc*).

Marronnier d'Inde

La famille des marronniers d'Inde est représentée par une vingtaine d'espèces, pour la plupart originaires d'Asie, du nord de l'Himalaya au Japon, et cinq ou six natives de l'Amérique du Nord. Mais le marronnier à fleurs blanches, producteur des marrons d'Inde, celui qui nous intéresse, vient du Caucase.

Le premier à être planté en Europe le fut à Vienne, par le jardinier de l'empereur Maximilien. Il provenait de Constantinople. Il est introduit en France en l'année 1615.

On appelait alors le marron d'Inde « châtaigne de cheval » parce que les Turcs soignaient leurs montures qui manquaient de souffle avec une préparation à base de ce fruit. Mais au XVIIe siècle, on s'aperçoit que, comme fébrifuge, il constitue un excellent succédané de la quinine*. Après quoi, au XVIIIe et surtout au XIXe siècle, on constata qu'il est salutaire dans les affections variqueuses et hémorroïdaires. Mais le principal mérite du marronnier d'Inde, qui lui reste, est d'orner de ses majestueux ombrages nos parcs, nos jardins et nos promenades.

Le marronnier à fleurs rouges est autochtone aux États-Unis. Il a été introduit en Europe vers 1710. Venant d'Amérique du Nord aussi, le premier marronnier à fleurs roses est entré en France en 1812. Il s'agit probablement d'un hybride des deux premiers.

Mars

Par comparaison avec atterrissage et alunissage*, le terme d'« amarsissage » ne paraît pas très euphonique. Mais il finira bien par avoir droit de cité. En 1962, Mars 1, sonde lancée par l'ex-URSS, la première à quitter l'orbite terrestre avec succès, se perd malheureusement dans l'espace. En 1964, l'américaine *Mariner 4* survole la planète rouge dont elle fournit les premières images. Puis, en 1969, *Mariner 6* envoie un film vidéo de la zone équatoriale. Suit, comme une malédiction, toute une série d'échecs tant soviétiques qu'américains. Mais en 1971, *Mariner 9*, premier satellite* artificiel à se mettre en orbite autour d'une autre planète que la Terre, cartographie 85 % de la surface martienne. Après quoi, en 1975, *Viking 1* et *Viking 2* (États-Unis) effectuent *in situ* les premières mesures de l'atmosphère et du sol martiens. Leurs photos, montrant un paysage rouge, hostile, désolé, frappent les esprits. Enfin, l'Américain Pathfinder, lancé le 2 décembre 1996, se pose sur Mars le

Vue d'artiste représentant l'approche de la planète Mars par une des sondes spatiales « Viking » en 1975.

4 juillet 1997 avec son passager, Sojourner, un robot de poche à six roues indépendantes, qui parcourra quelques mètres pendant six jours martiens. En fournissant pendant un an des données météorologiques et géologiques, Sojourner sera le précurseur d'une ambitieuse campagne de colonisation (v. *astronef*, *navette spatiale*).

Marseillaise (La)

En garnison à Strasbourg, le capitaine de génie Claude Joseph Rouget de Lisle écrit dans la nuit du 25 au 26 avril 1792 la musique et les paroles du *Chant de guerre pour l'armée du Rhin*. Le 21 juin, François Mireur, jeune médecin engagé volontaire dans le bataillon de l'Hérault, est délégué à

La Marseillaise fut composée dans la nuit du 25 au 26 avril 1792 par Rouget de Lisle, officier du génie en poste à Strasbourg. Entendu pour la première fois à Marseille le 22 juin 1792, et d'abord appelé *Chant de guerre pour l'armée du Rhin*, ce chant, fut immédiatement adopté par les volontaires marseillais qui en firent l'écho pendant plusieurs semaines sur le chemin de Marseille à Paris. Estampe de 1871 (Bibliothèque nationale, France).

Marseille pour organiser le départ sur Paris de deux contingents, ceux de Montpellier et de Marseille. Dans un local de la rue Thubaneau, Mireur enthousiasme son auditoire par le lyrisme patriotique de son discours, puis il chante cette chanson de Rouget de Lisle, encore inconnue, avec tant de flamme qu'elle sera adoptée par le bataillon des Marseillais comme chant de marche. La population de la capitale a vite fait de le surnommer *Marche des Marseillais*, puis, plus brièvement, *La Marseillaise*. Promoteur de notre hymne national, François Mireur deviendra général et mourra assassiné en 1798, au cours de l'expédition d'Égypte. Une précision : le 21 juin 1792, il n'avait chanté que six couplets de la future Marseillaise. En effet, l'abbé Pessonneaux, un prêtre jureur qui enseignait dans un collège de Vienne, en Isère, devait en ajouter un septième dès juillet 1792, qui allait passer à la postérité ; c'est la fameuse strophe : « Nous entrerons dans la carrière... »

La Marseillaise devient chant national pour la seconde fois par décret du 14 février 1879. Elle l'avait été une première fois à partir du 26 messidor an III (soit le 14 juillet 1795).

Marteau

C'est l'un des plus anciens outils qu'ait façonné l'homme ; aussi bien la Grèce en attribuait-elle l'invention au premier roi de Chypre Cinyras ou Kinyras, un riche à qui l'on a prêté beaucoup : l'invention d'autres outils, de la flûte, de l'extraction minière... Les Gaules connaissaient le marteau, dont elles faisaient aussi une arme : celle qu'illustra Charles Martel en l'an 732.

Marteau-piqueur

« C'est vraiment un spectacle merveilleux que cette machine de fer qui, à plusieurs kilomètres dans la montagne, au fond d'une galerie étroite où règne une atmosphère chaude et toute chargée de vapeurs, semblable à un monstre de la fable, frappe de ses dards infatigables et pulvérise les rochers les plus durs. »

Ainsi s'exprime en 1894 l'ingénieur en chef des Ponts et Chaussées A. Debauve dans son monumental ouvrage sur les *Procédés et matériaux de construction*, à propos de la première perforatrice à air comprimé mise au point par l'ingénieur Germain Sommellier pour percer le tunnel* de Fréjus – indûment appelé tunnel du Mont-Cenis.

Entamé en 1857 au pic et à la perforatrice à vapeur, le percement n'avait progressé que de quelque 700 m au bout de trois ans. Tout change quand Sommellier, responsable des travaux, met en train sa toute neuve perforatrice pneumatique. Inauguré le 17 septembre 1871, le tunnel de Fréjus constitue la première percée des Alpes. Il se trouve à environ 1 200 m d'altitude et mesure 3655 m de long. Avec lui est né le premier marteau-piqueur.

Masque

Tous les peuples dits « primitifs » ont utilisé, utilisent le masque : masque de cérémonie religieuse ou sociale, masque de parade ou de combat, etc. Le premier d'entre tous, en plâtre, et dont l'emploi reste une énigme, remonterait au solutréen, période comprise entre -18000 et -15000.

On peut avancer que les masques, à l'origine, appartenaient au rituel funéraire. En tant que tels, les Romains les empruntèrent aux Étrusques. Mis à part le masque mortuaire des pharaons, celui des Égyptiens était exclusivement animal (faucon, lion, ibis, etc.) et porté par les prêtres au cours de cérémonies religieuses.

Le masque de théâtre apparaît en Grèce, qui en transmettra la tradition à Rome. *La Commedia dell'arte* s'en souviendra.

Le masque de bal et de carnaval*, au XIVe siècle occidental, constitue une pièce du déguisement. Au XVIe siècle, les dames de qualité s'en emparent et, comme elles portent un masque de velours interdit aux bourgeoises, celles-ci se rabattent sur le masque de soie. Dans la Venise du XVIIe siècle, on vivait masqué et déguisé dans toutes les classes de la société, du doge à la servante. C'était masqué qu'on expédiait ses affaires, qu'on plaidait un procès, qu'on achetait son poisson, qu'on rendait ses visites.

Les masques des Temps modernes ne sont pas beaux, mais fonctionnels : masque à gaz qui apparaît dans les tranchées de la guerre de position, en 1915, pour résister à l'ypérite allemande ; masque du scaphandre autonome du commandant Le Prieur, qui date des années 1920 (v. *nage et pêche sous-marines*) ; masque anesthésique des chirurgiens, qui remonte au XIXe siècle : mis au point par le dentiste américain W. Morton, il fut utilisé pour la première fois par un chirurgien très réputé du Massachusetts, J. W. Jackson (v. *anesthésie*).

Des masques solutréens datant de -18000 à -15000 avant notre ère attestent l'origine très ancienne de l'objet. Un masque en bronze provenant du Vietnam aux alentours de -300 avant J.-C. (musée Guimet, Paris).

Mastermind

Presque aussi populaire que le Scrabble* et le Monopoly*, le Mastermind est un jeu dont le succès même a ouvert la voie à d'innombrables concurrents organisés sur des bases logiques similaires.

Son inventeur, Marco Meirovitz, ingénieur roumain émigré en Israël, propose en 1970 aux autorités de ce pays de renouveler les méthodes pédagogiques en introduisant le jeu dans les salles de classe. N'ayant pas été écouté, il charge un homme d'affaires d'exploiter son brevet partout dans le monde. Ainsi, son jeu est produit en France à partir de 1972 sous le vocable « Le plus Malin ». Résultats de vente honorables, sans plus.

Le véritable démarrage a lieu en 1974, après qu'une étude approfondie eut montré que la clientèle potentielle était celle des adultes, non des enfants, et que le Mastermind – son nouveau nom – se présentait, non comme un simple délassement, mais comme un exercice intellectuel réservé à une élite. Le succès est cette fois foudroyant : dix ans après, il est pratiqué par deux cents millions de personnes et donne lieu à un championnat du monde annuel.

Matelas

Au Moyen Âge, le lit* d'un seigneur comportait paillasse, matelas, lit de plumes, traversin et oreiller ; la paillasse était garnie de foin et de paille, le matelas de laine et de coton.

Au XVe siècle apparaît – déjà – le matelas gonflable, grâce à un soufflet placé à un angle : « À Guillaume Dujardin, tapissier du Roy, pour avoir fait mener le lit de vent dudit seigneur, pour illec le faire habiller et y faire un soufflet neuf... »

On ne sait si le matelas en forme de manchon proposé en 1759 par le *Journal économique* fut réalisé ; il fallait « lui donner une longueur double de l'ordinaire, et réunir les deux bouts de manière que les deux parties fussent cousues ensemble ».

Mathématiques

L'idée reçue que les mathématiques sont nées en Grèce six cents ans avant J.-C. est plus que discutable : les Mayas, les Chinois, les Indiens – respectivement 3 000, 2 000 et 1 000 ans avant notre ère – possédaient plus que des rudiments. Mais les données que les voyageurs grecs récoltèrent en Égypte et à Babylone, leurs descendants de l'époque classique, et à commencer par l'école ionienne avec Thalès de Milet, constituèrent un ensemble cohérent et rationnel.

Après la nuit du Moyen Âge, le trésor oublié des Grecs est retrouvé grâce aux Arabes et à nouveau exploité à partir de l'an mille sous l'impulsion de Gerbert d'Aurillac, devenu le pape Sylvestre II. N'allons pas plus loin : depuis, les mathématiques ont prospéré au rythme d'une prolifération buissonnante qui n'a cessé jusqu'à nous. Mais les mathématiques ne sont plus ce qu'elles étaient, car notre époque, précisément, a assisté à leur brusque mutation avec la théorie des ensembles, imaginée par l'Allemand Georg Cantor et exposée dans une série de mémoires dont la publication s'échelonna de 1872 à 1884 (v. *algèbre*, *arithmétique*).

Hippocrate, considéré comme le plus grand médecin de l'Antiquité, fut le premier, en Occident, à donner à l'art médical un caractère scientifique et non religieux (Bibliothèque nationale, Paris).

Matières plastiques :

v. *plastiques (matières).*

Médecine

Magique aux temps préhistoriques, l'art de guérir devient sacerdotal avec les premières grandes civilisations, le médecin-prêtre recevant des dieux le pouvoir de rendre la santé. Ainsi, dans l'Égypte des premières dynasties pharaoniques, la florissante école médicale de Saïs officiait à l'ombre des temples. L'omniscient Imhotep, architecte, administrateur, agronome, qui vivait il y a cinq mille ans, possédait des temples et guérissait les malades. Divinisé, il devint – c'est probable – avec le dieu médecin du Proche-Orient Esmun, l'ancêtre d'Esculape (v. *caducée*). Hippocrate lui-même se vantait d'être un Asklépiade. Il était né dans l'île grecque de Cos, vers 360 avant J.-C. En l'affranchissant de l'empirisme et en la fondant sur l'observation des symptômes, Hippocrate a créé la médecine moderne. Non seulement clinicien, mais anatomiste et physiologiste, Galien, lui, sera le père de la médecine scientifique cinq cents ans plus tard (v. *acupuncture*, *anatomie*, *chirurgie*, *dentaire [art]*, *endoscopie*, *homéopathie*, *hôpital*, *microbes*, *pharmacie*, *RMN*, *sang et groupe sanguin*, *scanner*, *virus*).

Melon : v. *concombre.*

Menthe

La menthe vraie est représentée par une quinzaine d'espèces disséminées dans toute l'Eurasie tempérée et l'Amérique du Nord : menthes verte, poivrée, aquatique, etc. Toutes, qu'elles soient sauvages ou cultivées, possèdent sensiblement les mêmes vertus médicinales, en particulier comme stimulant de l'appareil digestif, et ces vertus étaient déjà appréciées par la Mésopotamie antique. La Bible la cite – il s'agit sans doute de la menthe sylvestre, commune en Palestine. Ovide raconte la légende de la jeune Minthe, qui donne son nom à la plante, métamorphosée par Proserpine quand celle-ci s'aperçut que cette ex-vierge était aimée de son Pluton. *Mentha spicata* est cultivée intensément, de nos jours, car elle sert à parfumer le chewing-gum*. *Mentha arvensis*, cultivée au Japon et en Chine, permet d'obtenir le menthol.

Météorites

Cinq à dix de ces fragments de corps célestes gravitant autour du Soleil, pour la plupart entre Mars et Jupiter, tombent chaque année sur notre planète*.
La première chute observée, dont les morceaux ont été recueillis et sont encore conservés dans diverses collections, est celle de la météorite tombée le 16 novembre 1492 à Ensishein, en Alsace.
Le 22 mars 1984, des scientifiques japonais annoncent qu'ils viennent de détecter, parmi les météorites recueillies par eux en 1979 près des monts Yamato, sur la terre de la Reine-Maud, dans l'Antarctique, deux fragments de quelques dizaines de grammes ayant vraisemblablement une origine lunaire. Jusque-là, on tenait pour le premier petit morceau de Lune (38 g) jamais recueilli sur Terre la météorite Alha 81005. Le lieu : la zone des Allan Hills, sur la terre Victoria, toujours dans l'Antarctique ; les découvreurs : une équipe américaine ; l'année : 1981.

Météorologie

Après le calendrier de Thalès (600 ans avant notre ère) destiné aux marins, il faudra attendre l'an 334 avant J.-C. pour que soit rédigé un premier traité sur le sujet : dans ses *Météorologiques*, œuvre majeure qui fera autorité pendant vingt siècles, Aristote explique le rôle de la condensation de l'eau, la formation de la pluie, de la neige, de la gelée blanche, de la rosée.
Puis, entre 1640 et 1670, la météorologie prend un second départ avec la création ou l'amélioration de la plupart des instruments *ad hoc* : thermomètre*, baromètre*, hygromètre, pluviomètre, anémomètre. Mais la naissance de la météorologie moderne n'aura lieu qu'au XIXe siècle. Le déclic viendra de l'expédition franco-britannique en Crimée, lors de la perte de 38 navires de commerce et de trois navires de guerre au large de Sébastopol, provoquée par une tempête en mer Noire. Et c'est à la demande de Napoléon III, en 1854, que Le Verrier organise un réseau européen de données atmosphériques qui fonctionne dès 1856. Ce service d'observation et de prévision devient en 1878 le « Bureau central météorologique ». Après la Première Guerre

À l'origine, la météorologie désigne l'étude des « météores », c'est-à-dire de tous les phénomènes physiques qui se produisent au-dessus de la surface du sol. Au XXe siècle, la météorologie devient l'étude des phénomènes atmosphériques. Une planche explicative sur la prévision du temps d'après l'aspect du ciel, extraite du *Larousse ménager* de 1926.

mondiale, en 1921, il est étoffé et érigé en « Office national météorologique » (ONM), devenu depuis 1945 « Météorologie nationale ».
À partir des années 1960, les navires d'observation météo ont peu à peu cédé la place aux satellites*. Le premier de tous les satellites météo opérationnels, qui appartient à la série des Tiros, fut lancé par les Américains le 1er avril 1960. Et dès 1961, le président John Kennedy était le premier à proposer un programme mondial de satellites météo. Les Soviétiques entamèrent leur propre programme en 1962. Satellites américains et soviétiques évoluent en orbite basse à quelques centaines de kilomètres et tournent en rythme avec le soleil. En

revanche, l'Europe s'est orientée vers le satellite géostationnaire en orbite haute. Le premier Météostat, lancé en 1977, fut placé à 36 000 kilomètres d'altitude par zéro degré de longitude, à l'intersection précise de l'équateur et du méridien de Greenwich.
Le premier congrès international de météorologie, ouvert le 2 septembre 1873 à Vienne, alors capitale de l'Empire austro-hongrois, avait réuni trente et un spécialistes venus de vingt pays.
Le premier navire météorologique a commencé à opérer en 1947 dans l'Atlantique. Mais le rassemblement de renseignements en matière de météo maritime avait débuté dès l'année 1860 par les soins de l'Amirauté britannique.
À la télévision française, le bulletin météorologique est quotidien depuis février 1958. Créé en 1946, il était jusque-là hebdomadaire. Quant à la première émission du bulletin météo radiodiffusé, elle eut lieu le 15 juillet 1922 et devint aussitôt quotidienne.

Métrique (système)

Le désordre, depuis toujours, a caractérisé la notion de mesure ; d'une communauté humaine à chacune des autres, les unités de longueur et de poids variaient à l'infini, bien qu'elles fussent fondées sur des références apparemment simples comme le corps humain ou les objets de la vie quotidienne : pouce, palme, coudée, brasse, jet de pierre, grain, etc. L'unification, dans ce domaine, fut un souci de l'Empire romain qui tenta d'instaurer un seul système de mesures partout valable sur son immense territoire. Mais l'Europe médiévale retourna à la confusion.
C'est la France révolutionnaire qui, par la loi du 18 germinal an IV (7 avril 1795), a adopté le système métrique décimal et, par celle du 19 frimaire an VIII (10 décembre 1799), donné une valeur légale aux étalons du mètre et du kilogramme, en platine, établis sous l'autorité de Laplace et déposés aux Archives nationales. Une loi du 4 juillet 1837 le rendra obligatoire à partir du 1er janvier 1840.
Quelques États italiens adopteront le système métrique dès le début du XIXe siècle, puis ce sera le tour des Pays-Bas (regroupant à l'époque l'ensemble de l'actuel Benelux) en 1816, de l'Espagne en 1849, et, à partir de 1860, de nombreux pays dans le monde entier. Une convention du mètre est signée en 1875 par dix-neuf États d'Europe et d'Amérique – quarante-six aujourd'hui – avec création du Bureau international des poids et mesures, lequel, en 1889, fait déposer au pavillon de Breteuil, à Sèvres, un mètre-étalon formé d'une barre de platine iridié représentant « la dix millionnième partie du quart du méridien terrestre ».
En 1960, la XIe Conférence générale des poids et mesures, tenant compte de l'évolution des techniques, décide que le mètre est égal à 1 650 763,73 fois la longueur dans le vide d'une radiation orangée de krypton 86.
Enfin, la XVIIIe Conférence du même organisme a décidé, pour plus de précision, qu'à partir du 20 octobre 1983 le mètre serait défini par « la longueur du trajet parcouru dans le vide par la lumière pendant une durée de 1/299 792 458 de seconde ».

Métronome

La possibilité de battre mécaniquement la mesure a donné lieu à de nombreuses tentatives en vue de mettre au point un appareil adéquat aussi peu encombrant que possible : Étienne Loulié, maître de musique, et Loffilard, musicien de la chapelle du roi, tous deux vers 1696 ; Harrisson, célèbre mécanicien anglais, un peu plus tard ; Duclos, horloger parisien, en 1782, etc. Leurs appareils, « chronomètre », « rythmomètre », ainsi que ceux de nombreux autres chercheurs, avaient tous le défaut d'être trop lourds et trop volumineux. Il en allait de même pour celui du chanteur Stoeckel, décrit en 1796 dans *La Gazette musicale* de Leipzig. Cependant, un pianiste, allemand lui aussi, Johan Maelzel, fils d'un facteur d'orgues de Ratisbonne, décida d'améliorer l'instrument de Stoeckel avec le concours du mécanicien hollandais Nicolas Winkel.
C'est ce dernier qui eut l'idée du balancier court à centre de gravité variable pouvant modifier le rythme des oscillations. Et l'on peut dire que le métronome actuel est une invention dont l'idée revient à Stoeckel, le perfectionnement à Winkel, et la mise au point finale à Maelzel. Beethoven, ami de ce dernier, fut le premier à s'en servir. Maelzel s'en appropria le mérite complet, le présenta comme tel à l'Institut de France en 1816, et organisa aussitôt à Paris une société pour la fabrication et la commercialisation du métronome. Malgré ses protestations, le malheureux Winkel

n'eut droit à aucune compensation financière – à aucune satisfaction honorifique non plus, puisque l'appareil fut longtemps appelé « métronome de Maelzel ». Mais qui, aujourd'hui, se souvient de l'un ou de l'autre ?

Métropolitain

En 1855, Brame et Flachat déposent un projet de chemin de fer souterrain reliant les halles de Paris à la petite ceinture, alors en construction. Mais ce projet fut abandonné pour des motifs financiers, et c'est à Londres que s'ouvrit, en 1863, la première ligne de transport souterrain à vapeur, la *Metropolitan line*, entre Farrington Street et Bishop's Read, à Paddington. En 1878, c'est l'inauguration à New York de l'*Elevated Metropolitan Railway* dont les wagons étaient tirés, sur un parcours découvert, par de petites locomotives* à vapeur. C'est encore à Londres que fonctionnera, à partir de 1890, la première ligne de métro à traction électrique. À Paris, après de longues tractations entre le conseil municipal et le gouvernement, les Chambres votent le 30 mars 1898 une loi déclarant d'utilité publique l'établissement par la « Compagnie du chemin de fer métropolitain de Paris » d'un métro entièrement à traction électrique – premier réseau urbain de ce type au monde – comportant six lignes dont la première, Porte-de-Vincennes–Porte-Maillot, sera inaugurée le 19 juillet 1900. En 1903, le conseil municipal concède une nouvelle ligne à la Compagnie Nord-Sud, que la Compagnie du métropolitain absorbera en 1930. La fusion du Métropolitain et de la TCRP date de 1942 ; la RATP a été créée par une loi du 21 mars 1948.

L'inauguration du métro de Marseille date de novembre 1977 ; celui de Lyon : avril 1978. Le RER (Réseau express régional), composé de quatre lignes desservant des agglomérations situées au-delà des banlieues parisiennes, a démarré en 1964 par la ligne de Sceaux. Les derniers prolongements des lignes A et B datent de 1994. Météor, le métro rapide qui traverse Paris sur l'axe Est-Ouest, entièrement automatisé, a été inauguré le 15 octobre 1998 (v. *autobus*, *tramway*, *transport en commun*, *VAL*).

Numéro 338 PRIX DU NUMÉRO : 40 CENTIMES 19 Juin 1886

A. ROBIDA RÉDACTEUR EN CHEF **La Caricature** JOURNAL HEBDOMADAIRE

Abonnements d'un an : Paris et Départements : 20 francs. — Union postale : 21 francs. — Trois mois : 6 francs. — Bureaux : 7, rue du Croissant.

L'Embellissement de Paris par le Métropolitain, — par A. ROBIDA

La vue de Paris ci-jointe, supposée prise au moment de l'exposition de 1889, montre quels éléments de beauté le Métropolitain bien conçu, peut apporter aux perspectives de la grande ville, quelles admirables transformations il peut opérer, et enfin comment il utilise d'une façon ingénieuse et pittoresque des monuments qui jusqu'à ce jour n'ont pu servir à rien.

Un dessin caricaturant la modernisation du transport urbain de la ville de Paris avant l'ouverture de la première ligne du métropolitain, le 19 juillet 1900. Couverture de *La Caricature* du 19 juin 1886.

Microbes

Au XVIIe siècle, le Hollandais Antonie Van Leeuwenhoek, drapier de son état, se servait du compte-fil, ce qui le conduisit à se passionner pour les verres grossissants. Et... de fil en aiguille, il découvrit, à travers les lentilles toujours plus fortes des microscopes qu'il construisait lui-même, le monde jusque-là inconnu des micro-organismes – microbes, levures, globules du sang. Il fut frappé par l'extraordinaire diversité de formes des microbes – dont, deux siècles plus tard, Pasteur allait démontrer l'importance dans les processus naturels. Les découvertes de Pasteur ont ouvert l'ère microbiologique, en révolutionnant d'abord la chirurgie* avec l'antisepsie*, puis la médecine*, avec les travaux du grand savant sur la maladie des vers à soie* qui ravageait notre sériciculture (1865-1867) et sur la maladie du charbon dont étaient victimes les ovins (1877).

Pasteur fait figure de pionnier en matière d'hygiène et d'étude sur la microbiologie. *La Chasse aux microbes*, lithographie de Vieillemard, XIXe siècle.

Quant à l'origine parasitaire des maladies qui frappent les humains, depuis longtemps pressentie par Pasteur, elle s'imposa peu à peu. En 1878, Charles Sédillot, fonctionnaire des services de Santé, proposa de dénommer microbes tous les agents microscopiques pathogènes, et ce nom fut adopté par Pasteur après consultation et accord de Littré.
L'état civil des grandes maladies infectieuses et de leurs agents restait à établir. Il le fut, pour l'essentiel entre 1880 et 1900 :
1878 : Staphylocoque, Pasteur
1879 : Gonocoque, Neisser
1880 : Typhoïde, Koch
1882 : Tuberculose, Koch
1883 : Pneumocoque, Talamon
1883 : Choléra, Koch
1883 : Streptocoque, Fehleisen
1884 : Diphtérie, Löffler
1886 : Tétanos, Nicolaier
1887 : Meningocoque, Weichselbaum
1894 : Peste, Yersin
1898 : Dysenterie, Shiga
1906 : Coqueluche, Bordet et Gengou, etc.

Microédition

Avec sa série de machines qui tiennent sur une grande table de bureau, un ensemble micro-éditeur permet d'exécuter toutes les phases du processus éditorial, depuis la saisie (dactylographie ou ordinateur) jusqu'au tirage final des exemplaires de l'ouvrage.
Paul Brainerd, l'homme qui a créé en 1985 le terme de microédition, est aussi le président de la firme Alde (Aldus Corporation), laquelle fut une des premières à proposer un logiciel de composition et de mise en page avec dessins sur ordinateur, qui permet d'alimenter la nouvelle génération d'imprimantes.

Microfilm

Les « pigeons-grammes » utilisés durant le siège de Paris, en 1870, pour transporter le courrier postal par voie aérienne sont les ancêtres du microfilm. Le procédé de la photomicroscopie avait été exposé dans son *Traité de photographie* par le chimiste français Charles Barreswil. Un autre chimiste français, René Dagron, l'avait perfectionné dès 1862, et c'est lui qui, de Bordeaux, fit passer au Paris assiégé de 1870 de longues dépêches microphotographiées.
Le mot, lui, a été créé en 1949.

Micro-ondes : v. *four*.

Microphysique

L'étude des particules élémentaires de la matière a commencé sérieusement avec le XXe siècle. C'est d'abord la théorie des quanta formulée par l'Allemand Max Planck (1900), puis l'effet photo-électrique d'Einstein (1905), enfin la description de l'atome par le Danois Niels Bohr (1911).
Le développement d'une mécanique atomique cohérente se heurtait cependant à un certain nombre de difficultés et de contradictions qui furent levées grâce à la théorie exposée par Louis de Broglie dans sa thèse de doctorat intitulée *La Mécanique ondulatoire* (1924). Cette thèse, selon laquelle tout corpuscule est associé à une onde, reçut peu après une éclatante confirmation expérimentale et fut renforcée par le « principe d'incertitude » que formula l'Allemand Werner Heisenberg en 1927. Il était désormais établi qu'au niveau de l'infiniment petit, de la microphysique, tout change en changeant d'échelle : au déterminisme et au pouvoir de prévision de la physique classique se substitue une probabilité statistique. La microphysique, qui avait provoqué une sorte de « scandale intellectuel », comme disait Paul Valéry, proposait une interprétation finalement satisfaisante des phénomènes à son niveau avec l'association onde-corpuscule. Et comme le même Valéry l'avait prédit non sans humour, parlant de

l'infiniment petit, «l'affaire s'arrangera : il y a de la place dans ce pays-là» (v. *cyclotron*, *relativité*).

Microscope

Les premières lentilles microscopiques ont été utilisées au XVIIe siècle par un drapier hollandais Antonie Van Leeuwenhoek qui utilisait le compte-fil, ce qui le conduisit à se passionner pour les verres grossissants. Le premier microscope à objectif et oculaire, dit «microscope composé», par opposition au microscope simple (en fait simple loupe, connue dès la fin du Moyen Âge), aurait été fabriqué par le Hollandais Zacharias Jansen (v. *télescope*).
Cependant, d'autres l'attribuent à un de ses concitoyens, le physicien Cornelius Van Drebbel, et datent ce premier microscope de 1610. Un point est certain : le microscope est né aux Pays-Bas. Un autre l'est tout autant : l'instrument n'a pas présenté un grand intérêt pratique avant l'invention de la lentille achromatique, par l'opticien anglais John Dollond, vers 1758 (v. *microbes*, *virus*).

Microsillon

Le microsillon longue durée est une invention due à un Américain d'origine hongroise né en 1902, Peter Goldmark.
Sa mise au point définitive se fit en 1948, après trois années de travail, dans les laboratoires de la CBS, à New York, sur disque* trente-trois tours et demi, une nouveauté à l'époque également (v. *compact*).

Miel : v. *abeille*.

Million, milliard

Messer Milione, tel était le surnom que les Vénitiens donnèrent à Marco Polo, tellement leur paraissaient fabuleuses les richesses dont il parlait dans ses récits de voyage, à son retour d'Extrême-Orient, en 1295. Or, ce mot n'avait pas de passé : il était une création récente des banquiers de l'Italie médiévale, car, avec le développement de la finance et la prospérité croissante de l'Europe, il avait bien fallu trouver une nomenclature adéquate dès lors que l'on atteignait mille fois mille – le million.
À partir du XVIe siècle, on eut besoin de noms pour les nombres encore plus grands, et les Français inventèrent en 1520 le mot «billion» pour mille millions (109), qu'ils remplacèrent dès 1544 par milliard, le mot billion étant dès lors affecté à l'échelon immédiatement supérieur : mille milliards (1012). Les Américains ont laissé à billion sa valeur première, tandis qu'Anglais et Allemands se sont ralliés aux Français. D'où certaines confusions.
Le mot de millionnaire est né deux siècles plus tard ; celui de milliardaire n'apparaît, quant à lui, qu'à la fin du XIXe siècle (v. *arithmétique*, *chiffres arabes*, *zéro*).

Mimosa

Les mimosas comprennent plusieurs centaines d'espèces – arbustes ou plantes – qui sont pour les trois quarts indigènes en Amérique tropicale et subtropicale. Mais le mimosa de nos fleuristes est originaire de la côte orientale de l'Australie, où le capitaine Cook et ses marins furent les premiers Blancs à respirer leurs boules jaunes et odorantes (1770).
Ayant reçu du Directoire mission d'étudier la faune et la flore de cette même côte orientale, alors appelée Nouvelle-Hollande, l'expédition du navigateur et explorateur Nicolas Baudin rapporta, entre autres, quelques pieds de mimosa qui s'épanouirent dans les serres de la Malmaison (1805).
Sous le Second Empire et jusqu'à la fin du XIXe siècle, le mimosa colonise toute la Côte d'Azur. C'est le seul arbre décoratif qui, avec l'eucalyptus*, nous vienne d'Australie.

Le mimosa pubescent (*Acacia pubescens*), planche botanique du tout début du XXe siècle.

Minijupe

La minijupe a été inventée et lancée par la modéliste Mary Quant, au printemps de 1967, à Londres, du côté de Carnaby Street (v. *jarretière*, *jarretelles*).

Minitel

Après un galop d'essai à Vélizy (1978), puis un test sur mille familles domiciliées dans quatre communes voisines de Rennes, une expérience Télétel est tentée «en grandeur nature» à partir du 4 février 1983 sur la totalité du département de

l'Ille-et-Vilaine, avec un terminal autonome pour le service de l'annuaire électronique.
Ce schéma encore unique au monde sera étendu à toute la France de novembre 1983 à décembre 1987, en commençant par le quatrième arrondissement de Paris, Boulogne-sur-Seine et Évry-Corbeil-Villabé, puis Saint-Cloud, Suresnes et Nanterre.
Terminal d'interrogation vidéotex diffusé par l'administration des PTT, le Minitel est le modèle le plus répandu dans le monde (cinq millions d'exemplaires dès la fin de 1987). C'est aussi la première banque de données à domicile qui, avec plus de cinq mille services à offrir, fait « cocoricoter » la France et provoque l'étonnement des autres pays européens – même s'ils n'en connaissent bien souvent que l'aspect « messageries roses ».
Le mot, lui, a été inventé par le désailleneur (d'où dérive l'anglo-américain *designer*) Roger Tallon, qui avait présenté un prototype à la direction générale des Télécommunications. Celle-ci l'avait refusé au bénéfice du Telec-Alcatel, mais avait retenu le nom de Minitel.

Miroir : v. *glace*.

Mitrailleuse

À peine l'Europe eut-elle appris à utiliser la poudre* à canon qu'elle se mit à rêver d'améliorer la rapidité et l'efficacité de ses tirs : ainsi, au XVe siècle, le ribaudequin, engin formé de bouches à feu montées parallèlement sur un chariot, peut être considéré comme un lointain ancêtre de la mitrailleuse.
C'est la création de la cartouche métallique, en 1860, qui va permettre à Gatling aux États-Unis et à Reffye en France de mettre au point le canon à balles – mais, il reste trop lourd et peu manœuvrable (1870).
La première mitrailleuse à canon unique est l'œuvre de Sir Hiram Maxim, Américain anobli par la reine Victoria. Adoptée par l'armée anglaise en 1889, puis par la Suisse en 1898, la mitrailleuse Maxim-Vickers équipera les armées de toutes les nations participant à la Première Guerre mondiale. Outre son invention de la mitrailleuse, Maxim a déposé une centaine de brevets, dont le premier, très pacifique, concernait un fer à friser.

Avec l'arrivée du fusil-mitrailleur, la mitrailleuse disparaît de l'armement de l'infanterie à pied pour ne subsister que comme armement de bord des véhicules et avions. Mais pendant la Première Guerre mondiale, elle fut un obstacle de première importance à la progression de l'infanterie. Photographie de fantassins se servant d'une mitrailleuse Saint-Étienne en 1914.

Mitre

Coiffure de princes de l'Orient ancien, la mitre est adoptée par les dignitaires ecclésiastiques, évêques et abbés, dès le haut Moyen Âge.

Mobile (téléphone)

Si l'on veut donner un ancêtre au mobile, disons que c'est le radiotéléphone de voiture, mis en place en 1956. Le mobile, lui, est commercialisé vers la fin des années 1980. C'est un téléphone* miniaturisé, dont la norme européenne numérique, adoptée en 1987, a remplacé le système analogique. Depuis l'année 2000, ses modèles les plus sophistiqués permettent, non seulement de conserver et d'envoyer de courts messages écrits, mais aussi d'accéder à Internet*. C'est encore un téléphone, mais c'est plus qu'un téléphone, un outil de communication qui n'a pas encore de nom. Triomphe de la technologie, le mobile est aussi, et surtout, un phénomène de société, pour avoir bouleversé bien des habitudes personnelles et des comportements de groupes.
Pour mémoire, à la fin de 1990, il y avait 283 000 mobiles en France, et au total, 11 millions dans le monde ; et à la fin de 2000, respectivement, 30 et 650 millions.

Moissonneuse

Le XVIIIe siècle, qui avait une passion pour les automates, venait de prendre fin quand Robert

McCormick, fermier de Virginie, eut l'idée de fabriquer avec du fer et du bois un homme qui, armé d'une faux, imitait les gestes du moissonneur. Pendant quinze ans, il tâtonna, essayant d'aller au bout de son projet, mais sans jamais y parvenir. Les voisins riaient sous cape de ce songe-creux.

Son fils Cyrus était d'une autre trempe. Nullement dilettante comme son père, il pensait en technicien. En 1831, il mit au point ce qu'il croyait être la première faucheuse – car il ne savait pas qu'en 1825 un prêtre écossais, Patrick Bell, avait de son côté construit un «chariot-tondeur». Il ignorait aussi que, selon Pline, les Gaulois avaient utilisé des chars à deux roues qui portaient sur le côté une lame aiguisée.

Les moissonneurs anglais, craignant de perdre leur gagne-pain, brisèrent la machine de Patrick Bell. Plus heureux, car son pays, lui, manquait de bras, McCormick eut l'occasion de montrer que sa machine pouvait remplacer six ouvriers et, du même coup, assura la prospérité agricole des États-Unis au XIXe siècle.

Mais en même temps, un autre Américain, Obed Hussey, mettait au point une moissonneuse à peu près semblable à celle de McCormick. Puis d'autres constructeurs entrèrent en lice. Pendant des années, McCormick intenta des procès en contrefaçon à ses concurrents. Sa ténacité et l'aide de ses frères lui donnèrent la victoire. En 1851, quatre ans après la création de son usine à Chicago, il avait fabriqué et vendu mille reapers, dix ans après, vingt-trois mille – correspondant à une fortune d'un million de dollars qui n'avait pas fini, loin de là, de grossir. En 1868, Napoléon III en personne le décorait de la Légion d'honneur.

Monnaie (bonne et mauvaise)

Astronome et médecin, Nicolas Copernic (v. *solaire [système]*) fut aussi un économiste de valeur. L'Ordre teutonique battant fausse monnaie afin de désorganiser le marché financier des villes poméraniennes, Copernic publie en 1526, après plusieurs interventions, son *Traité sur la monnaie* dans lequel il explique comment et pourquoi «la mauvaise monnaie chasse la bonne». L'explication de ce processus est aujourd'hui connue sous le nom de loi de Gresham-Copernic. Sir Thomas Gresham est ce financier de la Couronne britannique qui, après Copernic, allait insister sur l'importance de cette loi économique.

Toute la gloire de Nicolas Copernic est due à son œuvre en astronomie, mais il fut également un économiste renommé. Portrait de Nicolas Copernic, gravure de C. de Boulonnois du XVIIe siècle (Bibliothèque nationale, Paris).

Monnaie fiduciaire

Le premier Occidental à avoir eu une idée assez précise de la monnaie fiduciaire est le philosophe Diogène le Cynique, après son bannissement de Sinope (v. *dévaluation*). À Athènes, où il vivait exilé, il suggéra l'abandon de la monnaie métallique* et son remplacement par l'astragale de mouton, la circulation de ces osselets devant varier en fonction du rapport production-consommation. Il ne fut pas écouté...

Or, précédant sa théorie, circulait en Chine, voilà 3000 ans, une espèce de billet* de banque, sous la forme d'une pièce carrée d'étoffe estampillée. L'astragale fiduciaire de Diogène aurait fait sourire la dynastie des empereurs Tcheous, auteurs de cette technique financière hautement élaborée.

Monnaie métallique

En Extrême-Orient, les premières monnaies apparaissent en Chine au XIe siècle avant J.-C. Ce sont les monnaies «bêches» (*pu*), qui ont la forme de cet outil, puis, au Xe siècle, les monnaies «couteaux» (*tao*), et enfin les «sapèques», ces

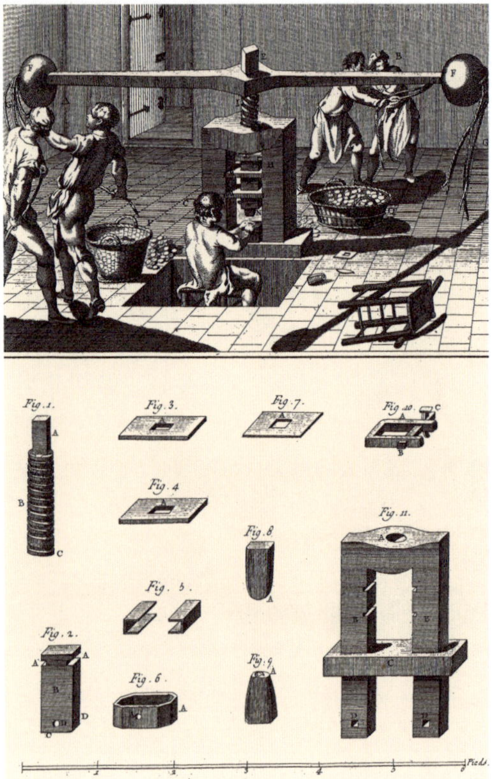

Vers 1550, l'orfèvre allemand Marx Schwab invente la frappe au balancier, procédé qui se généralise en 1645 pour la frappe des monnaies. Gravure extraite de l'*Encyclopédie*, XVIIIe siècle.

célèbres pièces rondes percées d'un trou carré, contemporaines de la fin de la période Chou, c'est-à-dire du milieu du IIIe siècle avant J.-C.
Au Proche-Orient, la civilisation marchande des Hittites fut la première à remplacer le règlement en orge de toute transaction commerciale par le paiement en lingots d'or.
Mais le véritable inventeur de la monnaie fut un roitelet de Lydie, Gygès, qui, après 687 avant notre ère, année où il libéra sa patrie de la tutelle hittite, eut l'idée de substituer aux lingots d'or, de poids et de formes divers, des morceaux d'électron – alliage naturel d'or et d'argent provenant du fleuve Pactole – d'un poids invariable et de même forme, marqués d'un signe authentifiant leur étalonnage.
Cent cinquante ans plus tard, au VIe siècle avant J.-C., les Perses achéménides mettaient la main sur l'Empire babylonien et sur les royaumes lydiens. S'inspirant de Gygès et de ses successeurs, ils battirent monnaie à leur tour, mais sur la base du bimétallisme ; monnaie d'or et monnaie d'argent avaient concurremment force libératoire. Le rapport de un à treize et demi fixé alors par les Perses entre or et argent a été conservé à peu près partout dans le monde au cours des vingt-quatre ou vingt-cinq siècles suivants, c'est-à-dire jusqu'à l'orée des Temps modernes.

Monocle

Le terme monocle figure dans le glossaire de Cotgrave, au XVIe siècle. Mais Néron se servait d'une émeraude en guise de monocle. Quant à l'engouement que la société européenne lui a démontré, il appartient au XIXe siècle.

Monokini

Dès septembre 1963 apparaissent sur la plage de Pampelonne, près de Saint-Tropez, les premiers monokinis – une création de Louis Réard, comme le bikini*. À partir de l'été 1964, c'est l'affrontement entre les serviteurs de la morale publique et les adorateurs (trices) intégraux du soleil. Une dernière opération de la gendarmerie, qui consiste à investir Pampelonne par terre et par mer, se solde par vingt-trois procès-verbaux dont dix-sept concernant des étrangers qui échapperont au paiement de l'amende en regagnant leur patrie.
À partir de l'été 1965, la gendarmerie se fond dans le paysage – pourtant nivelé au bulldozer l'année précédente – et le monokini, assuré d'une impunité sporadique, se répand un peu partout dans la région, puis dans le pays.
L'été 1973, il atteint la rive gauche de la Seine, où un bain flottant, ancré près du pont de la Concorde et de l'Assemblée nationale, se décide enfin à accepter le monokini dans une enceinte réservée. Cette même année, la plage des Îles, à Juan-les-Pins, décide de soutenir le mouvement de la libération des gorges féminines en accordant à ses adeptes un « diplôme régional de plastique corporelle ». 25 ans plus tard, il y avait belle lurette que la révolution des seins nus était accomplie, mais la remise du diplôme, devenue cérémonie rétro, continuait de plus belle... (v. *bikini*).

Monopoly

Ancêtre de toute une lignée de jeux « capitalistes » au cours desquels chacun peut entrer dans la peau d'un banquier, d'un agent immobilier ou d'un armateur, le Monopoly a été inventé en plein krach financier de 1929 par Charles Darrow, Américain ruiné, qui avait tout son temps pour réfléchir et imaginer : il en était réduit à promener les chiens des riches – il en restait encore quelques-uns. Ce jeu a été commercialisé en 1935 et traduit en une vingtaine de langues. En 1975, il a eu son tout premier championnat international (v. *Mastermind*, *Scrabble*).

Mont-de-piété

Pour combattre l'usure, fléau médiéval des périodes de famine, de guerre et d'épidémie, l'ordre des Frères mineurs, fondé par saint François d'Assise au XIIIe siècle, décide de créer des banques de prêts sur gages, les *montes pietatis*.
En 1428, le père Ludovic de Camerino organise à Arcevia, dans les Marches, un premier mont-de-piété ; il est bientôt imité par d'autres franciscains dans d'autres villes d'Italie. Mais la gestion de ces organismes rencontre maintes difficultés, en raison même de la gratuité des prêts et, dès 1493, la pratique indispensable d'un intérêt modeste est admise par les responsables de l'ordre.
Le principe et la création des monts-de-piété passent au cours du XVIe siècle d'Italie au comtat Venaissin, puis aux Pays-Bas. En France, il faudra attendre une recommandation de Louis XIII, en 1626, sur la nécessité de monts-de-piété dans les principales villes du royaume. À Paris, en 1637, Théophraste Renaudot (v. *journal*), commissaire général des pauvres, ouvre des bureaux de « ventes à grâce », qui prêtent sur gages à trois pour cent.

Monument de pierre

« Résidence d'éternité », la pyramide à six degrés du roi Djoser, au IIIe millénaire, est considérée comme le premier monument en pierre de l'Histoire. Toute en calcaire blanc, elle se trouve à Saqqarah, faubourg de l'ancienne Memphis. Son auteur, Imhotep, le vizir et architecte de Djoser, était également le concepteur de la pyramide à degrés. Ce fut en effet son idée de surélever le mastaba de Djoser par une succession de six mastabas de plus en plus exigus ; il obtint ainsi la pyramide à degrés qui allait évoluer, tout à fait logiquement, vers la pyramide classique, dont les exemplaires les plus parfaits sont à Gizeh : celles des pharaons de la IVe dynastie, Chéops, Chéphren et Mykérinos.

Morphine

Premier alcaloïde connu et principal alcaloïde de l'opium, la morphine a été découverte par le pharmacien français Seguin en 1804. Mais c'est l'Allemand Friedrich Sertüner, autre pharmacien, auteur d'une *Analyse de l'opium* (1805), qui a mis en évidence ses propriétés analgésiques et hypnotiques durant l'année 1817 et l'a baptisée morphium, en référence au dieu grec du sommeil, des songes et de la nuit (v. *acupuncture*, *anesthésie*, *coca*).

Morse

Système de télégraphie électromagnétique utilisant un alphabet par points et par traits, et par extension, ce code alphabétique lui-même ainsi que l'appareil servant à l'envoi et à la réception de signaux.
Son éponyme : Morse, Samuel, inventeur du procédé, qu'il mit au point en 1837 et fit breveter en 1840. Le trafic en morse sur la fréquence des 500 kh, en vigueur depuis le début du XXe siècle, a rendu d'immenses services aux navigateurs de tout poil en difficulté. Mais avec l'avènement des satellites, la radiotéléphonie a peu à peu supplanté le morse, de sorte que la radio-télégraphie de France Télécom a cessé de fonctionner officiellement le 1er février 1997. Abandon qui n'empêchera pas le vieux signal de détresse SOS [...—... *save our souls*] de rester longtemps encore compréhensible même aux terriens avec l'expression « lancer un SOS ».

Le brevet du télégraphe est déposé en 1840 par Samuel Morse qui laisse également son nom à un système de télécommunication, dont l'usage s'est rapidement généralisé et imposé dans le monde entier dans les années 1850. L'appareil télégraphique de Loiseau (musée des Arts et Métiers, Paris).

Le monument qui leur fut érigé en 1894 à Bar-le-Duc, leur ville natale, l'affirme. Mais le fait est contesté.
Le 15 avril 1885, l'Allemand Gottlieb Daimler prend le brevet du premier moteur à gaz de pétrole. En 1885-1886, il s'efforce – avec un certain manque de succès, semble-t-il – de le monter sur un deux-roues en bois, qui est probablement le premier vélomoteur.
Voit le jour en 1896 l'engin des frères Werner, première motocyclette issue directement de la bicyclette* à moteur, et fabriquée non pas artisanalement, mais en série.
Enfin, en 1920, apparaît la motocyclette sans cadre (dérivée de la « moto-fauteuil » des années 1900) destinée en particulier au beau sexe. Elle ne connaîtra le succès qu'à partir de 1945, sous le nom de scooter, et d'abord en Italie, à Gênes, où les puissantes usines Piaggio, désireuses de revenir à des activités civiles, créeront la Vespa, dessinée par l'ingénieur D'Ascagno.

Mosaïque

La Grèce a pratiqué la mosaïque au VIe siècle avant J.-C. Rome en décore ses temples, avant que Byzance et Ravenne n'en aient fait la principale décoration des murs et des sols.
La plus ancienne mosaïque française, qui orne l'église de Germiny-des-Près (Loiret), date de 806.

Motocycle

Aux termes de la législation française, le vocable de « motocycle » regroupe les trois types d'engins désignés couramment sous les termes de : cyclomoteur, vélomoteur et motocyclette.
Les Michaux père et fils, charrons à Paris, présentèrent-ils, en 1869, un vélocipède à vapeur qui eût été le premier cyclomoteur ?

En haut : Inspirée de la technique gréco-romaine antique, la ville italienne de Ravenne a fait de la mosaïque sa spécialité et le principal ornement de ses batiments (maisons et églises). Un détail de la mosaïque du sanctuaire de l'église Saint-Vital (526-547) représentant l'impératrice Théodora.

Ci-contre : caricature prophétique d'une idée de motocyclette en 1818, un demi-siècle avant l'apparition du premier motocycle (Conservatoire des arts et métiers, Paris).

Motocyclettes (courses de)

Les premières compétitions sportives sur motos s'organisent très vite après la mise au point des premiers prototypes.
En 1895 participent pour la première fois à la course Paris-Bordeaux deux motocyclettes, l'une construite par Miller, l'autre par Hildebrand et Wolfmüller. L'année suivante, un premier critérium réservé à ces engins se déroule sur la route d'Albi. Le premier championnat national féminin a lieu à Longchamp le 15 juin 1897.

Mots croisés

Les mots croisés dérivent des mots carrés de notre Moyen Âge. Ils sont une création américaine du XXe siècle, si l'on excepte les ébauches britanniques tentées au XIXe siècle.
C'est *Fun*, le supplément dominical du *New York World*, qui donnera la première grille le 21 décembre 1913. Une dizaine d'années après, les mots croisés envahiront la Grande-Bretagne, et c'est l'Anglais Arthur Wynne qui donnera aux mots croisés leur construction actuelle, avec cases noires. Et, le 26 février 1925, le quotidien parisien *Excelsior* publiera la première grille française.
Un festival annuel des Mots croisés a été lancé à Is-sur-Tille (Côte-d'Or) en 1990.

PORIANNA. *Dont la première expérience a eu lieu le Dimanche 5 Avril 1818, dans le Jardin du Luxembourg.*

Mouchoir

Le mot figure dans le glossaire français du XVe siècle, mais Jérôme Carcopino nous dit dans sa *Vie quotidienne à Rome* que déjà les matrones romaines de la fin du IIIe siècle de notre ère avaient inauguré le *muccinium*. Ce *muccinium* était probablement le fils de la *mappa*, pièce d'étoffe que leurs grands-mères laissaient pendre à leur bras et qui servait à essuyer les poussières ou la sueur de leur visage (v. *poche*). Si l'inventaire de la reine Clémence de Hongrie, veuve de Louis le Hutin, morte en 1328, ne comporte qu'un « esmouchoir de soye », Anne de Bretagne, pour son mariage avec Charles VII (1492), se fit faire quatre douzaines de mouchoirs.
Mais le mouchoir ne semble être entré véritablement dans les mœurs qu'au XVIe siècle si l'on en juge par ces conseils :

Enfant, se ton nez est morveux
Ne le touche de la main nue
De quoi ta viande est tenue,
Le fait est vilain et honteux.

Alors que Jean Sulpice, lui, écrivait en 1545 : « Si tu viens à te moucher, tu ne dois prendre tel excrément avec les doigts, mais le dois recevoir dedans un mouchoir. »
Le mouchoir en papier, lui, est enfant du XXe siècle : il apparaît en 1924.

Moule

La tradition et, peut-être, la légende veulent qu'un naufragé irlandais, en 1235, ait eu l'idée de planter des pieux et de fabriquer des clayons sur lesquels il éleva des moules, dans la baie de l'Aiguillon, à la limite de la Vendée et de la Charente-Maritime.

Moulin à eau, à vent, à café

Le moulin à eau, qui met fin au très dur travail du tournage manuel de la meule, n'a commencé à être utilisé qu'à la fin de l'Antiquité. À en croire Antipatros de Thessalonique, poète grec de l'époque, il serait apparu en Mésopotamie un siècle avant notre ère. Les Romains l'adoptèrent

Les moulins de Paris au XIVe siècle, miniature extraite des *Chroniques de la vie de saint Denis* (Bibliothèque nationale, Paris).

très vite, mais en substituant à l'axe vertical un axe horizontal qui utilise, lui, le poids de l'eau et non plus la seule force du courant.

L'usage du moulin à eau ne s'est pas généralisé en Europe avant la fin du Xe siècle, époque où il est mentionné dans les actes comme l'accessoire normal et habituel de tout grand domaine agricole. Il se multiplie au XIe et surtout au XIIe siècle dans les campagnes françaises. Vers la même époque, les moulins à vent, dont les spécimens auraient fonctionné en Perse au VIIe siècle, deviennent fort nombreux, en Normandie, en Picardie et dans les Flandres, mais ils ne sont cités pour la première fois que dans un texte anglo-saxon de l'an 833.

Quant au moulin à café, c'est tout simplement le petit moulin à épices qui, dès le XIVe siècle, faisait partie du mobilier de la cuisine mais était encore concurrencé par le mortier, et qui, à partir du XVIIIe siècle, sert indifféremment à moudre épices* et café*.

Le premier moulin à café électrique est américain (Hobart Manufacturing Co., 1937) ; le premier fabriqué en France est celui de Moulinex (1957).

Moulin à légumes

La Moulinette (nom déposé) a été imaginée en 1931 par Jean Mantelet, afin d'alléger les servitudes ménagères de son épouse. Il a commercialisé son invention par le biais de la société Moulinex, qu'il avait fondée à cet effet en 1932.

Depuis lors, la Moulinette trône au milieu des robots électriques de tous formats et de tous emplois, sa structure de fer-blanc habillée, la cinquantaine venue, par un plastique orange.

Mousseline

Vers 1750, à la suite d'un voyage en Suisse, l'industriel Claude-Marie Simonet installe à Tarare, près de Lyon, la première usine française de mousseline. Mais l'Europe connaissait et appréciait depuis longtemps ce tissu asiatique. Marco Polo en parle (*mosulin*). On le fabriquait à Mossoul, ville mésopotamienne qui lui donna son nom.

Mousseux

Quasiment à l'ombre des tours de Carcassonne, à la limite du Minervois, au creux d'un bassin si fertile qu'on l'appelle « le jardin de l'Aude », la petite ville pittoresque de Limoux produit un mousseux dont ses habitants disent qu'il est le plus vieux du monde.

La « blanquette » de Limoux doit son nom au duvet qui argente le dessous des feuilles de cépage mauzac dont elle est issue. Le premier document à en faire mention, une ordonnance royale de 1349, interdit d'introduire dans la blanquette des vins blancs qui ne seraient pas du cru. Satisfait à l'extrême de trente et un chargements de mulets en blanquette de Limoux, François Ier décide de planter une treille de mauzac au château de Fontainebleau. Sous son règne, un document de 1544 parle de « flacons de vins de blanquette », donc bien avant l'invention de la champagnisation par dom Pérignon (v. *champagne*).

Moustache

Employé au XIIe siècle pour désigner l'ensemble du visage barbu, ce mot prend son acception limitée au début du XVIIe siècle. Mais il est évident que le premier homme portait déjà la moustache !

Moustiquaire

Le terme est entré dans la langue avec Bernardin de Saint-Pierre, en 1773, mais la chose était connue depuis longtemps : elle s'appelait au XVIe siècle « conopée », et l'on en trouve une première mention dans les *Voyages* de Balthazar de Montconys, vers 1650.

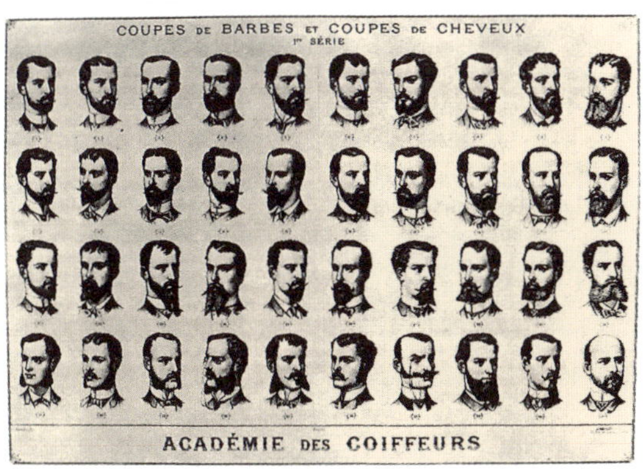

Ci-dessus : Les différentes façons dont on portait la moustache ou la barbe en 1887 (Bibliothèque nationale, Paris).

En haut : La moutarde noire (*Sinapis nigra*), planche botanique du tout début du XXe siècle.

Moutarde

La moutarde noire (*Sinapis nigra*) sert à la confection de ces enveloppements chauds inventés par le génial médecin grec Galien, que l'on pratique encore aujourd'hui. Les fruits de la moutarde blanche (*Sinapis alba*), contrairement à ce que son nom laisse croire, produisent des graines de couleur jaune servant à préparer les moutardes fines du commerce.

On pense, sans en être certain, que les Égyptiens ont inventé la moutarde. Mais on est sûr que les Grecs et les Romains avaient mis au point une moutarde ressemblant fort à la nôtre. La plus ancienne recette nous vient de Columelle, au Ier siècle de notre ère. Depuis le XIIe siècle, elle est la fierté de Dijon (v. *pain d'épice*).

Mouton

Le mouton domestique apparaît en Iraq du Nord, avec deux millénaires d'avance sur le porc*. Dans une couche géologique datant de 8 900 avant J.-C., on a découvert ses restes, en 1960, de façon indiscutable. Pour la chèvre, la chose est moins certaine. L'élevage de l'un et de l'autre se répandit cinq mille ans plus tard dans tout le monde civilisé d'alors, de la Haute-Égypte jusqu'au Turkestan (v. *laine*).

Mulet : v. *âne*.

Multipropriété

Ce système original permet à un particulier d'acheter le droit de séjourner à la montagne ou à la mer, chaque année, à la même période et dans le même logement. La formule a été lancée en 1967, à Super-Dévoluy, dans les Hautes-Alpes (v. *copropriété*).

Munster

On doit aux moines retirés dans les forêts vosgiennes d'avoir inventé ce fromage dont le nom vient peut-être de monastère. À partir du XIVe siècle, sa renommée s'étendra à tout le royaume de France.

Mur de Berlin

De 1945 à 1961, trois millions six cent mille Allemands de l'Est étaient passés à l'Ouest, pour la plupart en franchissant la ligne de démarcation entre les deux parties de Berlin. La RDA décida

Le 10 novembre 1989, des manifestants allemands brisent le mur de Berlin, signant ainsi le début de la réunification de l'Allemagne de l'Est (RDA) et de l'Allemagne de l'Ouest (RFA).

alors la construction d'un mur hermétique pour stopper l'hémorragie. Commencée le 13 août 1961, cette construction a été achevée *grosso modo* en novembre suivant : au total 112 km de long. Mais elle continuera à se perfectionner pendant longtemps : en hauteur, en épaisseur, en doublement, sous la direction de Heinz Hoffmann, ministre de la Défense du gouvernement est-allemand, dont la réputation de « faucon » au sein du Pacte de Varsovie était au-dessus de tout soupçon (v. *rideau de fer*).
À l'occasion de la réunification de l'Allemagne, le 10 novembre 1989, à 19 h 23, le « mur de la honte » commence à se transformer en mur de gruyère sous les premiers coups de pioche, et, bientôt, dix-huit passages seront ouverts. En quelques mois, il aura disparu complètement – si l'on excepte une petite partie couverte de graffiti et autres « peintures » –, non sans avoir été un mur d'argent pour les grands finauds du petit commerce qui eurent l'idée d'en vendre une bonne partie en « morceaux-souvenirs ».

Mur du son

Premier franchissement à la vitesse de 1 079 km/h, le 14 octobre 1947, par le capitaine Chuck Yeager, sur Bell X-1 de l'US Air Force dessiné par Roy Sandstrom et son équipe d'ingénieurs, et propulsé par des fusées.
Le 29 août 1949, la Française Jacqueline Auriol met le « bang » et le supersonique au féminin.
Durant la dernière semaine de l'an 1979, à la base aérienne militaire d'Edwards, en Californie, le cascadeur hollywoodien Stan Barrett, 36 ans, a conduit une voiture automobile à la vitesse de 1 190 km/h. C'est le premier homme à avoir franchi le mur du son en roulant sur le sol.
Cent cinquante millions d'années avant les exploits de Chuck Yeager et Stan Barrette, les plus grands des grands sauriens du Secondaire qui forment le groupe des Sauropodes, avaient peut-être ce qu'il faut pour faire résonner des bangs à travers le paysage mésozoïque. Ces créatures d'une centaine de tonnes n'ont certes jamais décollé du sol, elles n'auraient fait qu'agiter leur queue – qui pesait aux environs d'une tonne et demie – telle une cravache.
Le claquement d'un fouet est en fait l'onde de choc, ou onde sonique, provoquée par sa fine extrémité, dépassant un court instant la vitesse du son. Grâce à une simulation informatique, Nathan Myhrvold, de Microsoft, associé pour cette recherche à Philip Currie, un Canadien spécialiste des dinosaures, a conclu que le diplodocus et le brontosaure pouvaient agiter leur queue à des vitesses supersoniques.

Mûrier

Le mûrier blanc, ou commun, a d'abord été cultivé dans sa patrie d'origine : la Chine centrale et septentrionale, pour nourrir le ver à soie*, et ce, de temps immémorial.
Au VIe siècle, des moines prosélytes rapportent de Chine à Constantinople et des plants de mûriers et des « graines » de *Bombyx mori* plus ou moins dérobés à leurs propriétaires. Deux siècles après, on trouve des mûriers en Espagne. Puis cet arbre apparaît en Toscane (1340) et, enfin, en Provence (1440). Mais c'est seulement en 1570 qu'Olivier

de Serres en lance sa culture dans notre Midi : vingt mille pieds sont plantés, et bientôt le mûrier colonisera toute la vallée du Rhône jusqu'à Valence.
Mais son sort était lié au destin du ver à soie*. Il a une nette tendance à disparaître depuis l'avènement de la soie artificielle. Les dernières magnaneries ardéchoises ont fermé leurs portes au cours des années 1960.

Muscade

Le muscadier n'existe plus à l'état sauvage qu'aux îles Banda, dans les Moluques. Importée de l'Inde par les Arabes, la noix muscade connaît un triomphe au temps de la Renaissance, comme drogue médicinale et comme aromate : on dit alors qu'elle a toutes les qualités digestives et stimulantes, qu'elle « fortifie le cerveau et les parties nobles ». Guillaume Tirel, dit Taillevant (mort en 1395), maître queux de Charles V, puis écuyer de cuisine de Charles VI, dans son *Viandier*, livre de base de notre cuisine*, énumère parmi les épices essentielles la « noix muguette », qui est tout simplement la noix muscade. Mais Boileau, toujours un peu rabat-joie, dira : « Aimez-vous la muscade ? On en a mis partout. » Quant au docteur Lemery, dans son *Traité des aliments* de 1702, parmi ses nombreuses vertus, il lui comptera celle de combattre le mal de mer ! En tout cas, contrairement à beaucoup des épices qui connurent un franc succès au Moyen Âge, la noix muscade a conservé tout son prestige dans les pharmacies et chez les grands cuisiniers contemporains.

Musée

Vers 280 avant J.-C., le fondateur de la dynastie grecque des Lagides en Égypte, Ptolémée Ier Soter, crée le musée, tout ensemble sanctuaire et foyer de recherches intellectuelles, où, accessoirement, fut installée la première collection d'œuvres d'art.
Avec la Renaissance, on assiste à la création des premières collections d'art par les soins des rois, des nobles et des riches commerçants. Ainsi de l'historien et humaniste Paolo Govio – Paul Jove – qui crée le premier musée en 1521, et le nom même de musée, entendu comme tel, date de cette initiative : il compose une galerie de portraits de grands hommes, portraits qui seront au nombre de trois cents au bout de vingt ans.
Mais l'éclosion des musées au sens moderne du terme, c'est-à-dire lieux essentiels où sont rassemblées méthodiquement des œuvres d'art à l'intention du public, remonte à peine à trois cents ans. Les premiers ont tous eu pour origine des collections particulières, en général des collections royales ou princières.
Le premier musée public a été créé en 1683 : c'est l'Ashmolean Museum de l'université d'Oxford.
À Londres, le premier musée est le British Museum, ouvert le 15 janvier 1759 ; à Paris, le Louvre, sous le nom de « Museum des arts », sera le premier musée national en Europe, ouvert le 10 août 1793. En 1819, c'est au tour du Museo del Prado, à Madrid.
Le premier musée public en Amérique est le Charleston Museum, qui existe toujours, à Charleston, Caroline du Sud.
En 1830 s'ouvre à Berlin l'Altes Museum, tout premier musée installé dans un bâtiment spécialement conçu à cet effet.

Le mûrier blanc (*Morus alba*), planche botanique du tout début du XXe siècle.

Musique

On a exhumé de nombreux sites préhistoriques des flûtes* fabriquées à partir d'os d'oiseaux, datant du magdalénien. On peut donc en déduire que, quinze mille ans avant notre ère, l'homme connaissait déjà la musique. Mais quelle sorte de musique ? Même celle de l'Antiquité gréco-romaine, bien plus proche, nous échappe dans son essence : nous ne la connaissons que par quelques textes épars. On peut avancer qu'elle était monodique et lyrique et comportait, entre autres, des hymnes et des odes. Mais rien ne prouve qu'elle ait été monodique exclusivement.
À côté de la musique populaire du haut Moyen Âge (VIe-VIIIe siècle), nous retrouvons la musique monodique religieuse, sur laquelle s'appuie la prière chrétienne. Au IXe siècle, apparaîtra et se développera, dans les pays français et flamands, l'art de la polyphonie occidentale. Polyphonie

religieuse et profane qui donnera elle-même naissance à l'art dramatique (v. *opéra*).
Tout près de nous, le XXe siècle naissant a connu un certain nombre de « révolutions » musicales, dont les musiques atonales, dans lesquelles sont suspendues les fonctions et les lois tonales qui supportaient la musique occidentale depuis les précurseurs de Jean-Sébastien Bach.
Dodécaphonique est la musique atonale utilisant les douze degrés chromatiques, et plus particulièrement toute musique composée selon le système dodécaphonique sériel mis au point par Arnold Schönberg entre 1908 et 1923 – système affiné par ses disciples Berg, Webern, Eisler. Quant au terme même de « dodécaphonique », il a été forgé à partir du grec, par René Leibowitz, propagateur dans l'Hexagone de la musique sérielle, désignant de façon concise ce que les Allemands, et Schönberg lui-même, appellent *Zwölftonmusik*, la musique de douze sons. Quant à « sériel », le terme n'est synonyme ni de musique dodécaphonique ni de musique atonale ; il apparaît pour la première fois dans les descriptions des œuvres de Schönberg, Berg et Webern postérieures à 1920-1923, et sera utilisé surtout à partir de 1945-1950.
La musique concrète, qui organise ses œuvres à partir de sons musicaux ou non produits par des « corps » qui ne sont pas forcément des instruments de musique, a été inventée en 1948 par l'ingénieur français Pierre Schaeffer dans les studios de la Radiodiffusion française. Façon de « faire la synthèse », comme on aime à dire aujourd'hui, avec l'aphorisme de Théophile Gautier : « La musique est le plus cher de tous les bruits. »
La musique électronique est née de l'imagination des ingénieurs américains Meissner et Armstrong. Un Allemand, J. Mager, imagine d'en tirer parti pour mettre au point des instruments de musique capables de produire les sons exigés par cette musique : sa plus belle invention, le sphérophon. L'ingénieur français Maurice Martenot, dans le même esprit, crée en 1917 les « ondes » qui portent son nom. En 1928, les ondes Martenot sont présentées à l'Opéra de Paris. Ce type d'instrument électronique à clavier sera détrôné par les synthétiseurs. Certains d'entre eux avaient été mis au point dès 1935, mais leur utilisation ne s'est généralisée qu'à partir de 1965-1970.
Les premiers imprimeurs de musique datent de 1473 (impression à caractères mobiles) et de 1487 (impression sur blocs de bois). Ottaviano Petrucci perfectionne la beauté des caractères typographiques dès son premier ouvrage, paru en 1501 : *Harmonicae Musices Odhecaton*, recueil de chansons des maîtres franco-flamands les plus connus (v. les divers instruments de musique à leur place alphabétique, ainsi que *métronome*, *notes de musique*, *opéra*).

Nage et pêche sous-marines

Dans les années 1930, certains voyageurs rentrant du Pacifique racontent comment les Polynésiens pêchent traditionnellement en plongée, avec un équipement plus que sommaire : longue lance et lunettes à monture de bois, modelées sur le visage, l'étanchéité au niveau des verres étant assurée par du mastic. Aussitôt, quelques amateurs imitent cette technique dans les eaux de la Côte d'Azur et, curieusement, font des adeptes sous l'Occupation, mais pour des raisons fort intéressées : le poisson ne se méfie pas encore de ces nouveaux venus, et ce sport est dès lors un moyen d'enrichir les menus spartiates de l'époque.
On perfectionne le matériel : masque en caoutchouc, arbalète baptisée fusil, puisqu'il est question de « chasse sous-marine » (et non de pêche – pourquoi ? mystère), respirateur coudé avec embout de caoutchouc dénommé « tuba », qui permet de nager en surface en gardant le visage immergé et, bientôt, sera surmonté d'une balle en celluloïd de tennis de table, pour en assurer la fermeture en cas de plongée.
Enfin, pour gagner en vitesse, les pêcheurs chaussent une paire de palmes, création antérieure (1920) du capitaine de corvette de Corlieu, lequel a participé par ailleurs à la mise au point de la combinaison de plongée protégeant du froid. Et voilà complet l'équipement du parfait nageur sous-marin.
Vers la même époque (1924), un autre officier de marine, le commandant Yves Le Prieur, réalise un vieux rêve de l'humanité : libérer le scaphandrier de son cordon ombilical. Il crée le scaphandre autonome et l'expérimente dans les eaux de Saint-Raphaël, l'améliore au cours de la décennie et, en 1935, la Marine nationale adopte son modèle perfectionné, doté d'un détendeur automatique. Jusqu'à la Seconde Guerre mondiale, il poursuit son travail de mise au point et d'expérimentation avec le concours de deux autres pionniers, le commandant de vaisseau Philippe Tailliez et l'enseigne Jacques-Yves Cousteau.
Vient l'armistice. Les trois mousquetaires se retrouvent. Le quatrième sera l'ingénieur de l'Air liquide Émile Gagnan. En 1943, Cousteau essaie avec succès le scaphandre autonome Cousteau-Gagnan. En 1947, il établit un record du monde avec une grande première, étant descendu à 90 mètres guidé par une corde.
En août 1935 était né à Saint-Raphaël le premier club de plongée sous-marine à l'initiative d'Yves Le Prieur et de Jean Painlevé. Baptisé « Club des scaphandriers et de la vie sous l'eau », qui devint vite le « Club des sous-l'eau », il organisa les premières plongées avec baptême à Saint-Raphaël même, puis dans diverses piscines parisiennes.
Il mit aussi sur pied les premiers spectacles subaquatiques, dont celui de l'Exposition internationale de 1937, à l'aquarium du Trocadéro.

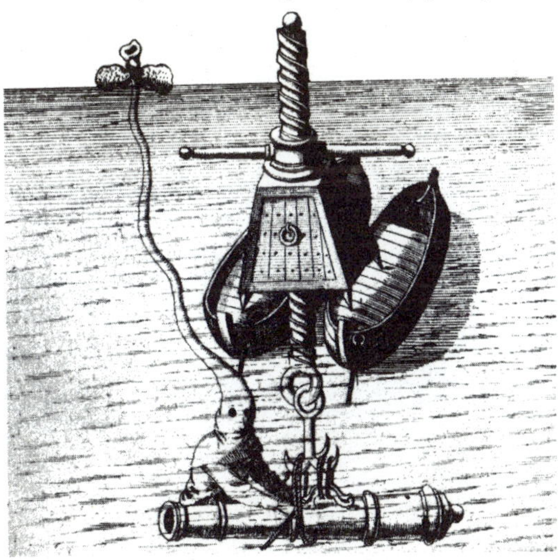

L'exploration sous-marine, par des moyens autres que la plongée libre, a été pratiquée par les pêcheurs de nacre, de corail et d'éponge et remonte au IVe siècle avant notre ère. Mais c'est l'Italien Taccola, en 1440, qui inventa le premier scaphandre à cagoule et à tuyau d'air. Un scaphandre autonome en 1621 (Bibliothèque nationale, Paris).

Natation

Déjà, l'Égypte pharaonique nage beaucoup dans le Nil. Les Grecs appellent barbare tout homme incapable de lire et de nager. Charlemagne aime à se tremper, avec Roland et ses preux, dans son bassin d'Aix-la-Chapelle. Gargantua traverse la

Seine, un livre entre les dents, sans « icelluy mouiller ». Henri IV apprend la nage au futur Louis XIII non loin du Pont-Neuf, etc.
C'est à la fin du siècle dernier que la natation connaît la faveur du grand public. Les bains* de mer avaient commencé, en France, avec la duchesse de Berry. Mais se baigner n'est pas nager. Premier nageur de fond moderne, Byron traverse l'Hellespont en 1810. On cite aussi un grognard de l'Empereur, l'Italien Jean Salati, captif en Angleterre après Waterloo, qui rallie Boulogne-sur-Mer à la nage. C'est l'ancêtre de cette traversée de la Manche, qui, sur le plan sportif, commence avec Matthew Webb, le 26 août 1875. Durant les trente-six années qui suivent, nombreux sont ceux qui veulent l'imiter. Aucun n'y réussit avant T. W. Burgess, le 5 septembre 1912. La première femme à accomplir le même exploit sera l'Américaine Gertrude Ederlé en 1926. La traversée de la Manche dans sa plus grande largeur, entre Cherbourg et la côte du Dorset (135 km) sera réussie le 23 juillet 1979, en 34 h 20 min, par le Breton Daniel Menguy, à sa cinquième tentative.
Dans l'intervalle, à la fin du XIXe siècle, l'Australien Frederik Cavill et ses cinq frères avaient commencé à diffuser la seule invention nouvelle – depuis des millénaires – en fait de natation, et dont une première démonstration venait d'être faite (1897) à Sydney par les frères Harry et Alick Wickham : le crawl, adaptation d'un style de nage qui se retrouve chez les autochtones un peu partout dans le Pacifique. Une première démonstration du crawl est faite à Joinville-le-Pont par l'Hawaiien Tartakover, pendant l'été de 1906. Georges Rigal est le premier Français à gagner le 100 mètres des championnats de France de 1911 en crawlant. Temps : 1min 15 s 3/5. On a fait mieux depuis, mais son mérite reste entier.
Premier nageur et crawleur à faire les 100 m en moins d'une minute : John Weismuller (qui incarna Tarzan au cinéma) – 59 s 6/100 à Almeda le 9 juillet 1922.

Navet

Navet et rave, indigènes en Europe tempérée et en Asie occidentale, sont frère et sœur, avec, chacun, une forme oléagineuse : la navette pour le premier, le colza pour la seconde. Les Romains paraissent les avoir ignorés ; en revanche, les Celtes et les Germains en ont fait grand usage à partir du début de notre ère. Il semble même que l'utilisation alimentaire de ces deux racines remonte à l'époque des villages lacustres, ou palafittes, du néolithique. La culture du colza a réellement commencé en France septentrionale vers la fin du XIIIe siècle.
L'origine néerlandaise du mot (*coolzaad* – *cool*, chou ; *zaad*, semence) donne à penser qu'elle a débuté aux Pays-Bas. La navette couvrait déjà de très importantes surfaces de la France du Nord et du Nord-Est au XIVe siècle. Ces deux oléagineux ont reculé au cours du XIXe siècle devant leurs concurrents des pays chauds, l'arachide* en particulier, d'un prix de revient plus économique.

Navette spatiale

Avion-fusée capable de se satelliser avec une charge utile de 30 tonnes, puis, sa mission accomplie, de retourner sur terre et d'atterrir en vol plané, la navette spatiale Columbia a ouvert une ère nouvelle dans la conquête de l'espace avec son premier voyage : départ de Cap Kennedy le 12 avril 1981 et retour quatre jours après, ayant volé à vingt-cinq fois la vitesse du son (v. *astronef*, *satellite artificiel*).

Le lancement de Columbia, la première navette spatiale, le 12 avril 1981 à cap Kennedy.

Néflier

Spontané en Anatolie, au Caucase, en Iran septentrional, le néflier a colonisé, voilà longtemps, les bois de l'Europe tempérée. Mais depuis quand ? Depuis le début de notre ère, si l'on en croit la petite histoire : César, dit-elle, l'aurait apporté d'Italie en Gaule.

Néon

Ayant observé que l'azote* atmosphérique, outre qu'il est un peu plus dense que l'azote chimique, laisse un léger résidu quand il est absorbé par le magnésium porté au rouge, le chimiste écossais William Ramsay découvrira que l'air contient en infimes quantités quatre gaz rares, dits « gaz inertes » chimiquement. Il débusque le premier en 1894 avec le concours de lord Raleigh. C'est l'argon (en grec, l'inactif). Puis, en 1896, il isole les trois autres avec son jeune collègue Travers : ce sont le krypton, le xénon et le néon (en grec, le caché, l'étranger, et le nouveau).

C'est l'ingénieur français Georges Claude, déjà connu pour la mise au point d'un procédé industriel de fabrication d'air liquide (1902), qui invente en 1909 le tube luminescent au néon dont l'emploi (éclairage urbain, locaux commerciaux) ne se généralisera qu'après la Première Guerre mondiale (v. *ampoule électrique*, *éclairage des rues de Paris*).

Nickel

Sous forme d'alliage, le nickel était utilisé dès l'Antiquité, mais il n'en demeurait pas moins inconnu. C'est le baron Axel Fredrick Cronsted, minéralogiste suédois, qui l'a découvert en 1751, à partir d'un échantillon de minerai rapporté d'Allemagne. Le premier minerai à partir duquel il l'avait isolé ressemblait à s'y méprendre au minerai de cuivre. D'où le nom de Kupfernickel (cuivre du Malin) que lui donnaient les mineurs allemands en rappel de Nick Alt, lutin malfaisant de la mythologie germanique, qui leur jouait de mauvais tours au fond des mines.

Nobel (prix)

À la demande du chimiste suédois Alfred Nobel et aux termes de son testament, daté du 27 novembre 1895, ouvert le 30 décembre 1896, les cinq prix qui portent son nom sont appelés à récompenser des bienfaiteurs de l'humanité. Les premiers furent distribués le 10 décembre 1901,

Alfred Nobel (1833-1896), industriel et chimiste suédois, a laissé son nom au prix créé en 1901, qui récompense chaque année les bienfaiteurs de l'humanité.

cinquième anniversaire de la mort de leur fondateur. Les premiers Français à en recevoir un furent :

Littérature : R. Sully Prudhomme (1901).
Physique : conjointement Henri Becquerel, Pierre et Marie Curie (1903).
Chimie : Henri Moissan (1906).
Physiologie et Médecine : Alphonse Laveran (1907).
Paix : Frédéric Passy, conjointement avec le Suisse Henri Dunant (1901).

Nodules métalliques

En 1872, le navire britannique HMS Challenger, en voyage d'exploration scientifique dans les mers du Sud, remonte du fond de curieux petits galets noirâtres dont la composition se révélera insolite : fer et manganèse et, en quantités moindres, zinc, nickel, cobalt, magnésium, vanadium, aluminium, molybdène, etc. Curiosité géologique, sans plus : on baptise ces galets « nodules polymétalliques » jusqu'au jour de 1958 où des chercheurs de l'Université de Californie s'intéressent à ces reliques qui dormaient dans les réserves d'un institut de minéralogie. S'y intéressent aussi, très vite, des compagnies

minières américaines, dont les premiers travaux de prospection donnent une idée des fabuleux trésors qui couvrent, en certains endroits, les fonds océaniques : entre 5 000 et 10 000 t de nodules au kilomètre carré dans certaines zones du Pacifique, pour lequel les réserves s'élèveraient à 1 600 milliards de tonnes.
La campagne du Challenger, décidée et animée par le naturaliste écossais Charles Thomson, est la première qui soit purement océanographique. Avant ce navire, ceux des grands navigateurs de la fin du XVIIIe et du début du XIXe siècle – Bougainville, Cook, Lapérouse, pour ne citer qu'eux –, outre leurs missions de découverte, avaient rempli certaines tâches scientifiques, y compris d'océanographiques. Le mot de nodule, en tout cas, se rencontre pour la première fois dans *La Revue Critique* du 17 juin 1880, justement à propos du voyage de Challenger. A partir de 1885, Albert Ier de Monaco va se lancer dans les études océanographiques de façon systématique à bord de sa goélette *L'Hirondelle*. Puis, en 1898, il fera construire le premier navire océanographique : *Princesse-Alix*.

Noël (crèche de)

La première crèche vivante a été réalisée par saint François d'Assise à Greccio, petit village des Abruzzes : ayant obtenu l'autorisation du pape Honorius III, il fit célébrer la messe de minuit du 24 décembre 1223 devant une étable où des humains et des animaux revivaient la Nativité.
La plus ancienne crèche d'église, faite de petits personnages de plâtre, a été réalisée à Prague en 1562. Le long concile de Trente (1543-1563) a été l'élément déterminant de l'essor du phénomène « créchiste ». En définissant une nouvelle orientation du cérémonial des fêtes de Noël, il a donné à la crèche, hors de la liturgie, le sens d'une véritable manifestation culturelle. Sitôt terminé le concile de Trente, la ville de Naples se spécialisa dans la fabrication des santons d'église. Art de la crèche qui va se répandre de l'Italie à toute l'Europe. En France, restée à l'écart, les crèches ne rencontrèrent le succès qu'à partir du XIXe siècle : on n'en connaît que trois du XVIIIe siècle : Nogent-le-Rotrou, Oloron-Sainte-Marie, en Béarn, et Saint-Maximin, près de Toulon.
Par Nice, alors ville italienne, les crèches avaient gagné la Provence aux XVIIe et XVIIIe siècles, et ses artisans du bois et de la céramique s'étaient mis à exécuter des personnages élaborés. Mais la Révolution arrive, ferme les églises et donc fait disparaître les crèches. Devant cette interdiction, les crèches entrent dans les maisons provençales : à partir de 1802, commencent à être fabriqués les premiers santons d'argile crue dans la meilleure tradition populaire. Le santon (*Santoun* : petit saint, en provençal) semble bien avoir été imaginé d'abord par le Marseillais Jean-Louis Lagnel, qui se disait lui-même « figuriste » et dont le premier moule de plâtre à santon est daté de 1798. Très vite, dans sa ville, vont proliférer les santonniers qui les fabriquent en argile cuite, mais il y en aura également en faïence, en plâtre, en bois, en verre

Le santon de Provence qui orne les crèches de Noël est né à Marseille à la fin du XVIIIe siècle, dans l'atelier de Jean-Louis Lagnel, inspiré par la tradition italienne. Un santon de Provence du XXe siècle.

filé, voire en mie de pain. À l'époque, tout bon Provençal devait, pour Noël, faire sa crèche, et les athées eux-mêmes respectaient la tradition…

Noël (père)

« Ce que je n'ai pas oublié, c'est la croyance absolue que j'avais à la descente par le tuyau de la cheminée, du petit Père Noël, bon vieillard à la barbe blanche. »

Ainsi s'exprimait dans *L'Histoire de ma vie*, Georges Sand, laquelle était née en 1804. Voilà une confirmation, entre autres, de ce que le Père Noël faisait parti du folklore enfantin d'Europe, dès le début du XIXe siècle.

Mais sa représentation physique, elle, est venue d'Amérique. C'est en décembre 1862, qu'il apparaît avec sa large barbe blanche et sa mine bienveillante dans le new-yorkais *Harper's weekly*, avec une illustration intitulée « Santa Claus au camp ». Puis, en 1866, un an après la fin de la guerre de Sécession, est fixée définitivement l'iconographie du personnage dans une double page de Noël du même hebdomadaire, restée célèbre : on l'y voit décorant un sapin, fabriquant des jouets dans son atelier, cousant ses vêtements, et enfin surveillant la terre avec son télescope « en quête des enfants sages ».

L'auteur de ces illustrations : le jeune dessinateur Thomas Nast, un Allemand arrivé de Landau, sa ville natale, à l'âge de six ans aux États-Unis. Pour lui, comme pour tous les nombreux Américains originaires de l'Europe centrale et septentrionale, la fête des cadeaux pour les enfants tombait le 6 décembre, à la Saint-Nicolas, alias Pelze-Nicol, alias Sinter Klaas. Mais au vu des dessins de Nast, Noël est devenu un jour férié dans les États-Unis réunifiés, et Santa Claus a fini par s'identifier avec Father Christmas.

Thomas Nast fut également le créateur des logos du parti démocrate américain (l'âne) et du parti républicain (l'éléphant).

Noël (sapin de)

La coutume de fêter Noël avec un sapin auquel on suspend bougies et cadeaux est née en Allemagne. Si l'usage de dresser un sapin ne semble pas être général dans sa patrie d'origine, la Rhénanie, avant la fin du XVIe siècle, il n'en demeure pas moins que, depuis des temps reculés, le feuillage de cet arbre ornait les demeures au moment du solstice d'hiver. Et contre cette coutume païenne, en 1500, s'élève le prédicateur alsacien Geiler von Kayserberg. La coutume du sapin de Noël commence par s'étendre d'abord à l'Allemagne méridionale et orientale, puis vers l'ouest : le premier sapin de Noël a été dressé en France seulement en 1837, par la princesse Hélène de Mecklembourg-Schwerin, à Paris, dans le jardin des Tuileries, l'année même de son mariage avec le duc d'Orléans. Le prince consort Albert, de son côté, l'introduisit au château de Windsor après 1840.

Les premières boules de verre destinées à orner les sapins de Noël ont été fabriquées à Lauscha (Allemagne), vers 1830. Elles sont un rappel des pommes qui décoraient l'arbre de Paradis. Si déjà, au XVIIIe siècle, on illuminait les sapins avec des petites bougies, c'est en 1882, à New York, qu'Edward Johnson, un associé de Thomas Edison, eut l'idée d'habiller un sapin de Noël d'une guirlande de 80 petites ampoules électriques de sa fabrication. Après quoi, les sapins illuminés électriquement ne tardèrent pas à faire leur apparition dans les rues et les places publiques des grandes métropoles de l'ancien et du nouveau mondes.

Nœuds

L'art et la technique des nœuds sont immémoriaux. Une corde à trois corons a été découverte dans les carrières de calcaire à Turah, près du Caire. Elle a probablement été utilisée, voilà plus de 4 500 ans, pour le transport des blocs de pierre qui ont servi à l'édification des grandes pyramides de Gizeh. Un rouleau de cordes soigneusement tressées, vieux de quelque 3 600 ans, a été retrouvé dans la tombe de Toutankhamon, pharaon de la XVIIIe dynastie.

Les civilisations du Proche-Orient, puis la Grèce et Rome, en savaient déjà autant que nous sur l'art et la manière de faire les nœuds. Plus près de nous dans le temps, les Incas avaient mis au point le Guipou, ensemble de cordelettes tressées et nouées, de couleurs variées, dont le nombre, le coloris et les nœuds servaient de système très précis de comptabilité.

Au XVIIIe siècle, siècle d'or de la marine commerciale, les voiliers ressemblaient à des toiles d'araignées en corde. Lorsqu'au XIXe siècle, cette marine à voile disparut, l'art des nœuds sembla décliner avec elle. Mais le XXe siècle l'a redécouvert, avec l'alpinisme et la spéléologie

– sans parler des pêcheurs professionnels, des plaisanciers, des déchargeurs de quai, sans oublier relieurs, cordonniers, fauconniers, pompiers, gréeurs (cirque, théâtre), réparateurs de cloches, toujours en exercice, sauf que, pour la plupart, le nylon* a remplacé les végétaux.

Noisetier

Dès l'époque néolithique, le noisetier a été cultivé par les hommes de la préhistoire, tout comme le pommier*. Ce noisetier cultivé a pour ascendants plusieurs espèces sauvages originaires des Balkans et des régions avoisinant la partie méridionale de la mer Caspienne.

Nom de famille : v. *patronyme.*

Nombres : v. *chiffres arabes, million, zéro.*

Noms des rues de Paris

Paris, qui n'avait que trois cent neuf rues à la fin du XIIIe siècle, en compte sept cent quatre-vingt-neuf sous Louis XV. Il devient urgent d'établir une nomenclature écrite de ces rues, d'autant que l'analphabétisme recule, et le problème consiste à donner une sanction officielle au choix fait par les habitants. Par l'ordonnance du 16 janvier 1728, le lieutenant général de police René Héraut fait poser, sur la première et la dernière maison de chaque rue, une plaque de métal portant en gros caractères noirs son nom consacré par l'usage. Et l'année suivante est exigée des propriétaires des maisons faisant angle avec les rues affluentes l'apposition d'une plaque semblable. En 1844, Claude-Philibert de Rambuteau, préfet de la Seine, prescrit l'utilisation de plaques en lave de Volvic émaillée, avec lettres blanches sur fond bleu.

Note de musique

C'est au Xe siècle, pense-t-on, qu'un moine des Flandres, Hubald, aurait eu l'idée de la portée, tandis que Guido d'Arezzo, Italien du Nord, et maître de musique, né peu avant l'an mille, passe pour le fondateur de notre système de notation musicale. En tout cas, c'est lui qui donna son nom à chacune des notes suivantes : *ut, ré, mi, fa, sol, la,* d'après les premières syllabes des six premiers vers de la mélodie de l'*Ut queant laxis*, l'hymne pour les vêpres de la Saint-Jean-Baptiste.
Do, qui a remplacé *ut*, aurait été employé en premier par le compositeur Giovanni Maria Bononcini, de Modène, en 1673. *Si* date également du XVIIe siècle, mais à son début. Cette appellation aurait été acceptée alors, non sans mal, à partir de la proposition d'un certain Anselme de Flandres, à la fin du XVIe siècle. Vers le XIIe siècle, on aurait commencé à faire usage de différentes clés (d'*ut*, de *fa*, puis de *sol*). Le mode de notation moderne fut en définitive fixé au XVIIe siècle, sous le règne de Louis XIV.

Noyer

À l'état sauvage, le noyer croît des Balkans à la Turquie, et du Caucase à la Chine septentrionale.
La Bible le cite parmi les arbres de Judée, mais ce sont les Perses, au temps de Cyrus, qui l'introduisent en Grèce. Il fera ensuite les délices de la Rome antique dont, dit Ovide, les jeunes enfants pratiquaient, avec ses fruits, un jeu voisin de celui des billes. Charlemagne prescrira sa culture. Au Moyen Âge, il fait l'objet d'un commerce important pour son huile.

Numérotage des rues de Paris

Le numérotage actuel, qui fait suite à de nombreux autres, a été mis en place en 1805 par le préfet de la Seine Frochot, qui classe les rues selon qu'elles sont, *grosso modo*, parallèles ou perpendiculaires à la Seine, et fait numéroter les immeubles de l'amont vers l'aval dans le premier cas et de la Seine vers les faubourgs dans le second.
Sur les mêmes bases, le préfet Rambuteau décide le renouvellement de ce numérotage en raison des modifications de la topographie

Ci-dessus : la noisette rouge longue, dessin extrait du *Larousse ménager* (1926).

Ci-contre : le système de notation musicale, mis au point par l'Italien Guy d'Arezzo, remonte au Xe siècle. Le rondeau d'Adam le Bossu, extrait du *Jeu de Robin et Marion*, XIIIe siècle (Bibliothèque nationale, Paris).

Alons uers aucelre a le fouure
des armes.
Soit mais anchois uoeil aler boire
Mau dehais ait qui ni uenra.
Chi commenche li gieus de Robin et
de marion c'adans fist. Marions.
Robins ma
me robins ma
Robins ma demandee si mara. Ro

parisienne. Prescrite par un arrêté du 28 juin 1847, l'opération sera menée à bien, par tranches successives dans les années suivantes, les numéros, en blanc, étant apposés sur porcelaine bleue, afin de faciliter la visibilité crépusculaire ou nocturne. Ce système a perduré jusqu'à l'arrêté préfectoral du 17 mars 1939, qui réglemente encore aujourd'hui le numérotage des rues parisiennes.

Nylon et autres fibres synthétiques

Le Nylon est la marque déposée d'une fibre textile synthétique entre cent autres. Accidentelle, son invention, qui date de 1937, est l'œuvre de l'Américain Julian Hill, qui étudiait les polymères à Hockessin (Delaware) dans les laboratoires de Dupont de Nemours sous la direction de Wallace H. Carothers. Mais le premier fil synthétique est plus ancien : 1884. C'est celui qu'on appelle le plus souvent « soie artificielle », dont le brevet fut déposé cette année-là par Hilaire Bernigaud de Chardonnet, lequel présente ses machines à filer à l'Exposition universelle de Paris de 1889. Son procédé fait alors le tour du monde. La première usine de soie* artificielle s'ouvre à Besançon, sa ville natale, dès 1891.

La rayonne à la viscose a été inventée par l'Anglais Charles F. Cross en 1891, la rayonne d'acétate de cellulose par l'Anglais Edward J. Bevan en 1921, la fibre de verre par les Suisses Henri et Camille Dreyfus en 1925, le polyester par les Anglais John R. Whinfield et John T. Dickson en 1941.

Depuis Quand ?

O comme...

Obligations : v. *actions (société par).*

Observatoire astronomique :

v. *télescope.*

Obus

Les projectiles des premiers canons*, au XIVe siècle, sont des boulets de pierre. Ceux des premiers canons de bronze, au XVe siècle, sont métalliques, mais toujours sphériques, sphères creuses, chargées de mitraille. Au XVIe siècle, les boulets sont coulés d'une seule pièce, et donc pleins.
Au début du XIXe siècle, les fondeurs délaissent le bronze pour l'acier, ce qui permet à l'Anglais Henry Shrapnel de mettre au point l'obus à balles dont les armées françaises d'Espagne, en 1812, pourront apprécier les effets meurtriers.
En 1858 apparaissent sur les champs de bataille le canon rayé, plus puissant et précis, et l'obus cylindrique à extrémité ogivale. Depuis lors, la silhouette de l'obus n'a guère changé.

Océanographie : v. *nodules métalliques.*

Œillet

On trouve l'œillet dit « des fleuristes », à l'état sauvage, dans tous les terrains caillouteux voisins de la Méditerranée. Mais son type ornemental nous vient d'Asie Mineure par l'entremise des croisés, qui l'introduisirent en Occident vers 1270.

OGM

Les premiers Organismes génétiquement modifiés furent créés dans les années 1970, aux États-Unis et en Europe. Il s'agissait de micro-organismes, et notamment de bactéries qui, grâce à l'introduction de gènes* étrangers, purent produire des molécules fort utiles en médecine, comme l'insuline (1978), l'hormone de croissance (1979) et l'interféron (1980).
La première plante transgénique, un tabac, a été mise au point par l'équipe de Schell et von Montagu à Gand, en Belgique (1981). Les premières expérimentations en champ d'OGM ont eu lieu en Europe à partir de 1986. En France, les essais autorisés en champ seront au nombre de 450 sur 3000 sites, entre 1986 et 1996. En 1994, une tomate transgénique résistant au vieillissement est commercialisée aux États-Unis. Et dans les mêmes États-Unis, la même année, commence la commercialisation du maïs transgénique, suivie bientôt de celle du soja et du coton. En 1998, la France devient le premier pays d'Europe à cultiver des OGM, surtout du maïs. Aussitôt, en septembre de cette année-là, le gouvernement impose l'étiquetage obligatoire de tous les produits alimentaires contenant des OGM
La culture des OGM a soulevé bien des protestations allant souvent jusqu'à des actions violentes, après avoir suscité bien des espoirs : les modifications génétiques confèrent aux OGM la capacité de résister à des ennemis naturels, comme la pyrale du maïs ou le virus de la pomme de terre. Mais elle s'est accompagnée d'une domination des grandes firmes semencières, qui se sont lancées dans la production de semences stériles, obligeant les cultivateurs à se

L'œillet des fleuristes pourpre « flore pleno » (*Dianthus caryophyllus*), gravure du XVIe siècle extraite du *Jardin d'Eichstätt* de Basilus Besler.

réapprovisionner chaque année auprès d'elles. Mais peut-être, les OGM vont-ils rencontrer une concurrence victorieuse, celle des OGM qualifiés par les spécialistes d'« hypocrites », ou dits « propres », ou mieux : SAGE – Sans addition de gènes extérieurs. Juridiquement, ce ne sont pas des OGM. En septembre 2001, on apprenait que le professeur Ralph Bock et son équipe de l'institut de biochimie et de biotechnologie végétale de Münster (Allemagne) avaient obtenu une tomate « transplastomique » par transfert d'un gène lui permettant de résister à un antibiotique, gène injecté non pas dans le noyau de la cellule végétale mais dans son chloroplaste (v. aussi *ADN*, *chromosome*, *hérédité*)...

Oie

Elle est déjà représentée sur les fresques des tombeaux égyptiens, près de trois mille ans avant J.-C. Indubitablement, c'est le premier en date de tous les volatiles de basse-cour, bien avant le coq* (v. *boomerang*).

Ci-dessus : une oie des moussons, détail d'une frise décorant le tombeau de la princesse Itet à Meidoum, vers 2550 avant J.-C. (Musée égyptien, Le Caire).

En haut : la scille officinale ou oignon marin (*Urginea maritima*), gravure du XVIe siècle extraite du *Jardin d'Eichstätt* de Basilus Besler.

Oie (jeu de l')

« Le noble jeu de l'oie renouvelé des Grecs », comme on l'appelait au XVIIe siècle, n'est pas aussi vieux que Mme de Sévigné et ses contemporains l'affirmaient. En tout cas, le plus ancien matériel pour y jouer qui soit parvenu jusqu'à nous date de 1640. Il est en bois et son origine vénitienne ne fait pas de doute.

Oignon

L'oignon est l'un des plus anciens légumes de la Terre faisant partie de l'alimentation humaine : il y a quatre mille ans, la Mésopotamie le cultivait déjà, et l'on trouve souvent sa représentation dans les tombeaux égyptiens. Il sera une des sources de regret des Hébreux après l'Exode. Il faut dire qu'il pousse naturellement de la côte orientale de la Méditerranée au subcontinent indien.

L'échalote est une simple race d'oignon que, par contre, on n'a jamais trouvée à l'état sauvage. Les Romains de l'Empire la connaissaient et l'appréciaient. Ils l'appelaient *ascalonia* (*caepa*), c'est-à-dire oignon d'Ascalon, ville d'Israël, d'où, par altération : échalote.

Oiseau

La classe des oiseaux a vu le jour il y a cent cinquante millions d'années, à la fin du jurassique, avec une première espèce, très primitive, l'*Archeopterix lithographica* (c'est-à-dire : l'aile antique inscrite dans la pierre). De la taille d'une poule, le premier spécimen d'*Archeopterix* a été découvert dans une carrière d'ardoise, à Langenaltheim (Bavière), en 1861. On l'aurait alors volontiers rangé parmi les reptiles à cause de sa tête de lézard, de ses mâchoires garnies de dents et de sa queue flexible. Mais ses ailes arrondies, terminées par trois doigts munis de griffes, ont laissé dans l'ardoise d'incontestables empreintes de plumes. Et s'il fut probablement, plutôt qu'un aviateur, un planeur (comme certaines espèces actuelles d'écureuil), l'*Archeopterix* n'en demeure pas moins l'ancêtre de tous les oiseaux.

Olivier

Sur le site de Terra Amata, à Nice, les paléontologues ont relevé des poussières de

pollen d'olivier sauvage, vieilles de 400 000 ans. Mais à en croire la mythologie grecque, le premier olivier serait né d'une querelle entre Athéna et Poséidon pour la possession de l'Attique. Athéna l'ayant donné à l'humanité, il fut conservé comme un trésor derrière le temple de l'Eréchtéion, sur l'Acropole d'Athènes, où l'on peut encore voir ses rejetons.
En fait, il existait des oliveraies en Crète, il y a cinq mille cinq cents ans : des fouilles archéologiques en ont apporté la preuve ; les peuples sémites cultivent l'olivier depuis cinq mille ans, et l'Égypte pharaonique depuis Ramsès II, treize siècles avant J.-C.
C'est sur les terres avoisinant la Méditerranée orientale qu'il faut chercher les débuts de sa culture, laquelle est restée typique de cette région. Mais l'ancêtre sauvage que lui attribuent les botanistes prospère encore de nos jours sur une aire très vaste, allant du Tibet et du Cachemire au Maroc d'une part, à l'Afrique orientale et australe de l'autre.
Voilà pour l'olivier. Mais l'huile d'olive ? Il y a cinq mille ans, à Ébla, on en fabrique pour la première fois, comme le prouvent les tablettes découvertes par l'archéologue italien, Paolo Matthiae, à partir de 1963, sur le site de Tell Mardikh, en Syrie, à 50 km d'Alep. L'huile d'olive était totalement inconnue des autres peuples du IIIe millénaire.

Olympiques (jeux) : v. *athlétisme, jeux Olympiques.*

Oncle Sam

C'est le sobriquet adopté officiellement en 1961 comme symbole national des États-Unis. Sa représentation humaine : un homme sec, traits anguleux et cheveux blancs, au costume taillé dans le drapeau américain, dont les caricaturistes ont façonné et répandu l'image. L'origine de l'expression Uncle Sam ? Il y a toutes les chances pour qu'elle dérive de « Uncle Sam » Wilson, surnom et nom d'un fournisseur en viande de l'armée américaine lors de la seconde guerre de l'Indépendance, menée contre les Anglo-Canadiens. Ce Wilson était un habitant de Troy,

Oncle Sam, personnage national symbolique des États-Unis, accueille les immigrants de toutes nationalités. Gravure de Keppler de 1880.

port fluvial sur l'Hudson, dans l'État de New York. En tant que surnom du gouvernement personnifié, Uncle Sam était apparu pour la première fois dans un journal, le *Troy Post* du 7 juillet 1813 (v. *Français moyen, John Bull*).

ONU

Le terme de Nations unies a été forgé en 1941 par Franklin D. Roosevelt pour désigner les Alliés en lutte contre les puissances de l'Axe. À Yalta (février 1945), les « trois grands », représentés par Churchill, Staline et lui-même, préparèrent la conférence de San Francisco, au terme de laquelle, le 26 juin 1945, cinquante et un États allaient signer la charte des Nations unies, opérationnelle à partir du 24 octobre suivant. En 1955, cent dix-sept États, et en 1991, cent soixante au total y avaient adhéré. Premier secrétaire général : le Norvégien Trygve Lie, de 1946 à 1953.
Comme la Société des Nations, créée en 1919 à Versailles et dont les assises se tenaient à Genève, et à laquelle elle a succédé, l'ONU a pour objectif majeur de résoudre les problèmes internationaux sans recours à la force.

Opéra

Après une série d'approches entreprises au cours des cent vingt-cinq années précédentes, en particulier celles de Politien et Germi, d'Alfonso Della Viola, de De' Cavalieri (*Il Satiro*, 1590) et de Jacopo Peri (*Dafné*, composé entre 1594 et 1598), on arrive à cette *Euridice* écrite en 1600, pour les noces de Marie de Médicis et de Henri IV, par Rinucini et Peri, une œuvre entrecoupée de danses, basée essentiellement sur le *recitar cantando*.
Mais on admet que Claudio Monteverdi a construit les premiers opéras : *Orfeo* (1607), *Ariana* (1608). La chose a précédé le mot, qui n'apparaît qu'au XVIIIe siècle. Auparavant, l'Italie appelait l'opéra *favola, drama in musica e pastorale*.

En France, l'opérette naquit au milieu du XIXe siècle. Une image d'Épinal illustrant *La Fille de Madame Angot* (1872), opérette de Charles Lecoq (Bibliothèque nationale, Paris).

Opéra-comique

En France, type d'opéra où alternent le parlé et le chanté. Né au XVIIe siècle de l'*opera buffa* italien, il conquiert Paris au tout début du XVIIIe siècle, lors de la foire Saint-Germain et de la foire Saint-Laurent, qui ouvraient l'une le 3 février et l'autre le 29 août. L'opposition des comédiens-français et de l'Opéra ne lui permit d'acquérir droit de cité qu'en 1716.
Quant au style et à l'âme de ce genre alors nouveau, ils lui furent donnés par Charles Simon Favart un peu plus tard, avec ses comédies et parodies mêlées de vaudeville, comme *Les Deux Jumelles* (1734) et *La Chercheuse d'esprit* (1741). Nommé, à la demande de la marquise de Pompadour, directeur de l'Opéra-Comique (1757), il a laissé son nom à cette salle.

Opérette

Variété d'opéra-comique plus léger dans son sujet comme dans sa musique, avec un dénouement systématiquement heureux, l'opérette a été fort bien définie par le compositeur Claude Terrasse : « L'opéra-comique est une comédie en musique, tandis que l'opérette est une pièce musicale comique ».
C'est à Florimond Ronger, dit Hervé, qu'à l'unanimité les musicologues décernent le titre de « père de l'opérette », – dont par ailleurs Raymond Queneau dira qu'il « fut le premier des surréalistes ». Cet homme-orchestre, c'est le cas de le dire, organiste, librettiste, décorateur, interprète, précéda de peu, dans le genre, son ami et rival Offenbach quand il fonda, en 1854, le théâtre des Folies-Nouvelles pour y jouer ses propres œuvres, théâtre qu'il transporta plus tard à l'Eldorado où triompha sa composition la plus célèbre : *Mam'zelle Nitouche* (1883).

Opinel

Aussitôt né, le rustique couteau Opinel avait atteint sa perfection formelle. Voilà pourquoi, sans doute, ce centenaire se porte comme un charme. Créé en 1890 par le Savoyard Joseph Opinel, artisan taillandier de son état, son profil est resté le même – tout comme la fameuse « fillette » de Coca-Cola*. Simplement, le choix en tailles s'est élargi, et il est aujourd'hui fabriqué industriellement à partir de rouleaux d'acier et de bois de hêtre ou de merisier.
Populaire en France comme à l'étranger, il figure à l'Albert Museum de Londres parmi les cent plus beaux produits du monde. Consécration suprême : il est inscrit au catalogue du musée d'Art moderne de New York.

Opium

C'est avec le suc ou latex du pavot blanc, ou pavot à opium, que se prépare cet anesthésiant déjà connu de la Mésopotamie antique, de l'Inde et de la Chine. Mais ce sont les Chinois qui répandirent l'usage de l'opium comme narcotique. La plante est indigène des Balkans à l'Extrême-Orient (v. *anesthésie*).

Or

Les plus anciennes exploitations de minerai aurifère que l'on connaisse étaient situées en Asie occidentale, probablement dans la zone où se développa la civilisation sumérienne, à partir du IVe millénaire.
On a retrouvé d'autres gisements, dont l'exploitation avait commencé plus tard, par les Égyptiens, en Nubie et en Arabie. Le musée d'Égyptologie de Turin conserve le plus vieux document connu sur le sujet : un papyrus du XIVe siècle avant notre ère, sur lequel est figuré le plan d'une mine. Et l'on trouve déjà décrite sur des fresques de la XVIIIe dynastie la technique du lavage du minerai aurifère, entraîné dans de longs canaux de bois inclinés où des tasseaux arrêtent au passage les pépites et les poussières de métal précieux.

Oranger

Les premiers témoignages sur l'oranger sont chinois. Sema Kien, historien de la dynastie des Han de l'Ouest (206 avant J.-C. -220 après J.-C.), dit que, dans les provinces du Setchouan et du Houpeï, les orangers poussent partout le long du Yang-Tsé.
L'arbre était inconnu des Grecs et des Romains. Les croisés virent le bigaradier aux oranges amères en Palestine. On le cultivait déjà en Sicile dès l'année 1002, probablement à la suite des incursions des Arabes. Ce sont eux qui l'introduisirent par la suite en Espagne. À partir de 1332, Nice fait commerce des fruits du bigaradier. Un de ces arbres, semé en l'an 1412 par Éléonore de Castille, femme de Charles III de Navarre, tombe en la possession du connétable de Bourbon, puis, à la mort de celui-ci, va orner les jardins de Versailles. Ce magnifique spécimen est mort seulement en 1858.
L'oranger à fruits doux aurait été vu pour la première fois par un compagnon de Vasco de Gama. En tout cas, il existe plusieurs témoignages sérieux de sa culture en Italie et en Espagne à partir de l'année 1523 (v. *agrumes*).

Les plus anciennes exploitations de minerai d'or connues étaient situées en Asie occidentale et datent du IVe millénaire. Un pendentif en or représentant la Triade osirienne au nom d'Osorkon du VIIIe-VIIe siècle avant J.-C. (musée du Louvre, Paris).

Orchidée

Merveilles du monde végétal, les orchidées se rencontrent sur toute la surface terrestre, jusques et y compris la Sibérie, mais les plus extraordinaires vivent dans les régions très chaudes. Les Anciens du Vieux Monde ne connaissaient qu'un nombre très restreint d'orchidées, au contraire des peuples précolombiens du Nouveau Monde. Le répertoire des orchidées américaines dressé par les botanistes ne porte que sur une douzaine d'espèces vers 1550, une cinquantaine vers 1600. Vers 1880, l'Europe dresse un catalogue de cinq mille espèces. Il porte aujourd'hui sur quinze mille. L'orchidée vivante importée la première en Angleterre le fut en 1731. Elle provenait des îles Bahamas. En 1778, le docteur Fothergill rapporte de Chine la première orchidée asiatique ; en 1812 apparaissaient les premières orchidées indiennes. C'est à partir des années 1830 que les orchidées furent commercialisées et connurent la faveur du public. Comme pour la tulipe* deux siècles plus tôt, les amateurs n'hésitaient pas à proposer des sommes fabuleuses en échange de spécimens rares. Mais contrairement à la tulipe, l'orchidée continue à bénéficier d'un engouement certain de la part des botanistes et des amoureux.

Ordinateur

C'est en 1955 que le professeur Jacques Perret donne le nom d'ordinateur (*computer* en anglais) à la deuxième génération de calculatrices. Terme emprunté au latin d'époque impériale *ordinator*, « celui qui met en ordre, qui règle », et que l'Académie française, en 1967, définit ainsi : « Machine automatique qui permet d'effectuer, dans le cadre de programmes de structure pré-établie, des ensembles d'opérations arithmétiques et logiques à des fins scientifiques, administratives ou comptables. » (v. *calculer [machines à], informatique, langages artificiels, souris, transistor, télécarte*)

Orfèvrerie

L'histoire du bijou* se confond tout naturellement avec l'histoire de la découverte de l'or*, laquelle est forcément liée au passage de la vie nomade à la vie sédentaire qui va choisir de s'établir le long des grands fleuves, c'est-à-dire sur des sols alluviaux propres à l'agriculture*. Mais aussi, les mêmes sols sont riches en minerais précieux, jamais exploités jusque-là. Née entre Tigre et Euphrate, la civilisation des Sumériens était déjà assez évoluée dès le IIIe millénaire pour qu'une orfèvrerie très élaborée y fût florissante. En héritèrent les Assyriens et les Babyloniens, puis les Iraniens et, par eux, les Scythes au nord et les Hittites à l'ouest, grâce auxquels respectivement l'orfèvrerie mésopotamienne essaimera, vers l'Orient, jusqu'en Chine et, vers l'Occident, jusque dans les Balkans.

L'ophrys araignée (*Ophrys aranifera*), variété d'orchidée, planche botanique du début du XXe siècle.

Orge

L'orge sauvage croît encore de nos jours dans toute l'Asie occidentale, sa patrie, des bords de la Méditerranée aux pâturages alpestres de l'Afghanistan et du Turkestan, et jusqu'au Tibet, où l'on a rencontré récemment des variétés à deux et à six rangs, dont certaines à épis multiples. L'orge se retrouve au voisinage des côtes de Cyrénaïque et en Abyssinie. Il est probable que la culture de l'orge a commencé en Asie Mineure. Et ce pourrait bien être la plus ancienne céréale cultivée par l'homme. En tout cas, les premiers Égyptiens la faisaient pousser dès cinq mille ans avant J.-C., les Mésopotamiens en 3500, les populations de l'âge de pierre du nord-ouest de l'Europe (dont celles des palafittes ou cités lacustres établies sur l'actuel territoire de la Suisse) vers 3000, et les Chinois vers 2000 avant J.-C. Ses vertus curatives ont très vite été reconnues, en particulier par Hippocrate qui lui a consacré tout un livre, puis par Galien et par les médecins du Moyen Âge et de la Renaissance. C'est à partir de 1270 que l'on réserve l'orge d'hiver ou escourgeon, c'est-à-dire l'orge à six rangs, à la fabrication de la bière*. Cette bonne réputation de l'orge, qui va des peuples antiques de l'Égypte et de la Mésopotamie aux Hébreux et à la Grèce, ne connaît qu'une réserve, celle de Rome : Suétone dit que c'était une punition aux yeux d'un soldat de recevoir une ration d'orge et non de blé*, pour faire son pain (v. *agriculture*).

Le premier orgue hydraulique fut créé au IIIe siècle avant J.-C, à Alexandrie. Mais, au XIIe siècle, il est supplanté par l'orgue pneumatique. *Anges jouant de l'orgue, de la viole et de la harpe* des frères Van Eyck, XVe siècle (Cathédrale Saint-Bavon, Gand).

Orgue

On peut tenir la syrinx ou flûte de Pan, à qui Virgile attribuait une origine divine, pour l'ancêtre miniature de l'orgue. Les débuts véritables de l'orgue remontent au IIIe siècle avant J.-C., à Alexandrie, où l'ingénieur Ctésibios inventa ou améliora l'*hydraulos* ou *organon hydraulikon*, en utilisant la force de l'eau pour mouvoir les soufflets. Mais à en croire Tertullien, c'est Archimède qui aurait créé l'orgue hydraulique. Quoi qu'il en soit, celui-ci disparaît définitivement au XIIe siècle de notre ère au profit de l'orgue pneumatique, mais celui-ci avait entamé son irrésistible ascension dès le IIIe siècle. Les orgues les plus anciennes encore en exercice sont celles de Solliès-Ville, dans le département du Var. Leur fabrication remonte à 1495-1499, et elles sont en noyer sculpté.
Les églises de Reims et d'Aurillac au Xe siècle possédaient des orgues. Elles abondaient par ailleurs à Paris dès le XIIIe siècle.

Oscar (prix cinématographique)

En 1927, quelques pionniers américains du cinéma, comme Adolf Zukor, Louis B. Mayer, Carl Laemmle, décident de créer une « Académie des arts et sciences du cinéma » qui décernera chaque année des récompenses aux meilleurs cinéastes, artistes et techniciens d'Hollywood. Et ils demandent à George Stanley, sculpteur de Los Angeles, de modeler un personnage qui symbolise le mérite des lauréats.
Cette statuette restera sans identité jusqu'en 1931, année où, juste avant la remise des récompenses, un de ses exemplaires est montré à un groupe de bibliothécaires invitées à la cérémonie. L'une d'elles remarqua : « Il ressemble vraiment à mon oncle Oscar ! » Un journaliste rapporta ce mot dans un journal local. Le public s'en amusa.
La bibliothécaire en question était une Mrs Margaret Herrick. Elle allait devenir la secrétaire de Louis B. Mayer, cofondateur de la MGM. Celui qu'elle appelait affectueusement « oncle Oscar » n'était en fait qu'un riche cousin issu de germain – Oscar Price, qui s'était retiré en Californie après avoir fait fortune au Texas dans le commerce du blé et des fruits. La statuette Oscar, qui mesure 25 cm de haut et pèse un peu plus de 2 kg, est faite de bronze plaqué or.
En 1965, soit trente-huit ans plus tard, Georges Cravenne crée « l'Académie des arts et techniques de la profession cinématographique » qui, à partir de 1976, désignera ses lauréats et leur attribuera des « césars », statuettes dont le modèle est dû au sculpteur César.

Outils

Ce n'est pas à l'*Homo sapiens*, mais bien à ses ancêtres que l'on doit l'invention effective des outils (v. *homme*).
Déjà, auprès de *Kenyapithecus* (variété du Ramapithèque, « personnage attachant, vivant en forêt et à la lisière »), on a trouvé des cailloux de basalte de la taille d'un poing, aux tranchants naturels écrasés, et des ossements percutés. Cela se passait à Fort-Ternan, au Kenya, il y a quatorze millions d'années, c'est-à-dire au miocène moyen.
Australopithecus, un hominidé végétarien, est sans doute le premier artisan des premiers outils de pierre et d'os taillés. Il vivait en Afrique du Sud il y a trois millions et demi d'années.
Avec sa boîte à outils déjà très diversifiés, l'*Homo erectus*, au Kenya (site de Chesowanja), construisait des huttes, des tentes, des abris, des murs, domestiquait le feu* et l'entretenait, il y a environ un million quatre cent mille ans.

Dès la préhistoire, l'homme a mis au point des outils qu'il destinait souvent à la chasse. Des pointes de flèches que l'on date de 4000 avant J.-C. (collection particulière).

Oxygène

C'est le chimiste anglais Henry Cavendish qui, le premier, effectue en 1783 une analyse relativement précise de l'air, puisqu'il lui donne une proportion de 20,83 % en oxygène et de 79,17 % en azote*.
Mais c'est Lavoisier qui, en 1775, donne son nom à l'oxygène (identifié trois ans plus tôt et baptisé « air déphlogistiqué » par un autre Anglais, Joseph Priestley), et démontre que ce gaz est absorbé par les vivants, par opposition à « l'air non vital », c'est-à-dire à l'azote résiduel (v. *aussi néon*).

Ozone

En fait, l'ozone n'est pas une découverte récente : dès 1781, le physicien hollandais M. Van Marum avait remarqué l'odeur de l'ozone en atmosphère traversée par des étincelles électriques. Puis, en 1840, le chimiste allemand F. Schönbein découvrit ce gaz et le baptisa d'après le participe présent ozon d'un verbe grec signifiant « exhaler une odeur ».
Mais l'ozone, variété allotropique de l'oxygène, utilisé industriellement depuis la fin du XIXe siècle pour la stérilisation des eaux – entre autres –, n'est devenu familier au grand public qu'en 1985, année où l'Américain J. C. Farman découvrit un immense trou dans la couche d'ozone qui coiffe à haute altitude le continent antarctique. On s'étonna, et l'on prit peur aussi, car la couche d'ozone stratosphérique, à la manière d'un filtre, protège les êtres vivants d'un excès de rayons ultraviolets générateur de cancers de la peau et de déficiences immunitaires. On se rappela alors l'article paru dans le périodique anglo-saxon *Nature*, dans lequel les Américains Rowland et Molina avaient mis en évidence les risques d'« évaporation » que font courir à cette couche d'ozone les rejets dans l'atmosphère des chlorofluorocarbones (CFC) utilisés pour la fabrication des aérosols, des liquides réfrigérants, des solvants, etc. D'où, le 16 septembre 1987, la signature, par vingt-quatre pays, du Protocole de Montréal, qui prévoit la réduction de moitié de leur production de CFC.

Pain (boulangerie)

La nourriture de base la plus répandue au néolithique était composée de bouillies et de galettes cuites au contact de pierres chaudes ou sur la cendre. Le hasard fit découvrir aux Hébreux qu'en abandonnant un peu de pâte pour la faire reposer, et en l'utilisant après quelques heures, on obtenait des galettes plus légères, de meilleur goût, qui avaient gonflé à la cuisson. Le « pain levé », ou pain au levain, était né.
La deuxième grande découverte fut le four. Elle est due aux Grecs, qui finirent par abandonner les fours individuels, à l'origine de maints incendies dans les habitations privées, au profit de fours publics entretenus par un fournier, où les familles allaient cuire leur pain.
Les Grecs furent aussi les premiers à organiser de véritables boulangeries. Ils connaissaient jusqu'à soixante-douze sortes de pain, souvent avec adjonction d'arômes pour en améliorer le goût. Leur réputation était telle que les Romains, ayant étendu leur empire sur la Grèce, firent venir chez eux, à prix d'or, des boulangers d'Athènes : sous le règne d'Auguste, dix ans avant la naissance du Christ, Rome comptait trois cent vingt-neuf boulangeries, toutes tenues par des Grecs.
En conquérant la Gaule, les Romains y construisirent les premiers fours en même temps que les premiers moulins* minotiers. Mais ce n'est que vers 1230, sous le règne de Saint Louis, que la boulangerie devint véritablement une petite industrie.
Au XXe siècle, la boulangerie française des années vingt va connaître une gloire internationale durable avec l'invention de la baguette à la mie couleur crème, grâce à une nouvelle technique de fermentation « directe » consistant à incorporer directement la levure dans la pâte au moment de pétrir. Baguette qui sera, serrée sous le bras, et avec le béret vissé sur la tête, le symbole distinctif du Français moyen* au long d'une cinquantaine d'années.

Le pain a pour ancêtre les galettes de blé cuites sur la pierre chaude par les Hébreux. La cuisson du pain, ronde-bosse punique en terre cuite du IVe siècle avant J.-C. provenant de la nécropole de Carthage (musée de Carthage).

Pain d'épice

Au Xe siècle, la Chine fabrique un « pain de miel » salé, aliment de base et non friandise. On le retrouve au début du XIIIe siècle – en raison de sa longue conservation et de son transport facile – dans les rations de route des cavaliers de Gengis Khan, lesquels l'ont emprunté aux Chinois du Nord, qu'ils viennent de soumettre. Ce sont ces cavaliers véloces et infatigables qui vont le faire connaître aux Arabes, et les Arabes aux croisés.
En France, le premier personnage historique à goûter une galette de miel aurait été le duc de Bourgogne Philippe le Bon. La scène se passe lors d'une visite à Courtrai en 1452 ; le duc, séduit, note la recette et, rentré à Dijon, s'empresse de la faire connaître. Mais la corporation des fabricants de pain d'épice (qui doit son nom à l'anis, la badiane, la cannelle, la girofle ou l'écorce d'orange dont on le parfume) devra attendre Henri IV et l'an 1596 pour se voir attribuer des statuts. Reims est la première ville de France à faire du pain d'épice une spécialité notoire. Le premier artisan

« pain-d'épicier » de Dijon sera Bonaventure Pellerin, inscrit dans les rôles des tailles de 1711. Au fil des XVIIIe et XIXe siècles, la profession se développe dans la capitale de la Bourgogne et, à la fin du XIXe siècle, la gloire culinaire de cette métropole, déjà assurée par la moutarde*, se verra rehaussée par son pain d'épice.

Palette

Le terme ne paraît pas avoir été employé avant le XVIIe siècle et la vulgarisation de la peinture à l'huile. Toutefois, certains tableaux flamands du XVe siècle montrent des peintres – témoin saint Luc – tenant une palette.

Palmier : v. *dattier*.

Paludisme : v. *quinine*.

Pamplemousse et pomelo : v. *grape-fruit*.

Panda

Au château-mairie d'Espelette (en Pays basque), village par ailleurs fort connu pour la qualité de ses piments*, les carrelages des toilettes publiques sont à l'effigie du grand panda. C'est en quelque sorte un clin d'œil à l'adresse du Père Armand David, natif du lieu, qui décrivit ce « drôle d'ours » encore inconnu de l'Occident. Le saint homme était missionnaire quand, en 1869, il découvrit l'animal en Chine centrale, dans une forêt de bambous. Il en rapporta deux spécimens naturalisés pour le Muséum d'histoire naturelle.
À son actif, on compte également un cervidé, alors inconnu de l'Occident, déjà à l'époque en voie de disparition, et dont quelques spécimens vivaient en captivité – désormais appelé « cerf du Père David ».

Pantalon

Nom du vieillard bafoué de la commedia dell'arte, vêtu de culottes longues. Dans les *Aventures du baron de Fœneste*, pamphlet de la première moitié du XVIIe siècle, d'Aubigné introduit son nom dans la langue, et dépeint son vêtement.
Si l'on cherche un ancêtre au pantalon, il faut remonter jusqu'aux braies gauloises, voire aux anaxyrides orientales. Tout près de nous au contraire, les femmes ne mettront fin au monopole masculin du port du pantalon qu'au

Le terme « pantalon », apparu en France au XVIIe siècle, est emprunté au nom du personnage de la commedia dell'arte. La femme met fin au monopole du port du pantalon par les hommes au début du XXe siècle, comme en témoigne cette carte postale de 1900, où l'on distingue une femme vêtue d'un pantalon-combinaison (collection particulière).

XXe siècle, en commençant par ce qu'on appelait alors le « pyjama de plage » (Juan-les-Pins, 1925) avant que le couturier Yves Saint Laurent n'en lance l'usage dans la vie de tous les jours (1969). Au XIXe siècle cependant, quelques femmes avaient occasionnellement porté le pantalon, moins par goût du scandale que pour affirmer l'égalité des sexes. On citera George Sand, entre autres. Mais il y eut aussi des femmes du niveau social le plus humble, comme cette Française chercheuse d'or, dont M. Simonin, dans sa *Relation d'un voyage*

en Californie (1862), dit qu'« elle exploite un claim très productif, répond au nom de Marie Pantalon et emprunte ce sobriquet au vêtement auquel elle a donné sa préférence » (v. *culotte*).

Paon : v. *dindon*.

Papier

Le papier est, avec l'imprimerie*, la boussole* et la poudre* à canon, l'une des quatre grandes inventions chinoises qui ont contribué à construire l'Occident moderne.
L'usage du papyrus est plus ancien que celui du papier. Mais le papyrus est fait de minces tranches de la tige du roseau d'Égypte, alors que le papier est un produit manufacturé constitué de fibres.
L'invention du papier est traditionnellement attribuée à T'Saï Lun, fonctionnaire impérial responsable, en l'an 105 de notre ère, d'un certain nombre de manufactures. Mais des fragments de papier retrouvés, en 1957, à Pa-ch'iao (en Chine du Nord, province du Chan-si), dans une tombe remontant au IIe siècle avant J.-C., ont permis d'établir que sa fabrication était déjà au point deux cents ans avant T'Saï Lun.
On a prétendu que les Chinois ont gardé secrète leur technique de fabrication du papier. En réalité, celle-ci s'implante en Corée dès le IIe siècle, au Japon et en Indochine dès le IIIe, au VIIe en Inde. Sa pénétration vers l'ouest, commencée par l'Asie centrale au IIIe siècle, continue par l'Asie occidentale (VIIIe siècle), puis par l'Afrique du Nord (Égypte, en 900 ; Maroc, en 1100) et se termine en Europe (XIIe), laquelle l'introduit en Amérique au XVIe siècle. Un ouvrier d'Essonnes, nommé Robert, mit au point la première machine à fabriquer le papier « en feuilles de grandeur indéterminée ».
Il fit breveter son procédé en 1799 et reçut du gouvernement une subvention de 8000 francs ; cette somme ne lui semblant pas suffisante pour son mérite, il céda son brevet à François Ambroise Didot, qui le revendit en Angleterre ; la première machine à papier fonctionna à Frogmore, dans le Hertfordshire.

Ce sont les Chinois qui inventèrent le papier, si l'on en croit les fragments de papier du IIe siècle avant J.-C. que l'on a retrouvés dans une tombe en Chine du Nord.

Papier d'aluminium

Le papier d'aluminium ménager a été inventé par l'Américain Reynolds en 1948.

Papier d'Arménie

Est-il originaire d'Arménie ? Que nenni. Ce papier odoriférant est français. Mis au point en 1885 par Auguste Ponsot, il fut aussitôt apprécié pour sa faculté d'assainir, de désodoriser et de parfumer les intérieurs bourgeois. Seul Jean Cocteau ne semble pas l'avoir apprécié à sa juste valeur, qui écrivait : « Toutes ces âmes de l'élite qui brûlent d'un petit feu comme le papier d'Arménie, en laissant derrière elles une mauvaise odeur. »

Papier carbone

Le désir, le plaisir ou l'obligation de garder par-devers soi un double jumeau des lettres, des mémoires, des documents rédigés de notre main est plus ancien que l'invention de la machine à écrire.
C'est un Anglais, R. Wedgwood, qui a déposé en 1806 le brevet d'une mince feuille saturée d'encre séchée entre deux papiers buvards.

Papier hygiénique

Sacrifions la préhistoire et parcourons l'Histoire à grandes enjambées pour en arriver à Rome. « Héliogabale, surpris par ses assassins, dans les latrines, s'étouffa avec l'éponge dont, dit Montaigne dans son langage naïf, "les Romains se torchoyaient le derrière". » Qui a écrit cela ? Alexandre Dumas père, et qui plus est, dans la préface de *Mon dictionnaire de cuisine*.

Encore quelques dizaines de siècles et voici le Grand Siècle : le cardinal de Retz avait une prédilection pour le chanvre, Mme de Maintenon préférait la laine mérinos. Plus modestes, les bourgeois avaient un faible pour l'étoupe. Les manants, eux, se contentaient d'herbes et de cailloux.

À la fin du XIXe siècle, en Grande-Bretagne d'abord, puis sur le continent, le développement de l'industrie papetière, sous-tendu par le mécanisme déjà ancien de la chasse* d'eau et par la production en masse de la cuvette de W.-C.*, détermine la création du papier désigné par la lettre Q dans le catalogue des normes françaises. Ce papier est proposé à une clientèle toujours plus nombreuse, d'abord sous forme de feuilles intercalées les unes dans les autres, puis de rouleaux dont la sécabilité est facilitée par des pointillés disposés à intervalles réguliers.

Le mot, lui, est introduit dans l'imprimé en novembre 1901. Ce mois-là, la revue du Touring-Club de France le cite en ces termes, et entre guillemets : « Nous appelons votre attention sur l'utilité, pour la bonne tenue des W.-C., d'un distributeur de papier "hygiénique". »

Papier-monnaie

L'usage du papier-monnaie, comme substitut de la monnaie* métallique, lourde et encombrante, était courant en Chine au IXe siècle de notre ère sous le règne de l'empereur Xian Zong (806-820), mais le premier à être émis remontait à l'an 119 avant J.-C., sous le règne de l'empereur Wudi, des Han de l'Ouest. Marco Polo fut l'un des premiers Européens à constater cet usage, et à quelle grande échelle il avait lieu, mais ses contemporains ne le crurent pas.

Entre autres conséquences de l'expansion mongole, comme les cartes* à jouer, l'usage du papier-monnaie a gagné lentement l'Occident par étapes. C'est ainsi qu'en 1294 les Perses en émirent pour la première fois et lui donnèrent le nom chinois de *ch'ao* (argent).

Papier peint

C'est au début du XVIe siècle qu'apparaissent, sur les murs des châteaux de Grande-Bretagne et de France, les premiers papiers peints, en remplacement des coûteuses tapisseries et tentures, dans les antichambres par exemple. On ignore leur provenance, mais ils sont probablement d'origine chinoise.

En 1688, Jean Papillon, à Paris, invente les dessins dits « à rapport » permettant de composer un ensemble mural complet (paysage, ornement architectural, etc.), au lieu de feuilles répétant le même motif. De l'autre côté de la Manche, vers la même époque, John Evelyn, gentleman écrivain, relate dans son *Journal* (année 1693) la forte impression que lui font les papiers de la collection royale. Il les appelle papiers « indiens », mais ce sont en réalité des papiers importés de Chine depuis 1650 environ, et dont le succès est tel que se développe aussitôt un artisanat anglais de papiers muraux faits à la main.

Une fabrication mécanique sera mise au point par les frères Potter, imprimeurs sur cotonnades à Darwen, dans le Lancashire, qui déposent en 1839 un brevet pour une de leurs machines à imprimer sur tissu adaptée à l'impression sur papier. À partir de 1850, le papier peint devient un produit courant et bon marché.

Le papier timbré circule pour la première fois en France en 1673. *L'Allégorie de la révolte du papier timbré*, huile sur toile de Jean-Bernard Chalette, XVIIe siècle (musée des Beaux-Arts, Rennes).

Papier timbré

C'est en 1673, sous l'égide de Colbert, que pour la première fois en France étaient mis en circulation des papiers frappés en haut et à gauche d'une vignette fleurdelisée. Cette nouvelle forme d'impôt avait eu quelque mal à s'imposer. En effet, l'« Edict du Roy portant établissement d'une marque pour le papier et parchemin, pour la validité de tous les Actes qui s'expédieront par tout le Royaume » remontait au 20 mars 1655, mais il avait suscité l'opposition du Parlement, qui en refusa longtemps l'enregistrement, puis de nombreuses résistances, et même des émeutes comme à Toulouse, à Nevers, en Guyenne et en Bretagne – sans parler des opportunistes roublards comme le vicomte de Turenne, qui, fort de ses prérogatives royales, émit en Limousin des papiers timbrés à son profit.
Le principe du papier timbré n'était cependant pas nouveau en Europe : une centaine d'années auparavant, la Hollande, l'Espagne et l'Allemagne y avaient eu recours.
Depuis trois cents ans, en France, et en dépit de tous les changements de régime, le papier timbré connaît une glorieuse fortune. Simplement, sur les vignettes ont succédé aux fleurs de lis des emblèmes révolutionnaires, des aigles impériaux, divers symboles républicains...

Paquebot

L'ancêtre de tous les paquebots, avec lequel les voyageurs allaient, durant une bonne centaine d'années, connaître un art inédit de la vie en mer, est le *Great Eastern*, lancé en 1857.
Cinq fois plus long (211 m) qu'aucun navire de son temps, il avait cinq cheminées hautes de 30 m et six mâts dont un mât de misaine plus haut que Notre-Dame de Paris.
Mais, trop en avance sur son temps, il fait son voyage inaugural avec trente-cinq passagers, alors qu'il peut en transporter cinq mille. Ayant ruiné deux sociétés d'armement, il effectue, en 1867, sa dernière traversée avec deux petites centaines de passagers, dont Jules Verne, enthousiaste.
Il finit sa carrière à Liverpool, comme centre flottant de loisirs – bals, jeux, music-hall, etc.
Et c'est là que, jusqu'à sa démolition survenue en 1877, il rapportera enfin de l'argent.

Parachute

Au début de juillet 2000, à Mpumalanga (Afrique du Sud), le Britannique Adrian Nicholas atterrit sans encombre, après avoir sauté d'une montgolfière avec un parachute insolite : celui-ci avait été fabriqué – dimensions et matériaux – en conformité avec les croquis et les notes consignées dans son carnet de 1485 par le génial Léonard de Vinci, soit 515 ans plus tôt.
Plus près de nous, si l'on en croit un texte écrit par le Vénitien Fausto Veranzio en 1617, des essais auraient été tentés avec une toile carrée tendue sur quatre perches, au début du XVIIe siècle. En 1783, Sébastien Lenormand se laisse tomber d'un premier étage avec un parasol dans chaque main ; puis il fabrique un parachute avec lequel il fait descendre des animaux lancés du haut de la tour de l'observatoire de Montpellier. Enfin, il se risque au même exploit. Montgolfier assistait à l'événement. Dès 1785, Jean-Pierre Blanchard essaye un parachute de sa confection à partir d'un ballon libre : des animaux sont ses cobayes.
André Jacques Garnerin est le premier homme à tenter – et à réussir – une descente en parachute en se jetant d'un ballon libre. Cela se passait le 22 octobre 1797, dans le ciel de Paris. Il toucha le

Au xve siècle, Léonard de Vinci avait déjà dessiné un prototype de parachute. D'autres, et pas des moins fantaisistes, furent aussi réalisés comme ce *Rêve de l'homme volant*, une illustration extraite d'un ouvrage de Rétif de La Bretonne du xviiie siècle.

sol après une chute de 1000 m environ. Sa femme, Jeanne-Geneviève, née Labrosse, fut la première femme parachutiste. Leur nièce, Élisa Garnerin, fut la première femme parachutiste professionnelle, célèbre en Europe et aux États-Unis par ses multiples et audacieuses descentes. Le parachute était chez les Garnerin une passion familiale. Sur un plan militaire, les Soviétiques sont les premiers à former un corps de parachutistes, dont les démonstrations commencent en 1936. Mais ce sont les Allemands qui sont les premiers à utiliser leurs «paras»: aux Pays-Bas, en mai 1940.
Le premier saut en parachute à partir d'un avion en vol a eu lieu le 1er mars 1913, à Saint Louis, Missouri. L'exécutant: le capitaine américain Albert Berry.
Traversée de la Manche: le 11 octobre 1984, Gérard Peltzer, pilote de Boeing 707, vole de la côte anglaise au cap Gris-Nez, grâce à un «parachute à moteurs» – deux moteurs de tondeuse à gazon (v. *aérostat*).
Le 7 novembre 1999, Thierry Demonfort et Bertrand de Gaullier, tous deux officiers de la Marine nationale, parachutistes d'essai et plongeurs, atterrissent près du cap Gris-Nez après une traversée de quelque 30 km en 25 minutes. Ils avaient été largués à 8000 m à la verticale de Douvres. Cette traversée de la Manche en parachute* biplace était une première. C'était aussi la plus longue traversée jamais effectuée en tandem en dérive sous voile par-dessus une étendue marine.

Parapente : v. *alpinisme*.

Parapluie

Un édit royal de 1776 attribue aux gantiers le privilège de façonner toutes sortes de «parapluies ou parasols». Mais l'objet était une nouveauté à Paris dès 1622. On en parle comme tel dans les *Questions tabariniques*, au sujet du fameux feutre de Tabarin.
En fait, on voit sur des estampes chinoises du iie siècle avant notre ère des personnages porteurs de parapluies. L'invention était finalement arrivée jusqu'en Perse. C'est là que sir Jonas Hanway, grand voyageur, aurait redécouvert le parapluie pour le compte des Anglais. Alors qu'il se promenait dans les rues de Londres avec un parapluie pour la première fois en 1750, les passants le prirent pour un fou, et les gazettes en firent des gorges chaudes. Il mit vingt ans à en lancer la mode. En 1786, année de sa mort, le parapluie était devenu d'un usage courant.
La raison de sa réussite difficile, malgré le climat londonien, sir John Mac Donald la raconte dans ses Mémoires. En 1778 encore il n'osait pas se servir d'un magnifique parapluie de soie rapporté d'Espagne de peur d'être injurié par les cochers, qui voyaient dans cet en-cas un sérieux concurrent à leur industrie.
Peut-être Hanway avait-il emprunté l'astucieuse idée aux Français: vers la même époque existaient à Paris des parapluies appelés «robinsons», par référence à Crusoé. À Londres, on les tenait pour une invention française donnant un genre quelque peu efféminé. Mais quoi? Le parapluie n'était-il pas d'un usage fréquent dans l'armée anglaise? La preuve: Wellington voulut y mettre fin en 1813, à Bayonne. Il estimait le port du parapluie *quite unmilitary* sur les champs de bataille. Mais deux ans après, à Waterloo, cet interdit paraissait déjà oublié. Selon *The Spectator*, un général français raconte, à propos d'une charge de cavalerie: «Ils

fermèrent leurs parapluies, les suspendirent à leurs selles, mirent sabre au clair et se jetèrent sur nos chasseurs. » Voilà qui explique autrement le juron proféré par Cambronne.
Au XIXe siècle existait une London Umbrella Co. qui avait ouvert des comptoirs dans la capitale pour louer ses parapluies – 1,20 £ pour trois heures.
En 1875, les journaux citent le troisième essai d'organisation par un industriel de location de parapluies à Paris ; ils ne disent pas si les deux premières tentatives avaient été infructueuses (v. *imperméable*).

Parasol

Dès la Grèce antique, qui ne connaissait pas le parapluie, on se protégeait du soleil par le parasol, qu'aux panathénées portaient, en signe de subordination, les femmes non citoyennes pour le bénéfice des femmes citoyennes.
Il fut évidemment en usage en Italie avant de l'être en France, et en France avant la Grande-Bretagne.

Ci-dessus : les Grecs de l'Antiquité connaissaient déjà l'usage du parasol. Un homme en promenade sous un parasol, fragment de terre cuite du Ve siècle avant J.-C. (musée du Louvre, Paris).

Au centre : l'invention du paratonnerre en 1752 est due à Benjamin Franklin, homme politique et physicien-philosophe. Peinture de Robert Fecke, 1746 (Harvard University, Cambridge).

L'écrivain anglais John Evelyn en parle dans la relation qu'il fit de son voyage en France (1644-1648). Il en vit à Montpellier : ils étaient en paille et avaient la forme de cloches. Locke en rencontre à Paris en 1675 encore avec étonnement.

Paratonnerre

Au physicien-philosophe et homme politique américain Benjamin Franklin revient l'invention du paratonnerre (v. *électricité*), en 1752. De 1777 à 1785, il habitait un pavillon aujourd'hui disparu, qui occupait l'angle des actuelles rues Raynouard et Singer, dans le XVIe arrondissement de Paris, et c'est sur le toit de ce pavillon qu'il fit monter le premier paratonnerre de France.
Mais l'utilisation de cet instrument fut assez longue à s'imposer. En 1780, dans son *Tableau de Paris*, Sébastien Mercier écrivait : « C'est une puérilité de vouloir détourner le feu du tonnerre avec ces aiguilles ; c'est comme si l'on voulait épuiser l'océan avec des tuyaux capillaires, et je ne doute pas qu'on ne range bientôt cette extravagance parmi les plus fortes de ce siècle. »

Parcmètre

Le parcmètre fonctionnant avec des pièces de monnaie a été inventé par l'Américain Carl Magee, qui déposa un brevet en 1935 et le vendit l'année suivante à un autre Américain, Donald Ducan (v. *Yo-Yo*).

Parcs nationaux

C'est en 1872 que le président des États-Unis Ulysses Grant signe un décret aux termes duquel est créé le premier parc national « pour le profit et l'agrément du public » ; il s'agit du parc national de Yellowstone (État de Wyoming), du nom de l'affluent du Missouri qui le traverse.
En France, le principe des parcs nationaux est décidé par la loi du 22 juillet 1960. Le premier à être créé est celui de la Vanoise (1963). Un décret du 1er mars 1967 définit ce que seront les « parcs naturels régionaux » ; le premier à s'ouvrir sera celui de Saint-Amand-Raismes (1968), suivi de celui de l'Armorique (1969).

Parfums

Les parfums de l'Antiquité étaient souvent fabriqués à partir de bois odoriférants. L'encens, lui, était une résine aromatique tirée principalement d'une plante endémique d'Arabie et d'Abyssinie. D'autres avaient une origine animale, comme le musc et l'ambre.

L'Égyptien des temps pharaoniques, s'il était bien né, homme ou femme, n'apparaissait jamais en public sans s'être parfumé. Aussi bien, l'industrie des parfums a connu un développement considérable à Alexandrie, sous les Ptolémées.

Il faut dire que la pratique assidue de l'embaumement et les fastes du culte en faisaient une grande consommation.

La Grèce et Rome ne furent pas en reste. Cicéron se moque de certains bellâtres de ses ennemis dont le *tonsor* (barbier) a inondé de parfum les franges de leur chevelure. Le poète Martial brocarde leurs successeurs un siècle plus tard: l'un qui fleure toutes les essences des pots de plomb vendus par Niceros, un parfumeur célèbre, l'autre qui, lui, est suspect parce qu'« il sent toujours bon, et que c'est mauvais de sentir toujours bon». N'oublions pas, non plus, que Néron ne jurait que par l'eau de rose, dont il allait jusqu'à parfumer les vins de ses somptueux festins...

Le Moyen Âge ne semble guère avoir utilisé les parfums autrement qu'au cours des cérémonies religieuses. Il faudra attendre les croisades* pour assister à un retour en force des parfums et autres substances fragrantes destinées à embellir les soins de la toilette.

Dans notre pays, le parfumeur entre officiellement dans la vie de la cité en 1190, avec Philippe-Auguste. Celui-ci accorde des statuts à la corporation des gantiers-parfumeurs, seule habilitée désormais à vendre cuirs, gants parfumés, eaux de senteur et pastilles qui gardent l'haleine agréable. Plus tard, dans *Pantagruel* (1582), Rabelais parle d'« une paire de gants parfumez à la chandelle de noix». Plus tard encore, sous Louis XV, l'étiquette aussi raffinée que rigoureuse de la cour exige que les courtisans changent chaque jour de parfum.

La ville de Grasse est connue pour les huiles essentielles distillées à partir des fleurs récoltées dans la région depuis le XIIIe siècle. Mais sa célébrité et l'essor de son industrie ont pris leur dimension maximale seulement depuis que les Médicis eurent relancé la mode des gants parfumés.

Pariétal (art)

L'art pariétal du paléolithique européen a été entrevu dès 1575 : cette année-là est publiée la *Cosmogonie universelle* de François de Belleforest, dans laquelle il est question de peintures d'animaux de la grotte de Rouffignac, en Dordogne, qui seront découvertes officiellement en... 1906. C'est l'instituteur Paul Chéron qui, le premier, en 1878, a pensé à associer aux couches préhistoriques qu'il fouillait des gravures pariétales, celles de la grotte de Chabot, dans le Gard. Mais les archéologues patentés de l'époque ne tinrent pas compte des observations de Chéron; de la même façon, l'année suivante, la découverte des grottes d'Altamira et de ses peintures polychromes du magdalénien moyen (près de Santander, Pays basque espagnol) se heurta à l'incrédulité de la science officielle.

Puis, au XXe siècle, une fois reconnu comme tel, il a été admis que l'art pariétal était apparu au aurignacien (- 27000 à - 20000 avant J.-C.)et les premières mains «négatives», comme celles de la grotte sous marine Cosquer. Le solutréen (- 20000 à - 15000) aurait été l'époque des premières grottes ornées, l'apogée se situant au magdalénien (- 15000 à - 10000) avec plus de 150 cavernes-sanctuaires dont celle de Lascaux, «chapelle Sixtine de la préhistoire». En quelque 20000 ans, l'artiste préhistorique aurait parcouru le chemin qui va du modeste débutant au maître en pleine possession de ses moyens. C'était du moins l'hypothèse suggérée par l'abbé Breuil, pionnier de l'art pariétal, puis développée par Leroi-Gourhan, grand ethnologue de la préhistoire, qui classait les

On découvre pour la première fois en France des traces d'art pariétal au XVIe siècle. Mais la découverte n'est officielle qu'en 1906. Une peinture rupestre d'un mammifère à cornes réalisée par les premiers hommes à la fin de la dernière glaciation, entre - 17000 et - 13000 (grottes de Niaux, France).

œuvres par familles sur l'échelle du temps, dans un ordre allant du plus fruste au plus évolué.
Les découvertes de la dernière décennie du XXe siècle, celles de la grotte Cosquer (Bouches-du-Rhône) en 1991, de la grotte Chauvet (Ardèche) en 1994, et de la grotte de Cussac, dans la vallée de la Vézère, en 2000, ont bouleversé ce bel équilibre.
On a trouvé dans la grotte Chauvet des peintures d'une facture achevée, alors que ce sont les plus anciennes connues (aurignacien, - 32000 ans).
Et, dans la grotte de Cussac, des gravures exécutées avec une technique remarquable, datant de 20 000 ans. C'est « le Lascaux de la gravure ».
Reste tout aussi mystérieux le pourquoi de cet art rupestre. Pourquoi ces mains négatives, pourquoi tous ces animaux reproduits avec un réalisme quasi photographique – mammouths, rhinocéros, ours, chevaux, bisons, bouquetins, et même pingouins de la grotte marine Cosquer –, tout un bestiaire qui devient de moins en moins effrayant au cours des millénaires, et dont on se demande s'il s'agit de scènes de chasse ou de symboles mythologiques. En tout cas, un chantier pariétal ne pouvait être l'affaire d'un seul individu, mais bien la mise en œuvre d'une opération collective au sein d'une communauté qui assurait la subsistance et la prise en charge des intervenants. Cela, du moins, est sûr et certain (v. *homme, langage*).

Parlement

Le plus vieux parlement du monde encore en exercice de nos jours est l'Althing d'Islande, constitué en l'an 930 de notre ère par la réunion des chefs des petites communautés de Vikings norvégiens disséminées sur l'île et dont l'installation avait commencé à la fin du IXe siècle.

Parmesan

Grana est le vocable italien qui désigne une grande famille de fromages fabriqués en Émilie depuis le Moyen Âge. Le parmesan est l'un d'eux, qui acquit dès le XIIIe siècle une notoriété internationale, peut-être grâce à la publicité que lui fit Boccace, qui chanta en vers ses mérites.

Partis politiques

En France, si le mot « radical » date de 1820, le parti du même nom a été fondé officiellement le 23 juin 1901 sous l'appellation de « parti républicain, radical et radical-socialiste » par un congrès institutif qui avait été convoqué par un

Une affiche de propagande en faveur de Félix Gaillard, membre du Parti républicain, radical et radical socialiste au début du XXe siècle (Bibliothèque nationale, Paris).

« comité d'action pour les réformes républicaines » où siégeaient Léon Bourgeois, Brisson et Goblet. Le parti radical est le doyen des groupements politiques en exercice. En Grande-Bretagne, le plus ancien parti encore existant est le Parti conservateur* : en tant que tel et désigné sous ce nom, il remonte à 1832, année de la réforme électorale qui devait sonner le glas du parti *tory*, son prédécesseur, réforme amorcée à l'instigation du parti *whig*, qui, de son côté, allait engendrer le Parti libéral avant la fin du XIXe siècle.
Aux États-Unis, c'est le Parti démocrate qui détient le record de longévité. Il naquit avec l'accession à la présidence du général Andrew Jackson en 1829.

Passoire

Le terme est cité dans le statut des orfèvres de 1679. Mais l'Antiquité se servait de passoires en osier, en toile ou en airain pour filtrer les vins.

Pastel : v. *indigo*.

Pastèque : v. *concombre.*

Pasteurisation

Le procédé qui consiste à détruire les bactéries pathogènes contenues dans un liquide alimentaire, par un chauffage altérant le moins possible les vitamines et les diastases du produit, est une découverte de Louis Pasteur. C'est en 1872, dans les laboratoires de la faculté des sciences de Clermont-Ferrand, qu'il mit au point le procédé de fabrication de la bière, baptisée aussitôt bière « pasteurisée » par le naturaliste Edmond Perrier. Le lait pasteurisé suivra quelques années plus tard. Le mot « pasteurisation » entrera dans le *Grand Larousse* en 1890.

Patate

La patate douce constituait, avec le maïs*, l'aliment de base des Amérindiens à l'arrivée de Christophe Colomb, et cela depuis les temps les plus reculés, car on ne l'a jamais retrouvée à l'état sauvage. En 1526, elle est transportée des Antilles en Europe, tandis que les colons de Virginie entreprennent dès 1650 sa culture systématique. C'est aujourd'hui une des plantes à tubercule les plus répandues dans les pays tropicaux et subtropicaux – Afrique occidentale, Sud-Est asiatique et même Océanie –, où elle remplace la pomme de terre. Mais comment expliquer qu'elle ait été déjà appréciée de la Chine aux IIe et IIIe siècles ? Voilà une énigme encore indéchiffrée.
En France, où on la cultive pourtant depuis 1720, elle n'est guère répandue, bien que Louis XV puis Joséphine en aient été particulièrement friands ; son discrédit s'est aggravé depuis que, maladroitement, Victor Hugo l'a appelée « la truffe du pauvre ».

Pâtes alimentaires

Après un voyage de 24 ans en Extrême-Orient, Marco Polo rentre dans sa Venise natale en 1295. Il en rapporte le principe des pâtes (et des *scampi fritti*), inventées par la Chine : la cuisine italienne est née de ce voyage. Pour se perfectionner, elle n'aura plus qu'à se souvenir de Lucullus le Sicilien et à s'affiner en Toscane, à la cour florentine des Médicis, lesquels portaient dans leurs armes les trois boules des marchands d'épices.
Au XVe siècle déjà, les pâtes alimentaires tiennent une très grande place dans l'alimentation du peuple italien. Préparées pendant cent cinquante ans dans chaque foyer, leur fabrication industrielle commence à Naples. On fait bouillir macaronis et raviolis*, puis on les accommode à l'ail et au fromage.
L'art de la table, lui aussi, commence avec Marco Polo : à cause des macaronis juteux, les tables furent longtemps plus hautes dans la péninsule que partout ailleurs en Occident.

Patinage

Le patinage est sûrement originaire de la Frise, province maritime que se partagent la Hollande et l'Allemagne : on y a retrouvé des patins en os vieux de deux mille ans. Dès le Moyen Âge, c'est en tout cas un mode de locomotion très courant en Hollande durant l'hiver. Le bois et le fer ont remplacé l'os. Plus près de nous, toute l'Europe « froide » pratique le patinage : des personnages célèbres s'y adonnent, entre autres le philosophe

Le patinage est pratiqué en Europe dès le Moyen Âge. Il faut attendre le XIXe siècle pour que la première patinoire ouvre à Paris. Un patineur au XVIIe siècle (collection Casquard).

allemand Klopstock, Mme de Pompadour, Goethe, Lamartine, la reine Victoria… qui aurait fait la connaissance du futur prince consort sur la glace, sans que celle-ci se rompît immédiatement.
En 1876, toujours à Londres, est construite la première patinoire artificielle en Europe, car New York possédait déjà la sienne depuis 1862, à Central Park. À Paris, il faudra attendre l'année 1890 pour que, rue Pergolèse, on transforme la « Gran Plaza de Toros » en une première patinoire française, circulaire (60 m de diamètre), et d'une superficie de plus de 2 000 m².
Le premier champion du monde de patinage de vitesse a été, tout naturellement, un Hollandais : Jaap Eden, en 1893. Quant au patinage artistique, sa naissance coïncide avec la mise au point, au milieu du siècle dernier, du patin d'acier « incorporé » à la semelle, dont un Américain, Jackson Haines, comprit toutes les possibilités. Mais ses compatriotes, occupés par la guerre de Sécession, ne le suivent pas. Haines part pour l'Europe en 1864. Stockholm puis Vienne la Valseuse lui feront un triomphe. Le premier championnat du monde aura lieu en 1896.

Patin à roulettes

Le patin à roulettes remonterait au début du XVIIIe siècle. Son invention est attribuée à un Hollandais dont le nom ne nous est pas parvenu. La première fabrication en série aurait été imaginée et réalisée dans la seconde moitié du XVIIIe siècle par un Belge, Joseph Merlin. La vogue du patin à roulettes atteint Paris en 1819, mais ne dure guère. À une époque où le froid artificiel n'existait pas encore, les Parisiens préféraient attendre l'hiver pour aller patiner sur les étangs glacés de l'Île-de-France !
Cependant, le patin à roulettes obtient ses lettres de noblesse avec *Le Prophète*, opéra en cinq actes, paroles de Scribe, musique de Meyerbeer, donné à l'Opéra pour la première fois le 16 avril 1849. Au troisième acte, quadrille de patineurs sur un lac glacé. Mais les patineurs sont naturellement montés sur roulettes. Gros succès.
Depuis, la carrière du patin à roulettes n'a pas toujours été aussi reluisante. En particulier, les matchs-poursuites de « roller-catch », imaginés à partir de 1935 à Chicago, entre équipes masculines ou féminines, et où tous les mauvais coups semblaient permis, ont quelque peu terni sa réputation dans le monde du spectacle.

Une affiche de 1890 pour le spectacle des patineurs Hannkinski, une des représentations les plus en vogue de la fin du XIXe siècle.

Patronyme

Les noms gaulois de personnes avaient été supplantés par les noms de famille et de *gentilices* romains, et ceux-ci furent à leur tour éliminés par le christianisme, qui ne connaissait que les prénoms. C'est ainsi que, durant toute la période franque et au début de l'époque capétienne, il n'existe plus que les noms de baptême : nom attaché à l'individu et qui, presque toujours, change à chaque génération et finit par s'accompagner d'un surnom ou d'un sobriquet. Au XIIe siècle, dans quelques villes comme Arras, puis au XIIIe siècle un peu partout, le nom de baptême sous une forme plus ou moins altérée, le surnom et le nom de métier tendent à devenir héréditaires. Au XVe siècle, les noms de famille sont stabilisés, fixés en quelque sorte, avec l'organisation des registres d'état* civil que vont tenir les curés de paroisse jusqu'à la Révolution, et que François Ier va rendre obligatoires par l'article 51 de l'ordonnance de Villers-Cotterêts (1539). Quant à l'état civil des

protestants, il fut légalement enregistré par les pasteurs aussi longtemps que fut en vigueur l'édit de Nantes (1598-1685) ; pour les israélites, c'est seulement sous l'Empire qu'un décret du 20 juillet 1808 leur enjoignit de prendre un nom de famille dans les six mois.
La Révolution sécularisera les registres de l'état civil par un décret du 20 septembre 1792 et une loi du 28 pluviôse an III (v. *signature*).

Pêcher

Le pêcher pousse spontanément dans les montagnes de l'Asie centrale et septentrionale, et c'est là qu'on a commencé à le cultiver dès la plus haute antiquité, il y a environ quatre mille ans. Après une acclimatation en Perse, où les soldats d'Alexandre l'ont rencontré, il arrive en Europe au Iᵉʳ siècle de notre ère et se répand dans tout l'Empire romain. Au XVIᵉ siècle, en France, la pêche n'était pas encore d'une saveur exceptionnelle, mais quatre cent cinquante ans de soins et de sélections en Occident ont donné le jour à trois mille variétés du meilleur goût.

Pédalo

Son inventeur est un charpentier de marine, Jean-Eugène Canton, qui en a déposé le brevet en 1934, et le nom le 6 janvier 1936 – à 10 heures – au tribunal de Juan-les-Pins. Si le brevet est tombé dans le domaine public, vingt ans après, en 1954, le dépôt d'un nom, lui, régulièrement renouvelé, est resté la propriété de l'inventeur jusqu'en 1986, année au cours de laquelle il l'a vendu à Bernard Borrelli, 46 ans, patron du « Pédalo-Nauti-Cat Méditerranée », à Bormes-les-Mimosas.

Peigne

À coup sûr, il est presque aussi ancien que le beau sexe. On a trouvé des peignes dans les tombes égéennes. Un édit de Dioclétien, datant de la fin du IIIᵉ siècle après J.-C., fixe à 14 deniers le prix des peignes en buis, les plus communs. Un texte français du XIIᵉ siècle cite un peigne d'ivoire doré. La taille de 1292 cite neuf peigniers à Paris, celle de 1300 trois seulement. Certains peignes comportaient un long manche fabriqué par les « couteliers, faiseurs de manches ».
Au XVIᵉ siècle, les marchands criaient dans les rues :
« Pignes de bois, la mort aux poux,
C'est la santé de la teste. »

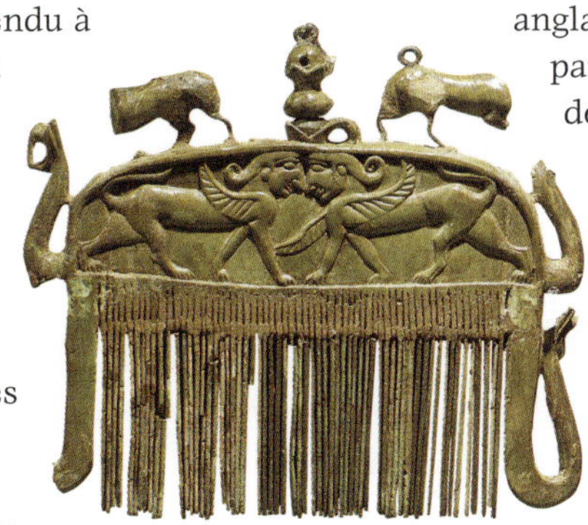

L'usage du peigne a été adopté très tôt par les femmes et dans de nombreuses civilisations. Un peigne étrusque en ivoire sculpté du VIIᵉ siècle avant J.-C. (musée archéologique, Florence).

Peinture à l'huile

Dès les années 1300 avant J.-C., l'Égypte peignait ses murs à l'aide de résines dissoutes dans des huiles dont Pline énumère la liste.
Un traité dit d'Héraclius, paru au Xᵉ siècle de notre ère, consacre quatre chapitres à expliquer les procédés de la peinture à l'huile. Depuis longtemps, l'attribution que fait Vasari aux frères Van Eyck de la découverte de la peinture à l'huile est reconnue sans fondement.

Pékinois

À l'impératrice douairière de Chine Ts'eu-Hi, qui gouverna d'une main de fer de 1861 à 1908, nous devons le pékinois d'aujourd'hui, en Occident – car la race a dégénéré depuis dans son pays d'origine. C'est l'impératrice qui avait édicté les règlements relatifs à l'élevage de cet épagneul obtenu depuis quelques siècles par croisement d'un très ancien chien de compagnie des empereurs chinois et du terrier tibétain.
L'exportation des pékinois, propriété de la famille impériale, était interdite. Mais, après la prise de la capitale par un corps expéditionnaire franco-anglais (1860), cinq de ces chiens parvinrent en Angleterre, ramenés par des officiers britanniques, et l'un d'eux fut offert à la reine Victoria. De ces cinq spécimens et de quelques autres rapportés en fraude également à la fin du siècle dernier descendent tous les pékinois d'Occident.
Les premiers sujets furent exposés en France et en Angleterre en 1864.
Et le pékinois a son club français depuis 1904.

Pelote basque

Le jeu à main nue est probablement une adaptation de l'universel jeu de longue paume. Le gant d'osier, ou chistera, n'est apparu qu'en 1857, inventé par un artisan de Saint-Pée-sur-Nivelle, Gaintchiki (« le forgeron »).

La pelote basque, probablement dérivée du jeu de paume, est apparue au XVIe siècle. *Mlle Chistera jouant à la pelote basque, ou l'avancée du féminisme*, lithographie extraite de l'édition de 1927 de *La Vie parisienne* (Wingfield Sporting Gallery, Londres).

Par allongement fut obtenu, à la fin du siècle dernier, le grand chistera, qui permet le jeu le plus spectaculaire et le plus connu du grand public, mais qui est la moins basque des quelque dix-huit variétés de pelote...
La plus ancienne rencontre archivée eut lieu le 26 juillet 1755. Y participaient sept Basques « parmi lesquels estaient en berret de paysan et en chemise comme les autres, M. Hiriart, médecin de Macaye », un village voisin d'Hasparren.

Pénicilline

La thérapeutique antibiotique est fondée sur l'antagonisme existant entre certains champignons et certains microbes*. Dès 1877, Pasteur avait eu l'occasion de remarquer cet antagonisme, et il en avait déduit que l'humanité malade pourrait en tirer d'importants bienfaits. En 1928, Alexander Fleming, médecin britannique, qui étudie une culture de staphylocoques, observe par hasard l'absence de microbes autour d'une moisissure de *Penicillium notatum*. De ce champignon il extrait une substance antibactérienne qu'il baptise « pénicilline ». Mais sa préparation est grossière, et son produit perd très vite ses propriétés. Quatre ans plus tard, Fleming en abandonne l'étude. C'est en 1939 seulement qu'une équipe de chercheurs d'Oxford, E. Chain, M. Florey et C. Heatley, reprennent le problème et parviennent à isoler une pénicilline parfaitement purifiée. Les États-Unis vont fabriquer celle-ci à l'échelle industrielle. Le premier essai concluant sur un homme sain date du 21 janvier 1941 ; sur six malades, il date de février de la même année (v. *streptomycine*, *sulfamides*).

Pentagone

Le « plus grand bureau du monde » fut construit sur l'ordre de F. D. Roosevelt, du 11 août 1941 au 15 janvier 1943.

Perche : v. *saut à la perche.*

Percolateur

Inventé par Loquel en 1855 (v. *café*).

Perle

En Chine, deux mille ans avant notre ère, on s'en servait pour acquitter ses impôts. Bien qu'employée à la parure dans l'ancien Orient, la perle n'a été révélée à la Grèce que par Théophraste, disciple d'Aristote. Les expéditions d'Alexandre en Asie firent connaître les pêcheries, et la perle, appelée « margarita », fut alors très recherchée.
À Rome, l'usage des perles est courant au temps de l'Empire, et Tertullien reprochera aux femmes d'en orner jusqu'à leurs chaussures de campagne, souvent souillées de boue. Cette abondance tend à prouver que toutes ne provenaient pas d'Orient. Dès le XIIIe siècle, la France connaît la valeur des perles et en dénonce l'imitation. Ici encore leur abondance renseigne sur leur origine, et si Marie de Médicis portait une robe ornée de trente-deux mille perles – très petites, il est vrai – pour le baptême de son fils, c'est que la perle ne se trouve pas seulement chez l'huître, mais aussi chez la moule perlière des rivières d'Europe.
Une *Contribution à l'étude des perles fines, de la nacre et des animaux qui en produisent*, parue en 1909, signale qu'on trouvait encore à cette date des moules perlières dans les rivières d'une quinzaine de départements français.
Le mystère de l'huître perlière n'a été percé qu'à la fin du siècle dernier, précisément alors que les bancs naturels donnaient des signes d'épuisement – dans le golfe Persique, dans la mer Rouge, à Ceylan, au Japon, à Tahiti et au Venezuela. C'est un Japonais, Tokichi Nishikawa, qui a formulé la théorie de base dont l'application devait conduire, au début de notre siècle, à la culture de la perle.

Permis de conduire

En août 1875, Amédée Bollée père (v. *automobile*) décide de rallier Paris en partant du Mans sur son prototype d'automobile à vapeur, « l'Obéissante » (construit en 1873). Il fera sensation dans la capitale avec ce break à douze places. Mais auparavant il lui aura fallu demander, trois jours à l'avance, l'autorisation de l'ingénieur en chef départemental des Ponts et Chaussées, avec itinéraire prévu à l'appui. C'était le règlement de l'époque.
Une circulaire ministérielle en date du 14 septembre 1893 fait, la première, mention de la « capacité à la conduite automobile ». Elle impose à tout conducteur la possession d'un certificat de capacité délivré par les préfectures sur avis favorable du service des Mines. C'est ce

certificat qu'obtient en 1897 la duchesse d'Uzès, première Française autorisée par la loi à conduire un véhicule automobile.
Le permis de conduire date de 1899, comme la première immatriculation. Un décret du 10 mars (14 avril pour le permis) institue l'immatriculation de tout véhicule « roulant à une vitesse supérieure à 30 km/heure ».
Cent ans après, ou presque, le permis à (six) points est créé, dont le règlement est entré en vigueur le 1er juillet 1992. Ce type de permis était déjà en application dans plusieurs pays européens, et d'abord en Allemagne.

Perruche ondulée

Bien que connue des naturalistes dès le XVIIIe siècle et qu'un spécimen empaillé ait été exposé en 1831 à Londres, au musée de la Société linnéenne, ce n'est qu'en 1840 qu'il est fait mention de perruches d'élevage en Europe : cette année-là, John Gould, célèbre par ses livres illustrés sur les oiseaux, rapporte d'Australie un couple de perruches ondulées qui seront élevées par un de ses parents dans le sud-ouest de l'Angleterre. À l'état naturel, la perruche ondulée possède un plumage vert, à l'exception de la tête, qui est jaune. Mais à partir de 1870 apparaît une variété jaune un peu partout en Europe, puis une variété bleue, à Uccle (Belgique), en 1900 – en Grande-Bretagne en 1910, en France en 1919, en Allemagne en 1921.
Vers 1850, Anvers était devenu le centre commercial de ces oiseaux, et les commandes arrivaient de toute l'Europe, y compris la Russie. En France, Toulouse sera le centre de la production commerciale à partir de 1880. Après 1920, par le jeu des croisements, on a pu obtenir pratiquement toute la gamme des couleurs.

Perruque

Toute l'Antiquité a fait usage des perruques : les satiriques romains en raillent l'abus, et, au IIe siècle, Clément d'Alexandrie attaque les femmes qui portent des « cheveux de mortes » peut-être en train de brûler en enfer. Si un écrit français du XVe siècle, *Le Monologue des perruques*,

La duchesse Marie d'Uzès est la première femme française à avoir obtenu le permis de conduire une automobile. Chromolithographie de Lopez Silva, XIXe siècle (Bibliothèque nationale, Paris).

se gausse des « feints cheveux », Louis XIV créa en mars 1673 la corporation des *barbiers, baigneurs, étuvistes, perruquiers*, office héréditaire fort coûteux à acquérir ; le fournisseur à la mode, celui du roi, était Binet, créateur des perruques dites « binettes ».

Persil

On dit le persil originaire de Sardaigne, mais on en rencontre une quarantaine de variétés poussant à l'état sauvage tout autour de la Méditerranée. Peut-être cette croyance en l'origine sarde vient-elle d'Angleterre, qui ne l'a accueilli qu'en 1548, en provenance de la grande île ; les Britanniques l'ont peu après introduit dans le Nouveau Monde. En France, le « capitulaire de Villis », ordonnance édictée par Louis le Pieux vers 795, le cite déjà comme plante culinaire, alors que Grecs et Romains le tenaient pour un remède autant que pour un condiment.

Jusqu'en 1800, on s'intéressa aux feuilles du persil, mais guère à ses racines. C'est alors qu'une nouvelle variété fut découverte en Europe septentrionale, qu'on a appelée « persil de Hambourg » ou « persil à racines de navet ». Très charnues, ces racines constituent un légume assez agréable après cuisson. Au moins l'affirme-t-on du côté de Hambourg et jusqu'en Grande-Bretagne, où l'on trouve son goût proche de celui du céleri*.

Perspective

La déformation des objets qui s'éloignent progressivement vers l'horizon a été étudiée par les mathématiciens grecs. Au Ier siècle avant notre ère, Vitruve, qui les commente, analyse les corrections calculées par les architectes pour en donner la règle. Les traités d'architecture italiens du XVe siècle, le *Vitruve en français* de Jehan Martin (1547), le *Traité de perspective* de Jean Cousin (1560) définissent les lois de cette partie de l'optique.

En peinture, les artistes italiens du Quattrocento commençant, Giotto en tête, s'essaient à traduire la perspective dans deux dimensions. Le premier, le Florentin Uccello arrive à l'illusion parfaite avec trois panneaux de la *Bataille de San Romano* (vers 1456).

Pétrole

Bitume, pétrole brut et gaz naturel étaient les produits de gisements assez nombreux, de l'Égypte à la Perse, pour que les premières civilisations du Vieux Monde en aient eu très tôt l'usage. Il y a plus dc 6 000 ans, on utilisait l'asphalte pour calfater les navires, daller les chaussées, unir les briques des constructions.

Hérodote parle du « liquide malodorant » qu'il a pu voir en Perse, cinq cents ans avant notre ère. À la fin du XIIIe siècle, Marco Polo remarquera des « fontaines » d'huile noire dans la région de Bakou. Au XVIe siècle, le pétrole devient huile noble en Europe, car on lui attribue des vertus médicinales.
C'est en 1735, en Alsace, que commence la première exploitation d'un gisement de pétrole, celui de Pechelbronn. Mais le grand « boom » de l'extraction pétrolière ne se fera qu'à partir de 1859, aux États-Unis, à Titusville (Pennsylvanie), quand Edwin L. Drake, simple conducteur de train qui se prétendait colonel, entreprendra un premier forage sur les lieux mêmes d'une très riche nappe pétrolifère. L'épopée de l'or noir commençait (v. *pipe-line*, *plate-forme offshore*).

Pétrolier

On considère que l'ancêtre de tous les « tankers » contemporains est le *Glückauf*, de 3 020 t en port de lourd, navire battant pavillon allemand qui fut le premier navire-citerne classé officiellement comme pétrolier. Lancé en 1885, il commença sa carrière en 1886.
Le *Glückauf* marchait à la vapeur... et à la voile. Ses 200 chevaux lui permettaient de filer à 9,5 nœuds (*Esso Bretagne*, lancé en 1971, 250 000 t, 32 000 chevaux, file 15,6 nœuds). Avant le *Glückauf*, on a gardé le souvenir du *Charles*, lancé en 1856, 200 t, fonctionnant à la voile, qui filant 5 nœuds ne disposait d'aucune citerne, mais transportait du pétrole dans cinquante-neuf caisses...

Pétunia

Une première espèce de pétunia, à fleurs blanches, nous vint d'Argentine en 1823, puis une seconde à fleurs cramoisies 8 ans plus tard. Une série de croisements obtenus à partir de ces deux types nous a donné toute la famille, infiniment diverse, qui fait le charme des pétunias qui sont les nôtres.

Peuplier

Les botanistes ont répertorié une cinquantaine d'espèces de peupliers, dont celle que cite (« poplier ») Jean de Meung dans la deuxième partie du *Roman de la Rose* (vers 1275).
Rien à voir, quant à l'aspect, avec celui qui fait rideau le long des rivières et des canaux ou prospère dans les fonds de terrain marécageux :

Le premier gisement de pétrole en France fut exploité en 1735 en Alsace. Cependant, il faut attendre le début du XXe siècle pour que cette activité connaisse un véritable essor. Une vue panoramique de l'Union Oil Company, en juin 1923, en Californie (collection privée).

populus nigra, au fût élégant, très droit, pouvant culminer à 40 m, est une variété du peuplier noir originaire d'Asie. On l'appelle « peuplier pyramidal » ou, plus souvent, « peuplier d'Italie » (ou de Lombardie), car il a prospéré sur les bords du Pô avant d'être introduit en France vers la moitié du XVIIIe siècle.

Phare maritime

Les marins de l'Antiquité, en principe, ne naviguaient pas l'hiver, et, à la belle saison, jetaient l'ancre au coucher du soleil pour ne la lever qu'à l'aube suivante. En cas de voyage nocturne par nécessité, les Phéniciens allumaient des feux sur les promontoires. Grecs et Romains firent mieux en construisant des tours sur les points hauts des côtes, au sommet desquelles ils entretenaient des feux le cas échéant. L'une d'elles, parmi les plus anciennes et les plus hautes, aurait existé au cap Sigée, qui garde l'entrée de l'Hellespont (les Dardanelles d'aujourd'hui).

Au IIIe siècle avant J.-C., le roi d'Égypte Ptolémée II Philadelphe fait construire la plus haute de ces tours sur l'île de Pharos, à l'entrée du port d'Alexandrie. D'où le nom de celles d'aujourd'hui.

La technique du phare n'évolua guère jusqu'au XVIIe siècle : toujours des feux de bois résineux qui restaient parfois allumés dans la journée à cause de leur fumée, visible de très loin. À partir du XVIIIe siècle, on se servit de charbon, puis de chandelles. En 1780, on commence à utiliser des lampes à huile garnies de mèches plates et munies de réflecteurs sphériques en métal poli. À partir de 1820, on essaie les brûleurs à gaz, puis, après 1850, apparaît l'arc électrique, remplacé à la fin du siècle par les ampoules électriques. Parallèlement, au réflecteur sphérique succède le « photophore » de Teulère, qui permet les feux à éclipse, puis le physicien Augustin Fresnel crée la lentille à échelons (1821).

Le plus ancien des phares encore existants est celui de Cordouan, situé à l'embouchure de la Gironde. Il est passé à peu près par toutes les phases et les perfectionnements. Simple tour octogonale élevée au XIVe siècle sur l'ordre du Prince Noir, alors que le banc rocheux de Cordouan était encore relié à la pointe de Grave, dont le feu était entretenu par un ermite, le phare est reconstruit à la fin du XVIe (1584-1611) par Louis de Foix, ingénieur et architecte, puis, à nouveau, sa partie supérieure est aménagée en 1789. La première lentille à échelons y sera installée le 25 juillet 1823.

Enfin, ce « Versailles de la mer », dit aussi « roi des phares » et « phare des rois », sera classé par Mérimée monument historique en 1862, en même temps que Notre-Dame de Paris, ce qui le sauvera de l'abandon et de la destruction.

Dès l'Antiquité, les marins construisaient des tours sur lesquelles ils faisaient brûler des feux, ancêtres de nos phares. Un tétradrachme d'époque romaine du IIe siècle (Bibliothèque nationale, Paris).

Pharmacie

Les vertus médicinales de telle ou telle plante étaient déjà connues des hommes de la préhistoire. Les statuts de magicien, de pharmacien et de médecin étaient alors confondus.

Si l'on écarte un document attribué à l'empereur chinois Cheng Nong (3 600 ans avant notre ère) dont l'ancienneté est contestée, le plus vieux texte sur l'art de guérir par les substances végétales (et aussi par les minérales et les animales) est une tablette sumérienne de la fin du IIIe millénaire avant J.-C.

Cependant, les pharmaciens d'aujourd'hui tiennent le Grec Galien, né en Asie Mineure en l'an 138 de notre ère, pour le père de leur art : par ses ouvrages, il a fait connaître la manière de préparer drogues, onguents, pilules et emplâtres... Mais Galien était aussi médecin. Médecine et pharmacie se sont séparées beaucoup plus tard, avec l'école de Salerne, héritière de la tradition arabe, laquelle a transmis à l'Europe la pharmacopée des Anciens. Cette séparation eut lieu au XIe siècle. En France, elle ne devait se produire qu'à la fin du XIIe : l'apothicaire était né, dont les plus anciens statuts, à Arles, Avignon, Nice et Marseille, datent de cette époque et du début du XIIIe. Le premier texte réglementant l'exercice de la pharmacie à Paris a été rédigé par la faculté de médecine en 1271.

Le père de la pharmacie occidentale est le médecin grec Claude Galien (131-201), représenté sur cette gravure.

Dans l'ayuntamiento de Llívia est installée la Viella Botica, la plus ancienne, sinon l'une des plus anciennes d'Europe, où l'on conserve alambics et pommades chers à l'apothicaire d'antan. L'activité de la Viella Botica dura de 1415 jusqu'à 1930.
Llívia est la « capitale » d'une enclave espagnole dans le département des Pyrénées-Orientales. D'une superficie de 12 km^2, habitée par un millier de Catalans, c'est l'unique enclave étrangère en France, et cela depuis le 7 novembre 1659, qui vit la signature du traité des Pyrénées (v. *médecine*).

Philatélie : v. *timbre-poste*.

Phonographe

L'enregistrement mécanique des sons et leur restitution ont été deux des préoccupations majeures des chercheurs du XIXe siècle. Le premier, Thomas Young pense à utiliser, pour l'étude des sons, un style solidaire d'un corps vibrant et dont la pointe glissait sur un cylindre tournant. En 1857, Léon Scott de Martinville imagine de fixer le style à une membrane élastique pour enregistrer la voix humaine et la musique et donne à son invention le nom de « phonautographe ». En 1877, Charles Cros, excellent poète et linguiste, qui connaissait grec, latin, sanskrit, allemand et italien, mathématicien et, au surplus, bricoleur génial, constate que « si l'on fait repasser le style dans les sillons qu'il a creusés sur le cylindre rotatif, la membrane à laquelle il est fixé reproduira les paroles, les chants et la musique ». Et voilà pour le nouveau venu, baptisé par son auteur « paléophone », qu'il décrit dans un mémoire adressé à l'Académie des sciences le 18 avril 1877.
Or, le 31 juillet suivant, l'Américain Thomas Alva Edison, autre inventeur génial (v. *lampe*) mais en même temps redoutable homme d'affaires, fait déposer le brevet de son phonographe. À son tour, l'ingénieur américain Emil Berliner perfectionne l'instrument en remplaçant le cylindre par le disque*, qu'il avait fait breveter au cours de la même année 1877, et c'est le gramophone.

Le phonographe de 1877, dont le brevet a été déposé par Thomas Edison (musée des Arts et Métiers, Paris).

Photocopie

Un premier Américain, G. C. Beidler, avait mis au point, pour ses propres besoins, un procédé de développement par voie chimique d'un négatif photo. Cela se passait au début du XXe siècle.
En 1907, Rectigraph, société américaine, commercialisa la première photocopieuse. Depuis ont été déposés de nombreux brevets impliquant des processus photographiques sur des papiers spécialement préparés et des opérateurs relativement qualifiés.

C'est un second Américain, Chester F. Carlson, qui allait inventer la photocopie à sec, ou Xérographie (qui est une marque déposée), par dépôt électrostatique de poudres spéciales sur du papier ordinaire. Sa première copie fut baptisée par lui Astoria 10.22.38 – car elle date du 22 octobre 1938 ; à partir de là, il lui fallut une douzaine d'années pour commercialiser son prototype, et ce par l'intermédiaire d'une modeste firme, la Haloid corporation, qui, grâce à cette invention, est devenue très vite la puissante Xerox. Quant à Carlson, ancien chômeur de la crise des années 1929-1933, il était milliardaire au moment de quitter cette terre, en 1968.

Photographie

Au XVIe siècle, on connaissait déjà l'action de la lumière sur le chlorure d'argent, mais ce n'est pas avant 1802 que l'Anglais Thomas Wedgwood publie son *Account of a Method of Copying Painting upon Glass, and of Making Profiles by the Agency of Light upon Nitrate of Silver*. En 1819, sir John Herschel, fils de l'illustre astronome et futur découvreur des rayons infra-rouges, améliore la méthode de Wedgwood. Dans le même temps, le Français Nicéphore Niépce s'attaque au même problème et obtient ses premiers « dessins héliographiques ». C'est ainsi qu'il réalise en 1827 la plus ancienne « photo » qui soit parvenue jusqu'à nous, intitulée *Point de vue pris d'une fenêtre du Gras à Saint-Loup-de-Varennes*. Le temps d'exposition ayant été de huit heures, le soleil avait eu le temps d'éclairer les deux côtés des bâtiments. L'image fut obtenue sur une plaque d'étain polie et sensibilisée au bitume de Judée. Elle est datée de 1826 mais est vraisemblablement de dix ans plus ancienne. Puis Niépce s'associe avec un peintre de décors préoccupé par les questions de reproduction iconographique, Jacques Daguerre, mais il mourra trop tôt pour voir apparaître, en 1838, les premiers « daguerréotypes ». Le daguerréotype ne suscite pas toujours l'enthousiasme. Gérard de Nerval le définira ainsi : « Instrument de patience qui s'adresse aux esprits fatigués, et qui, détruisant les illusions, oppose à chaque figure le miroir de la vérité. »

Portrait de Nicéphore Niépce, qui a réalisé la première photographie, sur une plaque d'étain polie et sensibilisée au bitume de Judée, datée de 1826. Lithographie de Devalay-Buret, XIXe siècle.

Premier négatif et premier positif sont mis au point par l'Anglais W. H. Fox Talbot en 1839. Le premier rouleau photographique en Celluloïd est dû à l'Américain George Eastman en 1889. La première plaque en couleurs à regarder par transparence selon un procédé commercialement exploitable est la plaque autochrome des frères Lumière, en 1904. La première photographie aérienne à partir d'un ballon libre, en 1856, est de Nadar. La première microphotographie (v. *microfilm*) de courrier postal naît en 1870, lors du siège de Paris, pour son expédition par un pigeon voyageur. La première téléphotographie effective, en 1907, a lieu grâce à l'invention du bélinographe, du nom de son inventeur Édouard Belin (v. *télécopieur*).

En 1855, l'Exposition internationale de Paris présente une section consacrée à la photographie. En 1859, pour la première fois, à Paris encore, une exposition photographique est présentée au Salon de printemps.

En 1947, l'Américain Edward Herbert Land met au point le Polaroid*, premier appareil-monochrome-instantané. En 1972, il récidive avec le Polaroid à photos en couleurs.

Le 24 août 1981, la marque japonaise Sony annonce la mise au point du Mavica (Magnetic Video Camera), « un nouvel appareil photographique sans pellicule ». En fait, Mavica, c'est l'addition d'un morceau de caméra de télévision, d'un objectif photo, d'une visée reflex et d'une microdisquette magnétique d'ordinateur : les prises de vue peuvent être immédiatement visionnées et les images retenues développées. En octobre 1989, la firme japonaise Canon présente Ion 1, qui est la réalisation commerciale en grande série de Mavica, puis, en mars 1991, Ion 2 : réglages inexistants, prise instantanée, résultat lisible immédiatement, etc. La photographie, délaissant le gélatino-bromure, entre dans le monde de l'image magnétique.

La plus ancienne société photographique est la

Société française de photographie, fondée par un groupe de scientifiques et d'artistes (dont Eugène Delacroix et Benjamin Delessert) le 15 novembre 1854. Le 7 mai 1869, la SFP recevra un mémoire de Charles Cros (*La Reproduction des couleurs, des formes et des mouvements*). C'est la trichromie qui, par hasard, venait d'être découverte en même temps par un chercheur de province, Louis Ducos du Hauron. Images sous-marines : en 1893, première photo par le docteur ès-sciences et maître de conférences à la Sorbonne Louis Boutan, immergé au large de Banyuls dans un scaphandre pieds-lourds. En 1895, il publie le premier livre de documentation subaquatique intitulé *Mémoire sur la photographie sous-marine*. Premier film, en 1942, tourné par les « trois mousquemers » (v. *nage et pêche sous-marine*) au large de la côte varoise par 18 m de fond, Cousteau filmant Dumas tandis que Tailliez veille à la sécurité. Le deuxième, tourné en 1946, par Émile Gagnan, est un film avec un sujet et un scénario. Il s'intitulait *L'Épave* (v. *holographie, Polaroid, reportage photographique*).

Phrygien

Le bonnet adopté par les « patriotes » révolutionnaires, en 1792, le fut probablement par référence au mode musical dit « phrygien », « mâle et guerrier », et non au prétendu couvre-chef d'anciens habitants de l'Asie Mineure.

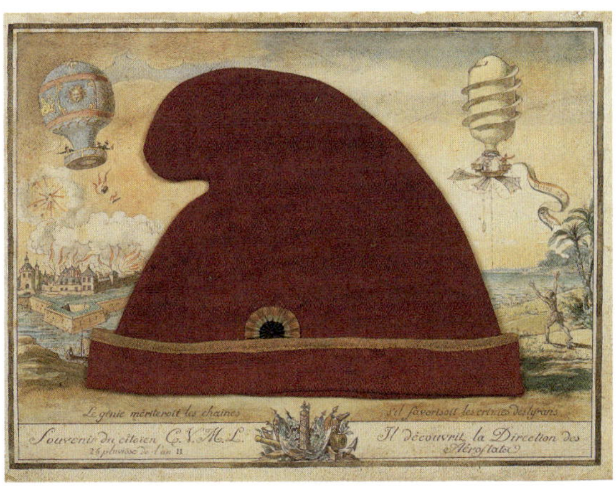

Le bonnet phrygien adopté par les révolutionnaires français n'est pas inspiré du bonnet replié en forme de corne que portaient les Phrygiens, mais du mode musical du même nom. Dessin à l'encre et à l'aquarelle, 1794 (musée de la Révolution française, Vizille).

Après Babylone et la Chine, qui avaient trouvé la valeur 3 du nombre irréel *pi*, Archimède, le savant grec, réussit à approcher la valeur exacte à 3,142 8. Gravure du XVIe siècle (Bibliothèque nationale, Paris).

Pi (3,141 6)

Le rapport constant qui existe entre la longueur d'une circonférence et son diamètre a excité la curiosité et les recherches des esprits scientifiques. À Babylone comme en Chine, on avait déjà évalué ce rapport à 3. En Égypte, c'est la même valeur approximative de *pi* qui apparaît dans le manuscrit *Rhind*, deux mille ans avant J.-C. Puis les Grecs se mettent à l'ouvrage, et Archimède, s'inspirant des travaux d'Eudoxe, son aîné de 120 ans, établit une méthode de calcul par approximations successives, jusqu'à la valeur approchée de 22/7, soit 3,142 8.
L'emploi de la lettre grecque p (*pi*), abréviative de *periphereia*, circonférence, remonte au XVIIe siècle, peut-être même au XVIe siècle – Adrien Romain aurait utilisé cette notation –, mais son emploi ne se généralise qu'au milieu du XVIIIe, après les travaux du mathématicien allemand Leonhard Euler.

Après Archimède, nombreux sont ceux qui ont cherché à pousser plus loin le calcul des décimales de *pi*, jusqu'à ce que Schanks, en 1874, en arrive à 707 décimales, lesquelles ont été gravées au mur d'une salle du palais de la Découverte (1937). Depuis, les frères mathématiciens Gregory et David Chudnovsky, de l'université new-yorkaise Columbia, ont pulvérisé ce record en juin 1989 : ordinateurs aidant, ils ont atteint la 480 millionième décimale ; récidivant au mois d'août suivant, ils ont calculé jusqu'à la 1 011 196 691e décimale. Mais le professeur Kanaka Yasumasa, de l'université de Tokyo, a fait mieux en juin 1997, en portant ce calcul à plus de cinquante milliards de décimales (exactement : 51 539 607 652...). Il ne lui a fallu que vingt-neuf heures pour obtenir ce résultat grâce à son ordinateur Hitachi composé de 1 024 calculateurs. Mais, tout compte fait, la valeur de *pi* limitée à 3,141 6 ne nous suffit-elle pas dans la vie de tous les jours ?

Piano

Son ancêtre est le clavicorde. À partir de celui-ci, on admet que le piano à queue est né des différentes modifications apportées par le Florentin Cristofori (1711), le Français Marius – de Paris – (1716), les Allemands Schröter (1717) et Gottfried Silbermann.
L'invention du piano droit, qui date de 1758, est l'œuvre de Christian Ernst Friederici, qui vivait à Gera, en Saxe.

Pierre ponce

Théophraste, à la fin du IIIe siècle avant J.-C., distingue différentes qualités de pierres ponces. Rome les utilisait pour ses voûtes. La France l'emploie dès le XIVe siècle pour la toilette.

Pierres précieuses et semi-précieuses : v. *bijoux, diamant, émeraude, topaze, turquoise.*

Pigeon

La domestication du pigeon remonte à la préhistoire. Dès les premières dynasties égyptiennes, il y a plus de cinq millénaires, on en voit la représentation sur les monuments. Et déjà il semble bien qu'on l'ait utilisé comme voyageur.
Le premier vol de pigeons voyageurs enregistré par l'Histoire s'inscrit en 894 et appartient à l'Islam : les habitants de Tunis s'étant révoltés contre Ibrahim ben Ahmed, l'un des derniers souverains Aghlabides, celui-ci envoya ses meilleures troupes pour les châtier. Le massacre des Tunisois révoltés fut épouvantable.
La nouvelle de cette « victoire » fut transmise à Ibrahim, qui résidait dans sa capitale de Kairouan, par pigeons voyageurs, comme le relate l'historien égyptien En-Nouéiri.
Les plus célèbres de tous les pigeons demeurent ceux de Venise. Tout comme ceux de Paris, ce sont des descendants du pigeon biset.
Ils auraient été introduits dans la ville, en 1204, par le doge Enrico Dandolo. Ils ont prospéré : on en compte aujourd'hui environ deux cent mille.

Pile électrique

À partir des observations faites en 1776 par l'Italien Luigi Galvani, physicien et médecin, sur les contractions musculaires des grenouilles touchées par un scalpel, son compatriote Alessandro Volta en vint à formuler, en 1793, l'hypothèse d'une électricité née du contact des métaux puis, en 1800, à fabriquer la pile qui porte son nom.
La pile sèche, encore en usage de nos jours, a été inventée, en 1868, par l'ingénieur Georges Leclanché (v. *ampoule, batterie, électricité, lampe*).

Un ange musicien jouant du clavicorde, ancêtre du piano. Détail de la voûte de la crypte de la collégiale de Saint-Bonnet-le-Château (1100-1499).

Piment

Cultivées longtemps avant l'arrivée des conquistadors, du Chili au Mexique, les espèces du genre *Capsicum* ont apporté à l'Europe le piment et le poivron – lequel n'est rien d'autre qu'un piment doux.
Il est à peu près assuré que Christophe Colomb lui-même apporta en Espagne les premiers piments qu'on y ait jamais vus, au retour de son second voyage. Et très vite le piment se plaît en Europe.
Il s'implante en France au cours du XVIe siècle. Son arrivée en Angleterre a lieu en 1548.
En 1585, il est cultivé en Moravie. Et, dès le XVIIe siècle, le paprika, une des nombreuses variétés du *Capsicum annum*, devient l'une des gloires gastronomiques incontestées de la Hongrie.

En haut : le piment à fruits pendants, longs et orangés (*Piper indicum medium*), gravure du XVIe siècle, extraite du *Jardin d'Eichstätt* de Basilus Besler.

À droite : la pintade, dessin extrait d'*Histoires naturelles* de Jules Renard, 1928 (Bibliothèque nationale, Paris).

Pintade

Cet oiseau, dont la domestication n'est jamais complète, avait été adopté par les Grecs sous le nom de « poule d'Afrique ». Un peu plus tard, les Romains, qui l'appréciaient fort, la baptisèrent « poule de Numidie » et l'immortalisèrent sur les fresques de Pompéi. Puis, elle retourna à l'état sauvage.
Il fallut attendre le Moyen Âge pour que les Portugais la réintroduisent en Europe, en provenance des îles du Cap-Vert, avec son nouveau nom, qui signifie « peint, bigarré », dans leur langue.

Pioche

La pioche est représentée sur des vases de la Grèce antique.
En France, elle est citée au début du XVe siècle. Au XVIe siècle, Rabelais est le premier à parler de piocheur – au sens de « travailleur infatigable ».

Pipe

La pipe est beaucoup plus ancienne que le tabac*. En Europe, des fouilles menées un peu partout ont exhumé des pipes de terre et de fer remontant à la préhistoire. Un des personnages de la célèbre fresque de Pompéi *Les Joueuses d'osselets* fume la pipe. Mais que fumait-on ? Selon les pays, probablement des plantes aromatiques ou stupéfiantes : chanvre, bétel, coca*, opium, haschisch...
Chez les Aztèques du Mexique précolombien, le tabac avait son rôle social : au moins dans la classe dirigeante et chez les marchands, on distribuait aux convives, à la fin des repas, des pipes toutes préparées. C'étaient des pipes

cylindriques, sans fourneau distinct, en roseau – peut-être quelquefois en terre cuite –, richement décorées, et qu'on avait bourrées d'un mélange de tabac, de charbon de bois et de liquidambar. On obtenait ainsi une sorte de gros cigare aromatique dont le goût devait être assez différent de celui que nous attendons d'un cigare actuellement. On fumait peu en dehors des repas. Se promener une pipe à la main était un signe de noblesse et d'élégance. Mais la véritable histoire de la pipe commence pour nous avec la découverte de l'Amérique, où le tabac était connu depuis deux ou trois millénaires. En Europe, les premiers fabricants de pipes furent les Anglais. C'étaient des pipes en terre inspirées du calumet des Indiens d'Amérique du Nord, qui fumaient l'écorce du saule mélangée à des ingrédients dont nous ne savons rien.
Dans l'édition de 1617 du *Théâtre d'agriculture*, Olivier de Serres écrivait : « La fumée du pétun masle, dit aussi tabac, prise par la bouche avec un cornet approprié est bonne pour le cerveau, pour la vue, l'ouïe, les dents, etc. »
Allant rendre visite à Mme de Maintenon, Louis XIV surprit un jour la dauphine et les autres princesses d'Orléans en train de tirer sur des pipes empruntées aux gardes. Peut-être donc que les premières fumeuses de pipes françaises furent de sang royal.
La pipe en bois apparaît avec la Révolution et connaît la faveur des troupes napoléoniennes. Entre autres, un caporal de la Grande Armée eut les deux bras emportés par un obus, et une de ses mains tenait encore sa pipe. Il s'appelait Jean Népomucène Bouffardi – d'où le surnom de « bouffarde ». *Se non è vero…*

Pipe-line

Le premier pipe-line pétrolier fut construit en 1865 par Samuel Van Syckel, en Pennsylvanie ; treize ans plus tard, dans ce même État, fonctionnait déjà un pipe-line de 6 pouces (15 cm de diamètre) avec un débit journalier de 1 500 t. Le développement de la production devait entraîner celui des pipe-lines, et, dès 1880, il y avait aux États-Unis 1 800 km de conduites. Cent ans après, il existait près de 900 000 km de pipe-lines (brut et produits finis) en service dans le monde (v. *pétrole*, *plate-forme offshore*).

Inauguré en 1928 sous les arcades des Champs-Élysées (à l'époque au nº 76-78), le Lido proposait alors piscine et salons de beauté. *La Nouvelle Piscine « select » des Champs-Élysées*, gravure de Maggy Monier, 1928 (collection particulière).

Piscine

L'Antiquité dénommait « piscines » les bassins qu'aujourd'hui on appelle « viviers ». Les Hébreux lavaient les animaux destinés au sacrifice dans des piscines probatoires. Par allusion à ce caractère prophylactique, le XIIIe siècle chrétien parle de la « sainte piscine où se lavent les péchés ». La première piscine étanche, fermée et chauffée, paraît avoir été celle de Vienne, dite « Bains de Diane », longue de 37 m, construite en 1843. La seconde, toujours dans la capitale autrichienne, fut édifiée douze ans plus tard. Suivent, en 1876, celle de Glasgow, en 1879, celle de Bruxelles, en 1881, celle du lycée de Vanves, en 1889, celle de Reims.

Pissenlit

Cette plante indigène des prairies d'Eurasie est depuis longtemps sur les tables paysannes : au Moyen Âge déjà, l'homme de la glèbe appréciait

ses feuilles et aussi ses racines. Mais il a fallu attendre le temps de la Renaissance pour qu'on le consomme, même dans les classes aisées, comme salade et comme légume.
À la fin du XVIIIe siècle, on commence à cultiver le pissenlit dans nos jardins, un pissenlit qui s'améliore en taille et en substance, et, au XIXe siècle, il est exploité en grande culture par les professionnels, qui font blanchir ses pétioles par étiolement. Mais cela n'empêche pas le pissenlit des prés d'avoir ses partisans et de continuer à semer à tout vent, si bien que Larousse en fait son emblème dès 1894 : sa «semeuse» soufflant sur une fleur mûre de pissenlit avait été dessinée par le célèbre graveur Eugène Grasset en 1890.

Pizzeria, pizza

Ce type de restaurant «gai et pas cher» est entré dans la littérature française grâce à Simone de Beauvoir, dans *Les Mandarins*. Peu avant, au début des années 1950, la première pizzeria avait été ouverte, à Nice, par Francis Cresci. Le succès fut immédiat, et la pizzeria colonisa l'Hexagone en quelques années.
Quant à la première pizza, on peut dire qu'elle fut gréco-romaine, compte tenu que les boulangers de la grande Grèce (v. *pain*), qui s'étendit sur toute l'Italie méridionale et la Sicile, avaient mis au point la cuisson molle d'un pain rond et plat, huilé et agrémenté d'ail, d'oignons, d'olives, d'herbes aromatiques et de légumes, le tout saupoudré de fromage moulu. L'Italie méridionale du Moyen Âge perpétua la tradition ; de sorte que Raffaele Esposito, boulanger à Naples et créateur de la pizza moderne, en 1889, ne fut qu'un adaptateur : il tenait boutique dans une ruelle de la vieille ville, à l'enseigne de la pizzeria Brandi (célèbre dès sa fondation en 1780), et il aurait eu l'idée, en apprenant que Marguerite de Savoie, devenue depuis peu reine d'Italie, souhaitait le connaître tant était grande sa renommée, de déposer sur des carrés de pâte morceaux de tomates, mozzarella et basilic frais. Rouge, blanc, vert : les couleurs du drapeau italien. *Se non è vero...*

Plafond

L'Orient ancien couvrait ses constructions de plafonds. Suétone, décrivant la maison d'or de Néron, parle du plafond formé de tablettes qui s'écartaient pour laisser tomber des fleurs ou des présents. Le *Satiricon* de Pétrone confirme l'existence de tels plafonds.

Planche à voile

Le *Windsurfer* est une création de l'ingénieur californien Jim Drake, assisté de Hoyle Schweitzer, grand amateur de *surfing*, en 1967. Le brevet est déposé en 1968.
À peu près dans le même temps, l'Allemand Rainer Schwartz et les Français Jacques Laurent et Lucien Gril mettaient au point et tentaient de commercialiser des engins aux formes et aux structures voisines.
Jim Drake avait eu un prédécesseur dans son pays même : Newman Darby ; mais sa planche à voile (authentique, puisqu'elle possédait cardan et wishbone) n'offrait pas toute l'efficacité voulue. Comme quoi il n'est pas si simple de planter à bon escient une voile sur une planche de *surfing*. Ce même Darby avait publié dans le magazine *Popular Science*, en août 1965, un article sur le *sailboard*, c'est-à-dire la planche à voile.
Le 26 avril 1969, Hoyle Schweitzer fera une communication devant une réunion internationale d'architectes navals, intitulée *Wind-Surfing, a new concept in sailing* ; et dès lors le mot de *windsurfing* désignera la planche à voile dans les pays anglo-saxons.

Ancêtre du *Windsurf*, cette voiture à voile de don José Boscasa fut essayée à Valence en 1802 (cabinet des Estampes, Paris).

La première planche à voile n'est apparue en France qu'en 1975... au Salon nautique de Paris. En 1979, Frédéric Beauchêne traverse la Manche, puis, toujours sur une planche de série, s'attaque avec succès au passage du cap Horn, alors que, toujours la même année, Arnaud de Rosnay franchit le détroit de Béring. Première traversée de l'Atlantique : Christian Marty, de Dakar à Kourou (Guyane) en un peu moins de trente-huit jours (fin 1981 - début 1982).
La planche à voile devient épreuve olympique pour la première fois aux Jeux de 1984, à Los Angeles (v. *ski nautique* et surf).

Planètes

Déjà les astrologues de Sumer et de la plus ancienne Égypte avaient remarqué la fixité des étoiles les unes par rapport aux autres à l'exception de cinq objets célestes. La course des deux premiers était réduite, celle des trois autres plus longue et compliquée, tous étaient aussi brillants, sinon plus, que les étoiles fixes. Les Grecs, deux mille cinq cents ans plus tard, les appelèrent *planêtês*, « errants » (sous-entendu : astres), et leur donnèrent les noms de certains de leurs dieux, que les Romains traduisirent par les équivalents de leur mythologie : Mercure, Vénus, Mars, Jupiter, Saturne.
Il faudra attendre cinq mille ans après Sumer et l'invention puis le perfectionnement du télescope* pour que l'astronome britannique William Herschel découvre – la Terre étant la sixième – une septième planète, Uranus (1781). En 1846, l'Allemand Johann Galle découvre

C'est grâce au perfectionnement qu'il avait pu apporter au télescope que William Herschel découvrit Uranus, la septième planète du système solaire. L'un des télescopes de W. Herschel, installé dans son jardin près de Windsor, XVIIe-XVIIIe siècles (bibliothèque de l'Observatoire, Paris).

Neptune à l'endroit du ciel où le Français Le Verrier lui avait annoncé son passage, car Le Verrier, étudiant les irrégularités de la course d'Uranus, en avait déduit l'existence de Neptune. De même, en 1930, l'astronome américain Clyde Tombaugh a « déniché » Pluton en fonction des calculs établis en 1915 par Percival Lowell dans son observatoire de l'Arizona. Entre Mars et Jupiter, on a recensé, depuis le début du XIXe siècle, plus de mille cinq cents astéroïdes, ou « mini-planètes », à commencer par Cérès, découverte par le père Giuseppe Piazzi le 1er janvier 1801, de l'observatoire qu'il avait créé à Palerme (v. *météores, satellites naturels*).

Plastiques (matières)

Est dit « plastique » tout matériau déformable sous l'action d'une force extérieure : ainsi, à l'état naturel, la glaise, la corne, l'ambre, le bitume, l'écaille.
Par contre, la première que l'homme ait fabriquée est le Celluloïd. En 1863, une annonce paraît dans un journal américain qui promet une forte somme à qui trouvera un substitut à l'ivoire pour fabriquer des boules de billard. Après sept ans de recherches, les frères Hyatt, dont l'un est imprimeur à New York, créent le Celluloïd.
La galalithe apparaît vers 1880, L. H. Baekeland met au point la Bakélite en 1906. Ces trois substances artificielles, ancêtres des trois grandes familles de plastiques, sont obtenues à partir de trois techniques différentes ; le Celluloïd résulte du traitement d'une substance végétale ou animale macromoléculaire par un plastifiant adéquat ; la Bakélite s'obtient par condensation d'éléments moléculaires qui sont ensuite polymérisés ; quant à la fabrication de la galalithe, elle utilise la seule polymérisation, mais, cette fois, artificiellement produite par des catalyseurs (v. *laque*).

Platane

Platanus orientalis, comme son nom l'indique, nous vint de l'est, du Proche-Orient, durant la première moitié du Ier siècle de notre ère. Seize siècles plus tard, vers 1636, nous arriva d'Amérique du Nord *Platanus occidentalis*.
Un hybride des deux espèces, *Platanus acerifolia Willd*, a été créé en Angleterre vers 1670. Sa vigueur a assuré son succès dans toute l'Europe. En France, il est apparu vers 1754.

Plate-forme offshore

Les plates-formes pétrolières (c'est-à-dire : au large de côtes marines ou lacustres) constituent l'élément essentiel de la recherche de gisements (plates-formes de forage) ou de l'exploitation des puits mis en place pour la production.
Les premiers forages marins eurent lieu en Californie en 1897-1898, à partir de jetées lancées depuis la côte. En 1911, des puits furent forés et mis en exploitation au large de la Louisiane, au moyen de plates-formes en bois – comme les premiers derricks de Titusville (v. *pétrole*) –, et en 1920, dans le lac Maracaibo, au Venezuela. Enfin, imaginé par l'ingénieur écossais Kerr-Mc Gee, apparaît l'ancêtre des plates-formes du type actuel, c'est-à-dire à treillis tubulaire d'acier par 6 m d'eau en 1947, et par 20 m en 1948, dans le golfe du Mexique, à 17 km de la terre ferme.
Depuis 1955, les forages en mer ont connu un essor prodigieux – la moitié des réserves mondiales étant sous-marines – et ils sont effectués par des fonds de plus en plus importants. Aux plates-formes fixes, on a dû substituer, à partir d'une certaine profondeur, des plates-formes « autoélévatrices », montées sur pieds télescopiques en quelque sorte. Mais, au-delà de 250 m, il a fallu trouver d'autres techniques, toutes différentes, à partir de navires ou de pontons flottants. Autre solution : la « tour haubanée », installée en 1983 à 110 km au sud-est de Grand Isle (Louisiane). D'une hauteur totale de 398 m, « Lena » opère par une profondeur d'eau de 300 m. Cette tour montée sur piles est équilibrée par des haubans reliés à d'énormes gueuses déposées sur le fond océanique.
En mer du Nord, il a fallu mettre au point des structures en béton capables de résister aux tempêtes. Ces plates-formes sont dites « gravitaires », car elles sont maintenues en place sur le sol sous-marin par leur propre poids. Elles pèsent vraiment lourd. La première en date (Ekofisk, 1973) « fait » 180 000 t de béton, la deuxième (Frigg, 1975) 239 000 t, la troisième (Statfjord, 1977) 800 000 t. Souvenons-nous que la métallique tour Eiffel n'en pèse que 7 000...

Platine

Il est signalé pour la première fois en 1748, par don Antonio de Ulloa, qui faisait partie de la mission française envoyée en Amérique du Sud pour déterminer la mesure d'un degré de méridien. Dans sa *Relacion historica del viaje a la America meridional*, il mentionne une « pierre métallique impossible à travailler, laquelle accompagne souvent l'or en grande quantité et en empêche la fusion ».
Les Espagnols appelaient ce fabuleux métal *platina del Pinto*, petit argent de la rivière Pinto, rivière colombienne, dont les sables aurifères étaient très généreux. En 1750, le chimiste anglais Watson le baptisera plus simplement « platine », ayant étudié un mémoire de son compatriote Charles Wood, qui, dès 1741, avait rapporté des Indes occidentales quelques morceaux du minerai de ce métal, mais sans en connaître l'exacte provenance.
En 1819, on trouvera dans des laveries de minerai aurifère, près de l'Oural, un métal blanc qui sera identifié en 1823 comme étant du platine – le premier du Vieux Monde.

Pliant

Les sièges pliants étaient destinés aux tribuns du peuple romain. Imités en France sous le nom de « fauldesteuils », ils sont appelés « ployants » au XVIIe siècle et prennent rang dans la hiérarchie des sièges, au même titre que les tabourets* (v. *chaise*, *fauteuil*).

Le roi David accordant sa harpe, assis sur un pliant.
Bas-relief du XIIe siècle, musée des Augustins, Toulouse.

Plume métallique

Rome la connaissait : on en a trouvé un spécimen à Pompéi, visible aujourd'hui au musée de Naples ; elle est en bronze. Plus près de nous, en 1691, Fontaine de Port-Royal demande à l'abbesse Le Féron quelques-unes de ces petites plumes de cuivre qu'on affûtait à l'abbaye. Le 24 novembre 1738, de Cirey, Voltaire écrivait à Thiriot : « Envoyez-moi des plumes d'or, si vous avez de la monnaie ; je suis las de vous écrire avec des plumes d'oison. » En 1776, le *Dictionnaire de l'industrie* annonce, parmi les inventions récentes : « Plumes d'acier d'Angleterre propres pour écrire, non sujettes à s'émousser : trente sols chez Fontaine, bijoutier rue Dauphine, 1772. » Vers 1820, James Perry, de Londres, met définitivement au point la plume d'acier, dont l'Angleterre restera longtemps le principal fournisseur mondial (v. *porte-plume à réservoir*).

PMU

Une loi de 1930 a autorisé la création du Pari mutuel urbain, avec l'ouverture d'agences à Paris et en province, où les joueurs peuvent prendre leurs paris, sans se présenter sur l'hippodrome concerné, sans même s'intéresser à l'avenir de la race chevaline (v. *tiercé*).

Pneumatique

Le Français Dietz en 1830, l'Anglais R. W. Thompson en 1845 avaient pensé à entourer d'une bande de caoutchouc* les roues d'un véhicule hippomobile. Par la suite, divers techniciens, en Occident, cherchèrent à améliorer ce procédé.
En 1888, le vétérinaire anglais John Boyd Dunlop, réinvente ledit principe et dépose le brevet du premier bandage pour bicyclette. Édouard Michelin fait de même, en 1895, pour le pneu démontable d'automobile, et Dunlop encore lui, en 1910, pour les roues des trains d'atterrissage des avions – qu'on appelait alors « aéroplanes ».
Le revêtement des roues des camions par des pneus commence en 1917, des tracteurs en 1930. Depuis 1908, lisses jusque-là, les pneus sont dotés

Édouard et André Michelin conduisant la première voiture à pneus pneumatiques, lors de la course Paris-Bordeaux en 1895 (Michelin Building, Londres)

de reliefs antidérapants par Firestone. En 1946, Michelin invente le pneu à carcasse radiale, qui bouleverse la conception technique du pneumatique, et, en 1948, présente le pneu « X » radial. Son emploi ne se généralisera que quinze ans plus tard.

Poche

Les poches sont une invention récente ; elles n'apparaissent timidement qu'à la fin du Moyen Âge, sur les chausses. Leur absence s'explique par l'utilisation fort répandue de sacs et de bourses aux dimensions, aux formes et aux matériaux très divers. À l'époque de la Renaissance, l'usage de la petite bourse serrée par un cordon et qui se portait pendue au cou se perd au profit d'une bourse, plus importante, attachée à la taille. Mais pendant ce temps la poche gagnait du terrain, jusqu'à ce qu'elle fût interdite au XVIe siècle : elle cachait trop souvent une arme. Elle reprend son essor au XVIIe siècle, son emploi se généralise et désormais son avenir est assuré – c'est dans la poche.

Pochoir

Le carton ou la feuille de métal mince perforés en vue de l'application d'une couleur sont employés dans les ateliers de décoration dès le XVIIe siècle. Mais le mot n'apparaît dans la langue écrite qu'au XIXe siècle.

Poêle

L'ustensile est connu de l'Antiquité classique, qui le dotait d'une queue pliable. Il est cité dans le *Livre des mestiers* (1258) : c'était alors un « réchaud à feu » mobile, rempli de charbon et de cendres brûlantes. Aux poêles de terre vernissée, apparus en France vers 1520, succédèrent les poêles en fer et en fonte. En 1777, les affiches, annonces et avis divers citent les poêles du sieur Lefèvre : « Garnis de leurs tuyaux, ils se posent en moins de cinq minutes et échauffent une pièce de quelque grandeur qu'elle puisse être, en moins de dix. On les transporte facilement d'un appartement à un autre, sans fumée et sans avoir à craindre le feu, dans les endroits même garnis de tapis» (v. *cheminée*).

Point zéro de la France

C'est le 22 janvier 1924 que fut posée une étoile de bronze sur le parvis de Notre-Dame de Paris, point à partir duquel est calculé le kilométrage des routes françaises.
Cette étoile a été enlevée en 1966 en raison de la construction d'un parking ; et des fouilles archéologiques entreprises à la suite des découvertes faites en creusant la place ont retardé l'achèvement de cette construction.
La remise en place de l'étoile a eu lieu en 1972.

Poireau

Le poireau cultivé est fils du poireau des vignes, indigène sur les bords orientaux de la Méditerranée et en Asie occidentale, et qui ressemble davantage à l'ail.
Le poireau compte parmi les premiers légumes appréciés par l'homme. Il était connu des Égyptiens dès le règne du pharaon Chéops.
La Bible le cite. Grecs et Romains l'utilisaient comme aliment et comme diurétique. Néron s'en nourrissait exclusivement pendant quelques jours par mois, afin d'éclairer et de fortifier sa voix.
Introduit en Grande-Bretagne par les légions romaines, le poireau est devenu l'emblème national des Gallois, qui l'arborent pendant les

Le poêle était déjà connu dans l'Antiquité. Mais il faut attendre le XVIIIe siècle pour qu'apparaisse le poêle mobile, plus facile d'utilisation. Le poêle mobile, image d'Épinal, XIXe siècle (Bibliothèque nationale, Paris)

défilés de la Saint-David, et ce depuis le 25 octobre 1415, au soir de la bataille d'Azincourt, où les archers gallois, faute de fleurs étant donné la saison, avaient décoré de ce légume leurs casques pour saluer, selon l'usage, la victoire anglaise – dont ils avaient été les meilleurs artisans.

Poirier

Apparemment indigène dans toute l'Europe tempérée, le poirier l'est aussi en Asie occidentale et centrale, mais les races asiatiques sauvages diffèrent assez des nôtres pour que les spécialistes estiment que beaucoup des variétés cultivées aujourd'hui dans nos jardins viennent de ces deux Asie, où leur culture est très ancienne.
On a retrouvé des pépins de poire dans les palafittes. Au IIIe siècle avant J.-C., Théophraste cite quatre variétés de poire, Pline, au Ier siècle, trente-cinq ; on en dénombre deux cent soixante, en 1628, dans l'Orléanais ; au XVIIe siècle, précisément, puis au XVIIIe, les chartreux réunissent à Paris une collection de poires qui sera conservée au Muséum jusqu'en 1889 : aucun doute, les poires d'alors ne rivalisent pas avec les nôtres, en saveur et en taille, et les nôtres se répartissent entre quelque deux mille variétés.

Pois, pois chiche

Le pois maraîcher (*Pisum sativum*) n'a jamais été trouvé à l'état sauvage : les Égyptiens, les Grecs, les Romains l'apprécient déjà tel que nous le connaissons. Il est sans doute le descendant de *Pisum elateris*, pois sauvage dont la patrie est vaste : de la Méditerranée à l'Iran et à l'Himalaya.
Les hommes de l'âge du bronze, paraît-il, le connaissaient déjà. Mais, jusqu'à la Renaissance, seul le pois sec, dit aussi « pois cassé », fut cultivé. Ce sont les Italiens qui, les premiers, le dégustèrent frais. L'Europe médiévale et moderne l'a diversifié en deux cent cinquante variétés – naines, demi-naines, à rames, etc. C'est ainsi que la variété dite « mange-tout » n'a été obtenue qu'en 1787. Le Roi-Soleil avait une passion gourmande pour le petit pois, au point d'en tomber malade. Ses indigestions aux petits pois ont causé bien des alarmes à ses médecins.
Le pois chiche, *Cicer arietinum*, n'a de commun avec le pois que le nom. Depuis la nuit des

temps, il est cultivé par les populations qui vont de la Méditerranée à l'Inde, si bien qu'on ne lui connaît pas d'ancêtre sauvage. Il est entré dans la littérature française en 1843, avec le *Voyage en Espagne* de Théophile Gautier : « Le *garbanzo* n'est guère connu à Paris, et nous ne pouvons mieux le définir qu'en disant : c'est un pois qui a l'ambition d'être un haricot et qui y réussit trop bien. »

Poisson

On croyait son espèce éteinte depuis 90 millions d'années, mais il vivait encore dans les profondeurs de l'océan Indien, au large des îles Comores : c'est le cœlacanthe, *Latimeria chalumnæ*, dont un premier spécimen frétillant fut retiré du filet d'un chalutier sud-africain, non loin de l'embouchure du Chalumna et de la ville d'East London (Afrique du Sud), le 23 décembre 1938.
Relique zoologique remarquable d'une classe de vertébrés dont descendent les tétrapodes (l'homme compris), ce « fossile vivant », comme il fut appelé alors, est le doyen des poissons : son espèce date de deux cent cinquante millions d'années, alors que s'amorçait à peine la dérive* des continents.

Au centre : le poirier commun (*Pyrus communis*), planche botanique du tout début du XXe siècle.

En haut : même si le Moyen Âge connaissait le pois chiche, il fut surtout cultivé à partir de la Renaissance. *La Cueillette des pois chiches*, miniature extraite d'une ancienne édition du *Tacuinum sanitatis* (Bibliothèque nationale, Vienne).

Poisson d'avril

Attrape traditionnelle au premier jour de ce mois – qui consiste à accrocher un poisson de papier fort dans le dos de quelqu'un à son insu, ou de le faire tomber dans un piège amusant –, le poisson d'avril remonte à 1564. Une ordonnance de Charles IX ayant fixé le début de l'année (v. *jour de l'An*) au 1er janvier de cette année-ci, les étrennes* se donnèrent ce jour-là, et dès lors on ne fit plus le 1er avril que des pseudo-cadeaux ou des faux messages, et, comme au mois d'avril le soleil quitte le signe zodiacal des Poissons, on attribua à ces simulacres le nom de *poisson d'avril*.

Poisson rouge : v. *cyprin doré*.

Poivre

Les hommes du XXe siècle ne peuvent imaginer la valeur exceptionnelle que représentaient les épices*, en raison même de leur rareté, il y a encore six cents à sept cents ans : « cher comme poivre » fut une expression proverbiale du Moyen Âge. Le gingembre*, la cannelle*, le camphre étaient pesés sur les balances destinées à l'or et aux médicaments, et l'on fermait les fenêtres, afin qu'aucun souffle ne vînt disperser la moindre molécule précieuse. En ces temps où les pièces d'or et d'argent étaient rares, on faisait jouer au poivre le rôle de monnaie : on levait des impôts en poivre, on fixait de même le prix des rançons.
Théophraste et Hippocrate avaient connu le poivre, fruit d'une plante originaire de l'Inde, dont l'usage se répandit dans l'Empire romain avec la conquête de la Grèce. Après les croisades, les Génois rendent à l'Europe le goût du poivre. Celui-ci sera ensuite le monopole des Vénitiens, puis des Portugais, puis des Hollandais. Anglais et Français feront en sorte de briser l'exclusivisme néerlandais. Il appartiendra à un Français au nom prédestiné, Pierre Poivre, de lui porter une série fatale de coups en rapportant de voyages secrets en Indonésie des graines de muscade* et de girofle* qu'il fait planter sur les îles où il représente son pays : l'île de France (Maurice) et l'île Bourbon (la Réunion). Mais, quant au poivre, nos voisins d'outre-Manche et nous-mêmes le cultivions déjà en Inde depuis la fin du XVIIe siècle. Au XIXe siècle, le poivre deviendra, en quelque sorte, monnaie courante.

Polichinelle, personnage de la commedia dell'arte, arrive en France au XVIIe siècle. Il est très vite apprécié par la cour de France. Un marionnettiste tenant un polichinelle, *Le théâtre des burattini à Florence*, 1780 (musée théâtral de la Scala, Milan).

Poivron : v. *piment*.

Poker

On discute ferme sur son origine : tel qu'il est pratiqué de nos jours, sa nationalité américaine ne fait aucun doute.
Mais probablement compte-t-il parmi ses ancêtres la « bouillotte » du Directoire, qui n'était autre que le « brelan », déjà très populaire sous Charles IX. Mais le brelan lui-même ?
Les Italiens, eux, pratiquaient un jeu voisin, le *frusso*, déjà en vogue au XVe siècle.
Quoi qu'il en soit, le premier Américain qui ait écrit sur le poker est un nommé Jonathan H. Green (1834). Il en donne les règles et en parle comme d'un jeu de tricheurs, *cheating game*, pratiqué sur les bateaux à aubes du Mississippi.

Polaroid

En 1937, le jeune Américain Edward Land, homme de science à la précocité étonnante qui allait se révéler un prodigieux homme d'affaires, invente un matériau nouveau, la feuille de Polaroid, aussitôt utilisée par sa société dans la fabrication de lunettes de soleil et de filtres polarisants. En 1947, il met au point le premier appareil photographique à développement instantané, commercialisé dès l'année suivante. En 1972, il invente le premier appareil à photo instantanée en couleurs. En 1982, fortune faite, cet esprit génial se retire après avoir déposé quelque 500 brevets sous son nom. En 2001, Polaroid est à l'agonie, incapable de résister au double assaut de la photo numérique et de la prolifération des studios de développement en une heure.

Polichinelle

Au début du XVIIe siècle, Pulcinella, personnage vivant de la commedia

dell'arte, s'est acclimaté en France tant et si bien qu'il devient marionnette et enchante la clientèle des foires, où il fait la fortune des Brioché, famille de bateleurs et de marionnettistes.
Malgré ses impertinences incessantes à l'égard des grands de ce monde, l'irrespectueux Polichinelle a l'honneur d'être appelé à la cour, durant l'automne de 1669, « pour divertir les enfants de France » (v. *Guignol*, *marionnettes*, *Punch*).

Polo

Un ancêtre du polo se jouait en Perse, au temps de Darius le Grand, c'est-à-dire 500 ans avant J.-C. Il restera le sport national des Perses durant tout notre Moyen Âge. Le journal de voyage d'un Anglais, publié au début du XVIIe siècle, le décrit : il est encore assez loin du polo que pratique aujourd'hui l'Occident, mais, tel quel, c'est à cette époque-là qu'il s'implante en Inde.
Les premiers joueurs de polo européens sont des planteurs britanniques installés en Assam, non loin de la frontière birmane, qui fondent leur premier club en 1859. Peu après 1860 est formé le Calcutta Polo Club. En 1871 a lieu à Hounslow Heath, en Angleterre, un premier match entre des officiers de régiments de hussards et de lanciers qui, par les journaux, avaient pris connaissance des règles appliquées en Inde.
En 1873, le nombre des joueurs par équipe tombe de huit à cinq, et en 1882 à quatre.
En France, une première rencontre de polo, jouée entre estivants britanniques, se déroule à Dieppe en 1875. Le Polo Club de Bagatelle se constitue en 1898. Aux États-Unis, le polo avait fait ses débuts en 1883.

Une partie de polo au XVIIe siècle en Inde, illustration extraite du *Clive Album* (Victoria and Albert Museum, Londres).

Pomme de terre

Elle était cultivée au Pérou depuis 3500 ans quand elle gagna l'Europe par deux itinéraires.
Déjà décrits en 1556 dans la *Chronique espagnole du Pérou* comme « tubercules à pulpe de châtaigne », un certain nombre de spécimens sont envoyés en Espagne par Pedro de Cieza, compagnon d'armes de Pizarre ; de ces spécimens, quelques-uns sont expédiés à Philippe de Sivry, lequel les fait parvenir au botaniste Charles de Lécluse, dit Clusius, installé à Vienne, en Autriche, qui la dessine pour la première fois le 26 janvier 1588. Les premiers champs de pommes de terre étaient déjà apparus, en 1573, ensemencés par les moines qui administraient l'hôpital de Séville. Elle restera en Espagne, pendant les soixante-quinze années suivantes, seulement l'aliment des pauvres gens et des soldats.
Les colons anglais de Virginie avaient emprunté la pomme de terre aux conquistadors. En 1586, Thomas Hariot, embarqué sur un des navires de sir Walter Raleigh, favori de la reine Élisabeth, rentre en Angleterre et soumet quelques tubercules à des botanistes britanniques. L'Irlande, autre pays de pauvreté, va adopter la pomme de terre dès le début du XVIIe siècle.
En France, la résistance à la culture de la pomme de terre durera très longtemps. Il faudra attendre de Parmentier son obstination légendaire pour que soient reconnus ses mérites nutritifs. Attente de deux cents ans, depuis Cieza et Clusius : en 1789, Parmentier publie en effet son *Traité sur la culture et les usages de la pomme de terre, de la patate* et du topinambour**.
Une des dernières régions d'Europe où, péniblement, elle prendra racine est celle des

C'est Antoine Parmentier, au XVIIIe siècle, qui le premier en France vante les mérites nutritifs de la pomme de terre. Portrait de Parmentier, huile sur toile de François Dumont l'Aîné (château de Versailles, Versailles).

Balkans, dont les populations, comme en Épire et en basse Albanie, refuseront longtemps de « s'abaisser à manger comme les Frenks » une nourriture maudite qui « se cache dans le sein de la terre ». L'armée autrichienne ira même, en 1802, jusqu'à menacer de quarante coups de bâton les paysans serbes et croates qui refusent d'en semer. En maints endroits, tels que le vilayet de Prizzen, elle restera inconnue jusqu'en 1875. Une remarque à propos de Parmentier : une île française a cultivé la pomme de terre deux décennies avant ses campagnes de propagande, et c'est Belle-Île, où elle fut introduite par des familles d'Acadiens chassés du Canada par les Anglais et rentrés au pays (v. *doryphore*).

Pommier

À la différence du poirier*, le pommier est strictement originaire de l'Asie occidentale et centrale, où il est spontané, surtout en montagne ; mais il a dû arriver très tôt en Europe, avec des populations nomades ou migratrices. La pomme était connue et cultivée en Égypte et en Palestine, plus de mille ans avant J.-C. Les Grecs en connaissaient six variétés, les Romains vingt-six, l'humanité actuelle plus de dix mille. Notons que les pommes séchées qu'on a retrouvées sur l'emplacement des cités lacustres ne dépassaient pas 4 cm de diamètre.

Ponctuation

L'Antiquité gréco-romaine distinguait trois degrés de ponctuation – forte, moyenne et faible – équivalant à nos point, point-virgule et virgule. Le Moyen Âge, ici encore, sera son héritier, mais la représentation de ces trois degrés manquera de rigueur. C'est l'essor de l'imprimerie qui, peu à peu, va ordonner la situation en attribuant à chacun une représentation typographique simple et claire. Au surplus, les Anciens jouaient de la ponctuation sans le savoir et les grammairiens latins n'ont jamais soufflé mot de celle-ci. Le mot apparaît en France en 1521. Et c'est seulement en 1540, année de la publication de la *Punctuation de la langue françoyse*, que son auteur, le philologue et imprimeur Étienne Dolet, va répertorier les signes en usage avec quelques indications sur leur emploi et leur place dans un texte. Ils sont au nombre de six : le soupir, ou point à queue, ou virgule ; la semi-pause ou comma – notre deux-points ; le point ; le point interrogeant ou point d'interrogation ; le point admiratif ou point d'admiration – notre point d'exclamation ; enfin, la parenthèse ou entrejet. Pas un mot du point-virgule, qui, très vite, va cependant s'imposer comme le signe de la ponctuation moyenne. Le tiret apparaît plus tard, en 1611, et beaucoup plus tard encore, en 1670, les guillemets, qui devraient leur nom, selon le grammairien Ménage, à l'imprimeur Guillaume. Enfin, les grammairiens de la fin du XVIIe siècle recommanderont l'emploi de la majuscule en début de phrase et de vers, et le passage à la ligne pour marquer un changement dans le discours (v. *accents*, *alphabet*, *cédille*, *écriture*).

Pont

Vers 2100 avant J.-C., Sémiramis, reine de Babylone, décide la construction d'un pont sur l'Euphrate. Nous savons de ce pont, le premier à être enregistré sur les tablettes de l'Histoire, que, pour l'édifier, on détourna le cours du fleuve et que ses fondations étaient faites de blocs de pierre maintenus entre eux par des barres de fer. Sa chaussée, large d'une dizaine de mètres, était

Une proposition de pont suspendu imaginée au XVIIIe siècle par Thomas Telford, le même qui construisit sur la gorge du Menai un pont en fer forgé suspendu à des chaînes (Guildhall Library, Londres).

constituée de madriers de cèdre et de cyprès.
Le premier pont métallique fut achevé en 1779. Il était en fonte et enjambait la Severn, à Colbrookdale, en Grande-Bretagne. À quelques kilomètres de là, toujours sur la Severn, se trouve le premier pont de fer, le Coalport Bridge (1818). Entre Coalport et Colbrookdale, que séparent 5 km (le long desquels est née l'industrie moderne dans le courant du XVIIIe siècle), a été créé en 1968 et ouvert au public en 1974 l'Ironbridge Gorge Museum, premier musée d'« archéologie industrielle » (v. *arc*).

Pont-l'évêque

Comme le livarot, il comptait parmi les « angelots » (ou augelots, c'est-à-dire de la vallée d'Auge ?) que cite Guillaume de Lorris dans le *Roman de la Rose* ; il n'est baptisé « pont-l'évêque » que vers l'an 1600.

Pont suspendu

Le record de longueur pour une travée de pont (117 m) était détenu depuis 1758 par une arche de bois à Wittengen, en Allemagne, quand, en 1826, Thomas Telford construisit sur la gorge du Menai, au pays de Galles, un pont en fer forgé suspendu à des chaînes, dont la travée comptait 174 m. Ce pont est, avec celui de Marc Seguin construit en 1824 sur le Rhône, entre Tain et Tournon, l'ancêtre de tous les ponts suspendus, dont celui qui a la plus grande portée, le pont de Verrazano : conçu par O.-H. Ammana, il se trouve à l'entrée du port de New York ; achevé en 1964, sa travée principale enjambe 1 280 m d'eau à 65 m de hauteur. Au total, voies d'accès comprises, il mesure 4 km. Les portiques ont 204 m de haut. Les quatre câbles de suspension totalisent 228 000 km de fil, soit plus de cinq fois le tour du globe à l'équateur. Il a fallu, pour le construire, utiliser 153 000 t d'acier.

Porc

En Chine comme en Iraq du Nord, on a retrouvé dans des sites datés de six mille cinq cents ans avant J.-C. de nombreux restes de porcs dont les molaires sont plus courtes que celles des sangliers indigènes de même époque.
En Mésopotamie, trois mille ans avant J.-C., les porcs se chargeaient de la voirie urbaine avec les chiens et les vautours.
À la différence des Grecs, dont le porc indigène à tête allongée et longues pattes vivait en état de demi-liberté, les Romains connaissaient les porcs asiatiques, bas sur pattes, dotés d'un groin court et aplati. C'était en tout cas ce type que Columelle, au Ier siècle de notre ère, leur conseillait d'élever.
Le porc de l'Europe occidentale semble bien descendre du porc indien, et non du sanglier de nos forêts, mais le problème reste un riche sujet de discussion entre spécialistes.

Porcelaine

L'histoire de la porcelaine commence en Chine, il y a plus de trois mille ans, sous la dynastie des Chang (1766-1122 avant J.-C.) : depuis 1950, on a exhumé des ruines de cette dynastie, à Tcheng-Tcheou et à An-yang, dans la province de Honan, un grand nombre de fragments et de récipients de porcelaine émaillée bleue. Ces objets n'ont pas été fabriqués à partir d'argile ordinaire, mais avec du kaolin, et cuits à une température de plus de 1 200 °C. Les croisades* font connaître à l'Europe les premières porcelaines chinoises qui avaient voyagé à travers toute l'Asie, jusqu'à la Méditerranée. Puis, à la fin du XIIIe siècle, Marco Polo soulève un petit coin du voile qui cache le mystère de leur élaboration jalousement gardé par les Chinois. Jusqu'au début du XVIIIe siècle, ce ne seront que recherches et tentatives dans toute l'Europe pour remplacer la pâte tendre par la pâte dure nécessaire, mais celle-ci ne peut être fabriquée qu'à partir du kaolin. La découverte de celui-ci sur notre continent est le fait du hasard. Vers 1707 le physicien allemand Johann Friedrich Böttger analyse la poudre blanche dont se sert son perruquier : elle contient du kaolin provenant d'un gisement local. Grâce à l'appui d'Auguste II, électeur de Saxe, il fonde la manufacture de Meissen en 1710, qui va faire de la Saxe « le royaume de la porcelaine ». Pendant dix ans Meissen garde son secret, car c'est une forteresse bien défendue, jusqu'au jour où l'un de ses ouvriers parvient à s'échapper et à fonder une manufacture à Vienne. Le XVIIIe siècle va assister à la création de manufactures un peu partout en Europe. En France, les premières porcelaines datent de 1751, grâce à Paul Antoine Hannong, de Strasbourg, qui travaillait avec du kaolin en provenance d'Allemagne. La célèbre Manufacture royale de porcelaine, transférée à Sèvres en 1756, alors qu'elle fonctionnait depuis 1738 à Vincennes, fut lancée grâce à la protection de la Pompadour. On y travaillait la pâte tendre. En 1768, Sèvres se met à la pâte dure. En 1793, la Convention en fait un établissement national.

À Saint-Yrieix-la-Perche, près de Limoges, on découvre du kaolin de qualité très pure vers 1760. Le roi achète le terrain en 1769. La manufacture commence en 1772 à fabriquer de la porcelaine dite « royale », par opposition avec la pâte tendre, dite « porcelaine de France ». Elle va faire et fait encore la célébrité de Limoges (v. *céramique*, *faïence*, *poterie*).

Ci-dessus : La porcelaine, fabriquée à base de kaolin, était connue des Chinois il y a plus de 3 000 ans. Lorsque Marco Polo en rapporta quelques pièces en Europe, beaucoup tentèrent d'imiter cette technique en remplaçant le kaolin par d'autres substances, en vain. Le kaolin ne fut découvert en Europe qu'au XVIIIe siècle. Dès lors naquit un savoir-faire, devenu la spécialité de Sèvres. Un couple d'Arlequin dansant, porcelaine de Chelsea, 1765 (musée théâtral de la Scala, Milan).

Porte-avions

Le décollage et l'appontage d'un avion furent exécutés le 18 janvier 1911 par l'Américain Ely à partir d'une plate-forme de fortune échafaudée sur le croiseur *Birmingham*. La marine anglaise,

Ci-contre : Une affiche publicitaire de 1944 pour les pneus Dunlop sur laquelle on voit un porte-avions britannique (The Illustrated London News Picture Library, Londres).

de son côté, aménagea un certain nombre de bâtiments durant la Première Guerre mondiale, et d'abord le croiseur *Furious*. Mais le premier porte-avions véritable, au pont dégagé de bout en bout avec superstructures rejetées sur un côté, qui est devenu la formule classique de la spécialité, fut le britannique *Hermès*, projeté en 1919 et mis en service en 1924 (10800 t, 20 avions).
Le premier porte-avions français fut le cuirassé *Béarn* (23000 t, mis en chantier en 1914 mais transformé en 1927 pour porter une quarantaine d'avions.

Porte-plume à réservoir

Si extraordinaire que cela puisse paraître, nul ne sait à quand remonte, exactement, la révolution qui consista à adjoindre à la plume une réserve d'encre solidaire.
Dans ses *Mémoires*, la grande Catherine de Russie note qu'elle s'est servie, en 1748, d'une «plume sans fin». S'agit-il de l'un des premiers stylos?
En revanche, on sait que, de 1800 à 1900, les inventeurs et les inventions prolifèrent: durant ce laps de temps, plus de quatre cents brevets sont déposés. C'est L.E. Waterman, courtier en assurances new-yorkais, qui fonda en 1884 la première industrie du porte-plume à réservoir (v. *stylo à bille*).

Porto

Le vin de liqueur le plus fameux au monde est une création patiemment mise au point en quelques siècles, dans laquelle sont intervenus la générosité du terroir portugais, la bonté des ceps bourguignons et le goût britannique pour certains types de boissons.
Le commerce du porto, qui commence petitement en 1678, concerne un vin qui ne doit avoir que des rapports lointains avec celui qui se déguste aujourd'hui.
En 1703, Royaume-Uni et Portugal concluent un traité, dit «traité Methuen», du nom du diplomate britannique envoyé pour le préparer, qui scelle le destin du porto: désormais celui-ci bénéficiera de droits d'entrée préférentiels en Grande-Bretagne, par rapport aux vins français et allemands.
De nos jours, le porto est exporté vers plus de cent pays, un peu partout dans le monde. Et la Grande-Bretagne n'arrive plus qu'au second rang des pays importateurs. Le pays qui boit le plus de porto, depuis 1963, c'est... la France.

Poste restante

Le principe même de la poste restante remonte à 1503, et, paradoxalement, sa pratique, qui intéressait les seuls Européens, est née en hémisphère austral, dans un pays alors désertique et sauvage: le cap de Bonne-Espérance. À partir de cette année-là, en effet, les navigateurs partis de notre continent pour les Indes ont pris l'habitude de déposer leur courrier sous des dalles de pierre de la baie de la Table. Ces dalles, dénommées «pierres postales», étaient gravées au nom de l'expéditeur et donnaient le nom du port de destination avec des instructions précises pour la réexpédition du courrier. Grâce à quoi, le temps au bout duquel armateurs et familles pouvaient avoir des nouvelles des voyageurs se trouvait réduit de moitié, le Cap se situant, grosso modo, à mi-chemin du parcours.
Quant à la poste restante elle-même, elle était de règle en France, en quelque sorte, jusqu'à une loi de juin 1829 décidant qu'à partir du 1er avril 1830 l'administration des postes ferait «transporter, distribuer à domicile et recueillir, de deux jours l'un au moins, dans toutes les communes où il n'existe pas d'établissement de postes les correspondances administratives et particulières» – créant, de ce fait, le facteur rural. Avant cette loi, hormis dans les grandes villes et les communes prospères, force était aux destinataires de se rendre au bureau postal le plus proche pour y retirer leur courrier... à condition de deviner que celui-ci s'y trouvait en instance. En juin 1870, une seule poste restante, rue Jean-Jacques Rousseau, centralisait à Paris les correspondances non domiciliées. À partir de cette date, dans chaque grand bureau de quartier est créé un guichet spécialisé.

Postes

Le plus ancien service postal connu est celui de l'Empire perse, créé par Cyrus le Grand au VIe siècle avant J.-C. Son principe de base était le relais, repris par Auguste avec son *cursus publicus* et Louis XI avec sa poste aux chevaux. En Occident, le plus ancien réseau postal est une création de l'université de Paris: à la fin du XIIIe siècle, la Sorbonne entretenait un corps de courriers qui avaient pour mission de transporter lettres et sommes d'argent collectées un peu partout en Europe à l'intention des étudiants tant de la province que de l'étranger.
Pour ses propres besoins, Louis XI organise un

Le relais de la malle-poste de Paris à Calais vers 1825, estampe de H. Vernet (musée de la Voiture et du Tourisme, Compiègne).

réseau de messagers montés, et crée en 1464 des relais de poste sur les grands axes routiers du royaume. Il s'accorde même le monopole des communications – principe sur lequel, par extension, a reposé, en France, le monopole d'État de la radio et de la télévision.
Sous le règne de Louis XII, en 1506, les particuliers sont autorisés à utiliser les postes du roi. Sous Henri IV, le système se perfectionne avec la création d'un contrôleur général des Postes. L'un d'eux, Guillaume Fouquet de la Varane, institue le système des levées à heures fixes par les maîtres de poste. Sous Louis XIV est décidée, par une ordonnance du 27 juillet 1653, la constitution du corps des facteurs. C'est à peu près vers la même époque que la censure postale exercée par l'autorité gouvernementale devient une habitude aussi tenace que répréhensible… Quant à la poste aux armées, son organisation a été réglementée par Louvois au cours des années 1670-1680. Le « vaguemestre », sous cette appellation, est né en l'an III.
Cela dit, l'administration française des postes que nous connaissons est l'œuvre du XIXe siècle. En 1817 est créé le mandat-poste, afin de supprimer les envois d'espèces, assez hasardeux semble-t-il, puisque les réclamations annuelles (manques, erreurs, retards) tombent de 160 000 à 3 000 ! La lettre recommandée a une destinée plus nuancée : instituée sans rétribution spéciale en 1829 pour les envois sur Paris, puis sur le reste de la France en 1844, elle est supprimée en 1854 mais rétablie en 1873, avec une taxe supplémentaire cette fois.
En 1829, une loi du 3 juin crée un corps de cinq mille facteurs (faisant chacun 5 lieues par jour) pour desservir 35 587 communes dépourvues de tout établissement de poste sur les 37 367 dont se composait le royaume…, facteurs ruraux qui mettent fin à la pratique généralisée de la poste restante*. Dès 1835, Grande-Bretagne et Belgique avaient expérimenté le train comme substitut de la malle-poste, et la France va à son tour organiser, sur la ligne Paris-Rouen, un premier service postal « volant », bientôt appelé « ambulant », puis sur Paris-Lyon (1849). La poste commence aussi, vers la même époque, à prendre

le bateau : sur Calais-Douvres, l'Égypte et les échelles du Levant (1835), la Corse (1842, avec trois bâtiments, dont le *Napoléon*, premier bateau français à hélice*). En 1878, les services de la poste et du télégraphe fusionnent ; le ministère des Postes et Télégraphes, ainsi dénommé l'année suivante, s'adjoint le téléphone* en 1889, mais ne s'intitule ministère des Postes, Télégraphes et Téléphones qu'en 1925, lequel se transforme en ministère des Postes et Télécommunications en 1959.

Nouveau changement, structurel celui-ci : à partir du 1er janvier 1991, les PTT disparaissent pour laisser la place à deux administrations distinctes : La Poste et France Télécom.

La grande nouveauté du XXe siècle est un service de poste aérienne qui se crée en 1918, dans toute l'Europe en même temps qu'aux États-Unis (15 mai 1918 : première liaison postale New York-Washington). Cette « poste par avion », comme on disait alors, était née le 18 février 1911… en Asie : la « Humber limited » avait loué, pour une tournée aux Indes avec transport de courrier, les services du Français Henri Péquet, sur aéroplane Sommer, à l'occasion de l'Exposition des Provinces-Unies à Allahabad. En Europe, le premier essai de liaison aérienne postale a lieu en 1911, en Grande-Bretagne entre Hendon et Windsor ; en France, le 31 juillet 1912, entre Nancy et Lunéville.

En France encore, le 15 octobre 1913, premier transport officiel de courrier par voie aérienne entre Villacoublay et Pauillac, avec mission d'apporter des sacs de dépêches au paquebot *Antilles*, ancré dans l'avant-port de Bordeaux, en partance pour le Brésil. À cette occasion, l'administration des Postes fit fabriquer la première griffe « Poste aérienne ».

Notons que l'organisation responsable de l'acheminement du courrier international et de la réglementation des tarifs postaux – jusque-là anarchiques – a été créée le 9 octobre 1874 par le congrès de Berne, qui réunissait vingt-sept États européens et les États-Unis. Cette organisation a reçu l'appellation d'Union postale universelle (UPU) en 1878, au congrès suivant, tenu à Paris par les États « fondateurs » plus quinze membres nouveaux (v. *aérostat, avion, boîtes aux lettres, cabine téléphonique, caisse d'épargne, Cedex, chèques postaux, code postal, microfilm, poste restante, TGV, timbre-poste*).

Poterie

Certaines découvertes faites au cours des années 1980 ont montré que des sociétés de cueilleurs-chasseurs ont utilisé une poterie très rudimentaire au mésolithique. Cela dit, la poterie est l'un des plus anciens artisanats du Proche-Orient : son apparition dans l'Est méditerranéen remonte à 6 000 ans, avec le modelage à la main. L'invention du tour date de 3400 avant J.-C. environ. Au début, la mise en forme continue à se faire par façonnage manuel, et le tour sert à terminer le travail. Puis, vers 2600, le tour devient l'instrument indispensable au potier durant tout le processus de la mise en forme.

À noter qu'en Chine la poterie serait apparue plus tôt encore, puisqu'on y aurait maîtrisé sa technique il y a six mille ans et que, dès cette époque, on aurait commencé à utiliser des tours primitifs et des fours dont la température de cuisson pouvait atteindre de 950 à 1 050 °C (v. *faïence, porcelaine*).

Potiron : v. *citrouille*.

Poubelle

Le « règlement général de police concernant la propreté de la voie publique et des habitations », daté du 8 mars 1864, ordonne aux locataires des immeubles de fournir pour l'évacuation des ordures ménagères, des « seaux et caisses munis d'une anse et d'une capacité n'excédant pas 50 litres », les balayeurs municipaux annonçant le passage des tombereaux « par le son d'une corne semblable à celles employées sur les chemins de

La technique de la poterie était déjà connue au mésolithique. Elle est véritablement maîtrisée par les civilisations du Proche-Orient 6 000 ans avant notre ère. Une poterie grecque représentant des navires du VIe siècle avant J.-C. (British Museum, Londres).

fer». Eugène Poubelle, préfet de l'Isère en 1872-1873, fut frappé par la malpropreté de Grenoble – où, comme ailleurs, on ne respectait guère ce règlement général de 1864 – et s'employa, mais sans succès, à obtenir de ses habitants l'application de ce règlement général de police. Il faut dire que cet ami de la propreté, toujours tiré à quatre épingles – ses détracteurs l'avaient surnommé Apollon et Assuérus – passait hors de son département «beaucoup de temps qu'il aurait dû employer à sa besogne préfectorale», comme observait un journal local qui, irrespectueusement, le qualifiait de «préfet à roulettes».
Nommé préfet de la Seine quelques années plus tard, Poubelle n'oubliera pas la leçon de Grenoble. Par un arrêté du 7 mars 1884, il décide que «le propriétaire de chaque immeuble devra mettre à la disposition de ses locataires un ou plusieurs récipients communs pour recevoir les résidus de ménage, etc.». Cette fois, ce ne sont plus les locataires insouciants, mais les propriétaires qui fourniront les... poubelles – comme on les appela aussitôt.

Poudre à canon

La ville de Fribourg-en-Brisgau a élevé une statue au moine Berthold Schwarz pour avoir inventé la poudre noire, c'est-à-dire la poudre à canon* en 1353. Erreur, braves Fribourgeois: un siècle auparavant, le franciscain Roger Bacon, alias «le docteur admirable», avait donné, dans une formule qu'il souhaitait garder secrète vis-à-vis des esprits ignorants, la composition de la poudre noire: sept parts de salpêtre, cinq de charbon de bois et cinq de soufre. Mieux encore: des siècles avant la naissance de Bacon, les Chinois n'avaient-ils pas «inventé la poudre, pour en faire, le soir, des fusées» (Paul Valéry)? Lesquels Chinois, en relations commerciales suivies avec les Arabes, avaient dû leur communiquer, vers le XIIe siècle, la composition d'une poudre à 74 % de salpêtre, 11 % de soufre et 15 % de charbon, dosage qui n'est pas très loin de celui de notre poudre ordinaire de mine (v. *canon*, *dynamite*).

Poumon d'acier

Premier appareil à suppléer la défaillance d'un organe vital du corps humain, le poumon d'acier a été inventé en 1929 par l'Américain Cecil P. Drinker, de l'université Harvard (v. *greffe d'organe*, *rein artificiel*).

Les enfants de la préhistoire jouaient déjà avec des poupées. Traversant les siècles et les civilisations, les poupées se multiplient au XIXe siècle grâce à l'apparition du papier mâché. *La Poupée de cire*, gravure extraite d'une édition de 1864 des *Malheurs de Sophie* (Bibliothèque nationale, Paris).

Poupée

La poupée est de tous les temps: on en a retrouvé qui datent de la préhistoire, mais aux formes si primitives qu'on peut dire qu'il s'agit là de «prépoupées».
Les premières poupées véritables remontent à l'Égypte pharaonique du Moyen Empire: elles sont en bois et âgées de 4000 ans. Égyptiennes aussi sont les premières poupées en tissu, mais plus récentes, de 600 à 700 ans avant J.-C.
Le XIXe siècle, avec l'apparition du papier mâché, voit la multiplication de poupées en nombre et en variété. La première poupée à yeux mobiles «naît» en 1880. Le XVIIIe siècle, lui, avait été celui de la poupée-mannequin,

présentatrice et ambassadrice de la mode française (v. *mannequin*).

Préfecture de police

Créée par la loi organique du 28 pluviôse an VII (17 février 1800). C'est sous Louis XIV qu'avait été organisé le premier corps de police. Jusque-là, dépendante du Châtelet, la police était considérée comme un organisme annexe de la Justice.

Paris comptait quelque 400 000 habitants sous Louis XIII, 600 000 en 1670. Inquiet de ce « gigantisme » qui avait pour corollaire insécurité et désordre, Colbert avait décidé, par l'édit du 11 décembre 1666, de placer la police sous l'autorité d'un seul homme, Gabriel Nicolas de La Reynie.

Premier Janvier : v. *jour de l'An.*

Premier Mai

Aux États-Unis, le *Labour Day* est célébré le premier lundi de septembre. Cette célébration a commencé dès 1882 dans un certain nombre d'États de l'Ouest, avant d'être adoptée, au niveau fédéral, en 1894.

Dans l'intervalle, en 1884 à Chicago, les trade-unions (syndicats) réunies en assemblée générale s'étaient fixé un objectif à atteindre au plus tard le 1er mai 1886 : la journée de huit heures comme durée normale du travail quotidien. Et, de 1886 à 1889, le 1er mai fut marqué par de grandes grèves pour réaliser ledit objectif.

En 1889 se réunit à Paris le premier congrès socialiste international, qui fonde la IIe Internationale. À l'instar des trade-unions américaines, celle-ci propose le 1er mai comme journée de revendication pour la classe ouvrière et l'organisera à partir de 1890. Le patronat la tiendra pour un jour de grève. En France, elle est finalement devenue fête légale du Travail et jour férié depuis le 1er mai 1947. De nombreux pays européens ont fait de même. En Grande-Bretagne, le *Labour Day* a lieu le samedi qui suit immédiatement le 1er mai. Le premier a été célébré au cours d'un meeting qui s'est tenu à Hyde Park, à Londres, en 1892.

Préservatifs : v. *contraceptifs.*

Presse quotidienne

Le doyen de la presse quotidienne française n'est pas un journal parisien, comme on pourrait le croire, mais *Le Progrès de Lyon*. Il a publié son quarante millième numéro le 17 septembre 1976. Le premier avait paru le 12 décembre 1859 (v. *journal*).

Pressoir

Égyptiens, Hébreux et Perses utilisaient une cuve de pierre dont le fond était percé d'un trou : ils la remplissaient de raisin que des esclaves piétinaient en musique.

La Grèce antique pressait le raisin et l'olive au moyen d'un levier. Caton dans son *De rustica* décrit l'appareil. La France utilise le pressoir au XIIe siècle : il appartenait au seigneur et les habitants devaient verser une redevance pour l'utiliser.

Comme le faisaient les Hébreux, les Grecs et les Romains, la France utilisait le pressoir pour élaborer vins et huiles, mais seulement à partir du XIIe siècle. Un pressoir à vin, miniature du XIIe siècle extraite d'une ancienne édition du *Tacuinum sanitatis* (Bibliothèque nationale, Paris).

Prestidigitation

L'art de fabriquer l'illusion par l'adresse manuelle remonte aux temps les plus anciens. Appelé « magie blanche, magie simulée, escamotage, physique amusante », etc., il a été enfin baptisé du nom le plus convenable en 1815, nom créé par un de ses adeptes, Jules de Rovère : « prestidigitation », c'est-à-dire prestesse des doigts. Le XIXe siècle sera celui de la prestidigitation, devenue spectacle populaire très recherché, avec ses vedettes, nombreuses. Ainsi, l'un des plus célèbres artistes du genre, Robert-Houdin, ouvrira en 1845, au Palais-Royal, son théâtre des Soirées fantastiques et l'animera pendant sept ans. Mais, au XXe siècle, si le trucage se porte toujours aussi bien, il a trouvé d'autres moyens pour perdurer, qui sont le cinéma* et l'informatique*.

Prince

Titre romain (*princeps*) attaché à diverses fonctions, il commence à être attribué en France et en Allemagne, à partir du Xe siècle, aux ducs* et aux comtes* les plus puissants qui gouvernaient de façon quasi indépendante des provinces entières.
En Angleterre, le titre de prince n'apparaît qu'en 1301, quand Édouard Ier, pour se concilier les Gallois récemment soumis, donne le titre de prince de Galles à son fils, le futur Édouard II.

Procès-verbal

Dans son acception actuelle, Molière et Mme de Sévigné employaient déjà ce terme.

Programmation : v. *langages artificiels, calculer (machine à).*

Prothèse

On trouve, dans Hérodote, l'histoire d'un mutilé de guerre qui peut marcher de nouveau convenablement grâce à un pied de bois : travail d'amateur, sans doute. Mais on a découvert à Capoue une jambe artificielle véritable qui date du IIIe siècle avant notre ère. Rien à voir avec les délices du même nom.

Prunier

Le prunier (*Prunus domestica*) ne semble pas être le petit-fils du prunellier, ou prunier sauvage, dont nos ancêtres récoltaient les petites baies au goût âpre. Ce serait plutôt le descendant direct

Les premières espèces de prunier, venues de Perse et d'Asie Mineure, étaient déjà connues des Romains. Le prunier que nous connaissons aujourd'hui fut, lui, introduit grâce à François Ier. *La Cueillette des prunes*, miniature extraite d'une ancienne édition du *Tacuinum sanitatis* (Bibliothèque nationale, Vienne).

d'une autre espèce, spontanée en Asie Mineure, et que les Perses auraient améliorée, puis les Romains introduite en Méditerranée occidentale. D'autres variétés ont été acclimatées par la suite en Europe : les croisés ont rapporté la prune de Damas. Plus près de nous, *Prunus salinica*, originaire de Chine, a été introduite à partir de sujets domestiqués au Japon. Il en est de même de quatre espèces de pruniers américains. La reine-claude doit son nom à la première épouse de François Ier.

Publicité

La publicité est fille naturelle de la propagande : les souverains d'Assyrie et de Chaldée célébraient sans vergogne leurs victoires et leurs hauts faits en inscriptions au fronton de monuments. Ainsi, Hammourabi, il y a quatre mille ans : « Moi, Hammourabi, le Prince Magnifique, adorateur des dieux, chargé de faire régner la justice dans le pays [...]. C'est moi, Hammourabi, qui ai amené la richesse et l'abondance », etc.
À Athènes, la publicité est orale ; le crieur, personnage quasi officiel, annonce aux passants les derniers arrivages par mer : fromages de Sicile,

viandes phéniciennes, épices de Grèce, parfums d'Arabie. Il fait connaître aussi, du haut d'une grosse pierre sur laquelle il est perché, quelque nouveau règlement ou une information religieuse.
À Rome, il n'y a pas un, mais plusieurs crieurs, qui « font accourir la foule autour des marchandises », dit Horace. Mais la publicité prend aussi la forme écrite. Ainsi, le poète Martial n'hésite pas, dans ses textes satiriques, à faire l'éloge de son tailleur ou d'un parfumeur. La publicité murale, autant qu'on sache, commence à Pompéi : hommes politiques, libraires, hétaïres proposent monts et merveilles. Le journal mural est né. À Rome, encore, apparaissent les premières enseignes commerciales : boulanger pétrissant son pain*, savetier confectionnant une sandale, etc.
Au Moyen Âge, à Paris, les cris et les enseignes sont encore les seuls supports de la publicité : pour ces dernières, il y en aura trois mille au XVe siècle. Car, du XIIIe au XVe, elle s'est généralisée, et la plus modeste échoppe a la sienne. Au XVIIIe, les grands artistes ne dédaignent pas d'en créer, peintes sur bois, sur toile ou à même les murs : Chardin réalise celle d'un chirurgien et d'un parfumeur. Watteau peindra la décoration d'un marchand de tableaux, et ce sera la célèbre enseigne de Gersaint. Il décore un magasin de musique, Greuze réalise l'enseigne d'un marchand de tabac. Quant aux crieurs, les premiers furent « les valets d'étuvistes », qui, aux carrefours, criaient : « Les bains sont chauds, les bains sont chauds ! » Puis vinrent les crieurs de vins et les crieurs de morts. Puis ceux des produits alimentaires.
Jusqu'au jour où vint Théophraste Renaudot, inventeur du « bureau d'adresses », première forme des petites annonces, qui, en 1629, incorpore dans sa *Gazette* la « feuille du bureau d'adresses... ».
Ce sera, pendant trois siècles, le règne de la publicité écrite avec la presse*, et avec l'affiche*.
La publicité orale reviendra avec la radio. Après les États-Unis et la Grande-Bretagne, Radio-Cité, en 1935, instaure la publicité sur les ondes (v. *consultation médicale gratuite*, *journal*).

Grâce au développement de la presse au XIXe siècle, la publicité, pratique déjà connue par les civilisations antiques, croît très sensiblement. L'homme-affiche, boulevard du Temple, aquarelle du XIXe siècle (musée Carnavalet, Paris).

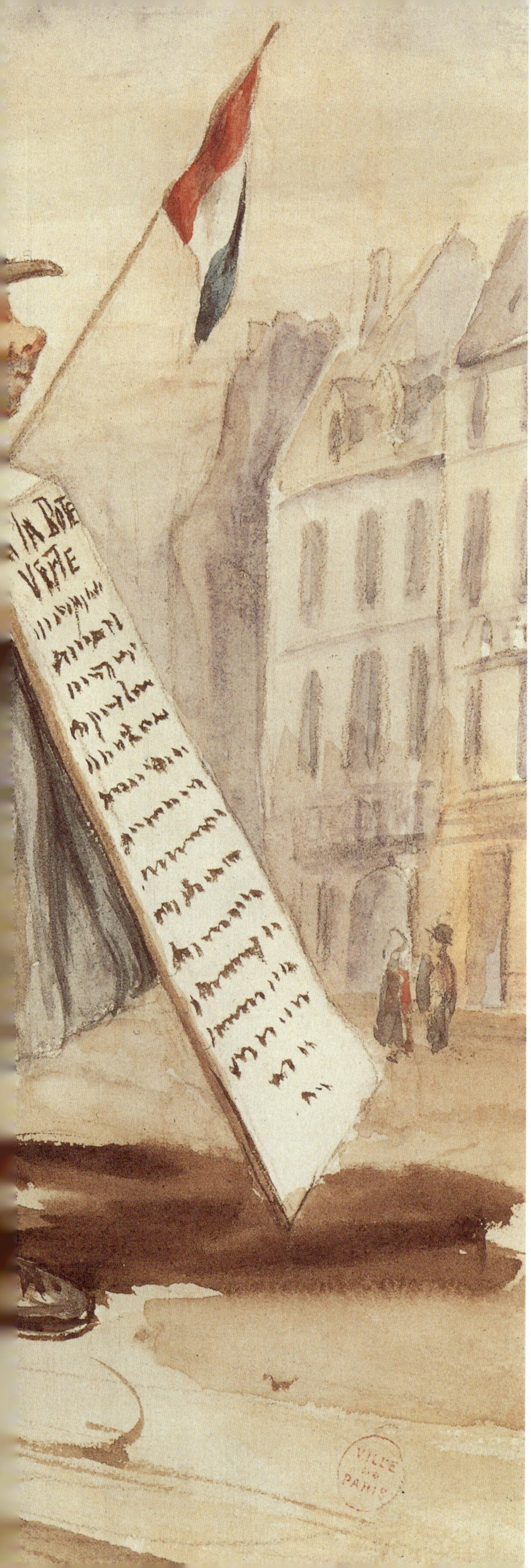

Puce

Appartenant au genre *Pulex*, ordre des siphonaptères, la puce est une vieille amie de l'homme. Hibernatus, notre ancêtre qui venait du froid et dont la momie a été trouvée en 1991 sur un glacier des Dolomites (Alpes italiennes), n'hébergeait aucun parasite, et pour cause : il a été lavé avant le début des examens menés par des scientifiques italiens et autrichiens. Examens qui se sont poursuivis longtemps, si bien qu'en 2001 on a découvert dans ses vêtements deux spécimens de notre puce commune. Deux puces qui ont vécu sur et avec Hibernatus il y a 5000 ans…

Un record qui doit rendre songeurs les poux d'aujourd'hui : leur existence, jusqu'à présent, n'a pu être prouvée qu'à partir de 500 ou 600 ans avant notre ère, qu'il s'agisse du pou de tête (genre *Pediculus*) ou du pou du pubis (genre *Phthirus*).

Puits artésiens

Les puits les plus anciens que nous connaissons appartiennent à la civilisation de l'Indus : ce sont ceux de Chanhu-Daro et de Mohenjo-Daro au Pakistan, le premier datant du IIIe millénaire avant J.-C. Puis viennent les puits d'Égypte et de la terre de Canaan, du IIe millénaire, dont certains avaient quelque 70 m de profondeur. Le puits de Jacob, lui, aurait atteint presque 100 m. Quant aux puits artésiens, ils ont sur les puits classiques l'avantage de faire monter l'eau au niveau des usagers sans effort pour ceux-ci. En effet, lorsqu'une couche perméable se trouve comme prise en sandwich entre deux couches imperméables et que l'ensemble prend la forme d'une cuvette, il faut procéder à un forage en un lieu plus bas que le niveau maximal de la nappe aquifère ; dès lors, en vertu du principe des vases communicants, l'eau jaillit, et jaillit d'autant plus puissamment que le point de forage est plus bas. Ces puits sont dits « artésiens » parce qu'en Europe les premiers furent forés par les chartreux en Artois au début du XIIe siècle. Mais les Chinois en connaissaient déjà la technique dès l'an 1000. L'explication du phénomène ne vint que plus tard, à la fin du XVe siècle, et fut fournie par… un astronome, Cassini, en association avec… un médecin, Ramazzani.

Le premier grand puits artésien des temps modernes fut foré à Grenelle, de 1833 à 1841.

L'eau fut atteinte à 547 m et jaillit à 40 m de hauteur, débitant 3 400 m^3 par jour. Ce fut un grand événement dont tout Paris s'enthousiasma. Au comble de la satisfaction après ces huit années d'efforts, l'entrepreneur, un certain Mulot, envoya à son ami et conseiller Arago, alors membre du conseil municipal de Paris et député des Pyrénées-Orientales, un télégramme ainsi libellé : « Arago, nous avons l'eau, Mulot. »
La ville de Paris remboursa à l'opiniâtre Mulot toutes ses dépenses – environ 300 000 francs-or –, et lui accorda une pension annuelle de 3 000 francs, tandis que Louis-Philippe le décorait de la Légion d'honneur.

Punch

Partis en guerre contre l'art dramatique et les acteurs, les presbytériens obtiennent en 1647 la fermeture des théâtres londoniens. Ce sont dès lors les *puppets*, les marionnettes* britanniques, qui vont, l'espace de dix-huit ans, sauver de l'oubli le théâtre anglais en jouant les grands auteurs, dont Shakespeare. Vers 1670 apparaîtra Master Punch (de Pulcinella, tout comme Polichinelle*), qui, en évoluant peu à peu, finira par incarner l'homme de la rue britannique, avant d'être le titre du plus célèbre hebdomadaire satirique anglo-saxon. De son vrai nom *The Punch* ou *The London Charivari*, il fut fondé par Henry Mayhew et Mark Lemon (1841).

Pyramide : v. *monument de pierre.*

Punch, personnage du théâtre de marionnettes britannique, gagne Paris au XVIIe siècle. *Punch et Judy*, XIXe siècle (The Museum of London, Londres).

Depuis Quand ?

Q comme...

Quatorze Juillet : v. *fête nationale.*

Quilles

C'est au Moyen Âge qu'en Europe s'élabore peu à peu le jeu qui deviendra celui de neuf quilles et d'une boule percée d'un trou avec des variantes selon les pays. Les Hollandais l'emportent avec leurs règles quand ils vont s'établir sur les lieux du futur New York et, plus de cent ans après, les Français, avec les leurs, au Canada. S'inspirant des uns et des autres, les Américains de Greenwich Village inventent le bowling à la fin du XIXe siècle, jeu de salle à dix quilles avec boules à trois trous. Aussitôt, immense succès de la nouvelle formule qui ira détrôner les précédentes en Europe, et que saluera *Le Petit Parisien* en 1908. Ce succès sera total après la Seconde Guerre mondiale, lorsque Fred Smitt, un joueur probablement plus paresseux et plus imaginatif que les autres, aura mis au point un système astucieux qui permet de remettre les quilles en place automatiquement.

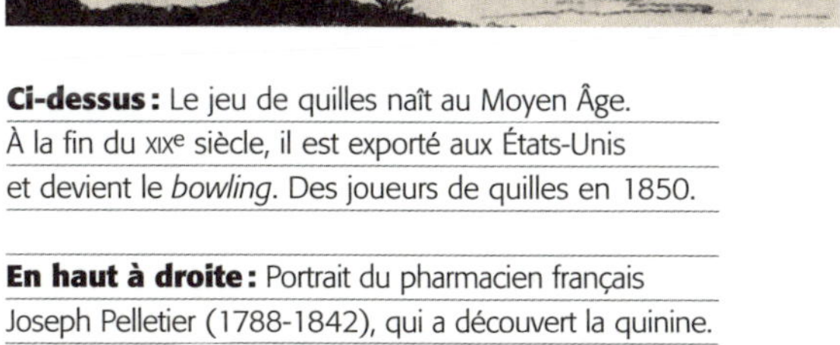

Ci-dessus : Le jeu de quilles naît au Moyen Âge. À la fin du XIXe siècle, il est exporté aux États-Unis et devient le *bowling*. Des joueurs de quilles en 1850.

En haut à droite : Portrait du pharmacien français Joseph Pelletier (1788-1842), qui a découvert la quinine.

Quinine

En 1820, Pelletier et Caventou isolent du quinquina la quinine, qui va faire reculer le paludisme, vieux fléau de l'humanité. L'arbre n'avait été étudié pour la première fois qu'en 1737 par La Condamine, membre de l'expédition française envoyée au Pérou pour y mesurer un arc du méridien terrestre : le 29 mai de cette année-là, il avait adressé un mémoire à l'Académie des sciences, dans lequel étaient consignées ses observations sur le kinakina, d'après les indications de Joseph de Jussieu – arbre que l'Europe ne connaissait jusqu'alors que sous forme de drogue.
L'écorce du quinquina, en effet, avait déjà traversé des heures de gloire : en 1637, la comtesse d'Elchinchon, femme du vice-roi d'Espagne au Pérou, avait été soignée et guérie grâce à une poudre à base de cette écorce, qui fut introduite en Europe sous le nom de « poudre de la comtesse » ou « poudre des jésuites ». Un vin de quinquina guérit aussi des « fièvres » le Roi-Soleil, et La Fontaine célébra l'événement dans son poème du Quinquina, publié en 1682 (v. *DDT*).

Depuis Quand ?

R comme...

Rabot

Il est utilisé par les Romains : on en a trouvé des spécimens, entre autres, à Pompéi ; puis, inexplicablement, l'Europe l'oublie pendant dix siècles. Il reparaît à la fin du XIVe siècle, mais son emploi ne se généralise qu'au siècle suivant. C'est ainsi qu'il ne figure pas encore sur l'établi de *L'Autel de Mérode*, peinture exécutée vers 1430 par le Flamand Robert Campin, alias le Maître de Flémalle, où l'on voit ciseau*, marteau*, pinces, scie* égoïne, tarière, vilebrequin* et vrille (v. aussi *varlope*).

Radar

Le principe du radar (« contraction » de *radio detection and ranging*), mesurant grâce à l'écho la distance qui sépare un poste d'émission d'ondes courtes de tout objet en mouvement, était expérimentalement connu dès le début des années 1920. Mais on peut tenir l'Écossais sir Robert Watson-Watt pour l'authentique inventeur du radar dans la mesure où il a conçu dès 1935 et mis peu à peu en place, de cette année-là à 1939, la ceinture côtière de stations de détection qui allait permettre à la Grande-Bretagne de résister aux assauts de l'aviation allemande pendant la Seconde Guerre mondiale.

Radioactivité

C'est Henri Becquerel qui, en 1896, constata un phénomène non observé jusque-là : à la manière des rayons X découverts un an plus tôt par Röntgen, des sels d'uranium avaient la propriété d'impressionner une plaque photographique au travers d'un papier opaque.
Le radium et le polonium sont les deux éléments qui émettent un tel type de rayonnement : ce que devait découvrir Becquerel après une longue recherche en collaboration avec Pierre et Marie Curie. Celle-ci baptisa le phénomène « radioactivité » (1898).

C'est Henri Becquerel, en collaboration avec Pierre et Marie Curie, qui découvrit les premiers phénomènes de radioactivité, en 1896.

Radioélectricité

La « radio » est une invention collective, dont la source se trouve dans les travaux de Faraday, en 1845, sur les lois de l'induction électromagnétique, et qui va mûrir à travers les travaux de Maxwell, de 1864 à 1873, sur la propagation des ondes électromagnétiques, puis ceux de Hertz (1887) et de Branly (1890). Le premier message radiotélégraphique est l'œuvre du Russe Alexandre Popov, en mars 1896, opéré entre un émetteur et un récepteur séparés par une distance de 250 m. Mais le premier brevet d'un système pratique de télégraphie sans fil au moyen des ondes électriques est déposé à Londres le 2 juin 1896 par un Italien, Guglielmo Marconi, physicien et futur Prix Nobel* pour l'année 1909. En 1906, le physicien américain Lee De Forest invente la lampe à vide à trois électrodes, qui va permettre de moduler les oscillations de la haute fréquence, donc de restituer les sons de la voix et de la musique. La radiophonie est née. Survient la Première Guerre mondiale, qui accélère le développement de la « TSF » à des fins évidemment militaires.

À partir du 6 octobre 1922, un poste privé, le premier en France (Radiola, commence un service régulier d'informations et de musique. La même année, une société qui deviendra la BBC* fait démarrer ses émissions à partir d'émetteurs montés à Londres, à Birmingham et à Manchester. Mais, le premier de tous, un poste de radiodiffusion était entré en service à Pittsburgh (Pennsylvanie), en 1920.
Est venue plus tard l'utilisation des ondes courtes (ou décamétriques, par opposition aux ondes moyennes, ou métriques, et aux ondes longues, ou kilométriques), qui se réfléchissent sur l'ionosphère, et, de ce fait, permettent des émissions de portée planétaire. La première émission sur ondes courtes de la radiodiffusion française a eu lieu le 6 mai 1931 lors de l'inauguration de l'Exposition coloniale, et tous les Français disséminés dans l'Empire purent entendre le discours prononcé à cette occasion par le maréchal Lyautey. Auparavant, seuls l'Allemagne, l'Autriche, l'URSS et le Vatican avaient déjà mis en service des émissions sur ondes courtes. La Grande-Bretagne ne devait commencer à « arroser » son empire qu'un an plus tard, à la fin de 1932.
En France, l'inventeur de la radio militaire est le général Ferrié. Enthousiasmé par les expériences de Marconi, il met en place un réseau de postes émetteurs-récepteurs pour la marine dès 1899, puis, en 1904, entre Paris et les places fortes de l'Est. Il fera utiliser le même système lors de la campagne du Maroc (1911) et durant la Première Guerre mondiale.

Radiographie

En 1892, le physicien allemand Heinrich Hertz avait remarqué une curieuse propriété des rayons cathodiques : ils traversaient de faibles épaisseurs d'or, d'aluminium et d'autres métaux. Fort de cette constatation, un autre Allemand, Wilhelm Röntgen, découvre un rayonnement inconnu qui prend naissance là où les rayons cathodiques heurtent un obstacle. Faute de plus amples connaissances à leur sujet, il appellera X ces rayons et, au vu du squelette de sa main, qu'il avait interposée incidemment, il leur trouve aussitôt une application : la radioscopie (1895). L'année suivante, il publie des radiographies : la première en date était celle... de la main de sa femme.

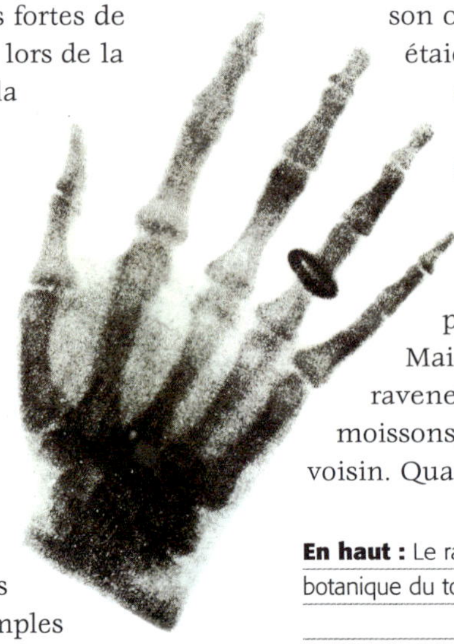

Radiomessagerie

La radiomessagerie, c'est la radio qui écrit sur mini-écran. Ce nouveau moyen de communication est arrivé en France, en provenance des États-Unis, à la fin de 1987, alors qu'il existait déjà sept millions de *pagers* (le nom anglo-saxon de l'instrument) dans ce pays, deux millions et demi au Japon, quatre cent mille en Grande-Bretagne, quatre-vingt-trois mille en Suède. En France, ce sont les Télécom qui offrent le modèle le plus performant : le *pager* peut afficher un message de trente-deux caractères et en recevoir d'autres comptant jusqu'à deux cent quarante signes : il suffit de les faire défiler. Ces *pagers* dotés de mémoire peuvent enregistrer jusqu'à deux mille caractères.

Radis

Avec l'ail* et l'oignon*, le radis soutenait déjà l'énergie des travailleurs réquisitionnés pour la construction de la quatrième pyramide de Gizeh. Un texte chinois vieux de 3000 ans rapporte, de son côté, que plusieurs espèces de radis étaient également cultivées dans l'empire du Milieu.
C'est au XVIIIe siècle que l'Europe se mit à « inventer » les cent et une variétés de formes et de couleurs que nous connaissons aujourd'hui, du petit radis rose, si savoureux au printemps, au gros radis noir d'hiver. Mais tous ces radis descendent de la ravenelle, cette mauvaise herbe de nos moissons, ou d'un ancêtre méditerranéen très voisin. Quant aux Chinois et aux Japonais, leurs

En haut : Le radis cultivé (*Raphanus sativus*), planche botanique du tout début du XXe siècle.

En bas : La toute première radiographie élaborée par W. Röntgen en 1896. Le sujet qu'il avait choisi était la main de sa femme !

radis sont bien à eux : l'un des japonais peut atteindre 15 kg à l'unité...

Ramassage scolaire

En 1938, le ministre de l'Enseignement Jean Zay avait envisagé de subventionner un réseau d'autocars qui auraient transporté les enfants des hameaux écartés jusqu'à l'école communale. La Seconde Guerre mondiale fit remettre à plus tard la solution d'un problème qui, après une quinzaine d'années, allait devenir aigu en raison du dépeuplement des campagnes et de la réduction du nombre d'enfants d'âge scolaire dans bien des villages. Imaginé spontanément par certaines municipalités (comme celle de Monthureux-sur-Saône, dans les Vosges, où le corps enseignant procédait lui-même aux opérations de transport), le ramassage scolaire a commencé très modestement avec les subventions de l'État sur trois cent quarante-cinq circuits (1953).
Ramassage scolaire : lors de son apparition, l'expression a suscité une hilarité et des persiflages tels qu'on faillit le remplacer par « cueillette d'enfants »...

Ci-dessus à gauche : Les premiers ramassages scolaires furent organisés, en 1953, sur l'initiative de Jean Zay, alors ministre de l'Environnement. Le ramassage scolaire en 1977.

Ci-dessus à droite : MC Solaar, une des figures emblématiques du rap français, à Montpellier en 1991.

Rame

L'Égypte, la Grèce, la Perse manœuvraient leurs navires à la rame. La navigation n'a connu longtemps que ce moyen, utilisant la voile comme auxiliaire.

Rami

Parmi les jeux de cartes, aucun n'a une origine plus obscure que le rami, dont le succès n'est pourtant pas antérieur à la Seconde Guerre mondiale. Très peu, également, ont autant de formes, de variantes et de dérivés : gin-rami, poker run, etc., pareils à des mutants obtenus brusquement à partir d'une espèce au stock génétique malléable.

Rap

Simple mode ou genre musical ? Si ce n'est qu'une mode, elle aura vécu longtemps : elle dure depuis 1979, année de son premier succès commercial, d'abord perçu comme une énigme par les Blancs américains et comme un prélude à une révolution au moins culturelle par les Noirs du Bronx et autres ghettos. Car cette musique, avec les textes qu'elle véhicule, sous-tend une culture, le hip-hop, qui dénonce l'ordre établi.
Le rap s'est implanté en France à partir de 1985. Aussitôt, la variante hexagonale du hip-hop a fait preuve d'une extrême vitalité avec un éventail largement ouvert des tendances idéologiques, de MC Solaar à NTM et Alliance Ethnic.

Râpe

Homère décrit la râpe à fromage. Amyot (XVIe siècle) reprend son propos.

Rasoir

L'homme de la préhistoire s'est rasé avec des coquillages, des dents de requin, des éclats de pierre – silex et autres. La haute Antiquité s'est servie de lames de bronze ou d'or semi-circulaires : on en a retrouvé dans des tombes pharaoniques du IVe millénaire.
Selon Tite-Live, le rasoir aurait été introduit à Rome au VIe siècle avant J.-C. par Tarquin, cinquième roi plus ou moins légendaire de la ville. Et Scipion l'Africain aurait été le premier Romain à se faire raser chaque jour.
En France, le rasoir est connu des textes du XIIe siècle. À Sheffield, au XVIIIe siècle, on commence à fabriquer ces rasoirs d'acier qui feront à cette ville, avec toute sa coutellerie, une réputation sans égale dans le monde entier.
Au tout début du XXe siècle, l'Américain King C. Gillette dépose le brevet de son rasoir de sûreté, que nous appelons « rasoir mécanique », avec lame à deux tranchants remplaçable.
Quant au rasoir électrique, les premiers brevets déposés aux États-Unis remontent à 1900. Mais le premier rasoir électrique « opérationnel » est celui d'un colonel américain en retraite, Jacob Schick, qui dépose son brevet en 1928 et le lance sur le marché en 1931.
En France, l'usage du rasoir électrique se généralise après la Seconde Guerre mondiale.
Le premier rasoir jetable au monde est le rasoir Bic, conçu par le bureau d'études de cette société française. Fabriqué à partir de 1975, il est blanc pour les peaux sans problème, orange pour les délicates.

Rat noir

On sait qu'au XIIIe siècle le dominicain allemand Albert le Grand, venu enseigner philosophie et théologie à Paris, rencontra une audience si nombreuse qu'il fut bientôt conduit à faire ses cours en plein air, sur une place qui a gardé son nom, la place Maubert (abréviation de Magister Albertus). On sait moins que, naturaliste également, il fut le premier à classer au nombre des espèces indigènes de l'Allemagne *Rattus rattus*, redoutable propagateur d'épidémies venues d'Orient (v. *chat*, *surmulot*).

Au XIIIe siècle, en France, on utilise le « rastel », que l'on nommera plus tard le « rateau », pour rassembler le maïs récolté à la mousson, comme on le voit sur cette illustration du XVe siècle extraite des *Très Riches Heures* du duc de Berry (musée Condé, Chantilly).

Râteau

Le musée de Naples a recueilli plusieurs râteaux gréco-romains à deux, quatre ou six dents.
Le XIIIe siècle, en France, utilise le *rastel* pour rassembler les épis de la moisson.

Ravalement

L'obligation faite aux propriétaires de nettoyer les façades de leurs immeubles remonte à un décret du 26 mars 1852 : « […] Elles seront grattées, repeintes ou badigeonnées au moins une fois tous les dix ans. »
Ce décret fut ranimé et remis en vigueur en 1959. Mais certains n'avaient pas attendu : un des premiers immeubles ravalés fut le consulat américain, à l'angle de la rue de Rivoli et de la rue Saint-Florentin (ancien hôtel Talleyrand).
L'Institut de France, en tête des bâtiments publics, avait été ravalé en 1957.

Rave : v. *navet.*

Rave-party

Suscitée par la musique techno*, les rave-parties ont connu depuis le début des années 1990 un grand succès auprès des jeunes de toutes les classes sociales.
Chassés de Grande-Bretagne, des *travellers* sillonnent l'Europe sur des camions porteurs de groupes électrogènes et d'instruments électroniques. Ils s'installent en des lieux insolites pour improviser des raves qui, autorisées ou interdites par les autorités, réunissent plusieurs milliers d'adeptes. C'est ainsi que, lancée en 1994, la rave Boréalis à Montpellier comptait 2 500 participants et plus de 20 000 en 1998.
La techno* s'est affirmée comme la marque de toute une génération. Une culture s'est développée avec des signes de reconnaissance – pantalons larges, baskets*, cheveux très courts –, son langage, ses journaux. Les raves offrent à leurs adeptes, lesquels ne pensent pas à changer la société, comme les hippies, ni à détruire comme les punks, l'occasion de communier à l'unisson, tout en consommant (ou non) les drogues de synthèse – ecstasy, LSD*, amphétamines...

Ravioli

L'épopée des raviolis commence avec le XIVe siècle en Italie du Nord. Le terme de *raviolle* (selon certains spécialistes, diminutif de *rapa*, rave) s'applique alors à un pâté de raves et de viande. Mais Marco Polo, à son retour de Chine, ayant assuré le triomphe des pâtes* alimentaires dans son pays, les raviolis deviennent dès le XVe siècle les petits carrés de pâte farcis de viande hachée et cuits à l'eau qui arriveront en France et dont le nom acquerra chez nous droit de cité au cours de la première moitié du XIXe siècle.

Rayons X : v. *radioactivité.*

Reblochon

Originaire de Thônes et des montagnes entourant le lac d'Annecy, ce fromage a commencé d'être fabriqué par les fermiers des alpages au XIVe siècle – en cachette. En effet, devant payer à leurs propriétaires des droits de fermage fixés d'après la production de lait du troupeau, les paysans eurent l'idée de ne traire qu'à moitié les bêtes et d'effectuer une seconde traite à l'insu du propriétaire. Au surplus, le nom de « reblochon » vient de « reblocher », qui signifie « traire une seconde fois ». Avec ce deuxième lait, très riche en crème, nos Savoyards produisirent le fromage onctueux et somptueux que l'on connaît.

Recensement

Babylone, l'Égypte, la Chine ont pratiqué le dénombrement des populations à des fins fiscales. Dans l'Ancien Testament, Moïse procède au comptage de ses compagnons dans un but militaire au pied du Sinaï. Ce n'étaient pas de véritables recensements.
Le premier recensement couvrant un pays tout entier restera l'état des paroisses et des feux de 1328. La nécessité pour la Chambre des comptes de recenser l'ensemble des contribuables afin de subventionner les campagnes de Flandre s'était imposée dès 1303, où l'on proclamait déjà le besoin de « faire écrire tous les feux du royaume ». Ce document exceptionnel nous apprend que, sur les 424 000 km^2 de la France d'alors, il existait 3 363 750 feux représentant de 16 à 17 millions d'habitants.
Pour les Temps modernes, c'est à partir du XVIIIe siècle que les nations européennes ont pris l'habitude de se livrer à des opérations assez précises pour être significatives : c'est le cas de l'Islande en 1701 et de la Suède en 1749, puis, au XIXe siècle, du Royaume-Uni et de la France en 1801 – jusqu'à la Russie, pour finir, en 1897. Les États-Unis ont organisé leur premier recensement

Le recensement était pratiqué dès l'Antiquité par de nombreuses civilisations. Un relief représentant un épisode de recensement à Rome vers 110 avant J.-C. (musée du Louvre, Paris).

en 1790 pour déterminer le nombre de représentants au Congrès de chacun des treize États fondateurs. Depuis, et sans interruption, a eu lieu dans ce pays un recensement décennal.

Réfrigérateur électrique :

v. *froid artificiel*.

Réglisse

Pline cite la réglisse, plante méditerranéenne dont les racines étaient utilisées déjà par les Grecs et les Romains pour calmer la toux et faire taire les douleurs stomacales.
À la fin du XVIIIe siècle, on se met à préparer une boisson désaltérante à base de réglisse, dénommée « coco », dont la popularité s'est prolongée jusqu'au milieu du XXe siècle.
Autre utilisation, mais récente, de la réglisse : elle entre dans la fabrication des charges pour les extincteurs à mousse depuis 1953.

Rein artificiel

Du 4 au 16 avril 1943, en Hollande sous occupation allemande, à l'hôpital de Kampen, a commencé à fonctionner le premier rein artificiel – un épurateur de fabrication artisanale – imaginé et utilisé par le jeune médecin Willem Kolff au bénéfice de Janny Schrijver, 29 ans, urémique au dernier degré. L'issue n'en sera pas moins fatale pour la patiente, mais cette tentative devait confirmer la possibilité de substituer un appareil extracorporel à un organe humain aux fonctions vitales, hypothèse émise dès 1911 par une équipe de biologistes américains (A. Abel, A. Rowntree et B. Turner) à la suite d'expériences réalisées sur du sang canin. Mais c'est seulement après 1960, année où Scribner mit au point un court-circuit artéro-veineux prothésique, et à partir des perfectionnements obtenus par miniaturisation en particulier, que le rein artificiel est devenu d'une utilisation relativement fréquente en France et dans les pays développés (v. *greffe d'organe*).

Reine-marguerite

La plus belle des marguerites, quoi qu'on puisse croire, n'est pas européenne, mais chinoise. C'est un missionnaire jésuite ayant vécu dans l'empire du Milieu, le R. P. d'Incarville, qui l'introduisit en Europe vers 1730.

Relations publiques

Le pionnier des *public relations* est le journaliste américain Ivy L. Lee. Lors d'une grève survenue dans le bassin houiller des Appalaches, en 1906, il sut convaincre les propriétaires des mines, qui avaient mauvaise presse, de prendre en main leurs intérêts et d'orchestrer une campagne d'information exposant leur point de vue sous l'angle le plus favorable. Le succès de l'opération fut tel que Lee se fit très vite un important portefeuille de clients appartenant au monde des affaires et de la finance.
Cette nouvelle spécialité professionnelle, avec ses règles et ses techniques, se développa pendant la Première Guerre mondiale et obtint une sorte de consécration avec l'Administration Roosevelt, qui fit appel à ses services, au temps de la grande crise de 1929-1932. En Europe, les relations publiques ont pris leur essor après la Seconde Guerre mondiale.

Relativité (théorie de la)

Tout change quand on change d'échelle (v. *microphysique*). La bonne vieille gravitation newtonienne et la chère géométrie d'Euclide sont excellentes à condition de rester à l'échelle humaine et terrestre. Galilée avait énoncé le

Albert Einstein, physicien américain d'origine allemande, a fondé la théorie de la relativité restreinte. Il a également inventé la notion de quanta d'énergie pour laquelle il reçut le prix Nobel de physique en 1921.

principe de la relativité, et il est vrai que la Terre est immobile par rapport à la Lune, mais en mouvement par rapport au Soleil, et que le Soleil, immobile par rapport à la Terre, tourne autour du centre de notre galaxie, laquelle, etc. La théorie de la relativité doit son nom au fait qu'elle est un prolongement du principe de relativité énoncé par Galilée. Albert Einstein l'a construite en deux étapes, relativité restreinte en 1905, alors qu'il était le modeste employé d'un bureau suisse de brevets (né allemand, il avait été naturalisé suisse en 1900 et deviendra citoyen américain en 1940), puis relativité généralisée en 1916.
Sur le principe que seuls existent des mouvements relatifs, et à partir du postulat aux termes duquel la vitesse de la lumière dans le vide est invariable, Einstein a édifié un nouveau système de l'univers qui permet de résoudre des problèmes auxquels la physique classique n'avait pu apporter de solutions satisfaisantes. Depuis, malgré les progrès des mathématiques et des techniques, personne n'a pu modifier, ni améliorer, ni contredire la synthèse du monde physique proposée par Einstein.

Reliure

Le mot et le verbe dont il provient n'apparaissent qu'au XIXe siècle. Mais la chose, formée de deux plats et d'un dos fait de nerfs, est connue du Bas-Empire romain.
Si les premiers statuts des libraires-éditeurs-relieurs (1618) obligent tout apprenti à savoir lire et écrire, Étienne Pasquier affirme dans *Les Recherches de la France* que le relieur de la Cour des comptes devait jurer qu'il ne savait ni lire ni écrire « afin qu'il ne descouvrît les secrets des comptes ».
En 1718, Paris comptait deux cent sept maîtres relieurs, deux cent vingt à la fin du siècle.

En haut : La renoncule à fleurs panachées (*Ranunculus spec.*), illustration du XVIe siècle extraite du *Jardin d'Eichstätt* de Basilus Besler.

En bas : Bien que le terme « reliure » ne soit apparu qu'au XIXe siècle, la technique était déja connue depuis le Moyen Âge. Un évangéliaire à l'usage de Metz dont la reliure supérieure est ornée d'une plaque d'ivoire représentant la crucifixion daté du IXe siècle (Bibliothèque nationale, Paris).

Renoncule

La renoncule des fleuristes est native de Grèce et d'Asie occidentale. Les Turcs la cultivaient depuis fort longtemps, quand elle fut introduite en Europe occidentale vers 1580.

Reportage photographique

La photographie* commençait à prendre son essor technique et à trouver sa vocation de référence quand le XIXe siècle prit son tournant : alors, deux grandes guerres, la campagne de Crimée (1854-1855) et la guerre américaine de Sécession (1861-1865), furent ces occasions qui provoquèrent la création du genre appelé aujourd'hui « reportage ».
En Crimée, l'Anglais Roger Fenton, aux États-Unis Mathew Brady et Alexander Gardner « couvrirent » l'événement avec l'assistance de spécialistes qui préparaient et développaient leurs plaques au collodion humide dans d'insolites fourgons transformés en laboratoires. Lors de la guerre de Sécession, George N. Barnard, qui accompagnait la progression du général William T. Sherman dans les États du Sud au titre de photographe officiel, devait photographier les ruines d'Atlanta, qui avait brûlé un an plus tôt (1864) : 75 ans plus tard, le cinéaste Victor Fleming se servira de l'image comme modèle pour une séquence d'*Autant en emporte le vent* (v. *correspondant de guerre*).

Reptiles

Issus des grands amphibiens, dont les paléozoologistes ne savent rien, les premiers reptiles apparaissent au carbonifère moyen. Ils appartiennent à un groupe appelé « cotylosaures », lesquels sont les ancêtres de la plupart, sinon de la totalité, des différentes familles de reptiles. Le premier œuf fossile de reptile qu'on ait retrouvé date du permien inférieur.

Dans le terme de « dinosaure », qui n'a aucun statut zoologique, la tradition populaire englobe tous les reptiles géants qui ont prospéré sur Terre, dans les eaux et dans les airs au jurassique et au crétacé, c'est-à-dire durant 200 millions d'années. Soit durant une période de temps double de celle qui nous sépare de la mort du dernier dinosaure.

République

La plus ancienne république d'Europe est celle de Saint-Marin ; c'est aussi la plus petite : 61 km² et 25 000 habitants ; c'est aussi la plus pittoresque : elle s'accroche au flanc du mont Titan, qui domine la vaste plaine de la Romagne, tandis que se découpent sur l'azur du ciel italien ses trois forteresses séculaires. Son histoire, qui s'abreuve aux sources de la légende, commence le jour où un tailleur de pierre dalmate, Marin, s'installe en ermite sur son site, puis fonde une communauté. Cela se passait en 307, ce qui permet à certains d'affirmer que la république de Saint-Marin a près de dix-sept siècles d'existence.
À vrai dire, Saint-Marin n'est devenu une république qu'au XIe siècle si l'on en juge par les institutions qu'il s'est alors données et il n'a pris officiellement le nom de « république » qu'au XVe siècle.

En haut : Le boa de Chevalier, gravure extraite de l'*Altlas de zoologie du voyage de la Bonite* d'Eydoux et Souleyet, début du XIXe siècle.

Ci-dessus : La république de Saint-Marin est la plus ancienne république au monde. On y voit ici son château, accroché au flanc du mont Titan.

Depuis, sa souveraineté n'a été violée que deux fois : par César Borgia (1503) et par Adolf Hitler (1944). En revanche, Napoléon l'a respectée et protégée.

Résille

Les femmes grecques enfermaient leur chevelure dans un filet appelé *kekryphalès*. Certains portraits du XVIe siècle montrent des dames coiffées d'une résille, encore que le mot ne figure pas, avec ce sens, dans les textes. Montaigne l'emploie pour désigner un réseau de mailles. À la même époque, les orfèvres produisent les émaux « en résille », qui sont des cloisonnés translucides sans fond.

Résonance magnétique nucléaire

Les premières données expérimentales concernant les résonances nucléaires furent observées en 1947 par les physiciens américains Baldwin et Klaiber, et l'interprétation du phénomène donnée par deux autres Américains, M. Goldhaler et E. Teller.
La RMN (résonance magnétique nucléaire) est devenue, au début de la décennie 1980, une technique d'analyse très puissante permettant d'étudier en particulier les structures des grosses molécules d'intérêt biologique. Elle est en passe de devenir aussi un moyen de diagnostic en médecine*. En effet, si le scanner* est depuis 1976 un produit techniquement stable, la RMN pourrait à terme se substituer à lui au moins partiellement, les images obtenues en particulier pour les tissus étant plus précises, et la RMN, non fondée sur la technologie des rayons X, étant plus inoffensive.

Restaurant

Un sieur Boulanger, marchand de bouillon rue des Poulies, donne, en 1765, le nom de « restaurants » à ses breuvages chauds et annonce avec son enseigne : « Boulanger débite des restaurants divins. »
Jusqu'alors, on ne pouvait se... restaurer que dans des auberges qui offraient, à l'intérieur d'heures fixes, un menu aussi fixe, ou chez les cabaretiers, qui vendaient du vin à assiette avec une nappe et quelques plats, alors que les taverniers ne vendaient que le vin à pot. Il y avait aussi les

En France, c'est à Paris qu'ouvre, en 1582, le premier restaurant. Il s'agit de la Tour d'Argent. Depuis sa création, son succès ne s'est jamais démenti.
Frédéric Delair découpant un canard au sang, XIXe siècle (La Tour d'Argent, Paris).

traiteurs, mais ceux-ci n'avaient que le droit de vendre des pièces entières. La corporation des traiteurs chercha noise à Boulanger, mais celui-ci leur tint victorieusement tête grâce à ses… pieds de mouton en sauce blanche et à quelques autres spécialités qui n'entraient pas dans les productions exclusives desdits traiteurs.
Mais, si le nom et la chose datent de 1765, l'ancêtre des restaurants de Paris est probablement la Tour d'Argent, ouvert en 1582 par un sieur Rourtaud, où l'on aurait utilisé les premières fourchettes* et dont, plus tard, Mme de Sévigné aurait apprécié le chocolat, puis Victor Hugo un certain pâté de héron, et George Sand la pénombre pour ses rendez-vous avec Alfred de Musset (v. *pizzeria*, *ticket-restaurant*).

Retable

Le reliquaire qu'on plaça derrière l'autel à la fin du XIe siècle est nommé « retable » dans le *Rationale* de Guillaume Durand, évêque de Mende, à la fin du XIIIe siècle.

Réussites et patiences

On pourrait croire que l'apparition des réussites a suivi de peu celle des cartes* à jouer. Or cinq siècles séparent l'une de l'autre et, ni à Sainte-Hélène ni auparavant ailleurs, Napoléon n'a pratiqué ce passe-temps, malgré une légende tenace qui prétend le contraire, pour la bonne raison que les réussites n'existaient pas encore. Les « patiences », comme on dira jusqu'au début du XXe siècle, ne surgissent qu'en 1840 dans la *Grande Encyclopédie des jeux et divertissements* de T. de Moulidars, mais à propos de dominos et de figures découpées principalement, les cartes n'étant concernées que pour un seul de ces jeux. C'est en 1842 qu'apparaît le premier recueil de réussites : il s'agit du *Livre des patiences* de la marquise de Fortia, publié à Paris, qui est rigoureusement organisé à partir de règles et d'un vocabulaire spécialisé tout à fait au point. Il y a là un petit mystère, puisque aucune œuvre n'avait jamais fait auparavant état d'un personnage jouant seul avec des cartes.

Rhésus : v. *sang* et groupes sanguins.

Rhinocéros

Nos ancêtres de la préhistoire ont connu les ancêtres des rhinocéros, dits « laineux », en raison de l'épaisse toison qui les protégeait du froid : on les connaît par leurs cadavres conservés presque intacts dans les argiles salifères de Pologne.
Et les hommes du paléolithique qui vivaient en Dordogne il y a 15 000 à 20 000 ans en ont dessiné, entre autres, sur les parois de la grotte de Lascaux, comme de celle de Font-de-Gaume, aux Eyzies, « capitale de la préhistoire ».
En Égypte hellénistique, les ménageries de Ptolémée comptaient, parmi leurs pensionnaires, des rhinocéros bicornes d'Afrique. À Rome, pour l'inauguration de son théâtre en 101 avant J.-C., Pompée présenta de nombreuses bêtes féroces, dont un rhinocéros unicorne d'Asie.
Débarque à Lisbonne, le 20 mai 1515, un rhinocéros des Indes à l'intention d'Emmanuel de Portugal. Un citoyen de Nuremberg, qui séjournait dans la capitale portugaise, en envoie des croquis à Albrecht Dürer, lequel fait un camaïeu de deux planches, signé « AD 1515 », de ce rhinocéros – le premier à entrer dans l'art occidental. En France, malgré son peu d'intérêt pour la ménagerie créée par Louis XIV à Versailles (v. *zoo*), Louis XV acquit en 1770 un rhinocéros à deux cornes. Il n'avait pas la curiosité de François Ier, qui n'avait pas hésité à modifier l'itinéraire de son voyage en Provence, en 1516, pour aller voir à Marseille un rhinocéros de passage entre Lisbonne et Rome.

Rhododendron : v. *azalée*.

Rhubarbe

La rhubarbe nous vient des plateaux et des montagnes de l'Asie centrale – Iran, Tibet, Népal, Sibérie méridionale, Mongolie. Son origine est restée longtemps mystérieuse : Dioscoride et les Grecs, Pline et Galien avec les Romains ont utilisé ses propriétés purgatives – appréciées depuis toujours par les Chinois – en sachant simplement qu'elle leur arrivait de lointains pays orientaux. Encore au Moyen Âge, on sait simplement qu'elle provient, par caravanes, du centre de l'Asie, à l'état de rhizomes desséchés. Il n'y a guère que trois cents ans que le mystère est éclairci.

Rhum

La culture de la canne à sucre, originaire du Bengale, puis acclimatée par les Arabes dans le bassin méditerranéen, fut introduite à Cuba par les Espagnols peu après la découverte de l'Amérique. De là, elle s'étendit à toutes les îles de la mer Caraïbe.
Le rhum est né dans les Antilles anglaises. À la Barbade, la fabrication du rhum a commencé en 1647 au plus tard, c'est-à-dire vingt-trois ans après l'arrivée des Anglais, peut-être même un peu plus tôt. On l'appelle alors *kill-devil* puis *rumbullion*, abrégé en *rum* en 1667. Les Antilles françaises appelèrent d'abord « tafia » l'eau-de-vie de canne, puis adoptèrent le mot de *rhum* (1688), *tafia* étant finalement réservé aux eaux-de-vie fraîchement distillées et *rhum* aux eaux-de-vie vieillies en fûts.

Ci-dessus : Le ricin (*Ricinus communis*), illustration du XVIe siècle extraite du *Jardin d'Eichstätt* de Basilus Besler.

Ci-contre : Le rhinocéros, illustration de C. Gesner, 1551.

Ricin (huile de)

Déjà cité dans le papyrus Ebers, le ricin est vieux de quatre mille ans (v. *chicorée*).

Rideau de fer

La coupure entre l'URSS et ses alliés occidentaux est survenue dès la fin de la Seconde Guerre mondiale, et sa concrétisation sur le terrain en a été le rideau de fer : un no man's land de 200 à 250 m de large, long de 1 400 km, et séparant les deux Allemagnes. Son seul point faible étant les nombreux passages possibles dans l'ex-capitale allemande, le rideau de fer a été complété, en 1961, par le mur* de Berlin.
Mais, le 17 mars 1989, la Hongrie signe la convention des Nations unies sur le statut des réfugiés. Conséquence immédiate de leur adhésion, les Hongrois commencent aussitôt à démonter la barrière de barbelés qui courait le long de leur frontière avec l'Autriche.
Quant à l'expression « rideau de fer », elle doit sa fortune à Winston Churchill, qui la prononça en public pour la première fois le 5 mars 1946, au collège Wesminster de Fulton, Missouri, au cours d'une allocution placée sous la présidence de Harry Truman, président des États-Unis. Mais Churchill avait déjà utilisé la formule dans un télégramme ultra-secret envoyé au même Truman le 21 mai 1943. Thomas St-Vincent Troubridge, officier d'état-major britannique, avait-il eu l'occasion de lire ce télégramme ?

Mis en place à la fin de la Seconde Guerre mondiale, le rideau de fer a séparé l'URSS des pays occidentaux pendant près de 50 ans. Le démantèlement du rideau de fer en Hongrie à la frontière autrichienne lors de la révolution démocratique de mai 1989.

Toujours est-il que, dans un article du *Sunday Empire News* paru le 21 octobre 1945, il écrivait : « Il y a un rideau de fer qui traverse l'Europe. » Peu importe de savoir lequel des deux a devancé l'autre. Car des linguistes pertinents et impertinents font observer que, prise dans le sens de « barrière hermétique séparant des groupes de populations », les Russes seraient les créateurs de l'expression ; ils l'utilisaient en parlant de nous, Occidentaux, comme étant « derrière le rideau de fer », et ce depuis 1920 !

Rires artificiels (à la télévision)

C'est à la fin des années cinquante que l'Américain Caroll Pratt, technicien de l'enregistrement de jeux et de sitcoms, commença à travailler avec Charles Douglas, lequel avait inventé une « boîte à rires » pour la CBS.
Les rires artificiels furent d'abord utilisés uniquement pour les scènes ajoutées ou modifiées après l'enregistrement public. Mais, peu à peu, cette pratique prit une ampleur incontrôlée, les producteurs exigeant des rires en cascades et de plus en plus fréquents. Ce qui finit par agacer ou lasser bon nombre de téléspectateurs. Certains firent connaître leur mauvaise humeur et on en revint à un usage plus modéré et plus judicieux de cette technique.
L'Europe, et en particulier le public hexagonal, la découvrirent avec l'arrivée massive des « séries » d'outre-Atlantique dans les années soixante-dix. Feuilletons et jeux télévisés français se sont alors empressés d'ajouter des rires factices aux rires enregistrés du public ou des acteurs.

Riz

Riz de montagne et riz de rizière, qui constituent l'aliment de base en Orient depuis quatre mille ans, nourrissent aujourd'hui les deux tiers de l'humanité. Les quelque deux mille variétés d'*Oryza fatua* et d'*Oryza minuta* (lesquels sont à l'origine du riz de culture) ont pour ancêtre un riz sauvage qu'on trouve surtout en Inde, dans la vallée du Gange entre autres, mais aussi aux Philippines et à Java.
La Chine cultivait le riz il y a sept mille ans : dans la province de Zhejiang, des fouilles ont révélé que, déjà, la Chine cultivait un riz précoce et un riz tardif, grâce à l'emploi de socs en os. On le retrouve en Mésopotamie au temps d'Alexandre. Puis les Arabes l'introduisent en

Le riz, aliment de base de l'Orient, était déjà cultivé en Chine il y a 7 000 ans. Le repiquage du riz en Chine, planche gravée extraite du recueil *Yu Tchi Keng Tchi T'ou* du XVIIe-XVIIIe siècle (Bibliothèque nationale, Paris).

Égypte et en Espagne. Il apparaît en Italie en 1468. Les Portugais en installent la culture en Afrique dès le XVe siècle, et les Espagnols en Amérique seulement vers 1650.

Robe de chambre

La robe de chambre est un héritage des fastes de l'Ancien Régime au XVIIIe siècle. Diderot en parle dans ses *Regrets sur ma vieille robe de chambre*, et Casanova dans *Histoire de ma vie*. L'héritier en est le bourgeois du XIXe siècle, qui la porte chez lui presque en permanence. C'est dans cette tenue que Balzac aimait travailler et que peintres, sculpteurs et caricaturistes se sont plu à le camper.

Balzac peut être considéré comme le véritable promoteur de la robe de chambre, pour laquelle il dépensait sans compter : en 1831, il doit 150 francs (-or) à Buisson, le tailleur chic de la rue de Richelieu, pour ses seules robes de chambre. Et plus tard, dans une lettre du 20 octobre 1849 adressée à sa sœur Laure Surville, il parle avec ravissement de la robe de chambre en termolama – un tissu de soie brodé à la main d'origine persane ou circassienne – que vient de lui offrir Mme Hanska. « Avec elle, écrit-il, on est vêtu de soleil. »

Robinet

En cuivre ou en bronze, le robinet trouve la forme que nous lui connaissons au XVIIe siècle. Sa désignation est plus ancienne et remonte au XVe siècle, époque où les robinets étaient souvent ornés d'une tête de mouton – « robin » étant le surnom de cet animal.

Robinier : v. *acacia*.

Robot et portrait-robot

Ce mot, dérivé du tchèque *robotnik* (ouvrier), a été inventé par le journaliste et homme de lettres Karel Capek. On le rencontre pour la première fois dans le texte de sa pièce *R.U.R.*, qui date de 1928.

Quant à la technique du portrait-robot, elle a permis à la police française d'arrêter un premier criminel le 20 mai 1959 : Guy Trébert, assassin d'Arlette Donier, dont les restes avaient été retrouvés le 5 avril précédent en forêt de Saint-Germain-en-Laye.

Rock and roll

En 1954, Elvis Presley, « petit Blanc » de Memphis, Tennessee, enregistre un disque souple contre quatre dollars : ce disque est un cadeau – original à l'époque – à sa mère pour l'anniversaire de celle-ci. L'enregistrement a lieu dans un studio de la Sun Record Company. Quelques mois plus tard, le jeune chanteur amateur enregistre un deuxième disque, pour son plaisir cette fois. Le directeur de la Sun Record Company, qui a remarqué la qualité de sa voix et l'originalité de son style, lui propose de faire un vrai disque : *That's All Right Mama*. Le jour de sa mise en ondes, le disque passe dix-sept fois à la radio de Memphis : Elvis Presley a réussi le mariage du sirop vocal, de la violence du larynx et du coup de hanche : le « rock'n'roll » est né.

1955 : Le chanteur qui a concocté ce mélange détonant de blues noir et de chant du terroir blanc rencontre le « Colonel » Tom Parker, ancien vendeur de hot dogs devenu agent de publicité pour les fêtes foraines. Le second devient imprésario du premier par contrat signé en bonne et due forme.

En 1966, la RCA rachète la voix d'Elvis Presley pour 18 000 francs – somme énorme à l'époque –

versés à la Sun Record Company, plus une Cadillac donnée en prime au chanteur. Cinquante « disques d'or » (le disque d'or correspond à un million d'exemplaires vendus) se succèdent. À la fin des années 1960, il est la vedette la mieux payée de toute l'histoire du spectacle. En 1973, Elvis Presley et le rock and roll reviennent sur scène. Malgré la mort du « King », en 1977, malgré tous les « discos » du monde, le rock'n'roll continue...

Rodéo

Selon certains spécialistes, le premier rodéo aurait eu lieu à Deer Trail, dans le futur État du Colorado, vers la fin des années 1860. Rodéo spontané, en quelque sorte, dont les concurrents étaient les cow-boys de troupeaux en cours de transhumance, désireux de faire montre de leur savoir-faire. Selon d'autres, le rodéo serait encore plus ancien : dans une lettre datée de 1847, un officier américain des troupes d'occupation à Santa Fe, durant la guerre contre le Mexique, décrit une fête de l'ancien Ouest hispanique, qui en a tout l'air. Le mot, du reste, vient de l'espagnol *rodear el ganado*, signifiant rabattre, rassembler le bétail. Quoi qu'il en soit, Pecos, ville de l'État du Texas, qui fut possession espagnole puis mexicaine (1821), se vante d'être la plus ancienne à tenir un rodéo annuel, et ce depuis 1883.
Le rodéo-spectacle n'est vraiment né que dans les années 1880, à la faveur des imposantes concentrations annuelles de bêtes à cornes au terme de leur transhumance, aux portes de Cheyenne, capitale de l'État américain du Wyoming, et de Calgary, capitale de la province canadienne d'Alberta. C'est alors qu'il a été codifié et a comporté désormais un certain nombre d'épreuves : capture au lasso de chevaux indomptés, maîtrise de taurillons qu'il faut terrasser et encorder, monte à cru de chevaux non dressés et de taureaux... Depuis 1950, les cow-boys sont entrés dans la légende d'un Ouest sauvage qui n'existe plus, et les participants aux nombreux rodéos qui se déroulent en Amérique du Nord ne sont plus des hommes de la prairie mais des professionnels du spectacle.

Avec sa chanson *That's All Right Mama* (1954), Elvis Presley donne naissance à un nouveau style musical au succès planétaire... le rock'n'roll.

Romarin

Ce fils des bords méditerranéens était tenu en grande estime, comme herbe culinaire, par les Grecs et les Romains. Il fut aussi l'hôte très cher des potagers médiévaux. Une vieille légende explique son nom scientifique : *Rosmaris officinalis* – *ros maris*, écume de mer. Et c'est pourquoi, déjà, la Vierge Marie se repose à côté d'un buisson de romarin lors de la fuite en Égypte et y étend son manteau ; et voilà pourquoi, depuis, les fleurs du romarin sont couleur bleu du ciel.

Roquefort

En 1411, Charles VI accorde aux habitants de Roquefort le monopole de l'affinage du fromage qui est pratiqué dans les grottes d'alentour « de temps immémorial ». De fait, Pline l'Ancien en parle de façon si précise, sans évidemment le nommer, qu'on peut affirmer que l'origine du roquefort remonte à plus de deux mille ans. Certains parlent même de quatre mille ans, comme l'attesteraient des fragments de vaisselle exhumés en 1996 (v. *fromage*).

Rose

Originaire de la Chine et de l'Inde, la reine des fleurs – et considérée comme telle de tout temps – est arrivée en Égypte environ trois cents ans avant notre ère, sous le règne des Ptolémées. Pourtant, Homère semble l'avoir rencontrée, puisque, selon lui, Vénus aurait embaumé le corps d'Achille avec de l'eau de rose. Quant aux Hébreux, ils ont probablement connu la rose de Phénicie. Pour les chrétiens, la rose était synonyme de pureté, et saint Médard, évêque de Noyon mort vers 557, couronnait les jeunes filles sages et chastes du beau nom de *rosière*.
La plupart des variétés de roses qui prospérèrent en Europe jusqu'à la fin du XVIIIe siècle avaient été importées par les croisés.
Une nouvelle période s'ouvrira après 1750, quand les voyageurs rapportent de Chine la rose écarlate. Et les roses que nous connaissons aujourd'hui, produits de croisements savants, sont sûrement fort éloignées de celles qui, déjà, du temps de Gilgamesh, servaient en Assyro-Chaldée à fabriquer des baumes et des onguents contre les blessures et les hémorroïdes...
Il n'empêche qu'on a trouvé des feuilles fossiles de roses, identiques à celles d'aujourd'hui, dans des sols vieux de trente-cinq à soixante-dix millions d'années, selon les experts !

Rotary

Il a été fondé le 23 février 1905 par Paul Harris, un avocat de Chicago qui, ce jour-là, proposa à certains de ses clients dont les professions étaient différentes de se réunir régulièrement en invitant des représentants d'autres professions, toutes différentes aussi.
Sa devise : « S'unir pour servir ». Et de fait, comme le Lions Club*, le Rotary est devenu un immense réseau international aux ambitions philanthropiques.

Le rosier de Millet (*Rosa gallica*), illustration du XVIe siècle extraite du *Jardin d'Eichstätt* de Basilus Besler.

Rotin

Importé par la Compagnie des Indes, au XVIe siècle, il fut alors utilisé pour le cannage des chaises avant de devenir le matériau de meubles légers, destinés en général aux jardins.

Roue

Des civilisations pourtant très brillantes ont ignoré l'une des plus géniales inventions : la roue. C'est ainsi que l'Égypte de l'Ancien Empire a réussi à construire les grandes pyramides sans l'aide de celle-ci ; et de même, à Machu Picchu et à Cuzco, les Incas ont édifié forteresses et monuments en ajustant avec le plus grand soin des blocs polygonaux dont certains pesaient plus de 1 000 tonnes.
C'est au cours du IIIe millénaire avant J.-C. qu'elle apparaît en Mésopotamie. Le premier dessin de roue que nous connaissons remonte à 5 500 ans et provient de Sumer. Au nombre de quatre, elles sont pleines et supportent un char funéraire. Leurs essieux étant solidaires du châssis, le véhicule devait être soulevé chaque fois qu'il y avait lieu de changer de direction.
Environ 2 000 ans avant notre ère, des vagues de nomades en provenance des steppes avoisinant la mer Noire parviennent en Mésopotamie, accompagnées d'un fringant animal qu'ils viennent de domestiquer, le cheval*, et qui tire leurs chars – des chars dotés de roues à rayons, et plus maniables. Cette roue est adoptée par de nombreux peuples de l'Orient proche ou extrême : Babyloniens, Égyptiens, Phéniciens, Crétois, Grecs, Chinois.
La roue à rayons de l'Antiquité atteint son apogée technique sous l'Empire romain, non dans la péninsule mais chez les Celtes, avec essieu monté sur pivot, galets de roulement en bois dur entre essieu et moyeu, jante d'une seule pièce en frêne cintré au feu, bandages en lames de fer, etc. Ce type de roue fait merveille sur les 80 000 km du réseau routier qu'entretient Rome en Europe vers l'an 200 de notre ère.
Plus tard viendront le collier* d'attelage (fin IXe siècle) et le fer à cheval (XIe siècle), qui vont

La roue à rayons naquit en Mésopotamie 2 000 ans avant notre ère et fut adoptée par les Égyptiens, les Grecs et les Romains. La roue reconstituée du char de la tombe princière de Vix, VIe siècle avant J.-C. (musée archéologique de Châtillon-sur-Seine).

parfaire les bienfaits de la traction terrestre à roues, laquelle ne rencontrera pas la moindre concurrence jusqu'à l'avènement du coussin d'air (v. *aéroglisseur*, *équitation*).

Roue dentée

On ne le dira jamais assez, la roue dentée est chinoise : les premiers spécimens remontent à la dynastie des Ts'in, il y a 2 200 ans, d'abord en argile et en bois – des dents de lait en quelque sorte – puis en bronze, puis en fer. Ces roues dentées ont en premier servi à stopper des mécanismes effectuant un mouvement de rotation, par exemple, les appareils de levage. Leur usage s'est ensuite diversifié, en particulier sous la dynastie des Han (200 avant J.-C. - 220 après J.-C.) avec les mécanismes intervenant dans le traitement des céréales, le drainage et l'irrigation, les instruments d'astronomie, et même l'animation des marionnettes.

Rouge à lèvres

En 1878, Guerlain, parfumeur breveté, présente un catalogue de ses produits de beauté, où l'on peut lire : « pour les lèvres, rouge de Damas (en pots ou en demi-pots), rouge de Chine (en feuilles), vinaigre de rouge, cire Rosat »... Le XXe siècle approche, mais, pendant des années encore, on cherchera avec plus ou moins de réussite des rouges à lèvres susceptibles de satisfaire à cette exigence de femmes : un rouge ne « déchargeant » pas, c'est-à-dire ne laissant aucune trace sur les objets ou les personnes avec lesquels il entre en contact.
Curieusement, ce n'est pas un homme de l'art qui le crée, mais un scientifique, Paul Baudecroux, spécialiste de l'étuve chimique des couleurs, en particulier dans le domaine de l'archéologie.
En 1925, une amie lui demande de se pencher sur le problème du rouge à lèvres, « un rouge qui ne partirait pas ni en mangeant, ni en embrassant ».
Non seulement Paul Baudecroux le met au point en 1927, mais encore il lui trouve un nom à l'Opéra, où se joue *Cavalleria Rusticana*, de Mascagni. Ce chimiste mélomane sursaute en entendant : « et pour baiser tes lèvres roses... » Eurêka, ce sera le célèbre « Rouge baiser », qui deviendra la marque déposée et la raison sociale de la maison du même nom. Firme qui créera le premier stylo à lèvres à bâton rétractable après la Seconde Guerre mondiale (v. *maquillage*).

Roulement à billes

Certains en attribuent l'invention au sculpteur et orfèvre florentin Benvenuto Cellini, parce que celui-ci notait dans ses *Mémoires* qu'en 1543, ayant terminé une statue de Jupiter, il l'avait placée sur un socle de bois dans lequel il avait aménagé une cuvette « pour quatre petits globes, grâce à quoi même un jeune enfant pouvait sans mal manipuler et orienter la statue dans le sens voulu ».
D'autres remarquent qu'il faudra attendre 1778 pour voir apparaître des billes de bois dans les mécanismes de moulins à vent.
D'autres observent que le véritable inventeur du roulement à billes est Philip Vaughan, maître de forges à Carmarthen (pays de Galles), qui, en 1794, déposa un brevet pour les moyeux d'un véhicule hippomobile.
D'autres enfin, plus raisonnablement, disent que les premières applications de billes métalliques ont été faites vers 1885-1890 sur les bicyclettes, puis, vers 1900, sur les autos.
C'est aux États-Unis qu'a été breveté par Timken, en 1918, un système de roulement à rouleaux coniques, et un autre par SKF, en Suède, en 1920 ; et, en 1922, le premier brevet de roulement à aiguilles a été pris par Hoffmann-Nadella, en Allemagne.

Roulette

La première roulette mue au moyen d'un pédalier équipé d'une courroie de transmission est l'œuvre de John Greenwood. Cet ex-corsaire de Boston, devenu dentiste à New York, avait eu, en 1790, l'idée toute simple de transformer le rouet de sa mère à cette fin. Jusque-là, les dentistes se contentaient d'utiliser des mèches et des vilebrequins dérivés de l'outillage des menuisiers. En 1858, l'Américain Charles Merry dépose le brevet d'une roulette adaptée à un câble flexible ; et, en 1884, l'Anglais George Fellows Harrington crée la « Fraise » actionnée mécaniquement... par un mouvement d'horlogerie. L'ancêtre de la roulette moderne était né. À partir de là, et avec le concours de l'électricité, sa vitesse de rotation passera de 600 tours par minute à 350 000, cent ans après (v. *brosse à dents, dentaire [art], dentier*).

Les origines de la roulette française sont incertaines : on dit que ce jeu aurait été créé par Blaise Pascal. *La Roulette*, illustration de Jack Butler au tout début du XXe siècle (collection privée).

Roulette (jeu)

Certains avancent que la roulette aurait été inventée par Blaise Pascal durant sa retraite religieuse de 1655. D'autres pensent qu'elle aurait été mise au point vers la même époque par un moine français désireux de rompre la monotonie de la vie monastique. D'autres encore estiment qu'il s'agit d'un jeu tibétain, importé et mis au goût occidental par des missionnaires dominicains français.
Rien n'est sûr, sinon que la roulette que nous connaissons est une création française à laquelle on jouait sous Louis XIV : Saint-Simon en parle comme d'une distraction récente en 1713.

Ruban adhésif

On l'appelle plus communément « Scotch » (abréviatif, pour *Scotch tape*, ruban écossais), marque déposée du premier ruban adhésif cellulosique créé par les laboratoires 3M et mis en vente en 1930. 3M, c'est la Minnesota Mining & Manufacturing Co. de Saint Paul (capitale de l'État américain du même nom), dont l'activité était jusqu'alors organisée autour de la production du papier de verre et autres abrasifs.
Le Scotch est le descendant direct du ruban adhésif de marquage mis au point en 1925 dans les mêmes laboratoires de 3M. Son inventeur : Dick Drew, qui cherchait une solution au problème des carrossiers de l'époque pour la peinture au pistolet des autos en deux tons, comme le voulait alors la mode.
Le Scotch représente la plus grosse percée technique et commerciale dans le domaine de la papeterie moderne. Encouragée par ce succès initial, la société 3M en perfectionna la fabrication de façon à le rendre tout à fait transparent, et ce fut le Scotch magic, mis en vente dans les années 1960, qui est encore utilisé.

Rues (de Paris) : v. *arbres, éclairage, noms, numérotage.*

Rugby

En 1823, à une époque où chaque grand établissement d'enseignement britannique avait ses propres règles pour jouer au football* (issu de la médiévale soule française), un élève du collège de Rugby fit subir à ce jeu de balle une sorte de mutation : c'est l'Irlandais William Webb Ellis qui, dans le feu de l'action, prit le ballon dans ses

Le rugby, sport dérivé du football, est joué pour la première fois en 1863, par un élève du collège britannique de... Rugby. *The Football Game*, huile sur toile de Thomas Webster, XIXe siècle (collection privée).

mains et courut au but – une plaque commémorative exalte son exploit sur les lieux mêmes. Le succès du nouveau jeu fut tel que les tenants de l'orthodoxie «au pied» se groupèrent dans une association de défense. Le schisme fut définitif en 1848. Pour fortifier leurs positions, les tenants de l'hérésie «à la main» inventèrent le ballon ovale: la plus ancienne photo connue d'un ballon qui ne semble pas tout à fait rond date de 1864. Le premier règlement officiel qui «légalise» l'«ovalité» est édité en 1892 : «le jeu devra être joué avec une balle ovale aux dimensions les plus proches de celles-ci», etc. Durant la première moitié du XIXe siècle, le nombre de joueurs avait été variable – au hasard des rencontres – et le règlement plus ou moins élastique. La codification de base sera le travail de la Rugby Football Union, créée en 1871, qui, en 1877, ramène le nombre des équipiers de vingt à quinze, et, à partir des années 1880, celui de l'International Board qui groupe, avec celle d'Angleterre, les fédérations d'Écosse, d'Irlande et du pays de Galles.

Le premier-club de rugby en France est Le Havre Athletic, fondé par des Anglais (1880). Le premier championnat de France est remporté par le Racing-Club en 1892 au détriment du Stade Français par 4 à 3. Cette année-là, et les suivantes, le vainqueur de ce championnat de France reçoit en récompense un lourd trophée, le «bouclier de Brennus», ainsi appelé en mémoire de son auteur, Charles Brennus, graveur de son état et aussi arbitre de rugby. Trophée qui avait été dessiné par Pierre de Coubertin, le créateur des jeux Olympiques modernes.

Le premier match international avait eu lieu, dès 1871, entre l'Angleterre et l'Écosse, et fut gagné par cette dernière. Le premier match international disputé par une équipe de France et dénommée comme telle a lieu le 1er janvier 1906 contre les All Blacks néo-zélandais, qui gagnent par 30 à 6. À partir de 1910, la France est acceptée dans le tournoi des Quatre – qui devient le tournoi des Cinq-Nations. Première coupe du monde du ballon ovale en Australie et en Nouvelle-Zélande entre seize pays (mai-juin 1987). En finale, à Auckland, la Nouvelle-Zélande bat la France 29 à 9.

Comme pour bien démontrer que la France est une terre naturelle du rugby, en 1961, est faite une importante découverte au cimetière marin de Menton : le révérend W. W. Ellis, légendaire inventeur de ce sport, y est enterré.

Autre découverte, du moins pour certains, qui concerne le championnat de France : le bouclier de Brennus, qui est remis chaque année, lors de la finale, au vainqueur du tournoi, n'a pas pour origine le nom d'un empereur romain. C'est plus simplement celui d'un dirigeant du début du xxe siècle, généreux donateur de ce trophée esthétiquement discutable.

Le « jeu à treize » est né à Saint Helens, ville du nord de l'Angleterre, à la suite d'une dissidence ayant ses sources dans le professionnalisme, dans les années 1890. On y joue aussi en France depuis 1934.

Le rugby à sept, formule abrégée de ce sport, a été inventé en Écosse au début du xxe siècle. Très spectaculaire, il se joue par mi-temps de sept minutes sur un terrain aux dimensions classiques.

À onze joueurs se joue ce que nous nommons le « rugby américain », appelé « football » aux États-Unis, créé en 1872 à Harvard, et longtemps apanage des étudiants : à onze joueurs, mais avec un nombre illimité de remplaçants, tant ce jeu est violent et épuisant.

Rutabaga

Introduit en France, venant de Suède, par Lasteyrie, à la fin du xviiie siècle. Le comte Charles Lasteyrie du Saillant appartient à la brillante tradition de l'humanisme polyvalent : il était publiciste, agronome et imprimeur tout ensemble. C'est au titre d'imprimeur que lui revient un autre mérite : Lasteyrie est l'introducteur de la lithographie* en France (1814), dont il était allé apprendre la technique à Munich.

Depuis Quand ? S comme...

Sac de couchage

L'usage du sac de couchage est devenu courant à partir de 1937 avec les congés* payés, mais sa grande période a commencé avec l'essor du camping qui a suivi la Seconde Guerre mondiale. Cependant, avant l'ère des touristes « nomadisants », il y a eu celle des explorateurs, et c'est ainsi que, dès 1913, le célèbre « Tarif-album » (mille deux cents pages) de la Manufacture française des armes et cycles de Saint-Étienne proposait, dans la partie violette consacrée aux « articles de voyage et d'exploration », deux lits-sacs pliants qui sont tout bonnement des sacs de couchage. Le campeur d'aujourd'hui sera davantage étonné en apprenant que le premier sac de couchage est plus que centenaire. Son concepteur : l'écrivain écossais Robert Louis Stevenson, le fameux auteur de l'*Île au trésor* et du *Dr Jekyll et Mister Hyde* qui, dans son *Voyage avec un âne à travers les Cévennes*, raconte comment, au Puy-en-Velay, il passa commande d'un « sac à viande » (*sic*) : « L'enfant de mon invention avait quasiment six pieds carrés, outre deux flanquets triangulaires pour servir d'oreiller, la nuit, et de couvercle et de poche, le jour, à ce sac. Je l'appelle « sac », mais ce ne fut jamais un sac que par euphémisme. C'était seulement une sorte de long rouleau ou saucisson en bâche verte imperméable à l'extérieur et en fourrure de mouton blanc à l'intérieur [...] »
Ce fut au sud de Langogne, au soir du 23 septembre 1878, que Stevenson inaugura « l'enfant de son invention » pour une nuit de pluie, de vent et de ténèbres, tandis que son ânesse Modestine veillait sur lui... et s'en déclara satisfait.

SACEM

Au début du siècle dernier, comme aux précédents, chanson et musique étaient interprétées sans que les exploitants demandent aux auteurs la moindre autorisation ni ne leur versent la moindre rémunération.
Le 9 mars 1847, Alexandre Bourget et Victor Parizot, compositeur et auteur de renom, sont aux Ambassadeurs, où l'on donne un spectacle chantant ; quelques-unes de leurs œuvres y sont interprétées, qui obtiennent un grand succès auprès du public.
Bourget et Parizot font appeler le propriétaire de l'établissement, le félicitent pour son choix de chansons et refusent de payer leurs consommations, puisque « le propriétaire du café-concert utilisait leurs œuvres à son bénéfice, faisant fi des droits d'auteurs et de leur rétribution ».
L'action judiciaire qui s'ensuivit fut gagnée par le compositeur et l'auteur, en première instance comme en appel. La « Société des auteurs, compositeurs et éditeurs de musique » (SACEM) était née officieusement. Officiellement, elle fut fondée en 1851.

Safran

Crocus satirus est probablement originaire de l'Iran et du Cachemire. C'est le *safra* des Persans, l'*assfar* des Arabes, le *karkom* des Hébreux, qui deviendra le *krokos* des Grecs. La mythologie de ces derniers raconte que Mercure, jouant au lancer du disque avec son ami Krokos, le blesse mortellement au front. Au sol rougi par le sang de celui-ci va pousser une magnifique plante jaune et rouge : le crocus.
Le papyrus Ebers nous précise que le safran était cultivé dans les jardins de Louqsor. Les Égyptiens utilisaient cette plante pour parfumer leurs temples. À Rome, il servait à colorer les tuniques, à arroser le sol des amphithéâtres, à parfumer la couche des jeunes mariés. Introduit par

Le safran du printemps à fleurs mauves (*Crocus vernus*), illustration du XVIe siècle extraite du *Jardin d'Eichstätt* de Basilus Besler.

les Berbères en Espagne vers 960, sa culture s'est étendue à toute l'Europe méridionale avec le retour des croisés. La date de son acclimatation en France est la source de controverses. Pour les uns, les Phocéens l'auraient importé directement d'Asie ; pour les autres, ce serait un certain Porchaires, gentilhomme d'Avignon, qui en aurait apporté quelques bulbes, au XIVe siècle, dans sa ville natale et entrepris la culture dans le Comtat Venaissin.

Sage-femme

À lire le papyrus Ebers, on apprend que, dans l'Égypte pharaonique, l'obstétrique était enseignée par les sages-femmes prêtresses. « Je suis sorti, y relate en effet un médecin réputé de Ramsès II (vers 1300 avant J.-C.), de l'école d'Héliopolis où les vieillards du Grand Temple m'ont indiqué leurs remèdes ; je suis sorti de l'école de Saïs où les Mères Divines m'ont donné leurs recettes [...]. »

À Athènes comme à Sparte, les sages-femmes, héritières des prêtresses vouées au culte des déesses de la Fertilité, sont des « personnes respectables » (*dixit* Platon). Obligatoirement de naissance libre, elles doivent avoir fait la preuve de leur fécondité et passé l'âge de procréer.

À Rome, où la médecine vient de Grèce, la sage-femme elle-même est souvent d'origine grecque. C'est tantôt une esclave attachée à une riche famille patricienne, tantôt une *medica* intégrée à la corporation des *nobilitas obstetricium*, corporation qui, pour être admise en son sein, exigeait qu'on fût de naissance libre ou affranchie. La *medica* pouvait être stérile ; en revanche, elle devait savoir lire, afin de mieux assimiler la théorie de son art.

Sauf à Paris, où les règlements relatifs au métier de sage-femme ont été rédigés dès 1564, aucun texte ne permet de déceler dans les provinces une organisation, même embryonnaire, de la profession de « ventrière » – qui s'exerçait dans des conditions d'hygiène déplorables.

La première sage-femme, en France, à connaître une renommée durable est Mme Du Coudray, auteur d'un *Abrégé de l'art des accouchements* (1757) et fondatrice de plusieurs écoles de sages-femmes, dans le Bourbonnais, en Bourgogne, en Champagne...

Le 22 décembre 1802 s'ouvre l'École d'accouchement de Paris, à l'initiative du chirurgien Baudelocque. Réglementée par des lois de 1823, 1892 et 1916, la profession de sage-femme est de nos jours ouverte aux détentrices d'un diplôme d'État institué en 1948.

Les Mésopotamiens auraient connu le saint-bernard. Cette race de chien serait arrivée en Suisse après la guerre des Gaules. *Portrait d'un saint-bernard dans un paysage alpin* de James Bourhill, XIXe siècle, Bonhams, Londres).

Saint-bernard

Le saint-bernard, ancien habitant de la Mésopotamie ? C'est l'hypothèse qu'ont envisagée depuis peu les spécialistes en comparant ses caractéristiques avec celles des chiens visibles sur les bas-reliefs de haute Mésopotamie datant de deux mille cinq cents ans au moins. De là, le saint-bernard emprunte les routes du commerce et des invasions, passe par Athènes et Rome, et s'installe en Suisse après la guerre des Gaules, sensiblement au début de notre ère. Vers le milieu du XVIIe siècle, il fait son entrée à l'hospice du Grand-Saint-Bernard et développe ses qualités grâce au travail sélectif des moines. Mais les standards de la race ne seront définitivement fixés qu'en 1887, au cours du congrès international de Zurich.

Saint et martyr

Selon la coutume, étaient déclarés « saints » par la vox populi aussi bien des gens de grande vertu que des personnages douteux. Ce fut le mérite du pape Jean XV, par ailleurs instigateur de la trêve de

Dieu, de mettre fin en 993 à ces «sanctifications» spontanées et naïves en décidant d'une procédure rigoureuse, toujours en vigueur, appelée «procès de canonisation». Le premier à en bénéficier, et donc le premier saint «homologué» en quelque sorte, fut l'évêque Ulric ou Uldaric d'Augsbourg. Quant à Polycarpe, évêque de Smyrne, mort en 155, il est le premier saint dont le martyre ait été authentifié par l'hagiographie. Le récit de sa fin ignominieuse constitue le plus ancien témoignage de ce genre.

Salière

La salière, pièce de vaisselle riche dès le XIIe siècle, est citée dans *Le Roman de Renart* (v. *sel*).

Salsifis

Plante méditerranéenne, le salsifis a vu sa culture encouragée dans toute la France par Olivier de Serres, ministre d'Henri IV. Un peu plus tard, le salsifis a rencontré la scorsonère, un concurrent venu d'Espagne, qui l'éclipsa l'espace de quelques années. Mais aujourd'hui les racines blanches du premier et les racines noires de la seconde font bon ménage dans l'estime des amateurs de légumes.

Samba

Dans ses *Notes sans musique*, Darius Milhaud parle de la chanson à succès qui fit danser le carnaval de Rio de Janeiro en 1917. Cette année 1917 fut celle de la première samba à oser dire son nom.

Comme le mot *tango**, le mot *samba* est d'origine africaine et signifie «nombril». Car la samba originelle était dansée au milieu d'une ronde par un danseur soliste qui, par frottement de ventre à ventre, passait son tour à celui ou à celle qui allait occuper la place centrale.

En 1958, sous l'influence de la musique nord-américaine, est née à Rio une samba «jazzée» qui connaîtra un engouement mondial : la bossa-nova. La première chanson à adopter ce rythme nouveau est *Chega de saudade* (*Adieu tristesse*), avec un premier disque (Odéon nº 14360) signé João Gilberto.

Ci-dessus : Le salsifis à fleurs pourpres (*Tragopogon porrifolius*), illustration du XVIe siècle extraite du *Jardin d'Eichstätt* de Basilus Besler.

Ci-contre : Karl Landsteiner, médecin américain d'origine autrichienne, découvrit l'existence de types de sang différents et mit au point la classification ABO et leurs règles de compatibilité. Il reçut le prix Nobel de médecine en 1930.

Sandwich

La classique tranche de jambon prise entre deux tartines beurrées, dont le thème a donné lieu à d'infinies variations, est née en Angleterre en 1762. John Montagu, quatrième comte de Sandwich, était si passionné de cartes qu'un jour il s'abstint de quitter la table de jeu à l'heure du repas. Ce que voyant, son cuisinier improvisa ce petit en-cas et le lui fit porter. John Montagu fit honneur à cette innovation et fut imité. Le «sandwich» vit son usage se répandre très vite dans les îles Britanniques, mais il ne passa la Manche qu'au début du XIXe siècle.

Premier lord de l'Amirauté, John Montagu avait largement aidé James Cook à préparer ses voyages d'exploration dans le Pacifique. Celui-ci, par reconnaissance, donna le nom de Sandwich à un archipel polynésien, aujourd'hui cinquantième État des États-Unis sous le nom d'îles Hawaii. Ce sont les naturels de ces îles Sandwich qui attaquèrent Cook et ses hommes. Dans l'échauffourée, Cook perdit la vie et, dit-on, fut victime d'un cas d'anthropophagie caractérisé, transformé en sandwich, pourrait-on dire, le 14 février 1779.

Sang et groupes sanguins

Aux époques où l'on ignorait tout du système nerveux, le sang bénéficiait d'une réputation mythique. Les Égyptiens faisaient prendre à leurs vieillards les plus illustres des bains de sang animal. Dans la Rome impériale, il arrivait que des spectateurs se précipitassent dans l'arène pour boire le sang des gladiateurs morts. La Révolution française vit le sang des aristocrates guillotinés offert aux pauvres comme boisson reconstituante. Le cannibalisme du sang fut de tous les temps et de tous les lieux.

De là à tenter de rendre sa vitalité à un

individu par une transfusion* sanguine, il n'y a qu'un pas. Il fut franchi, avec des fortunes diverses, jusqu'au jour où, en 1900, Karl Landsteiner, jeune pathologiste autrichien, résolut l'énigme : il découvrit en effet que tous les sangs humains n'étaient pas identiques, et que les globules rouges portaient à leur surface deux substances déterminant leur répartition en quatre groupes, selon que tel ou tel individu possédait l'une ou l'autre, ou les deux, ou aucune de ces substances. Groupes qui furent désignés par les lettres A, B, AB et O. Dès lors, il suffira de vérifier qu'il y a compatibilité entre les sangs du donneur – universel pour le sang O – et du receveur avant de procéder à une transfusion.
D'autres systèmes immunologiques ont été découverts par la suite, présents sur les globules rouges ou ailleurs, par exemple dans le sérum. L'un d'eux est le système Rhésus – le plus connu du public, car il peut provoquer, outre des accidents transfusionnels, des conflits immunologiques entre la future mère et le fœtus (par exemple femme à Rhésus négatif portant un enfant à Rhésus positif). C'est le même Karl Landsteiner, établi aux États-Unis, qui, assisté des médecins américains Alexander S. Wiener et Philip Levine, découvrit en 1940 ce facteur Rhésus, ainsi nommé parce que d'abord découvert dans le sang d'un singe, *Macacus rhésus*. Le macaque en question avait été nommé « rhésus » en 1797 par le naturaliste Jean-Baptiste Audebert dans son *Histoire naturelle des singes*, sans pouvoir justifier en quoi que ce soit, dit-on, ce nom de baptême.
Citons encore un des derniers venus de ces systèmes, le système HLA (*human leucocyte antigen*), qui recense les groupes d'histo-compatibilité correspondant à des substances présentes sur les globules blancs et sur la plupart des cellules qui composent les organes. Ils furent découverts dans la décennie 1960 par le professeur Jean Dausset. C'est leur connaissance qui a permis les premières greffes* d'organe.

Santons : v. *Noël (crèche de)*.

Sapeur-pompier

Le corps n'existait pas encore en 1671, observe Mme de Sévigné ; mais le mot existait donc dans la langue.
Les sapeurs-pompiers de Paris ont été créés en 1716. Depuis 1811, ils sont intégrés dans l'armée. Ils constituent aujourd'hui un régiment du génie (v. *assurances [compagnies d'], incendie [lutte contre l']*).

Sapin de Noël : v. *Noël (sapin de)*.

Satellite artificiel

Le premier satellite artificiel est soviétique. Spoutnik 1 fut lancé le 4 octobre 1957 ; il pesait environ 80 kilogrammes et gravita autour de la Terre jusqu'au 4 janvier 1958, à des altitudes variant de 220 à 950 km. Le premier satellite américain (Explorer I), qui fut lancé le 31 janvier 1958, ne pesait qu'une dizaine de kilogrammes. Le premier satellite habité, Spoutnik 2, fut lancé le 3 novembre 1957 avec, à son bord, la chienne Laïka. Le premier homme dans l'espace fut le Soviétique Youri Gagarine, qui quitta la Terre le 12 avril 1961. Les Américains attendirent le 29 novembre 1961 pour envoyer le singe Enos dans une capsule *Mercury*, et le 20 février 1962 ce fut enfin le tour du colonel John H. Glenn (v. *alunissage, astronef, météorologie, navette spatiale*).

La maquette du premier satellite artificiel, Spoutnik 1, lancé le 4 octobre 1957.

Satellite naturel

En 1726, Jonathan Swift publiait *Les Voyages de Gulliver*, ouvrage dans lequel les habitants d'un pays imaginaire avaient découvert que la planète Mars possédait deux lunes, décrites avec un grand luxe de précisions. Quelque deux cent cinquante ans plus tard, en 1877, alors que l'on connaissait quatre satellites à Jupiter et huit à Saturne, mais aucun à Mars, l'astronome américain Asaph Hall, profitant d'un passage rapproché de cette planète, se mit à scruter le ciel assidûment en quête d'un satellite. Selon la petite histoire, il rentrait une nuit chez lui, bredouille et découragé, quand Mrs. Hall le convainquit de retourner à l'observatoire de Washington. Et c'est cette nuit-là que Hall repéra non seulement une mais deux lunes martiennes, qu'il baptisa Phobos (peur) et Deimos (terreur) en référence aux deux fils d'Arès (Mars en grec), qui accompagnaient régulièrement leur père dans les combats. Qui plus est, par leur proximité de la planète, par leur petitesse et par leur vitesse de révolution, toutes caractéristiques astronomiquement exceptionnelles, les deux satellites confirmaient l'hypothèse poétique de Swift. La science-fiction* était devenue science-réalité. Depuis, si Mars n'a toujours que deux satellites, on en a découvert seize à Jupiter, vingt-deux à Saturne, vingt et un à Uranus et huit à Neptune. Pluton n'a qu'une « lune », Charon, ou plutôt il constitue avec celui-ci une planète double.

La sonde américaine Voyager 2 (lancée le 20 août 1977), après avoir croisé Jupiter (juillet 1979), doublé Saturne (août 1981) et observé Uranus à bout portant, pour la première fois au monde (janvier 1986), a survolé le pôle nord de Neptune (août 1989). Et c'est alors qu'elle a découvert que cette planète n'avait pas deux satellites, comme on le croyait jusque-là, mais huit !

Pour mémoire, précisons qu'à l'instar de Pioneer 10 (v. *astronef*) et *Voyager 1*, lancé quelques semaines avant *Voyager 2*, ces trois sondes ont désormais quitté le système solaire, les deux Voyager en 1990, après avoir pris 200 000 photos et parcouru 18 milliards de kilomètres. Elles naviguent désormais au-delà de l'espace interplanétaire et s'éloignent dans l'espace interstellaire sans espoir d'approcher une autre étoile avant 40 000 ans. Sauf accident, Voyager 2 doit rester en liaison avec la Terre jusqu'en 2013.

Sauge

Cette plante méditerranéenne a gardé jusqu'à nous sa réputation de panacée. « Qui a sauge dans son jardin n'a nul besoin de médecin », disent encore les Provençaux, qui ne l'emploient plus comme tonique et préfèrent la soupe à la sauge avec ail et pommes de terre à toutes ses vertus chantées par les apothicaires. Déjà, les Gaulois pensaient comme les Provençaux.

Avant eux, Grecs et Romains, plus optimistes encore, croyaient que la sauge conférait l'immortalité. Quant aux Égyptiens, ils contraignaient leurs femmes à boire le jus de cette plante, après une épidémie meurtrière, car ils la tenaient pour un agent de la fertilité. Ainsi, pour des raisons diverses, la sauge a traversé toute l'Histoire.

Saule pleureur

Au pouvoir étrange de résurrection qui se rencontre chez certains végétaux, nous devons en Europe et aux États-Unis l'existence des saules pleureurs, qui proviennent tous d'un fragment de panier ayant contenu des figues méditerranéennes.

En effet, expédié de Smyrne, ce panier fut offert à lady Suffold. Le poète Alexander Pope, qui assistait à la scène, en cassa un brin et, histoire de plaisanter, déclara que quelque chose d'inconnu pourrait bien en naître s'il était planté en terre britannique.

Ce qui fut fait par Pope lui-même dans son jardin des bords de la Tamise, à Twickenham. À l'étonnement général, le fragment de panier reprit vie, verdit, poussa et, finalement, se transforma en un très beau saule pleureur. Originaire de l'Asie du Sud-Ouest et de la Chine, *Salix babylonica* venait d'obtenir sa naturalisation européenne.

Quelques années plus tard, un jeune officier anglais qui partait pour les colonies d'Amérique en coupa un rameau et l'emporta avec lui, enveloppé d'un linge de soie huilée. Mais survint la guerre d'Indépendance, au terme de laquelle le jeune officier regagna sa patrie sans espoir de retour. Auparavant il avait donné son brin de saule à John Parker Curtis, fils de Mrs. Washington. Sur sa ferme d'Abingdon, en Virginie, le rameau cueilli au bord de la Tamise reprit vie et racines à son tour et prospéra si bien qu'il devint l'ancêtre de tous les saules pleureurs des États-Unis.

La sauge des prés (*Salvia pratensis*), planche botanique du tout début du XXe siècle.

En 1942, au Père-Lachaise, les admirateurs de Musset, mort en 1857, plantent un saule pleureur sur sa tombe conformément au souhait du poète exprimé dans Louise. Il avait donc fallu quatre-vingt-cinq ans pour que soit exaucé ce vœu pieux. Mais un dictateur, général à la barbe romantique, Francisco Solano López, maître du Paraguay de 1862 à 1870 et admirateur de la culture française, avait pensé à accomplir la volonté de Musset une dizaine d'années après la disparition de celui-ci. Au cours d'un voyage en Europe, d'où il devait rapporter les plans du Louvre pour son palais d'Assomption, une actrice irlandaise pour ses nuits tropicales et le pas de l'oie pour ses régiments, il n'avait pas oublié de « planter un saule au cimetière », saule dont personne n'a jamais consigné ce qu'il était devenu (v. *aspirine*).

Saut à la perche

Hérité des Crétois et des Espagnols, le saut à la perche avait été introduit pour la première fois aux championnats d'Angleterre en 1866, avec un premier record, celui d'un certain Wheeler (3,05 m). La perche était en frêne. Cette épreuve sera exclusivement britannique jusqu'en 1898, année où les Américains supplantent les Anglais. Puis, à l'aube du XXe siècle, tout le monde s'y met, y compris les Français, dont l'un, Fernand Gondet, séminariste de son état, franchit 3,74 m sans soutane.
Le record du monde avec perche en bambou est établi par l'Américain Cornelius Warmerdam, en 1942 pour le saut en plein air (4,77 m) et en 1943 en salle (4,78 m). La route du bambou étant coupée par la Seconde Guerre mondiale, on fabrique des perches métalliques à partir de 1943 – aluminium, puis acier, enfin alliages plus légers. Malgré cela, personne ne fera mieux que Warmerdam avant 1957 : ce sera l'Américain Robert Gutowski avec 4,82 m.
Les premiers essais de perche en fibre de verre datent de 1949. Mais le matériau ne s'imposera définitivement qu'en 1961 : un sauteur peu connu, américain lui aussi, atteint cette année-là 4,83 m, à la surprise générale.

Saut à l'élastique

Introduit en France en 1986 par le Néo-Zélandais Alan-John Hackett, le saut à l'élastique est réglementé depuis 1989 par le ministère de la Jeunesse et des Sports.

Le saut en hauteur de Valeri Brumel lors d'une rencontre européenne au Heysel. Brumel fut recordman du monde dans cette discipline de 1961 à 1963 et champion olympique en 1964. Quatre ans plus tard, ce titre lui est repris par Richard Fosbury, qui donna son nom à la célèbre technique de saut en hauteur.

Saut en hauteur

Le « rouleau » californien, avec rotation de la hanche au-dessus de la barre, en position horizontale, permet, dès 1912, à l'Américain George Horine de franchir, le premier, le seuil des 2 m.
Un autre Américain, Dave Albritton, met au point le rouleau ventral, grâce auquel le Soviétique Valéri Brummel deviendra recordman du monde, en 1963, avec 2,28 m.
À son tour, un troisième Américain révolutionne la technique du saut en hauteur : il s'agit de Richard Fosbury, qui devient champion olympique à Mexico, en 1968, avec un franchissement de la barre nuque en premier, sur le dos. Utilisant le fosbury flop, un quatrième Américain sera champion du monde en 1976, avec 2,32 m.
Mais le « ventral » connaît un renouveau en 1977, quand le Soviétique Vladimir Yachenko bat le record du monde masculin avec 2,33 m et que l'Allemande de l'Est Rosemarie Ackermann, championne olympique 1976, passe les 200 cm. Elle est la première femme à accomplir cet exploit – soixante-cinq ans après Horine (v. *athlétisme*).

Saute-mouton

Ce jeu passe de Hollande en France et en Angleterre vers 1525. Outre-Manche, il est interdit en 1528, car certains médecins l'estiment fort dangereux pour la santé des enfants…

Le savon est une spécialité de Marseille depuis le XIIe siècle. *Savonnerie*, gravure extraite de l'*Encyclopédie*, XVIIIe siècle.

Savon

Si l'on en croit Pline, il serait d'origine gauloise: « On se sert aussi de savon, c'est une invention des Gaulois pour rendre les cheveux blonds ; on le fait de suif et de cendres de hêtre. »
Les savons de Marseille – où de nombreuses savonneries existaient déjà au XIIe siècle –, de Savone, de Gênes et de Venise étaient particulièrement appréciés au Moyen Âge.
À Paris, la taille de 1292 cite huit savonniers qui allaient criant dans les rues:
« J'ai le bon savon de Paris »,
mais aussi:
« J'ai le savon d'outre-mer, savon. »
Au XVIIe siècle, on estimait particulièrement les savonnettes à l'orange, grises, noires et de Bologne.

Saxophone

Créé par le Belge Antoine Joseph (dit Adolphe) Sax, qui fit breveter l'appareil en 1845. Les orchestres militaires français furent les premières formations musicales à l'accueillir parmi leurs instruments.

Instrument d'orchestres militaires français à l'origine, le saxophone, créé en 1845, a très vite gagné la faveur des joueurs de jazz. Portrait de Coltrane Gibbal, jouant du saxophone, 1931 (collection privée).

Scalpel

Comme instrument de vivisection, il est cité au XVIIIe siècle par Fontenelle et Viétane (v. *bistouri*, *lancette*).

Scanner

La tomographie, procédé conçu par le médecin français André Boccage, permet de faire une série de radiographies par plans successifs. Boccage avait déposé son brevet en 1915, mais le premier appareil ne fut réalisé qu'une dizaine d'années plus tard.
En 1971, les possibilités de la radiologie furent de nouveau enrichies par l'invention de l'ingénieur électronicien britannique Godfrey Hounsfield, qui, dans les laboratoires de la firme anglaise EMI, avait mis au point un tomodensitomètre, très utile en matière de « tomographie axiale transverse avec calculateur intégré ».
Ne cherchez pas: cette tomographie-là est l'appellation officielle française de la scanographie (*Journal officiel* du 24 février 1976), et tomodensitomètre, tout simplement, le scanner – du mot anglais signifiant « scrutateur, déchiffreur ».

Par le mariage des rayons X (v. *radioactivité*) et de l'ordinateur*, le scanner permet de voir sur un écran l'intérieur du corps humain vivant, sans préparation ni délai, presque aussi bien que sur une coupe anatomique à l'autopsie. Il est devenu un moyen de diagnostic incomparable (v. *RMN*).

Scaphandre autonome :

v. *nage et pêche sous-marine.*

Scarole : v. *laitue.*

Sceaux et cachets

Les premiers cachets connus datent d'il y a huit mille ans. C'est à Çatal Höyük (v. *ville*) qu'on les a trouvés (VIe millénaire). Ils sont en terre cuite. Sans doute ne servaient-ils qu'à orner des étoffes ou des cuirs.
Les premiers cachets destinés à l'apposition d'une signature ou d'une marque de propriété proviennent de Tell Halaf (Ve millénaire). Ils portent des dessins de style géométrique. Plus tard, à Tell Obeid (IVe millénaire), on fabriquera des cachets à images d'animaux, puis d'humains. C'est à Uruk (3500-3350 avant J.-C.) qu'ont été créés les premiers cylindres, lesquels finiront par supplanter les cachets. La fortune des cylindres se poursuivra en Mésopotamie et en Égypte, jusqu'aux Achéménides (539-323 avant J.-C.). Alors disparaîtra définitivement le cylindre, au profit de son illustre prédécesseur, le cachet.

Schnauzer

Ce chien natif du Wurtemberg est certainement d'origine très lointaine. En tout cas, il existait tel quel, déjà, au début du XVIIe siècle : en fait foi une statue de Stuttgart, *Le Veilleur de nuit et son chien*, qui date de 1620 et représente un spécimen typique de cette race.
Schnauzers géant et nain sont apparus vers 1880, le premier par simple croisement, le second par sous-alimentation des chiots.

Scie

La scie faisait partie de l'outillage préhistorique sous forme de silex finement dentelé. Mycènes a livré des scies en os entaillé, la Crète des scies en bronze. Sur une urne funéraire étrusque est peinte une scie exactement semblable à celle des menuisiers de la première moitié du XXe siècle.

L'homme préhistorique comptait déjà la scie parmi ses outils. Puis les Étrusques confectionnèrent des scies dont le modèle resta presque inchangé jusqu'au début du XXe siècle. *Le Scieur de bois*, miniature extraite de *Kalila wa-Dimma*, manuscrit arabe du XIIIe siècle.

Science-fiction

La fiction romanesque dans le domaine du fantastique, de l'étrange, du surnaturel et de l'anticipation scientifique est de toujours. Sans remonter très loin dans le temps, citons *Les Voyages de Gulliver*, de Swift, ou *Micromégas*, de Voltaire ; ou 50 titres de Jules Verne ; ou encore, *Frankenstein ou le Prométhée moderne* (1818), un récit de Mary Shelley, que les Anglo-Saxons tiennent pour le premier texte véritable de science-fiction. Mais le mot ne commence à être utilisé en France qu'en 1951, avec la création des collections « Le Rayon fantastique » (Gallimard-Hachette) et « Anticipation » (Éditions du Fleuve Noir). Puis naît en 1953 la revue mensuelle *Fiction*, grâce à laquelle l'expression s'imposera définitivement.
Science-fiction dérive de *scienty fiction*, termes inclus dans le sous-titre du magazine américain *Amazing stories*, créé en 1926 par un éditeur de publications périodiques, Hugo Gernsback, Luxembourgeois qui avait traversé l'Atlantique en 1904.

Les Voyages de Gulliver, roman dont est extraite cette illustration de Jonathan Swift, peuvent être considérés comme l'un des premiers romans de science-fiction, même si ce genre n'est nommé, en France, qu'à partir des années 1950 (Bibliothèque nationale, Paris).

Au cinéma, le premier film de science-fiction, *Le Voyage dans la Lune*, de Georges Méliès, date de 1902, mais la grande vogue de ce genre commence avec *La Guerre des mondes*, de B. Haskin (1953), tiré du roman de H. G. Wells (1898), qui sera suivi en 1956 de *L'Invasion des profanateurs de sépultures*, de Don Siegel, et de *La Planète interdite*, de F. McLeod.

Scooter : v. *motocycle.*

Scopitone : v. *clip vidéo.*

Scotch : v. *ruban adhésif.*

Scoutisme

Mouvement pour la formation physique et morale, aussi bien que pratique et civique des enfants, le scoutisme a pour fondateur et premier animateur Robert Baden-Powell, officier britannique, jusque-là connu par ses faits d'armes, en particulier au cours de la guerre des Boers. Baden-Powell lance le scoutisme, constitue dès 1908 les premiers groupes de boy-scouts* et, en 1910, les *girl-guides*, en Grande-Bretagne.
La même année 1908 voit le mouvement s'étendre aux dominions : Canada, Australie, Nouvelle-Zélande, Afrique du Sud. Puis il déborde sur les pays scandinaves, le Mexique et l'Argentine. En 1911 a lieu la création quasi simultanée des Éclaireurs de France et des Éclaireurs unionistes de France.

Scrabble

C'est un architecte new-yorkais au chômage, Alfred Butts, qui inventa ce jeu de lettres en 1931, en en combinant trois autres : la Clé, le Lexicon et le Diamino ; à la clé, il empruntait la grille ; au lexicon, les lettres numérotées ; au Diamino, le système des mots croisés.
Commencée sous le nom de *It*, la carrière du jeu fut désastreuse. Sous le nom de *Scrabble*, verbe anglais qui signifie littéralement « gratter, faire des pieds et des mains », il ne fut vraiment commercialisé qu'en 1948 aux États-Unis, sans doute à cause des années difficiles de la dépression, et de celles de la Seconde Guerre mondiale. Il traverse l'Atlantique en 1952 pour établir une solide tête de pont en Grande-Bretagne. Puis, il franchit la Manche en 1960, au prix de quelques transformations pour s'adapter au français, plus généreux que l'anglais en voyelles. Il est désormais implanté dans toute l'Europe.
Éliminant le facteur chance, des scrabbleurs belges ont inventé le Scrabble « duplicate », où chaque joueur, seul devant son jeu, tire les mêmes lettres que ses adversaires. Les Anglo-Saxons ignorent encore cette variété de Scrabble.
Devenu veuf en 1980, à l'âge de 80 ans, Alfred Butts découvre une solitude insupportable.
Il retourne alors à sa planche à dessin et invente un autre jeu qu'il baptise A O G – Alfred's Other Game, variation du Scrabble qui peut être jouée seul ou accompagné.
Premier championnat international pour francophones : du 28 au 31 décembre 1972, à Cannes. Sur les cinq vainqueurs, quatre Belges et un Algérien… (v. *Mastermind*, *Monopoly*).

Sécurité sociale

En France, la notion même de retraite reste inconnue jusqu'au XVIIe siècle, et pour cause : l'espérance de vie se situe alors autour de 35 ans.

On commence à travailler dès l'enfance, et l'on ne s'arrête qu'à la mort ou en cas d'incapacité physique. Les rares vieillards sont pris en charge par leur famille.
Le 23 septembre 1673, Colbert promulgue un premier texte sur la retraite, et les premiers assurés sont les marins de la « Royale », assurant un revenu minimal à ceux qui sont invalides. Par reconnaissance ? Non pas : simplement pour qu'ils ne deviennent pas vagabonds ou voleurs !
Le 24 juin 1793, la nouvelle Constitution révolutionnaire prévoit l'attribution d'une pension à ceux qui sont « hors d'état de travailler », et ce par « devoir national de fraternité » – qui deviendra, au XXe siècle, « la solidarité nationale ».
Le XIXe siècle voit apparaître divers systèmes de « pensions » versées soit par l'État, soit par certaines professions désireuses de s'attacher leurs salariés. C'est seulement en 1930, après des années de débats, qu'est votée la « loi sur les Assurances sociales », financée à la fois par l'État, les entreprises et les salariés. Enfin, en octobre 1945, le premier gouvernement provisoire que dirige le général de Gaulle crée, par ordonnance, un système d'assurance-maladie et de retraite qui sera étendu, modifié, amélioré au fil des décennies.

Sel

Chlorure de sodium plus ou moins pur, le sel abonde dans les océans (30 kg/m^3) et dans le sol, en couches parfois épaisses provenant de l'évaporation des mers géologiques.
L'histoire du monde, si l'on prend le sel pour référence, est d'une simplicité linéaire : les mammifères sauvages de la préhistoire ont créé les sentiers qui menaient aux pierres de sel, de ce sel qu'il leur fallait lécher pour répondre aux exigences de leur organisme. Les hommes les ont suivis, et les sentiers du sel sont devenus des chemins le long desquels se sont établies les communautés humaines. Quand, au néolithique, le régime alimentaire des populations nouvellement sédentarisées est passé de façon progressive du gibier riche en sel aux céréales, la nécessité d'un supplément de sel a fait que celui-ci est devenu la denrée principale des premiers échanges de troc.
On connaît les premiers itinéraires historiques du sel, comme Tombouctou-Maroc par terre, et

Le sel est objet de commerce depuis l'Antiquité. Il était également utilisé comme mode de paiement (son nom latin *salarium* a donné le terme « salaire »). *La vente du sel*, miniature du XIIe siècle extraite d'une édition du *Tacuinum sanitatis*, (Bibliothèque nationale, Paris).

Égypte-Grèce par mer. (À Rome, la via Salaria amenait des salines d'Ostie les chars de cristaux blancs. Et n'oublions pas que « salaire » trouve son étymologie dans *salarium argentum*, comme l'on nommait la solde du soldat, payable partiellement en sel.) Si Venise doit sa fortune aux épices* d'Asie, c'est qu'elle pouvait, à Constantinople, les payer en sel. En 1295, lors de son premier retour de Chine, Marco Polo remplit d'aise le doge Pietro Gradenigo avec les précisions qu'il lui donne sur la prodigieuse valeur des pièces de sel portant le sceau du Grand Khan. À l'autre bout de l'Histoire, en 1930, le Mahatma Gandhi entraîne une multitude de partisans jusqu'aux rivages de l'océan Indien pour y vendanger leur propre sel, et ce afin de protester contre une taxe sur le sel que prélevait l'administration coloniale des Anglais.
Quant à l'impôt sur le sel, il est de tous les temps et de tous les pays. Le sel est en effet la matière imposable idéale : indispensable à chacun et sans substitut, sa production est localisée et donc d'une surveillance facile. Dès la fin du IIe millénaire avant notre ère, l'empereur chinois Yu lève un impôt sur le sel et, au VIIe siècle avant notre ère, le commerce du sel devient un monopole impérial. Égyptiens et Syriens paient une taxe sur le sel sous les successeurs d'Alexandre le Grand. Un des premiers rois de Rome, Ancus Martius, les imite.

Les premiers Capétiens en font autant : c'est la très impopulaire gabelle que la Révolution française abolira... pour la remplacer par un autre impôt salé. Celui-ci ne sera définitivement supprimé que le 1er janvier 1946 par l'Assemblée nationale constituante.
Si l'importance d'une nourriture est proportionnelle aux allusions et aux citations qui y sont faites dans la langue et dans la littérature, sans conteste le sel arrive en tête. Ne rappelons que l'Évangile selon saint Matthieu, v, 13 : « Vous êtes le sel de la terre. Mais si le sel perd sa saveur, avec quoi va-t-on le saler ? »

Selle

Comme le cheval* lui-même, comme l'étrier*, la selle a pour patrie les steppes de l'Asie centrale. Les sépultures de l'Altaï (v. *tapis*) ont livré les plus anciennes selles connues (ve siècle avant J.-C.). Elles sont faites de deux coussins de cuir allongés, remplis d'herbe sèche ou de poils de bovidés, montés sur des arceaux de bois. Si les Grecs montaient à cru ou sur un tapis sanglé, les Perses utilisaient la selle. Cet élément du harnachement devient courant à Rome au début de notre ère. Les chevaliers de la tapisserie de Bayeux montent en selle (v. *équitation*).

Séquoia

Le géant des géants du monde végétal, qui, dans les hautes vallées de sa Californie natale, peut atteindre 150 m, et être vieux de 3000 ans, a été découvert vers 1825 par l'explorateur et botaniste écossais David Douglas. L'année 1847 marque les premières importations de sujets en Europe.

Lorsque l'Asie centrale commence à domestiquer le cheval, elle invente la selle. Ce harnachement a ensuite été adopté par toutes les civilisations. *Selle à piquer*, gravure extraite de l'*Encyclopédie*, XVIIIe siècle.

L'engouement des Européens pour le séquoia fut tel que, dix ans après, un pépiniériste de la région parisienne en fournissait dix mille boutures enracinées à sa clientèle.

Serin des Canaries

Mis à la mode en Europe au XVIe siècle, il entre dans la littérature française au XVIIe, avec La Bruyère et son portrait de Diphile, dont un des domestiques a pour fonction de « siffler les serins au flageolet et de faire couver les canaries ».

Seringue

La composition et l'administration d'un clystère revenaient de droit à l'apothicaire, qui, jusqu'au XVIe siècle, opérait avec une vessie à tuyau de roseau rigide. Plus préoccupé d'épargner la pudeur de ses patientes que de gagner en efficacité, le médecin hollandais Reinier De Graff, auteur du très sérieux *De Clysteribus*, « bricole » en 1668 une seringue à tige flexible qui permettait aux dames de se mettre à l'abri pour manier elles-mêmes l'appareil. De Graff se serait inspiré

La première seringue portative (1713) est une invention d'Anel, médecin des armées de Louis XIV. L'*Expérience sur le mouvement du sang*, gravure extraite d'*Elementae physiologiae corporis humanis* d'Albert de Haller, XVIIIe siècle.

d'un principe imaginé par l'Italien Ganetaria, médecin à Pavie cent ans plus tôt.
En fait, la première seringue portative vraiment pratique apparaît en 1713. C'est Anel, chirurgien major aux armées de Louis XIV, qui la mit au point, pour soigner un abbé du nom de Freschi qui souffrait d'une double fistule lacrymale.
La seringue de Pravaz date de 1853. Comme celle d'Anel, elle était en métal. Le médecin londonien Fergusson fut le premier à employer le verre, qui permet de surveiller l'injection. Mais c'est Luer qui, en 1869, fabriqua la première seringue tout en verre.

Serre

Le mot «serre» était déjà employé au XIIIe siècle pour désigner tout lieu clos. Ce mot définira à partir du XVIe siècle la galerie vitrée à température réglée. La construction de serre remonte au temps où des relations suivies s'établirent entre l'Europe et les pays tropicaux, c'est-à-dire à la fin du XVe siècle. La première serre fut construite dans le jardin botanique de Padoue, l'un des plus anciens d'Europe, fondé en 1545. L'usage s'en est répandu en France au cours du XVIIIe siècle. L'une des plus belles est celle du Jardin des Plantes à Paris, construite en 1836.

Serrure

La France emploie le mot au XIIe siècle. Au XIIIe siècle, les fabricants de serrures étaient divisés en deux catégories : les serruriers de fer et les serruriers de cuivre. Il y avait à Paris vingt-sept serruriers en 1292, trente-six en 1300, cinquante-neuf en 1392, et trois cent cinquante maîtres serruriers à la fin du XVIIIe siècle (v. *clé, targette*).

Service militaire

Avec la Révolution française est proclamé le principe de recrutement de l'armée moderne : ce recrutement est national (décret du 28 février 1790) et il faut être français – les régiments étrangers sont licenciés.
Réalisée d'abord en fait, la conscription le sera en droit par la loi Jourdan, du 5 septembre 1798, qui décide l'obligation du service militaire pour tous, à partir de 20 ans et jusqu'à 25, mais les appels interviennent selon les besoins.
C'est seulement la loi du 21 mars 1905 qui crée le service obligatoire et effectif pour tous – service national, égal et obligatoire à 20 ans, dont le principe est tempéré par la possibilité de sursis et la création du service auxiliaire pour un certain nombre de cas médicaux. Cette loi supprime définitivement le tirage au sort et toutes les dispenses dont étaient jusque-là assorties les lois successives sur le recrutement, survenues au cours du XIXe siècle.
Mais les temps changent. La Grande-Bretagne ne fait plus appel à la conscription depuis 1957 ; la Belgique a décidé de passer à l'armée de métier en 1994 ; les Pays-Bas en 1998. Le 22 février 1996, le président Chirac annonce un plan de six ans pour renouveler complètement les forces de l'armée. Dans cette perspective, il décide que les Français nés après le 1er janvier 1979 ne seront pas appelés sous les drapeaux. Les derniers appelés regagnent leur foyer en décembre 2001.

Le 5 septembre 1798, le maréchal Jourdan fait voter une loi obligeant tout homme de 20 à 25 ans à exécuter son service militaire. Jourdan, maréchal de France, taille-douce coloriée d'époque Empire (collection particulière).

Serviette (de table)

L'usage fut longtemps de s'essuyer la bouche et les mains avec un pan de la nappe – dans les maisons riches ou aisées, car les pauvres n'en avaient évidemment pas. Ce n'est qu'à la fin du XVe siècle que la serviette commence à faire partie du couvert. On la met d'abord sur l'épaule ou sur le bras gauche. Puis vient la mode des « fraises », au XVIIe siècle, et on la porte alors autour du cou. Au XIXe siècle, on l'amarre au gilet. De nos jours, elle a atterri sur les genoux des attablés (v. *assiette*, *couteau*, *cuiller*, *fourchette*).

Shopping-center

Le premier *shopping-center*, ou hypermarché, implanté en pleine campagne, a été édifié à Framingham, à 32 km de Boston (États-Unis) en 1951. Il avait nom Shoppers World. En France, l'hypermarché a une définition légale bien précise : c'est « un magasin libre-service de plus de 2 500 m^2 pourvu d'un vaste parking ». Celui de Portet-sur-Garonne, ouvert le 8 mars 1972, est le plus grand du monde, avec ses 24 459 m^2. Le premier, avec tout juste 2 500 m^2, avait été celui de Sainte-Geneviève-des-Bois, inauguré dès le 15 juin 1963 (v. *supermarché*).

SICAV : v. *clubs d'investissement*.

Sida

Au cours de l'été 1981, les hôpitaux américains, en particulier ceux d'Atlanta, constatent une multiplication des cas d'un cancer rare dans l'hémisphère Nord, le sarcome de Kaposi, tumeur maligne de la peau, « cancer pas tout à fait comme les autres ». En 1982, les chercheurs s'aperçoivent qu'en réalité ce cancer de la peau ne fait qu'accompagner – dans de nombreux cas mais non dans tous – la phase finale d'une défaillance du système immunitaire cellulaire. Cette maladie mystérieuse, qui va semer l'effroi chez les homosexuels mâles et les toxicomanes d'Amérique et d'Europe, prend le nom de sida (syndrome immuno-déficitaire acquis), AIDS en anglo-américain.
Dès mars 1983, l'Institut Pasteur isole le virus. Mais il faudra attendre le 1er janvier 1985 pour que l'équipe du professeur Montagnier annonce qu'elle est parvenue à décrypter sa structure et son « matériel génétique », composé de 9 193 nucléotides. Parallèlement, aux États-Unis, l'équipe du docteur Robert Gallo, professeur au National Cancer Institute, arrive en même temps à la même conclusion : le rétrovirus LAV (Lymphadenopathy Associated Virus) est le premier responsable du sida, se transmet par l'acte sexuel ou par le sang et s'attaque non pas seulement à certaines catégories d'humains (les quatre H : homosexuels, Haïtiens, hémophiles, héroïnomanes), mais à toutes. Reste à mettre au point la ou les techniques de prévention, de détection et de vaccination contre ce mal, dont la violence, la rapidité d'extension et la terreur qu'il suscite rappellent celles de la peste (v. *microbe*) et de la syphilis* en leur temps.

Signalisation routière

La signalisation, à l'usage des cyclistes, d'obstacles tels que descentes et virages dangereux a commencé sur l'initiative du Touring Club de France. Le premier panneau est posé en 1894, sur la RN 7 près de Cannes. Puis, à partir de 1902, le TCF fait poser un peu partout, à l'usage de plus de quatre mille automobilistes circulant en France, des poteaux indicateurs d'obstacles, en particulier aux points de bifurcation. Enfin, le 1er décembre 1908, lors de la première Conférence internationale de la route, sont adoptés quatre signaux d'obstacles sur la proposition du TCF : cassis, virage, passage à niveau et croisement.
En 1912, l'Office national du tourisme procède, avec la collaboration du Touring Club de France et de l'Automobile Club de France, à un essai de signalisation sur le trajet Paris-Trouville. Mais les plaques indicatrices de direction, montées

En France, le premier panneau de signalisation routière est posé en 1894, d'abord à l'usage des cyclistes.
La signalisation officielle française sur la route et dans les villes, illustrations du tout début du XXe siècle.

sur poteau, ne donnent pas le numérotage des routes. Au Salon suivant, le stand Michelin souligne cette lacune : il est entièrement consacré au numérotage des routes.

L'intérêt qu'il suscite est tel que, le 17 mars 1913, une circulaire ministérielle rend obligatoire le numérotage des bornes kilométriques sur les routes nationales. Une autre circulaire, en date du 22 avril 1913, étend la même disposition aux autres routes départementales et vicinales.

Les premières cartes routières ont été créées par Michelin. Décidée en 1906, leur publication fut commencée en 1910 et terminée en 1913. Au nombre de quarante-sept et à l'échelle du 1/200 000, elles étaient pliées en accordéon, comme celles d'aujourd'hui, mais en format plus petit.

Les normes européennes, qui concernent dix-huit pays, en matière de circulation et de signalisation routière, ont été fixées par la conférence de Genève, la CEMT (Conférence européenne des ministres des Transports), dont les travaux, de 1971 à 1973, ont abouti aux accords que la France applique depuis 1978 (v. *circulation à droite*, *Code de la route*).

Signature

Au départ, dans les pays où l'usage de l'écriture se répand, on appose un simple « signe » sur les documents à authentifier. Signe distinctif et non mention d'un patronyme*. Le Talmud donne une liste de signes par lesquels les rabbins indiquent qu'ils ont pris connaissance de tel écrit.

L'habitude est prise par les chrétiens des premiers âges de tracer une croix en guise de signature. Et, comme il est difficile de les différencier, les hommes d'église inscriront dans la croix les lettres dont sont formés leur nom, non dans leur ordre mais selon un agencement esthétique. Puis, on écrit le nom suivi de la croix. Celle-ci, toute seule, restera par la suite la façon de signer pour les analphabètes.

En France, les croix autographes ont disparu après la première moitié du XIIIe siècle, et le sceau manuel reste dès lors le fait des notaires. La transformation de celui-ci en signature s'achève au XVIe siècle, dans le même temps que de nombreuses ordonnances rendent obligatoire l'apposition de la signature dans les actes authentiques. Le mot lui-même est… signalé en 1430.

Sirène d'appel

Ingénieur hydrographe après avoir été élève de la première promotion de l'École polytechnique (1795), Charles Cagniard de La Tour a effectué de nombreux travaux sur la résonance et les vibrations sonores dans les liquides, obtenu le point critique de l'éther et mis en évidence l'intervention d'organismes vivants dans la fermentation alcoolique (1838).

Mais les deux titres de gloire de ce physicien sont : une machine soufflante qu'il n'hésita pas à baptiser « cagniardelle » ; et la sirène d'appel, qu'il inventa en 1819, ainsi dénommée parce qu'on peut lui faire émettre des sons sous l'eau.

Skateboard

Au début du siècle déjà, des jeunes ont eu l'idée, en divers pays, de fixer des roulettes de patins à une planche en bois pour en faire un engin à acrobaties. Mais le skateboard a reçu son nom

La planche à roulettes, ou skateboard, naît au tout début du XXe siècle et est officiellement reconnue au début des années 1960. *Jean Börling in skating Rink*, affiche de Fernand Léger du début du XXe siècle (bibliothèque du musée de l'Opéra, Paris).

officiel et connu une vogue forcenée à partir de 1961, en Californie, avec des modèles très élaborés, et ce à l'initiative des enthousiastes du surf (v. *ski nautique*) désireux de s'entraîner même sur la terre ferme. De la côte du Pacifique, la vague d'engouement a balayé les États-Unis et atteint très vite la côte est. Résultats : 30 millions de dollars de ventes en 1965 (pour des prix allant de 2 à 50 dollars l'unité), sans parler du chiffre d'affaires des orthopédistes et des médecins spécialistes des fractures, et interdiction de pratiquer le skate sur les voies publiques dans de nombreuses villes d'Amérique.
À la fin de la décennie 1960, le skateboard a été codifié en utilisant le vocabulaire des « surfistes », et des championnats ont été organisés avec diverses épreuves dans lesquelles la vitesse n'est pas l'objectif, mais l'adresse, sinon la virtuosité : saut en hauteur, slalom, *rompage*, saut en longueur. Ses débuts, en France, datent de la saison sportive 1975-1976.
Autre dérivé du surf à l'image du skateboard, le snowboard, ou planche des neiges, né aux États-Unis dans les années 1980. Premier (et double) champion du monde de skateboard et de snowboard : l'Américain Berth Lemar (1988).

Ski

Le plus ancien ski que l'on connaisse a été découvert en Suède, à Hoting, en 1921. Il est vieux de quatre mille cinq cents ans, d'après le test au pollen. C'est une « planche » en bois de pin, longue de 1,10 m.
L'histoire, les arts et la littérature scandinaves sont intimement liés au ski. La grande « course de Vasa » commémore l'exploit d'un roi de Suède qui, en 1520, secoua le joug danois avec ses partisans venus le rejoindre à skis dans les forêts de Dolécarlie.
Au XIXe siècle, un autre exploit fait connaître au ski la faveur de toute l'Europe : durant l'été 1888, c'est la première « grande première », la traversée du Groenland à skis d'est en ouest, d'Onivik à Godthåb, par Fridtjof Nansen… en trente-neuf jours. Toutes les Alpes s'enflamment. Vers 1890, Conan Doyle, le créateur de Sherlock Holmes, est l'un des premiers à glisser sur les pentes suisses. Mais un Français au moins l'aura devancé, un alpiniste grenoblois, Henri Duhamel, qui essaie sur les pentes de Chamrousse de « longues et étroites planchettes » de provenance suédoise. Le

Le ski est probablement d'origine suédoise, si l'on en croit le ski datant de -1500 retrouvé à Hoting. Des soldats suédois à skis en 1555 (Bibliothèque nationale, Paris).

problème des fixations est le plus dur à résoudre. Henri Duhamel y parviendra en 1889. À sa suite, ses amis Émile Morel-Couprie et Ernest Clarant fondent le premier ski-club français en janvier 1896 ; car, dans l'intervalle, ce sport a fait de nombreux adeptes – et a trouvé son nom.
En 1901, l'armée des Alpes adopte officiellement le ski, mais elle est la seconde : l'armée autrichienne l'a précédée, neuf ans plus tôt.
Les jeux Olympiques seront plus longs à se décider ; les compétitions nordiques sont admises aux Jeux de Chamonix en 1924, les disciplines alpines à Saint-Moritz, en 1948.

Ski-doo et ski-bob

Un Canadien francophone du nom de Joseph-Armand Bombardier est l'inventeur, vers 1946, de cette moto sur neige au nom lénifiant – on l'appelle aussi « moto-ski » et « moto-neige » – mais puissante (160 km/h sur piste), équipée de deux skis à l'avant, d'un patin central et de deux chenillettes latérales. Au Québec, c'est un engin utilitaire autant que sportif.
Le ski-bob, lui, est un vélo des neiges muni de deux patins à la suite. Son ancêtre est autrichien (1910). Lancé en 1958, il a des championnats mondiaux depuis 1969.

Ski nautique

Héritier ingrat de l'aquaplane – ingrat puisqu'il l'a détrôné –, le ski nautique est une création du Norvégien Petersen, jusque-là classique sauteur à skis sur neige (Cannes, 1927). Certains de ses successeurs eurent l'idée d'abandonner un de leurs skis. Finalement, au début des années 1950, quelques-uns ont même abandonné le second, à commencer par les Australiens, ayant constaté qu'à 60 km/h l'eau devient dure comme du bois. On en est ainsi arrivé, en l'espace de vingt-cinq ans, au ski nautique sans ski.

Qaunt au surf, aurait pu croire qu'il est un parent de l'aquaplane, il est en réalité d'origine polynésienne : en 1788, le capitaine Cook fut si impressionné par les rois hawaiiens chevauchant les vagues sur des planches longues de 5 m, qu'il jugea bon de consigner le fait sur son journal de bord. Herman Melville décrivait déjà le surf dans son livre *Mardi*, publié en 1849. S'il n'exige pas une traction motrice, l'existence de longs rouleaux déferlants est nécessaire. Leur permanence sur les côtes californiennes est telle que les Américains ont eu l'idée de les utiliser dans les années qui ont suivi la Seconde Guerre mondiale. En Europe, nous ne pouvons guère compter sur eux de façon régulière, sauf sur la côte basque, où le *surfing* a fait ses débuts.

Le 23 août 1981, deux Britanniques aveugles, Nigel Verbeeck, 39 ans, et Gerald Price, 47 ans, partent de Folkestone pour une traversée de la Manche à ski nautique. Trois heures et quart après, ils atterrissent à Boulogne. L'enjeu de cette performance : un prix de 6 000 livres sterling que les bénéficiaires reversent pour moitié à des associations d'aveugles et à une campagne publicitaire en faveur d'un magazine publié sous forme de cassettes pour non-voyants (v. *planche à voile, surf*).

SNCF

1er janvier 1938 : création de la Société nationale des chemins de fer français.

Soap opera

L'« opéra savon » est né en 1937 à la radio américaine. Pour doper la vente de ses produits ménagers, la firme Procter and Gamble eut l'idée de commanditer – de sponsoriser, n'ayons pas peur des mots franglais – le feuilleton « Haine et passion ». En 1946, le genre commence à coloniser la télévision. De « Santa Barbara » aux « Feux de l'amour », la recette séduit la ménagère américaine de plus de 50 ans. La recette : une jolie bluette entre garçons tirés à quatre épingles et jolies filles à la paupière palpitante, dont les aventures doivent obligatoirement passer par un rebondissement toutes les sept minutes à la demande des publicitaires, car c'est, paraît-il, l'espace de temps au bout duquel baisse l'attention de la ménagère de plus de...

Les records d'audience sont fabuleux. « Amour, gloire et beauté », champion du genre qui commença sa carrière en 1987, a tenu en haleine 380 millions de fans répartis dans 90 pays.

Sociétés d'auteurs : v. *dramatique, gens de lettres, SACEM.*

Soie

Parmi des parures, on a retrouvé des traces de soie dans la nécropole mise au jour en 1836 près de Hallstatt, en haute Autriche, remontant au

Le commerce de la soie a débuté entre la Chine et l'Europe au Ier siècle de notre ère. Une peinture sur soie chinoise du VIIIe siècle représentant un concours de mathématiques (musée national des Arts asiatiques-Guimet, Paris).

VIIe siècle avant J.-C., c'est-à-dire au premier âge du fer*. Des débris d'étoffe en soie ont également été découverts dans certains sarcophages égyptiens. Aristote parle de tissus fabriqués à partir de fils produits par un papillon. Ces étoffes devaient provenir de l'Inde ou de la Chine, qui gardèrent longtemps le secret de leur fabrication.
La soie de Chine a commencé à faire l'objet d'un commerce avec l'Europe au Ier siècle de notre ère. En 555, les premiers œufs de vers à soie furent importés de l'empire du Milieu par des moines nestoriens, et des magnaneries s'installèrent alors dans tout le Péloponnèse.
Au XIIe siècle, les Normands de Sicile font venir de Grèce des « soyeux », grâce auxquels Palerme devient un centre de fabrication de la soie très réputé. Et celle-ci gagne le pourtour méditerranéen : Italie, Provence, Espagne.
L'industrie de la soie naturelle connaîtra jusqu'au début du XXe siècle une prospérité que seul le Nylon* et quelques autres fibres artificielles parviendront à mettre à mal.
Sous le nom de route de la soie, on désigne divers itinéraires terrestres par lesquels, de Xien, en Chine, jusqu'à Venise, s'était établi, depuis le IIe siècle avant J.-C. (et jusqu'au VIIIe siècle de notre ère), un courant d'échanges commerciaux et intellectuels entre Extrême-Orient et Europe, aux deux bouts d'un périlleux voyage de 6 000 km à travers steppes, déserts et montagnes de l'Asie centrale. D'où cette expression de « routes de la soie » imaginée par le géographe et géologue allemand Ferdinand von Richthofen, qui visita longuement la Chine de 1868 à 1872 (v. *mûrier*, *Nylon*, *ver à soie*).

Soja, soya

Cultivé en Chine depuis au moins trois mille ans, le *sou* ou *soy* mandchou a été introduit en Europe par le naturaliste prussien Engelbert Kaempfer en 1693 (d'où l'orthographe *soja* qui tend à prévaloir).
En 1873, le botaniste autrichien Friedrich Haberlandt crée des variétés adaptées au climat du bassin danubien, et, six ans plus tard, Vilmorin-Andrieux un soja jaune adapté au Languedoc.
Mais la France lui préférera le colza (v. *navet*) et le tournesol*. Ce n'est pas avant 1889 que les États-Unis, avec l'Institut agricole du Massachusetts, s'intéresseront au *japan pea* – les États-Unis, qui, depuis la Seconde Guerre mondiale, sont le premier pays producteur de cette papilionacée.

Le système de Ptolémée : la Terre, les planètes et les douze signes du Zodiaque avant que Nicolas Copernic n'établisse la théorie du système solaire. Gravure du XVIIe siècle (Bibliothèque nationale, Paris).

Solaire (système)

Que la Terre tourne autour du Soleil, au sein d'un système qui porte le nom de celui-ci, nous ne le savons que depuis cinq cents ans environ – depuis Nicolas Copernic, ecclésiastique, astronome, médecin et économiste polonais (v. aussi *monnaie [mauvaise et bonne]*). Avant lui, les deux théories admises depuis plus d'un millénaire – celle d'Aristote et celle de Ptolémée – divergeaient dans les détails mais reposaient sur deux principes fondamentaux communs : d'une part, la place assignée à la Terre en tant que centre immobile de l'univers ; d'autre part, l'attribution à tous les corps célestes – tant aux étoiles fixes qu'aux planètes, y compris le Soleil et la Lune – d'un mouvement uniforme sur des orbites circulaires.
La première observation astronomique de Copernic dont nous ayons connaissance remonte au 9 mars 1497 : c'est l'occultation d'Aldébaran – étoile de la constellation du Taureau – par la Lune. Mais la somme de ses travaux en matière d'astronomie, connue sous le titre de *De revolutionibus orbium coelestium*, ne paraîtra que quarante-six ans plus tard : le premier exemplaire de l'ouvrage, imprimé à Nuremberg, ne parvint à Copernic lui-même que le 24 mai 1543, le jour précis où, après une longue maladie, il allait rendre le dernier soupir.
Avec le système héliocentrique de Copernic, ni la Terre ni l'homme ne sont plus au centre de l'univers, et l'homme reçoit sa première leçon de modestie.

Son et lumière (spectacle)

Ce genre de spectacle nocturne, qui a pour cadre un monument ancien, retrace l'histoire de celui-ci par un texte que soutiennent des jeux de lumière et une ambiance musicale.
Le premier « son et lumière » a eu pour décor le château de Chambord. Il fut créé, à l'initiative de Pierre Sudreau, alors préfet du Loir-et-Cher, par Jean Robert-Houdin, petit-fils du célèbre prestidigitateur, sur une musique de Maurice Jarre (1952).

Sonate

À la fin du XVIIe siècle, après cent cinquante ans de tâtonnements, apparaît la sonate dans sa construction parfaite, par laquelle s'exprimera le génie des grands : Rameau, Scarlatti, Bach, Haendel.

Sondage d'opinion (institut de)

En 1935, George Gallup, qui termine un doctorat de psychologie, cherche à être agréable à sa belle-mère, Olga Bebcock Miles, candidate à des élections dans l'État d'Iowa : il établit un échantillon représentatif des habitants de la circonscription, rédige un questionnaire. Olga est élue. L'année suivante, Gallup fonde le premier institut de sondage d'opinion. Naissance demeurée inaperçue, sauf de quelques esprits avancés, dont un Français, Jean Stoetzel, qui décide de tenter la même expérience en France : avec l'économiste André Siegfried et le journaliste Alfred Max, il fonde l'IFOP (Institut français d'opinion publique), société civile.
Survient la guerre, qui met en sommeil l'IFOP. Mais le jour même où les Allemands quittent la capitale, le 26 août 1944, ses enquêteurs, qui s'étaient préparés en secret, posent aux Parisiens une double question : « Quelle a été votre plus grande joie ces temps derniers ? » et « Avez-vous assisté au retour du général de Gaulle ? ». Dès le 4 septembre, le journal *Libération* publie les résultats de cette première enquête.
Aujourd'hui, tous les pays pratiquent le sondage d'opinion. Les pays d'Europe de l'Est ont rejoint ceux de l'Ouest pour l'utilisation de cette technique à partir de 1958.

Sonnet

Poème à forme fixe de quatorze alexandrins*, le sonnet aurait été inventé en Italie au XIIIe siècle par G. da Lentini, à moins que celui-ci ne l'ait emprunté aux troubadours provençaux. Introduit en France sous l'influence de Pétrarque (grand « sonnettiste », très à la mode à l'époque de la Renaissance) par Marot et Mellin de Saint-Gelais, il eut la faveur de la Pléiade – Ronsard, Du Bellay – et d'Aubigné.
À l'inverse des autres poèmes à forme fixe, comme le rondeau ou la ballade, qui ne tentent plus la plume des poètes depuis longtemps, le sonnet a connu une seconde jeunesse au XIXe siècle : Théophile Gautier et surtout Baudelaire (44 sonnets sur 85 poèmes), puis Verlaine, Rimbaud, Heredia, Mallarmé. Il est le seul dont les poètes du XXe siècle ont accepté d'affronter les règles strictes : Desnos et Jouve, suivis de Queneau et Jean Cassou, pour ne parler que des écrivains de langue française.

Inspiré par les poètes italiens, Clément Marot fut un des premiers hommes de lettres à introduire le sonnet dans la poésie française. *Clément Marot*, peinture de Giovanni Battista Moroni, XVIe siècle (Bibliothèque de la Société d'histoire du protestantisme français, Paris).

Sorbet

Si le mot remonte à 1553, et vient de l'italien qui l'avait emprunté au turc, lequel l'avait pris à l'arabe, il signifiait alors « boisson » ; le sorbet en soi est cependant plus récent.
Dès la Renaissance, les Italiens avaient eu l'idée d'utiliser la glace naturelle, emmagasinée à la fin

Le sorbet a pour pays d'origine l'Italie. Il est introduit à Paris grâce à Procopio dei Coltelli qui fut le premier à le proposer à la clientèle de son établissement, le café Procope, rue de l'Ancienne-Comédie. *L'Enfant à la glace*, peinture de Maria Blanchard, XIXe siècle (musée national d'Art moderne, Paris).

de l'hiver dans des puits profonds. Puis ils s'intéressèrent au problème du froid* artificiel, grâce à des mélanges réfrigérants.
C'est ainsi que le Florentin Procopio dei Coltelli, dit Procope, put servir pour la première fois à Paris des sorbets et des boissons rafraîchies quand il ouvrit son café* rue de l'Ancienne-Comédie, en 1686 (v. *esquimau*). Quant aux célèbres « esquimaux », les habitués des cinémas ont commencé à les goûter à partir de 1922, au temps du « muet ».

Sorbier

Parmi les nombreuses espèces de sorbiers, l'une est le sorbier des oiseleurs, dont les fruits rouge corail, non comestibles, servent à préparer une eau-de-vie, et l'autre le sorbier domestique ou cormier, dont les fruits se consomment blets – ou, plutôt, se consommaient, car les sorbes sont bien oubliées des jardiniers et des gourmands.
Le cormier eut pourtant son heure de gloire... au temps de Charlemagne. À une époque où la diversité des fruits consommés par les Européens était loin de celle que nous connaissons, le verger de Charlemagne, à Paris, passait pour unique parce qu'on y voyait, à la fois, des pommiers*, des noisetiers*, des châtaigniers* et des sorbiers. C'est une observation que fait Michelet dans son *Tableau de la France*.

SOS

Abréviation de l'équivalent anglais de « sauvez nos âmes » (*save our souls*). Traduite en morse, sa simplicité – trois points, trois traits, trois points – lui a valu d'être adoptée comme message de détresse par la Conférence internationale de radiotélégraphie de Berlin, en 1906 (v. *télégraphe*).

Soucoupes volantes

C'est le 24 juin 1947 qu'un homme d'affaires américain, Kenneth Arnold, qui se déplaçait à bord de son avion personnel, aperçut, près du mont Rainier (c'est-à-dire non loin du port de Seattle, situé sur l'océan Pacifique, à proximité de la frontière canadienne), « des objets qui avaient la forme de disques, volaient en formation, procédaient par bonds, comme des soucoupes ricochent sur la surface d'un plan d'eau ». Depuis, en des centaines d'occasions, des milliers de personnes ont affirmé avoir vu des « soucoupes volantes ». Providence des journalistes au mois d'août, celles-ci ont fait l'objet d'études menées par d'authentiques hommes de science, sans que nul, jusqu'ici, n'ait apporté une réponse définitive à la question : « Canulars, phénomènes atmosphériques ou bien manifestations d'extra-terrestres ? »

Sourds-muets (école des)

Le bénédictin espagnol Pedro de Ponce se voue le premier à l'amélioration du sort des sourds-muets et met au point une méthode d'enseignement qui leur est destinée.
Vers 1760, Charles Michel, abbé de L'Épée, crée la première école publique pour sourds-muets et utilise pour leur instruction la méthode dite de mimique, laquelle donne à chaque lettre de l'alphabet une équivalence visuelle par position des doigts (v. *alphabet Braille*).

Souris

Elle arrive d'Orient en Europe à la fin de l'Antiquité classique. Aristote et Pline l'Ancien la citent. Au XIIIe siècle de notre ère, Albert le Grand la décrit parfaitement (v. *rat noir*).

Souris informatique

Souris, c'est ainsi que l'on a baptisé le périphérique d'entrée dont le déplacement manuel permet de désigner une zone sur l'écran de visualisation. Lancée par Apple en 1983, son inventeur est l'Américain Douglas Engelbart, qui en avait déposé le brevet dès 1970. Créateur génial des fenêtres sur les écrans, de l'hypertexte et d'autres nouveautés importantes dans le domaine de la cybernétique, cet informaticien avait fait ses premières armes au Stanford Research Institute, en Californie. Certains le considèrent comme le père d'Internet*. Il en serait plutôt le précurseur pour avoir mis au point, dès 1968, un système pratique de vidéoconférence (v. aussi *web*).

Sous-marin

Le premier sous-marin (v. *hélice*) est la *Tortue* de l'Américain Bushnell, construite en 1776. Le second est le *Nautilus*, d'un autre Américain, Robert Fulton ; mais Fulton avait construit son submersible en France, en 1800, et tenta vainement d'intéresser les autorités, Napoléon en tête. Il faut dire que le *Nautilus* était manœuvré à la main en plongée, à la voile en surface… Fulton allait être plus heureux avec une autre invention de son cru, celle du *Clement*, premier bateau* (à aubes) fonctionnant à la vapeur.

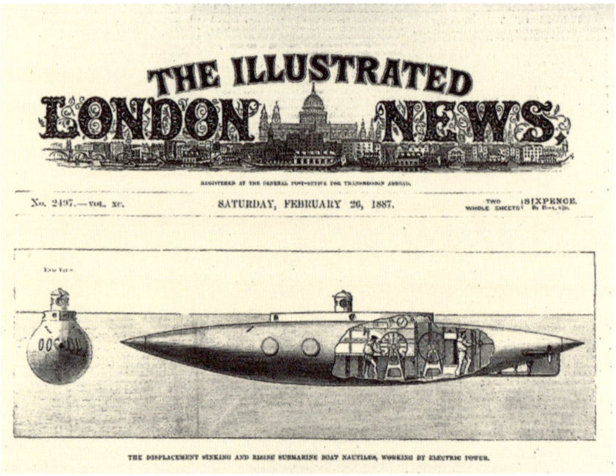

Le *Nautilus*, l'un des premiers sous-marins, construit par l'Américain Robert Fulton en 1800. Couverture de *The Illustrated London News* du 26 février 1887 (collection privée).

Le premier sous-marin véritablement opérationnel a été le *Gymnote* de l'ingénieur naval français Gustave Zédé : porteur de deux torpilles, il était mû à l'électricité (1887). En 1892, Jean Rey et Jules Carpentier inventent le périscope, installé sur le… *Gustave-Zédé*.
Le *Nautilus* américain, premier sous-marin atomique, a été lancé le 21 janvier 1954, commandant Eugène P. Wilkinson. C'est lui qui a effectué le premier passage sous le pôle Nord avec son commandant en second William Robert Anderson. Ayant franchi le détroit de Béring, il entre sous la banquise au nord de l'Alaska le 1er août 1958, atteint le « sommet du globe » le 3 août 1958 à 23 h 15 et ressort de la banquise le 5 août à 9 heures du matin sur le méridien de Greenwich. Au total, il aura passé 96 heures sous la glace.
À signaler que la *Tortue* de Bushnell, tout en bois, a été reconstituée par le Musée océanographique de Monaco en 1990, et que les visiteurs sont invités à prendre place à bord pour jouer avec les manivelles de commande.

Soutien-gorge

Otto Titzling, fils d'un ingénieur civil allemand émigré aux États-Unis, entre très jeune chez son oncle Louis Framer, propriétaire d'une affaire de lingerie féminine. Otto a pour voisine, dans la pension de famille où il habite, une chanteuse d'opéra d'origine islandaise, Swanhilda Olafsen. Sculpturale, wagnérienne, Swanhilda est gênée dans l'exercice de son art par la rigueur du corset* dont le règne, plusieurs fois millénaire, est à son apogée. Il faut dire que le tour de poitrine de la jeune cantatrice est plus que remarquable. Et c'est ainsi qu'un soir de 1912, par goût professionnel autant que par sympathie pour la propriétaire d'une voix mélodieuse, Otto Titzling met au point le premier soutien-gorge dans une pension de famille new-yorkaise.
Oncle Framer salue cette invention révolutionnaire avec beaucoup de scepticisme. Survient la guerre en Europe et le négligent Titzling en oublie même de déposer le brevet de sa découverte. Mais la paix à peine revenue, il s'associe avec un remarquable vendeur, Hans Delving, et leur manufacture lance industriellement le soutien-gorge.
Le 23 mai 1929, un certain D. J. Kennedy dépose un brevet relatif à des « faux seins destinés à

Une publicité de 1920 vantant les mérites du soutien-gorge, le sous-vêtement qui a libéré la femme de l'oppressant corset au début du XXe siècle (Bibliothèque des Arts décoratifs, Paris).

protéger les poitrines féminines contre les chocs reçus au cours d'épreuves sportives». L'intérêt de cette invention à des fins esthétiques n'échappe pas à Titzling et à Delving, qui lancent les faux seins gonflables, lesquels connaîtront un succès durable jusqu'à la Seconde Guerre mondiale, en dépit de quelques crevaisons spectaculaires survenues en particulier lors des voyages aériens dans des appareils non pressurisés.
Mais Otto avait commencé dès 1933 la mise au point de faux seins pleins en caoutchouc* de Malaisie. Il pousse même ses recherches jusqu'à créer le soutien-gorge parfumé. Le sommet de sa gloire commerciale se situe vers 1937, quand il lance le soutien-gorge «boutonnable par-devant», qu'il baptise... Sésame.

Or, ce brillant génie du sous-vêtement féminin avait omis de déposer le moindre brevet de marque – ce que n'avait pas oublié de faire son concurrent le plus dangereux, le Français Philippe de Brassière, ex-pilote de guerre venu faire fortune dans la haute couture new-yorkaise.
Un long procès de quatre ans, fertile en rebondissements, intenté par Titzling à Brassière, va se terminer par la victoire de ce dernier. Débouté et découragé, Titzling meurt avant la mise en faillite de sa manufacture. Philippe de Brassière n'aurait pas hésité, dit-on, à faire comparaître, devant les juges, dans l'appareil adéquat pour emporter leur décision, son mannequin numéro un, Stéphanie Belle-Chose.
La postérité, toujours ingrate, même aux États-Unis, allait consacrer cette victoire imméritée : en Amérique, le mot soutien-gorge se dit *brassiere*, et *The Dictionary of American Slang* a entériné le diminutif *bra* comme d'un usage généralisé depuis 1938.
Mais cette savoureuse histoire d'une guerre franco-américaine en dentelles qui nous est contée dans *Bust-up* par Wallace Reyburn, n'est-elle pas trop belle pour être vraie ? En tout cas, le terme de brassière était déjà acclimaté aux États-Unis dès 1902. Et surtout, l'usage de faux seins «arrimés» par des bretelles à la manière du soutien-gorge classique existait bien avant 1920 : une double page illustrée de *La Vie parisienne* de 1881, consacrée aux postiches féminins de toutes sortes, montre soutiens-gorge et faux seins, avec le commentaire suivant : «Se fait aussi en satin ouaté et parfumé plus agréable à porter, mais moins adhérent que le caoutchouc.» Il est vrai que le mot de soutien-gorge n'apparaît dans les dictionnaires français qu'à partir de 1923.

SPA

En 1809, lord Erskine, devant le Parlement britannique, élève la voix pour demander justice contre les auteurs de mauvais traitements à l'égard des animaux. Mais c'est seulement en 1822 qu'à la demande de Richard Martin passe l'acte (Martin's Act) établissant un barème précis de peines en fonction de ces mauvais traitements.
En 1824 est créée à Londres la première société protectrice, qui se développe rapidement et fait école. En 1838, le baron d'Erhenstein fonde à Dresde une association conçue sur le même modèle, la première sur le continent.

En France, une première tentative est faite en 1839. Puis la SPA est fondée le 3 avril 1846. Dispersés en 1848, ses membres se regrouperont en 1849. Mais il fallait une loi qui, en quelque sorte, « légalise la pitié ». Elle passe le 6 juillet 1850, et porte encore le nom de son instigateur, Jacques Delmas de Grammont, général de son état. La « loi Grammont », cependant, ne punit exclusivement que les mauvais traitements infligés « publiquement et abusivement envers les animaux domestiques ».
Depuis le 24 avril 1951, elle s'applique aussi aux courses de taureaux, « sauf si une tradition locale ininterrompue peut être invoquée ».

Spéléologie

Ne peuvent être considérés comme spéléologues les hommes qui, de temps immémoriaux, se sont aventurés sous terre pour y chercher tel trésor enfoui par un prudent ou un avare. Ainsi, les Assyriens qui visitèrent les grottes de Lidje, dans la vallée du Tigre, et qui, sortis bredouilles, gravèrent leur déception en termes amers sur les parois de l'entrée.
Aux XVIIe et XVIIIe siècles, on publie beaucoup en France et en Allemagne sur les « abîmes infernaux ». La vraie spéléologie commence en 1748 : sur l'ordre de son empereur, François Ier d'Autriche, le mathématicien Nagel commence à explorer le Karst, cette immense chaîne calcaire trouée comme un gruyère, qui borde l'Adriatique. Puis, enhardi, il descend à 136 m de profondeur dans le gouffre de Mozacha, en Moravie, record du monde pour l'époque. La Bibliothèque impériale de Vienne conserve de Nagel un manuscrit enluminé, première œuvre sur le sujet. En France, une bombe explosa en 1860 avec la communication de Lartet à l'Académie des sciences sur les vestiges préhistoriques trouvés dans la grotte d'Aurignac. Les grottes mises à la mode par les préhistoriens vont finalement être un sujet de curiosité en soi. Le pionnier de la spéléologie française sera E. A. Martel qui, à partir de 1883, va explorer méthodiquement les avens de l'Ardèche et les grottes du Vaucluse.

Stade

C'est la carrière où s'exercent les athlètes grecs. Elle mesure 600 pieds. Mais le pied n'ayant pas la même longueur dans toute la Grèce, le stade d'Athènes mesure 177 m, celui d'Olympie 192. Le mot n'apparaît en France qu'avec les études classiques. Cependant, Oresme dans sa traduction des *Éthiques* d'Aristote (1488) relate l'histoire de Milon qui portait un bœuf « tout le cours d'une estade sans arrester ».
En ce qui concerne les temps modernes, le premier stade aménagé en France est celui du Racing-Club de France, à la Croix-Catelan, dont la piste de 500 m sur herbe fut inaugurée le 9 mai 1886.

Sténographie

L'écriture abrégée, permettant de suivre le débit de la parole, était un problème que les Romains, entre autres, avaient déjà résolu tant bien que mal, de façon empirique. Mais à la différence des systèmes anciens, la sténographie moderne représente une solution cohérente fondée sur la transcription phonétique. Les quelques systèmes

Créée par l'Anglais Samuel Taylor en 1786, la sténographie est adaptée en France six ans plus tard par Pierre Bertin. La sténographie et la dactylographie au tout début du XXe siècle (collection privée).

actuels dérivent tous, peu ou prou, de celui que mit au point l'Anglais Samuel Taylor en 1786.
Un de ses dérivés, le système élaboré au point par Isaac Pitman en 1837, reste aujourd'hui le plus en usage dans les pays anglo-saxons.
En 1792, Pierre Bertin a adapté au français la méthode de Taylor. Divers successeurs ont perfectionné cette méthode qui s'est heurtée à la concurrence de deux autres, plus originales, dont celle d'Aimé Paris, imaginée en 1825.
Notons au passage que Dickens fait apprendre la sténographie à son jeune héros, David Copperfield, comme il l'apprit lui-même, ce qui lui permit d'être nommé sténographe auprès des tribunaux, à Londres, dès 1828, à l'âge de 17 ans. C'est certainement le premier grand écrivain sténographe, de même qu'après lui Mark Twain sera le premier grand écrivain dactylographe (v. *écrire [machine à]*).

Stéréophonie

L'obtention du relief acoustique est plus vieux qu'on le croit d'ordinaire : le 30 août 1881, Clément Ader (v. *avion*) dépose un brevet pour « l'amélioration des équipements téléphoniques pour les théâtres ».
Il s'agit de deux batteries de microphones placées aux deux extrémités latérales d'une scène, et reliées à deux écouteurs téléphoniques destinés aux auditeurs ayant souscrit un abonnement. Cette même année, l'invention d'Ader fut testée à la première Exposition de l'électricité qui se tenait à Paris et d'où l'on put écouter ce qui se chantait à l'Opéra.
La première réalisation stéréophonique à grande échelle, et techniquement irréprochable, appartient au domaine du cinéma : en 1941, Walt Disney enregistre le son de *Fantasia* sur plusieurs pistes correspondant aux différentes émissions de sons. Puis la stéréophonie gagne les domaines du disque (encore que A. D. Blumlein, d'Electric and Musical Industries, ait déposé un brevet dès 1930), de la bande magnétique et de la radio (1958).

Le dessin animé *Fantasia* (1940) de Walt Disney est la première réalisation stéréophonique que l'on a pu entendre au cinéma (Walt Disney Productions).

Stéthoscope

Entrevu par un contemporain de Newton, le docteur Hoope, qui écrivait : « De même que dans une horloge nous entendons le mouvement du balancier [...] ne pourrait-on pas découvrir les mouvements des parties intérieures des corps animaux, végétaux ou minéraux, par le son qu'ils rendent ? », le stéthoscope est dû au médecin français Laennec.
C'est un simple rouleau de papier qui, en 1816, lui servit de premier stéthoscope. Puis il fabriqua un cylindre de bois, long d'une trentaine de centimètres, aux extrémités évasées et percé d'un tube en son axe médian, auquel il donna ce nom (du grec *stethos*, poitrine).
Ce n'est qu'au début du XXe siècle que se généralisa l'emploi du stéthoscope biauriculaire doté d'un système amplificateur des sons (v. *auscultation*).

Stimulateur cardiaque

L'usage d'une stimulation électrique en cas d'arrêt cardiaque apparaît pour la première fois, comme hypothèse de travail, dans une étude publiée en 1862 par le chirurgien anglais W. H. Walshe. Mais ce ne sera qu'en 1932 que fonctionnera le premier « pacemaker » à usage clinique. Son auteur, le cardiologue A. S. Hyman, appartenait à la marine de guerre américaine. C'est lui qui baptisa son appareil *artificial cardiac* pacemaker. Celui-ci pesait 7,200 kg !
Les progrès techniques survenus durant et après la Seconde Guerre mondiale permirent de miniaturiser les stimulateurs cardiaques, au point de pouvoir les inclure de façon permanente dans le thorax des patients dès le début des années 1950.

Stock-car

Importées des États-Unis, les compétitions de stock-cars ont débuté en France par une démonstration tonitruante le 8 mai 1953 au stade Buffalo, le bien nommé en la circonstance. À Paris également furent données pour la première fois des courses de dragsters, les 5 et 6 septembre 1980. Il s'agissait du « Midlands Dragster Festival ».

Strass : v. *diamant*.

Streptomycine

La streptomycine, qui a vaincu la tuberculose, a été isolée en 1943 par l'Ukrainien naturalisé américain Selman Waksman, assisté d'Albert Schatz et d'Élisabeth Bugie. Ses travaux lui ont valu le prix Nobel en 1952, car, outre la streptomycine, il est parvenu à isoler de micro-organismes certains autres antibiotiques – dont l'actinomycine, la néomycine, la candicidine… C'est au même Waksman que nous devons la création en 1941 du mot antibiotique, mais la chose avait été découverte par Fleming en 1929 (v. *pénicilline*, *sulfamides*).

Strip-tease

C'est dans la Bible qu'on trouve la relation du premier « effeuillage » enregistré par l'Histoire. Sa vedette : Salomé, princesse juive qui, poussée par sa mère, obtint la tête de saint Jean-Baptiste, dit le Précurseur, de son beau-père le tétrarque Hérode Antipas, pour avoir dansé devant lui la danse des Sept Voiles.

Passons aux temps modernes. On ignore ou on oublie trop souvent que ce genre de déshabillage lent et suggestif d'une jeune personne sur scène, au rythme d'une musique d'ambiance, a été lancé à Paris, en 1895, par Moreno de Blasac, au *Divan japonais*, café-concert de la rue des Martyrs, IXe arrondissement, Paris. Pour l'anecdote, rappelons qu'une des premières danseuses nues de Paris fut Colette, futur membre de l'Académie royale de Belgique et de l'Académie Goncourt, – qui, en 1904, sur la scène du Moulin-Rouge, se présentait en momie égyptienne dont un pseudo-archéologue barbichu déroulait les bandelettes le plus fébrilement du monde.

Dans sa forme actuelle, et baptisé outre-Atlantique burlesque, puis strip-tease, il a été réinventé en 1923, dans un cabaret de Cleveland, par une médiocre danseuse de claquettes*. Carrie Finnel – c'était son nom –, lassée de se faire huer, déclara un soir à son auditoire : « J'ai une surprise pour vous : chaque semaine, j'enlèverai un de mes vêtements. Je commence immédiatement. » Son spectacle dura, paraît-il, cinquante-deux semaines. D'où l'on peut déduire que l'habillement de Carrie était composé de… cinquante-deux pièces.

Revenu en France vers 1935, le strip-tease y a trouvé son public depuis 1955.

Le strip-tease dans sa forme moderne naît à Cleveland, aux États-Unis, en 1923, puis s'introduit en France vers 1935. *Strip-tease*, gouache d'Edward Burra, 1934 (collection privée).

Stylo : v. *porte-plume à réservoir*.

Stylo à bille

Le brevet du premier stylo à bille « opérationnel » fut déposé en 1937 par un Hongrois réfugié en Argentine, Lazlo Jozsef Biro.

Son emploi se répandit en Grande-Bretagne dans les années 1938 et 1939. À la fin de la Seconde Guerre mondiale, il avait conquis la Terre entière. Mais un Anglais et deux Américains – John Lond, en 1888 et un autre Américain en 1916 – avaient chacun déposé un brevet du même ordre, dans les trois cas non suivi d'exploitation. À noter qu'en 1953 le baron Bich Français d'origine italienne, met au point un procédé de fabrication industrielle pour un stylo à bille jetable, simple, rustique et bon marché, qui se vendra bientôt dans 160 pays à raison de 15 millions d'exemplaires par an (v. *porte-plume à réservoir*, *rasoir*).

Le bic, premier stylo à bille jetable, né en 1953, est une invention du baron Bich. *Est-ce bien le vrai*, affiche publicitaire de Raymond Savignac, milieu du XXe siècle (collection particulière).

Sucre de betterave

Dès 1575, Olivier de Serres, auteur du *Théâtre d'agriculture*, avait signalé que de la racine de la betterave* on pouvait extraire un jus qui, après cuisson, donnait un sirop à saveur fortement sucrée. L'observation tombe dans l'oubli, mais 172 ans plus tard, un chimiste et médecin berlinois, Andreas Sigismund Marggraf, constate que la betterave contient dans ses racines une substance solide : le sucre à l'état cristallisé. Expérience de laboratoire à laquelle son disciple, protestant d'origine française, Frédéric-Charles Achard, parvient à faire franchir le stade industriel : avec le soutien du gouvernement prussien, il fait construire la première sucrerie betteravière, à Kunern, village de Silésie proche de Breslau (1787).

En France, le Blocus continental incite les industriels à œuvrer dans la même voie, vivement encouragés par l'Empereur. On enregistre deux échecs au moins. Mais un troisième essai, plus heureux, va réussir : le Lyonnais Benjamin Delessert, celui-là même qui fondera les caisses* d'épargne, avait monté en 1801 une raffinerie de sucre de canne, à une époque où cette technique en était encore aux balbutiements. Après quatre ans passés à faire de nombreux essais, il va annoncer, le 2 janvier 1812, au chimiste Jean Chaptal, alors ministre de l'Intérieur, qu'enfin il a obtenu un produit cristallisé, peut-être moins blanc que le sucre de canne mais assurément presque aussi pur. Prévenu par Chaptal, l'Empereur se fait conduire, toutes affaires cessantes, jusqu'à Passy, où Delessert a monté son usine, et peut y contempler « le premier pain de sucre français ». À la fin du Blocus, on comptait en France trois cent trente-quatre fabriques de sucre de betterave (v. *abeille*, *betterave*, *canne à sucre*).

Sulfamides

Réalisé par synthèse dès 1908, le sulfanilamide fut en 1920 incorporé à titre d'ingrédient dans une teinture, le prontosil, par la célèbre firme allemande I. G. Farbenindustrie.

En 1932, le pharmacologue allemand Gerhard Domagk découvrit la stupéfiante efficacité du prontosil rouge dans plusieurs infections hautement pathologiques, grâce à ses propriétés antibiotiques. Bien que son étude fût complète dès la fin de cette année-là, Domagk ne la publia qu'en 1935. Dans l'intervalle, il avait pu grâce à sa découverte sauver sa propre fille, victime d'une infection contractée dans son laboratoire. Plus tard, on devait constater que l'action antibactérienne du prontosil était due au sulfanilamide.

De 1935 à 1945, plus de cinq mille produits pharmaceutiques appelés sulfamides furent mis au point grâce à Domagk. Sa découverte lui avait valu en 1939 le prix Nobel de physiologie et de médecine, que l'Allemagne nazie le pria de ne pas accepter.

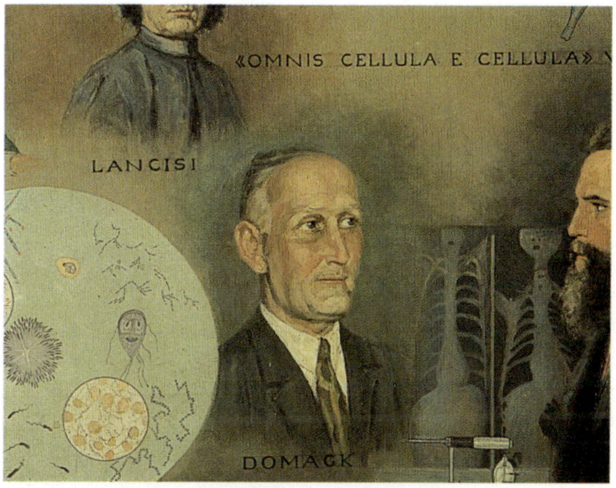

Gerhard Domagk, pharmacologue allemand qui découvrit en 1932 l'efficacité du prontosil rouge dont l'action antibactérienne était due à la sulfamine (anonyme, XXe siècle, collection privée).

Super : v. *delco.*

Supermarché

C'est en 1957 que le premier supermarché s'est ouvert en France, à Paris, dans le XVIIe arrondissement. Est appelé supermarché toute surface commerciale de 400 à 2500 m^2, avec vente en libre-service (v. *shopping-center*).
Mais ce type d'ensemble commercial avait été créé aux États-Unis quarante ans plus tôt : en 1918, à Houston, Texas, est inauguré le premier supermarché véritable. En 1932 s'ouvre le premier supermarché de New York : le Big Bear (le Gros Ours).
En 1936, S. N. Goldman, président des *Standard Humpty Dumpty Food Markets*, invente le panier à chariot, ou « caddie ».
Invention américaine également, le centre commercial, qui regroupe, en général autour d'un supermarché ou d'un grand magasin* à l'enseigne prestigieuse, des magasins de détail, est apparu en France en 1969. Le 21 octobre de cette année-là en effet, a été inauguré à Saint-Laurent-du-Var, cité voisine de Nice, « Cap 3000 », 15 jours avant Parly-II, dans la région parisienne.

Le Duke, symbole omniprésent du surf, a popularisé ce sport dans le monde entier. L'ancien champion olympique de natation est mort en 1968.

Surf

C'est grâce au tournage du film *Le Soleil se lève aussi*, tiré d'un roman d'Ernest Hemingway, à Biarritz, en 1957, que le surf est arrivé en France. Découvrant les rouleaux de la Grande Plage, le scénariste américain Peter Viertel, se fit aussitôt envoyer de Californie une planche de surf.
Quant au bodyboard, il a été inventé par un étudiant américain, Tom Morey, à Honolulu, au vu d'un jeune garçon chevauchant les rouleaux d'Hawaï sur une petite planche rafistolée avec des morceaux de mousse reliés entre eux et rendus rigides par des tubes en plastique. Et l'on connaît le jour exact où Morey, ayant coupé et « bricolé » sa planche raccourcie, l'essaya avec succès : c'était le 9 juillet 1971.

Surfing : v. *ski nautique.*

Surgelés

L'homme préhistorique contemporain de la dernière glaciation n'a pu faire autrement que d'apprécier les vertus du froid* naturel comme agent de conservation* des aliments. Des découvertes récentes sur des sites magdaléniens (vers 13000 avant J.-C.) attestent que nos ancêtres consommaient en hiver du poisson préparé à cette fin. Les sociétés de chasseurs-cueilleurs, tout en ignorant l'agriculture, avaient inventé la poterie* et la conservation alimentaire, aussi importante que la domestication des céréales.
Plus près de nous, et en pleine période interglaciaire, Francis Bacon s'inscrit parmi les premiers martyrs de la recherche dans cette voie : n'est-il pas mort d'un refroidissement contracté alors qu'il tentait de congeler un poulet en le bourrant de neige ? Plus près de nous encore, des Américains, dont l'histoire des techniques semble ne pas avoir retenu le nom, commercialisèrent des aliments congelés : poissons et poulets en 1865 ; viandes vers 1876 ; œufs sans coquille en 1889 ; fruits vers 1910. Tentatives imparfaites et non décisives. L'homme de la situation pour mieux faire : l'Américain Clarence Birdseye. Son mérite sera de constater que la conservation des aliments dépend de la vitesse du refroidissement, et non d'un abaissement lent de la température

jusqu'à des froids extrêmes. À partir de cette observation, il élabore un procédé de surgélation – c'est-à-dire de congélation rapide – des aliments en vue de leur commercialisation.
La chose est vite dite. En fait, Birdseye, ex-fonctionnaire du ministère américain de l'Agriculture, devenu commerçant en fourrures au Labrador, en 1912, puis expert en pêcheries arctiques, aura souvent l'occasion d'étudier les effets du froid sur les tissus végétaux et animaux. Rentré aux États-Unis en 1923, il passe six à sept ans à mettre au point son procédé. Les premiers surgelés produits par l'usine new-yorkaise qu'il a construite seront vendus à partir de 1930, d'abord à Springfield, Massachusetts.

Surmulot

Le surmulot ou rat* d'égout (*Rattus norvegicus*) est originaire de l'Inde et de la Perse. Il a envahi l'Europe au XVIIIe siècle, après avoir franchi les plus larges fleuves, telle la Volga. Il occupe la Prusse orientale en 1750 ; on l'identifie dans la région parisienne en 1753 ; il gagne la Norvège en 1762, l'Espagne en 1800, la Suisse en 1809. Il avait déjà abordé les côtes britanniques vers 1730 et colonisé les Amériques vers 1770.

Surréalisme

Le mot qui désigne le mouvement artistique et littéraire défini par André Breton en 1924 a été créé par Guillaume Apollinaire en 1917, année où fut représenté son « drame surréaliste », *Les Mamelles de Tirésias*. Le premier texte authentiquement surréaliste a pour coauteurs le même André Breton et Philippe Soupault. Il s'agit des *Champs magnétiques* (1919).

Symphonie

Elle est européenne par la naissance : durant la première moitié du XVIIIe siècle, elle prend forme dans les grandes cités musicales du temps – Milan surtout, mais aussi Vienne, Mannheim et Paris. Et c'est à Vienne qu'elle connaît le sommet de sa fortune, avec Haydn, Mozart, Beethoven.

Syndicat

Les syndicats sont apparus en Grande-Bretagne durant la seconde moitié du XVIIIe siècle, sous le vocable de trade-unions, ou « unions de métier », suscitées par la révolution industrielle. Les premières associations ouvrières se constituèrent parmi les travailleurs de l'industrie lainière, dans l'ouest de l'Angleterre, et chez les tisserands du Centre. Tolérées, puis réprimées, les trade-unions furent reconnues par une loi de 1825, mais uniquement pour traiter des problèmes de salaires et de temps de travail. Elles finirent par se fédérer et tinrent leur premier congrès national à Manchester, en 1868.
En France, une loi de 1884 avait autorisé les membres des professions industrielles, commerciales et agricoles à se syndiquer, mais ce même droit ne fut accordé aux ouvriers qu'en 1894, aux professions libérales en 1920, aux fonctionnaires en 1924. Les syndicats ouvriers s'unifièrent en 1902 par la fondation de la Confédération générale du travail (CGT). Une scission, en 1921, qui avait conduit à la création de la Confédération générale du travail unitaire (CGTU), prit fin en 1936. La Confédération française des travailleurs chrétiens (CFTC), fondée en 1919, décida à la majorité, en 1964,

Avec ses *Mamelles de Tirésias*, Guillaume Apollinaire ouvre la voie, en 1917, à un nouveau genre littéraire et artistique, le surréalisme défini par André Breton en 1924. *Portrait de Guillaume Apollinaire*, dessin de 1914, signé I.M.L. (collection particulière).

de renoncer à l'étiquette chrétienne et créa la Confédération française démocratique du travail. (CFDT).

Syndicat d'initiative

Le premier en France fut inauguré à Grenoble le 2 mai 1889. Le mérite en revient à Joseph Jullien-Février, qui réalisa son idée avec l'aide de personnalités publiques et privées de la ville, « dans un but purement patriotique et désintéressé, afin de faciliter aux étrangers leur séjour à Grenoble et la visite des Alpes dauphinoises ».

Synthétiseur

Le synthétiseur est un appareil électro-acoustique qui reconstruit le son à partir de ses composants de base. Le terme lui-même apparaît durant la décennie 1950 à l'université américaine de Princeton, où des chercheurs essayent d'inventer une machine capable de reconstituer la voix humaine pour faire « parler » des ordinateurs. En vain.

En 1965, l'Américain Robert Moog réussit là où ses prédécesseurs avaient échoué. Il invente et commercialise son synthétiseur analogique. Quinze ans plus tard voit le jour un autre type d'appareil : le synthétiseur digital.

Syphilis

Cette maladie a laissé des marques sur des squelettes préhistoriques, et des cas cliniques antérieurs à 1492 ont été enregistrés en Europe. Donc, contrairement à la croyance très répandue, la syphilis n'est pas un cadeau des vaincus amérindiens aux conquistadores.

À propos de son origine, la théorie médicale la plus solide est celle qui en fait la résultante des rapports sexuels entre autochtones et Européens : le *Treponema pertanue* d'outre-Atlantique aurait amélioré, si l'on peut dire, l'agressivité du *Treponema pallidum* européen. Quoi qu'il en soit, le mal se répandit avec la violence et la rapidité du sida* : la syphilis aurait fait le tour de notre continent dans les quatre ou cinq ans qui suivirent les fêtes du retour de Christophe Colomb en 1493. À l'autre bout du Vieux Monde, la Chine sera atteinte dès 1506-1507.

L'agent pathologique de la syphilis, un spirochète, n'a été découvert qu'en 1925 par les Allemands Schaudinn et Hoffmann. Il a reculé par l'utilisation des arsenicaux (1907), des sels de bismuth (1923) et surtout de la pénicilline*, jusqu'à sa disparition quasi complète.

Ce nom de syphilis est la création de l'humaniste Frascator de Vérone ; dans un conte où il prend pour héros Syphilis, le berger légendaire d'Ovide, Frascator inflige cette maladie au personnage (1530).

En 1493, une épidémie de syphilis commence à se propager aux quatre coins du monde. Cette maladie vénérienne fut baptisée syphilis par Frascator de Vérone, en 1530. *La Maison d'un malade atteint de la syphilis*, gravure de Philip Galle, XVIe siècle (collection privée).

Depuis Quand ? T comme…

Tabac

Une découverte stupéfiante s'est produite lors du séjour de Ramsès II à Paris, en 1976-1977, pour « visite médicale » au musée de l'Homme. L'examen microscopique de prélèvements opérés sur la momie pharaonique a permis de constater que les viscères avaient été traités par les embaumeurs du temps avec un mélange de végétaux finement hachés parmi lesquels on a trouvé du tabac et, aussi, un parasite de ce dernier. D'où pouvait-il provenir ? L'hypothèse la plus probable est qu'il venait de Chine. Et donc, le Vieux Monde le connaissait déjà près de 3000 ans avant Christophe Colomb.

En tout cas, la culture et l'usage du tabac étaient très répandus dans tout le Nouveau Monde longtemps avant l'arrivée des Européens. On fumait la pipe* et le cigare* – ou plutôt la feuille roulée – en Amérique du Nord et centrale ; on prisait, on chiquait en Amérique du Sud. Les formes domestiques de ce tabac précolombien descendent d'ancêtres sauvages qu'on a retrouvés dans une aire allant du Mexique au Brésil et à la Bolivie.

On peut dire, littéralement, que Christophe Colomb découvrit le tabac en même temps que l'Amérique. Le 12 octobre 1492, il jette l'ancre devant l'île Guanahani, aussitôt rebaptisée San Salvador, dans l'archipel des Bahamas, et, dès le 28, son journal de bord mentionne un fait surprenant : ayant envoyé en reconnaissance deux hommes, ceux-ci « rencontrèrent en chemin beaucoup d'Indiens, hommes et femmes, avec un petit tison allumé, composé d'une sorte d'herbe dont ils aspiraient le parfum selon leur coutume ».

Un de ses marins, le Portugais Sancho, passe pour être le premier Européen à avoir fumé une feuille roulée de tabac. Et c'est un autre de ses compagnons, l'Espagnol Rodrigo de Jerez, qui en introduira l'usage en Espagne. Vu dans les rues de Séville un cigare à la bouche, il fut pris pour un fou, et, comme tel, faillit être interné.

L'emploi du tabac s'introduisit en Espagne après que les colons de Cuba et d'Hispaniola (Haïti) se furent mis à cultiver la plante, autour de 1520. Pour la France, il y a un doute : est-ce un certain Grignon, marin dieppois, ou le moine André Thévet, entre 1555 et 1558 ? En tout cas, l'honneur en restera à Jean Nicot de Villemain, notre ambassadeur à Lisbonne qui, en 1560, en envoya sous forme de poudre à priser à Catherine de Médicis, afin de dissiper les migraines tenaces auxquelles elle était sujette.

Les Anglais sont un peu plus longs à s'y mettre. Les Indiens de la Caroline du Nord ayant montré aux premiers colons comment fumer les feuilles de tabac séchées, des échantillons de celles-ci et une pipe seront apportés en 1586 à sir Walter Raleigh, lors du retour en Angleterre de Thomas Hariot, lequel décrira dans son livre publié en 1568 et la pomme de terre* et le tabac comme deux plantes étranges du Nouveau Monde. Puis le tabac conquiert tout l'Ancien Monde : on le signale au Maroc et au Soudan en 1598. Trois ans plus tard, il est à Java et, en 1666, en Perse par l'intermédiaire des Hollandais. Mais le tabac n'a pas que des partisans. Jacques Ier d'Angleterre l'interdit et fait exécuter Raleigh – mais pour des raisons qui n'ont rien à voir avec son usage – en 1618. En 1642, le pape Urbain VIII défend qu'on fume dans les églises. En 1650, le tsar jette l'interdit sur lui. Avant eux, Mourad IV, sultan de Constantinople de 1623 à 1640, était allé plus loin : il faisait empaler fumeurs et priseurs pris en flagrant délit.

Richelieu avait envisagé le problème sous un tout autre angle, la fiscalité, en taxant les tabacs

L'herbe à la reine ou tabac (*Nicotiana tabacum*), planche botanique du tout début du XXe siècle.

étrangers en 1629. Et bientôt, le principe d'un monopole lié soit à la culture, soit à la vente du tabac, s'installe en Europe. Il est institué d'abord dans les États de Castille et de León (1636), dans la république de Venise (1657), dans les États de l'Église (1664), en Autriche (1670), puis en France, grâce – si l'on peut dire – à Colbert (1674). Pour notre pays, il ne s'agissait que d'un monopole de vente, la culture restant libre. Ce monopole tomba en 1791, mais Napoléon le rétablit à la fin de 1810, en l'étendant à la fabrication et en réglementant très étroitement la culture.
Conformément à la loi sur le tabagisme et l'alcoolisme votée le 10 janvier 1991, fumer est interdit, à compter du 1er novembre 1992, «dans les lieux affectés à un usage collectif, accueillant du public, ou qui constituent des lieux de travail» (v. *allumettes*, *briquet*, *cigare*, *cigarette*, *pipe*, *tabatière*).

Tabatière

L'habitude de priser apparaît et se répand largement en Grande-Bretagne au début du XVIIe siècle, probablement à l'imitation de ses marins à qui il était interdit de fumer à bord. Au XVIIIe siècle, cette habitude a envahi toute l'Europe.
Molière définissait la «tabaquière», ainsi qu'on disait alors, comme un «petit grenier tabacchique», ce qui donne à penser qu'elle était déjà très répandue à son époque.
Les «boîtes», comme on disait aussi, étaient faites de bois ou de métaux précieux, ciselées ou émaillées, etc., du moins pour les plus riches. Les fabricants n'avaient qu'à choisir leurs modèles dans les *Essais de tabatières à l'usage des graveurs et des ciseleurs*, publiés en 1703 par Pierre Bourdon, puis dans le recueil de Du Vivier : *Manière et façon dont les tabatières sont faites en 1719 et 1720*.
À sa mort, en 1709, Henri-Jules de Condé, le fils du Grand Condé, laissa une collection fastueuse de huit cents «boîtes».

L'habitude de priser le tabac apparaît en France au XVIIe siècle. Une tabatière en porcelaine et cuivre vers 1750 (musée d'intérêt national du Tabac, Bergerac).

Table à manger

La table à manger a ses commencements dans les réfectoires monastiques du Moyen Âge.
À peu près certainement, elle est aussi à l'origine des grandes tables de ferme qui occupaient l'espace le mieux éclairé de la salle commune.
En revanche, c'est seulement au XVIIIe siècle qu'apparaît, dans le logis urbain, une table consacrée aux repas, avec un mobilier adéquat à sa fonction. Jusque-là, la table à manger ne consistait, dans les villes, qu'en un panneau posé sur des tréteaux, qu'on démontait et rangeait une fois le repas terminé. C'est ainsi, entre autres, qu'on peut voir au Musée royal de Bruxelles les *Pèlerins d'Emmaüs* (début du XVIe siècle) du peintre flamand Albrecht Bouts, autour d'une table à tréteaux.

Table de nuit

À l'origine, elle avait la forme d'un petit coffre, et c'est d'abord en Italie, au début du XVIIIe siècle, qu'elle fut utilisée comme telle (*comodino*). Mais sa mode s'affirma en France – Voltaire donne l'an 1717 comme celui de son apparition chez nous, dans son *Dictionnaire philosophique* (1764) – et à Venise, où elle connut d'heureuses variations.

Tabouret, selle, escabeau

On a retrouvé la trace de cet ancêtre lointain de la chaise* jusqu'en Égypte et en Mésopotamie. Mais le plus ancien spécimen existant encore chez nous se trouve au Musée municipal d'Épinal, et il est daté de l'année 1724.
C'est bien le petit siège à trois pieds courts, emmanchés en oblique dans un plateau plus ou moins circulaire, appelé jadis selle et demeuré si longtemps le siège populaire. Le premier, le très rabelaisien Béroalde de Verville le fait entrer dans la littérature en dénonçant son instabilité : «Qu'au diantre soit celui qui fit la maison où fut mariée la mère de celui qui forgea la cognée dont

Le tabouret naît en France au début du XVIIIe siècle. Un tabouret d'époque Directoire conçu par Jacob Meslee (Victoria and Albert Museum, Londres).

fut coupé le bois où fut emmanché le fer dont on releva la terre pour planter l'arbre duquel fut faite la première selle à trois piés ! »
Le vrai tabouret, siège sans dossier, de plan circulaire, à quatre pieds, n'est pas antérieur à l'escabeau, mais le remplace. Le mot apparaît à la fin du XVIe siècle, dans *Vie des hommes illustres et des grands capitaines français*, de Brantôme.

Talkie-walkie : v. *cibistes et CB.*

Tambour

Son origine remonte au néolithique le plus ancien, dès la naissance de la poterie. Il était employé en Chine deux mille ans avant notre ère, pour indiquer les divisions de la nuit, mais on en a retrouvé des fragments dans des tombeaux égyptiens beaucoup plus anciens.
La darbouka tunisienne d'aujourd'hui représente la forme la moins élaborée du tambour – une peau de mouton tendue sur une gargoulette sans fond en guise de caisse de résonance.
S'il est douteux que le tambour ait été introduit en Europe par les Maures, le mot pourrait venir de l'arabe *tabor*.

Deux mille ans avant notre ère, le continent asiatique connaissait le tambour. Le mot, lui, serait dérivé de l'arabe *tabor*. Un tambour indochinois aux environs de 500 avant J.-C. (musée Guimet, Paris).

Tampon hygiénique

Dans les années 1930, le médecin américain Earle Haas a l'idée d'appliquer le principe du tampon chirurgical pour pallier les inconvénients de la serviette hygiénique mensuelle. En 1937, il dépose un brevet et lance la marque « Tampax tampons » en même temps qu'il fonde la Société Tampax. Trois autres Américains, Thomas F. Casey, Earle A. Griswold et Ellery W. Mann, améliorent l'invention. Une campagne d'information sur la menstruation féminine fait alors connaître aux États-Unis le principe du tampon hygiénique, jusque-là mal reçu par le public.
Son utilisation s'étendra au reste du monde après la Seconde Guerre mondiale.

Tan

Le poète Rutebeuf parle du tan, écorce pulvérisée de chêne, employé pour le tannage des peaux. Tannage apparaît dans le *Livre des mestiers* de 1258. Le tanin, lui, est un acide tannique isolé par la chimie du XVIIIe siècle (v. *cuir*).

Tango

Le tango est né d'une danse afro-cubaine, exécutée au son du tambour*, qui aurait porté ce nom, avec un relais, celui du folklore andalou. Car il faut noter que, si les mots fandango et tango sont étroitement voisins, leur parenté musicale, elle, est immédiatement perceptible. Du tango cubain, les tangos brésilien, uruguayen et argentin sont nés à la fin du XIXe siècle et ont développé des formes originales. On place vers 1880 la naissance du *tango porteño* (c'est-à-dire de

Le tango argentin arrive à Paris en 1913 et s'impose un peu partout dans la capitale malgré de nombreux réfractaires. *Le Tango*, illustration de 1920, extraite de *De la valse au tango* de Jacques Boulanger.

Buenos Aires). Il est né dans les cabarets des bas quartiers et dans les maisons de joie. Les spécialistes vont même jusqu'à préciser le lieu : aux alentours des abattoirs Corrales Viejos, ce qui explique l'apport gaucho.
C'est le tango du Rio de la Plata que l'Europe adopta tout de suite après la Première Guerre mondiale. Mais, déjà, le 25 octobre 1913, à la séance de rentrée de l'Académie française, Jean Richepin avait fustigé ceux qui l'accablaient de « trois grands reproches : son origine étrangère, son côté populaire et son caractère inconvenant ». Et le *Journal* du lendemain titrait : « Le tango sous la Coupole »...

Tapette

Le piège à souris a toujours été un sujet excitant pour les inventeurs du genre concours Lépine, en particulier les Américains. L'US Patent Office a accordé 4 400 brevets pour des appareils ad hoc classés en 39 catégories, allant de l'empalement à l'électrocution et à l'étouffement. Mais leur réussite commerciale est restée mince pour la plupart. La seule invention vraiment lucrative demeure la classique tapette, qui assomme l'animal par la détente d'un ressort, inventée en 1899, il va sans dire par un Américain : John Mast.

Tapioca

Originaires des terres semi-arides du Brésil et du Paraguay, les racines tubéreuses du manioc constituaient déjà l'aliment de base pour les populations du Brésil, des Guyanes et du Mexique tropical bien avant l'arrivée des conquistadores.
Introduit très tôt aux Antilles, le manioc a été transporté en Afrique par les colons dans les premières années du XVIe siècle. Au XIXe siècle, on s'aperçoit qu'à partir de la farine de manioc, humectée et projetée sur des plaques chauffées à 150 ° C, on obtient le tapioca. Dès lors, le manioc sera cultivé industriellement dans les zones chaudes du monde entier.

Tapis

Le plus ancien tapis qui soit parvenu jusqu'à nous remonte à quelque vingt-cinq siècles : dans une haute vallée de l'Altaï, dite vallée de Pasyryk, située à proximité de la Mongolie-Extérieure, cinq tumuli avaient été découverts en 1929, et une mission ethnographique soviétique en avait aussitôt commencé la fouille. En 1949, dans la dernière tombe, fut trouvé un splendide tapis qu'une épaisse couche de glace avait protégé.
Le « tapis de Pasyryk » mesure 182 cm sur 200, et il a 4 000 nœuds/dm^2, densité qui équivaut à celle des tapis actuels les plus réputés. Il est par ailleurs probable que le tapis de Pasyryk est d'origine scythe.
Il est probable aussi que les Scythes, nomades originaires de l'Iran, ont appris l'art du point noué de leurs voisins persans. Ceux-ci le tenaient des peuples de la Mésopotamie. Par les

historiens grecs, on sait que l'apogée du tapis en Mésopotamie se situe sous le règne de Nabuchodonosor II.
Où et quand furent noués les premiers tapis ? En Mésopotamie, en Égypte, en Chine, chez les Mayas ? Impossible de trancher. En tout cas, cette technique fut à coup sûr découverte sensiblement à la même époque par un certain nombre de populations, indépendamment les unes des autres.

Tapisserie

Le terme a longtemps désigné les revêtements muraux, quelle qu'en soit la nature. La tapisserie tissée sur métier a été pratiquée par l'Égypte pharaonique. Homère décrit Pénélope, l'épouse d'Ulysse, travaillant à une tapisserie. L'art en a été conservé dans les monastères du haut Moyen Âge, avant d'être exercé par les corporations laïques. La plus ancienne tapisserie européenne connue, *La Présentation au Temple*, se trouve au musée du Cinquantenaire, à Bruxelles. Elle date de 1360 environ.

Targette

Si la chose remonte au XIIe siècle, époque où elle sert à assurer la fermeture des volets de fenêtre, le mot, écrit « tergette », n'apparaît qu'avec l'arrêt du parlement, en date du 10 janvier 1579, qui règle le métier des serruriers parisiens.

Tatouage

Il y a 40 000 ans déjà, les hommes du néolithique utilisaient la technique du tatouage pour reconnaître les membres du clan et marquer les troupeaux.
On a trouvé des tatouages sur certaines momies égyptiennes vieilles de quatre mille ans. Les Grecs, les Gaulois, les Saxons pratiquaient le tatouage. Comme les bagnards russes de Sibérie et les prisonniers des nazis au XXe siècle, comme les criminels américains et les déserteurs britanniques au XIXe siècle, les Romains avaient tatoué leurs prisonniers de droit commun et leurs esclaves. Mais en Europe, le christianisme naissant proscrivit et fit disparaître l'art du tatouage ; cet art, cependant, continua sa carrière dans la plupart des autres parties du monde. L'Europe redécouvre le tatouage avec les grands voyages d'exploration, au contact des Amérindiens

La tapisserie a été pratiquée par l'Égypte ancienne. La tapisserie copte dite « aux poissons » (musée historique des Tissus, Lyon).

La technique du tatouage est arrivée en Europe à la fin du XVIIe siècle, inspirée par les Amérindiens et les Polynésiens. *Homme de l'île de Nukahiwa*, peinture de H. Ainsworth, 1820 (National Library of Australia, Canberra).

et des Polynésiens en particulier. Le verbe tatouer fait son entrée dans la langue française en 1769, à la faveur d'une traduction de la relation du premier voyage de Cook, lequel avait emprunté le mot aux Polynésiens ; le mot tatouage apparaît à son tour en 1778, toujours par le même canal.

Au XVIIIe et au XIXe siècle, Amérindiens et Polynésiens d'abord, puis Européens tatoués excitèrent la curiosité des foules dans les cirques et les foires. En même temps, tous les grands ports du monde possédèrent leurs salons de tatouage, où les marins donnaient libre cours à leur imagination et créaient une sorte de littérature picturale tout à fait originale.

En 1891 fut déposé aux États-Unis le premier brevet pour un appareil à tatouer électrique.

Tauromachie

La Crète, la Grèce ont affronté le taureau ; dans les cirques romains, des hommes lui ont été opposés. Mais la tauromachie est une création purement ibérique.

Au Moyen Âge, les cavaliers espagnols combattaient le taureau armés d'une lance. Une légende veut même que le premier à l'affronter fût, au XIe siècle, le Cid Campeador, cher à Corneille.

En tout cas, ce spectacle avait la faveur de la noblesse, jusqu'à ce que Pie V, en 1567, menace d'excommunication tout chevalier qui se livrerait à ce passe-temps peu chrétien.

Mais le peuple, pour qui c'était une passion, continua à toréer... à pied ; et c'est à un charpentier de Ronda, bourgade andalouse, que revient le mérite d'avoir « inventé » la tauromachie moderne, où le combattant ne dispose, pour affronter le taureau, que de l'épée et de la *muleta*. Cela se passait vers 1725. À la fin du XVIIIe siècle, les règles sont à peu près celles que nous connaissons, celles d'une véritable pièce de théâtre. Le code définitif date de 1852. Introduites en France en 1853, les courses de taureaux, qui ont un certain nombre de détracteurs, sont soumises à une autorisation administrative depuis 1951.

Le torero à cheval, qui avait donc disparu d'Espagne à la fin du XVIIe siècle, mais dont la pratique s'était perpétuée au Portugal, est reparu tout de suite après la Première Guerre mondiale. Une peinture du musée San Fernando de Madrid, datée de 1506, œuvre d'un anonyme et intitulée *Course de taureaux à Benavente en l'honneur de*

La tauromachie est originaire d'Espagne. Pourtant, avant les Espagnols, les Grecs et les Crétois de l'Antiquité organisaient des combats opposant l'homme au taureau. Fresque provenant du palais de Cnossos et représentant une scène de tauromachie crétoise (musée d'Héraklion, Héraklion).

Philippe le Beau, est la plus ancienne représentation d'une corrida connue à ce jour. Très tôt, les Espagnols ont exporté l'art tauromachique en Amérique latine. Dans son *Voyage dans l'intérieur de l'Amérique méridionale* publié en 1778, La Condamine relate la course de taureaux à laquelle il fut invité à Cuenca (Pérou) : « Sorte de fête autrefois à la mode en Espagne et dont le goût s'est conservé dans les colonies espagnoles de l'Amérique. »
Les premières corridas dans un pays socialiste ont eu lieu les 3 et 4 octobre 1971 à Belgrade. On y vit exercer leur art le rejoneador – ou torero à cheval – portugais Alfredo Conda et, pédestrement, Luis Miguel Dominguin et Roberto Piles (v. *SPA*).
Quant à la première « course à la cocarde » officiellement homologuée, elle a eu lieu le 20 mai 1805, à Arles, à l'occasion de l'inauguration de l'obélisque antique situé place du Marché, face à l'hôtel de ville.

Taxi

En 1903, la France est le premier constructeur mondial d'automobiles. Elle produit plus de trente mille véhicules, dont mille sortent des usines « Renault Frères », lesquels mettent en route cette année-là un ambitieux programme de fabrication avec une gamme composée de cinq modèles.
Le premier est un deux-cylindres 8 CV, qui commence la conquête du pavé de Paris le jour où la Compagnie des fiacres de Paris, sentant sa fin prochaine si elle n'abandonne pas le cheval-crottin pour le cheval-vapeur, en commande 1 500, équipés du nouveau dispositif permettant de calculer automatiquement le prix de la course, grâce à un enregistreur de vitesse et de distance baptisé taxamètre.
Le premier exemplaire est livré fin décembre 1905. La livraison de la totalité double, en 1906, la production des usines Renault. Puis, en 1907, les taxis Renault envahissent aussi les rues de Londres.
En 1906, Théodore Reinach, historien, numismate et directeur de la *Revue des études grecques*, fait observer qu'il vaut mieux dire taximètre plutôt que taxamètre, le mot étant formé du grec *taxis*, taxe, et de l'élément mètre, également du grec *metron*, mesure.
Cet heureux temps n'est plus, où les industriels

En 1903, la Compagnie des fiacres de Paris passe commande de 1 500 automobiles Renault, faisant ainsi naître le taxi. En 1914, les taxis participent à l'effort de guerre, comme on le voit sur cette carte postale saluant leur rôle dans la bataille de la Marne (musée d'Histoire contemporaine-BDIC, Paris).

et le Français* moyen écoutaient les observations d'un brillant humaniste.

Techno (musique)

Vers la fin des années 1980, Detroit, ville principale du Michigan, a vu naître la musique techno, laquelle se caractérise par des pulsations électriques et, généralement, une absence de paroles. Une nouvelle race de producteurs musicaux, marchant sur les traces du légendaire Berry Gordy, fondateur de Motown Records, maison de production de rhythm'n'blues, s'est consacrée à la musique qui fait danser les foules.
Curieusement, la techno est loin d'avoir conquis le public américain. Mais à Londres, à Berlin, et dans toute l'Europe, elle a mis la jeunesse en transe. Presque inconnus aux États-Unis, les artistes locaux sont de véritables vedettes sur le Vieux Continent. Considéré par beaucoup comme « le parrain de la techno », Juan Atkins, musicien et éditeur de disques, a inventé le mot en 1985.

Le groupe Daft Punk, depuis qu'il s'est formé en 1992, douze ans après l'apparition des premières musiques techno à Detroit, est un des groupes de techno house français les plus en vogue à l'étranger.

Les origines et l'histoire du teckel remontent au XVIIe siècle : c'est à cette époque que les deux espèces – poil long et poil dur – ont été créées à partir du teckel à poil ras. Portrait de Champion Gordon Daisy, de Lucy Walter, 1906 (Sara Davenport Gallery, Londres).

Teckel

Le teckel est déjà catalogué dans des textes germaniques anciens traitant de la chasse.
Son autre nom en allemand trahit sa spécialité cynégétique : *dachshund* – chien de blaireau.
Il s'agit alors du teckel à poil ras. Le teckel à poil dur, obtenu par croisement avec le schnauzer*, ne remonterait qu'au XVIIIe siècle ; et le teckel à poil long – croisement avec des épagneuls –, au XIXe siècle.
Contrairement à certains grands personnages de l'Histoire, le teckel réussit parfaitement traversée de la Manche et débarquement en Angleterre.
La reine Victoria en lance aussitôt la mode, au cours des années 1840.

TEE

Le 30 septembre 1956, inauguration du premier Trans-Europ-Express par éléments automoteurs Diesel sur Lyon-Milan (« Le Mont-Cenis »).

Télécarte

La carte « pourvue d'un dispositif électronique et conçue pour permettre le paiement des télécommunications » (*in* neuvième édition du *Dictionnaire de l'Académie française*) est une invention française : c'est la fameuse « carte à puce » (c'est-à-dire à circuit intégré) de l'ingénieur Roland Moréno (1975).
Cette carte, dans l'épaisseur de laquelle sont insérés un microprocesseur et une mémoire électronique, va être employée comme carte de

paiement, mais sera d'abord utilisable dans les Publiphones à partir de 1985. Vendue à deux millions d'exemplaires cette année-là, la Télécarte (marque déposée) l'a été à quarante-trois millions dès 1989. Et depuis… indispensable désormais dans la vie quotidienne, la carte à puce est devenue aussi un bel objet pour des séries limitées en se parant des atours de la publicité. D'utilitaire, elle est devenue pièce de collection depuis 1990.

Télécopieur

En 1907, Édouard Belin met au point un système de transmission des photos par télégraphe ou téléphone. On peut dire que son invention, baptisée bélinographe, est l'ancêtre en ligne directe du télécopieur, lequel permet aussi l'envoi à distance de documents – textes, dessins, photos – grâce à la transmission de signaux optiques par signaux électriques. Mais alors que la paternité de Belin est indiscutable, l'invention du télécopieur est restée anonyme, car elle résulte de multiples recherches, dans les années 1970, au sein de grandes sociétés américaines (Western Union, ATT, RCA), puis japonaises (Sharp, Canon, Ricoh), et de la française Thomson.
En France, le premier télécopieur proposé aux usagers est présenté au SICOB de 1981. En 1987, « le téléphone qui écrit vite » est fabriqué dans notre pays par quatre ou cinq sociétés : soixante mille entreprises l'utilisent ; il s'affirme désormais comme un outil commercial indispensable.
Observons au passage que le mot télécopieur n'aura vécu que peu de temps. Il est tombé en désuétude à la fin des années 1980, le public, toujours partisan de la brièveté, lui préférant le mot fax, du nom d'une marque américaine de télécopieurs – en fait apocope de fac-similé.

Télégraphe

Après les tours à feu pour signaux optiques des Romains, après le télégraphe par signaux aériens de l'ingénieur Claude Chappe, qui commença à fonctionner en 1793 entre Paris et Lille, le Britannique Charles Wheatstone, en 1837, bat une nombreuse concurrence dans la recherche du télégraphe par signaux électriques, avec le concours de deux compatriotes, William Cooke et Joseph Henry. Charles Wheatstone est cet inventeur fécond à qui l'on doit la création du concertina (1829), du « pont de Wheatstone » pour

Le télégraphe de Claude Chappe émettait des signaux aériens. Il est abandonné au début du XIXe siècle lorsque Charles Wheatstone, en 1837, met au point le télégraphe à signaux électriques. *Le Télégraphe de Chappe*, estampe de 1794.

la mesure de la résistance électrique, du stéréoscope pour la vision binoculaire (1838), d'un décrypteur de messages, etc. Mais J. Henry avait également aidé dans des recherches parallèles, commencées en 1832, un jeune portraitiste américain, Samuel Morse, lequel fit une première démonstration de son invention la même année 1837. Et c'est lui, finalement, qui mettra sur pied la première ligne télégraphique, entre Washington et Baltimore, après avoir imaginé l'alphabet codé qui porte son nom ; son premier message, sur ladite ligne, envoyé le 24 mai 1844, sera : *What hath God wrought* !
Son rival Wheatstone avait procédé aux premiers essais de télégraphe par câble* sous-marin, aux États-Unis, en 1840. Mais le premier câble sous-marin opérationnel sera posé entre Douvres et Calais en 1850-1851, et le premier câble transatlantique, entre l'Irlande et Terre-Neuve,

en 1858. Dans l'intervalle, en 1854, l'Anglo-Américain David E. Hughes avait trouvé un système permettant l'impression directe en clair des messages télégraphiés (téléimprimeur).
Pour la télégraphie sans fil, les travaux de nombreux scientifiques, dont les plus éminents sont l'Allemand Hertz, le Français Branly et le Russe Popov, aboutissent avec l'Italien Marconi qui, en Angleterre, réussit une première liaison par-dessus le canal de Bristol (1897), transmet un message à Branly par-dessus la Manche (1899), et assure une première liaison transatlantique entre la Cornouailles et Terre-Neuve en 1901 (v. *postes, radioélectricité, SOS*).

Téléphérique

Le transport de minerai ou de matériel au moyen de wagonnets suspendus à un câble aérien supporté par des pylônes remonte au XIXe siècle (Pennsylvanie, 1860).
L'idée d'un téléphérique touristique équipé de cabines est plus récente. Le premier du genre fut inauguré en 1911, dans les Alpes françaises, près de Chamonix, pour atteindre sans effort le sommet de l'aiguille du Midi (3 800 m).

Téléphone

C'est le 14 février 1876 que l'Américain Alexander Graham Bell, ingénieur et professeur dans une école de sourds-muets de Boston, dépose le brevet d'un téléphone de son invention. Seulement deux heures après lui, Elisha Grey, autre Américain, fait breveter un appareil de type assez voisin. Et en juillet 1877, un troisième citoyen des États-Unis, Thomas Alva Edison, dépose aussi son brevet. D'où une série de contestations et de procès qui, au total, finirent par démontrer la priorité de Bell. Pour celui-ci, le succès commercial était venu dès la même année 1876, au stand de démonstration qu'il occupait à l'Exposition internationale de Philadelphie, où les visiteurs l'avaient boudé jusqu'au passage d'un barbu basané qui, faisant un essai, s'était exclamé : « Mais ça parle ! » C'était, plus ou moins incognito, Pedro II, empereur du Brésil. Quant à sa première expérimentation publique, sur une distance de 10 km, elle fut l'occasion de donner des cours boursiers…
En France, l'année 1880 voit la création de trois compagnies privées qui fusionnent tour à tour (trois cents abonnés sur Paris en tout) pour donner naissance à la Compagnie générale du

Alexander Graham Bell, qui a déposé en 1876 le brevet du téléphone qu'il avait mis au point, passe le premier appel longue distance de New York à Chicago en 1892.

téléphone, laquelle crée rapidement des réseaux à Bordeaux, Marseille, Nantes et Le Havre. En 1881, le prix de l'abonnement est fixé par arrêté ministériel à 600 francs-or pour Paris et à 400 en province, annuellement. De 1883 à 1887, en commençant par Reims, l'Administration crée un réseau dans vingt-cinq villes de France. À partir du 1er janvier 1885, elle ouvre au public les premières cabines téléphoniques dans ses « bureaux de Poste et Télégraphe ». En 1885 également, première liaison « à grande distance entre Paris, Le Havre et Rouen » ; prix de la communication : 1 franc pour cinq minutes.
En 1886, ouverture des deux lignes Paris-Reims et Lille-Roubaix-Tourcoing.
Le 24 février 1887, à 8 heures, première « correspondance téléphonique » Paris-Bruxelles. Coût : 3 francs les cinq minutes. Une deuxième ligne est ouverte au public le 17 janvier 1888.
En 1889, l'Assemblée nationale décide par quatre cent trente-cinq voix contre soixante-cinq de reprendre le téléphone, qui devient monopole d'État et service public. La prise de possession a lieu le 7 septembre 1889. Depuis 1889 aussi, à partir de l'invention – le sélecteur – d'un quatrième Américain, Strowger, le téléphone automatique a pu se développer aux États-Unis.

Almon G. Strowger, entrepreneur de pompes funèbres à Kansas City, avait-il vraiment si mauvais caractère ? En tout cas, quand on l'appelait, les « demoiselles du téléphone » branchaient l'appel sur le fil d'un de ses concurrents. Strowger s'en aperçut : il inventa un automatisme qui supprimait les opératrices. Le premier commutateur automatique, ou autocommutateur, précisément basé sur le sélecteur rotatif Strowger, fut construit à La Porte, dans l'État de l'Indiana, en 1892. Le premier installé en France le fut à Nice en 1913, et le deuxième à Orléans en 1921. Lyon-Parmentier sera le dernier en 1940.
La première communication entre Londres et Paris a été établie le 1er avril 1891. Le premier service transatlantique a été une ligne Londres-New York, ouverte le 7 janvier 1927. Quant à la liaison entre abonnés américains et européens par satellite artificiel, elle date de 1962 via Telstar.
Cent ans après l'apparition du téléphone, le 14 juin 1983, est installée au col d'Ibardin (Pyrénées-Atlantiques) la première cabine téléphonique radiosolaire, indépendante de tout branchement. Elle a été inventée par Jacques Magnières, ingénieur au département des Télécommunications des PTT.
Toujours en 1983, durant l'été, les PTT présentent en première mondiale, à Biarritz, le « visiophone » ou téléphone à images mis au point par la firme française Thomson. En bénéficient d'emblée mille cinq cents abonnés biarrots.
1985 : l'annuaire électronique est créé (sur Minitel, 1989). Mais l'annuaire téléphonique classique, qui a fêté ses 100 ans en 1991, a encore de beaux jours devant lui : avec ses cinquante mille tonnes de papier recyclé réparties entre trente-huit millions de volumes, il reste le premier support publicitaire en France. La Poste a fêté son centenaire en 1990.
Radiotéléphone jusque-là réservé aux automobilistes appartenant à certaines professions et aux personnes à grand train de vie, le téléphone mobile, dit encore téléphone de poche, est apparu aux États-Unis et au Japon à la fin des années 1980. Véritable phénomène de mode, ils'est démocratisé chez nous avec le Bi-Bop de France Télécom. Après un galop d'essai à Strasbourg avec deux mille volontaires, le combiné portable a été lancé à Paris en 1993. Mais son véritable démarrage ne s'est opéré en France qu'en 1996, avec un premier million d'abonnés à la fin de cette année-là. Il faut dire qu'un an plus tôt, un nouveau pas technologique avait été franchi : soixante-neuf pays avaient adopté un standard de téléphone numérique, le GSM. (*Global System for Mobile*) qui permet de se promener sur des centaines de kilomètres sans perdre la ligne, et garantit la confidentialité des conversations. (v. *fibres optiques*, *poste*, *télécopieur*, *vidéocommunications*).

Télescope

Le premier observatoire digne de ce nom, chose assez extraordinaire pour nous, n'avait ni lunette d'approche ni à plus forte raison de télescope.
Ce fut celui de Tycho Brahe (1546-1601), riche « amateur de science » danois, à qui son roi Frédéric II avait fait don d'une île du Sund, au large de Copenhague, en gage de son admiration. Sur cette île de Hveen, Tycho Brahe fit bâtir vers 1580 le magnifique Uraniborg (le château d'Uranie) et un observatoire, Stelborg (le château des étoiles). Virtuose de l'observation des astres à l'œil nu, il parvenait à obtenir les positions apparentes des astres en les visant avec des alidades.

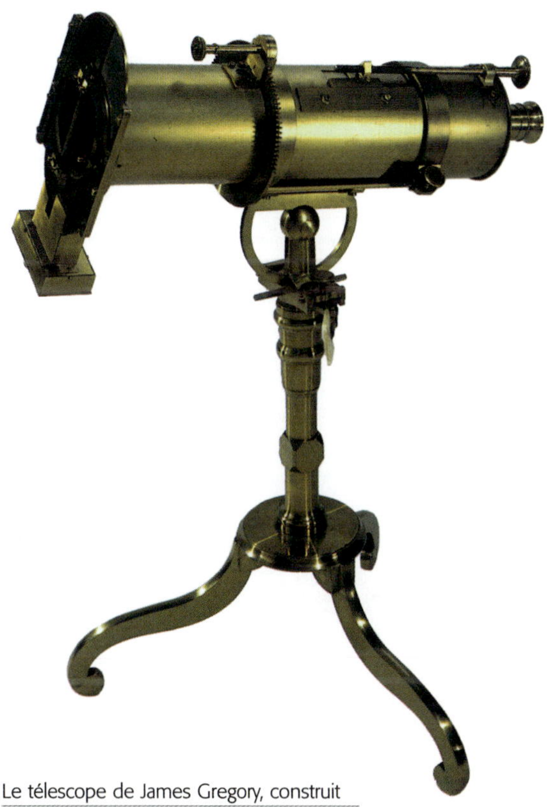

Le télescope de James Gregory, construit par James Short au XVIIIe siècle (CNAM, musée des Techniques, Paris).

Giambattista Della Porta, physicien italien, est probablement le premier à avoir construit une lunette d'approche, vers 1558, qu'il décrira plus tard dans sa *Magia naturalis*. Par ailleurs, un ouvrage paru en 1571 signale que Leonard Digges aurait également assemblé des lentilles de façon à obtenir « des effets miraculeux ». En tout cas, les premières lunettes* efficaces sont construites en 1608 à Middelburg, en Hollande, par Zacharias Jansen et Hans Lippershey. Galilée entend parler de cette invention et construit, en 1609, une lunette d'approche – et désormais cet instrument s'appellera « lunette de Galilée ». Avec cet instrument, il découvre les montagnes de la Lune ; il est aussi le premier homme à repérer les phases de Vénus et les lunes de Jupiter. Il va même affirmer qu'il est le découvreur des taches solaires, alors que les Chinois les observaient depuis le IVe siècle avant J.-C. (v. *solaire [système]*), et qu'en Europe elles étaient déjà clairement mentionnées dans la *Vie de Charlemagne*, d'Eginhard, ouvrage paru en l'an 807. Mais son mérite reste entier : le grossissement de sa lunette est de trente – comparé à celui de nos instruments modernes, qui est de mille ! Avec un aussi pauvre instrument, Galilée a créé de toutes pièces l'astrophysique.
Par opposition à la lunette, instrument réflecteur, le télescope est un réfracteur (à miroir concave). Le principe de celui-ci avait été exposé en Italie, puis en France et en Grande-Bretagne, respectivement par l'astronome Nicolo Zucchi, l'abbé Mersenne et James Gregory. Mais c'est le grand Isaac Newton qui, en 1671, construira le premier télescope, à miroir sphérique de métal. En 1857, Léon Foucault aura le mérite d'améliorer considérablement ce type d'instrument en substituant au miroir sphérique et métallique un miroir parabolique en verre argenté.
Le premier observatoire équipé de télescopes est celui de Greenwich (1675). Suivront celui de Berlin (1700), puis celui de Paris (1767-1772).

Télévision

John Logie Baird, physicien écossais, réussit dans son laboratoire à transmettre pour la première fois, à plusieurs mètres de distance, l'image de télévision d'un être humain. L'événement s'est produit le 2 octobre 1925. Il faut dire que Baird avait eu connaissance des travaux de Boris Rosing (1905) et de Campbell-Swinton (1911) portant sur la transmission électronique des images. Un inventeur est toujours fils d'un autre inventeur.

John Logie Baird parvient en 1925 à transmettre la première image de télévision d'un être humain (Scottish National Library, Édimbourg).

En France, le père de la télévision est le physicien René Barthélemy. Le 14 avril 1931, il fait procéder à une première démonstration publique à l'École supérieure d'électricité de Paris, située à 1 500 m du studio de Montrouge installé dans les locaux de la Compagnie des compteurs. Un an plus tard, à l'occasion de l'inauguration du « Poste parisien », il donne une « radiodiffusion simultanée de phonie et de vision » dans une grande salle située aux Champs-Élysées. La réception de cette émission est signalée par « des amateurs se trouvant à plus de 500 km de Paris ».
En Grande-Bretagne, le service régulier d'une première chaîne de TV commence le 22 novembre 1936. Il sera interrompu par la guerre. La deuxième chaîne commencera ses émissions le 21 avril 1964.
En France, le premier programme régulier de TV est inauguré le 26 avril 1935. Dès le mois de décembre suivant, il sera diffusé en utilisant l'émetteur de la tour Eiffel. Après l'Occupation, il reprend le 1er octobre 1945. Le démarrage définitif a lieu en 1949 pour la région parisienne,

en 1950 pour Lille, à Strasbourg en 1953. La quasi-totalité du territoire est couverte en 1961. Après une période d'essai entamée le 21 décembre 1963, le démarrage officiel de la deuxième chaîne a lieu le 18 avril 1964 (elle sera la première à être en couleurs à partir du 1er octobre 1967), celui de la troisième, le 1er janvier 1973. La quatrième, avec décodeur, baptisée Canal +, à partir du 4 novembre 1984,
la cinquième à partir du 20 février 1986 ; et la sixième à partir du 1er mars de la même année. La Cinq disparaît à la fin du mois d'avril 1992 ; son réseau est dès le 1er septembre réutilisé par Arte (Association relative à la télévision européenne), diffusant un programme en deux langues. Arte, première chaîne culturelle franco-allemande, se veut l'étape initiale vers une télévision européenne.
Les premiers échanges expérimentaux États-Unis–Europe, par Telstar 1, débutent le 11 juillet 1962, les premières transmissions d'images japonaises vers l'Europe par Telstar II, le 16 avril 1964. La télévision par câble a, elle, commencé aux États-Unis en 1963, en Pennsylvanie, d'abord dans des vallées isolées. C'est ensuite qu'on a créé des programmes spéciaux pour des minorités ethniques ou des communautés spécifiques.
La télévision par câble est passée ensuite au Canada, puis en Grande-Bretagne et en Belgique. En France, les premiers essais ont eu lieu à Grenoble, en 1972, pour un quartier
(v. *Eurovision*, *jeux télévisés*, *journal télévisé*).

Tennis

Le tennis, ou plus exactement le lawn-tennis, est une adaptation britannique de plein air imaginée en 1874 par le major Wingfield à partir du jeu de courte paume français. Du reste, le nom même de tennis n'est que l'avertissement « Tenez ! » du serveur à son adversaire, et la manière de compter, par 15, 30 et 40, provient aussi, directement, du jeu de paume.
Le premier championnat eut lieu à Wimbledon du 9 au 12 juillet 1877, entre vingt-deux joueurs. En finale, Spencer Gore battit W. Marshall 6.1 / 6.2 / 6.4. La même année, en France, deux clubs commencent à pratiquer le tennis (le Decimal-Club de Paris et le LTC de Dinard), et le premier championnat national a lieu en 1891. La coupe, offerte par le champion américain Davis comme récompense au tournoi international par équipes qui porte depuis son nom et dont la formule est restée inchangée, est un trophée* d'un goût détestable, sans égal dans le monde des sports pourtant riche en œuvres d'art navrantes. Dwight F. Davis, du reste, faisait partie de l'équipe victorieuse des États-Unis, lors de la première compétition en 1900.
Le tennis a été remis au tableau des jeux Olympiques de 1988 à Séoul, après y avoir figuré seulement de 1896 à 1924 (v. *trophée sportif*).

Le tennis, inspiré par le jeu de paume français, apparait en Angleterre en 1874. *The Tennis Party*, huile sur toile de 1885 de sir John Lavery (Aberdeen Art Gallery and Museum, Écosse).

Tennis de table

Ce jeu de salon devenu un sport à l'initiative des Anglais, qui organisèrent leur premier championnat en 1921, a des débuts obscurs qui ne sont pourtant pas très anciens. C'est à la fin du XIXe siècle que fut inventée la raquette à revêtement de caoutchouc, et aussi le nom de « ping-pong », pour lequel une maison américaine prit un brevet. Au tournant du siècle, le ping-pong fait fureur dans le monde anglo-saxon, puis il tombe dans un désintérêt dont le tirèrent les Anglais après la Première Guerre mondiale. Le premier championnat du monde s'est déroulé en 1927. À peu près à cette époque, le tennis de table pénètre en France, mais il faut attendre 1931, et l'installation à Paris du virtuose hongrois Victor Barna, pour que nos compatriotes s'y adonnent sérieusement.

Tension artérielle

En 1896, le médecin italien Scipione Riva-Rocci met au point le premier brassard relié à un manomètre à mercure, qui permet de mesurer la tension artérielle. Ce système reste, à quelques détails techniques près, celui encore utilisé cent ans après. Mais son efficacité ne sera totale qu'en 1905, année où le Russe Nicolaï Korotkoff remarque que le flux sanguin émet un bruit perceptible en posant un stéthoscope juste sous le brassard, et qu'en dégonflant progressivement le manchon de caoutchouc, on peut reconnaître le niveau de pression du cœur en relâchement, pression dite diastolique.
À cette invention, la médecine et les médecins ne s'intéresseront pas immédiatement. En revanche, elle attire l'attention des compagnies d'assurances : le docteur Fischer, directeur médical de l'une d'elles, sise à New York, eut dès 1907 l'idée de mesurer systématiquement la tension artérielle de tous les souscripteurs d'une assurance-vie – exemple suivi par les autres compagnies, toujours à l'affût des « maladies obscures ». Si bien que, dès 1915, elles pouvaient démontrer sur des bases statistiques irréfutables que, parmi les sujets tenus pour sains, ceux dont la tension était forte constituaient un groupe à mortalité très élevée. Dans les années 1930 et 1940, l'attention suspicieuse portée à l'hypertension se trouve renforcée par le recul des maladies infectieuses et par l'importance croissante des maladies cardio-vasculaires. Enfin, la vague de prospérité qui suivit la Seconde Guerre mondiale allait, dans les sociétés les plus évoluées de l'Ancien et du Nouveau Monde, faire de l'hypertension « l'ennemi no 1 de la santé publique ».

Terre (la planète)

L'âge de notre globe est assez respectable : de quatre milliards cinq cents millions à six milliards d'années selon les estimations, et selon le point de départ que l'on choisit : formation d'un nuage de poussières et de gaz cosmiques, ou début de l'écorce terrestre, les plus anciennes roches connues de nous étant vieilles de quatre milliards d'années.
Mais de pareils chiffres dépassent notre imagination. Pour en avoir une idée plus concrète, faisons une comparaison en ramenant la durée totale de cette « existence » à notre année de douze mois. À cette échelle, la Terre ayant « pris naissance » le 1er janvier, son écorce se serait formée dans le courant de février. En mars au plus tôt, mais assurément pas plus tard qu'en juin, la Téthys, c'est-à-dire l'océan primitif, serait apparue. Toujours à la même échelle, le mois d'avril aurait vu l'éclosion de la vie, novembre l'apparition des premiers fossiles. Les dinosaures auraient connu leur apogée vers la mi-décembre, et l'âge de l'homme* (*Homo sapiens*) serait arrivé le dernier jour de la dernière semaine ; pour être plus précis, il n'aurait affirmé sa supériorité sur le reste du règne animal qu'à partir de 22 h 30, ce trois cent soixante-cinquième jour !

Tétragone

La tétragone, qui remplace l'épinard vert en été, est aussi appelée « épinard de la Nouvelle-Zélande ». En réalité, la tétragone est spontanée non seulement sur les côtes de la Nouvelle-Zélande, mais aussi sur celles de l'Australie méridionale, de la Tasmanie et de la plupart des terres océaniennes. C'est le seul légume que nous ait fourni la zone du Pacifique. Elle a été acclimatée et cultivée en Europe à partir de 1772, après sa découverte par le naturaliste sir Joseph Banks, au cours du premier voyage du capitaine Cook.

TGV

Le projet de Train à Grande Vitesse réservé aux voyageurs est déclaré d'utilité publique le 23 mars 1966. Le 6 février 1973 a lieu la première arrivée à Lyon du TGV 001 pour un essai d'endurance. L'inauguration officielle a lieu le 22 septembre 1981, et la mise en service entre Paris et Lyon le 27 du même mois. Dès le 6 février 1981, une rame de série avait atteint les 380 km/h, ce qui constituait un nouveau record du monde. Le 1er octobre 1984 a été mis en service le premier TGV postal entre Paris et Lyon.
Le TGV-SE (SE pour Sud-Est) fonctionne sur son parcours le plus long (Paris-Nice) depuis 1983.
Le TGV-A (A pour Atlantique), TGV dit « de seconde génération », est mis en service en 1989 pour la ligne Ouest et en 1990 pour la ligne Sud-Ouest (v. *train de voyageurs*). Entraînées par l'exemple français, l'Allemagne et la Russie ont

Le TGV, lancé pour la première fois sur les rails français en 1973, est aussi le premier train à relier la France à l'Angleterre depuis la création de la ligne Eurostar en 1994.

travaillé à la création de trains équivalents, comme l'ICE (Inter City Express) allemand, mis en service le 1er juin 1991. Un réseau rapide européen se dessine et prévoit en 2006 la mise en service du TGV-Est Européen. Mais pendant ce même temps, des rivaux et des successeurs font l'objet de projets révolutionnaires.
En Allemagne, le 22 janvier 1988, au bout de vingt ans de recherches, le train à sustentation magnétique Transrapid a atteint la vitesse de 412,6 km/h en lévitation magnétique, « glissant » au-dessus d'une monovoie en forme de T.
Au Japon existent deux projets de trains magnétiques : MLU (Magnetic Levitation U) qui pourrait, avec ses 400 km/h, tenir tête au Transrapid allemand ; et le HSST (High Speed Surface Transport), moins rapide avec ses modestes 230 km/h, mais déjà mis en service depuis 1989 à Las Vegas, où il relie le centre-ville au nouveau quartier des casinos.
À l'inverse du Transrapid, tous deux fonctionnent sur le principe de la répulsion magnétique.

Thé

Le domaine naturel du théier se situe aux confins de la Chine méridionale, du Viet Nam et de la Birmanie septentrionaux, et de l'Inde orientale. Une légende chinoise nous apprend que l'usage du

Selon la légende, le thé aurait été decouvert par l'empereur chinois Chen-Nong il y a près de 5 000 ans. Il fait son entrée dans les capitales européennes au XVIIe siècle, mais il ne se généralise sur le Vieux Continent qu'à la fin du XVIIIe siècle. Dessin colorié du XVIIIe siècle, extrait de l'album *Culture et préparation du thé* illustrant le foulage du thé (Bibliothèque nationale, Paris).

thé fut « inventé » par l'empereur Chen-Nong vers 2750 avant J.-C. Mais la première référence historique au thé se trouve dans Confucius, cinq siècles avant notre ère. Quant à la première référence pratique sur le thé considéré comme boisson, on la rencontre dans un ouvrage encyclopédique chinois de l'an 350 de notre ère. C'est aux prêtres bouddhistes qu'on attribue le fantastique essor de la culture du thé et de son emploi destiné, en Extrême-Orient, à combattre l'intempérance. Puis les Hollandais prennent le relais, et le thé part à la conquête du monde entier.
À la fin du VIe siècle de notre ère, il envahit le Japon. À la fin du XIIe siècle, le fondateur du premier empire mongol, Gengis Khan, en abreuve ses guerriers pour leur donner force et courage, grâce à quoi ils déferlent, avec le thé, jusqu'aux portes de l'Asie Mineure. La vente du thé fait ses débuts en Europe, à Venise, en 1559 (mais le Vénitien Marco Polo, vraisemblablement, avait été le premier Européen à en boire, sur place, à la fin du XIIIe siècle) ; puis le thé fait le tour de nos capitales : Lisbonne (1600), Amsterdam (1610), Moscou (1618), Paris (1648), Londres (1650). Dans son fameux *Journal*, le bourgeois londonien Samuel Pepys précise en 1660 : « Je fis chercher une tasse de thé (c'est une boisson chinoise) que je buvais pour la première fois. » Durant les cent années qui suivent, la soif de thé ressentie par les Anglais devient inextinguible, quoi qu'il arrive. La taxe sur le thé, instituée en 1773,

déclenche la guerre de l'Indépendance avec la *tea party* de Boston. Cette même soif détermine des recherches techniques dans le domaine de la marine à voile et la création des grands clippers, ces lévriers des mers qui apportent à Londres les millions de livres de thé que réclame le gosier des Britanniques : ce sera l'annuelle « course du thé ». À la fin du XVIIIe siècle, l'usage du thé est général en Europe.
En 1945, l'ingénieur écossais Sandy Fawler vend à un industriel de Ceylan, contre la somme de 2000 roupies, l'art, la manière et la technique de fabrication du sachet de thé. S'il avait pu soupçonner que son invention aurait en Grande-Bretagne la faveur de huit buveurs de thé sur dix, il l'aurait fait breveter, et dès lors, il aurait encaissé chaque année, à raison de 1 % de royalties, la valeur de 7,5 millions d'Euros (v. *camélia*).

Théâtre

Le théâtre est une création des Grecs, au VIe siècle avant notre ère. Longtemps, leurs tragédies furent données sur une scène en planches entourée de gradins de bois. La plus ancienne connue de nous, *Les Perses* d'Eschyle, fut représentée en 472 avant J.-C. Les événements historiques qu'elle célébrait étaient alors quasi contemporains – encore présents à la mémoire des spectateurs dont beaucoup avaient combattu à Marathon (490) et à Salamine (480).
Au IVe siècle avant J.-C., on commence à bâtir en pierre des théâtres en hémicycle, adossés à une colline et ouverts en direction de la mer ou encore d'un panorama de montagnes.
Comme la Grèce, Rome commença par construire des théâtres de bois. C'est en 55 avant notre ère que, sur l'ordre de Pompée, fut bâti le premier théâtre en pierre de la Ville éternelle.
Durant le Moyen Âge, le théâtre consista d'abord en représentations occasionnelles de caractère sacré, données dans l'intérieur des églises. Puis les mystères du XIVe et du XVe siècle se déroulent sur les parvis, à cause de l'affluence de spectateurs qu'ils suscitent. L'architecture du théâtre moderne prendra forme en Italie : le premier de ce type est construit en 1583 par Vincenzo Scamozzi à Vicence, sur les plans de Palladio, mort trois ans plus tôt. En France, la première salle consacrée au théâtre des mystères sera installée dans l'hôtel de Bourgogne acheté, pour la circonstance, par la confrérie parisienne de la Passion en 1548. En Angleterre, la naissance du drame élisabéthain sera contemporaine, à la fin du XVIe siècle, de la construction des théâtres permanents, dont le plus célèbre : le Globe.

Eschyle est le poète grec qui nous laisse la plus ancienne pièce de théâtre, *Les Perses*. *Eschyle*, gravure de J.-D. Dugoure.

Thermomètre

Basé sur la dilatation des gaz, le thermomètre de Galilée, le premier dont nous ayons eu connaissance (fin du XVIe siècle), indiquait simplement des variations de température. Le premier thermomètre à donner une échelle de températures fut mis au point par un fabricant allemand d'instruments de physique, Daniel G. Fahrenheit, en 1714.
Mais son échelle manquait de simplicité : pourquoi avoir attribué à la glace fondante 32 °C et 212 °C à l'eau atteignant l'ébullition ? En 1742, le physicien et astronome suédois Anders Celsius propose une échelle plus commode, parce que centésimale – de 0 °C à 100 °C.

Thermomètre médical

En 1626, un ami de Galilée, Sanctorius, imagine un premier thermomètre médical : celui-ci ne se révèle pas assez pratique pour que son usage se généralise. Il faudra la venue du XVIIIe siècle pour que les médecins commencent à prendre la température de leurs malades. Mais jusqu'à l'Allemand Wunderlich, c'est-à-dire jusqu'au milieu du XIXe siècle, on considérait la fièvre comme une maladie : lui en fit un symptôme. Pourtant, son thermomètre n'était pas encore d'un usage facile : il fallait vingt bonnes minutes pour qu'il s'équilibre !
Le modèle de nos actuels thermomètres médicaux n'a été mis au point par l'Anglais sir Thomas Clifford Allbutt qu'en 1866.

Sir James Dewar laisse son nom à la bouteille thermo-isolante qu'il a conçue, plus tard appelée Thermos. *Portrait de sir James Dewar*, peinture d'Edmond Dyer, XIXe siècle (Scottish National Portrait Gallery, Edimbourg).

Thermos (bouteille isolante)

En 1892, le physicien et chimiste écossais James Dewar, qui cherchait un dispositif d'isolation thermique pour conserver des gaz liquéfiés à basse température, met au point une bouteille à double paroi de verre à l'intérieur de laquelle on a fait le vide. C'est la «bouteille de Dewar», toujours en service et dont le prototype est conservé à Londres.

Flairant les possibilités – et les bénéfices – qu'offrait un tel objet pour les usages domestiques (conservation de boissons à haute ou basse température, indifféremment), Reinhold Burger, un homme d'affaires allemand fort avisé comme on va le voir, lança un concours assorti d'un prix à qui trouverait le meilleur nom pour cette bouteille isolante. Ce fut le grec mot *thermos* (chaud) qui emporta la palme. Depuis, Thermos est une marque déposée.

Ticket-Restaurant

En 1957, Jacques Borel ouvrit à Paris son premier restaurant* à service rapide, qu'il nomma L'Auberge Express. C'était dire en deux mots tout son programme. Au début des années 1960, il acheta une petite chaîne de restaurants, qu'il rebaptisa Wimpy's, et ce fut l'arrivée des premiers hamburgers en France : succès instantané et durable ! Une vingtaine d'années plus tard, le réseau autoroutier se développant, Jacques Borel lança les Restoroutes : toujours la «bouffe» au pas de charge. Mais dans l'intervalle, à la fin des années 1960, son invention géniale fut le Ticket-Restaurant, destiné à battre en brèche les cantines traditionnelles ; et le pari fut tenu. Il tenta également, en 1982, d'acclimater le Ticket-Restaurant à New York, mais, curieusement, au pays de la «bouffe sur le pouce», la greffe ne prit pas.

Tiercé

Pour relancer l'élevage du cheval en France après la Seconde Guerre mondiale, il fallait trouver de nouveaux clients, offrir des possibilités de gains élevés : le polytechnicien André Carrus, alors directeur du PMU*, met au point le pari couplé autorisé et expérimenté à Paris seulement, sur une épreuve par jour, à la fin de 1949. Le test ayant été concluant, on l'étend très vite à la France entière et à trois épreuves par jour.

Toujours dans la même optique, le même André Carrus invente le fameux tiercé. La première course à tiercé aura lieu le 22 janvier 1954. Ce jour-là, Écho H, Captivation et Évora (13-15-17) franchissent dans cet ordre la ligne d'arrivée de la piste de trot d'Enghien. Dix turfistes vont toucher 178 600 francs anciens pour la mise unitaire fixée alors à 200 francs anciens. Sur la course de ce premier tiercé, 2 850 090 francs anciens seulement avaient été joués. Le tiercé fait son entrée à la télévision française le 17 juin 1956. Il est commenté en direct par Georges de Caunes et Jacques Sallebert, deux béotiens en matière hippique, comme ils se plurent à le reconnaître. Mais très vite, Léon Zitrone va prendre le relais de ces deux pionniers et faire du tiercé un rendez-vous indispensable pour les turfistes en chambre.

En 1972, André Carrus a également mis au point le «quarté», à l'intention des turfistes belges.

Et le 3 janvier 1983 a débuté le «trio urbain» en remplacement du «super-couplé». Petit frère du tiercé, c'est un pari sur les trois premiers chevaux sans que l'ordre d'arrivée intervienne dans le calcul du rapport gagnant. Enfin, le «quinté + » : le 12 septembre 1982 à Longchamp, ce dernier-né entame une carrière dont le lancement publicitaire s'appuie sur le slogan «Faut pas avoir peur de gagner trop»...

Première femme jockey «tiercéiste», la baronne Édith de Brétizel, le dimanche 7 novembre 1975 à Auteuil, sur Bleu de Méthylène, arrivée treizième et dernière sur dix-neuf partants – car six chevaux n'avaient pu terminer cette course d'obstacles. Premier tiercé gagné par une femme jockey : le 1er avril 1984, Darie Boutboul, sur Abdonski, triomphe à l'occasion du prix de Plaisance.

Tiers monde

Expression forgée par Albert Sauvy et Georges Balandier en 1956, après la conférence de Bandung, tenue l'année précédente par vingt-neuf pays afro-asiatiques et où furent condamnés le colonialisme, la discrimination raciale et les armements atomiques.
Elle a été finalement préférée à : pays sous-développés, en voie de développement, etc., pour la commodité géographique de son sens et pour sa brièveté. Mais elle a eu le tort de donner une homogénéité – apparente – à un ensemble de pays en les définissant économiquement par rapport aux deux grands blocs mondiaux, capitaliste et communiste, et en les assimilant sur le plan sociopolitique au tiers état de 1789. C'est pourquoi, depuis 1970, on emploie l'expression de quart monde pour désigner les pays les plus pauvres.

Tiers provisionnel

Le principe du paiement des impôts par acomptes a été décidé par décret du 18 mars 1942.
Dans les faits, le régime actuel – que les contribuables du monde entier, paraît-il, nous envient – a été instauré par la loi du 31 décembre 1950, article 17, expliqué par l'article 1664 du Code général des impôts, et se limite à l'impôt sur le revenu. La mensualisation de celui-ci, à partir de 1972, a été proposée comme une option, et d'abord aux Parisiens (v. *impôt sur le revenu*).

Tigre

L'habitat du tigre est limité à l'Asie du Sud-Est depuis si longtemps que les Grecs et les Romains l'ont ignoré jusqu'à ce que leurs conquêtes les conduisent aux confins de l'Inde. C'est ainsi qu'au IIIe siècle avant J.-C., dans son *Histoire des animaux*, Aristote cite peu d'espèces étrangères à la Grèce, en dehors de l'autruche, du chameau, de l'éléphant et du tigre – et de ce dernier, il ne parle que par ouï-dire.
Au IIe siècle de notre ère, avec le cruel Commode, empereur romain en 180, les massacres d'animaux donnés en spectacle au peuple ne connaissent plus de limites. Des tigres sont parmi les victimes, pour la première fois, semble-t-il.
Marco Polo, lui, paraît bien avoir été le premier Européen à voir des tigres en liberté, et apprivoisés dans les palais impériaux de l'empire du Milieu.

Le tigre, originaire d'Asie, arrive sur le continent européen grâce aux conquêtes grecques et romaines. Tigre maîtrisant un bouquetin, plaque de bronze se rattachant à l'art animalier de la steppe du Ier millénaire avant J.-C. (musée Cernuschi, Paris).

Timbre-poste

À la suite d'une décision du Parlement anglais prise en 1839, le premier timbre utilisé par les postes de Sa Majesté fut fabriqué et utilisé dès 1840 : il représentait le profil de la jeune reine Victoria et valait 1 penny. C'est un libraire écossais, James Chalmers, qui en avait eu l'idée, et Rowland Hill, autre Écossais, qui avait mis celle-ci en valeur par la publication d'un ouvrage paru en 1837 : *La Réforme postale, son importance et les moyens de la mener à bien*.
Cependant un Autrichien de Carinthie avait auparavant réalisé le même projet : Egarter, maître de poste, avait fabriqué une vignette de 1 kreutzer, mais son invention fut refusée par l'administration de son pays. Il existe un seul exemplaire de ce timbre, sur une lettre datée du 20 février 1839.
La Suisse imita l'Angleterre en 1843. En France, un projet déposé dès 1842 ne sera adopté par le Parlement qu'en 1848. Le premier timbre français, à l'effigie de Cérès, gravé par J.-J. Barre, avec trois valeurs, 20 centimes, 40 centimes et 1 franc, sera mis en vente le 1er janvier 1849.
La même année – déjà ! – naît la philatélie, mais d'abord baptisée « timbrologie ».

En 1848, le premier timbre-poste circule en France. Un timbre-poste de 1948 à l'effigie de Racine commémorant les 250 ans de sa mort (collection Maurice Bastide).

L'invention du timbre dentelé, séparable de ses voisins, date de 1862. Elle est due à l'Irlandais Henry Archer. Autres dates mémorables : 1976, le timbre français change de format et s'affiche en carré pour la série Europa ; premier timbre gaufré en 1977, consacré au mémorial du général de Gaulle ; premier timbre panoramique (22 mm x 76 mm) en 1983, avec comme sujet Charleville-Mézières. En 1987, Éric Cavaillé, jeune chômeur sétois, dépose à l'Institut de la propriété industrielle l'idée du timbre-poste autocollant, plus hygiénique, plus pratique.
La Poste concrétise cette idée en proposant au public, dès 1989, des carnets de dix unités à 2,30 F. « L'Écho de la timbrologie », première revue philatélique, voit le jour en 1887 ; le premier catalogue, qui deviendra annuel, est édité par Yvert et Tellier à partir de 1896. Les premiers collectionneurs français se groupent en clubs, affiliés à une fédération qui verra le jour en 1924. Première exposition philatélique : Bordeaux, 1923. Premier timbre avec texte en braille : 1989. Premier timbre rond en 1998 à l'occasion de la Coupe du monde de football. 1999 : premier timbre libellé en francs et en euro. Également cette année-là, premier timbre en forme de cœur pour la Saint-Valentin. Et, toujours en 1999, dernière prouesse technique du siècle : pour l'inauguration de Philex France (« le Mondial du timbre ») et pour fêter les 150 ans du timbre français, la Poste crée le premier hologramme, une Cérès en trois dimensions (v. *carte postale*, *postes*).

Tirebouchon

L'utilisation du liège, attribuée à Dom Pérignon (v. *bouchon*, *champagne*), a aussitôt provoqué l'invention du tire-bouchon. Mais l'usage de celui-ci ne se généralise qu'au bout d'une centaine d'années, et donc se situe au XVIIIe siècle. Il est alors intégré au couteau* de poche. C'est ainsi que « le coutelier Lethien, rue Saint-Méry [à Paris], fabrique des couteaux à tire-bouchon très à la mode ».
Depuis, l'ingéniosité a multiplié les formes et les systèmes de tirebouchon, mais l'invention la plus remarquable dans ce domaine est la dernière : c'est le tirebouchon intégré dans le bouchon lui-même (2001) : la vis en métal est fixée à une capsule de surbouchage ; il suffit de soulever celle-ci, puis de « retrouver le geste du vigneron ». Ainsi s'exprime son inventeur, le spécialiste du beaujolais primeur, Émile Chandesais, qui exerce son art à Fontaine, en Saône-et-Loire.
À noter que Ménerbes, bourg du Vaucluse, abrite un musée du tirebouchon depuis 1992.

Tirelire

Le terme apparaît pour la première fois dans le *Testament* (1265) de Jean de Meung, mais l'objet est probablement plus ancien. Le « tirelire » était une sorte de refrain, au Moyen Âge, et la tirelire fut ainsi appelée, par métaphore, en raison du tintement des pièces obtenu quand on l'agite.

Toile (peinture sur)

Une première peinture sur toile, représentant Néron, aurait été faite en 64 après J.-C. L'emploi de la toile tendue sur châssis est connu au XVe siècle. Cennino Cennini, dans son *Traité* de 1431, en parle. Les toiles tendues par des clefs sur le châssis n'ont pas été employées avant le XVIIIe siècle (v. *bois [peinture sur]*, *palette*, *peinture à l'huile*).

La tomate à fruits rouges (*Lycopersicum esculentum*), gravure du XVIe siècle extraite du *Jardin d'Eichstätt* de Basilus Besler.

Tomate

Notre tomate européenne est la descendante probable d'une plante indigène du Texas au Pérou, qui existe encore et dont le fruit est à peine plus gros qu'une bille – d'où son nom actuel de « tomate cerise ».

Introduite comme légume en Espagne au XVIe siècle, la tomate fut longtemps tenue en France pour une plante décorative : c'est seulement à partir des années 1780 que nos ancêtres commencèrent à l'utiliser pour leur alimentation. Les botanistes l'avaient baptisée du nom savant de *Lycopersicum* ou « pêche de loup », qu'elle porte encore, mais s'étant aperçus qu'elle était véritablement comestible, ils ajoutèrent à sa carte de visite la qualité d'*esculentum* en guise de garantie.

L'abbaye bénédictine de Saint-Pierre de Maillezais, en Aquitaine, se vante d'avoir vu pousser en ses jardins les premiers plants de tomate en France, et cela grâce à Rabelais. Après ses démêlés avec les cordeliers de Fontenay-le-Comte, celui-ci était venu se réfugier auprès de Mgr d'Estissac, évêque des lieux, en 1518. Puis, le grand écrivain part pour Montpellier, afin d'étudier la médecine, et, de là, s'en va à Rome où il sera médecin d'un cardinal. Pour remercier de ses bienfaits Mgr d'Estissac, Rabelais lui enverra des graines prélevées dans le jardin secret du pape. Grâce à quoi, salade (romaine), tomate et melon (v. *concombre*) s'épanouiront pour la première fois sur la terre de France. Mais pour le melon du moins, d'autres témoignages, plus précis, donnent à penser que Charles VII avait devancé Rabelais.

Tomographie : v. *scanner*.

Tonneau : invention gauloise (v. *bière*).

Topaze

Connue de l'ancienne Égypte, elle provient surtout, aujourd'hui, de gisements brésiliens et sibériens. Elle est citée avec l'améthyste dans *La Chanson de Roland* (fin du XIe siècle). Comme l'améthyste, la topaze peut être aisément confondue avec la citrine d'Écosse.

Topinambour

Le topinambour est spontané en Amérique du Nord. On le rencontre dans tout le Canada oriental et, aux États-Unis, du Manitoba jusqu'à l'Arkansas et, à l'est, jusqu'à l'océan Atlantique. C'est, dit-on, Samuel de Champlain qui rapporta en Europe cette plante dont il avait vu manger les grosses racines par les Indiens du cap Cod. Le fait est consigné dans son *Journal* dès 1603. Le goût de l'étrange légume lui rappela celui de l'artichaut. À la différence de la patate* douce et du manioc (v. *tapioca*), eux aussi américains, le topinambour fut admis par les Européens, mais d'abord comme fourrage avant de l'être comme légume.

Toupie

L'objet et le jeu, connus de l'Antiquité classique, ont reparu en France au début du XIVe siècle.

Tour (sur bois)

La Grèce attribuait l'invention du tour à un sculpteur contemporain de Phidias (Ve siècle avant J.-C.). L'instrument est connu des Huns en 438. Le haut Moyen Âge européen tournait ses menuiseries. Le mot entre dans la langue au XIIe siècle.

Le tour est une invention qui remonte à la Grèce antique. Un tour miniature en bois du VIIIe siècle provenant du Japon (Bibliothèque nationale, Paris).

Tour de France

Parmi les courses cyclistes*, une mention particulière doit être faite au Tour de France, la plus célèbre des compétitions par étapes. L'idée en revient à Géo Lefèvre, un des collaborateurs d'Henri Desgrange, ancien clerc d'avoué et premier recordman cycliste de l'heure (35,325 km) en 1893. Devenu journaliste, Desgrange avait fondé avec Victor Goddet, en 1900, un journal consacré aux sports, *L'Auto-vélo*. Mais un autre quotidien sportif, *Le Vélo*, avait argué du bénéfice de l'antériorité (sa création remontait aux années 1890) pour contraindre Desgrange à modifier le titre de son journal qui, désormais, s'appellera *L'Auto*. D'où l'idée de lancer une course cycliste qui serait une plate-forme publicitaire et, en même temps, contrebattrait l'influence du *Vélo* sur son propre terrain. Le 1er juillet 1903 commence le premier Tour de France : six étapes seulement, en 2428 km et trois semaines. Premier vainqueur : Maurice Garin, à la moyenne de 25,680 km/h. Soixante coureurs au départ, vingt-deux à l'arrivée.
Le Tour ne fera vraiment celui de notre pays qu'à partir de 1906 et, dès lors, il sera long de près de 5000 km. En 1911, le col du Galibier sera au menu pour la première fois. En 1919, Desgrange imagine de faire endosser au leader un maillot jaune – la couleur du papier de son quotidien. Célèbre, le Tour aura des imitations : le Tour de Belgique en 1908 et, en 1909, le Giro italien ; le Tour d'Espagne seulement en 1935. Mais le nôtre reste le fleuron du sport cycliste international. Premier Tour de France féminin : juillet 1984. Premier maillot jaune, après un itinéraire (« raccourci » par rapport à celui des hommes) de 3000 km : Marianne Martin... une Américaine !

Tour du monde

Le premier homme à avoir fait le tour du monde est un Espagnol : Juan Sebastián de Elcano, qui commandait le *Conceptión*, un des cinq vaisseaux de l'expédition conduite par le Portugais Magellan au profit de Charles Quint. Magellan ayant été tué le 17 avril 1521 aux Philippines au cours d'une escarmouche avec les autochtones, échurent à Elcano le péril et l'honneur de rapatrier le *Victoria*, seul vaisseau rescapé, avec une cinquantaine d'hommes sur les quelque deux cent cinquante du départ – marins français, espagnols, italiens, portugais, et artilleurs allemands. Cette première circumnavigation avait duré trois ans, du

Magellan est le premier à avoir entrepris un tour du monde. *Magellan et le premier tour du monde*, mappemonde (1543) de Battista Agnese (Bibliothèque nationale, Paris).

20 septembre 1519 au 6 septembre 1522. Charles Quint remit à Elcano des armoiries où figuraient un globe et la devise *Primus circum dedisti me*.
Environ 250 ans plus tard a lieu le premier tour du monde féminin, mais il commence d'une façon moins officielle, avec l'anonymat de l'héroïne. En effet, pour son expédition à objectifs scientifiques en Océanie, Louis-Antoine de Bougainville s'est assuré le concours d'un certain nombre de savants, dont Philibert de Commerson. Naturaliste au Muséum et médecin, la trentaine, et veuf, Commerson a engagé une jeune fille, Jeanne Baret, pour tenir sa maison. Mais s'étant passionnée pour la botanique, Jeanne Baret est devenue très vite la plus proche collaboratrice de Commerson – si proche qu'il la fait embarquer avec lui, habillée en homme, sur l'*Étoile*, bâtiment d'accompagnement de la *Boudeuse*.
Le déguisement fait illusion jusqu'à Tahiti, où la suspicion se met à planer car les indigènes, eux, n'ont pas hésité à multiplier obscénités et agaceries à l'égard de la travestie. Et le scandale éclate, deux jours après, en arrivant aux Nouvelles-Hébrides. Le premier moment de surprise passé, Bougainville consigne dans son journal que Jeanne Baret serait la première femme à avoir accompli le tour du monde et ordonne qu'elle soit traitée avec tous les égards dus à son sexe.
Mais cet exploit, entamé le dernier mois de 1766, Jeanne Baret mettra environ sept ans et demi à l'accomplir, car à l'île de France (île Maurice) où

la *Boudeuse* et l'*Étoile* ont touché en novembre 1768, elle et Commerson sont autorisés par Bougainville à ne pas l'accompagner plus loin dans une expédition qui, pour ce dernier, rentré à Saint-Malo en mars 1769, aura duré deux ans et quatre mois. Commerson mourra à la Réunion le 13 mars 1773 et Jeanne Baret, rentrée seule en France en juin de l'année suivante, épousera un certain Antoine Barnier, militaire de son état ; la « première ambassadrice des Françaises sur toutes les mers du globe » finira ses jours à Châtillon-les-Dombes, village natal de Commerson.

Première femme a avoir fait le tour du monde en touriste, la Viennoise Ida Reyer : une première fois dans le sens inverse des aiguilles d'une montre (1843-1845) et une seconde dans l'autre sens (1851-1854). En Malaisie, il s'en fallut d'un rien que des anthropophages la dévorassent...

Le premier tour de la Terre aérien, lui, a eu lieu 400 ans après celui d'Elcano, en 1924 : quatre biplans Douglas de l'armée américaine quittent Seattle le 6 avril et, ayant bouclé la boucle, y atterrissent le 28 septembre suivant. En 1933, à bord du *Winnie Mae*, Wiley Post réussit en solo la même circumnavigation, de New York à New York, en 25 093 km et seulement dix escales. Durée de vol : 7 jours et 18 heures. Le tour du monde en 80 jours (1873), accompli par Philéas Fogg, le héros de Jules Verne, une rédactrice au *World* de New York le réalisera effectivement en 1889, soit seize ans plus tard, et battra même ce record imaginaire en 72 jours et 6 heures.

Le 14 décembre 1988, *Voyager*, le « trimaran des airs », part de Californie avec à son bord les « Magellans des airs », Dick Rutan et Jenna Yeager. Il s'y pose neuf jours plus tard après un vol de 42 000 km sans escale ni ravitaillement. Il avait été construit par Burt Rutan, frère de Dick, désigné comme le « Léonard de Vinci de l'aviation » par la presse américaine.

Premier tour du monde en ballon libre (1er-20 mars 1999), à l'instar de *Cinq semaines en ballon*. Jules Verne est encore battu : il n'aura fallu que 19 jours, 21 heure et 55 minutes, au Suisse Bertrand Piccard et à l'Anglais Brian Jones, sur *Breitling Orbiter III*, pour accomplir cet exploit. Partis de Suisse, les deux aérostiers franchiront le degré 9.27 de latitude ouest au-dessus du Sahara, pulvérisant tous les records, sauf celui de l'altitude, détenu depuis 1961 par les Américains Malcolm Ross et Victor Prather (34,668 m).

Ils atterriront près de l'oasis de Dakhla, dans le désert occidental égyptien, après un vol sans escale de 46 759 km. (v. *bougainvillée*, *hélicoptère*, *ULM.*, *yachting*).

Tourisme, touriste

On considère Hérodote comme le modèle du touriste, et du touriste intelligent. En tout cas, c'est le premier à notre connaissance, grâce à la relation de ses voyages qui est parvenue jusqu'à nous.

En Europe, à partir du XIIe siècle, les pèlerinages religieux, quelquefois agrémentés de mobiles commerciaux (grandes foires), peuvent être considérés comme les ancêtres du tourisme de groupe.

Quant à notre tourisme individuel, son ascendant direct est le Grand Tour, inauguré en 1739 avec l'écrivain Horace Walpole. À partir de cette date et tout au long du XVIIIe siècle un usage de bon ton fera fureur en Grande-Bretagne : aucun Anglais bien né de l'époque ne pourra prétendre à la culture s'il n'a accompli ce Grand Tour qui commence par Paris, se poursuit à travers la Suisse et l'Allemagne jusqu'à Venise et Rome, avec une pointe facultative à Naples. Après le Grand Tour du XVIIIe siècle, ce seront, au XIXe siècle, les chemins de fer, les paquebots* et les débuts de Thomas Cook (v. *agence de voyages*, *bains de mer*, *club de voyages*, *congés payés*, *Côte d'Azur*, *guide de voyages*, *syndicat d'initiative*).

Tournesol

Introduit en Europe par les Espagnols au XVIe siècle, le tournesol ou grand soleil (*Helianthus annuus*) est originaire des grandes plaines de l'Ouest nord-américain, où les Indiens le cultivaient pour ses graines, son huile et ses propriétés tinctoriales.

Le tournesol ou grand soleil (*Helianthus annuus*), gravure du XVIe siècle extraite du *Jardin d'Eichstätt* de Basilus Besler.

Traduction simultanée

Dans les assemblées polyglottes, en particulier les conférences internationales, la traduction simultanée permet à chacun des participants équipés d'un casque à écouteurs d'entendre dans sa langue l'orateur qui parle dans la sienne.
En décembre 1948, l'ONU se réunit à Paris, car son siège new-yorkais est inutilisable pour cause de travaux, et son pied-à-terre de Genève indisponible. L'ONU passera donc l'automne à Paris et, le 10 décembre, ses délégués sont rassemblés dans les locaux modern style du palais de Chaillot. Et ils entendent « parler français dans toutes les langues ». Pour cette grande première, ils voteront le texte de la Déclaration universelle des droits de l'homme.

Train de voyageurs

Le 27 septembre 1825 est inaugurée la première ligne de chemin de fer à traction à vapeur ouverte dans le monde aux voyageurs. Elle reliait Stockton à Darlington, deux villes de l'Angleterre septentrionale séparées par une cinquantaine de kilomètres. C'est sur ce parcours qu'avait été construit, en 1824, le premier pont* pour chemin de fer. Le premier tunnel (2 047 m) le fut en 1826, par George Stephenson, sur la ligne Liverpool-Manchester, inaugurée le 15 septembre 1830. C'est encore sur cette ligne que furent atteints pour la première fois, au début de 1835, les 100 km/h.
En France, après un premier essai de transport de voyageurs par traction à vapeur sur la ligne Givors-Grand-Croix (1831), après la première circulation de voitures de voyageurs sur la ligne Saint-Étienne-Givors (1833), la région parisienne verra l'inauguration de sa première ligne de Paris au Pecq, le 24 août 1837, en vingt-six minutes.
Il y avait deux « embarcadères » : un au pont de l'Europe, l'autre rue Saint-Lazare. Les départs avaient lieu toutes les heures, de 7 à 22 heures. Le tarif était de 1 franc (contre 1,50 F en diligence et 2 en coupé). Le succès fut immédiat et massif.
Le premier service régulier assuré par des trains électriques commença en 1895 aux États-Unis, sur le New York-Newhaven and Hartford Railroad. C'est encore aux États-Unis, en 1897, qu'eurent lieu les premières circulations de trains électriques réversibles à unités multiples – solution désormais classique pour les trains de banlieue. En France avaient eu lieu, dès 1894, les premiers essais de traction électrique sur la banlieue de Paris (Saint-Germain-État/Saint-Germain-Ceinture). En avril et mai 1900, respectivement, roulent nos premiers trains électriques sur les lignes Paris-Invalides/Les Moulineaux et Paris-Orsay/Paris-Austerlitz (ce dernier avec fil aérien). Toujours en France fut inaugurée le 13 décembre 1938 la première liaison électrique sur un grand parcours : Paris-Bordeaux à 101 km/h de moyenne.
L'aménagement intérieur des wagons de voyageurs est à l'origine très sommaire. Mais le confort des trains a fini par atteindre, en cent cinquante ans,

Le train du chemin de fer de Liverpool à Manchester, le premier train à atteindre les 100 km/h. Gravure de W. Crane, 1835 (Bibliothèque nationale, Paris).

des raffinements assez surprenants. En voici une liste chronologique non exhaustive.
1838 : les voitures de deuxième classe, en France, sont couvertes. 1850 : première mise en service de wagons de troisième classe couverts et munis de vitres. 1865 : adoption par la Compagnie du Nord d'un système de sonnettes d'alarme par circuit électrique. 1873 : chauffage des voitures par circulation d'eau chaude sur le réseau de l'Est. 1878 : éclairage au gaz et mise en service des premières voitures à couloir aux États-Unis. 1887 : mise en service, toujours aux États-Unis, du premier train de voyageurs avec intercirculation par soufflets et, de même, en France, sur le réseau du PLM en 1889. 1892 : premiers essais d'éclairage électrique par piles sur les réseaux de l'Ouest et de l'Est. 1923 : inauguration du « train-bloc » Paris-Bruxelles, premier train sans arrêt entre deux capitales. 1957 : le 4 juin, inauguration du premier « train autocouchettes » sur Boulogne maritime-Lyon. 1959 : mise en service, sur la ligne Paris-Lille, de postes téléphoniques reliés par radio au réseau général des PTT. Le compostage mécanique des billets par les voyageurs est devenu obligatoire le 2 avril 1978.
À noter que le premier accident grave de chemin de fer en France s'est produit à Meudon sur la ligne Paris-Versailles le dimanche 8 mai 1842. Bilan : cinquante-cinq morts dont le contre-amiral et explorateur Dumont d'Urville, sa femme et son fils, et cent neuf blessés (v. *autorail*, *locomotives*, *SNCF*, *TEE*, *TGV*, *wagon à couloir*, *wagon-lits*, *wagon-restaurant*).

Trampoline

Deux trapézistes professionnels du début du siècle, aux États-Unis, auraient eu l'idée d'utiliser l'élasticité du filet de protection pour terminer leur numéro par des sauts acrobatiques. Ils se faisaient appeler les Due Trampoline.
En 1926, un professeur américain d'éducation physique, George Nissen, reprend l'idée et met au point un appareil ad hoc. La même année, il s'associe avec un compatriote, l'homme d'affaires Larry Griswold, pour jeter les bases de la « gymnastique au trampoline ». 1948 : premiers championnats nationaux aux États-Unis. 1955 : le trampoline passe l'Atlantique et commence par s'implanter en Suisse sous l'impulsion de Kurt Bachler. 4 mars 1964 : à Francfort, réunion constitutive de la Fédération internationale de trampoline. 15 mai 1965 : création de la Fédération française de trampoline. 19 juin 1966 : premiers championnats de France. En 1974, premier Français à remporter le championnat du monde : Richard Tison. Discipline olympique depuis les Jeux de Moscou, en 1980.

Tramway

Le premier tramway pour voyageurs – à traction animale – reliait dès 1809 Gloucester et Cheltenham, en Angleterre.
Si l'ingénieur français Louba, créateur en 1832 du tramway New York-Harlem, ouvre en 1855 la ligne Concorde-pont de Sèvres, ce n'est que le 9 août 1873 que le maréchal de Mac-Mahon

déclare d'utilité publique «l'établissement d'un réseau de voies ferrées desservies par des chevaux dans Paris et sa banlieue». Dans les années qui suivent, la traction mécanique à vapeur, à air comprimé, à électricité par accumulateurs ou par plots constitue surtout un sujet de curiosité, comme en témoigne le journal *République française* du 14 août 1876 : «Mercredi matin a été inaugurée par la Compagnie des tramways Sud la première ligne de tramways à vapeur, système Harding : cette ligne va de la gare Montparnasse à la gare d'Orléans [...] La vitesse du tramway à vapeur pourrait dépasser de beaucoup celle des tramways à chevaux [...] si l'on n'avait pas à craindre des déraillements.»
En 1881, le premier tramway électrique, dû à Werner von Siemens, apparaît dans un faubourg de Berlin. En France, un certain Claret, concessionnaire de transports en commun pour Clermont-Ferrand, fait appel à l'ingénieur suisse Thory, pionnier de la traction électrique et promoteur, en 1888, de la ligne Vevey-Montreux, pour concevoir et mettre en œuvre la création d'une ligne Montferrand-place de Jaude, qui sera inaugurée le mardi 7 janvier 1890.
Le début du siècle sera la grande époque des tramways électriques, alimentés par trolley ou par caniveau, qui supplantent les tramways à chevaux avant d'être eux-mêmes remplacés par les autobus* : en 1936 ne restent en service à Paris que vingt-huit lignes, d'une longueur de 210 km alors que deux cent deux lignes d'autobus desservent 1 672 km, et le dernier tramway parisien disparaît après l'Exposition internationale de 1937.
Cet abandon du tramway comme moyen de transport* en commun est un fait spécifiquement français : tous nos voisins l'ont conservé. Nous en avons redécouvert les avantages – sur le plan de la pollution, entre autres – dans les années 1980. Le 7 janvier 1985, Nantes a donné le signal du retour. D'autres ont suivi : Reims, Rouen, Strasbourg. Saint-Étienne va moderniser le sien. D'autres encore lui préféreront le VAL*, comme Lille. Le cas de Grenoble est intéressant : une première ligne est inaugurée le 3 août 1987, à la suite d'un référendum par lequel cinquante-trois pour cent de ses habitants s'étaient prononcés en sa faveur (v. aussi *transports en commun*).

Portrait du Britannique Samuel Pepys qui, dans son *Journal*, raconta précisément le déroulement d'un transfusion de sang de mouton sur un patient exécutée en 1667 (Historical Portraits Ltd, Londres).

Transfusion sanguine

Vers 1660, en France, l'Académie de médecine tenta à diverses reprises de réaliser la transfusion du sang, mais les accidents furent si nombreux qu'un arrêt du parlement proscrivit les expériences en 1668.
En Angleterre, dans le *Journal* de Samuel Pepys, il est question d'un «personnage un peu fou qui a été plus ou moins pasteur» et à qui «le Collège des médecins de Londres avait donné 20 shillings pour qu'on lui transfuse dans le corps du sang de mouton». Les opinions étaient partagées. Certains «pensaient que cela pourrait avoir une bonne influence sur le fou en lui rafraîchissant le sang, d'autres que cela n'aurait aucun effet». D'après Pepys, l'opération, exécutée en novembre 1667, aurait fait du patient un autre homme, selon ses propres dires (v. *circulation sanguine, sang et groupes sanguins*)...

Transistor

Inventé aux États-Unis, dans le laboratoire de Bell Telephone, par John Bardeen, Walter Brattain et William Shockley, à qui cette découverte, dont la mise au point avait eu lieu le 23 décembre 1947, a valu le prix Nobel* de

physique décerné en 1956. Le transistor à jonction, dont l'emploi est aujourd'hui généralisé, a été créé par Shockley en 1950.
La grande révolution technique apportée par le transistor repose sur la miniaturisation. Sans lui et sans elle, pas d'informatique – c'est-à-dire aucune des innovations allant du stimulateur* cardiaque aux voyages dans la Lune. Il ne faut pas oublier que Mark 1, la première machine à calculer* électronique, construite en Amérique en 1944, pesait 30 tonnes et contenait dix-huit mille lampes radio. L'« ordinateur pour tous » date de 1958, avec le remplacement des lampes par les transistors.

Transports urbains en commun

Jusqu'au temps de la Restauration, pour se déplacer dans la capitale, la plupart des Parisiens circulent à pied ; seuls les privilégiés vont à cheval ou en voiture. L'extension de la ville impose en 1828 la création des omnibus, après un galop d'essai à Nantes (1826) et un autre à Bordeaux (1827).
Les premiers parcourent les boulevards, de la Madeleine à la Bastille. Le succès qu'ils

Les omnibus, premiers véhicules de transport en commun de Paris, ont commencé à circuler au début du XIXe siècle, reliant la Madeleine et la Bastille, tout comme cet omnibus de 1910 (musée national de la Voiture de tourisme, Compiègne).

rencontrent auprès du public déchaîne la concurrence, et ces lourdes voitures formées de plusieurs coupés accolés sont baptisées, selon les compagnies qui les exploitent : Éoliennes, Sylphides, Atalantes, bientôt remplacées par les Écossaises, les Dames Blanches, les Hirondelles. Le prix, uniforme, est fixé en 1842 à 30 centimes (v. *autobus*, *fiacre*, *métropolitain*, *tramway*).

Traveller's cheques

Thomas Cook, le fondateur de la fameuse agence* de voyages, a créé les traveller's cheques en mai 1874. Leur succès fut immédiat et, entre autres, trois grands hôtels parisiens décidèrent aussitôt de les accepter. L'année du centenaire de leur naissance, l'Agence Cook devait en émettre, de par le monde, quelque deux millions et demi.

Trépanation

Les hommes du néolithique, cinq mille ans avant J.-C., ont réalisé de parfaites trépanations qui ont permis aux sujets ayant subi ce type d'opération de survivre, comme le prouvent l'état et l'examen de certains squelettes.

Trictrac : v. *jacquet*.

Tricoter (machine à)

La première machine à tricoter fut le fruit de l'imagination miséricordieuse du révérend britannique William Lee (1589).

Trivial Pursuit

C'est un jeu d'esprit créé en 1979 par deux Canadiens, Chris Honey et Scott Abott. Leur idée de départ consistait à mélanger des questions ludiques et farfelues pour faire prendre conscience aux gens de la quantité impressionnante de connaissances sans grand intérêt pratique ou intellectuel que nous acquérons. Des versions plus récentes ont abandonné cette idée directrice pour évoluer vers la pédagogie (v. *Mastermind*, *Monopoly*, *Scrabble*).

Trompette : v. *croisades*.

Trophée sportif

Inspirée des Anciens, la tradition qui, dans le monde du sport, consiste à remettre un trophée au vainqueur est relativement récente. Il s'agit en général d'un objet qui se voudrait artistique,

mais, qui est fort laid le plus souvent. Qu'importe : le vainqueur devra le remettre en jeu l'année suivante, ou dans deux ans, ou davantage, selon le rythme de la compétition concernée.
Le plus ancien est celui de l'America's Cup. En 1851, le New York Yacht Club, qui vient de lancer sur l'Hudson la goélette *America* (32 m de long sur 7 de large), fait faire à celle-ci la traversée de l'Atlantique en vingt jours pour relever le défi lancé par l'Angleterre à l'occasion de festivités marquant l'Exposition universelle de Londres – la première du genre. Skippé par Richard « *Old Dick* » Brown, le deux-mâts à la bannière étoilée s'impose de façon écrasante sur quinze concurrents britanniques dans la « course aux cents guinées » autour de l'île de Wight. *America* rapportera aux États-Unis, outre les cent guinées, l'aiguière en argent massif haute de 68 cm offerte par le *Royal Yacht Squadron*. D'où le nom d'*America's Cup* que prit la course, coupe que les États-Unis conservèrent jusqu'en 1983, année où l'Australie la leur ravit. Mais, dès 1987, à la compétition suivante, les États-Unis reprenaient l'avantage.
Cependant, le trophée le plus populaire reste le fameux « saladier » d'argent de la coupe Davis, épreuve internationale de tennis* par équipes en cinq matches, quatre simples et un double. Il consacre la victoire obtenue dans cette compétition annuelle créée en 1900 par Dwight Davis, homme politique américain, ministre de la Guerre sous le président Coolidge, gouverneur des Philippines entre les deux guerres mondiales.

Trottinette

Elle apparaît en 1901. Dit aussi patinette, ce jouet est constitué d'une planche montée sur deux roues, la roue avant étant orientable grâce à une tige de direction équipée d'un guidon. La trottinette connaît un très grand succès dans l'entre-deux guerres. Oubliée depuis, elle réapparaît en 1998, perfectionnée, parfois même motorisée, provoquant l'engouement des jeunes. Mais surprise : elle devient aussi un moyen de transport citadin pour des adultes décidés à s'affranchir des embarras de voitures.

Apparue en 1901 puis oubliée après la Seconde Guerre mondiale, la trottinette est de nouveau en vogue depuis la fin des années 1990, aussi bien pour les enfants que pour les adultes.

Trottoir

À l'origine – au XVIe siècle – le trottoir désigne le devant de la scène, au théâtre. Mais la surélévation bordant les rues à l'usage du piéton est inconnue en France jusqu'au XVIIIe siècle. La première rue à recevoir des trottoirs fut, à Paris, en 1782, la rue du Théâtre-François, aujourd'hui rue de l'Odéon. En 1809 sont publiées les *Lettres sur Paris* du baron de Berkheim. L'une d'elles, datée de 1806, signale « une chose qui manque essentiellement à cette ville : ce sont des trottoirs tels que Londres en offre l'agrément ».
À noter, cependant, qu'un lieu public parisien avait été doté de trottoirs bien avant la rue du Théâtre-François : c'est le Pont-Neuf, le plus ancien et le plus célèbre des ponts de la Seine, commencé en 1578 sous Henri III, terminé seulement en 1604 sous Henri IV (v. *rues de Paris*).

Truelle

Les Romains furent de grands bâtisseurs. Avant leurs fils, les Italiens, ils furent les meilleurs maçons du monde. Donc, ne nous étonnons pas qu'ils aient inventé la truelle. Elle avait déjà la forme que nous lui connaissons.

Truffe

De même qu'ils ont utilisé le nickel* dans les alliages sans jamais le découvrir, les Anciens ont dégusté et apprécié les truffes sans savoir de quoi il s'agissait. Pline, par exemple, prétendait que c'était une callosité de la terre, et Dioscure une racine tubéreuse. Le Moyen Âge optait plutôt pour une concrétion de la bave des sorcières. Le premier à affirmer la nature mycologique de la truffe est le botaniste florentin Pier Antonio Micheli (1729).
La truffe est un champignon hypogé, c'est-à-dire souterrain, qui ne se trouve qu'au pied de certains arbres (chêne surtout, mais aussi noisetier, tilleul, charme, peuplier, tremble) avec les racines desquels il vit en symbiose. Noire dans le Périgord et en Bourgogne, elle est blanchâtre ou

brune au Piémont et dans le Vaucluse. Sa rareté a fait que des amateurs célèbres ont tenté de la cultiver, mais en vain, comme Buffon dans sa propriété de Montbard, en Bourgogne. Mais un simple paysan du Vaucluse, Joseph Talon, qui, vers 1810, avait semé des glands avec l'intention de boiser une terre caillouteuse, eut la bonne surprise de récolter des truffes sous ses jeunes chênes quelques années plus tard. Après lui, les truffières artificielles se multiplient en Provence, puis au Poitou et en Périgord ; et ce, grâce à la campagne promotionnelle parfaitement orchestrée lors de l'Exposition universelle de Paris, en 1855, par un négociant en truffes de Carpentras, Auguste Rousseau, et grâce à la forte demande qui s'ensuivit.
La recherche des truffes « sauvages » se fait souvent avec le concours d'un collaborateur à quatre pattes, chien ou cochon. Voilà qui donne à citer la remarque des Goncourt dans leur *Journal* en date du 15 décembre 1857 : « Penser qu'on ne sait pas le nom du premier cochon qui a trouvé une truffe ! »

Tuile

L'invention de la tuile plate revient aux Grecs, qui la substituèrent aux dalles de marbre au Ve siècle avant J.-C. ; les Romains, tout en continuant à utiliser celle-ci, ont créé la tuile creuse, de laquelle dérive notre tuile canal.
La France utilise la tuile au XIIe siècle. La *Taille* de 1292 signale douze tuileries à Paris : les plus anciennes étaient sur la rive gauche, d'autres le long de la Seine « outre les fossez du château du bord du Louvre », ce qui amena l'ordonnance d'Henri III en 1577 : « Pour la salubrité de l'air de la ville de Paris, Sa Majesté a défendu d'y faire dorénavant aucune tuilerie et veut que celles qui y sont de présent soient transférées. » L'usage de la tuile s'était en effet répandu partout en France à la fin du XVe siècle, et d'abord dans les villes – sauf dans les régions à ardoise comme l'Anjou –, en remplacement du chaume et de la lauze.
La tuile mécanique, dite aussi tuile à emboîtement, qui permet une substantielle économie en bois de charpente, est une invention de Xavier Gilardoni, tuilier à Altkirch, en Alsace, vers 1840.

Tulipe

Entre toutes les fleurs, la tulipe est l'une de celles qui ont le plus excité l'engouement des humains. Mais elle est la seule à avoir mêlé à ce point, chez eux, le pur sentiment de la beauté à une âpre passion nullement désintéressée, celle de l'argent, peu après son introduction en Europe.
La tulipe provient d'une vaste zone qui correspond, grosso modo, au Proche-Orient : aire de la Méditerranée orientale, Russie méridionale, Caucase, Iran. À noter cependant que d'autres espèces de ce genre sont originaires du sud de l'Europe, du nord de l'Afrique, ainsi que des régions tempérées de l'Asie aussi lointaines que le Japon.
Quoi qu'il en soit, les tulipes actuelles (*Tulipa suaveolens* et *Tulipa gesneriana*, d'après le nom du botaniste suisse Conrad Gesner qui fut le premier à la décrire scientifiquement, l'ayant vue en avril 1559, à Augsbourg) sont cent fois plus variées et décoratives qu'elles ne l'étaient au XVIe siècle, quand elles arrivèrent aux Pays-Bas, selon certains en 1559 grâce à Angerius Gislenuis, ambassadeur extraordinaire de Frédéric Ier auprès de Soliman le Second, et selon d'autres en 1575 grâce à Charles de Lécluse, alors jardinier de l'empereur Maximilien à Vienne. De toute façon, elles provenaient de Turquie.
Le fait important est qu'au début du XVIIe siècle la

À gauche, la tulipe multiflore à fleurs blanches (*Tulipa spec.*) ; à droite, la tulipe tardive à grande fleur rouge (*Tulipa spec.*). Gravures du XVIe siècle, extraites du *Jardin d'Eichstätt* de Basilus Besler.

passion pour la tulipe, vite appelée « tulipomanie », se répandit dans toute l'Europe, et d'abord en Hollande, sa nouvelle terre d'élection, où, déjà, le talent des horticulteurs l'avait diversifiée et embellie. À la même époque, les Hollandais venaient de créer les premières sociétés modernes par actions* négociables et transmissibles, donc susceptibles de transactions en Bourse*. Étant donné à la fois la rareté relative des bulbes et le goût nouveau de la spéculation, certains oignons atteignirent des cotes fabuleuses, en particulier à la Bourse de Haarlem. De 1634 à 1637, la « tulipomanie » provoqua la naissance et la mort de fortunes vertigineuses, ainsi que l'intervention des pouvoirs publics pour calmer le jeu. Il n'empêche que la « tulipomanie » avait donné au public le goût des transactions boursières, et familiarisé toutes les classes sociales avec la notion de valeur mobilière.

Tulle

Ce tissu léger et transparent a été inventé en Angleterre au début du XIXe siècle, et façonné peu après en France, à Tulle (Corrèze).

Tunnel

Le premier tunnel ferroviaire est britannique et date de 1826 (v. *train de voyageurs*). Contrairement aux idées reçues, le premier tunnel routier est antérieur : il fut percé en France de 1804 à 1820, sur la route de Lyon à Chambéry, au lieu dit « les Échelles ». Ses 350 m de long sont taillés dans le roc (v. *marteau piqueur*).
Le premier tunnel sous-fluvial passe sous la Tamise, à Londres, de Wapping à Rotherhithe. On peut dire que lui est franco-britannique, puisqu'il a été creusé de 1825 à 1843 sous la direction de sir Marc Isambard Brunel, ingénieur français naturalisé anglais.
Envisagé à maintes reprises selon diverses formules (route, tunnel, pont, tunnel et pont), le projet de tunnel sous la Manche a définitivement pris forme avec le protocole signé à Lille le 20 janvier 1986 par le Premier ministre britannique Margaret Thatcher et le président François Mitterrand. Percé de 1987 à 1992, il est en réalité composé de trois tunnels : deux latéraux destinés chacun au passage des trains dans l'un et l'autre sens, et un médian, dit de service. C'est dans celui-ci qu'a eu lieu la première jonction, le 1er décembre 1990, à 12h13, et qu'une première poignée de main échangée entre les chefs d'équipe Philippe Cozette et Graham Fagg a fait de la Grande-Bretagne une presqu'île de l'Europe.

Turquoise

Longtemps après Pline, le premier naturaliste qui la décrivit, le premier auteur français à avoir parlé de la turquoise fut, en 1628, Gui de La Brosse, médecin de Louis XIII et directeur du Jardin botanique du roi.

Tussor

Le mot apparaît en 1844 dans notre *Tarif des douanes* sous la forme « tussore », directement importé de l'anglais qui l'avait emprunté lui-même à l'hindoustani. En effet, le tussor est un tissu de soie légère qui, à l'origine, provenait des Indes orientales.

TVA

Instituée en 1954, la taxe à la valeur ajoutée s'est généralisée par étapes jusqu'en 1968. Nous devons à Maurice Lauré, ingénieur des Télécom avant de rejoindre l'Inspection des finances, « cette invention française qui a fait le tour du monde ». Il est vrai que l'Allemagne l'a adoptée en 1968, puis la Hollande et la Belgique ; suivies, en 1972, de l'Italie et de la Grande-Bretagne ; et les États-Unis et le Japon en ont étudié les subtilités avec grande attention.

Twist

C'est en 1960 que Chubby Checker enregistra *The Twist*, chanson de Hank Ballard, puis le fameux *Let's twist again*, qui enflamma la planète entière.
L'histoire fut contée dans un documentaire sur la philosophie du twist, réalisé par Ron Mann en 1993.

Le premier naturaliste français qui ait décrit la turquoise est Gui de La Brosse, médecin de Louis XIII. Pourtant, cette pierre était déjà connue des civilisations primitives, comme le montre cette boucle d'oreille précolombienne datée du Xe siècle (musée de l'Or, Lima).

Depuis Quand ?

U comme...

ULM

La France est un des lieux privilégiés du développement des planeurs ultralégers motorisés (ULM) qui ont volé pour la première fois en juillet 1975.

La première traversée de la Manche fut effectuée le 9 mai 1978.

Le premier championnat national eut lieu en juillet 1984.

Le premier championnat du monde fut organisé en août 1985.

Le premier tour du monde en ULM fut enfin accompli par le Français Patrice Franceschi en neuf cent dix-sept jours, avec un temps effectif de vol de six cents heures seulement (du 29 septembre 1984 au 21 mars 1987).

U E (Union européenne)

À l'initiative du ministre français des Affaires étrangères, Robert Schuman, et conformément au Plan auquel son nom devait rester attaché, avait été constituée, le 18 avril 1951, la Communauté européenne du charbon et de l'acier. Cette CECA créait un marché commun des deux industries entre les six pays membres : Allemagne fédérale, Belgique, France, Italie, Luxembourg, Pays-Bas.

Le 25 mars 1957, les six États membres élargissaient leurs objectifs en décidant d'établir progressivement, à partir du 1er janvier 1959, une union douanière avec libre circulation de leurs nationaux et de leurs marchandises. C'était la Communauté économique européenne, dite Marché commun, dont le siège est à Bruxelles. En 1973, Grande-Bretagne, Irlande et Danemark y adhéraient, en 1981, la Grèce et, en 1986, l'Espagne et le Portugal.

En 1979, au suffrage universel, ont eu lieu les premières élections au Parlement européen, qui siège à Strasbourg.

Depuis son lancement en 1975, l'ULM connaît un réel engouement en France.

Uranium

En tant que source d'énergie nucléaire, l'uranium est connu du public seulement depuis août 1945, avec le lâcher sur le Japon de deux bombes* atomiques américaines, les seules à avoir jamais été utilisées en temps de guerre. Mais il était un familier des spécialistes depuis un siècle et demi déjà.

En 1789 en effet, le chimiste et pharmacien allemand Martin Heinrich Klaproth identifie l'urane en cuisant de la pechblende. Plus tard, en 1841, le Français Eugène Melchior Péligot, ayant observé que l'urane n'était pas un corps simple mais un oxyde métallique, est conduit à la découverte de l'uranium. Longtemps celui-ci ne restera qu'un sous-produit de l'extraction des sels de radium et, au cours du XIXe siècle, jouera le rôle d'agent chimique dans des activités artistiques ou industrielles allant de la céramique et la miroiterie à la métallurgie.

Portrait d'Eugène Melchior Péligot, le chimiste français qui découvrit l'uranium en 1841. Photographie d'Eugène Pirou, XIXe siècle.

Depuis Quand ? V comme...

Vaccination

En Chine, la technique de la vaccination est de beaucoup plus ancienne qu'en Occident. On ignore la date exacte de sa découverte, mais on connaît le lieu de ses origines : le mont Emei, dans la province méridionale du Sichuan, hauteur sacrée pour les bouddhistes comme pour les taoïstes. Et l'on sait quand cette technique fut divulguée : lors de la mort du fils du Premier ministre Wang Dan (957-1027), frappé par la variole. Pour sauver le reste de sa famille, Wang Dan interrogea mages, sages et médecins du pays, qui lui présentèrent un saint homme taoïste, lequel lui révéla le principe de l'inoculation : il suffisait d'introduire dans la narine du patient un bout de coton imbibé de virus* de la variole. En chinois, « inoculer » se traduit littéralement par « planter des germes ».
En Occident, la vaccination consistait à communiquer à l'homme une maladie de la vache, la vaccine, grâce à laquelle il ne pouvait plus contracter la variole. À partir d'observations empiriques recueillies chez les paysans, le médecin anglais Edward Jenner imagina une pratique systématique de la vaccination, parfaitement au point dès 1789, mais rendue publique seulement sept ans plus tard : son premier patient « officiel » fut un enfant de 8 ans, James Phipps, qu'il vaccina le 14 mai 1796.
Les premiers essais en France datent du début du XIXe siècle, et Napoléon fit vacciner ses armées en 1805.
Après Jenner, dont la découverte est basée sur un fait exceptionnel (l'immunisation d'une maladie humaine par une maladie animale), Pasteur, lui, a créé une méthode générale basée sur l'atténuation de la virulence microbienne. Ayant combattu avec succès, grâce à la vaccination, le choléra des poules, le charbon des ovins et l'érysipèle des porcs, il s'attaque à la rage. Le 6 juillet 1885, il vaccine l'Alsacien Joseph Meister, 9 ans, mordu si profondément par un chien enragé que les médecins l'ont condamné. Pasteur le vaccine par injections successives de moelles de lapins de plus en plus virulentes. Joseph Meister, devenu employé de l'Institut Pasteur de Paris, se suicidera en juin 1940, pour ne pas assister à l'arrivée des nazis (v. *épidémies*).

VAL

La ligne n° 1 du VAL (véhicule automatique léger), le métro* de Lille, est entrée en service commercial le 16 mai 1983. La décision, prise par la Communauté urbaine, datait de 1974. En 1978 avaient débuté les travaux.
Le 15 février 1984, soit neuf mois après sa mise en service, la ligne n° 1 accueillait son dix millionième passager. Il faut dire que les inventeurs du VAL ont parfaitement réussi son insertion comme épine dorsale de tout l'ensemble des transports en commun de la « Mégapole » Lille-Roubaix-Tourcoing. Pour la première fois au monde, un métro totalement automatisé fonctionne. Autres caractéristiques qui font son originalité : le petit gabarit de ses rames de deux wagons, sa consommation d'énergie très limitée, et le souci d'esthétique qui a présidé à la volonté de rendre vivant, d'humaniser un ensemble technique prodigieux – du métro considéré comme un des beaux-arts...

Valse

Le mot date du XVIIe siècle, mais la danse, elle, fut importée d'Europe centrale en 1795 et

Importée d'Europe centrale, la valse gagne la bourgeoisie parisienne dès le tout début du XIXe siècle. *La Valse*, gravure de 1800 (Bibliothèque nationale, Paris).

immédiatement adoptée par la bourgeoisie française. On valse pour la première fois à l'Opéra en 1800. Mais Castel Blaze, dans son *Histoire de la musique*, affirme que la valse était connue en France « depuis quatre cents ans ». On dit aussi que cette « danse à deux » aurait été condamnée comme licencieuse au XVIe siècle.
La valse viennoise est fille du Ländler d'Autriche, danse paysanne avant d'être adoptée par la haute société viennoise au détriment du menuet, et forme musicale qui inspira Haydn, Mozart, Beethoven et, après eux, Schubert, avant que la Vienne de la fin du XVIIIe siècle ne succombe à son rythme vif. Puis, lui donnant un caractère plus langoureux et plus sensuel, Lanner et les deux Johann Strauss, père et fils, avec des concurrents et des successeurs moins géniaux, feront valser la bourgeoisie viennoise dans des « palais de danse » dont certains, dit-on, pouvaient contenir cinq mille couples.

Vanille

Les fruits d'une famille d'orchidées* lianiformes, originaire du Mexique méridional, ont enrichi la gamme de nos subtilités aromatiques : ce sont ces orchidées qui fournissent la vanille, dont déjà les Aztèques parfumaient leur chocolat (v. *cacao*).
Le premier à mentionner la vanille fut le père Bernardino de Sahagun, franciscain arrivé au Mexique en 1529. L'usage de celle-ci était très répandu en Europe cent ans plus tard. Tant et si bien que la culture des vanilliers s'est étendue à la Réunion, à Madagascar, aux Comores, aux Seychelles, à Tahiti, mais, dans ces nouveaux domaines, il fallut féconder artificiellement les fleurs, faute de ces insectes qui se chargent de la besogne au Mexique.
Rare et donc chère jusqu'au milieu du XIXe siècle, la vanille naturelle a dû affronter la concurrence de la vanille artificielle, depuis la mise au point industrielle de celle-ci en 1874.

Varlope

Ce grand rabot* a dû apparaître dans le cours du XVIe siècle. Il est cité au XVIIe siècle dans les poèmes du maître Adam Billaut, que l'on appelait le « Virgile du rabot ».

Velcro

En 1948, un chasseur suisse, Georges de Mestral, ingénieur de métier, constata à plusieurs reprises, à son retour chez lui, que des fragments de fleurs de chardon sont restés accrochés à son pantalon. Un examen au microscope lui permit de vérifier son hypothèse, à savoir que la plante était munie de centaines de crochets minuscules.
À partir de cette observation fut mis au point l'accrochage rapide et fiable de deux rubans de Nylon, l'un pourvu de mini-crochets, l'autre de petites boucles. L'invention fut brevetée en 1957 sous le nom de Velcro (velours-crochet), qui est une marque déposée.

Vélomoteur : v. *motocycle*.

Ventilateur : v. *climatisation*.

Ver à soie

La culture du ver à soie* existait en Chine deux mille sept cents ans avant notre ère.
Par l'Italie, elle fut introduite en France quatre mille ans plus tard et connut aussitôt une grande prospérité (XIVe siècle). Mais, dès le VIe siècle, les moines du mont Athos avaient commencé à la pratiquer.

La Sainte Famille par Jean Bourdichon. Cette peinture représente en fait une famille de menuisiers au XVe siècle, époque à laquelle apparaît la varlope, instrument que tient l'artisan dans ses mains.

Qui dit ver à soie dit mûrier*, « l'arbre d'or » importé de Naples, dont Henri IV fit planter deux mille pieds aux Tuileries. En permettant l'arrivée des soies d'Extrême-Orient à des prix concurrentiels, l'ouverture du canal de Suez, en 1869, ruina l'avenir et du ver à soie et du mûrier européens (v. *Nylon*).

Vernis

À travers l'italien, le mot vernis, qui apparaît au XIIe siècle, dérive de Bérénice ! Ou plutôt de sa forme grecque, Berenikê, ville des premiers vernis, en Cyrénaïque. Au XIIIe siècle, les prédicateurs dénonçaient les femmes qui « se peignent et vernissent le visage ».

Verre, verrerie

La légende rapportée par Pline l'Ancien, selon laquelle des marchands phéniciens auraient construit dans le désert un four de blocs de nitre qui fondirent et, se mêlant au sable, donnèrent du verre, n'est pas valable. Dès le Haut-Empire, les Égyptiens soufflaient le verre, témoin les peintures de Beni Hassan. Toujours selon Pline, les verreries de Sidon, en Phénicie, étaient célèbres. Rome frappa les Égyptiens d'un tribut payable en verrerie, mais ce n'est que sous Néron qu'une verrerie fut installée à Rome.

En France, des fours de verriers furent montés dès le VIIe siècle, et ce sont des ouvriers français qui furent chargés en 670 de poser des vitraux dans des églises anglaises. Au XVIe siècle, les verres sont si répandus en France que Bernard Palissy écrit qu'ils « sont vendus et criés par les villages par ceux mêmes qui crient les vieux chapeaux et les vieilles ferrailles ». La verrerie était le seul métier manuel qu'un gentilhomme pouvait exercer sans déroger (v. *vitrail*, *vitre*).

En haut : La plus ancienne forme de vernis est la laque, technique que les Chinois ont utilisée dès 1500 avant J.-C. Le mot vernis, lui, nous vient de l'italien *vernice*.

Ci-dessus : La France voit apparaître ses premiers ateliers de verrerie au VIIe sicècle. Ils sont destinés à confectionner des vitraux pour les églises puis pour les habitations. Puis, à partir du XVIe siècle, la production verrière développa surtout certaines pièces de table. *La verrerie*, gravure extraite de l'*Encyclopédie*, XVIIIe siècle.

Verres de contact

Comme pour bien des inventions, l'idée du verre de contact est beaucoup plus ancienne qu'on le croit généralement : déjà Léonard de Vinci – toujours lui – avait pensé dans son *Code de l'œil* (1508) à substituer à la cornée une nouvelle surface de réfraction. Et la méthode de correction des amétropies par verres ou liquides réfringents est connue depuis longtemps : dans sa Dioptrique (*Discours de la méthode*, 1637), Descartes, le premier, en souligne l'intérêt.

Sur le principe exposé par Descartes, Young va mettre en évidence l'existence d'un astigmatisme cristallin. Mais c'est sir John Herschel qui, en 1827, fait la première tentative pratique de correction de l'amétropie. Ensuite viennent les travaux de A. E. Fick, à Zurich (1888) et de F. Kalt à Paris, qui semble avoir le premier tenté une correction du kératocône par verre de contact (1888), puis ceux d'August Müller à Kiel (1889). Enfin, à partir de 1935, c'est avec l'apparition des matières* plastiques moulables qu'ont lieu les progrès les plus remarquables en fait de tolérance, un peu partout en Occident. On cite Theo Obrig à New York, J. Dallos à Londres, Müller-Welt en Allemagne, R. A. Dudragne à Paris.

Et, en 1947, viennent enfin les lentilles cornéennes, dont l'Américain Kevin Tuohy est considéré comme l'inventeur (v. *lunettes*).

Vespasienne

Le seul des *Douze Césars* de Suétone à être mort dans son lit, l'empereur Vespasien – celui-là même qui disait : « Un empereur doit mourir debout » et qui mourut couché en disant par raillerie : « Je sens que je deviens dieu » –, fit disséminer dans Rome de grandes urnes d'argile dont le public pouvait faire usage. En même temps, il créa une taxe sur les urines, appelée chrysagyre, payable tous les quatre ans par tous les chefs de famille, au prorata des personnes vivant sous leur toit, et même des animaux (chiens, ânes, bêtes de trait, etc.), qui pourtant n'utilisaient pas lesdites urnes.

Comme toutes les grandes cités, Paris eut à résoudre le problème de Vespasien. « De par le Roi, il était interdit de satisfaire aux besoins naturels », écrit Thévenot de Morande, qui signale l'initiative de M. de Sartines, lequel, vers 1770, « fit disposer des barils d'aisance à tous les coins de rue ».

En fait, l'homme qui sut magistralement résoudre un problème difficile entre tous est le comte Claude-Philibert de Rambuteau, nommé par Louis-Philippe préfet de la Seine en 1833. Faute de tous crédits municipaux, il décide de faire bâtir aux frais des propriétaires municipaux ces édicules que le public dénommera bientôt « colonnes Rambuteau ». Ces premières vespasiennes, cylindriques, sont monoplaces. Dès 1841, elles fleurissent un peu partout sur les trottoirs de la capitale. Deux ans plus tard, selon un relevé administratif du 25 avril 1843, il en existe quatre cent soixante-dix-huit. Rambuteau, qui créa aussi de nombreuses fontaines, avait bien mérité de Paris.

C'est au cours de sa délibération du 16 mars 1961 que le conseil municipal de Paris décide la disparition progressive des vespasiennes, avec, en contrepartie, la création de lavatories souterrains. Par voie de conséquence, le mot bien français de vespasienne va-t-il disparaître au profit d'un autre, étranger ? En tout cas, il avait été créé presque aussitôt après la décision de Rambuteau : on le trouve, pour la première fois, en 1834... dans le *Journal des femmes* !

La Sanisette – marque déposée –, qui abrite des toilettes publiques dont l'accès est payant et le nettoyage automatisé, est apparue à Paris au tout début des années 1980.

L'empereur Vespasien, qui fit construire à Rome des urinoirs d'argile auxquels il laissa son nom, inspira les colonnes de Rambuteau, qui furent installées à Paris en 1841. *Esquisse pour un panorama du boulevard Montmartre*, peinture d'André Gill du milieu du XIXe siècle sur laquelle on peut distinguer des vespasiennes monoplaces (musée Carnavalet, Paris).

Vicomte

L'institution des vicomtes remonte à la fin de l'Empire romain. Les vicomtes furent d'abord de simples suppléants des comtes* (*vicecomes*). Avec le développement de la féodalité et à l'instar des ducs* et des comtes, les vicomtes érigèrent leurs gouvernements en fiefs héréditaires qui relevaient, les uns du roi, les autres des ducs et des comtes.

Vidéocassettes et vidéodisques

Sous le vocable de vidéocassette, apparu en 1970, on désigne un certain nombre de dispositifs vidéo, c'est-à-dire de magasins d'image et son qui, insérés dans un appareil de lecture mis en liaison avec un poste de télévision, restituent des programmes enregistrés au préalable.

Le support d'information vidéo peut être le film, le disque ou la bande magnétique. Certains dispositifs ne permettent que la lecture de programmes ; d'autres, plus élaborés, sont capables de les enregistrer pour une rediffusion ultérieure. Parmi les procédés n'autorisant que la lecture, le premier-né est le système EVR (Electronic Video Recorder), mis au point par

l'Américain Peter Goldmark, déjà inventeur du microsillon*. Cette réalisation remonte à 1968, avec commercialisation trois ans plus tard, pour le noir et blanc, et à 1970 pour la version couleur, avec commercialisation deux ans après.

Vidéocommunication (Visioconférence)

Les réseaux câblés dits « à large bande », constitués de fibres* optiques, permettent, grâce aux capacités de ces « autoroutes de lumière », de véhiculer aussi bien des liaisons téléphoniques et des images animées (télévision ou film) que des données informatiques et de multiples applications télématiques professionnelles ; et cela, de l'émetteur vers le récepteur comme du récepteur vers l'informateur. C'est cet ensemble qu'on appelle vidéocommunication. En France c'est à Paris qu'a eu lieu, en 1980, l'expérimentation d'une première liaison entre centraux téléphoniques, les centraux Tuileries et Philippe-Auguste. Toujours en France, en 1982, autre grande première mondiale : la mise en chantier, à Biarritz, d'un réseau de communication qui allait permettre aux abonnés, en particulier, de téléphoner en recevant l'image de leur correspondant. Pour commencer, le « visiophone » était en noir et blanc (v. *téléphone*).

Vide-ordures

Le système à trappes à chaque étage est apparu peu après 1919 sous forme de tubes en amiante-ciment. Les modèles se sont perfectionnés en 1925. Le système évier-vidoir existe en 1929. Le broyeur électrique, connu en Amérique vers 1938, n'a fait son apparition en France qu'en 1959, importé par la Compagnie Thomson.

Vie

Depuis 1953, nous savons que les acides aminés, qui constituent les « briques élémentaires » de la vie, peuvent se former spontanément à partir de molécules carbonisées simples dans un environnement favorable.
Alors que la Terre* s'est formée il y a quelque 4,5 milliards d'années, une première forme de vie s'y est installée voilà 3,8 milliards d'années, si l'on en croit des traces chimiques découvertes dans des roches du Groenland contemporaines. En tout cas, la vie était bien établie sur notre planète il y a 3,5 milliards d'années : nous le savons depuis 1986, grâce aux travaux de William Schopf, de l'université de Californie, qui venait de découvrir en Australie-Occidentale des organismes microscopiques fossilisés dans des roches datées de cette époque. Il s'agit de cyanobactéries, ou « algues bleues » (*Apex chares*) [v. aussi *homme*].

Vigne et vin

On a « découvert » en 1996 le plus vieux vin du monde dans des jarres sumériennes en provenance d'un site mis au jour en Iran, aux frontières de l'Iraq et de la Turquie. À la vérité, ces jarres exhumées en 1968 par une mission archéologique américaine ont dormi dans les réserves de l'université de Pennsylvanie… jusqu'au jour où elles ont attiré l'attention d'un archéologue et chimiste, Peter Mc Govern. Après son expertise, il a été estimé que ces jarres – et ce vin – dateraient de quelque 5 000 ans avant Jésus-Christ.
À l'état spontané, la vigne se rencontre de la Crimée au Cachemire, dans les vallées et jusqu'à 2 500 m en montagne. La vigne cultivée lui ressemble beaucoup. Celle-ci était déjà l'amie des hommes du néolithique. Aryens et Sémites, Phéniciens et Égyptiens, Grecs et Romains ont tous pratiqué la vinification. En particulier, des peintures remontant à la IVe dynastie pharaonique – soit il y a environ 4 500 à 4 700 ans – reproduisent les vendanges et la fabrication du vin. Certains terroirs du delta du Nil et de son cours moyen étaient réputés pour leurs crus. Les

La vigne, originaire de l'Asie Mineure, s'est installée en France grâce aux conquêtes romaines au VIIe siècle. *Le Mois de mars, taille de la vigne*, miniature de 1480 extraite des *Heures de Charles d'Angoulême*.

Égyptiens avaient coutume d'étiqueter leur production vinicole, en précisant l'année, le cru et la variété – mais cela moins pour l'agrément des connaisseurs que pour la commodité du contrôle fiscal... déjà!
En France, les meilleurs cépages auraient été importés de Grèce par les Phocéens dès le VIIe siècle avant notre ère. Après la conquête de la Gaule, les Romains en auraient diffusé la culture. Eux-mêmes avaient d'abord été les élèves des Grecs et, pendant longtemps, tenaient les vins grecs pour les seuls dignes des connaisseurs. Mais, sous l'Empire, ils avaient assez perfectionné culture de la vigne et vinification pour disposer d'une trentaine de crus italiens. Qu'il s'agisse des vins égyptiens, ou grecs, ou romains, on peut douter qu'ils nous eussent convenu : lourds et âcres, même vieillis dans des jarres ou des amphores bouchées, leur force aurait malmené nos gosiers délicats. Au reste, chez les Grecs et, sans doute, chez les Romains aussi, le vin n'était jamais bu pur (de même qu'au Moyen Âge, et encore au XVIIIe siècle), mais additionné de deux tiers d'eau. N'oublions pas que boire aux repas remonte au IIe siècle avant J.-C. : jusque-là, la base de l'alimentation était la bouillie de céréales. Quand le pain* – sec – remplace la bouillie, la boisson aide à le faire passer.

Si les Romains conservaient le vin dans des amphores de terre cuite, les Gaulois eurent l'idée d'employer à cette fin le tonneau de bois, qu'ils avaient inventé pour conserver leur cervoise (v. *bière*). Et c'est le tonneau qui a permis de favoriser le vieillissement de nos vins mousseux et d'en exhaler la saveur. Le vin restera donc l'éternel débiteur de la bière (v. aussi *bouchon*, *champagne*).

Vignette auto

Payable à l'avance en novembre, cette « taxe différentielle sur les voitures automobiles », que les automobilistes du monde entier nous envient, a été instituée en 1956. Elle est concrétisée par un hexagone de carton à conserver soigneusement par-devers soi – à apposer sur le pare-brise depuis le millésime 72 – et qui change agréablement de couleur chaque année. Supprimée à titre définitif par décision du ministre des Finances Laurent Fabius en octobre 2000, mais au bénéfice des seuls particuliers et non des entreprises.

Vilebrequin

En usage au XVe siècle. Adam Billaut, dit Maître Adam, poète et menuisier à Nevers, a écrit un poème sur le vilebrequin (Paris, 1662) [v. *varlope*].

Villages d'enfants

Après la Seconde Guerre mondiale, diverses initiatives individuelles sont prises en Allemagne, en France et dans d'autres pays d'Europe, et le premier village d'enfants est créé en Autriche, en

1949, par Hermann Gmeiner, à Imst. En 1974, il en existait une centaine, répartis dans quarante-huit pays.
Le « Mouvement pour les villages d'enfants » a été fondé en France le 25 juin 1958. Mais sa préhistoire, si l'on peut dire, remonte à 1943, année où, avec ses seuls moyens personnels, Mme S. Masson, assistante sociale de son état, avait commencé à recueillir, dans une maison de Levallois, des orphelins et à les élever comme frères et sœurs, en les traitant comme ses propres enfants. L'avait inspirée le projet d'une religieuse hollandaise, mère Imelda, qui, dès 1955, travaillait sur la transformation en « villages d'enfants » des grands orphelinats qu'elle dirigeait.
Le 10 août 1958, est inauguré le tout premier village français à Cesson, en Seine-et-Marne, près de Melun.

Ville

Traditionnellement, on tenait jusqu'en 1957 la ville de Jéricho pour la plus ancienne de toutes et on lui accordait de six mille à sept mille ans d'âge. Mais, cette année-là, l'archéologue britannique James Melaart met au jour en Anatolie, à 50 km au sud-est de Konya, par 20 m de profondeur dans une colline artificielle, les vestiges de Catal Hüyük, cité aux maisons en brique crue, vieille de neuf mille ans, c'est-à-dire contemporaine du néolithique. Car il s'agit bien d'une ville, mais sans rue, composée de deux mille maisons sans étage ni fenêtres, pouvant abriter dix mille habitants, et construite, on peut le dire, selon un plan d'urbanisme.
Les fouilles sont loin d'être terminées, mais on a dénombré quatorze niveaux d'occupation stratifiés, d'autres plus anciens n'ayant pas encore été atteints. Les habitants de Catal Hüyük connaissaient l'art du tissage. Ils utilisaient la fourchette* à deux dents et la cuiller*. Catal Hüyük, c'est l'agroville, c'est le rêve d'Alphonse Allais réalisé avant la lettre – la ville à la campagne.

Villes jumelées : v. *jumelage de villes*.

29 février

Le premier 29 février de l'Histoire est celui de 1584, première année bissextile : autrement dit, sa formulation numérique est divisible par quatre. Cette grande première est la conséquence de l'adoption du calendrier* grégorien en 1582.

Violon

Il a tant d'ancêtres médiévaux – vielle, rebec, viole, *lyra da braccio* – qu'on ne saurait dire quel facteur, à la suite d'une série d'adaptations et de transformations de ces instruments, a fabriqué le premier de tous. Les premiers spécimens qui correspondent aux caractéristiques admises aujourd'hui datent du XVIe siècle, et leur ville natale est Brescia : plusieurs documents y attestent l'existence de violons à quatre cordes vers 1585. C'est dans cette ville que Gasparo Da Solo lui aurait donné sa forme et son volume définitifs. Mais on admet que, sensiblement à la même époque, il en fut aussi fabriqué à Paris. Le mot « violon » était d'ailleurs apparu très tôt, en 1529, sous François Ier, dans les comptes des menus plaisirs du roi.

Violoncelle

Né en Italie à la fin du XVIIe siècle, il finira par remplacer la viole de gambe, dans l'orchestre, au cours du XVIIIe siècle. Le mot *violoncello* était apparu en 1665 dans un recueil de sonates anonymes.

Virus

« Organites subcellulaires » dont la taille varie de dix à trois cents millionièmes de millimètre, les virus sont classés dans les microbes, avec les bactéries, les champignons microscopiques et les protozoaires. Mais, à la différence de ces trois autres catégories lilliputiennes, capables d'une vie autonome, les virus sont de purs parasites qui ne pourraient subsister sans cellule-hôte.

Un jongleur jouant d'une sorte de viole ou *rabab*, ancêtre du violon, au début du XIe siècle. Le terme violon est apparu au XVIe siècle.

C'est au début du xxe siècle que l'on découvre les premiers virus sur l'organisme humain. *Edward Jenner vaccinant un enfant contre le virus de la variole*, illustration extraite d'un numéro de janvier 1901 du *Petit Journal* (collection privée).

Le premier virus à être découvert, responsable d'une maladie végétale, la mosaïque du tabac, le fut en 1891 par le botaniste russe Dmitri I. Ivanovsky. Cet agent infectieux est si microscopique qu'il peut traverser la paroi en porcelaine d'un filtre utilisé par les chimistes, la bougie de Chamberland, et c'est pourquoi Beijerink lui donna le nom de virus « filtrant » en 1898 – *virus* signifiant en latin suc végétal. Au début du xxe siècle, on découvre que certaines maladies sont le fait de virus, chez les animaux (fièvre aphteuse, par exemple) comme chez l'homme (fièvre jaune). Il faut attendre 1923 pour que Levaditi établisse qu'il existe des différences de taille importantes chez le virus, différences qui seront évaluées grosso modo à partir de 1931 par Elford. C'est que les virus échappaient alors à l'examen microscopique optique classique. Mais en 1939, la mise au point du microscope* électronique va permettre de distinguer leurs formes, et la culture en tissus d'en répertorier les actions et les processus.

Vis et tournevis

Au xvie siècle, forgerons et armuriers utilisaient des clous qu'ils martelaient en force dans le corps des armes, clous auxquels ils avaient préalablement fendu la tête et dont ils avaient grosso modo fileté la tige en spirale. Si besoin était, ils pouvaient donc les extraire à l'aide d'un outil à courte lame. Ainsi, le premier « tournevis » ne servait pas à visser, mais seulement à dévisser.
Au xviie siècle, menuisiers et autres artisans du bois imitèrent les armuriers dans la fabrication à l'unité de ces premières vis comme dans l'emploi du tournevis. Celui d'André Félibien, visible dans ses *Principes de l'architecture* (1676), est encore de ce type.
Vers 1780, à Birmingham, semble-t-il, un génial inconnu trouva le moyen de fabriquer mécaniquement des vis non pointues. Aussitôt, leur prix de revient baissa considérablement et leur emploi se généralisa ; c'est alors que fut imaginé le tournevis à longue tige, grâce auquel on évitait le martelage qui enlevait son efficacité au filetage des vis.
Vers 1840 est apportée en Angleterre l'ultime amélioration que demandait la vis à bois : elle est dotée d'une pointe, ce qui permettait – enfin – un vissage parfait.

Vitamine

En 1897, le physiologiste hollandais Christiaan Eijkman découvre par hasard que le riz non décortiqué protège les pigeons du béribéri, alors que les sujets nourris au riz décortiqué en sont atteints. Devenu spécialiste des avitaminoses, Eijkman recevra le prix Nobel* en 1929. Le terme, c'est-à-dire « amine de vie », a été proposé en 1912 par Casimir Funk, biochimiste américain d'origine polonaise, pour désigner une certaine vitamine qu'il avait découverte en 1910 dans la cuticule du grain de riz, nommée plus tard vitamine B1 – le terme ayant été étendu à toutes les substances organiques de ce type.

C'est en 1920 qu'un autre biochimiste américain, Elmer Mc Collum, dénomme pour la première fois vitamine A un facteur de croissance liposoluble que son équipe, en 1913, avait réussi à extraire du beurre et du jaune d'œuf, et vitamine B un autre facteur de croissance, lui, hydrosoluble. Il propose aussi d'utiliser les lettres suivantes pour désigner les futurs congénères de la série.

Vitrail

Depuis le Ier siècle de notre ère, Rome connaissait le vitrail en tant que clôture translucide des fenêtres. Byzance en développe la technique que les Pères de l'Église avaient consacrée aux premières églises chrétiennes : les verreries multicolores de Sainte-Sophie (VIe siècle) sont décrites par Paul le Silentiaire dans deux petits poèmes.
Les plus anciens vestiges de vitraux peints proviennent d'Allemagne (IXe ou Xe siècle).
C'est aux XIIe et XIIIe siècles que le vitrail atteint le sommet de son art avec, entre autres, la cathédrale de Chartres, seule cathédrale qui ait gardé intact son décor du début du XIIIe siècle (v. *verre*, *vitre*).

En France, le vitrail atteint l'apogée de son art au XIIe siècle, comme ce vitrail de la basilique Saint-Denis datant de cette époque.

Vitre

On a trouvé à Pompéi des châssis de fenêtres où restaient des fragments de vitre. Dès le haut Moyen Âge, les verriers des Gaules produisaient des verres à vitres – qui n'en restaient pas moins un luxe. En 1393, un riche bourgeois écrivait encore à sa fille dans le *Ménagier de Paris* : « Aiez vos fenêtres clauses bien justement de toile cirée ou autre, ou de parchemin ou autre chose. »
Le terme qui les désigne s'applique indifféremment, au XIIIe siècle, aux vitraux* d'église et aux vitres des bâtiments civils (v. *verre*).

Vodka

Cette eau-de-vie élaborée d'abord en Pologne au XVIe siècle, puis introduite en Russie, provient de la distillation de blé, de seigle, d'orge ou de maïs. Sa notoriété parvient en France dès le siècle suivant : son nom est inscrit par l'Académie* française dans la première édition (1694) de son Dictionnaire (v. *bourbon*, *gin*, *whisky*).

Vol à voile

Passons sur Icare, sur Archytas de Tarente, inventeur du cerf-volant* (si l'on omet les Chinois...), sur Roger Bacon, sur Léonard de Vinci, pour en arriver au XVIIIe siècle, abondant en hommes volants : le moine brésilien Gusmaõ, le sexagénaire marquis de Bacqueville qui, le 19 mars 1742, se lance du haut de son hôtel du quai Voltaire, survole la Seine et se casse une jambe en atterrissant sur un bateau de lavandières amarré quai des Tuileries ; le chanoine Desforges qui se jette du haut de la tour d'Étampes en 1772 ; Besnier de Sablé, etc.
Les efforts de tous ces pionniers furent vite oubliés en raison de la mise au point du ballon sphérique (v. *aérostat*) à la fin du même siècle par les Montgolfier et leurs concurrents, en sorte que les recherches sur le vol à voile ne reprirent que cent ans plus tard.
Le premier des grands planeurs est celui d'Otto Lilienthal (1881) qui se tuera au bout de quinze ans, après deux mille vols ou essais de vol. Aux États-Unis, Octave Chanute et les frères Wright, entre autres, se livrent au vol à voile sur des mono, des bi, des triplans. En France, Gabriel Voisin vole au-dessus de la Seine sur un planeur remorqué comme un cerf-volant (1904-1905).
Mais tous les survivants orientent naturellement

leurs recherches vers l'avion* – ou le dirigeable. Entre les deux guerres mondiales, les Allemands vont se remettre au vol à voile avec des intentions militaires ; en 1935, ils porteront le record de distance à 502 km avec un planeur remorqué au départ par un avion et mettront au point la technique du train de planeurs halé par un avion.

Après la Seconde Guerre mondiale, le vol à voile a pris un nouveau départ en tant que sport. Mais un autre déclin, peut-être, le menace à cause d'un concurrent nouveau, le deltaplane*.

Volley-ball

Quatre ans après l'invention du basket-ball* par James Naismith à Springfield, dans ce même État du Massachusetts, mais cette fois au gymnase d'Holioke, le directeur de celui-ci, William G. Morgan, imaginait le volley-ball. À la différence du basket, ce nouveau jeu mit quelque temps à se répandre, et son succès, du reste, s'affirma sous le nom que nous lui connaissons : Morgan, lui, l'avait baptisé du nom mystérieux, inexplicable, de « mintonette ».

Les armées américaines au combat durant la Première Guerre mondiale firent beaucoup pour l'implanter en Europe. Sitôt la paix revenue, les pays de l'Est l'accueillirent massivement. En France, il fut longtemps considéré comme un simple jeu de plage. Pourtant, la France est une des premières à constituer une fédération nationale (1936). La Seconde Guerre mondiale, comme la première, fait franchir une nouvelle étape au volley sur la voie du succès, si bien qu'une fédération internationale se constitue en 1947. Consécration : joué dans quelque quatre-vingts pays, le volley-ball est devenu compétition olympique en 1964, à Tokyo, la palme revenant à l'URSS pour les hommes, au Japon pour les femmes.

Voûte

Toute l'Antiquité a construit, par différents procédés, des voûtes : l'Égypte, la Chaldée, l'Inde, la Libye, la Grèce, Rome. De la voûte romaine, l'architecture française a emprunté le système qui transfigurera le gothique. Le mot apparaît au XIIe siècle (v. *arc*).

Voyages (agence de) :

v. *agence de voyages.*

Voyages (club de)

Né de l'écume méditerranéenne, le premier club de voyages – très différent de la simple agence par ses formules et son esprit – est le Club Méditerranée. Première réalisation en 1950, avec son village d'Alcudia, à Majorque, qui enregistra cette année-là quarante mille journées hôtelières.

Vulcanisation

En 1839, Charles Goodyear, ancien quincaillier de Philadelphie, cherchait à améliorer la qualité du caoutchouc*, jusque-là poisseux par les grandes chaleurs et cassant par les grands froids. C'est au cours de ses essais qu'il abandonna sur un poêle encore chaud un morceau de caoutchouc saupoudré de soufre et de blanc de plomb, réalisant ainsi la première vulcanisation. Deux ans après, il avait mis au point son invention, mais, faute de parvenir à y intéresser le moindre industriel américain, il traversa l'Atlantique pour la proposer à Mackintosh, déjà fort connu pour ses imperméables*. Celui-ci s'était associé en 1834 à Thomas Handcock, lequel hâtait les recherches qu'il avait entreprises de son côté, découvrait lui aussi le procédé – à qui il donnait le nom de vulcanisation – et en déposait le brevet quelques jours avant que Goodyear se décide à en faire autant (1844).

En 1846, Alexandre Parkes mettait au point une autre méthode de vulcanisation (par bain du caoutchouc dans une solution faible de chlorure de soufre), à partir de laquelle on obtenait un matériau très mince, convenant à la fabrication des tétines, des vessies, des ballons, des préservatifs (v. *contraceptifs*), etc. (v. aussi *pneumatique*).

Depuis Quand ? W comme...

W

W, la plus récente acquisition de l'alphabet* français, n'est nullement emprunté à l'anglais, comme on le croit assez communément.
En réalité, les Britanniques eux-mêmes reconnaissent avoir pris le w à notre alphabet. « A partir de l'an 1200, déclare le dictionnaire *Chambers*, on trouve le uu ligaturé, provenant du franco-normand. » Et l'*Encyclopedia Britannica* renchérit : « Les Français, plutôt que d'utiliser la lettre runique correspondant au son *ou*, ont préféré doubler une de leurs lettres. »
En effet, devant la nécessité de transcrire en caractères latins les mots d'origine germanique comprenant la semi-voyelle w que les Germains rendaient par un caractère de l'alphabet runique, les scribes des Xe et XIe siècles prirent l'habitude d'employer un double *v*. Habitude née on ne sait où exactement, mais qui se répandit dans tout le nord-ouest de l'Europe occidentale, dont la France septentrionale.

Wagons à couloir

En 1889 apparaissent sur les lignes du PLM – la Compagnie des chemins de fer Paris-Lyon-Méditerranée – les premiers wagons à couloir, innovation probablement attendue depuis trente-quatre ans par les usagers. C'est en effet en 1855 que le même PLM avait inauguré les premiers « cabinets d'aisances » sur ses trains, mais comme ils étaient installés à l'extrémité d'un seul wagon et qu'il n'y avait pas encore de soufflet, on ne pouvait s'y rendre qu'aux arrêts dans les gares (v. *train de voyageurs*).

Wagon-lit

Depuis 1837, aux États-Unis, roulaient des wagons-couchettes, mais c'est en septembre 1859 qu'est mise en service la première voiture-lit digne de ce nom, Pioneer n° 9, construite par le New-Yorkais George Mortimer Pullman, assisté de son ami Ben Field. En 1867, le même Pullman crée, en association avec la Central Transportation Company, la Pullman Palace Car Company. Georges Nagelmackers, jeune ingénieur belge en voyage d'études aux États-Unis, se passionne pour cette initiative et, de retour en Europe, publie un *Projet d'installation de wagons-lits sur les chemins de fer du continent*. Puis, en 1872, il fonde à Bruxelles la Compagnie internationale des wagons-lits et du tourisme, dont le principal actionnaire est le roi Léopold II, et qui deviendra la Compagnie internationale des wagons-lits et des grands express en 1896, année où elle projettera d'étendre son rayon d'action vers le Proche-Orient et l'Asie.
Le 1er janvier 1876 sont mises en service les premières voitures dans lesquelles on peut, comme dit la publicité du temps, « voyager en dormant », sur la ligne Paris-Bordeaux de la Compagnie Paris-Orléans.
Quatre ans plus tard sont à leur tour lancées les premières voitures-lits européennes à intercirculations et à bogies.
Le 5 juin 1883 a lieu l'inauguration officielle de l'Orient-Express, premier train de luxe international qui, bientôt, reliera Paris à Constantinople, et sera appelé « le roi des trains et le train des rois » avant que de terminer sa carrière, en 1977, victime de la concurrence aérienne. Puis sont inaugurés : en 1883, le Rome-Express (Calais-Nice), en 1887, le Sud-Express (Paris-Madrid-Lisbonne) et, en 1896, le Nord-Express (Paris-Berlin-Saint-Pétersbourg).
Du 5 au 24 août 1896 a lieu la « première grande

Le wagon-lit du pape Pie IX en 1870, onze ans après la construction du premier wagon-lit.

excursion de luxe » organisée par la Compagnie internationale des wagons-lits en Russie, dont une partie par le Transsibérien, sur la section Samara-Krasnoïarsk.

Wagon-restaurant

Mise en service des premières voitures-restaurants, aux États-Unis, en 1868, sur la ligne Philadelphie-Baltimore, par George Pullman. En Europe, les wagons-restaurants apparaissent avec le lancement du premier et du plus célèbre des grands express internationaux, l'Orient-Express (1883). Edmond About décrit en ces termes les « trois maisons roulantes » qui composaient le train : « Longues de dix-sept mètres et demi, chauffées à la vapeur, brillamment éclairées au gaz, elles sont pour le moins aussi confortables qu'un riche appartement de Paris. » Et, à propos du wagon-restaurant : «… Ce symposium précédé d'un petit salon pour les dames et d'un joli fumoir, et suivi d'une cuisine grande comme la main où un superbe chef bourguignon fait des miracles. »

La cuvette de WC à chasse d'eau a pu être mise au point grâce aux inventions des Anglais Cummings (1775) et Bramah (1778), puis par l'installation du tout-à-l'égout à la fin du XIXe siècle. L'appareil à tirage, illustration extraite du *Larousse ménager*, début du XIXe siècle.

Walkman

Le *Petit Larousse* définit le Walkman, ou baladeur, comme un « poste radio-cassette portatif avec casque d'écoute léger ». Il a été mis au point en 1978, au sein de la société japonaise Sony, par Mitsuro Ida et son équipe d'ingénieurs électroniciens du département magnétophones. Lancé comme un gadget pour jeunes, il a connu un succès auprès de tous les âges, et d'abord au Japon, dès son lancement, en juillet 1979. Walkman est une marque déposée par Sony.

Water-closet

Le pot de chambre a vu son déclin s'amorcer quand, coup sur coup, Alexander Cummings (1775) et Joseph Bramah (1778) déposèrent à Londres, chacun pour son compte, un brevet pour un système de WC avec chasse* d'eau. L'idée était géniale, mais il lui manquait une suite logique et nécessaire : le drainage et la canalisation des eaux usées par l'installation généralisée du tout-à-l'égout. Ce qui, pour Londres, fut fait sous la conduite de l'ingénieur J. W. Bazalgette, dans les années 1860. Dès lors, la suprématie du WC était assurée.
Mais on n'arrête pas le progrès – qui vient souvent de l'Orient. De toutes les grandes innovations réalisées en Chine durant la seconde moitié du XXe siècle, la plus populaire restera sans doute « le WC en forme d'entonnoir à deux récipients », grâce auquel sont « éliminées les bactéries nocives tout en préservant 95 % de l'azote "de l'effluent" ». Détail capital quand on sait que les cultivateurs chinois utilisent les excréments humains comme engrais. L'inventeur de cette petite merveille est un médecin, Song Lexin – rebaptisé, si l'on peut dire, « Monsieur WC Song », et sa création date de 1987.
Voilà pour le WC des campagnes. Pour celui des villes, il faut aller au Japon où, au début des années 1990, les toilettes high-tech ont pris leur essor. Elles se différencient des toilettes classiques par leur panneau de commande, parfois équipé d'une horloge numérique qui calcule la durée du séjour de chaque utilisateur et ouvre donc la porte… aux statistiques. Des touches permettent de calculer la température de l'eau. Un séchoir électrique incorporé élimine l'emploi du papier hygiénique*. Un bouton déclenche l'ouverture et la fermeture du couvercle. Un autre provoque l'émission d'un bruit de chasse* d'eau destiné à masquer d'autres bruits….. c'est Byzance.

Water-polo

Joué dans un bassin de 30 m sur 20, ce hand-ball aquatique entre deux équipes de sept joueurs dont un gardien de but a été imaginé en Grande-Bretagne dans les années 1870. Il est devenu sport olympique dès 1900, aux Jeux de Paris.

Web

Le *WWW*, abréviation de World Wide Web – toile d'araignée mondiale – n'est qu'une des applications d'Internet*. C'est l'ensemble des sites diffusant de l'information de textes, de sons et d'images. Contrairement à Internet, le Web est la création d'un homme, l'Anglais Tim Berners-Lee qui, seul, l'a imaginé, puis proposé, en 1989, sous le titre de *Global Hypertext Project*, baptisé aussitôt World Wide Web. Celui-ci débutera sur Internet en 1991. Dès 1999, 150 millions de cybernautes surferont sur Internet chaque semaine (v. *souris informatique*).

Western

Ce genre cinématographique remonte au début du xxe siècle et aux premiers condottieri du film américain : dès 1903, Edwin S. Porter réalise *The Great Train Robbery* (*L'Attaque du grand rapide*) et, en 1906, l'un d'eux, le colonel Selig, avait imaginé d'enrôler cow-boys et Indiens authentiques pour rehausser l'intérêt de ses films d'aventures. Broncho Bill, de son vrai nom Gilbert Anderson, en est le héros, bientôt concurrencé par Tom Mix, venu d'un ranch de l'Oklahoma. De 1910 à 1914, la série de leurs péripéties connaît une faveur prodigieuse aux États-Unis, mais il s'agit d'une production de qualité médiocre, consommée sur place.

Le premier grand western, qui allait remporter un succès mondial et consacrer les mérites du genre dans tout l'Occident, est l'œuvre d'un des plus grands metteurs en scène de la première heure, Thomas H. Ince : il s'agit de *The Aryan*, célèbre en France sous le titre de *Pour sauver la race* (1916), avec William Hart dans le rôle de Rio Jim.

Le western spaghetti remonte à 1966, avec *Pour une poignée de dollars*. Sergio Leone, dont les cavaliers italiens et les Indiens espagnols en plein désert méditerranéen étaient plus vrais que nature, avait bouclé la boucle : Hollywood l'engagea pour filmer sur place, à l'italienne, d'authentiques westerns...

Le western *La Prisonnière du désert (The Searchers)* met à l'affiche, en 1956, l'acteur John Wayne, l'un des acteurs les plus réputés de westerns (cinémathèque de Perpignan).

Seul western frites réalisé dans les années 1970 en France, à notre connaissance : *Une corde, un colt*, avec Michèle Mercier et Robert Hossein.

Premier western de l'espace : *Outland* (*Loin de la Terre*), en 1981, film britannique de Peter Hyams, avec Sean Connery dans le rôle du prévôt-shérif redresseur de torts, sur Io, un des satellites volcaniques de Jupiter, au xxie siècle.

Whisky

Les Scots – les Écossais – quittent l'Irlande au cours du ve siècle de notre ère pour le pays auquel ils vont donner leur nom : Scotland.

Ils emportent leur langue, le gaélique, avec eux. Cela est certain. Emportèrent-ils aussi la

Inventé par les Irlandais au Moyen Âge, le whisky était administré, à l'origine, aux mulets malades. Puis il devint rapidement la boisson nationale des Écossais et, à la fin du XIXe siècle, il gagna ses lettres de noblesse en France. Une publicité pour le whisky de la marque Haig en 1934 (collection particulière).

technique de la distillation ? C'est moins sûr.
Le poète écossais Douglas Young affirmait que les Irlandais avaient inventé le whisky, mais pour en faire une embrocation au bénéfice des mulets malades, et que c'est seulement en Écosse que ce médicament à usage externe devint boisson nationale. En tout cas, une légende irlandaise en attribue le mérite à saint Patrick. Et quand, en 1172, Henri II d'Angleterre envahit l'Irlande, il aurait constaté que la distillation d'esprit à partir de grain y était un usage courant.
La première référence écrite à la distillation de l'orge en Écosse se trouve dans les *Scottish Exchequer Rolls* de 1494. Le plus grand poète de langue gaélique écossais, Robert Burns, lui a dédié un vers historique : « Ô toi, ma muse ! Bonne vieille boisson écossaise. » Cette bonne vieille boisson, c'est le « whisky pur malt », le véritable scotch, produit dans des alambics* à chauffe directe, de façon artisanale, comme l'explique la *Bible du whisky*, l'introuvable ouvrage de J.A. Nettleton, paru en 1913 à Aberdeen.
Le whisky, qui a fait le tour du monde, en commençant par la France, est le *blended whisky*, alcool blanc où n'entre qu'une faible quantité de « whisky pur malt ». Sa fabrication remonte à 1850, année où fut mis au point l'alambic continu par un chimiste écossais, Andrew Usher, traître aux yeux de ses compatriotes pour avoir fait passer leur boisson nationale du stade artisanal au stade industriel en dénaturant, selon eux, l'esprit… de vie (v. *bourbon*).

Yachting

Dans son *Journal*, Samuel Pepys relate les péripéties d'une course, disputée sur la Tamise en 1662, entre le yacht royal commandé par Charles II lui-même et un navire hollandais. C'est la première course homologuée par l'histoire – il y en avait certainement eu auparavant. Noblesse oblige, Sa Gracieuse Majesté en sortit victorieuse. Le premier club de yachting serait celui de Cork, en Irlande, fondé dès 1720, le premier français, celui du Havre, en 1840. La première course transatlantique en solitaire Angleterre-Amérique a été courue en 1960. Son vainqueur fut le plus âgé des concurrents : l'Anglais Francis Chichester, cinquante-huit ans, sur le *Gipsy Moth III*, en quarante jours.
Le premier tour* du monde remonte à la fin du siècle dernier, avec le Canadien Josuah Slocum. Parti de Boston sur le *Spray*, le 24 avril 1895, Slocum touchera New York le 28 juin 1898. Premier Français à avoir fait le tour* du monde en solitaire : Alain Gerbault sur le *Firecrest* – Cannes, 25 avril 1923-Le Havre, 26 juillet 1929. Premier yachtman à avoir effectué le tour du monde sans escale, en solitaire : l'Anglais Robin Knox-Johnson en 1968, en trois cent quatorze jours.

La première course officielle de yachts, disputée en Angleterre, remonte à 1662. Il faut attendre 1840 pour que le premier club de yachting ouvre en France, au Havre. *Les Passagers dans la Cabine 54*, affiche dessinée par Toulouse-Lautrec en 1896 (San Diego Museum of Art, San Diego).

Yaourt

Cet enfant du Proche-Orient a des origines millénaires – et tout aussi obscures : est-il kirghiz, turc, bulgare ? Descend-il du Pamir ? Sans doute tout cela à la fois. En tout cas, les Français ont commencé à le déguster massivement dans les années 1930. Mais le premier d'entre eux a en avoir savouré les vertus est probablement François Ier. En 1542, le souverain étant tombé

Originaire du Proche-Orient, le yaourt (ou yoghourt) commence à être consommé en France vers 1930. Une affiche publicitaire pour les yaourts Rettéré, milieu XXe siècle (bibliothèque Forney, Paris).

malade sans que ses médecins parviennent à le guérir, l'ambassadeur de France auprès de la Sublime Porte dépêche au chevet de son roi un médecin juif de Constantinople qui, en administrant à ses patients des doses de fromage de brebis préparé selon une méthode mystérieuse, faisait des miracles. Le fait est qu'il guérit François Ier, mais refusa de livrer son secret de préparation, remettant à quatre cents ans le succès du yaourt en France.

Yéti

Le Yéti, ou « abominable homme des neiges », défraye la chronique pour la première fois en 1921 : la description de ses empreintes est donnée par le colonel Howard-Bury, chef d'une expédition anglaise qui, sur les flancs de l'Everest, les a relevées à 7000 m d'altitude. Un autre Anglais les a photographiées pour la première fois dans l'Himalaya en 1937. Selon les « anti-yéti », il s'agissait de celles d'un ours brun – *Ursus arctos*.

Yo-Yo

Ce jeu était déjà pratiqué par les Grecs. On le retrouvera un peu partout et dans tous les temps. Il fera à nouveau fureur, autour de 1931, dans toute l'Europe, où il recevra ce nom. Auparavant, il avait souvent paru, disparu, puis réapparu sous des vocables divers. Au XVIIIe siècle, sous le nom de diable, il connaît le grand succès. *L'Indifférent* de Watteau en tient un. Puis il devient l'émigrette, ou jeu de Coblence, des émigrés français aux temps révolutionnaires. À la fin du XIXe siècle, il s'appelle diabolo. Aux Philippines, il est devenu arme de chasse aux petits animaux : l'empruntant aux Espagnols, les autochtones l'ont adapté à des fins pratiques. Le Yo-Yo de 1931 venait d'Amérique. En modifiant la forme de la toupie afin de lui permettre

Portrait présumé de Louis XIII jouant à l'émigrette, ancêtre du Yo-Yo (musée Leblanc-Duvernoy, Auxerre).

d'accomplir des manœuvres variées, Donald Franklin Duncan avait trouvé sa voie : il s'associe au magnat de la presse Randolph Hearst et lance des compétitions d'enfants qui font le succès de son modèle. Quand il revend son affaire, en 1957, son usine fabrique soixante mille Yo-Yos par jour ! Avec ses premiers bénéfices, Duncan avait acheté en 1936 le brevet d'une invention que le Patent Office américain venait d'accorder à Carl C. Magee, citoyen d'Oklahoma City : le compteur de stationnement urbain pour autos. Sa publicité auprès des municipalités américaines fut efficace – ou celles-ci avaient-elles très vite compris que c'était là un moyen quasi magique d'accroître leurs recettes locales ? En tout cas, à la revente de son affaire en 1959, il fabriquait 80 % des compteurs américains (v. *parcmètre*).

Zéro

Tous les numéraux de la langue française ont une étymologie latine, sauf un qui, lui, vient de l'arabe : le zéro. Et pour cause : Rome, comme du reste ses aînées, la Grèce et toutes les civilisations antiques du Proche-Orient, a ignoré ce concept numérique. La lacune était de taille, le zéro étant fondamental pour tout système décimal d'écriture des nombres.
Certes, les Babyloniens avaient utilisé les premiers, deux cents ans avant notre ère, une forme de zéro à l'intérieur d'un nombre (ce qui permettait, par exemple, de distinguer 304 et 34) mais jamais à droite (et donc 34 et 340 s'écrivaient de la même façon). Mais c'est l'Inde qui, reprenant l'héritage intellectuel des Grecs et de quelques cultures voisines, perfectionne la numération. Elle n'utilise plus le zéro comme simple notation, à la manière babylonienne, mais comme un nombre avec lequel opérer. Dans un catalogue astronomique indien du IIIe siècle de notre ère apparaît pour la première fois l'emploi du système décimal avec celui des neuf chiffres et du zéro.
Vers l'an 800, le mathématicien indien Mahavira explique que multiplier un nombre par zéro donne zéro et que soustraire zéro d'un nombre quelconque ne modifie pas ce dernier, démontrant ainsi que zéro est un nombre comme un autre.
Notion et notation indiennes du zéro sont empruntées par les Arabes au IXe siècle, puis passent des Arabes à l'Occident au début du XIe siècle : il semble que ce soit Gerbert d'Aurillac, devenu pape – le premier pape français – en 999 sous le nom de Sylvestre II, qui adopte le système de numération indo-arabe, donc le zéro. Les mathématiciens d'Europe vont le suivre sans hâte. Mais, grâce à l'action de Leonardo Fibonacci, dit Léonard de Pise, les négociants italiens vont, au XIIIe siècle, se mettre à l'utiliser, puis, au XIVe siècle, ce sera le tour de tout le commerce européen.
Curieusement, l'arabe *sifr* a donné naissance au mot « chiffre », par l'intermédiaire du latin médiéval et de l'italien *cifra*. Or, *sifr* signifie « vide ». Et c'est ainsi qu'il a aussi donné naissance au latin médiéval *zephirum*, dont est sorti l'italien *zefiro*, contracté en *zero*. Zéro que nous rencontrons pour la première fois dans le traité *De Arithmetica opusculum*, de Philippe Calandri, édité à Florence en 1491.
À noter que les Mayas de l'Ancien Empire, soit dès le IVe siècle de notre ère, utilisaient le zéro presque certainement. Mathématiciens et astronomes, leurs prêtres avaient établi un calendrier* lunaire d'une extraordinaire précision (deux dix-millièmes d'écart avec l'année lunaire moderne).
Quant aux Chinois, bien qu'ils aient connu une numération décimale dès le XIIIe siècle avant J.-C., ils ne se servent du zéro – sans doute importé de l'Inde – qu'au VIIIe siècle de notre ère (v. *chiffres arabes*).

Zéro absolu

La température minimale, dans le cas théorique où, cessant toute agitation thermique, les molécules d'un corps seraient dans un

Portrait de William Thomson qui détermina le zéro absolu dans l'échelle des températures. Dessin de sir Hubert von Herkomer, XIXe siècle (The Royal Institution, Londres).

état de repos absolu, est de – 273,15 °C. Cette température minimale, prise comme le zéro dans l'échelle des températures, a été déterminée en premier par le physicien écossais William Thomson, devenu par la suite lord Kelvin.
Pour désigner le zéro absolu, les spécialistes utilisent l'abréviation OK, non parce que tout va bien, puisque rien ne va plus, mais parce que zéro, c'est O, et K, c'est le kelvin, et que le kelvin-unité de mesure, c'est la fraction 1/273,6 de la température thermodynamique du point triple de l'eau. Clair comme de l'O de roche, non ?

Zodiaque

La tradition attribue à Anaximandre, philosophe ionien, la paternité des noms donnés aux douze signes du zodiaque, vers 560 avant J.-C.

La tradition du zodiaque aurait été instaurée par Anaximandre, cinq siècles avant notre ère. Après la disparition du monde romain, l'astrologie subit une éclipse presque totale en Europe. Semi-clandestine au Moyen Âge, elle est de nouveau enseignée dans les universités à la Renaissance. Les signes du zodiaque, mimiature du Moyen Âge, extraite du *Songe de Pestilence* de Henri de Ferrières.

Zone bleue

La première expérience de « zone bleue » en France a eu lieu à Paris à partir du 7 novembre 1957. Elle intéressait les Champs-Élysées ainsi qu'une partie des « grands boulevards ».
L'institution de la zone bleue suppose un contrôle qui s'effectue au moyen d'un disque horaire de stationnement, inventé pour la circonstance. Mais, dans les grandes villes, le parcmètre* aura vite fait de tuer la zone bleue.

Zoo

Au début du XIIe siècle avant J.-C., Wen, premier empereur de la dynastie Chou, entretenait un « jardin d'intelligence » dans lequel il avait rassemblé les spécimens des espèces animales vivant dans les différentes provinces de l'Empire. En Égypte, les pharaons de la

Depuis le Moyen Âge, les rois de France ont installé des ménageries dans leurs châteaux, ancêtres des zoos. La perspective du Salon de la ménagerie du château de Versailles, contruite entre 1663 et 1669. Gravure du XVIIIe siècle (collection Stapelton).

XVIIIe dynastie eurent l'idée de constituer un « jardin d'acclimatation ». Jusque-là existaient des ménageries entretenues par les prêtres, à l'ombre de leurs temples. Les premiers rois de Ninive avaient eu également leurs réserves d'animaux sauvages. À Rome, mis à part les ménageries d'animaux sacrés, les spectacles populaires faisaient une grande consommation de bêtes de combat. Après l'interdiction des jeux de cirque, Byzance constitua des jardins zoologiques et les sultans de Constantinople prolongèrent cette tradition.

En France, dès le Moyen Âge, les rois entretiennent des ménageries. François Ier a la sienne à l'hôtel Saint-Paul. C'est Bernardin de Saint-Pierre qui, en 1792, prendra l'initiative de demander la création d'une réserve animale au Jardin des Plantes.
En Angleterre, au début du XIIe siècle, Henri Ier crée une ménagerie royale à Woodstock, dans le comté d'Oxford. Elle sera transportée plus tard à la Tour de Londres. En 1829, ses pensionnaires seront pris en charge par la Royal Zoological Society, qui créera le célèbre zoo de Regent's Park.

Zoom

Dans la firme qu'il avait fondée en 1935 à Saint-Héand, près de Saint-Étienne, l'ingénieur Pierre Angénieux a mis au point le premier objectif de prise de vue dont on peut faire varier la distance focale de façon continue, grâce à quoi il remplace à lui seul toute une panoplie d'objectifs à focale fixe, du grand angle au téléobjectif.
C'est là aussi, à Saint-Héand, que Pierre Angénieux lança en 1956 la première fabrication industrielle de ces objectifs dits à focale variable, que les Américains baptisèrent aussitôt zooms, terme emprunté au langage concis et imagé de leurs aviateurs (*to zoom* : monter en flèche, ou en chandelle).

Zygomatiques

Nous les faisons jouer quotidiennement, autant que faire se peut, mais nous en soupçonnons à peine l'existence. Et pourtant, ils ont été repérés dès le XVIe siècle, et leur nom est apparu pour la première fois, en 1654, dans l'*Anatomie française* de Gelée. Au nombre de trois, les zygomatiques sont les muscles peauciers qui nous permettent de rapprocher des oreilles les commissures des lèvres, et par conséquent de sourire, si possible de rire.
« Seul de tous les animaux », observait sentencieusement Aristote dans son *Des parties des animaux*, III, 10, « l'homme sait rire. » Le pauvre Chamfort, bien avant de mettre fin à ses jours (1794), était allé plus loin, qui disait : « La plus perdue de toutes les journées est celle où l'on n'a pas ri. »
Gloire donc aux zygomatiques, qui ont au surplus le mérite de clore ce dictionnaire...

Index des noms cités

Index de tous les noms cités, et de tous les personnages qui ont apporté un élément nouveau aux objets ou aux choses de notre vie quotidienne : inventeurs, découvreurs, créateurs, précurseurs, explorateurs, initiateurs, fondateurs, novateurs, promoteurs, propagateurs, annonciateurs, protecteurs, décrypteurs, zélateurs, défricheurs, stimulateurs, perturbateurs... ou pionniers.

Crédits iconographiques

Archives Duhlill : page 75 ;
Banque centrale européenne : page 178 ;
Bibliothèque de l'Arsenal : pages 144-145 ;
Bibliothèque des Arts décoratifs : page 161 ;
Bibliothèque nationale, Paris : pages 12, 87, 90a, 96-97, 103, 275b, 279, 339a, 350b, 425 ;
Bibliothèque nationale, Vienne : page 194 ;
Bridgeman-Giraudon : pages 8 (Musée Carnavalet), 22, 23b, 35, 46-47(Crane Kalman, Londres), 55, 56-57b, 59, 62, 65 (Grosjean-Maupin, Paris), 67b, 70, 79, 84, 88, 100-101,104a, 107, 111 (The Stapleton collection), 112, 114, 121, 122, 124, 128b, 129, 134, 137, 141, 142-143 (Succession Picasso), 146, 151, 156, 157, 158, 170, 172a, 185, 193, 203, 204, 213, 214 (Barbara Singer), 226, 233, 234, 235, 238, 239, 240, 241, 244-245, 247, 253 (Archives Charmet), 257, 298-299, 303, 307, 310-311 (archives Charmet), 316, 321, 322, 324b, 326, 327, 328, 329b, 331, 335, 336-337, 344, 355, 356 (Phillips, The International Fine Arts Actionners), 357 (Christie's Image), 360, 365b, 377, 378, 379 (Archives Charmet), 382 (The Gallery, Londres), 383a, 383b, 386 (the Stapleton collection), 389ab, 392, 393, 394b, 398, 399, 404, 412, 418, 422-423, 432, 433a (Gift of the Baldwin-M. Baldwin Collection, 433b, 434, 435, 436-437 (the Stapleton Collection) ;
British Museum : page 332 ;
Jérôme Camand : page 44 ;
CNRI : page 342 ;
Collection Archives Larbor : vignettes de couverture et pages 11, 12a (Nadar), 12c (Jean-Loup Charmet), 16 (CNC Archives du film - Bois d'Arcy), 20 (Bodleian Library, Oxford), 23a (NASA), 25, 26, 28, 31, 32 (Jean-Loup Charmet), 33a, 36, 37 (Jeanbor), 39ab, 40b (Luc Joubert), 52b, 53, 58, 63, 68 (Hubert Josse), 69 (Dagli Orti), 75, 80 (Hubert Josse), 82, 89, 90b, 91 (Jeanbor), 92a, 98-99 (Bridgeman Art Library), 101 102a (Jeanbor), 104b, 108a, 108b (Dornac), 109, 110 (Luc Joubert), 113 (Jeanbor), 115 (National Maritime Museum), 117, 118 (Paul Boyer), 119 (Jeanbor), 120, 123, 126, 138-139, 140 (Jeanbor), 150, 159, 163, 164, 165a (Leonard de Selva), 166ab, 167, 169b, 173, 174-175 (Jean-Loup Charmet), 176, 179, 180, 181 (Ellébé, Rouen), 186, 189, 192a, 195, 196 (Jeanbor), 197 (DR), 199, 200, 201, 202, 206 (Jeanbor), 207, 208 (Jeanbor), 210, 211, 216a (Luc Joubert), 216b (Naturhistorisches Museum), 217 (Luc Joubert), 218 (C. Choffet), 219, 220a (Jean-Loup Charmet), 220b, 222 (Lou), 230, 231 (Jeanbor, Ed. Françis Salabort DR), 236, 237 (Coll. CNC, Archives du film), 243, 246a, 250 (Jean-Loup Charmet), 251ab, 254 (Jean-Loup Charmet), 256, 258 (Giacomelli), 259 (Jet Propulsion Laboratory), 260 (Jeanbor), 261 (Jean-Michel Labat), 262, 268, 269, 271 (Jeanbor), 272, 274, 280 (Rockwell International), 281, 282 (Michel Didier), 285, 290, 293 (Lou), 294 (Michel Didier), 295, 300 (palais de la Découverte), 301a (Hubert Josse), 301b, 306, 309, 312, 313a, 313b (Musée des Arts et Métiers - CNAM), 314, 315a (Musée de la Révolution française), 315b, 317b, 318 (Michel Didier), 320, 325 (Giancarlo Costa), 329a (Giancarlo Costa), 333, 334, 338 (The Museum of London), 339b, 341, 345 (Hubert Josse), 346, 347b, 348a (Michel Didier), 349 (Michel Didier), 352, 362, 366, 367, 368, 369, 370, 372 (ADAGP, Paris), 374, 375, 376 (Jean-Loup Charmet), 385, 388 (Jean-Michel Labat), 390 (Bibliothèque municipale de Toulouse), 392-393, 393 (Michel Didier), 395, 396, 397, 402 (Jeanbor), 405 (Luc Joubert), 406 (Jeanbor), 407b, 413 (Hutin), 416, 419, 424, 427 (Jeanbor), 431, 436 ;
Collection Archives Nathan : pages 30, 40a, 66, 85 (Bayle), 106, 155, 171, 177, 265, 266, 289, 291, 323, 408 ;
Collection Kipa DR : page 381 ;
Collection Romi : page 296 ;
Collection Rosy : page 136 ;
Doc. Archipel studio : vignettes de couverture et pages 7, 9, 17, 18a, 21, 26ab, 33b, 49, 50, 51, 52a, 60, 71, 73, 74, 78, 86, 92b, 94-95, 105ab, 116, 128a, 130, 139, 147, 149, 154, 162, 169a, 172b, 184, 187, 198, 209, 220, 224-225, 252b, 255, 263, 267, 270, 272-273, 275a, 277, 284, 292, 296-297, 304, 324a, 342, 350a, 354, 359, 361a, 363, 365a, 369a, 373, 387, 407a, 409, 421ab, 430 ;
D.R. : vignettes de couverture et pages 10, 41, 42, 43, 61, 81ab, 92, 127, 191, 205, 229, 249, 287, 288a, 317a, 319, 347a, 371, 384, 410-411, 414, 415, 420, 429 ;
Eurostar Group limited : page 401 ;
Explorer : pages 168 (Tetrel), 348b (L. Tazari), 403 (Mary Evans) ;
Werner Forman : page 288 ;
Gamma liaisons : page 353 ;
Holmes-Lebel : page 64 ;
Hulton Getty : pages 19, 54, 165b ;
Getty Image : page 417 ;
E. De Malglaive/Gamma : page 18 ;
Alfredo et Pio Foglia/Archivio fotografica Foglia S.a.s : page 135 ;
Keystone : pages 160, 192b, 361b, 364 ;
Mary Evans Picture Library : page 14 ;
Musée des Arts et Traditions populaires : page 242 ;
Musée Escurial, Madrid : page 252a ;
Museum of Fine Arts Boston : page 190 ;
Jeanine Niépce : page 343 ;
Sann Niewizski : page 305 ;
Jean-Paul Pigeat : page 228 ;
Rex Features : pages 223, 276 ;
Roger-Viollet : pages 380, 426 ;
Scala : pages 56-57a, 188 ;
Source Soubrane : pages 125, 232 ;
Statens Museum for Kunst, Copenhague/Succession Matisse (Hans Petersen) : page 182-183 ;
Stillis : pages 343b (E. Catarina), 394a (Levy) ;
Sygma : pages 45, 67b (J.-M. Chartes), 132 (L'Illustration), 351 ;
UPI/Corbois-Bettemann/Sipa Press : pages 77, 211a ;
The Walt Disney Compagny France : page 153 ;
Zefa : pages 12b, 131, 302.